elefante

elefante

edição
Tadeu Breda

assistência de edição
Luiza Brandino

preparação
Fábio Fujita

revisão
Laila Guilherme

capa & direção de arte
Bianca Oliveira

assistência de arte
Daniela Miwa Taira
Yana Parente

diagramação
Victor Prado

Luiz Marques

O DECÊNIO DECISIVO

—

Propostas para uma política de sobrevivência

Segunda edição

Parte I
A ruptura impreterível no sistema alimentar

Parte II
A ruptura impreterível no sistema energético

Apresentação

Antonio Donato Nobre

Até recentemente, a maioria das pessoas permaneceu alheia aos alertas que a comunidade científica vem, há muitas décadas, emitindo sobre as mudanças climáticas, o declínio da biodiversidade e a intoxicação dos organismos pela poluição químico-industrial. Para muitos em posição de destaque nos governos e no poder econômico, a inação seguiu uma trilha ideologicamente conveniente, qual seja, a de ignorar o que não favorece seus interesses menores. Outros têm sido desestimulados pela linguagem dos comunicados científicos e pela complexidade dos temas. O que poderia fazer tais posturas mudarem, o que despertaria nas pessoas a consciência para a urgência da hora?

Durante décadas, a única força aparentemente capaz de fazer as pessoas pensarem sobre seu comportamento tem sido a desencadeada por grandes desastres. E os desastres, naturais e humanos, nos abalam com crescente e assustadora intensidade.[1] A tese principal deste livro é que o presente decênio é, com toda a probabilidade, o último em que ainda poderemos evitar a desorganização das sociedades sob o impacto da aceleração e da sinergia entre as diversas crises socioambientais, capazes de levar ao aniquilamento das civilizações nascidas e desenvolvidas durante o Holoceno e à extinção de milhões de espécies, inclusive, e não por último, a nossa.

A importantíssima narrativa do professor Luiz Marques sintetiza, articula, explica e amplifica, com a força de argumentos muito bem construídos, os extensos diagnósticos e prognósticos científicos. Mas é muito mais que uma competente recapitulação da ciência. O autor constrói e utiliza um macroscópio simplificador analítico,[2] para com este nos fazer compreender o tamanho da encrenca planetária em que nos metemos. Diante de ameaças por todos os lados e de desastres múltiplos, a busca de saídas torna-se uma atividade quase sem esperança. Na urgente demanda por ideias, veremos mensagens como as deste livro ganharem destaque rapidamente, transformando-o em um fantástico manual de sobrevivência para tempos difíceis.

O alarmante estado da humanidade, em sua marcha insensata em direção ao abismo, é retratado nesta obra com um discurso irretorquível, potente, inescapável. Com sua narrativa accessível e com um menu impressionante de soluções, deve tornar-se leitura obrigatória para quem quiser ter qualquer relevância nas campanhas de resgate que virão ainda neste decênio.

ANTONIO DONATO NOBRE é professor do programa de doutorado em Ciência do Sistema Terrestre do Instituto Nacional de Pesquisas Espaciais (Inpe).

Agradecimentos

Muitos são os colegas, amigas e amigos a quem tenho a honra e a satisfação de agradecer por sua participação em todas as etapas de ideação e redação deste livro. Antes de mais nada, tenho uma grande dívida de gratidão com o Coletivo 660, que há quatro anos me acolheu em suas discussões e reflexões, graças às quais tenho aprendido muitíssimo. Esse aprendizado não é apenas intelectual, mas também uma fonte de inspiração no âmbito da experiência política. Ter incluído este livro em sua coleção editorial, desenvolvida em parceria com a editora Elefante, é motivo de grande honra e alegria para mim.

Este livro também deve muito aos colegas, amigos e amigas da Universidade Estadual de Campinas (Unicamp), em especial do Departamento de História, da minha linha de pesquisa e do grupo de professores de outros institutos, com quem venho participando, há quatro semestres consecutivos, do curso interdisciplinar "Antropoceno: desafios da complexidade ambiental". Uma menção especial cabe aqui à professora Gabriela Castellano, do Instituto de Física, que anima e coordena, com imenso idealismo, desprendimento e rigor intelectual, o conjunto desse trabalho. Aos alunos desse curso e aos do Programa de Pós-Graduação do Departamento de História que participaram com grande interesse de duas edições do curso "O decênio decisivo", fica aqui meu reconhecimento pelo incentivo e pelas contribuições.

Outro coletivo de cientistas com os quais iniciei um novo trabalho na Ilum Escola de Ciência do Centro Nacional de Pesquisas em Energia e Materiais (CNPEM) tem confirmado minha convicção, que atravessa este livro, de que qualquer contribuição da universidade ao enfrentamento das crises socioambientais contemporâneas passa pelo esforço de intercâmbio de conhecimentos e de religação dos saberes. Com esses novos colegas, tive a satisfação de discutir, em um seminário em julho de 2021, questões relacionadas à problemática da ultrapassagem de pontos críticos e das alças de retroalimentação da emergência climática, abordadas ao longo deste livro. Também com os colegas da minha linha de pesquisa, na Unicamp, tive a satisfação de discutir os problemas relacionados às propostas para uma política de sobrevivência, elencadas no último capítulo do livro.

Muitos foram os que leram uma primeira versão desta obra, integralmente ou em parte, e contribuíram com críticas, sugestões e encorajamentos à sua versão final. Minha gratidão vai, como sempre, em primeiro lugar, à leitura rigorosíssima de Sabine Pompeia, há 26 anos minha companheira de vida. Sem ela, este livro possivelmente nem existiria. Antonio Donato Nobre, do Instituto Nacional de Pesquisas Espaciais (Inpe), conhecedor sem igual da Amazônia, das florestas e de tantas outras dimensões de Gaia, não apenas leu e criticou cada linha deste livro, enriquecendo-o com inestimáveis contribuições, como também me concedeu a honra imensa de apresentá-lo. Luciana Gatti, também do Inpe, outra grande cientista e militante pela Amazônia, leu o Capítulo 3 e o enriqueceu de modo transformador com suas críticas e sugestões.

Minha gratidão se estende a outros amigos e amigas, tanto os que me encorajaram ao longo dessa jornada quanto os que se dispuseram generosamente a ler alguns dos capítulos. Entre eles, não posso deixar de mencionar ao menos os nomes de Andreas Pavel, Carlos Bocuhy, Clóvis Cavalcanti, Elizabeth Thielemann, Enrique Ortega, Galia Daniela Cabrera, José Eustáquio Diniz Alves, Liz-Rejane Issberner, Mario Novello, Maristela Gaudio, Martino LoBue, Matthew Shirts, Mauro de Almeida, Miguel Juan Bacic, Pedro Jacobi, Philippe Léna, Roberto Cenni e Rosie Mehoudar. Francisco Foot Hardman e Armando Boito são amigos de cinquenta anos de jornada a quem devo muito do que aqui se propõe. É claro que nenhum dos nomes mencionados tem qualquer responsabilidade pelos eventuais erros no texto aqui apresentado.

Ao longo da redação deste livro, participei, infelizmente com bem menos assiduidade do que gostaria, de discussões e iniciativas empreendidas por coletivos de grande relevância, entre os quais devo mencionar o Ecovirada, o Chamado para uma Transição Ecossocial, o Fórum Social Pan-Amazônico (Fospa) e a Assembleia Mundial pela Amazônia. A convivência com esses quatro coletivos, embora esporádica, foi de grande proveito e inspiração para a elaboração das propostas que concluem esta obra.

Fernando Chaves deu uma contribuição fundamental a este livro, elaborando e adaptando, com grande talento e esmero, seus numerosos gráficos. Tadeu Breda, editor da Elefante, acolheu prontamente a proposta desta edição e, com sua flexibilidade e paciência, foi de ajuda decisiva. Devo muito, ainda, ao trabalho cuidadoso de Luiza Brandino, assistente editorial da Elefante.

Como em empreitadas anteriores, também este livro é dedicado à minha irmã, Luiza Lago, à Sabine, minha companheira, e aos meus filhos, Elena e Leon. Eles são, cada um a seu modo, a motivação primeira para escrevê-lo.

Abreviações frequentes

AGGI — Annual Greenhouse Gas Index (NOAA)
AIE — Agência Internacional de Energia (International Energy Agency — IEA)
AP — antes do presente, marcação temporal utilizada por geólogos, paleontólogos e arqueólogos que toma por referência o ano de 1950 d.C.
AR — Assessment Report [Relatório de Avaliação]
CH_4 — Metano
CO_2 — Dióxido de carbono
CO_2c — CO_2-equivalente, ou seja, todos os gases de efeito estufa (GEE) medidos pelo potencial de aquecimento do CO_2
COP — Conferência das Partes (Conference of the Parties) da UNFCCC
EDGAR — Emission Database for Global Atmospheric Research
GEE — Gases de efeito estufa
GISS — Goddard Institute for Space Studies — NASA
Gt — Gigatonelada
GWP — Potencial de Aquecimento Global (Global Warming Potential)
IPBES — Plataforma Intergovernamental sobre Biodiversidade e Serviços Ecossistêmicos (The Intergovernmental Science-Policy Platform on Biodiversity and Ecosystem Services)
IPCC — Painel Intergovernamental sobre as Mudanças Climáticas (Intergovernmental Panel on Climate Change)
IUCN — União Internacional para a Conservação da Natureza (International Union for Conservation of Nature)
Mha — Milhões de hectares
Mkm^2 — Milhões de quilômetros quadrados
Mt — Milhões de toneladas
N_2O — Óxido nitroso
Noaa — National Oceanic and Atmospheric Administration
NPP — Net Primary Productivity [Produtividade primária líquida]
NSIDC — National Snow and Ice Data Center
OCDE — Organização para a Cooperação e Desenvolvimento Econômico
OCM — Ondas de calor marinho

ODS — Objetivos do Desenvolvimento Sustentável

OMM — Organização Meteorológica Mundial

OMS — Organização Mundial da Saúde

Otan — Organização do Tratado do Atlântico Norte (Nato)

ppb e ppm — partes por bilhão ou partes por milhão, isto é, o nível de concentração de certas moléculas (CO_2, CH_4, N_2O etc.) existentes em cada bilhão ou cada milhão de moléculas na atmosfera

RCP — Representative Concentration Pathways [Trajetórias representativas de concentração], utilizadas pelo IPCC para designar diferentes concentrações de GEE na atmosfera em 2100. Essas diferentes concentrações correlacionam-se com diferentes forçamentos climáticos, de 1,9 a 8,5 Watts/m^2 no topo da atmosfera em 2100, de onde, por exemplo, RCP8.5 W/m^2 ou, simplesmente, RCP8.5. Trata-se, neste caso (em que estamos), de uma trajetória sem mitigação futura das emissões de GEE. Diferentes trajetórias de mitigação dessas emissões utilizadas pelo IPCC são RCP1.9, RCP2.6, RCP4.5, RCP6, RCP7 e RCP8.5. A partir de 2018, essas trajetórias foram avaliadas em associação com as SSP (ver sigla)

SMP — Summary for Policymakers [Sumário para os governantes], ou seja, o resumo de um relatório do IPCC, da IPBES etc., destinado aos governantes e/ou aos formuladores de políticas públicas

SSP — Shared Socioeconomic Pathways [Trajetórias socioeconômicas compartilhadas]. Cinco cenários utilizados pelo IPCC para quantificar as mudanças sociais até 2100, em particular os desenvolvimentos do uso de energia e da terra e incertezas associadas às emissões de gases de efeito estufa (GEE) e demais gases poluentes da atmosfera. Cada um desses cinco cenários (SSP1 a SSP5, do melhor ao pior) postula trajetórias de menores ou maiores emissões de GEE (ver essa sigla), que redundarão em diferentes forçamentos climáticos em 2100, de 1,9 a 8,5 W/m^2 no topo da atmosfera em 2100. Esses diferentes forçamentos climáticos projetados para 2100 são chamados Representative Concentration Pathways ou RCPs (ver essa sigla). Assim, o melhor cenário socioeconômico e climático até 2100 é designado pelo IPCC como SSP1-1,9 e o pior como SSP5-8.5 (sendo 8.5 o pior cenário entre os RCPs)

UNFCCC — Convenção-Quadro das Nações Unidas sobre as Mudanças Climáticas (United Nations Framework Convention on Climate Change), estabelecida em 1992

WG — Working Group

Prefácio à segunda edição

A primeira edição de *O decênio decisivo* apareceu em abril de 2023, com a quase totalidade de seus dados remontando a 2022. Atualizá-los integralmente retardaria demais esta segunda edição, que, portanto, diverge da primeira apenas pela adjunção deste prefácio. O título do livro continua significando que o presente decênio é o último em que as sociedades humanas podem desacelerar e amenizar significativamente o processo em curso de colapso socioambiental, aumentando nossas chances de adaptação. Desde 2023, porém, tudo piorou: intensificação das guerras na Europa e na África, genocídio do povo palestino, avanço da extrema direita e do negacionismo explícito. Entre junho de 2024 e fevereiro de 2025, as eleições no Parlamento Europeu, na França e na Alemanha confirmaram o avanço dos partidos de extrema direita, que têm atraído para a sua órbita ideológica os partidos da direita liberal. As regressões do chamado "Pacto Verde" europeu (2019-2024) se acumulam. Em 14 de novembro de 2024, Ursula von der Leyen, presidente da Comissão Europeia, anunciou o adiamento da lei contra o desmatamento, o último texto desse Pacto ainda não anulado. Segundo a eurodeputada francesa Marie Toussaint, "800 mil campos de futebol serão destruídos [na Europa] nos próximos doze meses".[1] Na Grã-Bretanha, a escalada da repressão aos movimentos ecológicos coloca o país na vanguarda da criminalização dessas mobilizações pacíficas na Europa, tratadas agora como "ecoterroristas". Assim, em março de 2025, 16 ativistas britânicos foram condenados, coletivamente, a 41 anos de cadeia por desobediência civil.[2] Nos Estados Unidos, a eleição de Donald Trump representa a culminância da autodestruição dessa sociedade, bem como de seu controle distópico pelas Big Tech. Na América Latina, houve avanços no campo progressista em eleições na Colômbia, no Chile, no México, no Uruguai e no Brasil. Mas a vitória de Javier Milei em 2023 na Argentina representa uma regressão sem precedentes em nosso continente. Também o cenário nacional é regressivo. É claro que, ao se reeleger, Lula salvou o país do pior. Devemos-lhe, por isso, eterna gratidão. Mas as esperanças de que seu governo deixe uma marca socioambientalmente progressista esvaem-se dia a dia. Mais ainda que no passado, Lula tem orientado seu terceiro mandato (2023-2026) em função dos interesses retrógrados e negacionistas do petróleo, da mineração e do agronegócio.

Dado que o decênio decisivo está claramente decidindo por nós, os anos 2030 imporão aos habitantes deste planeta um aquecimento médio na casa de 2°C acima do período pré-industrial, uma temperatura média não experimentada no planeta em todo o Quaternário (os últimos 2,5 milhões de anos).[3] Nada garante nossa adaptação a esse nível de aquecimento e, sobretudo, à sua velocidade crescente. Igualmente crescente é o empobrecimento da biota planetária. No território brasileiro, o quadro de deterioração da biosfera é brutal, segundo as últimas avaliações do Instituto Chico Mendes de Conservação da Biodiversidade (ICMBio) e do Jardim Botânico do Rio de Janeiro (CNCFlora/JBRJ). Somadas as espécies animais e vegetais avaliadas por essas duas instituições, 4.467 estão ameaçadas de extinção no Brasil, sendo 1.044 espécies criticamente ameaçadas e seis espécies de pequenas aves, mamíferos e anfíbios já extintas. Nos Estados Unidos, entre 2000 e 2022, a abundância populacional de 554 espécies registradas de borboletas caiu em média 22%.[4] O aquecimento climático e o esgarçamento da rede interdependente das espécies ganham, em suma, cada vez mais ímpeto, com uma correlativa diminuição da capacidade humana de amenizar esses processos e adaptar-se aos seus impactos.

Colapso socioambiental

Falei acima, bem como ao longo do livro, em "colapso socioambiental", e convém insistir na definição desse termo. O colapso socioambiental resulta da interação sinérgica de quatro dossiês maiores: a emergência climática, a aniquilação da biodiversidade, a poluição químico-industrial e o aumento sem precedentes das desigualdades socioeconômicas e outras: "As emissões de carbono do 1% mais rico são mais que o dobro das emissões de carbono da metade mais pobre da humanidade".[5] Um colapso socioambiental não é "o fim do mundo", um acontecimento catastrófico e terminal, como uma guerra nuclear ou o choque de um grande meteoro contra a superfície da Terra. O colapso não é um evento (bélico ou cósmico). É um processo, ocorrendo em velocidade crescente, de inviabilização do projeto humano pela diminuição das condições físicas e biológicas favoráveis à continuidade das dinâmicas evolutivas da vida planetária. À semelhança de outras espécies, humanos são entidades biológicas dependentes do estado da biosfera e da base geofísica que lhes permitem adaptar-se a um estreito gradiente de variações de temperatura, apropriar-se da energia solar metabolizada pelas plantas, extrair seu alimento dos solos, hidratar-se com água não poluída, evitar uma excessiva exposição a patógenos e a níveis letais ou crescentemente danosos de toxicidade químico-industrial. Tudo agora é indicador de colapso. Todos os anos estamos gerando cerca de 2,1 bilhões de toneladas de resíduos sólidos urbanos e, em 2030, devemos gerar perto de 2,7 bilhões. A cada minuto, o equivalente a um caminhão de lixo cheio de plástico é lançado no oceano.[6] Entre 2016 e 2024, cresceu a presença de microplásticos e nanoplásticos nos tecidos humanos, inclusive no córtex frontal.[7] Há mais de 350 mil produtos e compostos químico-industriais comercializados hoje, o triplo das avaliações anteriores, e milhares deles são classificados como perturbadores endócrinos (EDC) ou têm outros efeitos deletérios sobre os organismos.[8] A incidência de câncer em pessoas com menos de 50 anos está aumentando.[9] Segundo estimativas recentes, a biosfera está perdendo 137 espécies todos os dias em decorrência apenas do desmatamento.[10] Em suma, o colapso socioambiental não está situado em algum momento no futuro. Não se trata, portanto, de prevê-lo. Trata-se de entender que o estamos vivendo e sofrendo, aqui e agora.

A aceleração do aquecimento

Uma das características desse processo é a aceleração do aquecimento. Em 2022, já era óbvia a iminência de um aquecimento de 1,5°C, atingido em 2024. Em 2025, um aquecimento médio global de 2°C é agora inevitável e iminente. A National Oceanic and Atmospheric Administration (NOAA) dos Estados Unidos, desfalcada e ameaçada por Trump,[11] mostra que ao longo dos últimos trinta anos (1995-2024) o aquecimento avançou à taxa de 0,24°C por década. Esse ritmo de aquecimento é o maior dos registros históricos. Mas há algo ainda pior. Nos últimos quinze anos (2010-2024), a taxa de aquecimento médio global atingiu 0,36°C por década, como mostra o gráfico a seguir.

Anomalias de temperatura na média anual global (terrestre e marítima combinadas) entre janeiro de 2010 e dezembro de 2024, com aquecimentos registrados em relação à média do período de base 1901-2000 e com uma taxa de aquecimento de 0,36°C por década.

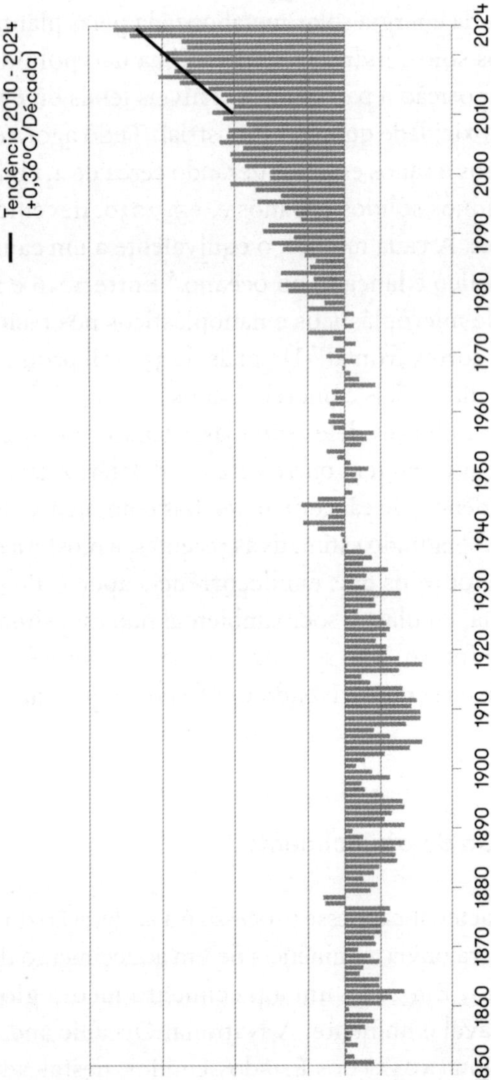

Fonte: NOAA, Climate at a Glance Global Time Series.

A aceleração do aquecimento médio global por década deveria nos aterrorizar: 0,14°C (1961-1990); 0,18°C (1970-2010); 0,24°C (1995-2024) e 0,36°C (2010-2024). Ela mostra que o intervalo de tempo para que haja um aumento de 1°C suplementar no aquecimento médio global diminuiu de 75 anos para 60 anos, depois para 42 anos e, finalmente, para 28 anos. O aquecimento médio global evoluirá doravante à taxa de pelo menos 0,36°C por década, inviabilizando a vida em latitudes crescentes do planeta no horizonte dos próximos decênios? Provavelmente, sim. Mas não é possível afirmá-lo ainda com certeza. Um intervalo de 15 anos não é suficiente para estabelecer com segurança a velocidade do aquecimento médio global. A ciência do clima funda-se nas leis da física e nas médias estatísticas observadas ao longo de ao menos três decênios. Mas, diante dessa incerteza provisória, é importante não esquecer dois fatores: (a) o aumento do desequilíbrio energético da Terra e (b) o peso crescente das alças de retroalimentação do aquecimento. Esses dois fatores garantem que o aquecimento continuará aumentando, mesmo que, por hipótese, as sociedades cessem imediatamente de lançar na atmosfera mais gases de efeito estufa.

Aumento do desequilíbrio energético da Terra

Em 1979, as concentrações atmosféricas dos gases de efeito estufa (GEE ou CO_2 equivalente) estavam em 389 partes por milhão (ppm). Em 2023, elas haviam saltado para 534 ppm, com um aumento médio de 4 ppm por ano desde 2017.[12] O crescimento dessas concentrações implica um aumento no desequilíbrio energético da Terra (DET). Esse desequilíbrio é definido como o déficit da energia refletida de volta para o espaço pelo sistema Terra em relação à energia da radiação solar entrando no planeta. Em outras palavras, a energia do Sol que chega à Terra tem permanecido substancialmente a mesma (malgrado pequenas variações cíclicas), mas a energia térmica (radiação infravermelha) rebatida pela Terra de volta para o espaço está diminuindo por causa do aumento das concentrações de GEE que absorvem essa energia e impedem parte de sua dissipação para fora do planeta. É simples: um sistema aquece quando dissipa menos energia do que recebe. E continuará aquecendo até que se restaure o equilíbrio entre a entrada e a saída de energia nesse sistema. Esse desequilíbrio energético, medido em Watts por metro quadrado (W/m^2), não cessou de crescer desde 1970[13] e era, em 2023, já mais de duas vezes maior do que em 1993:[14] "Descobrimos aumentos sucessivos no desequilíbrio energético da Terra para cada período de 20 anos desde 1974, com um valor estimado de 0,42 [0,02 a 0,81] W/m^2 durante 1974-1993, o qual mais que dobrou para 0,87 [0,65 a 1,08] W/m^2 durante 2004-2023".[15] Essa é a prova de que o aquecimento global acelerou na comparação entre esses dois vintênios. Portanto, mesmo sem mais emissões de GEE, o aquecimento superficial do planeta continuará aumentando, até que o balanço entrada/saída de energia volte a se aproximar de zero.

Alças de retroalimentação do aquecimento

Várias alças de retroalimentação ou círculos viciosos do aquecimento têm sido capazes de aumentá-lo, mesmo sem mais adição antropogênica de GEE na atmosfera. Os oceanos aquecidos, os solos empobrecidos e as florestas diminuídas e degradadas estão perdendo capacidade de funcionar como sumidouros de dióxido de carbono (CO_2). Segundo um estudo recente, "as concentrações atmosféricas aumentarão mais rapidamente do que antes, em proporção às emissões de CO_2, pois seu sequestro natural está diminuindo em 0,25% ao ano".[16]

Além disso, há a diminuição do albedo terrestre, a fração da luminosidade recebida que a Terra reflete de volta para o espaço. O gelo e a neve, por serem brancos, refletem muito dessa luminosidade de volta para o espaço. Seu derretimento deixa expostas à radiação solar áreas mais escuras (solos e oceanos), com maior capacidade de absorver a radiação solar e, portanto, aquecer a superfície do planeta. Em fevereiro de 2025, a área conjunta do gelo marítimo nos dois polos bateu mais um recorde mínimo histórico, aumentando sempre mais a área oceânica exposta à radiação solar.[17] Outro acelerador do aquecimento é a diminuição da poluição atmosférica por aerossóis (material particulado em suspensão na atmosfera). Embora a saúde dos organismos se beneficie com essa diminuição, esses aerossóis mascaravam em parte o aquecimento. James Hansen e colegas demonstraram que a diminuição do enxofre nos combustíveis marítimos, imposta pela Organização Marítima Internacional, explica ao menos em parte o mais rápido aquecimento global verificado a partir de 2020.[18] Enfim, o permafrost (solos congelados por mais de dois anos consecutivos) armazena cerca de 1.600 a 1.700 bilhões de toneladas de carbono, ou seja, duas vezes mais carbono do que o que se concentra atualmente na atmosfera. Seu derretimento permite a ação de micro-organismos que, ao metabolizarem o material orgânico descongelado, liberam CO_2 e/ou metano (CH_4) na atmosfera. Há aqui duas certezas: (a) o Ártico já se tornou uma fonte de carbono, que se acumula agora na atmosfera na forma de CO_2 ou CH_4; (b) os incêndios nas florestas boreais estão acelerando o derretimento do permafrost e, portanto, o aquecimento.[19]

O fator mais importante no aumento do aquecimento, mesmo sem mais queima de combustíveis fósseis, é a perda de florestas e, em geral, da manta vegetal nativa planetária. Florestas são espaços privilegiados de beleza e de vida exuberante, e a beleza e a vida são, antes de mais nada, valores absolutos em termos éticos, filosóficos e espirituais. Quem, como o agronegócio, coloca o dinheiro acima desses valores merece o rigor da lei e o desprezo da humanidade. O desmatamento condena à morte milhões de formas de vida, inclusive a humana. As florestas protegem os solos, regulam a formação de nuvens, reciclam as chuvas e funcionam como estabilizadores e refrigeradores do planeta. O desmatamento destrói essa proteção e esse mecanismo de refrigeração. Em consequência, a superfície do planeta aquece mesmo sem adição suplementar de GEE.

Combustíveis fósseis em alta

Isso posto, a causa primária do aquecimento — as emissões antropogênicas de GEE pela queima de combustíveis fósseis — continua e continuará aumentando, mantido o regime de reprodução ampliada e de acumulação do capital que comanda o funcionamento elementar do capitalismo. Segundo o relatório "Production Gap Report" (2023), "os planos e as projeções governamentais levam a um aumento na produção global até 2030 para carvão, e até pelo menos 2050 para petróleo e gás".[20] Também segundo o Global Oil & Gas Exit List (GOGEL), em 2023 a produção de petróleo e gás atingiu um recorde histórico: 55,5 bilhões de barris de petróleo equivalente (bboe). As empresas de petróleo estão gastando uma média anual de 61,1 bilhões de dólares em exploração, sendo que 578 delas pretendem explorar 239,3 bboe nos próximos 1 a 7 anos. As sete empresas com os maiores planos de expansão de curto prazo são Saudi Aramco (19,6 bboe), QatarEnergy (17,8 bboe), ADNOC (9,5 bboe), ExxonMobil e Gazprom (9,4 bboe cada), TotalEnergies e Petrobras (8 bboe cada). Essas empresas devem ser consideradas como inimigas maiores da espécie humana e da vida planetária.

O que os dois próximos decênios nos reservam?

Em dezenove dos últimos vinte meses — de julho de 2023 a fevereiro de 2025 — o aquecimento médio global se manteve acima de 1,5°C (média desses vinte meses: 1,63°C). Além disso, o NOAA mostra uma taxa de aquecimento de 0,86°C por década no último quinquênio (2020-2024). Sim, 0,86°C por década. Mantida essa taxa quinquenal, o planeta aquecerá 1°C a mais a cada 12 anos. Mantenhamo-nos, contudo, otimistas. Admitamos que a taxa futura de aquecimento permanecerá (quase magicamente) idêntica à dos anos 1995-2024 (0,24°C por década). A Organização Meteorológica Mundial registrou em 2024 um aquecimento médio global de 1,55°C acima do período pré-industrial. Partindo desse patamar e de uma taxa de aquecimento de 0,24°C por década (1995-2024), em 2034 o aquecimento médio global atingirá 1,79°C e, em 2044, 2,03°C. Essa simples adição aritmética, que exclui o fator aceleração, é naturalmente mais otimista que a de James Hansen e colegas (2023), segundo os quais "o aquecimento global de 2°C será alcançado no final da década de 2030, ou seja, em cerca de 15 anos".[21]

Impactos já constatados

Em 2024, praticamente dois terços (65%) da superfície da Terra estiveram mais quentes em ao menos um mês do que os mais quentes meses assinalados pelos registros instrumentais de temperatura.[22] Essas ondas de calor extremo já caracterizam o início da curva de inviabilização da agricultura no Brasil, e a qualquer momento as temperaturas brasileiras entrarão no seleto clube de países com temperaturas superiores a 45°C, que já incluem, por exemplo, Argentina, Uruguai e Paraguai.[23]

Um estudo de 2024 estima que o calor extremo causou mais de 48 mil mortes no Brasil entre 2000 e 2018. E adverte: "Eventos de calor extremo são um desastre negligenciado no Brasil".[24] No Rio de Janeiro, os dois últimos anos foram os mais quentes de seus registros históricos. Em fevereiro de 2025, os termômetros marcaram 44°C, a mais alta temperatura já registrada pelo Sistema Alerta Rio. Com sensação térmica (combinação de temperatura e umidade relativa do ar) de 50°C, a cidade vem registrando uma marca igualmente inédita no Protocolo de Enfrentamento ao Calor Extremo. Trata-se do Nível de Calor 4 (NC4, numa escala de 1 a 5), a que se chega quando ocorrem temperaturas acima de 40°C. O NC4 "está associado a um aumento de 50% na mortalidade por doenças como hipertensão, diabetes e insuficiência renal entre idosos".[25] Apenas em 2025, até 18 de fevereiro, o calor no Rio de Janeiro já havia levado mais de cinco mil pessoas a buscar atendimento médico em unidades do Sistema Único de Saúde (SUS).[26] Em 20 de fevereiro, um trem descarrilou na Baixada Fluminense por dilatação dos trilhos, que atingiram 71°C. Felizmente, não houve vítimas fatais, mas esse gênero de incidente ocorrerá doravante com maior frequência.[27] Outro impacto fundamental: a aceleração do aumento do nível do mar. Segundo a agência espacial dos Estados Unidos (Nasa), desde 1993 a taxa anual de elevação média do nível do mar mais que dobrou, sendo que apenas em 2024 o nível médio dos oceanos aumentou 0,59 cm, quando o nível de aumento esperado era de 0,43 cm.[28] No Brasil, o mar já avança sobre as praias de Recife, Santos e Rio de Janeiro, entre tantas outras.

Secas, incêndios e inundações

"A América do Sul está se tornando mais quente, mais seca e mais inflamável."[29] O fenômeno se explica pela emergência climática, mas também pela ação criminosa do agronegócio que põe fogo nas florestas e capta água de modo insustentável nos rios e aquíferos, contribuindo para a perda de vazão em mais da metade dos rios brasileiros.[30] Como afirma Suely Araújo, ex-presidente do Instituto Brasileiro do Meio Ambiente e dos Recursos Naturais Renováveis (Ibama) e coordenadora de políticas públicas do Observatório do Clima, "crise climática e crise hídrica estão associadas, especialmente em situações em que se combinam com a intensificação da degradação dos territórios".[31] Segundo o Centro Nacional de Monitoramento e Alertas de Desastres Naturais (Cemaden), em 2024 o país foi atingido pela seca mais extensa em área e a mais grave já registrada, superando a de 2015-2016. Em 2024, cinco grandes bacias hidrográficas — Madeira, Purus, Tapajós, Xingu e Paraguai — tiveram "estado de escassez hídrica" decretado pela Agência Nacional de Águas e Saneamento Básico (ANA), uma simultaneidade jamais observada no país em um século de mensurações. No que se refere aos incêndios, são tantas as evidências de crime levantadas pelo Instituto Nacional de Pesquisas Espaciais (Inpe), pelo MapBiomas, pelo Ibama e por centenas de inquéritos policiais que até mesmo o jornal *O Globo*, alinhado a campanhas de propaganda do agronegócio, estampou uma manchete em 18 de outubro de 2024, em um artigo assinado por Eduardo Gonçalves e Dimitrius Dantas: "ELES ACENDEM O FOGO. Proprietários rurais são responsáveis pelos maiores incêndios florestais no país este ano".

Em 2024, pela ação conjugada do crime, das secas e do aquecimento, 308 mil km² do Brasil foram consumidos pelo fogo. A área queimada, maior que a soma dos estados de São Paulo e do Rio de Janeiro, representa um aumento de 79% em relação a 2023. Segundo a plataforma Monitor do Fogo, do MapBiomas, "três em cada quatro hectares queimados (73%) foram de vegetação nativa, principalmente em formações florestais, que totalizaram 25% da área queimada no país". Entre as áreas de uso agropecuário, as pastagens se destacaram, com 67 mil km² queimados no ano passado.

Inundações e secas se alternam violentamente, no que tem sido chamado de "chicotada hidroclimática" (*hydroclimate whiplash*).[32] Assim, o relatório "Mudança do clima no Brasil: síntese atualizada e perspectivas para decisões estratégicas", publicado em 2024 pelo Ministério da Ciência, Tecnologia e Informação (em parceria com o WWF, a Rede Clima e o Instituto Alana), adverte que "o aquecimento de 1,5°C na temperatura média [global] poderá aumentar entre 100% e 200% a população afetada por enxurradas no Brasil". E continua:

> Considerando um aumento de 2°C na temperatura média global, o país poderá sofrer redução da precipitação anual total, a despeito do aumento de tempestades, e uma probabilidade até quatro vezes maior de ocorrerem secas severas em diversas regiões do país. Espera-se que esse nível de aquecimento global até 2050 leve à redução significativa do fluxo nos

> principais rios da bacia amazônica, ocasionando dificuldade no acesso a água e alimentos para as populações locais, com impacto significativo na subsistência das comunidades.

O mesmo relatório enfatiza a perda de biodiversidade apenas por efeito do aquecimento:

> Embora as previsões de risco de extinção de espécies por conta das mudanças climáticas variem amplamente, a América do Sul é a região do planeta com os maiores riscos dessa natureza. De forma geral, espécies endêmicas, com áreas de distribuição mais restritas e de certos grupos taxonômicos (anfíbios, répteis e invertebrados), estão sob os maiores riscos de serem extintas.

Em suma, o Brasil está em vias de se tornar um país inóspito à vida, palco de sofrimentos imensos e de mortandade de organismos humanos e não humanos por picos de calor, eventos meteorológicos extremos, escassez hídrica, perda de habitat, inundações, elevação do nível do mar, poluição químico-industrial e novas epidemias. Enquanto isso, o governo Lula planeja leiloar, em junho de 2025, mais de 300 blocos de exploração de petróleo e gás, 47 dos quais na Foz do Amazonas.

Conclusão

A civilização moderna que triunfou a ferro e a fogo sobre as demais, e que em grande parte nos constituiu, é uma civilização termofóssil, ou seja, uma civilização baseada na queima de combustíveis fósseis. Essa civilização se compreende a partir de três paradigmas: (i) o antropocentrismo, (ii) a centralidade da esfera da economia e (iii) a voracidade energética. Até aproximadamente o terceiro quarto do século XX, esses três paradigmas garantiram às sociedades que os desposaram indicadores socioeconômicos positivos. Desde então, os malefícios começaram a contrabalançar os benefícios e, com as múltiplas crises deste século, os benefícios trazidos por esses três paradigmas se tornaram insignificantes em face de seus malefícios. Latitudes crescentes do planeta estão sendo agora castigadas por ondas de calor e eventos meteorológicos extremos cada vez mais violentos e frequentes. E, dado que os impactos desse processo ganham um ímpeto maior do que o previsto mesmo pela ciência do clima,[33] muitas dessas latitudes se tornarão em breve inabitáveis.

Os que não negam a ciência e não cultuam negacionismos de variados matizes sabem que as medidas requeridas para desacelerar e amenizar o colapso em curso nada têm a ver com mecanismos de mercado ou com "balas de prata" tecnológicas. O desafio é de envergadura civilizacional e é, de longe, o maior jamais enfrentado por nossas sociedades. Trata-se de superar e substituir os três paradigmas citados acima por outros três: (i) uma ordem jurídica fundada nos direitos da comunidade dos seres vivos, (ii) a subordinação da esfera da economia à esfera da ecologia e (iii) uma razão prática que devolva à noção de limite um sentido positivo (e mesmo sagrado).

As formas mentais herdadas da civilização ocidental moderna e contemporânea se esgotaram e não podem mais pretender ditar os critérios de avaliação do projeto humano. Assim, o repertório intelectual e espiritual imenso dessa tradição deve-se abrir agora, no caso sobretudo da América Latina, para o patrimônio não menos imenso dos saberes, das sensibilidades e dos ensinamentos indígenas e de matriz africana. Em todo caso, mudar só será possível se a compreensão intelectual se aliar ao senso de universalidade da condição humana, à paz, à empatia com o "outro" (inclusive com o não humano) e a uma ação política coletiva radical. Concretamente, tudo deve começar pelo abandono dos combustíveis fósseis, que também engendraram o sistema tóxico-industrial globalizado de produção de commodities agropecuárias e a poluição extrema de nossos dias. Esse abandono comporta riscos, privações, sofrimentos consideráveis e inevitáveis. Mas ele terá que ocorrer em marcha forçada e sem mais dilações, se as sociedades pretendem sobreviver.

A sobrevivência é a utopia do século XXI.

São Paulo, março de 2025

Prefácio

As análises e propostas contidas neste livro basearam-se em dados, projeções e acontecimentos observados até setembro de 2022, quando texto, gráficos e tabelas começaram a ser revistos e diagramados pela equipe da Elefante. Os fatos transcorridos desde então apenas reforçam a tese central deste livro, amplamente compartilhada, de resto, pela ciência e pelo simples bom senso: vivemos o último decênio em que mudanças estruturais em nossas sociedades podem ainda atenuar significativamente os impactos do processo de colapso socioambiental em curso. Vale ressaltar que ultrapassamos em 2016 uma bifurcação no sistema climático. Segundo a Organização Meteorológica Mundial, a temperatura média global superficial terrestre e marítima combinadas oscilou desde então em torno de 1,2°C (± 0,1°C) acima do período pré-industrial. Essa temperatura é mais alta do que as mais altas da fase mais quente do Holoceno (0,2°C a 1°C, cerca de 6.500 anos atrás), o chamado Ótimo Climático do Holoceno Médio. Trata-se, portanto, de uma bifurcação em relação ao estado de equilíbrio climático do Holoceno (época geológica compreendida entre 11.700 antes do presente [AP] e 1950), porque a temperatura média global não voltará mais à marca de 1°C acima do período pré-industrial, ao menos em uma escala de tempo histórica. Quando a temperatura média superficial do planeta ultrapassar *irreversivelmente* 1,5°C acima do período pré-industrial, o que deve ocorrer pouco antes ou pouco depois de 2030, o planeta estará em média mais quente do que o foi no Eemiano, o último período interglacial (130 mil a 115 mil anos atrás). Diversos componentes de larga escala do sistema Terra — os recifes de corais, os glaciares dos cimos montanhosos, as camadas de gelo da Groenlândia e da Antártida Ocidental e mesmo, possivelmente, muitas florestas tropicais — terão então ultrapassado ou estarão em vias de ultrapassar pontos de não retorno em direção a estados de equilíbrio mais hostis às sociedades humanas e à vida em geral na Terra, tal como a conhecemos e dela pudemos desfrutar ao longo de toda a história das civilizações.

Nos últimos seis meses, fatos extraordinários aconteceram no Brasil e no mundo que merecem ao menos uma rápida menção, a começar pelo mais importante: a eleição de Lula em 30 de outubro de 2022, que salvou nosso país do abismo socioambiental a que o teriam arremessado mais quatro anos de um genocida e ecocida no poder. Se o mais hediondo criminoso da história recente do Brasil tivesse sido reeleito, o título deste livro nem faria mais sentido, pois o próximo quadriênio equivaleria a uma sentença de morte para o Brasil, seu povo e sua natureza. Em 2026, seu governo teria atingido plenamente, enfim, suas quatro metas prioritárias:

(a) o genocídio de diversas outras nações indígenas na continuidade das políticas de extermínio dos Yanomami;

(b) taxas de desmatamento e degradação da Amazônia iguais ou ainda maiores que as ocorridas entre agosto de 2018 e dezembro de 2022. Nesse período, mais de 50 mil km² de floresta foram eliminados por corte raso, uma área maior que a do estado do Rio de Janeiro (43.696 km²), sendo que apenas 1% das propriedades rurais foram responsáveis por 83% desse desmatamento na Amazônia brasileira.[1] A perda de pelo menos mais 50 mil km² em mais quatro anos de devastação aproximaria ainda mais a floresta de seu limiar de resiliência e de sua transição em direção a um bioma não florestal;

(c) a destruição continuada, pelo agronegócio, do Pantanal, do Cerrado, da Caatinga e da Mata Atlântica. Segundo o Sistema de Alertas de Desmatamento (SAD) do Instituto Nacional de Pesquisas Espaciais (Inpe), que detecta desmatamentos a partir de 0,3 hectare, apenas entre janeiro e outubro de 2022 a Mata Atlântica foi amputada em mais 48.660 hectares (486 km²). O desmatamento anual da Mata Atlântica quadruplicou no último ano da criminalidade bolsonarista em relação ao período compreendido entre agosto de 2017 e julho de 2018 (11.399 hectares), o menor em toda a série histórica, iniciada em 1985.[2] E tramitam no Congresso Nacional diversos projetos de lei que aceleram a liquidação final da Mata Atlântica.[3] Em linhas gerais, Bolsonaro entregou o país mais rico do mundo em biodiversidade ao agronegócio, aos pesticidas, aos incêndios criminosos, ao garimpo e à mineração;

(d) o triunfo da casta militar, do militarismo, do obscurantismo e dos transtornos coletivos de personalidade induzidos pelas redes sociais bolsonaristas. O rebaixamento das faculdades cognitivas de grande parte da sociedade brasileira, vítima agora de alucinações "anticomunistas", "antivacinas" e outras, é talvez o mais trágico e duradouro legado dessas redes bolsonaristas. Essa quarta meta prioritária do governo de Bolsonaro visava fortalecer o império do crime organizado em uma sociedade armada para o assalto insurrecional à democracia. Os atos de terrorismo de dezembro de 2022, que redundaram no 8 de janeiro de 2023, são a demonstração cabal da consecução dessa estratégia. A maior imprudência em que poderíamos hoje incorrer seria considerar que esse perigo foi superado.

Malgrado a esperança e as imediatas ações benfazejas trazidas pelo governo de Lula, acumulam-se evidências de que o quadro nacional e global em março de 2023 se afigura, em muitos aspectos, ainda pior do que o que se vislumbrava até setembro de 2022. Isso não deve surpreender, haja vista a aceleração vertiginosa de todos os principais indicadores de colapso socioambiental. Mencionemos apenas quatro desses indicadores:

1. Um *preprint* de autoria de Luciana Gatti e colegas, e um artigo de David Lapola e colegas publicado na revista *Science*, ambos divulgados após a redação deste livro, mostram níveis inéditos de degradação na floresta amazônica. O trabalho de Gatti e de sua equipe revela que o desequilíbrio entre fotossíntese e respiração ou entre absorção e liberação de dióxido de carbono (CO_2) pela floresta amazônica brasileira saltou para níveis catastróficos em 2020: "Estimamos que as emissões de carbono dobraram nos anos de 2019 e 2020, em comparação com o estudo anterior" (publicado em 2021, com foco no período 2010-2018). É importante entender que esse aumento recente das emissões de carbono foi observado em toda a floresta, e não apenas no chamado arco do desmatamento: "Comparando a média de 2010-2014 com a de 2016-2020 para toda a Amazônia, observamos aumento de 50% nas emissões totais de carbono [...], redução de 31% no sumidouro de carbono [...] e aumento de 16% nas emissões por incêndios".[4] O trabalho sublinha como essa piora se acelerou em 2019 e 2020, os dois primeiros anos do governo de Bolsonaro. Por sua vez, o trabalho coletivo coordenado por David Lapola quantificou e analisou os componentes maiores da degradação da floresta amazônica causada pela extração de madeira, por incêndios, secas extremas e fragmentação do habitat florestal. Lapola e colegas mostram que, entre 2001 e 2018, a degradação da floresta amazônica brasileira se estendia já por 2,5 milhões de km² ou 38% de sua área remanescente. Hoje, em 2023, após quatro anos de destruição avassaladora, essa situação é por certo ainda pior. Além dos

impactos sobre a biodiversidade e sobre as chuvas, as emissões de carbono provenientes dessa degradação florestal já equivaliam então ou eram ainda maiores do que as emissões decorrentes do desmatamento por corte raso.[5] Em suma, a situação da floresta amazônica é hoje muito mais crítica do que se supunha até a divulgação desses dois trabalhos, entre setembro de 2022 e janeiro de 2023.

2. Em novembro de 2022, a 27ª Conferência das Partes (COP27), ocorrida em Sharm El Sheikh, no Egito, terá sido possivelmente a gota d'água em um longo processo de perda de credibilidade da Convenção-Quadro das Nações Unidas sobre as Mudanças Climáticas. Ninguém mais, em sã consciência, considera-a capaz de cumprir sua missão e sua razão de ser: a diminuição das emissões antropogênicas de gases de efeito estufa (GEE). Se ainda resta algum resíduo de esperança nos Acordos Climáticos de 1992 e de 2015 (o Acordo de Paris), a COP28, que deve acontecer no final de 2023, nos Emirados Árabes Unidos, e será presidida por Sultan Al Jaber, ministro da Indústria desse país e CEO da Abu Dhabi National Oil Company (Adnoc), vai se encarregar de liquidá-lo. Em suma, a Convenção do Clima definitivamente morreu. Ressuscitá-la será a missão hercúlea da COP30, a ser presidida pelo Brasil e realizada em 2025 em Belém (PA).[6]
3. Um destino igualmente sombrio parece estar reservado à Convenção da Biodiversidade de 1992. Sua COP15 (Kunming-Montreal, dezembro 2022) incorporou a COP10 do Protocolo de Cartagena (CP-MOP10) e a COP4 do Protocolo de Nagoya (NP-MOP4). Dela resultou o chamado Kunming-Montreal Global Biodiversity Framework (GBF), um conjunto de resoluções virtuosas que se espera, em todo caso, ter melhor posteridade que as malfadadas vinte Metas de Aichi, definidas em 2010. Mas as chances são próximas de zero, pois tudo ainda depende da "boa vontade" dos governos e do sistema alimentar corporativo e globalizado que os controla. Mais uma vez, António Guterres, secretário-geral da Organização das Nações Unidas (ONU) e uma das personalidades mais lúcidas de nosso tempo, disse o necessário na abertura do evento:

> Corporações multinacionais estão enchendo suas contas bancárias enquanto esvaziam nosso mundo de suas riquezas naturais. Os ecossistemas tornaram-se brinquedos de lucro. Com nosso apetite sem limites por crescimento econômico descontrolado e desigual, a humanidade se tornou uma arma de extinção em massa. Estamos tratando a natureza como uma privada. E, finalmente, estamos cometendo suicídio por procuração.[7]

4. António Guterres luta quase sozinho numa ONU entrincheirada no axioma anacrônico da soberania nacional absoluta e mais distante que nunca da cultura de paz e da governança global democrática. Além do estado falimentar dos Acordos do Clima e da Biodiversidade, nascidos ambos em 1992, outro indicador importante da regressão dessa governança global foi publicado em janeiro de 2023, quando o Comitê de Ciência e Segurança do *Bulletin of the Atomic Scientists*, formado por laureados com o Prêmio Nobel, adiantou mais uma vez os ponteiros de seu Doomsday Clock (ver Capítulo 9, Figura 9.5, p. 407), "sobretudo (mas não exclusivamente) por causa dos crescentes perigos da guerra na Ucrânia. O relógio marca agora noventa segundos para a meia-noite — a mais próxima posição jamais registrada de uma catástrofe global". Desde 2020, o relógio marcava cem segundos para a meia-noite, o que já representava a mais perigosa posição desde 1947, quando de sua criação.[8] A Rússia de Putin, herdeira direta do stalinismo, é um dos países mais ambientalmente destrutivos do mundo. É também o país invasor e portanto, obviamente, o responsável primeiro por essa guerra. Isso posto, esta é fomentada agora pelos dois principais interessados em sua escalada: a Organização do Tratado do Atlântico Norte (Otan), que fornece à Ucrânia armas cada vez mais ofensivas e de longo alcance, e a indústria bélica dos países beligerantes. Como afirma Connor Echols, "o mundo está lidando com muita incerteza. [...] Mas uma coisa é certa desde o início: a indústria de defesa dos Estados Unidos vai lucrar", inclusive por contratos de longo termo dessa indústria com o governo dos Estados Unidos, contratos que transcendem em muito a guerra da Ucrânia e mesmo uma eventual guerra contra a China.[9] E essa escalada da guerra é aplaudida pela imprensa que, irresponsavelmente descrente dos riscos cada vez maiores de uma guerra nuclear, excita os espíritos à demência de uma guerra total contra a Rússia, em nome, como sempre, de uma hipócrita "defesa da democracia". A Otan é composta por países tão democráticos quanto a Hungria e a Turquia, e essa tão decantada democracia ocidental é aliada incondicional de países tão democráticos quanto Israel, Arábia Saudita, Emirados Árabes Unidos, entre outros. Os palestinos, os curdos, os iemenitas e muitos povos africanos talvez não subscrevam essa concepção ocidental de democracia. A guerra da Ucrânia é já em certa medida uma guerra mundial, e são cada vez mais recorrentes os alertas de que ela pode ser o estopim de uma guerra nuclear. Ela é, em todo caso, a antessala de uma guerra dos Estados Unidos contra

a China, a partir de uma possível invasão chinesa de Taiwan ou de outro pretexto qualquer. Os sinais dessa segunda guerra são cada vez mais claros. Os Estados Unidos garantiram, a partir de fevereiro de 2023, o controle de mais quatro bases militares nas Filipinas, num total agora de nove bases nesse país. A derrubada de um balão chinês sobre o espaço aéreo estadunidense em fevereiro de 2023 sabotou a viagem do secretário de Estado dos Estados Unidos a Pequim, aumentando a tensão entre os dois países. Democratas e republicanos, opostos em tudo, unem-se agora numa crescente agressividade contra a China, como bem o demonstra a declaração de Kevin McCarthy, o novo presidente da Câmara dos Deputados dos Estados Unidos (*speaker of the House*), segundo a qual: "Há um consenso bipartidário de que a era da confiança na China comunista acabou".[10] Assim, na sequência da visita a Taiwan da ex-*speaker* do Congresso dos Estados Unidos, Nancy Pelosi, a próxima visita de McCarthy, planejada pelo Pentágono, acirrará ainda mais a escalada de provocações contra a China. Enfim, um memorando enviado em 27 de janeiro de 2023 pelo general Mike Minihan aos oficiais do Comando da Mobilidade Aérea dos Estados Unidos, publicado pela NBC *News*, afirma: "Espero estar errado. Minha intuição me diz que combateremos [contra a China] em 2025".[11]

A questão da ameaça existencial

Os fatos reportados acima revelam sempre mais inequivocamente que a questão da ameaça existencial à espécie humana não é mais apenas uma conjectura teórica, situada em um futuro distante. Essa ameaça se impõe hoje como algo real, iminente e crescente no horizonte de tempo deste século, mesmo na ausência de uma guerra nuclear. A União Internacional para a Conservação da Natureza (IUCN) publica regularmente a Lista Vermelha das espécies ameaçadas de extinção. Como veremos no Capítulo 1, em 2021 a IUCN considerava que, entre as 138.300 espécies avaliadas, mais de 38.500 (cerca de 28%) encontravam-se em diferentes graus de risco de extinção, com 8.722 espécies consideradas criticamente ameaçadas. Curiosamente, a IUCN não inclui a espécie humana nessa lista. Se a incluísse, seríamos contados, malgrado nossa abundância populacional e nossa presença generalizada no planeta, entre as espécies mais vulneráveis. Se continuarmos pelo caminho em que estamos avançando, teremos, muito em breve, de nos contar entre as espécies criticamente ameaçadas. Em nosso caso específico, o fator abundância populacional pode aumentar ao invés de diminuir as chances de extinção, dependendo de como nos organizarmos socialmente. Como bem explicita Paulo Saldiva, da Universidade de São Paulo (USP), referindo-se aos impactos da emergência climática e da poluição sobre a saúde humana, está mais do que na hora de "fundar a sociedade protetora do ser humano".[12]

A existência de instituições como o Future of Humanity Institute (FHI), de Oxford, criado em 2005, e o Centre for the Study of Existential Risk (CSER), de Cambridge, criado em 2012, atesta a amplitude da percepção de que o destino dos humanos e, em todo caso, do projeto humano, está em risco crescente. O conceito de risco existencial (*X-Risk*), vale dizer, o risco de extinção da espécie humana ou de aniquilação de seu potencial, tornou-se mais recorrente no universo das análises científicas ao menos desde 2002, com um artigo de Nick Bostrom, do FHI, no qual o autor procura defini-lo de modo mais rigoroso:

> Risco existencial — um risco em que um resultado adverso aniquilaria a vida inteligente originária da Terra ou reduziria permanente e drasticamente seu potencial. Um risco existencial é aquele em que a humanidade como um todo está em perigo. Os desastres existenciais têm consequências adversas importantes para o curso da civilização humana para sempre.[13]

Em seu esforço de delimitar quase cirurgicamente esse conceito, tanto Bostrom quanto Toby Ord,[14] do mesmo instituto, procuram estabelecer uma linha divisória clara entre riscos existenciais e não existenciais. Uma objeção possível a essa abordagem é o fato de que essa linha divisória não existe ou, se existe, não é claramente perceptível. É óbvio que uma guerra nuclear total representa, mais que um risco existencial extremo, uma certeza de extinção de inúmeras espécies, além da nossa. Tal como mostra o *Bulletin of Atomic Scientists* e como se verá detidamente no Capítulo 9 (seção 9.8), esse risco é real e, possivelmente, maior hoje do que nos piores momentos da Guerra Fria, dada a ausência de uma governança global democrática capaz de superar o horizonte mental primitivo do nacionalismo. Todavia, não sempre, nem mesmo na maioria das vezes, um risco existencial se refere a um acontecimento extremo ou excepcional. Um risco existencial pode emergir de um processo cumulativo, resultante da combinação e da sinergia entre diversas crises, e é exatamente esse o caso em nossos dias, como procurei argumentar em outros textos.[15] Catherine Richards, do CSER, incorre no mesmo equívoco de entender o risco de extinção apenas como eventualidade de um cenário excepcional. Em um importante artigo de 2021, ela e seus colegas afirmam que "há uma crescente preocupação de que a mudança do clima estabeleça um risco existencial à humanidade".[16] Para os autores, entretanto, esse risco passa a ser considerável apenas em um cenário extremo (*a worst-case scenario*):

> Há uma emergente evidência de aceleração de alças de retroalimentação positiva e de desaceleração de alças de retroalimentação negativa. Essas alças de retroalimentação positiva exacerbam a possibilidade de um aquecimento global desenfreado (*runaway global warming*), estimado em 8°C ou ainda maior até 2100. Tais aumentos de temperatura representam perigos reais ao deslocar o estreito nicho climático no âmbito do qual os humanos viveram ao longo de milênios.[17]

Para Richards e colegas, um risco existencial se configura apenas no caso de um aquecimento desenfreado. A conjectura *runaway global warming*, temida por um número crescente de cientistas (mas rejeitada pelo Painel Intergovernamental sobre as Mudanças Climáticas — IPCC),[18] seria capaz de levar a Terra a condições que prevalecem hoje em Vênus. Essa conjectura pode ser interessante do ponto de vista científico, mas é ociosa do ponto de vista do destino dos organismos pluricelulares, porque a grande maioria dos milhões de espécies hoje existentes cessaria de existir sob condições muito menos extremas. Yangyang Xu e Veerabhadran Ramanathan assim categorizam os riscos implicados em três níveis de aquecimento global:

> $>$ 1,5°C como perigoso; $>$ 3°C como catastrófico; e $>$ 5°C como desconhecido, implicando um nível além do catastrófico, o que inclui ameaças existenciais. Com emissões não controladas, o aquecimento médio pode atingir o nível perigoso dentro de três décadas, com BPAI (baixa probabilidade [5%] e alto impacto) de que o aquecimento se torne catastrófico até 2050.[19]

É consensual que um aquecimento maior que 2°C terá impactos desastrosos para a vida no planeta. *Sir* Brian Hoskins, diretor do Grantham

Institute — Climate Change and Environment, do Imperial College de Londres, resume esse consenso na frase: "Não temos evidência de que um aquecimento de 1,9°C é algo com que podemos conviver facilmente, e 2,1°C é um desastre".[20] Mas, como discutido no Capítulo 7, Tim Lenton, David Armstrong Makay e colegas mostraram que mudanças abruptas e irreversíveis no sistema climático, com desdobramentos potencialmente fatais para a humanidade e outras espécies, podem ocorrer mesmo em níveis de aquecimento médio global inferiores a 2°C em relação ao período pré-industrial.[21] Essa condição foi tematizada em 2018 por Will Steffen e colegas,[22] e em 2020 por Chi Xu e colegas em um trabalho intitulado "O futuro do nicho climático humano",[23] igualmente abordado no Capítulo 7. Um aquecimento superior a 3°C foi, como visto, definido como "catastrófico". É decerto baixa (5%) a probabilidade de que um aquecimento dessa magnitude ocorra "até 2050", como afirmam Yangyang Xu e Veerabhadran Ramanathan. Mas essa probabilidade já é razoavelmente alta no terceiro quarto do século, dado o ritmo atual de aumento das concentrações atmosféricas de GEE. Em 1958, as concentrações atmosféricas de CO_2 estavam em 315 partes por milhão (ppm). Em 2013, elas atingiram pela primeira vez 400 ppm, as mais altas dos últimos dois ou três milhões de anos. Em 2020, elas romperam momentaneamente a barreira de 417 ppm. Estavam então cerca de 50% mais altas do que em fins do século XVIII. Entre 2022 e 2023, as concentrações atmosféricas de CO_2 terão superado 420 ppm. Elas vinham avançando nos anos 1960 à taxa média de cerca de 1 ppm por ano. Agora, avançam a uma taxa média de 2,5 a 3 ppm anualmente, com um aumento de 2,84 ppm entre janeiro de 2021 e janeiro de 2022 (ver Capítulo 4, Figura 4.11, p. 229). Isso significa que elas devem dobrar em relação ao período pré-industrial (280 ppm) antes de 2070. Muito provavelmente bem antes ainda de 2070, porque a aceleração desse aumento deve continuar, mantidos os paradigmas suicidas que regem nossa sociedade.

Desde ao menos os anos 1990, modelos climáticos que vêm se complexificando mostram que a sensitividade climática de equilíbrio, ou seja, a resposta de longo prazo do clima à duplicação das concentrações atmosféricas de CO_2 (de 280 ppm para 560 ppm) pode levar a um aquecimento médio global entre 1,5°C e 4,5°C. Segundo os modelos mais recentes (Coupled Model Intercomparison Project Phase 6 — CMIP6), propostos em 2020, essa resposta do sistema climático estaria na faixa de 1,8°C a 5,6°C.[24] Steven Sherwood e colegas obtiveram um aquecimento médio global mais provável entre 3°C a 4°C, sem excluir a possibilidade de que ele supere em 4,5°C a média do período pré-industrial até 2100.[25] Em sua análise das divergências entre esses modelos, Jeff Tollefson afirma que, "mesmo que o uso do carvão não aumente de forma catastrófica, 5°C de aquecimento médio global [até 2100] pode ocorrer por outros meios, incluindo o derretimento do pergelissolo (permafrost)",[26] pois este lançará quantidades crescentes de GEE na atmosfera.

Os dados apresentados em 2021 à COP26 pelo IPCC, relativos à exposição e à vulnerabilidade a ondas de calor extremo, segundo três níveis de aquecimento médio global acima do período pré-industrial, são igualmente alarmantes: 1,5°C exporá 3,96 bilhões de pessoas (1,19 bilhão mais vulneráveis); 2°C exporá 5,99 bilhões (1,58 bilhão mais vulneráveis) e 3°C exporá 7,91 bilhões (1,71 bilhão mais vulneráveis). É possível, em suma, que essa exposição crescente ao calor extremo, assim como cada uma das grandes crises socioambientais que nos defrontam, não ofereça um risco existencial à humanidade como um todo, quando examinadas isoladamente. Mas a sinergia entre elas tem certamente potencial para tanto. Não é possível, em tais circunstâncias, traçar uma linha divisória clara entre uma ameaça existencial e uma ameaça não existencial, ou entre um planeta local e momentaneamente inabitável e um planeta largamente inabitável pela espécie humana e por tantas outras. Para que uma região se torne inabitável, basta que atinja sazonalmente picos de calor insuportáveis, e esse será o caso de vários países já talvez nos próximos anos (sobretudo na ocorrência de um forte El Niño), ou ainda, na melhor das hipóteses, nas próximas décadas. O importante é entender que estamos galgando uma curva de risco sem marcos divisórios claros, e essa curva, que nos leva de um planeta mais hostil a um planeta inabitável e, portanto, à nossa extinção ou ao fim de nossas possibilidades de desenvolvimento, não apenas já está se desenhando como está se acelerando muito rapidamente.

Dadas essas constatações e projeções, a motivação para escrever este livro nasce de duas apostas otimistas. A primeira é que os anos decisivos para evitar esses cenários futuros extremos ainda estão diante de nós. São os anos do decênio em curso, razão do título deste livro. Em outras palavras, ainda não seria tarde demais para evitar o pior. A segunda aposta, não menos otimista, é que seremos capazes de agir individual e politicamente ao longo deste decênio, com a radicalidade requerida para reverter o que ainda pode ser revertido, mitigar o que ainda pode ser mitigado e, com isso, aumentar significativamente nossas chances de adaptação aos impactos vindouros do aquecimento global, do empobrecimento da biodiversidade e da intoxicação dos organismos pela poluição químico-industrial. Essas duas apostas baseiam-se numa condição *sine qua non*: a de que seremos capazes de construir um projeto social pós-capitalista, centrado na exigência do encontro da diminuição das desigualdades sociais com a diminuição das pressões antrópicas sobre o sistema Terra. Um programa político baseado nessa exigência não é só factível, mas é também o único possível se quisermos sobreviver como sociedades e, no limite, como espécie. Esse é o sentido do subtítulo deste livro: propostas para uma política de sobrevivência. Estas páginas se pretendem, portanto, como um chamado à radicalidade da ação política socioambiental, e sua ambição maior é suscitar ou enfatizar o senso de máxima urgência exigido por este decênio decisivo.

São Paulo, fevereiro de 2023

Introdução

O destino das sociedades define-se neste decênio

> *Estamos agora numa bifurcação. Não teremos outra década para hesitar como fizemos na década passada.*
> — Will Steffen[1]

É impossível fixar o momento em que o mundo começou a piorar. Para as gerações nascidas até os anos 1950, a vitória sobre o nazifascismo era razão suficiente para fazer renascer a esperança de que tudo podia, enfim, "acabar bem". Por certo, as luzes vermelhas da degradação ambiental já estavam se acendendo, mas os impactos dessa degradação eram apenas episódicos e pareciam ainda um preço aceitável a pagar em face das promessas da tecnologia. As consequências pareciam situadas num futuro longínquo, e o próprio futuro se encarregaria de resolver seus problemas. De resto, ao longo dos dois decênios sucessivos a 1950, não faltavam indicadores genuínos em apoio à percepção de que o mundo estava, de fato, melhorando. Abria-se então, para quase todas as sociedades, uma era de maior consumo energético, as economias cresciam à taxa média anual de 4% a 5%, os baixos níveis de desemprego e o fortalecimento das organizações sindicais implicavam aumentos sucessivos do salário real e uma correlativa diminuição da desigualdade. A abundância a baixo custo dos combustíveis fósseis dos Estados Unidos e do Oriente Médio e a estabilidade do sistema monetário e financeiro, com baixas taxas de juros, pareciam asseguradas. A inovação tecnológica e o aumento da produtividade agrícola também faziam parte da festa, assim como o aumento espetacular da longevidade e da esperança de vida ao nascer. Em suma, ao longo desses anos, a "Grande Aceleração"[2] — esses sucessivos saltos de escala da interferência antrópica no sistema Terra desde o segundo pós-guerra — ainda era percebida pelas sociedades como algo benfazejo, como um signo de progresso.

Claro que nem tudo era bonança. Em grande parte, a inovação tecnológica era impulsionada pela corrida armamentista da Guerra Fria. Em 1952, em plena Guerra da Coreia, já haviam ocorrido 38 explosões nucleares na atmosfera: 34 promovidas pelos Estados Unidos, três pela União Soviética e uma pelo Reino Unido. Nesse mesmo ano de 1952, no atol de Enewetak, no Pacífico, os Estados Unidos testavam a Ivy Mike, primeira bomba termonuclear (bomba H), seguida em 1953 e 1956 pelas bombas H soviética e britânica, respectivamente. Era impossível ignorar o risco crescente de um inverno nuclear, e o "Notice to the World", o famoso Manifesto Russell-Einstein de 1955, dá prova cabal dessa angústia:

> Descortina-se diante de nós, se por ele optarmos, um progresso contínuo em felicidade, conhecimento e sabedoria. Devemos, em vez disso, escolher a morte, por não podermos esquecer nossos conflitos? Como seres humanos, apelamos aos seres humanos: lembrem-se de sua humanidade e esqueçam o resto. Se puderem fazer isso, o caminho estará aberto para um novo paraíso; se não puderem, está diante de vocês o risco da morte universal.[3]

A mera observação dos fatos justificava esses temores. Em 1962, a crise dos mísseis de Cuba ameaçou, como nunca antes, a sobrevivência da humanidade.[4] Nesse ano, às vésperas da proibição de testes atômicos na atmosfera, o planeta já sofrera o impacto de 552 detonações de bombas nucleares na atmosfera: 302 dos Estados Unidos, 221 da URSS, 23 do Reino Unido e seis da França. Apenas em 1962, houve 140 detonações nucleares na atmosfera, em média uma a cada 2,6 dias.[5] A assinatura radioativa que tais detonações deixaram nas rochas, bem como o aumento vertiginoso das emissões de gases de efeito estufa (GEE) e da poluição químico-industrial a partir desses anos, é um dos marcos inaugurais de nossa época geológica, o Antropoceno.[6]

Datam igualmente desses anos os primeiros grandes alertas sobre a letalidade dessa poluição industrial. Em dezembro de 1952, por exemplo, o Great Smog [Grande nevoeiro] na zona metropolitana de Londres causou um pico alarmante de mortalidade.[7] Dez anos depois, os danos causados à biodiversidade pelos agrotóxicos foram postos em evidência por Rachel Carson, cujo livro *Primavera silenciosa* inicia uma nova etapa na história da consciência ecológica no século XX. Além das ameaças de uma guerra atômica e da poluição, o advento da sociedade da afluência nos países do Norte começava a mostrar a face repugnante do consumismo. A geração *beat*, os movimentos hippies, antinucleares e pacifistas, culminando nas revoltas de 1968, mostravam a recusa dos jovens ao que então se designava pelo termo *establishment*.[8] Acumulavam-se, além disso, também nos anos 1950 e 1960, os crimes cometidos contra a humanidade pela nova ordem liberal instituída pelos Estados Unidos. As atrocidades perpetradas nas duas Grandes Guerras prolongavam-se agora nas guerras da Coreia e do Vietnã, nos assassinatos (como o de Patrice Lumumba em 1961) e nos massacres nos países africanos contra seus processos de emancipação. Prolongavam-se também nos brutais golpes militares que varreram a América Latina, a África e a Ásia, do Irã em 1953 à Indonésia, onde a polícia e as tropas do general Suharto, com apoio direto dos Estados Unidos, mataram cerca de um milhão de pessoas entre 1965 e 1966. O "método Jacarta", como bem documenta Vincent Bevins, foi a culminância dos golpes de Estado urdidos mundo afora pelos Estados Unidos e o laboratório dos golpes sucessivos.[9]

De seu lado, as revoluções socialistas, nascidas dos mais generosos ideais do Iluminismo e das lutas sociais do século XIX, começavam a mostrar ao mundo sua face monstruosamente desfigurada. A então URSS, destroçada em todos os sentidos por sete anos contínuos de guerra e de guerra civil (1914-1921), pelas sucessivas lutas políticas intestinas e pela contínua beligerância ocidental, havia dado, ainda assim, a mais decisiva e heroica contribuição à derrota do nazifascismo, antes e durante a guerra. Mas dessa sucessão de penúrias, traumas, catástrofes e ameaças existenciais resultou a montagem de um Estado policial e totalitário, talvez sem precedentes mesmo durante os piores momentos da tirania tsarista. O saldo de horrores de 26 anos de terror stalinista somado ao genocídio cometido por quatro anos de invasão nazista é certamente o mais atroz do século XX: entre 27 milhões e 40 milhões de mortes de civis e militares apenas durante a Segunda Grande Guerra,[10] aos quais se somam cerca de vinte milhões de mortes por fome, encarceramento em campos de concentração, deslocamentos populacionais arbitrários e execuções sob o regime stalinista, segundo estimativas de Roy Medvedev.[11] Somente após a morte de Stálin, em 1953, a envergadura do desastre começou a ser conhecida, ao menos fora da URSS. Em 1956, durante o 20º Congresso do Partido Comunista da URSS, a leitura do chamado "relatório secreto" de Kruschev sobre os crimes de Stálin e de Beria "oficializava" os primeiros tímidos ensaios de iconoclastia. A distopia, contudo, permanecia.[12] Entre 1956, ano da invasão da Hungria, e 1968, quando a então Tchecoslováquia foi invadida, assiste-se, sob Leonid Brejnev (1964-1982), à interrupção do processo de desestalinização e ao retorno da KGB em poder e prestígio em meio à repressão generalizada na URSS e nos países satélites. Hoje, a liquidação judicial da ONG International Memorial, fundada em 1989, e a condenação a quinze anos de prisão de um de seus diretores, o historiador Yuri Dmitriev, evidenciam a longevidade e a plasticidade do stalinismo no sistema político russo.[13] Na China, o "Grande Salto Adiante" (1958-1962) e a absurda mortandade de animais durante a grotesca "Campanha das quatro pragas" (ratos, moscas, mosquitos e pardais) redundaram, como se sabe, nos milhões de vítimas da "Grande Fome" de 1959-1961, um cataclisma de proporções ainda maiores que as do Holodomor russo-ucraniano de 1932-1933. E isso sem falar nas duas experiências históricas mais tardias que encerram com chave de ouro a experiência do "socialismo real" do século XX: entre 1975 e 1979, o genocídio perpetrado pelo Khmer Vermelho no Camboja, que resultou na morte de cerca de 20% da população desse país, e as guerras resultantes da dissolução da Iugoslávia após a morte de Tito em 1980.

Isso posto, o traço mais importante desses anos é frequentemente esquecido e só ganha sua verdadeira dimensão à luz de uma visada retrospectiva. Trata-se da percepção de que, acima de todos esses crimes abomináveis, genocídios, tragédias e antagonismos ideológicos, pairava uma compreensão da história, por todos compartilhada, na qual o futuro permanecia fundamentalmente promissor. Malgrado tudo, evitada a guerra nuclear, o projeto humano parecia assegurado. Cedo ou tarde, a tecnologia haveria de ser posta a serviço da razão e da justiça. O tempo, em suma, contava a favor da humanidade.

A partir dos anos 1970, essa confiança na história começa, contudo, a vacilar. Uma confluência impressionante de fatos incidentes já nos primeiros anos da década atesta e reforça uma clara mudança de perspectiva acerca do futuro. Lembremos alguns deles. Antes de mais nada, o pânico demográfico. Em 1971, a população mundial crescia à taxa de 2,13% ao ano,[14] o que explica o imenso sucesso do livro de Anne e Paul Ehrlich, *The Population Bomb* (1968). O Greenpeace, criado em 1971 por Robert Hunter, Paul Watson e outros ativistas, tornava-se o porta-voz da crise ecológica,[15] que, em 1972, ganhava pela primeira vez centralidade diplomática na Conferência das Nações Unidas sobre o Desenvolvimento e Meio Ambiente Humano em Estocolmo. Um livro intitulado *Only One Earth: The Care and Maintenance of a Small Planet*, preparado para essa conferência, causou um grande choque. Encomendado por Maurice Strong a Barbara Ward e René Dubos, seu primeiro capítulo concluía-se com estas palavras lapidares:

> Os dois mundos do homem — a biosfera de sua herança, a tecnosfera de sua criação — estão em desequilíbrio; na realidade, potencialmente em profundo conflito. E o homem está no meio. Esse é o ponto de inflexão da história no qual nos encontramos, com a porta do futuro abrindo-se para uma crise mais súbita, mais global, mais inescapável e mais desconcertante que qualquer outra jamais confrontada pela espécie humana. Uma crise que tomará sua forma decisiva no intervalo de vida das crianças já nascidas.[16]

Os impactos causados por esse livro e pelo manifesto "Blueprint for Survival",[17] escritos no mesmo ano, só foram superados pelo choque mais duradouro de *Limites do crescimento*, também de 1972, encomendado pelo Clube de Roma.[18] Entre 1971 e 1972, a hegemonia econômica absoluta dos Estados Unidos começava a ser abertamente desafiada. Em 1971, a Alemanha deixa o tratado de Bretton Woods, o dólar despenca 7,5% em relação ao marco alemão e Nixon é obrigado a decretar o fim da conversibilidade do dólar ao ouro. Com uma inflação a 12,3% em 1974,[19] o dólar passava a ser uma moeda fiduciária, o que introduzia a primeira fissura no sistema monetário internacional instituído em 1944. Fora da esfera dos países industrializados, 1972 marca a volta de crises de fome aguda em lugares como Bangladesh, Índia, Etiópia e diversas nações do Sahel. Não se tratava mais de crises resultantes de guerras civis como a ocorrida na Nigéria entre 1966 e 1970, mas da primeira crise de estoques de grãos no período pós-guerra, em parte causada pela retomada das vendas de grãos dos Estados Unidos à URSS, com consequente triplicação de seus preços.[20]

O ano de 1973 trazia outros três eventos igualmente determinantes. O primeiro foi o golpe de Estado no Chile, que esmagava a mais importante experiência de um governo popular democrático na América do Sul, reforçando o ciclo das ditaduras militares na região, do Brasil e da Bolívia (1964) à Argentina (1966 e 1976) e ao Uruguai (1973). O segundo elemento foi a derrota militar dos Estados Unidos no Vietnã, que obrigava Nixon a negociar em Paris, naquele ano, uma retirada honrosa de suas tropas do país invadido. A ofensiva vietnamita do Tet, iniciada em 1968, concluía-se em abril de 1975 com a humilhante e caótica retirada norte-americana de Saigon, pondo fim ao mito da invencibilidade militar estadunidense. Esse evento traumático inaugurava nos Estados Unidos um período de ressentimento, agravado pela invasão de sua embaixada no Irã em 1979 e por anos de estagflação (estagnação/recessão econômica + inflação). Desse sentimento geral de desatino resultaria, enfim, o lema "Make America Great Again" (Maga), lançado por Ronald Reagan em 1980, retomado por Bill Clinton em 1992 e martelado, em 2016, por Donald Trump[21] no controle do Grand Old Party, "a mais perigosa organização em toda a história mundial", segundo Noam Chomsky.[22] Ainda hoje, a retirada caótica das tropas estadunidenses do Afeganistão em julho de 2021 tem sido chamada, ainda que impropriamente, de "a Saigon de Joe Biden".[23]

O terceiro evento determinante de 1973 foi o embargo dos doze membros da Organização dos Países Exportadores de Petróleo (Opep) aos Estados Unidos e demais nações que haviam apoiado Israel na guerra do Yom Kippur. O embargo elevou subitamente o preço do barril, que foi de 4,75 dólares até setembro de 1973 a 37,42 dólares em 1980 (o equivalente a um aumento de 21,08 para 111,30 dólares em preços ajustados pela inflação).[24] Inaugurava-se a primeira depressão econômica do segundo pós-guerra. O embargo imposto pela Opep coincidia com o declínio das reservas de petróleo convencional nos Estados Unidos em início dos anos 1970, tal como previsto por Marion King Hubbert em 1956. De fato, a produção de petróleo convencional nos Estados Unidos, que crescia à taxa de 7,9% ao ano desde os anos 1860, dobrando a cada período de 8,7 anos, atingiu finalmente seu pico em 1970 (10,2 milhões de barris de petróleo por dia),[25] vindo a declinar ao longo dos 35 anos subsequentes. A confluência desses dois fatos — embargo externo e declínio da abundância interna do petróleo convencional — fez com que, desde então, o preço do petróleo tenha oscilado sempre muito acima dos patamares anteriores a 1973, pondo termo à breve era de energia barata e ilusoriamente ilimitada. Os diversos "milagres econômicos" criados pelos chamados "Trinta Anos Gloriosos"[26] do capitalismo chegavam ao fim. Mais do que isso, a identificação do capitalismo — esse "vendaval perene de destruição criadora"[27] — com a ideia mesma de progresso, professada por apólogos e críticos desse sistema econômico, entrava pela primeira vez em crise. Dessa crise de autoconfiança, surgia uma nova interrogação sobre o destino humano, que transparecia nas últimas páginas do livro de Arnold Toynbee, *Mankind and Mother Earth* (publicado postumamente em 1976):

> O conjunto de Estados soberanos locais de nossos dias não é capaz de manter a paz, e também não é capaz de salvar a biosfera da poluição causada pelo homem ou de conservar os recursos naturais insubstituíveis da biosfera. [...] A humanidade assassinará a Mãe Terra ou a redimirá? [...] Essa é a questão enigmática que agora confronta o homem.[28]

Os fatos sucessivos são bem conhecidos: ao longo dos últimos cinquenta anos, cada decênio criou um planeta mais retrógrado em direitos sociais e mais degradado em todos os indicadores ecológicos, regressão acelerada desde os anos 1980 pelo avanço da globalização e da desregulação econômico-financeira. A percepção de recesso das agendas progressistas durante a chamada década Reagan-Thatcher não se afigura como algo evidente apenas retrospectivamente. Trata-se de um lugar-comum nas análises históricas, no imaginário e na produção literária e artística do período,[29] e estava bem presente já na resposta contemporânea da Comissão Internacional sobre o Meio Ambiente e o Desenvolvimento (WCED),[30] que gerou em 1987 o relatório *Nosso futuro comum*. Gro Harlem Brundtland apresentava nesse relatório o mais lúcido diagnóstico do estado e da tendência dominante das sociedades naqueles anos:

> Houve uma época de otimismo e progresso na década de 1960, quando havia maior esperança para a construção de um mundo melhor e para ideias internacionais progressistas. Colônias abençoadas com recursos naturais estavam se tornando nações. Parecia-se buscar seriamente espaços de cooperação e compartilhamento. Paradoxalmente, a década de 1970 derivou, aos poucos, para um clima de reação e isolamento enquanto, ao mesmo tempo, uma série de conferências da ONU oferecia esperança de mais cooperação em questões importantes. A Conferência da ONU de 1972 sobre o Meio Ambiente Humano reuniu as nações industrializadas e em desenvolvimento para delinear os "direitos" da família humana a um ambiente saudável e produtivo. Seguiu-se uma série dessas reuniões: sobre os direitos das pessoas a uma alimentação adequada, a uma moradia bem construída, à água potável e a ter acesso aos meios de escolher o tamanho de suas famílias. A presente década tem-se caracterizado pelo recesso das preocupações sociais. Os cientistas chamam a atenção para problemas urgentes, mas complexos, que tratam de nossa própria sobrevivência: um planeta em aquecimento, ameaças à camada de ozônio, desertificação de terras agricultáveis.[31]

O estado das sociedades que Brundtland revelava em 1987 ganharia, nos dois anos seguintes, cores ainda mais sombrias na Conferência de Toronto sobre a Mudança da Atmosfera, com o depoimento de James Hansen ao Senado dos Estados Unidos acerca das mudanças climáticas e com o clássico *The End of Nature* (1989), de Bill McKibben.

1. A especificidade do nosso tempo

Ao longo do livro, voltarei mais detidamente ao passado. Essas considerações introdutórias eram necessárias apenas para propor um efeito de contraste entre aquele tempo e o nosso. Hoje, 35 anos após o Relatório Brundtland e trinta anos depois da Conferência Eco-92 no Rio de Janeiro, o estado do planeta mostra-se incomparavelmente mais crítico e brutal. Mas o que permite compreender a especificidade do nosso tempo não é apenas uma diferença de grau em relação às crises das décadas finais do século XX. O estado atual das sociedades não é somente mais grave; difere *qualitativamente* desse passado recente, e é preciso entender bem em que consiste essa diferença.

Até o século XX, todo presente dispunha de uma gama relativamente ampla de escolhas para criar seus futuros, dentro, naturalmente, do universo de condicionantes que lhe impunha seu próprio passado. Lembremos mais uma vez a célebre reflexão com que Marx abre sua mais brilhante análise política, *O 18 de brumário de Luís Bonaparte*: "Os homens fazem a sua própria história, mas não a fazem segundo a sua livre vontade; não a fazem sob circunstâncias de sua escolha e sim sob aquelas com que se defrontam diretamente, legadas e transmitidas pelo passado".[32] Isso era incontestavelmente verdadeiro até há pouco. Hoje, não mais. Não porque a tensão entre o presente e a carga do passado histórico, entre liberdade e necessidade, tenha deixado de existir, mas porque a relação entre esses dois termos se desequilibrou. O que caracteriza o nosso tempo, após setenta anos de crescentes emissões de GEE, de poluição e destruição da natureza, é a minimização dessa liberdade de escolhas de futuro em face da maximização das condicionantes passadas. E isso por uma simples razão: o sistema Terra (vale dizer, as leis da física e da biologia) restringe hoje ao máximo o leque de possibilidades futuras da história humana. As sociedades passadas sempre puderam criar, em grande medida, seus futuros porque, ao longo dos últimos dez milênios (Holoceno): (i) não haviam destruído a biosfera numa intensidade capaz de interferir desastrosamente em seus equilíbrios em escala global; (ii) puderam desfrutar da excepcional estabilidade do sistema climático durante toda essa época geológica que, não por acaso, coincide com o advento da agricultura, com a produção de excedente e, em suma, com a história de todas as civilizações. O sistema Terra era então apenas a moldura do drama histórico. Ele era, por assim dizer, uma premissa, um dado neutro, quando não benigno, e assim o percebiam as sociedades. Catástrofes naturais decerto ocorriam, e por vezes com poder decisório sobre o destino de tal ou qual sociedade. Mas eram fatos excepcionais e, justamente por isso, o termo "catástrofe" designava um evento imprevisto e resolutivo no gênero específico da tragédia, não da história.

Hoje, ao contrário, o sistema Terra em nada mais se assemelha a uma moldura. Suas respostas à interferência antrópica excessiva em seus equilíbrios tornam-no, cada vez mais, um ator incontornável da trama histórica. A tendência atual, mantida a trajetória em que estamos, é de que essas respostas ganhem em breve mais relevância do que as decisões tomadas pelas sociedades sobre seu próprio destino. E eis o mais crucial: essa tendência já é, em crescente medida, *irreversível*. Por irreversível entenda-se, antes de mais nada, que o sistema climático continuará a se aquecer, os desvios das médias meteorológicas do passado e os eventos meteorológicos extremos — secas, inundações, furacões etc. — continuarão a se intensificar, as geleiras continuarão a se retrair, e o nível do mar continuará a se elevar numa velocidade maior que a do século XX.[33] Na realidade, muito maior, porque estão em aceleração. Também a degradação da biosfera apresenta agora sinais de irreversibilidade. A fulminante antropização de mais de 70% dos habitats planetários[34] condena agora um sem-número de espécies à extinção a uma velocidade dezenas, centenas ou milhares de vezes maior do que a indicada pelos registros fósseis. A teia da vida de que dependemos existencialmente continuará, portanto, a se esgarçar. No que se refere à poluição, os bilhões de toneladas de plástico e demais substâncias tóxicas industriais de longa duração já despejadas na natureza continuarão a nos adoecer e a nos matar, bem como a inúmeras outras espécies, por muitos e muitos anos. Corey Bradshaw e colegas sublinham "a quase certeza de que esses problemas irão se agravar nas próximas décadas, com impactos negativos nos próximos séculos".[35] Conclusão: um futuro pior tornou-se agora inevitável, quaisquer que sejam as nossas escolhas. É exatamente isso que define, e de modo tão contrastante com o passado, a especificidade de nosso tempo.

Tenhamos a honestidade de dizê-lo sem rodeios: nossas opções são entre um futuro pior e um futuro terminal. Um futuro pior é agora inevitável, mas ações políticas imediatas para atenuar a piora redundarão em possibilidades crescentes de reversão de tendências, de atenuação dos impactos, de adaptação e, portanto, de sobrevivência. Se conseguirmos entender isso e agir coletivamente em sintonia com esse entendimento, um futuro melhor pode se descortinar para nós e para a vida no planeta no outro lado desse gargalo. Teremos aprendido com o erro, e há uma chance ainda considerável de que isso ocorra porque somos uma espécie com uma singular capacidade de aprendizado.

Se, por outro lado, a presente trajetória não se alterar significativamente no presente decênio, se continuarmos a viver na ilha da fantasia do "crescimento sustentável", o que teremos será o que a ciência há decênios vem predizendo com precisão: um futuro no qual os impactos serão cada vez maiores e mais sistêmicos, tornando nossas possibilidades de adaptação cada vez menores. Para nós e para tantas outras espécies, repita-se, um mundo terminal. Nossa estreitíssima margem de escolhas neste decênio resume-se a essa bifurcação, e é ela que define nosso destino. É ela que motiva e dá sentido não apenas a este livro, mas a toda ação humana ciente de sua condição contemporânea. Compenetrar-se dessa nova realidade supõe compreender a dinâmica e as devidas implicações de quatro dossiês fundamentais que se reforçam reciprocamente e serão discutidos no decorrer deste livro: (i) a aniquilação da biodiversidade; (ii) a emergência climática; (iii) os níveis pandêmicos de adoecimento (físico e mental) e de mortes prematuras pela poluição químico-industrial; e (iv) os níveis aberrantes e crescentes de desigualdade, causa maior do agravamento dos três primeiros. Oito dos onze capítulos deste livro tratarão desses dossiês.

2. O que é essencial compreender sobre o colapso socioambiental em curso

O título do relatório de 2019 do Institute for Public Policy Research (IPPR), de Londres, chama corajosamente nossa época pelo seu nome: "a idade do colapso ambiental" (*the age of environmental breakdown*).[36] Eis o que é essencial compreender sobre o colapso socioambiental em curso:

1. o colapso ambiental não é um evento com data marcada para ocorrer. Trata-se do processo em que estamos.[37] Esse processo é sutilmente pontuado por sucessivos estágios de agravamento em intensidade, amplitude e frequência de suas manifestações e impactos. Mais importante que tudo: embora gradual, essa sucessão de estágios se caracteriza por sua aceleração e por evoluir de modo não linear (e tendencialmente

exponencial), condicionada que é por inúmeras alças de retroalimentação. Disso decorre a certeza de que, mantida a atual trajetória, a situação das sociedades ao final deste decênio será (muito) mais crítica do que em seu início;

2. a principal consequência dessa aceleração é que o tempo se torna, aos poucos, a principal variável na avaliação dos riscos. O tempo é, hoje, nosso maior inimigo. Como afirmado na seção anterior, a especificidade de nosso tempo reside justamente em nossa decrescente capacidade de mitigar os crescentes desequilíbrios dos sistemas físicos e biológicos. Portanto, *na ausência de uma mudança de trajetória radical e imediata, ou de curtíssimo prazo*, as ações humanas voltadas para a reversão desse processo precisarão ser cada vez mais radicais e serão cada vez menos efetivas, até se tornarem, caso continuem a ser retardadas, quase irrelevantes;
3. mudar nossa trajetória de colapso requer não apenas parar de destruir a natureza agora, mas nos empenhar em reconstruir, na medida do possível, o que foi destruído desde ao menos a década de 1950. Se os últimos setenta anos foram os anos da "Grande Aceleração", ou seja, da "Grande Destruição", os próximos decênios terão de ser os da "Grande Restauração".[38] É preciso apostar que isso ainda é possível. Essa aposta é, contudo, razoável se, e somente se, como indivíduos e como sociedade globalmente organizada, reagirmos com presteza e à altura do que exige agora a emergência climática e demais emergências socioambientais.

Fala-se hoje muito, mais que nunca, em emergência climática e em outras emergências. O problema é que, à força de repeti-la, a expressão perde seu significado. Uma definição formalizada desse estado generalizado de emergência(s) foi proposta por Timothy Lenton e colegas da seguinte maneira:

> Definimos emergência (E) como o produto da multiplicação do risco pela urgência. O risco (R) é definido pelas seguradoras como probabilidade (p) multiplicada pelo dano (D). A urgência (U) é definida em situações de emergência como o tempo de reação a um alerta (τ) dividido pelo tempo de intervenção restante para evitar um mau resultado (T). Assim: $E = R \times U = p \times D \times \tau / T$. A situação é uma emergência se o risco e a urgência forem altos. E, se o tempo de reação for maior que o tempo de intervenção ainda restante ($\tau / T > 1$), perdemos o controle.[39]

O risco é altíssimo porque a probabilidade é crescente e o dano, ainda maior. O tempo de reação restante é exíguo, já que estamos na iminência de ultrapassar perdas de biodiversidade e desequilíbrios climáticos irreversíveis. O tempo de reação das sociedades não pode ser maior que o tempo requerido para uma intervenção robusta e à altura da gravidade da situação, e é justamente por isso que o presente decênio é decisivo. Ele o é porque nos próximos dez anos as sociedades têm ainda o potencial de determinar as condições em que os jovens de hoje e as gerações futuras poderão (ou não) viver neste planeta, nosso único habitat possível.[40]

Dito de modo ainda mais direto, tudo depende agora da política. Não mais da economia, como se discutirá em detalhes no Capítulo 10. Tudo depende de entendermos que a esfera da economia perdeu a hegemonia que o mundo contemporâneo lhe conferiu. O grau de radicalidade política das mudanças que as sociedades se mostrarem aptas a realizar nos próximos anos é o fator decisivo que moldará de forma duradoura seu destino e o de inúmeras outras espécies. É preciso reconhecer o abismo intransponível entre as mutações civilizacionais exigidas ao longo deste decênio e os discursos "verdes" dos governantes, dos gestores da economia globalizada e de seus acadêmicos. Não se trata de reduzir esses discursos a retóricas hipócritas. É óbvio que são hipócritas, ao menos em sua maioria. Mas o problema não reside na maior ou menor sinceridade dos que os enunciam. O problema reside na incapacidade de se traduzir esses discursos em mudanças efetivas, e isso por três razões: (i) os Estados carecem de poder mandatório sobre a rede corporativa — aliás, não se distinguem mais dos interesses dessa rede; (ii) a dinâmica inerentemente expansiva do sistema econômico globalizado é incompatível com uma economia da sobriedade, a única capaz de transitar rapidamente para outro sistema energético e outro sistema alimentar; e finalmente (iii) a ordem jurídica internacional, baseada no axioma da soberania absoluta dos Estados nacionais, perpetua a lógica concorrencial que predomina nas relações entre esses Estados.

3. A dificuldade de apreender intuitivamente as dinâmicas de aceleração

Para entender melhor essa incapacidade de mudança, ao menos nos prazos necessários para evitar o pior, convém ainda uma palavra sobre as dinâmicas de aceleração. Pensar que mudanças políticas radicais em uma década não são imprescindíveis, ou não são factíveis, revela incompreensão sobre a natureza da dinâmica de aceleração. Na nova época geológica iniciada na segunda metade do século XX, o Antropoceno,[41] a atividade humana tornou-se a variável mais importante nas dinâmicas do sistema Terra, não apenas por sua mudança de escala, mas também, e sobretudo, pela velocidade crescente dessa mudança, isto é, por sua *aceleração*. Antropoceno e aceleração passaram a ser termos praticamente intercambiáveis. O programa de pesquisas dedicadas às mudanças globais — Global Change International Geosphere-Biosphere Programme (IGBP)[42] — demonstrou, em sua síntese de 2004, a emergência de uma "Grande Aceleração" a partir de 1950, considerado o período 1750-2000. Eis um resumo de seus resultados:

> A segunda metade do século XX é única em toda a história da existência humana na Terra. Muitas atividades humanas alcançaram pontos de decolagem em algum momento desse século e se aceleraram fortemente no final dele. Os últimos cinquenta anos testemunharam, sem dúvida, a mais rápida transformação da relação humana com o mundo natural na história da humanidade.[43]

Essa transformação vertiginosa nas relações entre os humanos e o mundo encontrou seu ícone nos 24 indicadores em interação (doze indicadores socioeconômicos e doze relativos a mudanças antropogênicas no sistema Terra), atualizados em 2015 por Will Steffen e colegas[44] até 2010. Como afirmam os autores desse trabalho seminal: "É difícil superestimar a escala e a velocidade das mudanças. No intervalo de tempo de duas gerações — ou o tempo de uma única vida —, a humanidade (ou até pouco tempo uma pequena fração dela) tornou-se uma força geológica em escala planetária".[45]

A dificuldade de apreender intuitivamente as implicações da "Grande Aceleração" em curso reside no hábito de prefigurar o futuro a partir das experiências e das métricas do passado. Nada, contudo, pode ser mais enganoso para o senso comum do que uma dinâmica de aceleração, em especial quando se levam em conta as respostas não lineares do sistema Terra ao aumento e ao acúmulo de perturbações antropogênicas. Tomemos, por exemplo, a elevação do nível do mar. No período de 1900 a 1930, a taxa média de elevação do nível do mar era de 0,6 mm por ano. Entre 2014 e 2017, o nível do mar se elevou em média 5 mm por ano e, em 2019, ele se elevou 6,1 mm em relação a 2018.[46] Em apenas um século, portanto, a rapidez da elevação do nível do mar mais que decuplicou. Isso significa que, em média, essa rapidez duplicou a cada 33 anos, passando de 0,6 mm, para 1,2 mm, 2,4 mm e 4,8 mm. E estamos em via de duplicá-la mais uma vez, talvez antes dos próximos 33 anos. Isso se chama crescimento exponencial, um tipo de dinâmica que nossa intuição tem dificuldade de apreender em nossa experiência cotidiana. Em 2011, James Hansen e Makiko Sato mostravam a magnitude assombrosa de um provável aumento exponencial do nível do mar neste século:

> Conforme o aquecimento aumenta, o número de rios de gelo a contribuir para a perda de massa aumentará, favorecendo uma resposta não linear, mais bem caracterizada por um aumento exponencial do que por um aumento linear. Hansen (2007) sugeriu que um tempo de duplicação a cada dez anos era plausível, e indicou que tal tempo de duplicação, com uma contribuição do manto de gelo de 1 mm por ano para o nível do mar na década de 2005-2015, levaria a cumulativos cinco metros de aumento do nível do mar em 2095.[47]

Em 2016, os mesmos autores, ao lado de outros colegas, reafirmaram com mais dados os resultados de sua análise:

> Nossa hipótese é de que a perda de massa do gelo mais vulnerável, suficiente para aumentar o nível do mar em vários metros, aproxima-se melhor de uma resposta exponencial do que de uma resposta linear. Tempos de duplicação de dez, vinte ou quarenta anos produzem aumentos de vários metros no nível do mar em cerca de cinquenta, cem ou duzentos anos.[48]

A elevação do nível do mar tornou-se irreversível. Já em seu Terceiro Relatório de Avaliação, há pouco mais de vinte anos (AR3, 2001), o Painel Intergovernamental sobre as Mudanças Climáticas (IPCC) afirmava: "Projeta-se que o nível do mar continuará a se elevar por muitos séculos".[49] O IPCC, é verdade, não tem integrado a hipótese de aumento exponencial de Hansen e colegas em suas projeções de elevação do nível do mar. No entanto, em apoio a ela, Mohsen Taherkhani e colegas mostram que "as probabilidades de inundações extremas [na linha costeira] dobram aproximadamente a cada cinco anos no futuro".[50] Segundo as predições de Paul Voosen, quando os níveis do mar atingirem 25 cm acima dos níveis de 2000, o que pode ser atingido já em 2040, inundações da linha costeira que ocorrem uma vez por século poderão ocorrer anualmente.[51] Scott Kulp e Benjamin Strauss, do Climate Central, projetam, enfim, que cerca de trezentos milhões de pessoas em seis países da Ásia vivem hoje em terrenos que serão inundados durante as marés altas em meados do século XXI, algo impensável poucos anos atrás.[52] Como afirmam Robert DeConto e David Pollard: "Hoje estamos medindo a elevação do nível do mar em milímetros por ano. Falamos de um potencial para medi-la em centímetros por ano apenas em decorrência do degelo da Antártida".[53] Apenas por causa do degelo da Antártida o nível médio do mar pode subir dezenas de centímetros ainda neste século. A fratura do Thwaites, o maior glaciar do mundo (flutuante sobre o Mar de Amundsen, na Antártida Ocidental), é iminente. Segundo os participantes de uma recente expedição à Antártida, "o Thwaites está realmente se segurando hoje pelas unhas, e devemos esperar grandes mudanças em pequenas escalas de tempo no futuro, mesmo de um ano para o outro".[54] Sua fratura desobstruirá o caminho para que imensas quantidades de gelo continental cheguem ao mar. Segundo Erin Pettit, "se a plataforma de gelo oriental de Thwaites colapsar, o gelo nesta região poderá fluir até três vezes mais rápido para o mar. E se a geleira desabar completamente, ela aumentará o nível do mar em 65 cm".[55] Na Antártida Oriental, onde há pouco tempo não se detectava degelo e havia até mesmo aumento do gelo marítimo,[56] o colapso recente da plataforma de gelo Conger, em meados de março de 2022, sob o impacto de temperaturas até 40°C acima da média histórica, marca o primeiro colapso de uma geleira nessa região mais fria do continente e é outro signo do que está por vir.[57] Tudo o que é possível fazer agora é desacelerar ao máximo esse processo, antes que ele salinize deltas e aquíferos, destrua as praias e, em geral, os ecossistemas costeiros, torne inabitável muitas cidades e ameace as usinas nucleares. Isso só será possível se as sociedades priorizarem o desmatamento zero e a descarbonização da economia; em suma, se priorizarem a redução das concentrações atmosféricas de GEE. Por ora, porém, essas concentrações estão aumentando aceleradamente.

A velocidade crescente do aumento das concentrações atmosféricas de dióxido de carbono (CO_2) é outro exemplo didático da dificuldade de compreender os desdobramentos das dinâmicas de aceleração. Guy Stewart Callendar mal podia imaginar o alcance do que escreveu em 1939: "É um lugar-comum a afirmação de que o homem é capaz de acelerar os processos da natureza [...]. O homem está agora mudando a composição da atmosfera a uma taxa que deve ser excepcional na escala do tempo geológico".[58] Isso, repita-se, em 1939! Hoje, como afirmava em 2017 Pieter Tans, "a taxa de crescimento das concentrações de CO_2 na atmosfera na última década se deu entre cem e duzentas vezes mais rapidamente do que a Terra experimentou durante a transição da última idade do gelo [cerca de 15 mil a 11.700 anos antes do presente — AP]. Esse é um choque real para a atmosfera".[59] Em 2020, uma declaração da Geological Society of London reconhece a singularidade dessa aceleração na escala do tempo geológico:

> A velocidade atual do aquecimento e da mudança de CO_2 induzida pelo homem é, por assim dizer, sem precedentes em todos os registros geológicos, com a única exceção conhecida do evento meteorítico instantâneo que causou a extinção dos dinossauros não aviários há 66 milhões de anos.[60]

Matthias Aengenheyster e colegas expressam o mesmo consenso científico ao afirmar que "o sistema Terra está atualmente em um estado de rápido aquecimento, sem precedentes mesmo nos registros geológicos".[61] E, mais uma vez, estamos diante de uma dinâmica de aceleração: entre 1960 e 1969, o aumento do CO_2 atmosférico havia evoluído à taxa média anual de 0,85 partes por milhão (ppm).[62] Nos seis anos entre 2015 e 2020, esse aumento ocorreu a uma taxa média anual de 2,55 ppm.[63] A velocidade do aumento dessas concentrações, portanto, triplicou em apenas meio século. Já em 2013, quando as concentrações atmosféricas de CO_2 haviam atingido 395 ppm, sua taxa de aumento era considerada sem precedentes nos últimos 55 milhões de anos.[64] Em abril de 2021, elas atingiram 421,2 ppm, as mais altas dos últimos três milhões de anos, sendo que as concentrações típicas do Holoceno (11.700 AP até 1950) não excediam 280 ppm. Como bem diz Ken Caldeira: "Estamos recriando o mundo dos dinossauros cinco mil vezes mais rápido".[65] Isso significa que a escala de tempo geológico colapsou na escala do tempo histórico de poucas décadas. Em termos de nossa capacidade de perturbar coordenadas cruciais do sistema Terra, dez anos de nossa história presente equivalem agora, por assim dizer, a séculos de nossa história pregressa.

4. Até 2030: o consenso científico sobre o caráter decisivo deste decênio

Tudo o que foi precedentemente afirmado sobre a especificidade do nosso tempo, sobre a caracterização do processo de colapso em curso e sobre a dificuldade de apreender intuitivamente as dinâmicas de aceleração permite compreender melhor o alcance da frase de Will Steffen, citada em epígrafe. Ela resume a situação da humanidade hoje: "Estamos agora numa bifurcação. Não teremos outra década para hesitar como fizemos na década passada".

Aos que ainda continuam a se fiar em mudanças incrementais, em responsabilidade corporativa, em mercados de carbono ou em balas de prata tecnológicas, a afirmação precedente parecerá, à primeira vista, descabida, pois não a vemos refletida na pauta das negociações diplomáticas, nos programas partidários, nos currículos escolares e universitários, nas análises políticas e no receituário dos economistas. Malgrado os esforços da coalizão jornalística Covering Climate Now, criada em 2019,[66] os jornais em geral não a estampam em suas manchetes (ressalte-se, de resto, que nenhum veículo da imprensa convencional brasileira aderiu a essa coalizão). Os eleitores, em sua esmagadora maioria, desconhecem (ou preferem ignorar) a iminência do caos e, em todo caso, não orientam suas escolhas políticas pela percepção de que este decênio oferece a última oportunidade para se desviar da trajetória de um planeta crescentemente inabitável. Escapa ainda às sociedades em geral a percepção da iminência de seu desastre. Nem mesmo a maior parte dos atores engajados nas campanhas e debates em torno dos 17 Objetivos do Desenvolvimento Sustentável (ODS) ou da Convenção sobre Diversidade Biológica (CDB) se reconhece hoje num veredito tão extremo. E, no entanto, ele exprime um consenso científico bem estabelecido. O que se pretende mostrar a seguir é a força desse consenso, bem como a resistência que lhe opõe a lógica do sistema econômico vigente, defendida por seus ideólogos, que poderíamos agrupar sob o termo de "gradualistas".

Há mais de cinquenta anos, a comunidade científica vem se mobilizando para comunicar às sociedades a inviabilidade crescente do regime energético-alimentar vigente, imposto pela economia da acumulação. As primeiras manifestações da comunidade científica em 1972 — os já citados *Only One Earth*, "Blueprint for Survival" e *Limites do crescimento* —, assim como a "World Cientists' Warning to Humanity", de 1992,[67] eram apenas os primeiros passos dessa mobilização, que dá um salto de radicalidade no segundo decênio do século XXI. Em 2013, Anthony Barnosky e colegas publicaram o "Scientific Consensus on Maintaining Humanity's Life Support Systems in the 21st Century: Information for Policy Makers", endossado por mais de 3.700 assinaturas.[68] Em 2017, 2020 e 2021, William Ripple e colegas publicaram três advertências sobre a emergência ambiental e climática, subscritas por dezenas de milhares de cientistas de mais de 180 países.[69] Em 2021, seus signatários afirmaram:

> Há um surto sem precedentes de desastres relacionados ao clima desde 2019, incluindo inundações devastadoras na América do Sul e no Sudeste Asiático, recordes avassaladores de ondas de calor e incêndios florestais na Austrália e no oeste dos Estados Unidos, uma temporada extraordinária de furacões no Atlântico e ciclones destruidores na África, no Sul da Ásia e no Pacífico Ocidental. Há também crescente evidência de que estamos nos aproximando ou já cruzamos pontos de inflexão associados a elementos críticos do sistema Terra, incluindo as camadas de gelo da Antártida Ocidental e da Groenlândia, recifes de coral tropicais e a floresta amazônica. Diante desses desenvolvimentos alarmantes, precisamos de atualizações rápidas, frequentes e facilmente acessíveis sobre a emergência climática.[70]

Os dois mais importantes coletivos científicos da atualidade, a Plataforma Intergovernamental sobre Biodiversidade e Serviços Ecossistêmicos (IPBES)[71] e o IPCC,[72] trabalham em conjunto para fornecer essas atualizações e ampliar a consciência do caráter decisivo do momento atual. Em junho de 2021, um workshop conjunto dos dois órgãos ressalta um fato de importância transcendental:

> Em cenários de aquecimento associados a pouco sucesso na mitigação do clima (RCP 8.5), projeta-se uma ruptura abrupta da estrutura, da função e dos serviços ecológicos nos sistemas marinhos tropicais *até 2030*, seguida pela ruptura das florestas tropicais e pelos sistemas de mais alta latitude até 2050.[73]

Analisando esse processo de fulminante degradação dos ecossistemas oceânicos, Sylvia Earle, ex-cientista-chefe da National Oceanic and Atmospheric Administration (Noaa), reitera o prognóstico desse workshop:

> Eis onde estamos agora. *Eis os próximos dez anos*, com essa nova consciência dos problemas que criamos para nós mesmos, e 2020 deveria ter sido o grande alerta. Nós, humanos, temos de dar ouvidos às leis da natureza e enfrentar a realidade de que estamos causando nossa própria desgraça.[74]

A ONU proclamou a Década da Ciência dos Oceanos para o Desenvolvimento Sustentável (2021-2030) (*Decade of Ocean Science for Sustainable Development*) numa tentativa de "reverter o ciclo de declínio da saúde dos oceanos".[75] Para tanto, outro coletivo científico, a Intergovernmental Oceanographic Commission (IOC), criado em 1960 e coordenado pela Organização das Nações Unidas para a Educação, a Ciência e a Cultura (Unesco), lançou o Plano de Implementação da Década do Oceano, cuja função é propor "a ciência que precisamos para o oceano que queremos":

> À medida que o mundo enfrenta desafios globais, como a pandemia de covid-19, as mudanças climáticas e a erosão da biodiversidade, há poucas dúvidas de que nossa saúde e bem-estar dependem da saúde e da resiliência dos ecossistemas oceânicos. Devemos tomar medidas para protegê-los *agora*.[76]

Também para Johan Rockström, diretor do Potsdam Institute for Climate Impact Research, a perda atual de biodiversidade é tão fulminante que não se pode falar sequer de um prazo tão curto quanto um decênio para revertê-la:

> Estamos em um ponto tão perigoso no que se refere à perda de espécies e à destruição de ecossistemas na Terra que temos de deter a queda da biodiversidade o mais cedo possível. É chegado o momento de estabelecer perda zero de biodiversidade como meta em 2021 ou 2022, em suma, *no início deste decênio*. Perda zero de natureza a partir de agora seria o equivalente a um 1,5°C como aquecimento máximo permitido.[77]

Essa avaliação ecoa a de Robert Watson. Em uma conferência de imprensa em 2018, o ex-diretor da IPBES denunciou as políticas dilatórias no combate à predação da biosfera:

> O tempo para a ação era ontem ou anteontem. Os governos reconhecem que temos um problema. Agora precisamos de ação, mas infelizmente a ação

> que temos não está no nível requerido. Precisamos agir para deter e reverter o uso insustentável da natureza ou correr o risco não apenas de não termos o futuro que queremos, mas de não termos a vida que levamos atualmente.[78]

Em 2021, a International Coral Reef Society (ICRS), em colaboração com o Future Earth Coast, o Programa das Nações Unidas sobre o Meio Ambiente (Pnuma) e o International Coral Reef Initiative, lançou o relatório *Rebuilding Coral Reefs: A Decadal Grand Challenge*. A mensagem central desse documento é clara: a sobrevivência dos corais depende claramente do que for feito neste decênio: "O próximo ano e *a próxima década* provavelmente oferecem a última chance para entidades internacionais, regionais, nacionais e locais para mudar a trajetória dos recifes de coral, do colapso global a uma recuperação lenta, mas constante".[79] É importante entender o que está em jogo aqui. "Embora cubram menos de 0,1% do leito oceânico, os recifes de corais abrigam mais de um quarto de todas as espécies de peixes marinhos, além de muitas outras espécies de animais marinhos", afirma a União Internacional para a Conservação da Natureza (IUCN), que adverte que 33% deles, globalmente, podem ser considerados ameaçados ou criticamente ameaçados.[80] Na abertura da 47ª reunião do G7, no Reino Unido, em junho de 2021, foi a vez de David Attenborough soar o alarme sobre a última janela de oportunidade que o presente decênio ainda oferece:

> O mundo natural hoje está muito diminuído. Isso é inegável. Nosso clima está esquentando rapidamente. Não há dúvida a respeito. Nossas sociedades e nações são desiguais, e isso é tristemente notório. Mas a questão que a ciência nos força a abordar especificamente em 2021 é se, em decorrência da combinação desses fatos, estamos prestes a desestabilizar todo o planeta. Em caso afirmativo, então as decisões que fizermos *nesta década* — em particular as decisões feitas pelas nações economicamente mais avançadas — são as mais importantes da história da humanidade.[81]

Em 31 de outubro de 2021, em seu discurso proferido na seção de abertura da 26ª Conferência das Partes (COP26), David Attenborough elevou ainda mais o tom: "É assim que nossa história deve terminar? Uma história da espécie mais inteligente condenada por sua característica demasiado humana de não conseguir ver a realidade mais ampla na busca de objetivos de curto prazo? [...] Precisamos deter as emissões de carbono *nesta década*".[82]

Se alguém ainda vê hipérboles nessas afirmações, convém que preste atenção na linguagem empregada pelos cientistas do IPCC em seus relatórios e declarações recentes. Ao apresentar, em 2018, o relatório especial do IPCC sobre o aquecimento global de 1,5°C (SR1.5, 2018), Debra Roberts[83] sublinhava a dimensão histórica transcendental dessa data: "As decisões que tomarmos hoje são críticas para assegurar um mundo seguro e sustentável para todos, agora e no futuro. [...] *Os próximos poucos anos* serão provavelmente os mais importantes de nossa história".[84] No prefácio desse relatório, Petteri Taalas, secretário-geral da Organização Meteorológica Mundial (OMM), e Joyce Msuya, diretora-executiva do Pnuma, afirmam:

> Sem uma crescente e urgente ambição de mitigação *nos próximos anos*, com uma queda acentuada nas emissões de gases de efeito estufa *até 2030*, o aquecimento global ultrapassará 1,5°C nas décadas seguintes, levando à perda irreversível dos ecossistemas mais frágeis e a crises seguidas de crises para as pessoas e sociedades mais vulneráveis.[85]

Como veremos nos capítulos 5 a 7, esse patamar de 1,5°C será ultrapassado, provavelmente, já no presente decênio. Uma pesquisa publicada por Will Steffen em 2018, à frente de uma equipe de outras quinze lideranças científicas, enfatiza como a trajetória do sistema Terra pelos próximos milênios depende das decisões tomadas nos anos 2020 e 2030:

> As tendências e decisões sociais e tecnológicas que ocorrerão *na próxima década* [2021-2030], ou nas próximas duas décadas, podem influenciar significativamente a trajetória do sistema Terra por dezenas a centenas de milhares de anos e, potencialmente, levar a condições que se assemelham a estados planetários vistos pela última vez há milhões de anos, condições que seriam inóspitas para as sociedades humanas atuais e para muitas outras espécies contemporâneas.[86]

Para Johan Rockström, coautor do trabalho supracitado, o presente decênio se tornou o tema central de um sem-número de manifestações. Em um TED Talk de 2020, intitulado justamente "Dez anos para transformar o futuro da humanidade — ou desestabilizar o planeta", ele afirma:

> Em outro TED Talk, dez anos atrás, falei sobre os limites planetários que mantinham o planeta num estado em que a humanidade podia prosperar.

> [...] Pensávamos realmente, então, ter mais tempo. Os alertas estavam acesos, claro, mas ainda não se desencadeara nenhuma mudança irreversível. Desde então, há crescente evidência de estarmos rapidamente nos distanciando de uma zona de segurança para a humanidade na Terra. O clima atingiu um ponto crítico global. [...] Corremos o risco de cruzar pontos de inflexão (*tipping points*) que levarão o planeta a deixar de ser nosso melhor amigo resiliente, amortecendo nossos impactos, para começar a trabalhar contra nós, amplificando o aquecimento. Pela primeira vez, somos forçados a considerar que há um risco real de desestabilizar o planeta inteiro. [...] É preciso que *os próximos dez anos, até 2030*, vejam a mais profunda transformação que o mundo jamais conheceu. Essa é nossa missão. Essa é a contagem regressiva.[87]

Rockström voltou à carga em 2021:

> De acordo com a evidência que temos hoje, minha conclusão é de que o que fizermos *entre 2020 e 2030* será decisivo para o futuro da humanidade na Terra. O futuro não está determinado. O futuro está em nossas mãos. O que acontecerá no próximo século será determinado pelo modo como jogarmos nossas cartas *neste próximo decênio*.[88]

Acerca da necessidade de reduzir as emissões de GEE pela metade até 2030 em relação aos níveis de 2010, Alok Sharma, presidente da COP26, adotou a mesma linguagem: "Este é nosso momento. Esta é *a década decisiva*. Se não conseguirmos isso exatamente agora, receio que as coisas ficarão muito sombrias para as gerações futuras. Não temos trinta anos, temos na realidade *menos de dez anos* para acertar".[89] Sharma ecoava, em junho de 2021, a advertência de *sir* David King, que trabalhou para o governo britânico como conselheiro científico-chefe (2000-2007) e como representante especial para as mudanças climáticas (2013-2017). Em outubro de 2018, por ocasião do Clean Growth Innovation Summit, ele se referiu ao terceiro decênio do século como o momento divisor de águas em todo o arco da civilização humana: "A humanidade está diante do mais sério desafio de sua história. [...] O tempo não está mais do nosso lado. O que continuarmos a fazer, o que inovarmos e o que planejarmos fazer *nos próximos dez ou doze anos* determinará o futuro da humanidade nos próximos dez mil anos".[90]

Dois artífices do Acordo de Paris, Christiana Figueres e seu assessor político, Tom Rivett-Carnac, publicaram em 2020 um livro de grande impacto, *The Future We Choose: Surviving the Climate Crisis*, cuja introdução tem por título, como já esperado, "A década crítica". Duas datas — 2030 e 2050 — resumem seu teor:

> Até 2050, no mais tardar, e idealmente até 2040, será necessário emitir apenas a quantidade de GEE que a Terra pode absorver naturalmente através de seus ecossistemas (um equilíbrio conhecido como emissões líquidas zero ou neutralidade de carbono). Para atingir essa meta cientificamente estabelecida, nossas emissões globais de GEE devem estar claramente em declínio no início dos anos 2020 e reduzidas em ao menos 50% até 2030. A meta de reduzir as emissões pela metade até 2030 representa o mínimo absoluto a ser alcançado se quisermos ter pelo menos 50% de chances de proteger a humanidade dos piores impactos. *Estamos na década crítica*. Não é exagero dizer que o que fizermos em relação às reduções de emissões *até 2030* determinará a qualidade da vida humana neste planeta por centenas de anos, se não mais. Se não reduzirmos nossas emissões pela metade até 2030, é altamente improvável que consigamos reduzir as emissões pela metade a cada década, até chegarmos a zero líquido em 2050.[91]

O manifesto sobre a emergência climática lançado em 2018 por setecentos cientistas franceses reafirma quanto o longo prazo depende crucialmente do curto prazo:

> Apenas mudanças imediatas e engajamentos em curto prazo, no âmbito de objetivos claros e ambiciosos *no horizonte de 2030*, podem nos permitir enfrentar o desafio climático. Este nos ensina que o longo prazo depende de decisões no curto prazo, as quais permitirão às gerações futuras não precisar se resignar ao pior.[92]

Toby Ord é igualmente certeiro ao observar que a ausência atual de radicalidade no combate à emergência climática pode implicar um círculo vicioso de aquecimentos futuros, capazes de destruir o potencial da humanidade:

> Contrariamente a muitos outros riscos avaliados, a preocupação central aqui [*i.e.*, a emergência climática] não é a possibilidade de encontrar nosso fim neste século, e sim a possibilidade de que nossas ações agora possam tornar inevitável esse desastre no futuro. Se for assim, podemos já estar

> vivendo o tempo de nossa catástrofe existencial — o tempo no qual o *potencial* da humanidade é destruído. Se há uma séria chance de que isso ocorra, então a ameaça das mudanças climáticas pode ser ainda mais importante do que lhe é tipicamente reconhecido.[93]

Seria de pouco proveito alinhar ainda outras citações de cientistas e coletivos científicos, pois a percepção de que estamos no decênio decisivo de nossa história é, além de consensual na comunidade científica, já largamente compartilhada (ao menos em seus discursos) por protagonistas do sistema político global e do mundo corporativo. Particularmente atento à ciência, António Guterres, atual secretário-geral da ONU, adverte incessantemente sobre a necessidade de cessar "a guerra contra a natureza". Em seu discurso proferido na seção inaugural da COP26, ele denunciou o gradualismo prevalecente e martelou com força redobrada a necessidade de reduzir as emissões globais de GEE em 45% até 2030, no contexto de um discurso sobre a extinção dos humanos:

> É hora de dizer basta! Basta de brutalizar a biodiversidade! Basta de nos matar com carbono; basta de tratar a natureza como uma latrina; basta de queimar, perfurar e minerar para nos afundar ainda mais nesse caminho! Estamos cavando nossas próprias sepulturas. [...] Os anúncios recentes de mitigação podem dar a impressão de estarmos a caminho de mudar as coisas. Isso é uma ilusão.[94]

5. Um abismo separa o capitalismo das políticas de sobrevivência

Se alguém ainda tem dúvidas sobre o caráter decisivo deste decênio para o destino de nossas sociedades, os dados coligidos e as análises propostas ao longo deste livro bastarão, espero, para dissipá-las. Isso posto, meu propósito maior aqui não é apenas sublinhar o fato de estarmos vivendo o momento mais crucial da história da humanidade. É também, e sobretudo, dar maior visibilidade e ressaltar a convergência entre esse ensinamento da ciência e o dos movimentos sociais, sobretudo dos jovens, dos povos originários, dos pequenos e médios agricultores da agroecologia, dos vegetarianos, dos negros e das feministas pelo clima, das periferias das grandes cidades e, em geral, dos setores mais espoliados, estigmatizados e marginalizados das sociedades. Esses não são "setores" sociais, são a grande maioria da população humana, mas são também os "invisíveis", os que os algoritmos dos mercados e das redes desconsideram por não existirem como consumidores. São, é claro, as primeiras vítimas do mundo degradado pela mercadoria (como tratado no Capítulo 8, seção 8.2), mas justamente por olharem de fora esse mundo que os ignora é que têm algo de único a ensinar. Eis o núcleo desse ensinamento: o capitalismo globalizado (e isso inclui as sociedades que se qualificam como socialistas) é incompatível: (i) com a estabilidade do sistema climático; (ii) com a salvaguarda da biodiversidade; (iii) com um sistema produtivo e alimentar de baixo impacto ambiental; (iv) com a saúde física e mental dos organismos; (v) com a imprescindível minimização da geração de resíduos; (vi) com a diminuição da desigualdade; e (vii) com uma governança política global, pacífica e democrática. Demonstrar, de todas as formas possíveis, a incompatibilidade constitutiva entre o capitalismo e essas sete condições de possibilidade de nossa sobrevivência é o objetivo de cada página deste livro.

O que por ora importa sublinhar é que, quanto mais amplos os dados e mais consolidado se torna o consenso científico sobre a aceleração dos desequilíbrios planetários, mais o capitalismo globalizado revela a engrenagem exterminadora e a monstruosidade moral que se tornou. Pois não é tanto a excepcionalidade da guerra, mas o funcionamento "normal" — e perfeitamente consciente de seus danos — da economia globalizada que solapa as condições de existência dos seres vivos, e isso de modo fulminante e em escala ainda maior do que as guerras tecnológicas dos séculos XX e XXI. Se as sociedades pretendem conservar as condições socioambientais que permitem sua existência, é chegado o momento de se empenharem na construção de outra civilização, com todos os riscos e custos implicados nesse empenho. O fim dos subsídios e a imposição de taxas relevantes aos combustíveis fósseis, e os esforços diplomáticos para reduzir as emissões de GEE e para zerar o desmatamento são iniciativas obviamente necessárias. Mas os que persistem em crer que negociações diplomáticas de gabinete e "soluções" de mercado ainda podem evitar o pior sabotam o bem comum ou, no afã de se enganarem, sua própria inteligência.

Os governantes nunca deixaram de mostrar sua determinação de governar para a elite econômica e para a manutenção dessa economia da destruição. Em janeiro de 2021, Joe Biden declarou: “É chegado o momento de tratar com maior senso de urgência essa ameaça máxima que nos confronta, a mudança climática. [...] Por isso, estou assinando hoje uma ordem executiva [...] para enfrentar a ameaça existencial das mudanças climáticas. Essa é uma ameaça existencial”.[95] O valor dessas palavras se mede pelo fato de que, em janeiro de 2022, Biden já havia superado Trump na emissão de licenças de extração de petróleo em terras públicas;[96] em março de 2022, Biden abriu ao mercado as reservas estratégicas de petróleo de seu país à taxa, sem precedente histórico, de um milhão de barris por dia ao longo de seis meses, censurando, ademais, a indústria de combustíveis fósseis dos Estados Unidos por não aproveitar as nove mil licenças já aprovadas de exploração desses combustíveis.[97] Em abril de 2022, enfim, sua administração decidiu retomar os leilões de licenças para exploração de petróleo e gás em 58 mil hectares de terras públicas federais em nove estados, contrariando uma de suas mais explícitas promessas de campanha. Em um de seus comícios, por exemplo, em fevereiro de 2020, Biden exclamara: “E a propósito, chega de exploração [de petróleo e gás] em terras federais, ponto-final. Ponto-final. Ponto-final. Ponto-final!” (*And by the way — no more drilling on federal lands, period. Period, period, period!*).[98] A invasão da Ucrânia ofereceu-lhe uma oportunidade de ouro para tentar suplantar a Rússia no fornecimento global de combustíveis fósseis, algo evidentemente mais importante para as elites e para a indústria de combustíveis fósseis do que qualquer ameaça à nossa existência. A despeito da ferocidade de seus conflitos, Biden, Putin e os governos do G20 em geral, responsáveis por 80% das emissões globais de GEE, comandam em conjunto, de resto bastante harmoniosamente, o processo em curso de colapso socioambiental. É preciso, portanto, deslegitimá-los. Isso implica, para as sociedades, para nós todos, a necessidade impreterível de se insurgir contra o sistema político e econômico vigente que não nos representa, pois não prioriza nosso direito elementar à simples existência nesse planeta. Contribuir para essa insurgência é o papel de todos os cidadãos da grande República de Gaia, a qual precisamos construir democraticamente sobre os escombros dos Estados nacionais. É preciso abrir-se ao ensinamento de Greta Thunberg, por exemplo, quando afirmava na COP24, em 2018, acerca do sistema econômico global: “Se é tão impossível achar soluções no interior deste sistema, talvez devêssemos mudar o próprio sistema”.[99] Mudá-lo em que sentido? O socialismo do século XX fracassou. Trata-se de compreender a extensão e as razões desse fracasso, aprender com elas e ir muito além dessa experiência, pois os ideais de justiça social que suscitaram o socialismo permanecem mais vivos e legítimos que nunca. Os que procuram confundir esses ideais com as atrocidades e infâmias cometidas em seu nome apenas se encastelam em pretextos para perpetuar seus próprios privilégios. Esses ideais se renovam hoje na forma de um ecossocialismo ou de uma social-ecologia, em suma, de uma ecodemocracia. Ao longo do livro, e em particular no Capítulo 11, tentarei sugerir alguns parâmetros das rupturas civilizacionais requeridas para a conquista de uma política e de uma sociedade da sobrevivência. Mas convém desde logo repisar os oito princípios basilares sobre os quais ela se assenta:

1. redução emergencial das diversas desigualdades entre os membros da espécie humana;
2. diminuição do consumo humano de materiais e de energia;
3. extensão da ideia de sujeito de direito às demais espécies, à biosfera e às paisagens naturais;
4. restauração e ampliação das reservas naturais e das reservas indígenas, a serem consideradas como santuários inacessíveis aos mercados globais;
5. desmantelamento da economia global e transição para uma civilização descarbonizada;
6. desglobalização do sistema alimentar e sua transição para uma alimentação baseada em nutrientes vegetais;
7. o arcabouço jurídico internacional vigente deve superar o axioma da soberania nacional absoluta em benefício de uma soberania nacional relativa;
8. a aceleração da transição demográfica aumenta as chances de sucesso das rupturas acima enunciadas.

Esses oito princípios constituem, a meu ver, a moldura de referência de um programa de ação política concreta que caberá às sociedades, coletivamente, formular e desenvolver. Ele não será realizado, obviamente, neste decênio crucial, mas, se até 2030 não tivermos avançado significativamente em sua direção, teremos, com toda a probabilidade, perdido o último decênio para agir de modo a evitar o pior. E o pior começa pela catástrofe de um aquecimento médio superficial global acima ou muito acima de 2°C em relação ao período pré-industrial, que pode ser atingido antes de meados do século. O que formos capazes de realizar nos próximos anos para criar uma democracia global, apta a superar os padrões e as expectativas atuais de crescente consumo energético, de aniquilação biológica e de unilateralismo nacionalista, decidirá o potencial e mesmo o destino da civilização humana. Mantida a atual trajetória, não se exclui mais que esse destino seja o mesmo que o de milhares de outras formas de vida a que o sistema econômico globalizado está, hoje, condenando.

Parte I

A ruptura impreterível no sistema alimentar

1. A aniquilação biológica

A biodiversidade — a diversidade nas espécies, entre espécies e dos ecossistemas — está diminuindo mais velozmente do que em qualquer outro momento da história humana.
— IPBES[1]

O futuro da vida na Terra e do bem-estar humano depende das ações que tomarmos para reduzir a extinção de populações e espécies nas próximas duas décadas.
— Gerardo Ceballos & Paul Ehrlich[2]

Tal como a emergência climática e de modo igualmente perigoso, a aniquilação em curso da biodiversidade age de modo sistêmico na desestabilização do sistema Terra. Esses dois fatores estão intimamente interligados e são as ameaças mais cruciais à habitabilidade do planeta, seja por sua ação direta e suas sinergias, seja por seus impactos irreversíveis. Os sete capítulos iniciais deste livro dedicam-se à análise dessas duas ameaças, de suas interações e de seus impactos presentes e futuros a curto prazo.

No último meio milênio, com forte ênfase nos últimos setenta anos, vêm se desenvolvendo no planeta os estágios iniciais do sexto evento maior de extinção em massa de espécies desde o final do Ordoviciano.[3] Ao contrário das cinco anteriores, a grande extinção em curso não foi deflagrada por um desastre natural, cósmico ou tectônico. Trata-se da primeira grande extinção de caráter antropogênico na história da vida em nosso planeta.[4] Mantida a atual trajetória, ela pode erradicar três quartos das espécies hoje existentes. Ressurge aqui, mais uma vez, a questão do decênio decisivo, pois, como afirma Anthony Barnosky, da Stanford University:

> A melhor maneira de imaginar a sexta extinção em massa é olhar para fora e então imaginar que três em cada quatro espécies que eram comuns desapareceram. [...] Temos essa janela de oportunidade muito curta — dez a vinte anos — para fazer um progresso significativo. Porque, caso

contrário, teremos descido fundo demais nessa trajetória para que ainda seja possível revertê-la.[5]

A causa primeira dessas perdas de vida selvagem é a antropização de seus habitats, vale dizer, a supressão e a degradação de dezenas de milhões de quilômetros quadrados de florestas e de outros habitats selvagens em todas as latitudes do planeta. Essa causa tem sido ressaltada de modo reiterado, e mais recentemente pela mais importante avaliação do estado atual da biodiversidade, proposta em maio de 2019 pela IPBES: "75% da superfície da Terra [não coberta de gelo] está significativamente alterada, 66% da área oceânica está sofrendo impactos crescentes e cumulativos, e mais de 85% das áreas úmidas foram perdidas".[6] Como veremos adiante (seção 1.4), são muitas as avaliações da envergadura e da velocidade crescente da eliminação e degradação das coberturas vegetais primárias, em diversos períodos considerados, desde o início do Holoceno, 11.700 anos antes do presente (AP). O que importa desde logo frisar, antes da apresentação dos dados, é que esse processo é, em última instância, uma aceleração da Terra em direção ao equilíbrio termodinâmico, ou seja, em direção a um planeta desprovido do potencial único de síntese e armazenamento energético das plantas. Como afirmam John Schramski, David Gattie e James Brown:

> A Terra é uma bateria química onde, ao longo do tempo evolutivo, com uma carga lenta de fotossíntese usando energia solar, bilhões de toneladas de biomassa viva foram armazenadas em florestas e outros ecossistemas e em vastas reservas de combustíveis fósseis. [...] As leis da termodinâmica que regem a carga residual e a descarga rápida da bateria da Terra são universais e absolutas. [...] Com o rápido esgotamento dessa energia química, a Terra está voltando ao equilíbrio inóspito do espaço sideral, com desdobramentos fundamentais para a biosfera e a humanidade.[7]

Desde o Arqueano — talvez, mais precisamente, entre 3,4 bilhões e 2,9 bilhões de anos atrás —,[8] organismos aptos a realizar fotossíntese começaram gradualmente a converter energia solar difusa de baixa qualidade em energia química de alta qualidade. O sistema econômico vigente, globalizado, inerentemente expansivo e de alto e crescente dispêndio energético, está descarregando essa bateria a uma velocidade vertiginosa. No ano 1 d.C., estimam os autores, a Terra continha cerca de um trilhão de toneladas de carbono em biomassa viva, o equivalente a cerca de 35 zettajoules (1 ZJ = 10^{21} joules) de energia química, principalmente na forma de árvores nas florestas. Em 2000, os humanos reduziram-na em 45%, para cerca de 550 bilhões de toneladas (1 bilhão de toneladas = 1 gigatonelada) de carbono na biomassa (ou 19,2 ZJ), sendo 11% esgotados apenas desde 1900.[9] Esses cálculos são coincidentes com os de Thomas Crowther e colegas, segundo os quais o número de árvores, desde o início das civilizações humanas, caiu quase pela metade (46%) e segue diminuindo rapidamente: hoje, mais de quinze bilhões de árvores são derrubadas anualmente.[10] A invasão e a destruição das florestas e demais biomas pelo sistema econômico globalizado levaram, desde os anos 1970, ao atual estado de "ultrapassagem" (*overshoot*). Isso significa que o modelo econômico vigente opera agora como se pudesse dispor de uma área 73% maior do que a do nosso planeta, com crescente contração e degradação da biosfera.[11]

A destruição da natureza pelo sistema econômico é um processo ao mesmo tempo criminoso, imoral e estúpido, cujo absurdo foi posto em evidência por Edward O. Wilson: "Destruir uma floresta tropical para obter ganho econômico é como queimar uma pintura do Renascimento para cozinhar uma refeição".[12] Não uma pintura, mas museus inteiros da biosfera estão sendo queimados nesse processo. Sobre suas cinzas, objetos manufaturados já nascem como lixo ou se amontoam na antessala do lixo. No Capítulo 8 (seção 8.3), discutiremos um trabalho publicado por Emily Elhacham e colegas sobre a superação da biomassa do planeta pela "massa antropogênica", medidas ambas em unidades de teratoneladas (Tt – um trilhão de toneladas = 10^{18} gramas) de peso desidratado.[13] Há, ao menos, três pontos essenciais a reter desse trabalho no que se refere a essa prevalência do antropogênico sobre o natural:

1. a massa antropogênica cresceu explosivamente no século XX, duplicando recentemente a cada vinte anos. Em 1900, ela era de menos de 0,1 Tt, representando então apenas 3% da biomassa viva (plantas, animais e microrganismos). Por volta de 2020, essa massa antropogênica superou ou está em vias de superar a biomassa viva do planeta;
2. hoje, todas as plantas da Terra pesam cerca de 1 Tt, vale dizer, metade de sua massa no início do Holoceno (11.700 anos AP);
3. mantida a trajetória atual, em 2040 a massa antropogênica pesará o triplo da biomassa viva planetária.

Não por acaso, Matthew Canfield e colegas qualificam como "cataclísmica" a perda em curso de biodiversidade;[14] Rodolfo Dirzo e colegas falam em "defaunação";[15] James Watson e colegas falam em "declínio catastrófico" de áreas pouco ou não antropizadas (*wilderness*);[16] Daniel Pauly fala em "destruição ecológica", referindo-se especificamente à biodiversidade marinha;[17] e ao menos três trabalhos publicados entre 2015 e 2020 por Gerardo Ceballos, Anne H. Ehrlich e Paul R. Ehrlich, Peter Raven e, novamente, Rodolfo Dirzo designam o processo em curso e em aceleração pelo termo adotado neste capítulo: "aniquilação biológica".[18]

1.1 Extinções e contrações populacionais de espécies

Essa contração da biomassa viva do planeta e da biodiversidade,[19] sob o peso das atividades econômicas e da proliferação poluidora da massa antropogênica, reflete-se no já referido relatório de avaliação do estado atual da biodiversidade, lançado em 2019 pela IPBES.[20] Ressoa nele um grito de alarme: um milhão de espécies, ou 12,5% dos cerca de oito milhões de espécies eucariotas existentes (segundo as últimas estimativas), estão hoje em trajetória de extinção, e muitas podem se extinguir em décadas:

> As ações humanas agora ameaçam de extinção global mais espécies do que nunca. Em média, cerca de 25% das espécies nos grupos de animais e plantas avaliados estão ameaçadas, o que sugere que aproximadamente um milhão já correm risco de extinção e muitas podem desaparecer em décadas, a menos que se tomem medidas para reduzir os fatores que impulsionam a perda de biodiversidade. Sem essa ação, haverá uma nova aceleração na taxa global de extinção de espécies, que já é pelo menos dezenas a centenas de vezes maior do que a média nos últimos dez milhões de anos.[21]

Outros modelos de avaliação dos registros fósseis sugerem que a taxa atual global de extinção de espécies em geral pode ser ainda maior que a reportada pela IPBES.[22] Nos anos 1990, as estimativas das taxas atuais de extinção oscilavam entre cem e mil vezes acima da taxa de base inferida por esses registros.[23] Em 2005, o Millennium Ecosystem Assessment[24] estimava uma taxa de extinções de espécies mil vezes superior à taxa de base e projetava que em 2050 a taxa de extinção viria a ser mais de uma ordem de grandeza maior que as taxas atuais, isto é, uma taxa pelo menos dez mil vezes maior que a taxa de base. Edward O. Wilson e os cientistas do BirdLife International (cujas estimativas não se restringem às aves) admitiram taxas atuais de extinção até dez mil vezes acima da taxa de base.[25] Em 2014, Jurriaan de Vos e colegas propuseram um número nessa mesma ordem de grandeza, baseados em estimativas de um número menor de extinções da taxa de base:

> Uma medida-chave do impacto global da humanidade é o quanto as taxas de extinção de espécies aumentaram. Declarações usuais são de que essas taxas são cem a mil vezes maiores que as taxas de extinção pré-humana ou taxas de base. [...] Pesquisadores anteriores optaram por uma referência aproximada de uma extinção por milhão de espécies por ano. [...] Concluímos que, tipicamente, as taxas de base de extinção podem ser próximas a 0,1 extinção por milhão de espécies por ano. Assim, as taxas de extinção atuais são mil vezes mais altas do que as taxas de base de extinção, e as taxas futuras provavelmente serão dez mil vezes mais altas.[26]

Mais importante talvez que essas diferenças entre as taxas atuais de extinção e as taxas de base, sejam elas quais forem, é a avaliação dos números absolutos proposta por Rodolfo Dirzo e coautores da mencionada revisão de 2014:

> Adotando uma estimativa conservadora de cinco milhões a nove milhões de espécies animais no planeta, estamos provavelmente perdendo cerca de onze mil a 58 mil espécies anualmente. No entanto, essa hipótese não considera extirpações populacionais e declínios na abundância animal dentro das populações.[27]

Milhares ou dezenas de milhares de espécies extintas a cada ano mostram, claro está, apenas o começo, pois, sendo a biosfera composta por espécies interdependentes, a cada espécie perdida, mais frágil e esgarçada se torna a teia de sustentação da vida e mais o processo de extinções em massa pode se acelerar. Segundo a IPBES, mais de quinhentas mil, ou seja, cerca de 9% das 5,9 milhões de espécies terrestres "não têm mais habitat suficiente para sobrevivência no longo prazo e estão, portanto, condenadas à extinção, muitas delas no horizonte de décadas, a menos que seus habitats sejam restaurados".[28]

Também de acordo com a IPBES, "as ações humanas já levaram à extinção ao menos 680 espécies de vertebrados desde 1500".[29] Isso significa que essas extinções *registradas* de vertebrados vêm ocorrendo à taxa média de 1,3 espécie por ano desde o século XVI, o que, segundo uma estimativa conservadora, representa mais de quinze vezes a taxa de base desde o fim do Cretáceo.[30] A última atualização (versão 2021-2022) da Lista Vermelha da União Internacional para a Conservação da Natureza (IUCN) propõe que em torno de novecentas espécies já estão documentadamente extintas, entre vertebrados e invertebrados.[31] Entre as espécies mais icônicas declaradas extintas nos últimos anos estão a tartaruga-gigante-de-galápagos (*Chelonoidis niger*), o rinoceronte-negro-ocidental (*Diceros bicornis*), o pássaro limpa-folha-do-nordeste (*Philydor novaesi*), a foca-monge-do-caribe (*Monachus tropicalis*), o golfinho Baiji do Yang-Tsé (*Lipotes vexillifer*), a coruja caburé-de-pernambuco (*Glaucidium mooreorum*), a ararinha-azul (Spix's macaw ou *Cyanopsitta spixii*), a "rana venenosa" (*Oophaga speciosa*), entre muitas outras. Apenas em 2021, 22 espécies de animais e uma espécie de planta foram declaradas extintas nos Estados Unidos, entre as quais o pica-pau-bico-de-marfim (ivory-billed woodpecker ou *Campephilus principalis*).[32] Como mencionado no Prefácio, segundo a última avaliação da IUCN, 28% das espécies — mais de 38.500 entre as 138.300 avaliadas — correm risco de extinção. Essas espécies ameaçadas se distribuem nos grupos taxonômicos indicados na Tabela 1.1.

Em nenhum grupo de animais, a ameaça de extinção é tão grave e evidente quanto na classe dos *Amphibia*, composta de cerca de sete mil espécies conhecidas (7.273 em maio de 2014),[33] 6.409 das quais avaliadas pela IUCN. "Embora tenham sobrevivido a múltiplas extinções em massa, o declínio abrupto de sua população nos últimos vinte a qua-

Tabela 1.1: Lista Vermelha da IUCN das espécies ameaçadas de extinção entre as 138.300 avaliadas

Anfíbios	Mamíferos	Aves	Tubarões e raias	Recifes de corais	Crustáceos selecionados	Coníferas
41%	26%	13%	37%	33%	28%	34%

Fonte: IUCN, *The IUCN Red List of Threatened Species, version 2022-1*. Disponível em: https://www.iucnredlist.org.

renta anos ocorre em uma escala jamais vista", afirmam Philip J. Bishop e coautores de um trabalho publicado em 2012.[34] Se hoje 26% das espécies de mamíferos correm risco de extinção, até 2050 esse risco pode atingir um terço dessas espécies, segundo o World Wide Fund for Nature (WWF). Quanto às aves, das 11.121 espécies catalogadas, ao menos 40% (3.967 espécies) mostram populações em declínio desde 1998, data da primeira avaliação global abrangente realizada pela BirdLife International. Três espécies de aves foram declaradas extintas desde 2000.[35] Entre os répteis, Neil Cox e colegas, seguindo os mesmos critérios da IUCN, mostraram que:

> pelo menos 1.829 de 10.196 espécies (21,1%) estão ameaçadas [...]. Os répteis são ameaçados pelos mesmos fatores principais que ameaçam outros tetrápodes — agropecuária, extração de madeira, desenvolvimento urbano e espécies invasoras —, embora a ameaça representada pelas mudanças climáticas permaneça incerta.[36]

Segundo os autores, desde 1500, 31 espécies de répteis já foram extintas e quarenta espécies estão provavelmente extintas, isto é, têm ainda uma pequena chance de possuir indivíduos remanescentes.

Espécies criticamente ameaçadas

As espécies consideradas pela IUCN como "criticamente ameaçadas" (*critically endangered*) são as que se encontram potencialmente na antessala da extinção. A Tabela 1.2 (p. 72) mostra, em termos absolutos, a evolução do número dessas espécies, segundo sua distribuição taxonômica, em três momentos da Lista Vermelha da IUCN: 1998, 2018 e 2021. A comparação entre esses três períodos não deve ser considerada, em si mesma, um indicador seguro de uma tendência ao aumento das espécies em condição crítica, pois reflete um aumento no número de espécies avaliadas e também eventuais aperfeiçoamentos da coleta de dados. Isso posto, ela mostra um aumento desproporcionalmente maior que o aumento do número de espécies avaliadas nesse período (1998-2021) e, sobretudo, um salto alarmante de 49,7% no número de espécies nessa condição crítica no pequeno intervalo de tempo entre 2018 e 2021. O número de espécies de insetos criticamente ameaçadas multiplicou-se por 9,2 entre 1998 e 2021 e aumentou 36% apenas entre

Tabela 1.2: Evolução do número de espécies criticamente ameaçadas segundo as avaliações da Lista Vermelha da IUCN, em 1998, 2018 e 2021

Grupo taxonômico	1998	2018	2021
Mamíferos	169	201	229
Aves	168	224	225
Répteis	41	287	433
Anfíbios	18	550	673
Peixes	157	486	739
Insetos	44	300	408
Moluscos	257	633	717
Outros invertebrados	57	252	290
Plantas	909	2.879	4.976
Fungos e protistas	0	14	32
Total	1.820	5.826	8.722

Fonte: adaptado de IUCN, "Tabel 2: Changes in numbers of species in the threatened categories (CR, EN, VU) from 1996 to 2021 (IUCN Red List version 2022-1) for the major taxonomic groups on the Red List", *The IUCN Red List of Threatened Species, version 2022-1.* Disponível em: https://www.iucnredlist.org/resources/summary-statistics.

2018 e 2021. Dos insetos, trataremos adiante, no âmbito dos impactos provocados pelos agrotóxicos (seções 1.8 e 1.9). É importante desde já assinalar, em todo caso, que seu declínio atual é um dos aspectos centrais dos alarmes reiterados por diversos cientistas.

Diminuição das populações de vertebrados

Não se trata apenas, contudo, de monitorar as espécies ameaçadas de extinção. Segundo Gerardo Ceballos, Paul R. Ehrlich e Rodolfo Dirzo, a ênfase nos processos de extinção, ocorrendo na escala de décadas, pode eclipsar a percepção da intensidade com a qual as populações de vertebrados estão sendo dizimadas:

> O foco muito pronunciado nas extinções de espécies, um aspecto crítico do pulso contemporâneo de extinção biológica, suscita a impressão errônea e comum de que a biota da Terra não está imediatamente ameaçada, mas

> apenas entrando lentamente em um episódio de grande perda de biodiversidade. Essa visão ignora as tendências atuais de declínios e extinções populacionais. [...] Todas as 177 espécies de mamíferos para as quais temos dados detalhados perderam 30% ou mais de suas áreas geográficas e mais de 40% dessas espécies sofreram declínios populacionais graves (> 80% de redução). Nossos dados indicam que, além das extinções globais de espécies, a Terra está passando por um gigantesco episódio de declínios e extirpações populacionais, que terá consequências negativas em cascata no funcionamento dos ecossistemas e dos serviços vitais para a manutenção da civilização. Descrevemos isso como uma "aniquilação biológica" para ressaltar a magnitude atual do sexto maior evento de extinção em curso da Terra.[37]

Ceballos, Ehrlich e Dirzo enfatizam que esse "grau extremamente elevado de declínio de vertebrados" vem ocorrendo mesmo em espécies categorizadas na Lista Vermelha da IUCN como "pouco preocupantes" (*low concern*).[38]

Em apoio à percepção de que a Terra está sofrendo um processo de aniquilação biológica, o WWF e a Zoological Society of London (ZSL) têm tomado o pulso da integridade da biosfera através de uma de suas métricas mais importantes: a abundância populacional dos vertebrados. Com auxílio de tecnologias diversas, incluindo drones e observações por satélite para rastrear populações em movimento, o *Living Planet Report* tem criado sucessivas edições do *Living Planet Index* (LPI). A aceleração das perdas populacionais ao longo deste segundo decênio é vertiginosa. Em 2012, após monitoramento de 9.014 populações de 2.688 espécies de vertebrados, a nona edição do LPI concluía que, em 2008, o tamanho de tais populações havia se tornado globalmente 28% menor desde 1970. O tamanho das populações de vertebrados vivendo em habitats tropicais havia diminuído 60%; o de peixes de água doce, 37%; e o de peixes de água doce na zona tropical, 70%, no mesmo período.[39]

A 13ª edição do LPI, lançada em 2020, apresenta mais do que o dobro da capacidade de monitoramento de populações e de espécies do que a edição de 2012. A 13ª edição examinou as variações médias de abundância de 20.811 populações de 4.392 espécies de mamíferos, aves, peixes, répteis e anfíbios em todo o mundo. O resultado mostra um declínio médio de 68% no tamanho das populações de mamíferos, pássaros, anfíbios, répteis e peixes entre 1970 e 2016. Nas populações de peixes de água doce, a média populacional das espécies analisadas sofreu redução de 84%. A situação mais catastrófica é a da América Latina e do Caribe, onde se constatou perda de 94% do tamanho dessas populações. Um exemplo desse declínio populacional de vertebrados na região é fornecido pela onça-pintada (*Panthera onca*), o maior felino do continente. A espécie já perdeu 60% de seu território, e suas populações diminuíram 25% nos últimos 21 anos. Apenas entre 2013 e 2016, as autoridades bolivianas apreenderam 380 presas do animal, em geral vendidas no mercado clandestino asiático (ao valor unitário de 250 dólares), o que supõe a caça de cerca de 95 indivíduos dessa espécie.[40] Outro exemplo consistente com esse vertiginoso colapso populacional dos vertebrados na América Latina é fornecido pelos resultados de um acompanhamento ao longo de 44 anos (1977-2020) de populações de pássaros numa reserva florestal no centro do Panamá. Os autores desse estudo, que avaliaram as populações de 57 espécies de aves, advertem que:

> A abundância populacional estimada de quarenta espécies (~70%) diminuiu durante o período de amostragem, enquanto a população de apenas duas espécies aumentou. Além disso, os declínios foram graves: 35 das quarenta espécies em declínio exibiram grandes perdas proporcionais na abundância estimada, chegando a ≥50% da abundância inicial estimada. [...] Esses declínios graves e generalizados são particularmente alarmantes, uma vez que ocorreram em uma área florestal relativamente grande (~22 mil hectares) e na ausência de fragmentação local ou mudança recente no uso da terra. Nossas descobertas fornecem evidências robustas de declínios de aves tropicais em florestas intactas e reforçam uma grande quantidade de literatura sobre regiões temperadas, sugerindo que as populações de aves podem estar diminuindo em escala global.[41]

Mesmo na América do Norte, onde foi verificado menor declínio populacional de vertebrados (perda média de 33% entre 1970 e 2016), uma avaliação da abundância populacional de 529 espécies da avifauna mostrou que 2,9 bilhões (2,7-3,1 bilhões) de pássaros desapareceram em quase todos os biomas dos Estados Unidos e do Canadá desde 1970.[42] Kenneth Rosenberg e coautores desse trabalho alertam ainda que "a perda de população não se restringe a espécies raras e ameaçadas, mas inclui muitas espécies largamente distribuídas e comuns que podem ser componentes desproporcionalmente influentes das redes alimentares e das funções do ecossistema".[43] Na Europa, aí incluída a totalidade do território da Rússia, as perdas de abundância populacio-

Tabela 1.3: Perdas de tamanho populacional de vertebrados em 2008 e 2016 em relação a 1970

	9ª LPI 2012 Dados de 2008		13ª LPI 2020 Dados de 2016
Médias globais	-28%		-68%
Peixes de água doce	-37%		-84%
América do Norte			-33%
Médias tropicais globais	-60%	América Latina e Caribe	-94%
		África	-65%
		Ásia do Pacífico	-45%

Fontes: WWF, *Living Planet Report 2012: Biodiversity, Biocapacity and Better Choices*. Gland: WWF, 2012; M. Grooten & T. Petersen (orgs.), *Living Planet Report 2020: Bending the Curve of Biodiversity Loss*. Gland: WWF, 2020.

nal de vertebrados foram, sempre segundo a 13ª LPI, as menores (24% entre 1970 e 2016). Ainda assim, nos países da União Europeia, o declínio da avifauna tem sido observado de modo consistente. Combinando dois bancos de dados, Fiona Burns e colegas estimaram um declínio de 17% a 19% na abundância geral de aves que se reproduzem nos países da União Europeia entre 1980 e 2017, o que equivale a uma perda de 560 milhões a 620 milhões de indivíduos em menos de quatro decênios. "Tanto o declínio total quanto o proporcional no número de aves são altos entre as espécies associadas a terras onde se encontram cultivos agrícolas",[44] outro forte indicador dos impactos letais dos agrotóxicos sobre o declínio populacional dos pássaros.[45]

Além disso, alinhando-se aos critérios geográficos propostos pela primeira avaliação da IPBES (2019),[46] a 13ª edição do LPI dividiu sua avaliação por regiões, o que oferece um quadro um pouco diferente da avaliação proposta pela edição de 2012.[47] Ainda assim, vale a pena oferecer, na Tabela 1.3, um quadro comparativo das duas avaliações.

Ao apresentar a 13ª edição do *Living Planet Report 2020*, Marco Lambertini resumiu em poucas palavras a escala da catástrofe, apontando, ao mesmo tempo, duas de suas causas fundamentais, o sistema alimentar globalizado e o modelo econômico globalizado:

> A natureza vem declinando globalmente a taxas sem precedentes em milhões de anos. O modo como produzimos e consumimos alimentos e energia, e o flagrante desprezo pelo meio ambiente, arraigado em nosso modelo econômico atual, levaram o mundo natural ao seu limite.[48]

A ideia de limite planetário, nomeadamente nove limites planetários (*planetary boundaries*), tal como proposto pelos pesquisadores do Stockholm Resilience Centre, passou a definir a crise socioambiental contemporânea e a funcionar como um divisor de águas entre os que a compreendem em toda a sua gravidade e os que a relativizam. O termo *boundary* deve ser traduzido por limite, no sentido mais unívoco desse termo, como afirma o próprio texto de Will Steffen e colegas, de 2015: "O conceito de limite planetário, introduzido em 2009, teve por objetivo definir os limites ambientais dentro dos quais a humanidade pode operar de modo seguro".[49] Com o termo "mundo natural", Lambertini exprime um desses nove limites: a integridade da biosfera (ver também o Capítulo 8, seção 8.5).

1.2 Declínio da vida no meio aquático

> *Se o oceano morre, nós todos morremos!*
>
> — Paul Watson[50]

Como mencionado na Introdução, a Intergovernmental Oceanographic Commission (IOC), coordenada pela Organização das Nações Unidas para a Educação, a Ciência e a Cultura (Unesco), lançou a Década da Ciência Oceânica para o Desenvolvimento Sustentável: 2021-2030. Nada pode ser menos sustentável para a vida marinha do que a trajetória atual. "Os oceanos cobrem mais de 70% da superfície do planeta e formam 95% da biosfera."[51] É evidente, portanto, que o destino da vida no planeta Terra está fortemente condicionado ao destino dos oceanos e do meio aquático em geral. Hoje, a sobrepesca industrial — em especial a pesca de arrasto (*bottom trawling*), praticada sobretudo nas zonas costeiras (ZEE) e responsável por 26% de toda a pesca marítima[52] — é a causa decisiva da degradação e da redução terminal de muitas espécies e ecossistemas aquáticos. Mas à sobrepesca se associam a poluição, o aquecimento, a desoxigenação e a acidificação de rios, lagos e oceanos e a multiplicação de "zonas mortas" por eutrofização. Além disso, os recifes de corais, o mais diverso dos ecossistemas marinhos, estão sofrendo branqueamentos e mortes em grande escala ao longo dos últimos 25 anos e de modo cada vez mais intenso e recorrente. O branqueamento ocorre por perda de suas microalgas endossimbióticas, uma fonte primária de energia para esses organismos, o que, não raro, resulta em sua morte. Poluição e rápidos aumentos das temperaturas marinhas são as causas mais importantes desses processos, que estão dizimando esses organismos e essas estruturas, celeiros insubstituíveis de vida marinha. Os anos de 1998, 2002, 2006, 2016, 2017 e 2022 (paradoxalmente um ano de La Niña) marcam seis eventos de branqueamento e morte de corais na Grande Barreira de Corais da Austrália, com numerosos outros eventos de branqueamento e morte em massa de corais em outros oceanos.[53] Os oceanos já perderam 14% de seus recifes de corais apenas na década iniciada em 2009, e a projeção é de que esses recifes desapareçam quase por completo a partir de um aquecimento médio global de 2°C. Trata-se de algo gravíssimo. Como afirma um relatório produzido em conjunto pelo Global Coral Reef Monitoring Network (GCRMN) e pela International Coral Reef Initiative (Icri):

> Os recifes de coral ocorrem em mais de cem países e territórios e, embora cubram apenas 0,2% do fundo do mar, sustentam pelo menos 25% das espécies marinhas, bem como a segurança, proteção costeira, bem-estar, segurança alimentar e econômica de centenas de milhões de pessoas.[54]

O declínio das espécies e populações de peixes e de outras muitas espécies no meio aquático (em combinação com a proliferação das águas-vivas)[55] tem sido reiteradamente constatado por ampla literatura científica, pela IUCN, pelo *Living Planet Report* (no caso das populações de água doce), pelos estudos realizados pela iniciativa Sea Around Us (British Columbia University), pelos relatórios da Organização das Nações Unidas para a Alimentação e a Agricultura (FAO) (*The State of World Fisheries and Aquaculture*) e por duas edições do *World Ocean Assessment* (WOA), promovidas pela ONU em 2015 e em 2021. Essas pesquisas evidenciam um processo complexo de empobrecimento da biodiversidade aquática, incluindo menor abundância dos cardumes, diminuição do tamanho dos peixes e sua migração para longe dos mares tropicais, à medida que as águas se aquecem. Como afirma Daniel Pauly, "águas mais quentes estão impelindo espécies marinhas para longe da linha do equador a uma taxa de cerca de 50 km por década, à medida que elas buscam temperaturas ideais para se alimentar e se reproduzir".[56]

O aquecimento das águas, a desoxigenação e as ondas de calor marinho (ver Capítulo 5, seção 5.2) afetarão adversamente a estrutura dos ecossistemas no meio aquático. Em primeiro lugar, porque algumas espécies só têm reprodução satisfatória numa faixa muito estreita de variações de temperatura. Em segundo, porque águas mais aquecidas contêm menos oxigênio, o que impacta desproporcionalmente o metabolismo dos peixes maiores. Ela obriga, por exemplo, os tubarões-azuis (*Prionace glauca*), que habitam em águas profundas, a nadarem mais próximos da superfície, o que os torna mais vulneráveis aos barcos pesqueiros.[57] Mas mesmo as espécies pequenas, como as anchovas (12-19 cm), podem desaparecer com o aquecimento oceânico em curso. As anchovas representam a espécie mais pescada do mundo, atingindo, por vezes, até 15% do volume global de pesca. Favorecidos pela Corrente de Humboldt, os cardumes de anchovas das latitudes peruanas fornecem cerca de 6% da pesca global, e 98% dessas anchovas peruanas são transformadas em farinha para alimentar porcos, aves e outros peixes nas poluidoras fazendas aquáticas que crescem no mundo todo e, sobremaneira, na Ásia. O exame de sedimentos marinhos no Oceano Pacífico ao largo do Peru mostra que, em temperaturas marinhas apenas um pouco mais altas que a atual, isto é, típicas do Eemiano (130 mil a 115 mil anos AP), as anchovas praticamente desaparecem dos registros fósseis, dando lugar a espécies ainda menores (< 5 cm), o que deve causar ao longo deste século, caso o mesmo fenômeno se repita, rupturas catastróficas na cadeia alimentar marinha.[58]

De imediato, contudo, outros fatores concorrem de modo mais brutal, e sempre crescente, para a degradação do meio aquático. Os esgotos e fertilizantes industriais, por exemplo, eutrofizam as águas costeiras, criando, de modo sazonal ou permanente, zonas de hipóxia e anóxia chamadas "zonas mortas", desertadas de peixes e da maior parte de formas de vida marinha. O 2º *World Ocean Assessment* (WOA II, 2021) mostra que:

> O número de zonas hipóxicas [...] aumentou de mais de quatrocentos globalmente em 2008 para aproximadamente setecentos em 2019. Os ecossistemas mais afetados incluem a parte norte do Golfo do México, o Mar Báltico, o Mar do Norte, a Baía de Bengala, o Mar da China Meridional e o

Mar da China Oriental. Estima-se que o despejo de nitrogênio antropogênico nas zonas costeiras dobrará durante a primeira metade do século XXI.[59]

Todos os anos, as águas do Mississipi poluem o Golfo do México com 1,9 milhão de toneladas de nitrogênio e mais de 220 mil toneladas de fósforo, despejadas no rio sobretudo pelas fazendas em todo o seu percurso desde Minnesota, um dos estados do cinturão do milho (*corn belt*) no centro-norte dos Estados Unidos. O resultado é uma zona morta da ordem de mais de 16 mil km² no Golfo do México em 2021.[60]

Outro fator decisivo de degradação do meio aquático é a poluição por plástico. Como veremos no Capítulo 8 (seção 8.3), em 1950 foram produzidos dois milhões de toneladas (Mt) de plástico, e em 2019, 368 Mt.[61] Jenna Jambeck e colegas estimam que, em 2010, foram lançados ao mar, a partir da terra (excluído, portanto, o lixo gerado pelas embarcações), entre 4,8 Mt e 12,7 Mt, uma média de 8,75 Mt.[62] Passados cerca de dez anos, a IUCN avalia que, a cada ano, ao menos 14 Mt de plástico têm por destino final os oceanos.[63] O plástico representa 80% dos detritos encontrados em todas as profundidades dos oceanos. Sob a ação da radiação ultravioleta, do vento e das ondas, o plástico se fragmenta em pequenas partículas, em microplásticos (< 5 mm) ou em partículas ainda menores (nanoplásticos), não detectáveis a olho nu nem por microscópios comuns, o que facilita sua penetração na cadeia alimentar marinha e, em última instância, humana. Apenas a Austrália, um país de 25 milhões de habitantes, descarta por ano 130 mil toneladas de plástico nos oceanos, vale dizer, 5,2 quilos por habitante.[64]

A sobrepesca permanece, sem dúvida, o fator fundamental nesse processo de degradação biológica dos oceanos, como mostram diversos estudos e o novo levantamento da FAO (2020). A Figura 1.1 (p. 80) mostra a evolução global desses estoques entre 1974 e 2017.

A fração dos estoques de peixes pescados no limite máximo da sustentabilidade decresceu de 90% em 1974 para 65,8% em 2017, incluindo os estoques com potencial para maior pesca, que se reduzem nesse ano a apenas 6,2%. Os estoques pescados de modo insustentável (sobrepesca) passaram de 10% em 1974 para 27% em 2000 e para 34,2% em 2017. Baseada em dados fornecidos pelos países, essa avaliação da FAO é alarmante, mas um quadro mais realista e muito mais sombrio emerge do trabalho da equipe de pesquisadores da organização Sea Around Us, liderada por Daniel Pauly e Dirk Zeller. Em 2016, ambos identificaram trajetórias de pesca entre 1950 e 2010 que diferiam

Figura 1.1: Evolução do estado dos estoques globais de peixes de oceano entre 1974 e 2017 (%), como indicadores da pesca sustentável e de sobrepesca

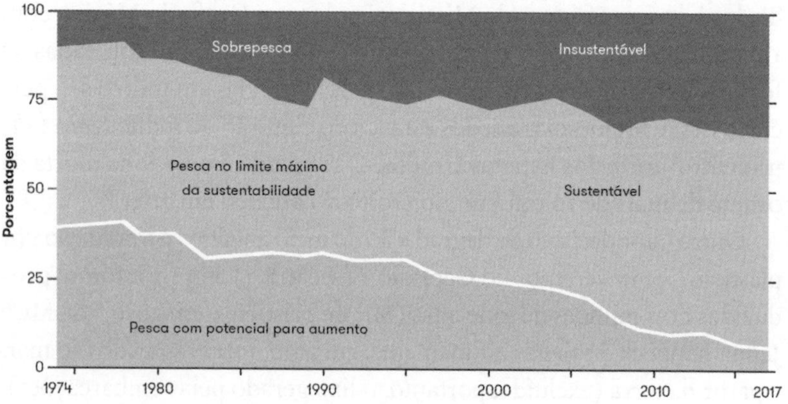

Fonte: FAO, *The State of World Fisheries and Aquaculture 2020: Sustainability in Action*, 2020, p. 48, fig. 19.

Figura 1.2: Reconstrução do volume global de pesca (industrial e artesanal) entre 1950 e 2010, em milhões de toneladas (Mt)

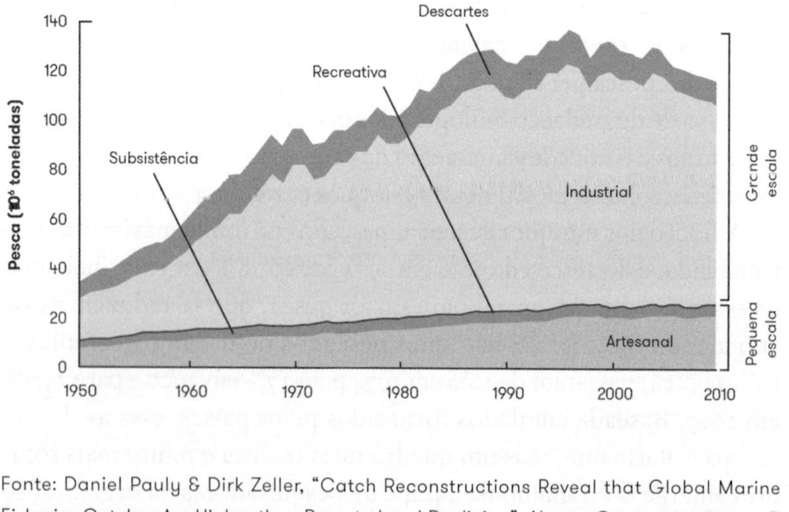

Fonte: Daniel Pauly & Dirk Zeller, "Catch Reconstructions Reveal that Global Marine Fisheries Catches Are Higher than Reported and Declining", *Nature Communications*, v. 7, 19 jan. 2016, fig. 4.

consideravelmente dos dados nacionais submetidos à FAO. Eis alguns resultados desse trabalho:[65]

1. o pico da pesca global, atingido em 1996, não foi de 86 Mt, mas de 130 Mt, 53% a mais, portanto, do que os dados reportados pelos governos à FAO;
2. o declínio da pesca, desde então, vem ocorrendo à taxa de 1,22 Mt ao ano, e não de 0,38 Mt, como reportado à FAO;
3. em 2010, a pesca corporativa contribuiu com 73 Mt de peixes efetivamente desembarcados em porto (excluídos, portanto, os descartes em mar), bem abaixo dos 87 Mt de 2000, ao passo que a pesca de pequena escala (artesanal, recreativa e de subsistência) ainda conseguiu crescer lentamente, de 8 Mt em 1950 para 22 Mt em 2010, como mostra a Figura 1.2 (p. 80);
4. os dados reportados à FAO incluem apenas a pesca efetivamente desembarcada nos portos (*landings*), e não os descartes em mar efetuados sobretudo pela pesca industrial, estimados pelos autores em 27 Mt (±10 Mt) por ano;
5. a indústria pesqueira vinha (e vem) avançando cada vez mais nos estoques de peixes das zonas marítimas dos países pobres. A China, por exemplo, tem sido repetidamente acusada por diversos países africanos, e recentemente por Serra Leoa, de superexplorar os pescadores artesanais e de pesca ilegal, não regulamentada e não declarada (IUU — *illegal, unregulated and unreported*) em suas águas.[66] Porém, mesmo quando essa pesca é licenciada pelos países africanos em troca de pagamento de royalties, mais da metade da pesca nas costas da África Ocidental, realizada pelos países da União Europeia, China e Rússia, é considerada sobrepesca.[67]

82% das populações de peixes avaliadas estão em estados diversos de exaurimento

Em 2020, ainda no âmbito das pesquisas promovidas pela Sea Around Us, Maria Palomares e colegas publicaram a mais extensa estimativa sobre a evolução de longo prazo (1950-2014) da biomassa de 19.278 populações de 1.446 espécies de peixes e de invertebrados marinhos pescados em 232 ecorregiões[68] costeiras no mundo todo. "De modo geral", afirma o estudo, "os resultados sugerem um declínio consistente na biomassa das populações exploradas pela pesca em virtualmente todas as zonas climáticas e as bacias oceânicas no mundo".[69] Os autores prosseguem:

> As últimas médias de cinco anos (2010-2014) da atual biomassa da população explorada pela pesca, em relação à biomassa considerada ótima para alcançar o rendimento máximo sustentável para todas as populações avaliadas, sugerem que apenas 18% de todas as populações avaliadas podem ser consideradas "saudáveis", com valores de biomassa da população explorada acima do nível considerado ótimo para o rendimento máximo sustentável da pesca. O restante, ou seja, 82% de todas as populações avaliadas, está em vários estados de exaurimento em relação aos níveis de biomassa no que diz respeito à maximização do rendimento da pesca sustentável.[70]

Um indicador suplementar dessa perda de biomassa marítima é dado pelo declínio das populações de aves marinhas. Uma pesquisa publicada em 2015 compilou informações sobre mais de quinhentas populações de aves marinhas no mundo todo desde 1950, um corpus de observações que representa 19% da população global dessas aves. Os resultados indicam que, em geral, as populações monitoradas declinaram 69,6%, o equivalente a uma perda de 230 milhões de aves marinhas em sessenta anos. Como afirmam Michelle Paleczny e coautores desse estudo, "as aves marinhas são indicadores particularmente bons da saúde dos ecossistemas marinhos. Quando vemos essa magnitude de declínio das aves marinhas, percebemos que há algo errado com os ecossistemas marinhos".[71]

Dado que 82% das populações de peixes examinadas por Maria Palomares e colegas se encontram em diferentes estados de exaurimento, é possível concluir que, mantidos inalterados os estressores acima examinados da vida marinha, sobretudo a sobrepesca e a poluição, um estado de colapso pode sobrevir ainda ao longo deste decênio ou num horizonte de tempo similar. Em 2021, numa entrevista concedida à *Scientific American*, Daniel Pauly fez um balanço da situação atual do conjunto dessas tendências:

> Zonas mortas sem oxigênio estão se ampliando; os peixes estão ficando cada vez menores por causa da sobrepesca e do aquecimento global. [...] Descrevi o modelo de pesca no qual uma área inteira é devastada e então se passa a exaurir outra como algo similar a um esquema de pirâmide:

enquanto for possível encontrar novos otários, o esquema pode continuar. Bernie Madoff captava dinheiro dos investidores e então os pagava com o dinheiro de novos investidores. Isso funciona enquanto há novos investidores, certo? Mas, ao final, você fica sem novos investidores — você fica sem novas áreas de pesca — e a coisa toda colapsa.[72]

1.3 Mortandade de animais por poluição, incêndios e emergência climática

A poluição por vazamentos de petróleo e por plástico tem causado gigantesca mortandade de animais, sobretudo marinhos. Como já tratei mais extensamente num livro anterior,[73] em 2015, cinco anos após o vazamento de mais de quatro milhões de barris de petróleo ao longo de 87 dias causado pela explosão da plataforma Deepwater Horizon, em 20 de abril de 2010, no Golfo do México, estimativas coligidas por uma coalizão de ONGs norte-americanas contabilizavam a morte de 201 mil pelicanos-pardos (*Pelecanus occidentalis*) expostos ao petróleo, além da morte de mil golfinhos, oitocentos mil pássaros e vinte mil a sessenta mil tartarugas-de-kemp (*Lepidochelys kempii*).[74] Dez anos depois da catástrofe, a National Oceanic and Atmospheric Administration (Noaa) reviu para muito acima as estimativas de mortes de tartarugas marinhas:

> Estima-se que 4.900 a 7.600 grandes tartarugas marinhas jovens e adultas e entre 56 mil e 166 mil pequenas tartarugas marinhas jovens foram mortas pelo derramamento [de petróleo]. Além disso, cerca de 35 mil filhotes foram perdidos devido aos efeitos do derramamento e das atividades de limpeza nas praias de nidificação de tartarugas marinhas.[75]

Não há informações disponíveis a respeito do impacto sobre a vida animal causado pelo petróleo de origem desconhecida que invadiu as costas brasileiras, afetando onze estados das regiões Nordeste e Sudeste a partir de agosto de 2019. Segundo o Instituto Brasileiro do Meio Ambiente e dos Recursos Naturais Renováveis (Ibama), foram retiradas das praias brasileiras mais de cinco mil toneladas de petróleo.[76] Ao menos outros dois vazamentos de petróleo nas costas da

Califórnia, em 2020 e em outubro de 2021, além de outro no Golfo do México, perto de New Orleans em dezembro de 2021,[77] e ainda um quarto no Peru, em 15 de janeiro de 2022,[78] representam desastres ecológicos maiores ao matar milhões de animais, entre peixes, mamíferos marinhos, crustáceos, aves e répteis, que têm seus habitats nos ecossistemas costeiros. Outro vetor de mortandade animal é, como acima evocado, a poluição por plástico. Os animais marinhos morrem por ingestão, sufocação ou enredamento no plástico, sobretudo em redes de pesca abandonadas. Segundo o WWF, esse tipo específico de poluição por plástico é responsável por causar danos a 66% das espécies de mamíferos marinhos, a 50% das aves marinhas e a todas as sete espécies de tartarugas marinhas, seis das quais já ameaçadas de extinção. Segundo a Unesco, o plástico tem matado mais de um milhão de pássaros marinhos e mais de cem mil mamíferos marinhos todos os anos.[79]

Ao lado das causas maiores desses declínios populacionais em terra e no meio aquático (perda e degradação de habitats, superexploração das espécies, poluição, espécies invasivas e doenças), é amplamente reconhecido que a emergência climática passa a ser, a partir de agora, um fator sempre mais importante. O *Living Planet Report 2020* projeta que o aquecimento global pode tornar vulneráveis 80% das populações de répteis num futuro discernível, mantida a trajetória atual. Além disso, segundo a IPBES:

> Uma síntese de muitos estudos estima que a fração de espécies em risco de extinção relacionada ao clima é de 5% com um aquecimento de 2°C. [...] Os recifes de coral são particularmente vulneráveis às mudanças climáticas: sob um aquecimento de 1,5°C, devem diminuir de 10% a 30% em relação à sua cobertura anterior, e um aquecimento de 2°C levaria a uma cobertura total de menos de 1%.[80]

O desequilíbrio climático funciona, por enquanto, como um potenciador de impactos e de riscos; um deles é a elevação do nível do mar, que inunda cada vez mais ilhas e habitats de animais que vivem em mangues e zonas costeiras em geral. Outro risco, mais imediato, é a intensificação dos furacões. Apenas o furacão Dorian (categoria 5), que atingiu as Bahamas em setembro de 2019 com ventos de quase 300 km/hora, pode ter extinto, ou quase, várias espécies de aves endêmicas, entre as quais o papagaio das Ilhas Ábaco (*Amazona l. bahamensis*).[81] Um terceiro risco são os incêndios florestais, que têm lançado na atmosfera quantidades assombrosas de carbono, nem sempre contabilizados pelos países em seus inventários nacionais, como veremos no Capítulo 4 (seção 4.3). Na Amazônia, como mostra o Capítulo 3 (seção 3.8), os incêndios de 2015-2016 apenas na região do Baixo Tapajós liberaram na atmosfera cerca de 495 Mt de dióxido de carbono (CO_2).[82] Segundo o Copernicus Atmosphere Monitoring Service, apenas em 2021 incêndios florestais no mundo todo lançaram na atmosfera 1,76 gigatonelada (Gt) de CO_2, ou seja, mais que o dobro das emissões anuais de CO_2 da Alemanha.[83] A escala da mortandade animal causada por esses incêndios é, contudo, menos conhecida. Tudo o que é possível fazer aqui é lembrar alguns poucos exemplos recentes. A seca extrema de 2019-2020 no Pantanal[84] fez com que os incêndios provocados por fazendeiros[85] atingissem cerca de 40 mil km², causando a morte imediata por calcinação de dezessete milhões de vertebrados apenas entre janeiro e novembro de 2020.[86] Estima-se que, entre agosto de 2016 e dezembro de 2019, incêndios e desmatamento na Amazônia brasileira mataram ou deslocaram de seus habitats 1.422 onças-pintadas (*Panthera onca*).[87] Os mais de quinze mil incêndios que devastaram a Austrália entre julho de 2019 e fevereiro de 2020, os piores de seus registros históricos, atingiram mais de 100 mil km² de vegetação nativa e mataram ou deslocaram para fora de seus habitats (o que significa, em geral, condená-los à morte lenta) cerca de três bilhões de animais: 2,46 bilhões de répteis, 180 milhões de aves, 143 milhões de mamíferos, 51 milhões de sapos.[88] Segundo o WWF, esses incêndios mataram ou feriram mais de sessenta mil coalas (cuja população atual é estimada em 330 mil indivíduos) e impactaram em geral os habitats de 832 espécies de vertebrados, setenta das quais perderam mais de 30% de seu espaço natural.[89]

Além dos incêndios, as secas e as ondas de calor, terrestres e marinhas, típicas da emergência climática, têm igualmente causado um número crescente de mortes de animais. Em New South Wales, o mais populoso estado da Austrália, ao menos cinco milhões de cangurus morreram ao longo de quatro anos de seca.[90] Uma famosa onda de calor marinho se formou em 2013 no Golfo do Alasca e se estendeu entre 2014 e 2016 até o México, ao longo de mais de 4 milhões de km². Apelidada "The Blob", à imagem do homônimo filme de horror de 1958, ela gerou um surto duradouro de algas intoxicantes e reduziu a produtividade do fitoplâncton. Os dois processos combinados colapsaram a pesca nessa região e, por ruptura da cadeia alimentar, mataram de fome quantidades imensas de peixes, mamíferos e aves marinhas, do

Alasca à Califórnia. Apenas no sul do Alasca, essa longa onda de calor marinho vitimou cerca de cem milhões de bacalhaus, meio milhão de aves marinhas, além de baleias, lontras marinhas, salmão-rei (ou salmão chinook, *Oncorhynchus tshawytscha*) e leões-marinhos.[91] Na costa oeste do Canadá, cerca de um bilhão de animais marinhos morreram na onda de calor de junho de 2021, segundo estimativas preliminares.[92] Nas ondas de calor marinho que acometeram os mares da Austrália em 2016 e 2017, apenas o branqueamento foi a causa da morte de cerca de 50% dos corais na Grande Barreira dos Corais.[93] O documento *Rebuilding Coral Reefs: A Decadal Grand Challenge* (2021), já citado na Introdução (seção 4), afirma que:

> O resultado cumulativo dos danos já ocorridos no passado é a perda de pelo menos metade da cobertura de corais vivos nos recifes desde a década de 1870, e as perdas têm se acelerado nas últimas décadas. Além disso, mesmo os recifes que mantiveram níveis semelhantes de cobertura de corais vivos já sofreram mudanças dramáticas em sua composição de espécies.[94]

Mais de quatrocentos mil frangos morreram na onda de calor de 2022 que se abateu sobre o Uruguai, entre outros países do sul da América do Sul.[95] Rebanhos inteiros de animais, fundamentais para a sobrevivência das populações rurais mais pobres, têm morrido de sede ou por hipertermia durante as ondas de calor e as longas secas que castigam vários países de todos os continentes, em particular nas Américas, na África e na Ásia. No Kuwait, muitos animais, domesticados ou não, já não conseguem atravessar os meses de verão:

> Aves mortas aparecem nos telhados nos meses brutais de verão, incapazes de encontrar sombra ou água. Os veterinários são inundados com gatos de rua, trazidos por pessoas que os encontraram à beira da morte por exaustão pelo calor e desidratação. Até as raposas selvagens estão abandonando um deserto que não floresce mais após as chuvas.[96]

Segundo Tamara Qabazard, uma veterinária especializada em animais não domesticados, "é por isso que estamos vendo cada vez menos vida selvagem no Kuwait; é porque a maioria deles não está conseguindo passar pela estação".[97]

De modo geral, a defaunação em curso acelera a degradação das florestas e demais mantas vegetais, pois muitas espécies de plantas são polinizadas por vertebrados e invertebrados, e a maioria das espécies vegetais (segundo outras estimativas, cerca de metade delas) dispersa suas sementes através dos animais. Como afirmam Haldre Rogers e colegas:

> A dispersão de sementes é fundamental para a continuidade e a disseminação das populações de plantas. Como a maioria das espécies depende de animais para dispersar suas sementes, os fatores de mudança global que afetam diretamente os animais podem causar impactos em cascata nas comunidades de plantas.[98]

Numa situação de emergência climática, esse impacto é tanto mais grave, uma vez que essa menor dispersão limita a capacidade de adaptação das espécies vegetais, que, por meio dos animais que carregam suas sementes, migram para maiores altitudes ou para latitudes mais frias. Para Evan Fricke e colegas, a defaunação já tem graves consequências para as plantas:

> Estimamos, de modo conservador, que a defaunação de mamíferos e aves, causada pelas mudanças climáticas, já tenha reduzido globalmente em 60% a capacidade das plantas de se deslocar. Esse grande declínio na capacidade de adaptação das plantas às mudanças climáticas por meio de mudanças de faixa [climática] mostra uma sinergia entre defaunação e mudanças climáticas que prejudica a resiliência da vegetação.[99]

1.4 Eliminação e degradação das coberturas florestais

Entre as causas acima apontadas da perda fulminante de natureza terrestre, a supressão e a degradação das coberturas florestais em escala planetária são, sem dúvida e de longe, as mais importantes. "As florestas são o lar de mais de 80% de todas as espécies terrestres de animais, plantas e insetos."[100] São também essenciais para a preservação do solo, a regulação dos recursos hídricos, os ciclos de nutrientes, o equilíbrio das trocas de gases na atmosfera, os estoques de carbono e, consequentemente, a estabilidade do sistema climático global. Em 2016, James Watson e colegas reportaram estimativas, feitas entre 2011 e

2014, sobre as quantidades de carbono (C) armazenadas nas florestas boreais e tropicais, medidas em petagramas, ou seja, em gigatoneladas (1 Pg C = 1 Gt C):

> Estima-se que 32% do estoque global total de carbono de biomassa florestal é armazenado no bioma de floresta boreal e que a região amazônica armazena quase 38% (86,1 Pg C) do carbono (228,7 Pg C) encontrado acima do solo na vegetação lenhosa tropical da América, da África e da Ásia. Assim, evitar emissões protegendo as áreas selvagens globalmente significativas das florestas boreais, e da Amazônia em particular, dará uma contribuição significativa para estabilizar as concentrações atmosféricas de CO_2.[101]

Ademais, segundo uma declaração conjunta de FAO, Programa das Nações Unidas para o Desenvolvimento (Pnud) e Programa das Nações Unidas para o Meio Ambiente (Pnuma), em condições ecológicas normais, "as florestas capturam cerca de um terço do CO_2 lançado à atmosfera pela queima de combustíveis fósseis".[102] As florestas (e demais ecossistemas naturais terrestres) poderiam contribuir com mais de um terço de toda a mitigação das emissões de gases de efeito estufa (GEE), o que é imprescindível para conter o aquecimento em 2°C.[103] Elas são, enfim, e de modo não menos importante, espiritualmente essenciais não apenas para os povos que nelas vivem, mas para todas as culturas, sem exceção, que tiveram o privilégio de usufruir de sua presença em todos os momentos da história humana.

As florestas estão sendo deliberadamente destruídas e/ou perecendo por incêndios, secas e doenças a um ritmo vertiginoso. O *State of the World Forests 2012*, publicado pela FAO há um decênio, estipulava que, ao final da última glaciação, cerca de 12.000 anos AP, as florestas cobriam 60 milhões de km^2 (Mkm^2), vale dizer, 45% da superfície terrestre. Em 2010, apenas 9 Mkm^2 (15%) da área original dessas florestas ainda permaneciam intactos. Nada menos que 51 Mkm^2 dessa área original de florestas em todas as latitudes haviam sido eliminados ou se encontravam em estágios diversos de degradação e fragmentação. Dos 18 Mkm^2 de florestas completamente eliminadas, cerca de 10 Mkm^2 o foram entre 1800 e 2010.[104] Entre 1950 e 2000, o desmatamento foi maior do que em toda a história humana até 1950.[105] Em 2020, a FAO e o Pnuma publicaram o *State of the World Forests 2020*, com novos dados sobre a escala e a rapidez vertiginosa da destruição:

> Desmatamento e degradação florestal continuam ocorrendo a taxas alarmantes, contribuindo significativamente para a contínua perda de biodiversidade. Desde 1990, estima-se que cerca de 420 milhões de hectares (Mha) de floresta foram perdidos por conversão a outros usos da terra. [...] A área global de floresta primária diminuiu em mais de 80 Mha desde 1990. Mais de 100 Mha de florestas foram afetados por incêndios, pragas, doenças, seca, espécies invasoras e eventos climáticos adversos. A expansão agropecuária continua a ser o principal impulsionador do desmatamento e da fragmentação da floresta.[106]

No que se refere à perda líquida da área de floresta, o mesmo relatório afirma que "a área de floresta como proporção da área terrestre global [...] decresceu de 32,5% para 30,8% nas três décadas entre 1990 e 2020. Isso significa uma perda líquida de 178 Mha [1,78 Mkm²], uma área com tamanho similar ao da Líbia".[107] Trata-se de um aumento significativo em relação a 2015, pois segundo o *Global Forest Resources Assessment* da FAO, publicado em 2015 (FRA 2015), o mundo havia perdido 1,29 Mkm² de florestas apenas entre 1990 e 2015 (perda líquida), uma área maior que a do Pará (1.248.000 km²).[108] Entre 2015 e 2020, portanto, sempre segundo os cálculos da FAO, houve uma perda líquida global de área de floresta da ordem de 49 Mha ou 490 mil km², em média 81 mil km² por ano. Tal como em relatórios anteriores, os relatórios da FAO de 2020 e de 2022 (*State of the World Forests 2022*) sustentam que houve uma desaceleração do desmatamento desde a década de 1990: "A taxa de desmatamento vem declinando ao longo das últimas três décadas. [...] Entre 2015 e 2020, a taxa de desmatamento foi estimada

Tabela 1.4: Mudança global líquida da área de floresta na média de Mha/ano e de %/ano

Período	Mudança líquida (Mha/ano)	Taxa líquida de mudança (%/ano)
1990-2000	-7,84	-0,19
2000-2010	-5,17	-0,13
2010-2020	-4,74	-0,12

Fonte: FAO & Unep, *The State of the World's Forests 2020: Forests, Biodiversity and People*, 2020, p. 11, tabela 1. Disponível em: https://www.fao.org/3/ca8642en/ca8642en.pdf.

em 10 Mha por ano, bem abaixo dos 16 Mha anuais durante a década de 1990".[109] A Tabela 1.4 (p. 89) mostra essa desaceleração em termos de perda líquida de área de floresta em média por ano.

Essa tendência pode ser considerada como alvissareira, claro, mas por várias razões ela pode induzir em erro ou em falso otimismo: (i) A FAO realiza suas próprias pesquisas, mas também se baseia em dados reportados pelos governos dos países, nem sempre confiáveis; (ii) ela pode indicar redução do desmatamento em regiões onde já não há muito mais a desmatar (como lembra Antonio Donato Nobre, em comunicação pessoal); (iii) ela é, enfim, francamente contestada por mais de um estudioso, entre os quais Jeff Tollefson. Para ele, "a taxa de perda de floresta nos Trópicos aumentou 62% na primeira década do milênio em relação aos anos 1990. Isso contradiz os relatórios da FAO segundo os quais ela decresceu".[110] Também a Figura 1.3 (p. 92) contradiz a FAO.[111] Isso posto, essa controvérsia é menos importante do que o seguinte fato: ainda que os números da FAO estejam corretos, isso significa, em média, uma perda líquida de 47,4 mil km² de florestas anualmente entre 2010 e 2020, uma sentença de morte em curto e médio prazos para grande parte das florestas do mundo todo, sobretudo para as tropicais, terrivelmente fragilizadas, como mostrarão a seção 1.4 e o Capítulo 3, dedicado especificamente à Amazônia.

Talvez em nenhum outro dos 17 Objetivos do Desenvolvimento Sustentável (ODS) a dissonância entre a fabulação da "sustentabilidade" e a realidade seja tão aguda como no objetivo 15, "Vida na Terra", que afirma: "Proteger, recuperar e promover o uso sustentável dos ecossistemas terrestres, gerir de forma sustentável as florestas, combater e reverter a degradação da terra e deter a perda de biodiversidade". E o alvo dois desse objetivo especifica: "Até 2020, promover a implementação do manejo sustentável de todos os tipos de florestas, deter o desmatamento, restaurar florestas degradadas e aumentar substancialmente o florestamento e o reflorestamento globalmente".[112] Vejamos agora três indicadores centrais de realidade:

(a) entre 1997 e 2011, incêndios se estenderam, na média anual global, por 348 Mha (ou 3,48 Mkm²) de florestas, com variação ano a ano entre 301 Mha e 377 Mha. As savanas da África e da América do Sul, entre as quais as do Cerrado brasileiro, foram as que queimaram em maior proporção.[113] Muitos incêndios avançaram sobre florestas que não coevoluíram com o fogo, entre as quais as florestas equatoriais, vítimas do processo de desmatamento que as substitui por commodities agropecuárias. O CO_2 liberado por esses incêndios pode ser mais da metade das emissões de CO_2 produzidas pela queima de combustíveis fósseis.[114] Além disso, se é verdade que o fogo fazia parte da paisagem evolutiva de muitas florestas boreais, entre outras, até mesmo nelas as chamas passaram a ser simplesmente destrutivas à medida que as estações climáticas suscetíveis de sofrer grandes incêndios se tornaram mais longas e as áreas queimadas também aumentaram significativamente entre 1979 e 2013.[115] Entre junho de 2019 e fevereiro de 2020, 187 mil km² foram destruídos pelo fogo (*bushfires*) na Austrália, matando 34 pessoas e reduzindo a cinzas ao menos 3.500 casas. Em 2021, as estações de incêndios no oeste da América do Norte, por exemplo, já se tornaram quarenta a oitenta dias mais longas do que há trinta anos, e a imprensa tem fartamente noticiado os efeitos catastróficos dos recentes megaincêndios florestais, inclusive sobre as icônicas sequoias da Califórnia (*Sequoiadendron giganteum*).[116] A potência destrutiva dos incêndios nas florestas boreais também vem aumentando, como mostra a seção 1.5;

(b) o fracasso retumbante da "New York Declaration on Forests", um acordo não vinculante concluído em 23 de setembro de 2014 e estruturado em dez metas, sendo as duas mais importantes:

> [i] reduzir pela metade a perda de floresta natural até 2020 e envidar esforços para eliminar essa perda até 2030; [...] [ii] restaurar 150 Mha [1,5 Mkm²] de paisagens e florestas degradadas até 2020, e aumentar significativamente a taxa de restauração global a partir de então, o que restauraria pelo menos 200 Mha adicionais até 2030.[117]

Isso significaria restaurar, ao todo, 350 Mha até 2030, uma área maior que a da Índia (3.287.000 km²). Significaria também reduzir entre 4,5 e 8,8 Gt CO_2 ao ano, um montante próximo das emissões anuais de CO_2 dos Estados Unidos, o segundo maior emissor do mundo, após a China. A Declaração foi firmada nesse mesmo ano de 2014 por 191 signatários, entre os quais quarenta países (com as lamentáveis ausências de Brasil, Bolívia, China, Rússia e Venezuela), vinte representações subnacionais (o Brasil esteve representado subnacionalmente pelos estados do Amapá, do Amazonas e do Acre), 56 grandes corporações, quinze associações indígenas e 57 ONGs. A Figura 1.3 (p. 92) mostra a dimensão do fracasso dessa declaração, passados cinco anos de sua assinatura.

Como afirmava Fiona Harvey, uma jornalista do *Guardian*, em 2019 as florestas do mundo estavam perdendo então, anualmente, uma área do tamanho do Reino Unido (242.495 km²) ou do estado de São Paulo (248.209 km²);

(c) segundo dados do Global Forest Watch, de 2001 a 2020, a perda global acumulada de cobertura arbórea atingiu 4,11 Mkm². Isso significa uma perda de 10% da área de cobertura arbórea em relação ao ano 2000.[118] A Figura 1.4 (p. 93) mostra a evolução desse processo, discriminando a perda em cobertura arbórea tropical e não tropical.

Ao contrário do objetivo 15, o que as figuras 1.3 e 1.4 revelam é um salto na perda de cobertura arbórea *justamente* nos cinco anos imediatamente sucessivos à adoção da declaração de Nova York e dos 17 ODS. Entre 2016 e 2020, a perda global de cobertura arbórea (tropical e não tropical) variou entre 250 mil e 300 mil km² por ano. E as linhas pontilhadas na Figura 1.4 mostram um aumento gradual e constante das perdas nas médias trienais desde 2001.

Estimativas propostas por Thomas Crowther e colegas sobre a densidade das coberturas arbóreas em escala global indicam a existência

Figura 1.3: Perda bruta de cobertura arbórea entre 2000 e 2018 (em milhões de hectares), em relação aos dois objetivos (2020 e 2030) da "New York Declaration on Forests", de 2014

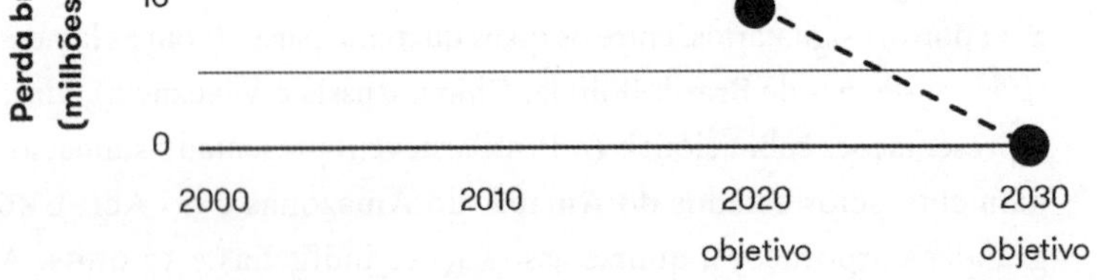

Fonte: Georgina Gustin, "Deforestation Is Getting Worse, 5 Years After Countries and Companies Vowed to Stop It", *Inside Climate News*, 13 set. 2019. Disponível em: https://insideclimatenews.org/news/13092019/forest-loss-rate-global-deforestation-amazon-fires-corporate-agribusiness-international-declaration/.

de 3,04 trilhões de árvores no planeta. Trata-se de um montante à primeira vista imponente, mas, como visto acima, o número original de árvores desde o início da civilização caiu quase pela metade (46%). Mais de quinze bilhões de árvores são derrubadas anualmente, uma perda bruta, portanto, de mais de 0,5% ao ano em relação a esse estoque de árvores remanescente.[119] O impacto dessas perdas sobre a extinção de espécies vegetais é enorme. Um levantamento global de espécies vegetais dotadas de sementes (espermatófitas) revelou que cerca de três espécies desse grupo de plantas foram levadas à extinção a cada ano desde 1900, uma taxa de extinção quinhentas vezes maior do que a taxa de base.[120]

Figura 1.4: Perda bruta global de cobertura arbórea entre 2001 e 2020, medida em hectares. A parte inferior da coluna mostra as perdas de cobertura arbórea em florestas tropicais, e a parte superior, as perdas em florestas não tropicais. As linhas pontilhadas mostram a evolução dessas perdas a cada três anos

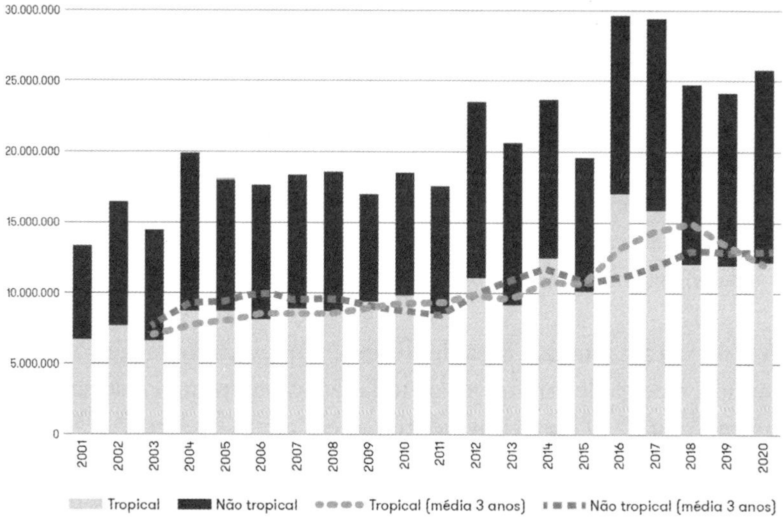

Fonte: Rhett Butler, "Global Forest Loss Increased in 2020", *Mongabay*, 31 mar. 2021, baseado em dados de Global Forest Watch e World Resources Institute. Disponível em: https://news.mongabay.com/2021/03/global-forest-loss-increases-in-2020-but -pandemics-impact-unclear/.

1.5 Florestas boreais

Embora muito menos biodiversas do que as florestas tropicais, as florestas boreais (taiga) que circundam o planeta em suas altas latitudes estendem-se por cerca de 12 Mkm^2. Situam-se, grosso modo, entre as latitudes 45° e 70° N, entre a tundra ao norte e as florestas temperadas ao sul, e recobrem vastos territórios do Alasca, do Canadá, da Escandinávia, da Rússia e o nordeste da China. São dominadas por poucas espécies de coníferas (abetos, pinheiros, álamos etc.) e abrigam uma enorme variedade de espécies de pássaros. A biomassa, os solos ricos em turfeiras e os corpos d'água das florestas boreais desempenham um papel fundamental na regulação do carbono planetário e, portanto, do sistema climático. Entre 30% e 40% das florestas boreais crescem sobre permafrost, e seus solos são saturados de umidade durante boa parte da primavera. Nos últimos decênios, porções gigantescas de florestas primárias boreais vêm sendo devastadas e poluídas pela indústria madeireira, por estradas, reservatórios, mineração e pela indústria de combustíveis fósseis.[121] Além desse ataque direto, a emergência climática intensifica os incêndios e a destruição das árvores por insetos e demais espécies invasoras.[122] Em 2018, o Painel Intergovernamental sobre as Mudanças Climáticas (IPCC) (SR1.5, 2018) afirmava:

> Estima-se que cerca de 4% (intervalo interquartil 2% a 7%) da área terrestre dos ecossistemas sofra uma transformação de um tipo para outro num aquecimento global de 1°C. A tundra de alta latitude e as florestas boreais estão particularmente em risco de degradação e perda induzidas pela mudança climática, com arbustos invadindo a tundra (alta confiabilidade), e isso continuará com o aquecimento adicional.[123]

A Rússia tem a maior área de floresta e um quinto das árvores do mundo, e cerca de dois terços de todas as suas florestas crescem sobre permafrost.[124] O aquecimento global e o efeito de fertilização pelo aumento das concentrações atmosféricas de CO_2 têm favorecido um crescimento mais acelerado dessas árvores e a expansão da taiga em direção à tundra, no Ártico, o que vem implicando uma capacidade de sequestro de carbono maior do que estimado anteriormente.[125] Esse maior sequestro de carbono é, por outro lado, compensado, antes de mais nada, pelo desmatamento. Entre 2001 e 2020, a Rússia perdeu

Figura 1.5: Perda de cobertura arbórea bruta na Rússia entre 2001 e 2020 (em milhões de hectares)

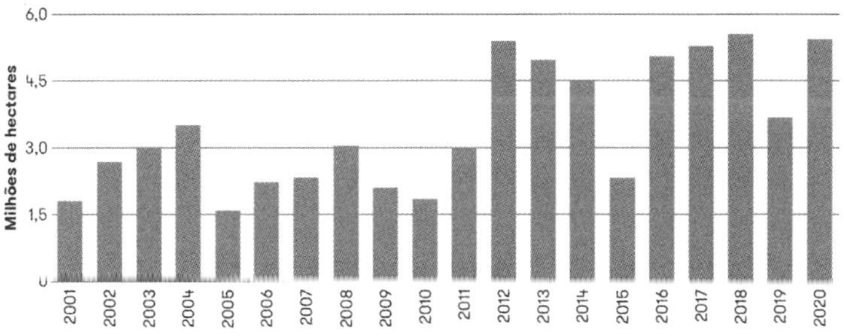

Fonte: Global Forest Watch, "Tree Cover Loss in Russia", [s.d.]. Disponível em: https://tinyurl.com/bp7wjm44.

76 Mha (760 mil km^2) de sua cobertura arbórea, um decréscimo de 10% dessa cobertura em relação a 2001. Além disso, o ritmo dessa perda é claramente maior no segundo decênio do século, comparado com o primeiro, como mostra a Figura 1.5.

Grande parte dessa perda ocorreu ilegalmente, e cerca de um quinto das árvores desmatadas teve a China por destino.[126] A Declaração conjunta entre a Rússia e a China, de 4 de fevereiro de 2022, afirma: "A amizade entre os dois Estados não tem limites, não há entre eles áreas 'proibidas' de cooperação".[127] Essa aliança se baseia, como ninguém ignora, em interesses geopolíticos comuns, mas também no fato de que a Rússia é uma fonte abundante de suprimento de combustíveis fósseis, de diversos minérios e de madeira, entre outras commodities, para a China. Em 2020, as exportações russas para os chineses somaram 49,3 bilhões de dólares, dos quais 28,2 bilhões em petróleo (cru e refinado) e em madeira serrada. Em 2021, elas saltaram para 68,7 bilhões de dólares, um aumento de quase 40%. Nos últimos 25 anos, essas exportações cresceram à taxa média anual de 11,6%, multiplicando-se nesse período por mais de quinze vezes.[128]

Embora o fogo seja parte constitutiva da evolução das florestas boreais, os incêndios florestais que vêm se alastrando pela Sibéria no século XXI excedem em muito a escala e a frequência dessas perturbações naturais e mesmo os incêndios em outras regiões das florestas boreais. Segundo Safford e Vallejo:

> Entre 2001 e 2007, a floresta boreal na Sibéria central experimentou mais de três vezes mais área queimada e mais de dezesseis vezes mais incêndios do que o Canadá em uma base de área igual. Na Rússia, 86% dos incêndios foram causados pelo homem, enquanto 80% dos incêndios no Canadá foram provocados por raios.[129]

Nos anos de 2010, 2012, 2015, 2018, 2019, 2021 e 2022, incêndios descomunais devastaram a Rússia. Durante o verão russo de 2021, manchetes internacionais alertavam sobre novos incêndios, sobretudo na República de Sakha (Yakutia), uma região de cerca de 3 Mkm^2 no nordeste da Sibéria, largamente recoberta de permafrost e com 40% de seu território acima do Círculo Polar Ártico. Exacerbados pelo verão mais seco em 150 anos, pelas maiores temperaturas dos registros históricos e por ventos fortes, esses incêndios haviam atingido o recorde histórico de 170 mil km^2, até então detido pelos incêndios de 2012. Eles não eram apenas os maiores incêndios florestais do mundo, mas se alastravam sobre solos úmidos e turfeiras, lançando na atmosfera quantidades descomunais de carbono, além de nuvens de fumaça que viajavam, pela primeira vez, até o Polo Norte, a Mongólia, a Groenlândia e a América do Norte.[130] Peter Carter advertia então, através de uma mensagem de Twitter, que "a bomba de carbono do Ártico, há muito temida, está explodindo" (*The long feared Arctic carbon bomb is exploding*). No mesmo diapasão, o Copernicus Atmosphere Monitoring Service divulgou: "Estima-se que as emissões dos incêndios florestais na Rússia como um todo, entre junho e agosto [de 2021], montam a 970 Mt, das quais 806 Mt são provenientes da República de Sakha e Chukotka".[131] Para efeito de comparação, as emissões antropogênicas de CO_2 da Alemanha em 2019 montaram a 880 Mt. O ano de 2022 afigura-se ainda pior na Rússia. Segundo dados oficiais, apenas entre 1º de janeiro e 31 de julho de 2022, ao menos 3,2 Mha de florestas foram consumidos pelo fogo, e o governo russo decretou estado de emergência em sete regiões do país.[132]

As florestas boreais da América do Norte se estendem por 6,27 Mkm^2 (5,5 Mkm^2 no Canadá), grande parte sobre territórios recentemente reconhecidos como de administração indígena. Essas florestas e solos abrigam algumas das maiores turfeiras, lagos e rios do mundo, e uma quantidade imensa de carbono. Apenas na parte canadense dessas florestas, turfeiras e permafrost armazenam 208 bilhões de toneladas de carbono. Também essas florestas estão sendo devastadas pela indústria madeireira. Como afirmam Courtenay Lewis e Ashley Jordan:

> Entre 1996 e 2015, a indústria madeireira desmatou uma área de florestas boreais do Canadá equivalente à do estado de Ohio [116 mil km²]. Nos últimos anos, o Canadá é superado globalmente apenas pela Rússia e pelo Brasil em sua taxa de perda de paisagem florestal intacta.[133]

Nos últimos decênios, a envergadura e a frequência dos incêndios têm aumentado, sobretudo no Alasca e no Canadá ocidental, "talvez em um nível não visto nos últimos dez mil anos".[134] A perda de habitat e de grandes corredores migratórios para os grandes mamíferos, tais como a rena (*Rangifer tarandus*), afeta muito adversamente a biodiversidade animal. Todas as populações de renas, que têm nessas florestas seu único habitat, são hoje consideradas ameaçadas de extinção. Perdas imensas são constatadas também em populações de carnívoros, pássaros e invertebrados, com muitas dessas espécies consideradas igualmente ameaçadas ou próximo de ameaçadas pela Lista Vermelha da IUCN.

1.6 A destruição das florestas tropicais

Um dado inicial mostra, do modo mais simples e direto, a interdependência entre clima e florestas tropicais: de um lado, o aquecimento global já colocou em risco essas florestas; de outro, sem sua existência, o planeta seria em média ao menos 1°C mais quente, dados os efeitos combinados de armazenamento de carbono e de resfriamento da atmosfera via evapotranspiração (este último mecanismo é o responsável por um terço desse efeito de resfriamento entre 50° a norte e a sul da linha do equador).[135] No que se refere à manutenção da biodiversidade, John Alroy formula adequadamente a relação causal direta entre a destruição das florestas tropicais e a extinção em massa de espécies:

> A atual extinção em massa de espécies ocorrerá em grande parte nas florestas tropicais porque a biodiversidade terrestre da Terra está fortemente concentrada nesses ecossistemas. A mudança climática global pode ser catastrófica para as árvores tropicais e outros organismos. Mas o problema imediato mais urgente é o desmatamento massivo e acelerado, que removeu cerca de 5% da cobertura global na década entre 2000 e 2010.[136]

A centralidade das florestas tropicais no que se refere ao atual avanço da aniquilação biológica é evidente: "As florestas tropicais ocupam apenas cerca de 7% da superfície da Terra, mas são o lar de cerca de dois terços da diversidade da flora e da fauna".[137] Ocorre que o ritmo de sua destruição no primeiro decênio do século XXI, como constatou John Alroy, não fez senão se acelerar no segundo. A avaliação de 2019 feita pela IPBES ressalta: "A taxa de perda das paisagens de florestas tropicais intactas triplicou em dez anos, devido à indústria madeireira, à expansão agropecuária, ao fogo e à mineração (bem estabelecido)".[138] Segundo o relatório *State of Tropical Rainforest*, publicado pela Rainforest Foundation Norway, 34% dessas florestas já foram completamente eliminadas e 30% apresentam vários estágios de degradação. O total das áreas de florestas tropicais eliminadas ou degradadas representa 9.333.098 km² dos 14.580.513 km² originais.[139]

As florestas tropicais ainda intactas, reduzidas hoje a 5,2 Mkm², continuam sendo brutalmente atacadas. Em 24 grandes frentes de desmatamento analisadas pelo WWF na América Latina, na África Subsaariana, no Sudeste Asiático e na Oceania, cobrindo ao todo uma área de 7,1 Mkm² (compreendendo florestas intactas e degradadas), houve perda completa de 430 mil km² de florestas apenas entre 2004 e 2017. Cerca de 45% das florestas nessas 24 frentes de desmatamento sofreram algum tipo de fragmentação, o que as tornou mais vulneráveis ao fogo e mais acessíveis a ulteriores desmatamentos.[140] Em 2020, a perda de cobertura arbórea nos Trópicos foi de 122 mil km², dos quais 42 mil km² representaram perdas de florestas tropicais primárias, cujas emissões foram de 2,64 Gt CO_2, um volume de emissões equivalente às da Índia em 2019, relativas à queima de combustíveis fósseis e à produção de cimento (2,63 Gt CO_2).[141] A Tabela 1.5 e a Figura 1.6 (p. 99) mostram as perdas brutas, anuais e acumuladas, de cobertura arbórea primária nos Trópicos entre 2002 e 2020, bem como as médias trienais dessas perdas. Todos os dados são calculados a partir de uma cobertura mínima de 30% de dossel.

Esses dados suscitam seis observações:

1. perdas de cobertura arbórea primária equivalem a perdas de floresta primária;
2. as perdas brutas totais de cobertura arbórea tropical primária nesses dezenove anos (2002-2020) foram de 64,65 Mha, ou 646 mil km², uma

Tabela 1.5: Perdas brutas, anuais e acumuladas, de cobertura arbórea primária nos Trópicos entre 2002 e 2020 em milhões de hectares (Mha)

Ano	Perdas em Mha
2002	2,66
2003	2,49
2004	3,4
2005	3,33
2006	2,81
2007	2,9
2008	2,71
2009	2,8
2010	3,3
2011	2,75
2012	3,6
2013	2,64
2014	3,59
2015	2,93
2016	6,13
2017	5
2018	3,65
2019	3,75
2020	4,21
Total	64,65

Fonte: Mikaela Weisse & Elizabeth Goldman, "Forest Loss Remained Stubbornly High in 2021", World Resources Institute & Global Forest Watch, [s.d.]. Disponível em: https://research.wri.org/gfr/forest-pulse.

Figura 1.6: Perdas brutas anuais e médias trienais de cobertura arbórea primária nos Trópicos entre 2002 e 2020 em milhões de hectares (Mha)

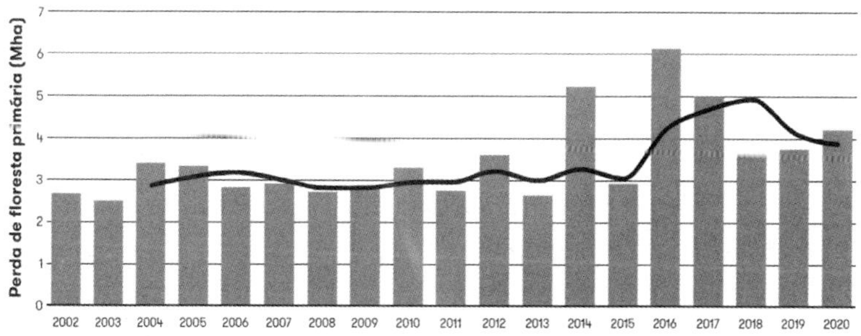

Fonte: World Resources Institute & Global Forest Watch, [s.d.]. Disponível em: https://research.wri.org/gfr/forest-pulse.

área equivalente a mais de 2,5 vezes a área do estado de São Paulo (248.209 km²) ou o equivalente a uma área quase 20% maior que a da França (543.965 km²);

3. essas perdas foram muito maiores no segundo decênio do que no primeiro e mostram uma clara aceleração a partir de 2016. No primeiro decênio do século (2002-2010), a média anual das perdas foi de 2,93 Mha (29 mil km²), e em nenhum ano foram maiores que 34 mil km². No segundo decênio, as perdas saltaram na média anual para 3,82 Mha (38 mil km²), um aumento, portanto, de cerca de 30% na comparação entre os dois decênios;
4. em apenas três anos, no primeiro decênio, elas foram superiores a 30 mil km², ao passo que no segundo decênio ultrapassaram esse marco sete vezes;
5. em 2020, essas perdas aumentaram pela segunda vez consecutiva, algo que só aconteceu no triênio 2008-2010;
6. como mostra a Tabela 1.5 (p. 99), apenas entre 2013 e 2019 houve perda de 27,69 Mha (276 mil km²) de florestas tropicais primárias. Ao todo, somando-se florestas tropicais primárias e não primárias, a perda de cobertura florestal tropical alcançou, segundo o Forest Trends, 77 Mha (770 mil km²), dos quais ao menos 32 Mha (320 mil km²) foram desmatados de modo ilegal.

1.7 A guerra de aniquilação biológica pelo sistema alimentar globalizado

A proporção diminuta das florestas primárias remanescentes nas florestas tropicais não amazônicas em 2020 e, de forma geral, o conjunto dos dados expostos na seção 1.6 mostram, com implacável nitidez, que há em curso nos Trópicos uma guerra de aniquilação da vida. O aniquilador não é, por certo, uma entidade alienígena como na *Guerra dos mundos*, o célebre romance que H. G. Wells publicou em 1897, Orson Welles dramatizou em 1938 e Hollywood não se cansa de adaptar. O principal inimigo da vida terrestre no planeta, ao menos da vida tal como ela se apresenta nos Trópicos, com sua máxima abundância e variedade, é o sistema alimentar globalizado. É tal a importância desse sistema no âmbito das crises socioambientais contemporâneas que a ele dedico um capítulo à parte, o

Capítulo 2. Desde logo, é preciso adiantar, contudo, dois pontos. Em primeiro lugar, o agronegócio não se confunde com o sistema alimentar global. Apenas uma peça dessa máquina de guerra, o agronegócio funciona, por assim dizer, como sua falange de assalto às florestas e demais biomas tropicais. Destruidor de solos, de recursos hídricos, de habitats silvestres e de biodiversidade, além de consumidor voraz de antibióticos, hormônios, agrotóxicos e fertilizantes industriais, que ele dispersa em quantidades crescentes na natureza, o agronegócio é a brigada de choque desse sistema, ávida por avançar sobre territórios indígenas e áreas de proteção ambiental, por saquear e reduzir toda e qualquer paisagem natural ainda não antropizada a pastagens e a monoculturas. As madeireiras degradam as florestas, preparando o terreno para o agronegócio, que as queima e arrasa.

Do conceito de alimento ao de commodity

Em segundo lugar, convém esclarecer que, quando se fala em sistema alimentar globalizado, o termo "alimentar" deveria, a rigor, ser escrito entre aspas, porque esse sistema não produz alimentos, não os concebe como um direito humano elementar, tampouco está interessado na segurança, na qualidade e na diversidade nutricional de seus produtos. Como sublinha o relatório da The Lancet Commission, o sistema alimentar globalizado está adoecendo a humanidade:

> As variadas formas de má nutrição, incluindo obesidade, subnutrição e outros riscos dietéticos, são a causa principal das más condições de saúde em todo o mundo. [...] Má nutrição, seja por deficiências de micronutrientes, a chamada "fome oculta", seja por sobrepeso e obesidade, afeta cerca de 3,4 bilhões de pessoas em todo o mundo. Em decorrência disso, a FAO agora identifica as doenças não transmissíveis causadas por dietas inapropriadas como a causa número um de morte prematura em todo o mundo.[142]

Esse sistema, qualificado inapropriadamente como alimentar, na verdade produz commodities, vale dizer, monoculturas tóxicas cultivadas em grandes propriedades, voltadas para os mercados globais e controladas por uma complexa cadeia corporativo-financeira extremamente concentrada. Essa rede recobre o arco inteiro dessa atividade econômica, da agroquímica e da bioengenharia (sementes, agrotóxicos, fertilizantes industriais) ao maquinário, à comercialização, ao transporte, ao (ultra)processamento industrial e, enfim, ao estabelecimento do sistema de preços, no qual a especulação financeira na Chicago Mercantile Exchange (CME-NYSE) desempenha um papel sempre mais importante.

Tal como apontado na Introdução, os anos 1980 — a década Reagan-Thatcher — são os anos em que a regressão social promovida pela extrema globalização do capitalismo ganha maior tração. O sistema alimentar é parte dessa tendência geral. Matthew Canfield e colegas chamam a atenção para o fato de que, desde 1986, o Banco Mundial promoveu uma redefinição essencial do conceito de segurança alimentar.[143] Não se tratava mais de um direito humano fundamental, tal como proclamado pelo artigo 25 da Declaração Universal dos Direitos Humanos de 1948, mas "da capacidade de adquirir alimentos" (*the ability to purchase food*). Em 1989, o Departamento de Agricultura dos Estados Unidos consagrou definitivamente essa redefinição em chave mercantil do conceito de segurança alimentar:

> Os Estados Unidos sempre sustentaram que autossuficiência e segurança alimentar não são a mesma coisa. A segurança alimentar — a capacidade de adquirir os alimentos de que você precisa quando precisa — é mais bem fornecida por meio de um mercado mundial que funciona sem problemas.[144]

Essa transformação brutal da noção de segurança alimentar, que deixa de ser um direito e passa a ser uma variável do poder aquisitivo, equivale, em suma, à transição do conceito de alimento ao conceito de commodity. Ela foi institucionalizada em meados dos anos 1990, quando 123 países firmaram o Agreement on Agriculture, um protocolo da Organização Mundial do Comércio (OMC) que consagrava o "livre-comércio" como imprescindível à obtenção de segurança alimentar. Estava aberta a via para o controle absoluto do sistema alimentar pela rede corporativa. Hoje, por exemplo, quatro megacorporações — Bayer, Corteva, ChemChina-Syngenta e Limagrain — controlam mais de 50% da oferta de sementes no mundo todo.[145] Essas corporações não apenas detêm os direitos de patente sobre "suas" sementes, mas estão reduzindo cada vez mais sua variedade genética em função de sua adequação aos agrotóxicos (sementes transgênicas) e da maximização de seus lucros. Segundo o *State of the World's Plant Genetic Resources for Food and Agriculture*, da FAO, entre 1900 e 2000, 75% da variedade genética de cultivos alimentares desapareceu.[146]

Esse processo acelerou-se imensamente a partir dos anos 1980, durante a chamada terceira onda de restruturação dessa indústria, impulsionada pela biotecnologia, quando essas megacorporações conquistam e consolidam direitos legais sobre o uso dessas sementes. Em 1995, não havia ainda sementes transgênicas comercializadas em escala. Em 2017, cerca de 190 Mha de cultivos agrícolas no mundo utilizavam algum tipo dessas sementes geneticamente modificadas. As maiores áreas desses cultivos se encontravam então nos Estados Unidos (40%), no Brasil (26%) e na Argentina (12%).[147] Em 2016, no Brasil e na África do Sul, essas quatro megacorporações controlavam, respectivamente, 97% e 99% (medidas em valor monetário) das sementes para o plantio de milho. No caso da soja, esse controle era de 82% para o Brasil, 89% para a Argentina e 96% para o Paraguai e para a África do Sul.[148]

1.8 Agrotóxicos

Além das sementes, a Bayer, a Corteva e a ChemChina-Syngenta dominam também a produção e o mercado de agrotóxicos, ao lado da Basf, que vem adquirindo recentemente outras empresas do setor. Segundo dados analisados por Jennifer Clapp, o controle do mercado de sementes e agrotóxicos exercido por essas quatro megacorporações atingiu, a partir de 2015, níveis sem precedentes de oligopólio, graças a sucessivas fusões horizontais e não horizontais, conforme mostra a Tabela 1.6 (p. 104).

É de elementar evidência que o sistema de monocultura em grandes extensões de terra engendra um círculo vicioso de uso crescente de agrotóxicos à medida que as espécies visadas se tornam mais resistentes. Para as megacorporações da agroquímica, esse círculo vicioso é obviamente vantajoso, pois implica sempre melhores resultados em suas vendas. Além disso, ele aprisiona os agricultores na armadilha de uma eterna dependência de novos agrotóxicos, capazes de vencer as novas resistências. A Tabela 1.7 (p. 104) mostra o aumento do uso de agrotóxicos entre 1990 (quando ainda não se usavam sementes geneticamente modificadas) e 2017 em oito países de grande produção agrícola.

Esses dados são consistentes com o relatório produzido em 2021 pelo Policy Department for External Relations do Parlamento Europeu, segundo o qual o Brasil e a Argentina estão hoje na categoria dos países que utilizam entre 3,12 e 7,04 quilos de agrotóxicos por hectare de plantação.[149] Embora a China ainda use mais que o dobro de agrotóxicos por hectare plantado do que o Brasil, nenhum país do mundo multiplicou o uso de agrotóxicos por um fator de 6,7 em apenas 28 anos (0,88 para 5,95 quilos/hectare), como ocorreu aqui. A Figura 1.7 (p. 105) mostra a evolução do número de registros de agrotóxicos licenciados para comercialização pelo governo federal brasileiro (Ministério

Tabela 1.6: Participação nos mercados globais de sementes e agrotóxicos de quatro megacorporações: Bayer, Corteva, ChemChina e Basf

	Sementes	Agrotóxicos
1994	21%	29%
2009	54%	53%
2018	60%	70%

Fonte: Jennifer Clapp, "The Problem with Growing Corporate Concentration and Power in the Global Food System", *Nature Food*, v. 2, n. 6, p. 404-8, 3 jun. 2021.

Tabela 1.7: Uso de agrotóxicos em 1990 e 2017 em quilo(s) por hectare em países selecionados

	1990	2017
Argentina	0,95	4,88
Brasil	0,88	5,95
Canadá	0,71	2,37
China	5,87	13,07
Espanha	1,96	3,59
Estados Unidos	2,14	2,54
México	1,22	1,77
Peru	0,33	1,85

Fonte: Our World in Data, "Pesticides: Average Pesticide Application per Unit of Cropland, Measured in Kilograms per Hectare", [s.d.]. Disponível em: https://ourworldindata.org/grapher/pesticide-use-per-hectare-of-cropland?time=latest.

da Agricultura, Agência Nacional de Vigilância Sanitária [Anvisa] e Ibama) entre 2005 e 2020.

Como é possível observar, entre 2005 e 2007, o número de novos registros de agrotóxicos mais que duplicou até se estabilizar entre cem e pouco mais de 150 novos produtos licenciados por ano. A partir de 2015, consumada a capitulação do governo de Dilma Rousseff às pressões do agronegócio, o número de novos registros explode e mais que triplica até 2020. Pedro Grigori mostra que quase um terço dos mais de três mil agrotóxicos comercializados no Brasil recebeu registro durante os dois anos de governo Bolsonaro, e o segundo ano de seu mandato terminou com 493 novos agrotóxicos, superando o recorde de 2019. Em 2020, foram licenciados cinco novos princípios ativos: dinotefuram, piroxasulfone, tiencarbazona, fenpirazamina e tolfenpirade, usados na formulação de treze novos agrotóxicos, sendo o tolfenpirade considerado altamente tóxico pela Anvisa. Os agrotóxicos produzidos pela China foram os que mais receberam esses novos registros.

As mortes e os efeitos deletérios, agudos e crônicos desse uso crescente de agrotóxicos sobre os humanos têm sido exaustivamente demonstrados, como veremos em detalhes no Capítulo 8 (seção 8.4).

Figura 1.7: Evolução dos registros de agrotóxicos licenciados para comercialização no Brasil entre 2005 e 2020

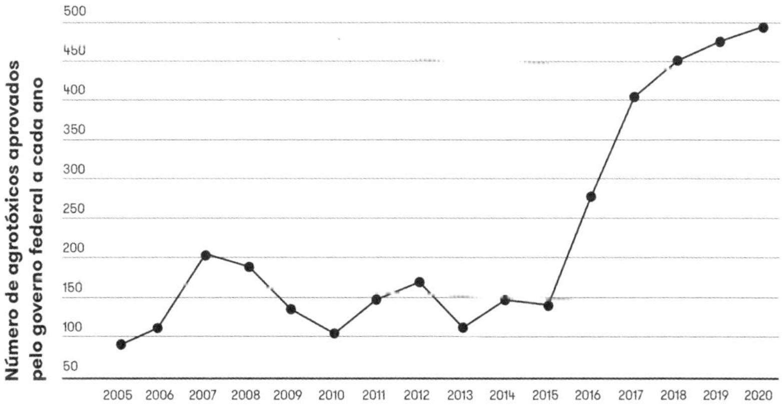

Fonte: Pedro Grigori, "2020 é o ano com maior aprovação de agrotóxicos da história", *CicloVivo*, 19 jan. 2021.

Se para a saúde e para a vida humana os agrotóxicos são um fator de risco alto e crescente, para outras espécies, como peixes, mamíferos, pássaros e insetos, eles representam cada vez mais uma ameaça existencial. Há exatamente sessenta anos, Rachel Carson lançou o primeiro alerta a respeito da mortandade animal causada por agrotóxicos, no caso um organoclorado chamado dicloro-difenil-tricloroetano (DDT). A situação atual é muito pior. "Muitos de nós estamos familiarizados com o livro seminal de Rachel Carson, *Primavera silenciosa*", afirma um texto da ONG Defenders of Wildlife. "Mas bem poucos têm consciência de que mais pesticidas são usados hoje do que no tempo em que seu livro foi publicado." Na realidade, prossegue o texto, "muitas de nossas substâncias químicas novas e mais comuns são tão ou mais perigosas para a vida selvagem, e alguns compostos nocivos muito próximos do DDT estão ainda em uso".[150] De fato, desde 1962, as ameaças e a mortandade animal só aumentaram, e há hoje uma verdadeira biblioteca de dados e análises que em vão o atestam. Nos Estados Unidos, a Agência de Proteção Ambiental (EPA) adverte desde 2016 que dois dos pesticidas organofosforados mais utilizados naquele país (e em muitos outros, inclusive no nosso) — o malation e o clorpirifós — ameaçam provavelmente 97% das 1.782 espécies de mamíferos, pássaros, peixes, répteis e plantas protegidos pela Endangered Species Act — em suma, a quase totalidade da flora e da fauna em risco de extinção. O diazinon intoxica 79% das espécies ameaçadas. Além disso, em 2015 a Organização Mundial da Saúde (OMS) declarou que o malation e o diazinon "são provavelmente carcinogênicos para os humanos".[151]

1.9 Declínio dos insetos e dos polinizadores

De acordo com Robert M. May, o número de espécies aumenta na proporção inversa de seu tamanho,[152] e os invertebrados compõem 97% de todas as espécies animais: apenas os artrópodes, o maior filo existente (Arthropoda), abrangem 84% das espécies de animais conhecidas.[153] Os insetos compõem a maioria das espécies nesse filo. A IPBES acolhe estimativas segundo as quais há cerca de seis milhões de espécies de insetos, algo como 75% das espécies eucariotas existentes, e alerta:

"A proporção de espécies de insetos ameaçadas de extinção é uma incerteza central, mas evidências disponíveis dão suporte a uma estimativa hipotética de que 10% dessas espécies estão ameaçadas (demonstrado, mas incompleto)".[154] Se há muita incerteza sobre o número de espécies de insetos ameaçadas de extinção, há ainda mais incerteza sobre os níveis atuais de ameaça aos invertebrados em geral, pois apenas 1% de 1,4 milhão de espécies descritas foi avaliado pela IUCN. Estima-se, contudo, que houve um declínio de 45% das populações de invertebrados desde 1970, segundo dados de um monitoramento global para 452 espécies desses animais.[155] Os dados da IUCN sobre o estado de 203 espécies de insetos monitorados, pertencentes a cinco ordens, mostram que aquelas com populações em declínio superam em muito as que têm apresentado aumento populacional.[156] Em 2017, Caspar Hallmann e colegas observaram, ao longo de 27 anos de estudo em 63 reservas naturais na Alemanha, um declínio sazonal de 76% e um declínio no meio do verão de 82% da biomassa dos insetos voadores.[157] Em 2019, uma revisão abrangente de 73 estudos sobre declínios de insetos em todo o mundo, proposta por Francisco Sánchez-Bayo e Kris Wyckhuys, desenha um quadro igualmente catastrófico:

> Nosso trabalho revela taxas dramáticas de declínio que podem levar à extinção 40% das espécies de insetos do mundo nas próximas décadas. Em ecossistemas terrestres, os táxons mais afetados parecem ser os Lepidoptera, Hymenoptera e escaravelhos (Coleoptera), enquanto quatro táxons aquáticos principais (Odonata, Plecoptera, Trichoptera e Ephemeroptera) já perderam uma proporção considerável de espécies.[158]

Para os autores, os motores principais desse declínio são, em ordem de importância (como é, de resto, consensual): (i) perda de habitat e sua conversão em agropecuária e urbanização; (ii) poluição, sobretudo por pesticidas sintéticos e fertilizantes; (iii) fatores biológicos, incluindo patógenos e espécies invasoras; e (iv) mudanças climáticas. É crescente o impacto desse declínio generalizado dos insetos sobre o funcionamento dos ecossistemas, pois esses animais são essenciais em suas funções de polinização, herbivoria e detritivoria, além de serem fontes importantes de alimentação para pássaros, mamíferos, anfíbios, peixes e aracnídeos. A esse respeito, a Académie des Sciences do Institut de France lançou, em janeiro de 2021, um alerta inédito, já que essa instituição central da ciência francesa não se ocupa diretamente de dossiês específicos:

> Surgidos há mais de quatrocentos milhões de anos, os insetos representam o grupo taxonômico mais rico e diverso, com vários milhões de espécies. Contudo, sob o efeito combinado da perda de habitats naturais, da intensificação da agricultura com uso massivo de pesticidas, do aquecimento global e de invasões biológicas, os insetos apresentam alarmantes sinais de declínio. Embora difícil de quantificar, a extinção de espécies e as reduções populacionais são confirmadas para muitos ecossistemas. Isso resulta em perda de serviços como a polinização de plantas, incluindo cultivos agrícolas, reciclagem de matéria orgânica, fornecimento de bens como o mel e estabilidade de cadeias alimentares. Portanto, é urgente deter o declínio dos insetos.[159]

Os insetos estão sendo atacados fortemente pelos neonicotinoides, uma classe de agrotóxicos sistêmicos introduzida nos anos 1990[160] que age no sistema nervoso central não apenas dos insetos, mas também no aparelho neuronal de moluscos[161] e demais animais. Esses inseticidas permanecem ativos nos solos, no meio aquático e nas plantas; sua meia-vida pode exceder mil dias e os impactos de seu uso repetido são cumulativos.[162] Sua utilização generalizada nos últimos 25 anos vem contaminando os sistemas terrestres e aquáticos no mundo todo.

Polinizadores

Muitos dos animais mortos ou gravemente ameaçados por esses inseticidas e por outros agrotóxicos são polinizadores. A importância crucial dos polinizadores para o funcionamento dos ecossistemas foi enfatizada por um relatório especial da IPBES:

> Globalmente, cerca de 90% das espécies de plantas silvestres com floração dependem, pelo menos em parte, da transferência de pólen pelos animais. Essas plantas são essenciais para o funcionamento contínuo dos ecossistemas, pois fornecem alimentos, habitats e outros recursos para uma ampla gama de outras espécies.[163]

Os polinizadores são fundamentais para a nossa própria sobrevivência, pois plantas, total ou parcialmente dependentes de polinizadores animais, são essenciais para os organismos humanos:

> [Essas plantas] contêm mais de 90% da vitamina C, a quantidade total de licopeno e quase a quantidade total dos antioxidantes β-criptoxantina e β-tocoferol, a maioria dos lipídios, vitamina A e demais carotenoides, cálcio e flúor, e uma grande porção de ácido fólico. O declínio contínuo dos polinizadores pode, portanto, exacerbar as atuais dificuldades de fornecer uma dieta nutricionalmente adequada para a população humana global.[164]

A ameaça representada pelos agrotóxicos afeta invertebrados e vertebrados. Nada menos que 16,5% das espécies de polinizadores vertebrados estão incluídos na Lista Vermelha das espécies ameaçadas de extinção global da IUCN, porcentagem que sobe para 30% no caso das espécies que vivem em ilhas. Mas os polinizadores invertebrados são, por certo, os mais criticamente ameaçados, em especial as cerca de vinte mil espécies de abelhas, como demonstra a síndrome intitulada distúrbio do colapso das colônias (ou das colmeias), detectada na América do Norte e na Europa desde meados do primeiro decênio. Kelsey Kopec e Lori Ann Burd, do Center for Biological Diversity, publicaram em 2017 uma revisão sistemática da literatura a respeito da situação das quatro mil espécies de abelhas nativas da América do Norte e do Havaí. Seus resultados não deixam margem a dúvidas:[165]

1. das 1.437 espécies de abelhas nativas com dados disponíveis suficientes, mais da metade (749) está em declínio;
2. quase uma em cada quatro dessas espécies (347) está em perigo e em crescente risco de extinção;
3. é provável que muitas das espécies de abelhas nativas sobre as quais os dados populacionais são deficientes também estejam correndo risco crescente de extinção;
4. o vetor primário desses declínios é a intensificação da agropecuária, o que inclui destruição de habitats e uso de pesticidas. Outras ameaças maiores são as mudanças climáticas e a urbanização.

Outra forma de avaliar o declínio das abelhas foi proposta em 2021 por Eduardo Zattara e Marcelo Aizen, que analisaram registros de mais de um século disponíveis no Global Biodiversity Information

Facility (GBIF). Trata-se de um banco de dados contendo milhões de registros de espécimes de museus, coleções particulares e observações científicas de particulares, no caso em apreço, sobre avistamentos de abelhas. Em alguns anos, esses registros incluíram cem mil pontos de avistamentos relacionados às abelhas. Os autores constataram que o número de espécies registradas a cada ano nos dados do GBIF declinou desde os anos 1990, sendo que aproximadamente 25% menos espécies foram encontradas entre 2006 e 2015 em relação ao período anterior a 1990. A grande maioria desses dados provém dos Estados Unidos e da Europa, o que leva os autores a concluir que, "embora essas tendências devam ser interpretadas com cautela, dada a natureza heterogênea do conjunto de dados e potenciais vieses na coleta de dados e relatórios, os resultados sugerem a necessidade de ações rápidas para evitar maior declínio dos polinizadores".[166]

1.10 Conclusão

Em seu Sexto Relatório de Avaliação (AR6, WG II, 2022), publicado em março de 2022, o Grupo de Trabalho II do IPCC afirma:

> As mudanças climáticas causaram danos substanciais e perdas cada vez mais irreversíveis nos ecossistemas terrestres, de água doce e costeiros e de oceano aberto (alta confiabilidade). A extensão e a magnitude dos impactos das mudanças climáticas são maiores do que o estimado em avaliações anteriores (alta confiabilidade). [...] Centenas de perdas locais de espécies foram causadas por aumentos na magnitude dos extremos de calor (alta confiabilidade), bem como eventos de mortalidade em massa em terra e no oceano (confiabilidade muito alta) e perda de florestas de algas (alta confiabilidade).[167]

Essas são algumas constatações típicas dos estágios iniciais da sexta extinção em massa de espécies em curso. Esse processo se volta cada vez mais contra a espécie que a tem causado, ou seja, a humanidade, e envolve potencialmente nossa própria extinção pelo desfazimento da teia de sustentação biológica que nos permitiu prosperar e, por um instante, cultivar a ilusão de dominá-la.[168] Mike Barrett, diretor-executivo de ciência e conservação do WWF, faz notar que o declínio geral da biodiversidade

> representa bem mais do que apenas perder as maravilhas da natureza, por desesperadamente triste que isso seja. Esse declínio está agora, na realidade, ameaçando o futuro das pessoas. A natureza não é algo "agradável de se ter" (*nice to have*). Ela é o nosso sistema de suporte da vida.[169]

O mesmo alerta vem de Corey J. Bradshaw e colegas, segundo os quais "a humanidade está causando uma rápida perda de biodiversidade e, com ela, a perda da capacidade da Terra de sustentar vida complexa".[170] Evitar o que chamam de "um futuro pavoroso" (*a ghastly future*) supõe uma abordagem política muito mais radical do problema de parte dos cientistas:

> É, portanto, responsabilidade dos especialistas em qualquer disciplina que lida com o futuro da biosfera e do bem-estar humano evitar reticências, evitar açucarar os enormes desafios à frente e "dizer as coisas como elas são". Qualquer outra abordagem é, na melhor das hipóteses, enganosa ou negligente e, na pior, potencialmente letal para o projeto humano.[171]

A timidez da reação política da maioria dos cientistas diante do que sabem será exatamente o tema do Capítulo 10.

Assim como no âmbito da emergência climática, as tentativas de deter esse processo de aniquilação da biosfera estão fracassando. O balanço das vinte metas de Aichi, incluídas no Plano Estratégico para a Biodiversidade para 2011-2020, adotado por quase duzentas nações na 10ª Conferência das Partes (COP10) da Convenção da Diversidade Biológica (CBD) em Nagoya, é quase totalmente negativo. Richard Gregory, da Royal Society for the Protection of Birds, deu voz à comunidade científica ao declarar que esse balanço "representa um fracasso maciço, se não mesmo catastrófico, em todos os níveis".[172] O sistema alimentar globalizado e, em particular, sua "divisão Panzer", o agronegócio, são os principais responsáveis por esse fracasso. Esse sistema é também o principal responsável pelo aumento das zoonoses que ganharão cada vez mais a escala de epidemias e pandemias (ver Capítulo 2, seção 2.8). Tais são alguns dos indicadores da aniquilação biológica em curso e da velocidade crescente com a qual as sociedades contemporâneas se aproximam rapidamente de um estado terminal.

Os que ainda relutam em reconhecer o caráter ecocida e suicida desse sistema alimentar globalizado tentam introduzir um *distinguo*, dividindo o agronegócio em setores "avançados" e "atrasados".

Distinções sempre são possíveis, é claro, pois nenhum coletivo é absolutamente homogêneo, mas não há diferença relevante entre esses setores, pois monoculturas e pecuária de grande escala são, por definição, incompatíveis com a permanência da biosfera. Desmantelar essa máquina de moer florestas e espécies, e restaurar um sistema alimentar digno desse nome — local, saudável e baseado em nutrientes de origem vegetal —, é um dos desafios maiores deste decênio. O agronegócio não só vem dizimando e adoecendo espécies, inclusive a nossa, como é uma peça-chave do sistema energético termofóssil e da crise animal que se abate sobre as sociedades, como se verá no próximo capítulo.

2. O sistema alimentar e a crise animal

> *Ainda que as emissões provenientes dos combustíveis fósseis fossem eliminadas imediatamente, as emissões do sistema alimentar por si só tornariam impossível limitar o aquecimento a 1,5 °C e dificultariam atingir até mesmo a meta de 2 °C.*
> — Michael Clark *et al.*[1]

Vimos no capítulo precedente que, nos Trópicos, onde a biodiversidade terrestre é excepcionalmente pujante, o sistema alimentar globalizado é o principal vetor de aniquilação biológica. É preciso examinar neste capítulo outros dois aspectos indissociáveis da ação desse sistema sobre a decrescente habitabilidade do planeta: (i) suas interações com a emergência climática e (ii) os impactos produzidos especificamente pela indústria da carne, designados pelo termo crise animal.

A queima de combustíveis fósseis continua sendo a causa maior do aumento das emissões de gases de efeito estufa (GEE) (ver Capítulo 4, Figura 4.2, p. 207 e Figura 4.8, p. 223). Mas o sistema alimentar globalizado é a segunda maior fonte dessas emissões, que seguem crescendo não apenas em termos absolutos como também em termos percentuais. Cálculos realizados em 2008 indicavam que as emissões de GEE derivadas direta e indiretamente do sistema alimentar correspondiam de 19% a 29% das emissões antropogênicas totais desses gases.[2] No período entre 2007 e 2016, essas emissões atingiram de 10,8 gigatoneladas (Gt) de dióxido de carbono equivalente (CO_2e) a 19,1 Gt CO_2e, 21% a 37% das emissões antropogênicas totais (52 Gt CO_2e por ano em média nesse período).[3] O relatório especial do Painel Intergovernamental sobre as Mudanças Climáticas (IPCC) de 2019 (*Climate Change and Land*) também estimava em 21% a 37% as emissões totais líquidas provenientes do sistema alimentar.[4] O Emission Database for Global Atmospheric Research (EDGAR) afirma igualmente que "um terço das emissões antropogênicas de GEE provém dos sistemas alimentares".[5] Francesco Tubiello e colegas estimavam em 2021 que:

> as emissões totais de GEE oriundas do sistema alimentar foram de cerca de 16 Gt CO_2e por ano em 2018 ou um terço do total das emissões globais

antropogênicas. Três quartos dessas emissões, 13 Gt CO_2e neste ano foram geradas dentro das fazendas ou em atividades pré-produção e pós--produção, tais como manufatura, transporte, processamento e descarte.[6]

Michael Clark e colegas comprovam que as emissões provenientes do sistema alimentar foram de 16 Gt CO_2e (~30% das emissões totais) por ano na média entre 2012 e 2017 e sublinham, como afirmado na citação em epígrafe deste capítulo, que essas emissões são capazes, sozinhas, de inviabilizar as metas do Acordo de Paris.

2.1 O sistema alimentar e as emissões cumulativas de GEE

O sistema alimentar foi, tanto quanto ou ainda mais que a mineração, o motor da primeira globalização econômica na história moderna, iniciada no século XVI. Assim, quando se fala em emissões *cumulativas* de GEE, a destruição das florestas, intimamente ligada a essa globalização, ocupa uma posição quase equivalente à queima de combustíveis fósseis. De fato, contrariamente ao senso comum, as emissões cumulativas oriundas do desmatamento e demais emissões provenientes do sistema alimentar colocam países pouco industrializados ou de industrialização tardia nas primeiras posições entre os que mais emitiram CO_2 desde 1850, como mostra a Figura 2.1 (p. 115).

Já em 1900, segundo o levantamento do *Carbon Brief*, países agrários, como Argentina, Brasil e Índia, ocupavam respectivamente a oitava, nona e a décima posições entre os dez países com mais emissões cumulativas do planeta. Em 1948, a industrialização do Brasil começava apenas a engatinhar. Mas o avanço da fronteira agropecuária já havia destruído grande parte do 1,36 milhão de quilômetros quadrados (Mkm^2) de Mata Atlântica.[7] Tal é a razão pela qual o país ocupava a quinta posição entre os países que mais haviam emitido CO_2, logo atrás de dois pioneiros da industrialização, o Reino Unido e a Alemanha (terceira e quarta posições, respectivamente). E, em 2021, países agrários e industrializados competem pelas primeiras posições entre os vinte países com maiores emissões cumulativas desde 1850. O Brasil se apresenta em quarto lugar, com 5% das emissões cumulativas totais desde 1850. A Indonésia ocupa a quinta posição, com 4% dessas emissões. Ambos os países, somados,

Figura 2.1: Os vinte países com mais emissões cumulativas de CO_2 entre 1850 e 2021 (em bilhões de toneladas)

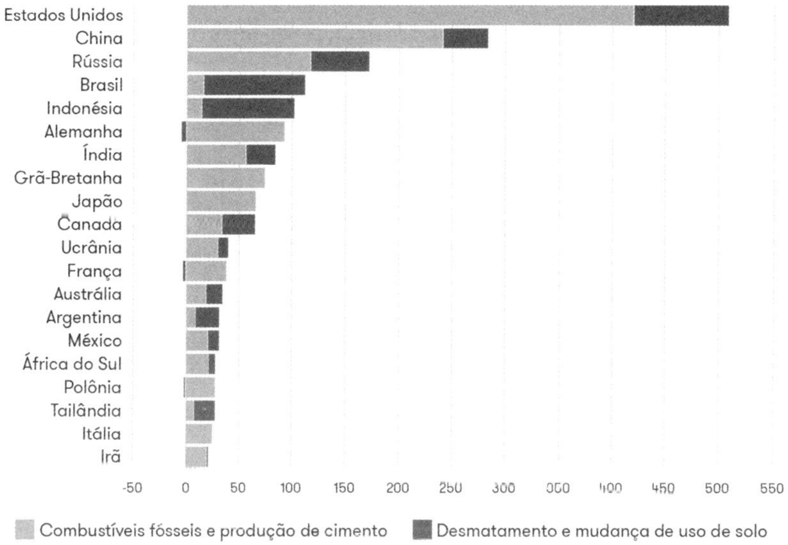

Fonte: Simon Evans, "Which Countries Are Historically Responsible for Climate Change?", *Carbon Brief*, 5 out. 2021. Disponível em: https://carbonbrief.org/analysis-which-countries-are-historically-responsible-for-climate-change.

respondem por quase metade da fatia de responsabilidade que cabe à maior potência industrial do mundo, os Estados Unidos (20%). Brasil e Indonésia estão, em todo caso, bem à frente dos países pioneiros da Revolução Industrial no século XIX, como o Reino Unido, a França e a Alemanha. A preponderância absoluta dos Estados Unidos se deve também ao fato de ter destruído grande parte de suas florestas, sobretudo desde meados do século XIX.

Uma classificação bem conhecida e singularmente didática para o entendimento do peso do desmatamento das florestas tropicais nas emissões globais de GEE tem sido proposta a partir de 2017 pelo World Resources Institute:

> Se o desmatamento tropical fosse um país, ele ocuparia o terceiro lugar em emissões de CO_2, atrás apenas da China e dos Estados Unidos. Se a perda de cobertura de árvores tropicais continuar na taxa atual, será quase impossível manter o aquecimento abaixo dos 2°C prometidos. No triênio 2015-2017, as

emissões oriundas da perda de cobertura arbórea apenas nos países tropicais foram na média anual de 4,8 Gt CO_2e. Dito de outro modo, a perda de cobertura arbórea tropical está agora causando mais emissões do que as produzidas por 85 milhões de carros durante seu inteiro ciclo de vida.[8]

Entre 2001 e 2020, as emissões decorrentes da perda de cobertura arbórea tropical atingiram 165 Gt CO_2, o equivalente a cerca de quatro anos das emissões anuais totais nos níveis de 2019, conforme dados do Global Forest Watch.[9] O desmatamento, os incêndios, a degradação das florestas tropicais e o próprio aquecimento global converteram partes da floresta amazônica de sumidouro em fonte de emissões de carbono, como recentemente demonstrado por Luciana Gatti e colegas num trabalho discutido em detalhes no Capítulo 3.[10]

2.2 As emissões de carbono e a indústria de proteínas animais

Reforçando o veredito de Michael Clark e colegas sobre a impossibilidade de conter o aquecimento nos limites almejados pelo Acordo de Paris, mantidas as emissões atuais do setor alimentar, Dora Hargitai, dos movimentos Extinction Rebellion e Animal Rebellion, explicita o nó da questão: "Não podemos resolver o problema climático sem resolver, ao mesmo tempo, a crise animal e a crise alimentar".[11]

Por crise animal e crise alimentar não se deve entender, obviamente, o consumo de nutrientes de origem animal via caça e pesca artesanais ou por meio de pequenos rebanhos que asseguram o sustento das comunidades tradicionais do planeta. Pelo menos metade dos 770 milhões de pessoas que sobrevivem com menos de 1,9 dólar por dia depende diretamente dessa fonte de alimentação.[12] Mas esse consumo é irrelevante do ponto de vista de seus impactos socioambientais sistêmicos. Entenda-se por crise animal a brutal, gigantesca e crescente indústria de proteínas animais voltada para o consumo das populações urbanas, sobretudo dos 20% ou 30% mais ricos da humanidade.[13] Os malefícios dessa indústria para as sociedades, para a biodiversidade e para o sistema climático são imensos e multifacetados. Marius Gilbert e colegas elencam alguns deles em poucas palavras:

> A pecuária tem um impacto maior no meio ambiente através de emissões de GEE, fermentação entérica e dejetos dos animais, rupturas nos ciclos de nitrogênio e fósforo e impactos indiretos sobre a biodiversidade e outros serviços ecossistêmicos por meio do sobrepastoreio e mudanças no uso da terra. A pecuária também tem implicações para a saúde pública por meio de seu papel na transmissão de doenças transmitidas por alimentos, no surgimento e na disseminação de doenças zoonóticas infecciosas, como a gripe aviária, a febre Q[14] e a Mers,[15] e sua contribuição para a carga global de resistência antimicrobiana, ligada ao abuso rotineiro de drogas na produção pecuária.[16]

Recapitulemos os malefícios evocados por Gilbert e colegas, a começar por: (i) emissões de GEE. Além das emissões de CO_2 e metano (CH_4), decorrentes do desmatamento para a abertura de pastos e do CH_4 produzido pelos ruminantes, o relatório especial do IPCC de 2019, *Climate Change and Land*, quantificou as emissões de óxido nitroso (N_2O), outro importante GEE, causadas pela pecuária:

> Houve um grande crescimento nas emissões provenientes de pastagens manejadas devido ao aumento da deposição de esterco (média confiabilidade). O gado em pastagens e em pastagens manejadas foi responsável por mais da metade do total de emissões antropogênicas de N_2O originadas da agropecuária em 2014 (média confiabilidade).[17]

O trabalho de Gilbert menciona também: (ii) rupturas nos ciclos de nitrogênio e fósforo; (iii) impactos sobre a biodiversidade; (iv) sobrepastoreio, que provoca erosão dos solos e, no limite, desertificação; (v) mudanças no uso da terra, principalmente através do desmatamento; (vi) favorecimento de epizootias e de zoonoses, como as que temos sofrido sobretudo nos últimos decênios; e (vii) crescente resistência bacteriana, em especial por uso abusivo de antibióticos na criação de animais.[18] Acrescentem-se a essa lista de malefícios outros quatro impactos: (viii) indizível sofrimento animal nas criações confinadas; (ix) uso insustentável de água; (x) poluição por dejetos animais; e (xi) riscos sanitários para os humanos do consumo de carne vermelha e processada, notadamente riscos maiores de câncer. Há uma ilimitada literatura científica a respeito de cada um desses onze impactos da pecuária. Sublinhemos, para começar, ao menos quatro razões que fazem da indústria da carne o principal gerador de GEE no âmbito do sistema alimentar globalizado:

1. a pecuária e a agricultura destinada à alimentação animal ocupam extensões de terra muito maiores que a agricultura diretamente destinada à alimentação humana. A pecuária é, de longe, a principal responsável pelo desmatamento e por demais mudanças no uso do solo em detrimento dos próprios solos, das florestas e dos demais biomas, grandes repositórios de carbono;
2. a fermentação entérica e os resíduos do gigantesco rebanho de ruminantes — seres sencientes brutalizados e reduzidos a estoque de proteínas — geram CH_4, um gás de efeito estufa muitas vezes mais eficiente em absorção de radiação infravermelha do que o CO_2 (ver Capítulo 7, seção 7.5);
3. o consumo de carne é extremamente ineficiente do ponto de vista energético;
4. os locais de produção de carne e de ração animal estão a milhares de quilômetros dos locais de seu consumo, o que implica a queima de imensas quantidades de combustíveis fósseis em seu transporte.

Examinemos um pouco mais de perto essas quatro razões.

2.3 Dieta com carne: espaço implicado, aumento do consumo e desmatamento tropical

O espaço ocupado pela pecuária, mesmo com animais criados em condições abjetas de confinamento, é insustentável. Segundo a Organização das Nações Unidas para a Alimentação e a Agricultura (FAO), a área terrestre ocupada pela agropecuária é de aproximadamente 50 Mkm^2, dos quais dois terços correspondem a pastos e pradarias para pastoreio.[19] Esses números são praticamente idênticos aos que Peter Alexander e colegas apresentaram para o ano de 2011,[20] atualizados por Hannah Ritchie no site Our World in Data, que assim os discrimina. Dos 148,94 Mkm^2 das terras emersas, a área planetária habitável pelos humanos (subtraída a área da Antártida, desertos etc.) é estimada hoje em 104 Mkm^2. Desse total, 51 Mkm^2 (49%) são utilizados pela agropecuária. E desses 51 Mkm^2, o espaço utilizado para produção de carne, leite e ração animal ocupa 40 Mkm^2, vale dizer, 79%. Portanto, quase 40% dos 104 Mkm^2 que compõem a área habitável pelos humanos em todo o planeta se destinam a satisfazer uma dieta crescentemente baseada em nutrientes animais. Apenas os 11 Mkm^2 restantes são ocupados por cultivos agrícolas destinados diretamente à alimentação dos humanos.[21] A Tabela 2.1 oferece um quadro sinóptico dessas proporções.

Para se fazer uma ideia do que isso significa, a Figura 2.2 mostra a distribuição geográfica e a densidade territorial apenas do gado bovino no mapa-múndi em 2010.

Tabela 2.1: Repartição da área planetária ocupada pela atividade agropecuária no total da área planetária habitável pelos humanos (em milhões de quilômetros quadrados e em %)

Total da área planetária habitável pelos humanos	104 (100%)
Agropecuária	51 (49%)
Pecuária (pastagens e ração animal)	40 (79% da área da agropecuária)
Cultivos agrícolas destinados diretamente à alimentação humana	11 (21% da área da agropecuária)

Fonte: Hannah Ritchie, "Half of the World's Habitable Land Is Used for Agriculture", Our World in Data, 11 nov. 2019.

Figura 2.2: Distribuição e densidade territorial do gado bovino por km² em 2010

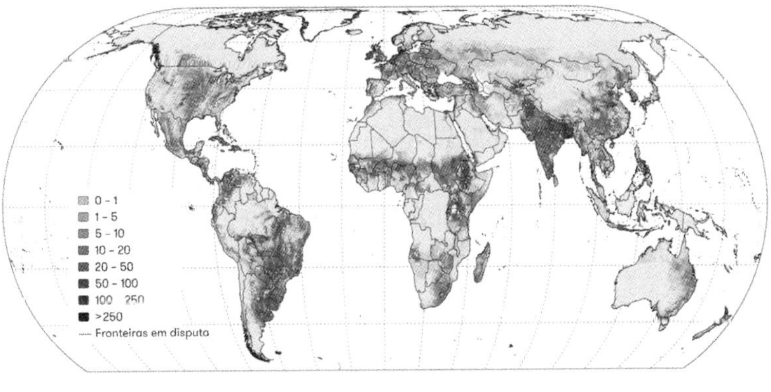

Fontes: FAO, "Livestock Systems", [s.d.]. Disponível em: https://www.fao.org/livestock-systems/en/; Marius Gilbert *et al.*, "Global Distribution Data for Cattle, Buffaloes, Horses, Sheep, Goats, Pigs, Chickens and Ducks in 2010", *Scientific Data*, v. 5, 30 out. 2018, baseados no Gridded Livestock of the World (GLW 3).

É preciso considerar também que extensões crescentes dessas pastagens são vítimas de sobrepastoreio, o que as degrada por pisoteamento e excesso de dejetos animais e, no limite, as desertifica. Alguns dados sobre os processos em curso de desertificação por sobrepastoreio foram coligidos pelo IPCC, em seu relatório *Climate Change and Land*, de 2019:

> Mais de 75% da área do norte, do oeste e do sul do Afeganistão é afetada por sobrepastoreio e desmatamento. [...] Bisigato e Laphitz (2009) identificaram o sobrepastoreio como uma causa da desertificação da região do monte patagônico na Argentina. [...] A seca e o sobrepastoreio levaram à perda de biodiversidade no Paquistão a ponto de apenas espécies adaptadas à seca conseguirem sobreviver nas pastagens áridas [...]. Tendências semelhantes foram observadas nas estepes do deserto da Mongólia [...] Na região de Coquimbo [Chile], o sobrepastoreio de caprinos e ovinos agravou a situação [de erosão do solo]. [...] [Na Ásia Central] O sobrepastoreio nas áreas de pastagem (em particular em Kyzylkum) contribui para tempestades de areia, provenientes sobretudo do planalto de Ustyurt, áreas desertificadas dos deltas dos rios Amu Dária e Sir Dária, o fundo do mar seco do mar de Aral (agora chamado [deserto de] Aralkum) , e o mar Cáspio. [...] A pecuária nas regiões de Green Dam [Argélia], em especial de ovelhas, cresceu exponencialmente, levando a grave sobrepastoreio, causando pisoteamento e compactação do solo, o que aumentou muito o risco de erosão.[22]

Algumas pesquisas mostram que o pastoreio do gado bovino, combinado de modo bem calibrado com a rotação de culturas de leguminosas e de forrageiras pode implicar, inclusive, regeneração dos solos, acelerando a reciclagem de seus nutrientes.[20] Ocorre que a pecuária globalizada e o modelo econômico do agronegócio, tais como praticados no Brasil e alhures, situam-se nas antípodas dessas práticas.

Aumento do consumo de carne

Ainda que se adotassem excelentes práticas de pecuária, dois fatos permaneceriam incontornáveis: (i) o consumo de carne na escala atual é ecologicamente insustentável; e (ii) ele implica sofrimento animal eticamente inaceitável. Para cada humano, havia em 2010 três galinhas e, em geral, quase quatro animais destinados à alimentação, com forte concentração em alguns países, como mostra a Tabela 2.2.

Muitos desses quase trinta bilhões de animais são criados em confinamento e submetidos a condições brutais. Desde 2010, esses rebanhos vêm aumentando fortemente. No Brasil, segundo o Instituto Brasileiro de Geografia e Estatística (IBGE), o rebanho bovino ultrapassou 218 milhões de cabeças em 2020, de modo que há hoje mais de um bovino para cada humano no território brasileiro. Orientado pela maximização dos lucros, o ciclo de vida desses animais é cada vez menor, e os abates se sucedem em linha de produção, frequentemente em condições abomináveis. Segundo Alex Thornton, avalia-se em cinquenta bilhões o número de galinhas abatidas para alimentação humana a cada ano. A Figura 2.3 (p. 122) indica o número de abates de mamíferos por ano entre 1961 e 2014.

Em 1961, foram abatidos aproximadamente 102 milhões de caprinos, 173 milhões de bovinos, 330 milhões de ovinos e 376 milhões de suínos. Em 2014, esses números saltaram para 444 milhões de caprinos, 300 milhões de bovinos, 545 milhões de ovinos e 1,47 bilhão de suínos. Outros dados sobre o aumento do consumo humano de carne entre 1961 e 2018 foram coligidos por Hannah Ritchie e Max Roser.[24] Desde os anos

Tabela 2.2: Animais destinados à alimentação humana segundo suas áreas de maior concentração em 2010 (em milhões de indivíduos)

	Brasil	China	Estados Unidos	Índia	Total
Galinhas	1.430	4.880	1.970		22.800
Bovinos	214,9	83,1	93,7	185,1	1.500
Caprinos		139,77		133,35	1.000
Ovinos		161,35		63,7	1.200
Suínos	41,1	435,04	74,41		967
Patos		716,73			1.200
Total					28.667

Fonte: Esri's StoryMaps Team, "(Farm) Animal Planet: A Look at Livestock Production around the World", 23 nov. 2021, baseado em Marius Gilbert *et al.*, "Global Distribution Data for Cattle, Buffaloes, Horses, Sheep, Goats, Pigs, Chickens and Ducks in 2010", *Scientific Data*, v. 5, 30 out. 2018, baseado, por sua vez, no Gridded Livestock of the World (GLW 3). Disponível em: https://tinyurl.com/3tx5vs2m.

1960, a produção de carne quase quintuplicou, passando de 71 milhões de toneladas (Mt) em 1961 para 342 Mt em 2018, 47% a mais que em 2000 (FAO),[25] como mostra a Figura 2.4 (p. 123).

Em 1961, a população humana era de 3,1 bilhões de pessoas, e a produção de carne era de 71 Mt, uma proporção de 22,9 kg de carne per capita. Em 2018, a produção de carne saltou para 342 Mt para uma população humana que atingira 7,5 bilhões de indivíduos, uma proporção de 45,6 kg de carne per capita. O abate de gado bovino apresenta um aumento consistente com esse quadro de horrores: em 2001, foram abatidos 271 milhões de cabeças, enquanto em 2018 esse número ultrapassou 302 milhões — 31 milhões a mais, ou um incremento de 11,5%. Em 2018, os matadouros brasileiros responderam por mais de 10% desse número de mortes, precisamente por 31,4 milhões de cabeças.[26]

Em consequência desse aumento dos rebanhos, entre 1961 e 2012, commodities agrícolas exclusivamente destinadas à alimentação animal mais que triplicaram, aumentando de 373 Mt de matéria seca (MS) para 1.186 Mt MS.[27]

O aumento do consumo humano de carne vem aniquilando não apenas as florestas, mas também as populações de animais silvestres e,

Figura 2.3: Mamíferos abatidos por ano globalmente entre 1961 e 2014

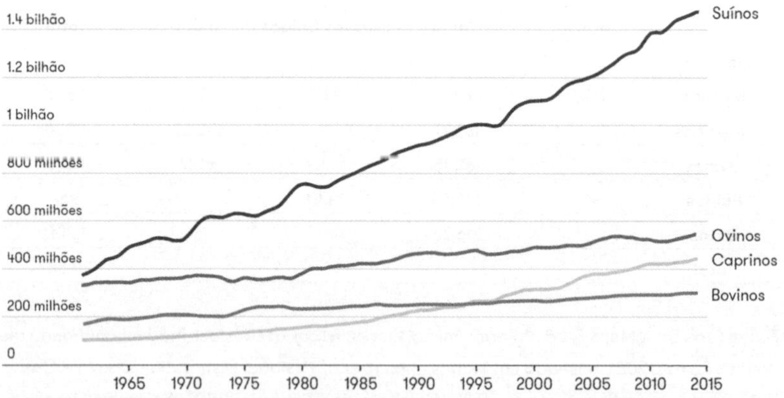

Fonte: Alex Thornton, "This Is How Many Animals We Eat Each Year", World Economic Forum, 8 fev. 2019, baseado em FAO, 2017. Disponível em: https://www.weforum.org/agenda/2019/02/chart-of-the-day-this-is-how-many-animals-we-eat-each-year/.

em geral, a diversidade biológica do planeta. Ele produz um desequilíbrio sem precedentes na estrutura e na distribuição da vida na biosfera. A biomassa dos animais destinados à alimentação humana, medida em gigatoneladas de carbono (Gt C), é hoje quase o dobro da biomassa humana, e ambas as biomassas somadas são 23 vezes maiores do que a biomassa dos mamíferos silvestres, como mostram Yinon Bar-On, Rob Phillips e Ron Milo:

> A biomassa de humanos (~0,06 Gt C) e a biomassa de gado (~0,1 Gt C, dominada por bovinos e suínos) ultrapassam em muito a dos mamíferos silvestres, que têm uma massa de ~0,007 Gt C. Isso também é verdadeiro para aves selvagens e domesticadas, pois a biomassa dessas últimas (~0,005 Gt C, dominada por galinhas) é cerca de três vezes maior do que a das aves selvagens (~0,002 Gt C). Na verdade, humanos e gado superam todos os vertebrados combinados, com exceção dos peixes.[28]

Figura 2.4: Produção global de carne entre 1961 e 2018, segundo regiões do planeta, medida em milhões de toneladas

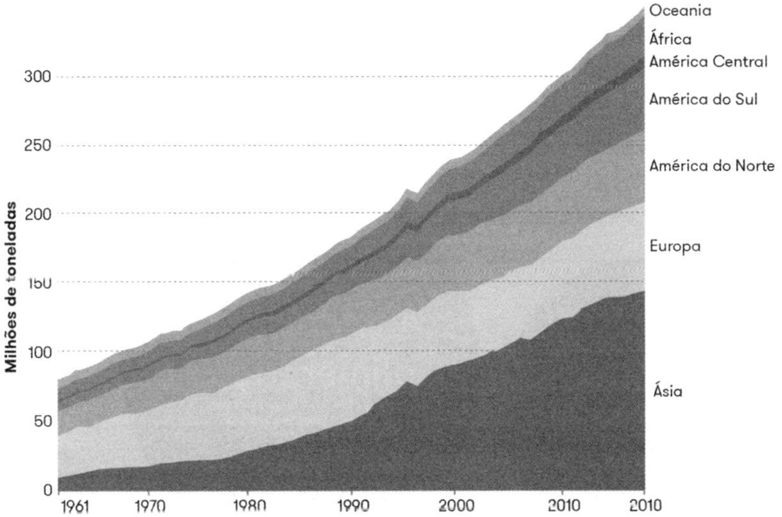

Observação: dados em termos de peso de carcaças preparadas, excluindo miúdos e gorduras de abate [*data are given in terms of dressed carcass weight, excluding offal and slaughter fats*]. Fonte: Hannah Ritchie & Max Roser, "Meat and Dairy Production", Our World in Data, 2017, baseado em FAO, FAOSTAT & FAO Statistical Yearbook 2020. Disponível em: https://ourworldindata.org/meat-production e https://www.fao.org/faostat/en/#data/.

Ainda segundo esses autores, a biomassa total dos animais selvagens (marinhos e terrestres) diminuiu por um fator de cerca de seis, ao passo que a massa total dos mamíferos aumentou aproximadamente quatro vezes (de 0,04 Gt C para 0,17 Gt C), por causa do aumento gigantesco dos rebanhos.[29] A biomassa do gado, sobretudo bovino e suíno (~0,1 Gt C), é hoje, portanto, cerca de quinze vezes maior que a dos mamíferos silvestres (~0,007 Gt C). Esses dados reforçam a constatação, demonstrada no Capítulo 1, de que a biosfera está sofrendo um episódio fulminante de extinção em massa de espécies. A Figura 2.5 oferece uma abordagem visual dos tamanhos relativos entre as biomassas dos humanos, dos animais destinados à alimentação humana e dos mamíferos e pássaros silvestres.

Figura 2.5: Tamanhos relativos da biomassa dos humanos (em carbono), dos animais destinados à alimentação humana e dos mamíferos e pássaros silvestres

Fonte: Esri's StoryMaps Team, "(Farm) Animal Planet. A Look at Livestock Production around the World", 23 nov. 2021, baseado em Yinon Bar-On, Rob Phillips & Ron Milo, "The Biomass Distribution on Earth", *PNAS*, v. 115, n. 25, 19 jun. 2018. Disponível em: https://tinyurl.com/3tx5vs2m.

A pecuária bovina é a principal responsável pela destruição das florestas tropicais

No período 2001-2015, apenas sete commodities agropecuárias substituíram 71,9 milhões de hectares (Mha) [719 mil km²] de florestas no mundo todo, uma área maior que o dobro da área da Alemanha. Essas sete commodities representam 57% de toda a área de cobertura arbórea perdida entre 2001 e 2015, sendo que o desmatamento para abertura de pastagens representa quase o dobro da soma do desmatamento provocado pelas outras seis commodities, como mostra a Tabela 2.3.

Dos 8,2 Mha (82 mil km²) de florestas e de outros biomas nativos destruídos pelo agronegócio da soja entre 2001 e 2015, 7,9 Mha substituíram florestas da América do Sul.[30]

Tabela 2.3: Substituição de florestas tropicais por sete commodities em milhões de hectares (2001-2015)

Commodity	Desmatamento (2001-2015)
Gado bovino	45,1
Óleo de palma	10,5 (dos quais 6,2 diretamente)
Soja	8,2 (dos quais 3,9 diretamente)
Cacau	2,3
Plantações de seringueiras*	2,1
Café	1,9
Plantações de celulose**	1,8
Total	71,9

*Dados disponíveis apenas para Brasil, Camboja, Camarões, República Democrática do Congo, Índia, Indonésia e Malásia

**Dados disponíveis apenas para Africa do Sul, Argentina, Brasil, Camboja, China, Índia, Indonésia, Malásia, Ruanda e Vietnã

Fontes: "Deforestation Linked to Agriculture", World Resources Institute & Global Forest Review, 2021. Disponível em: https://research.wri.org/gfr/forest-extent-indicators/deforestation-agriculture; Mikaela Weisse & Liz Goldman, "Just 7 Commodities Replaced an Area of Forest Twice the Size of Germany from 2001-2015", 11 fev. 2021. Disponível em: https://www.globalforestwatch.org/blog/commodities/global-deforestation-agricultural-commodities/.

A criação animal é também a maior causa *indireta* do desmatamento, pois a soja se destina basicamente à ração animal, como mostram Marcello De Maria e colegas:

> Mais de 80% da soja é transformada no altamente procurado farelo de soja — sem dúvida, a ração animal mais comum no mundo devido à combinação de alto teor de proteína e preços relativamente baixos. O restante da produção — pouco menos de 20% — vai para óleo de soja, que pode ser utilizado para fabricação de produtos comestíveis (por exemplo, molho de soja, tofu) e não comestíveis (cosméticos, sabonetes e detergentes), além de servir de base para combustíveis diesel.[31]

Gabriel Popkin acrescenta outros dados sobre a expansão da soja no período 2000-2019:

> A América do Sul liderou o mundo em expansão relativa de áreas agrícolas por área de terra. Isso se deve, em grande parte, à expansão da indústria da soja que abastece os fazendeiros de gado na China e em outros lugares, o que aumentou as terras agrícolas do continente em quase 50% durante o período de estudo.[32]

Se a soja fornece aos animais as proteínas, o milho lhes fornece o carboidrato, constituindo 50% a 70% das dietas de animais monogástricos, sobretudo aves e porcos.[33] Os dados do Departamento de Agricultura dos Estados Unidos (USDA) ilustram bem essa situação: mais de um terço da produção mundial de milho provém desse país e cerca de um terço dessa produção se destina à alimentação animal.[34]

2.4 Os rebanhos de ruminantes e as emissões de metano (CH_4)

As emissões antropogênicas de metano como um todo e seu potencial de aquecimento serão examinados em detalhes nos capítulos 5, 6 e 7. A presente seção se ocupa apenas do metano oriundo da pecuária, em especial dos gigantescos rebanhos de ruminantes (bois, búfalos, caprinos e ovinos). Trata-se de um setor de enorme importância em sua interação com o sistema energético, pois a pecuária "é a maior fonte antropogênica do orçamento global de metano, notadamente daquele derivado da fermentação entérica dos ruminantes domesticados".[35] De fato, segundo Ilma Tapio e colegas, a produção de metano pelos ruminantes "é responsável por cerca de 81% dos GEE do setor pecuário [...], 90% dos quais resultam da metanogênese microbiana ruminal".[36] A contribuição da pecuária nas emissões de metano é cada vez maior. Como afirmam Sara Mikaloff-Fletcher e Hinrich Schaefer, "os inventários dos rebanhos de gado mostram que as emissões de ruminantes começaram a aumentar acentuadamente por volta de 2002 e podem ser responsáveis por cerca de metade do aumento do CH_4 desde 2007".[37] Jinfeng Chan e colegas reportam cálculos sobre essa contribuição no primeiro decênio do século XXI: "A pecuária é a maior fonte antropogênica no orçamento global de metano (103 [95-109] Tg CH_4 por ano, durante 2000-2009). A fermentação entérica de ruminantes domina essa fonte e foi responsável pela emissão de 87-97 Tg CH_4 por ano entre 2000 e 2009".[38] Dado que um teragrama (Tg) equivale a um milhão de toneladas, isso significa que apenas a atividade entérica dos ruminantes foi responsável por mais de 1 Gt CH_4 tão somente nesse primeiro

Figura 2.6: Emissões antropogênicas de metano (CH_4) por fontes, em 2020

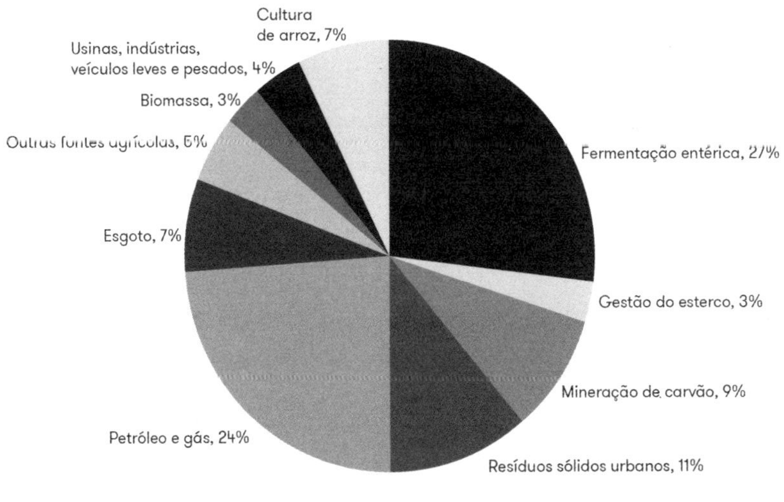

Fonte: GMI, "Global Methane Emissions and Mitigation Opportunities", 2020. Disponível em: https://www.globalmethane.org/documents/gmi-mitigation-factsheet.pdf.

decênio. Não estão incluídas aqui, insistamos, as emissões de metano oriundas dos dejetos animais.

A Global Methane Initiative (GMI), uma parceria internacional fundada em 2015 entre governos e setores não governamentais para a mitigação das emissões de metano, traz dados sobre a contribuição da pecuária em 2020 no que se refere às emissões globais desse gás, tal como mostra a Figura 2.6 (p. 127).

A Figura 2.6 mostra que as emissões causadas pela pecuária somam 30% das emissões totais de metano, 27% provenientes da atividade entérica dos rebanhos. Trata-se de uma contribuição mais de quatro vezes superior que a das emissões provenientes dos arrozais e substancialmente equivalente à das fontes de emissão de metano provenientes dos combustíveis fósseis e da mineração de carvão (33%). Em termos absolutos, em 2020 as emissões totais de CH_4 somaram 9.390 Mt CO_2e, dos quais 2.535 Mt CO_2e provieram da atividade entérica dos rebanhos (27%) e 281 Mt CO_2e, da gestão dos dejetos desses rebanhos (3%). A Figura 2.7 (p. 129) compara as emissões totais de CH_4 em 2020 com as emissões projetadas para 2030, em milhões de toneladas de CO_2e (Mt CO_2e), segundo suas diversas fontes. Elas devem aumentar então cerca de 9%, para 10.220 Mt CO_2e, com aumento proporcional das emissões por atividade entérica dos rebanhos.

Conforme mostra a "Análise das emissões brasileiras de gases de efeito estufa" do Sistema de Estimativas de Emissões de Gases de Efeito Estufa (Seeg) de 2020:

> Em 2019, as emissões do setor de agropecuária [brasileiro] totalizaram 598,7 milhões de toneladas de CO_2 equivalente [t CO_2e], um aumento de 1,1% em relação ao ano de 2018. O subsetor que mais contribuiu com as emissões totais (61,1%) foi a fermentação entérica, nome dado ao processo de digestão de celulose no rúmen de animais como bovinos, que emitem metano (o popular "arroto do boi"). Bovinos de corte e leite respondem por 97% das emissões por fermentação entérica.[39]

A Figura 2.8 (p. 129) mostra a contribuição das emissões de metano pelo gado bovino no cômputo das emissões totais da agropecuária no Brasil.

Figura 2.7: Estimativas de emissões totais de metano, segundo suas diversas fontes em 2020 e projeções para 2030, em milhões de toneladas de CO_2 equivalente (Mt CO_2e)

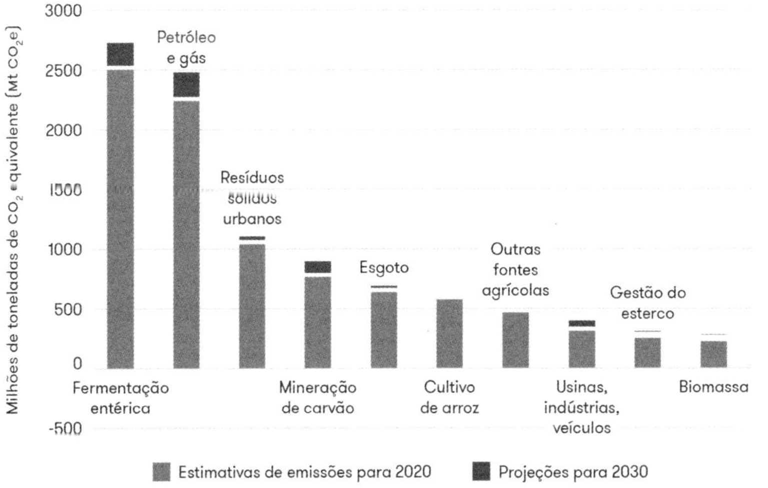

Fonte: Environmental Protection Agency (EPA), "Global Anthropogenic Non-CO_2 Greenhouse Gas Emitions: 1990-2030", dez. 2012.

Figura 2.8: Emissões de GEE da agropecuária brasileira por subsetor entre 1970 e 2019 (em milhões de toneladas de CO_2e)

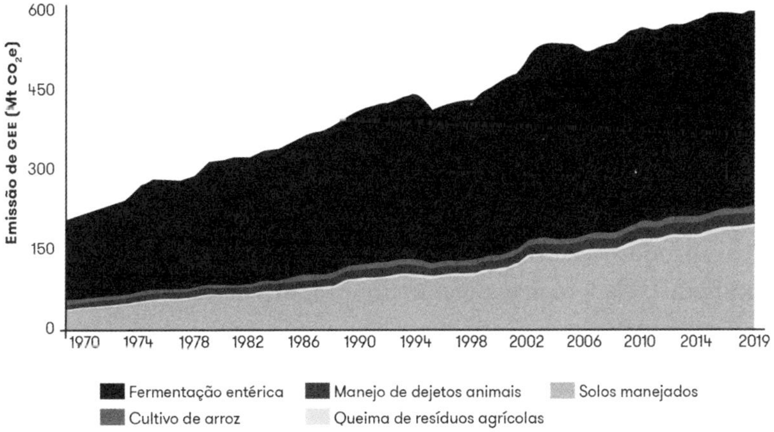

Fonte: Igor Albuquerque *et al.*, *Seeg 8: Análise das emissões brasileiras de gases de efeito estufa e suas implicações para as metas de clima no Brasil 1970-2019*. Brasília: Observatório do Clima, 2020, p. 14.

2.5 O transporte de commodities associado à indústria da carne

O sistema alimentar globalizado tem uma estreita dependência do sistema energético baseado em combustíveis fósseis. Além de ser um insumo onipresente no agronegócio industrial, a começar pela produção de fertilizantes nitrogenados, o petróleo viabiliza o transporte de animais e gigantescas quantidades de ração animal para as mais distantes regiões do planeta. Em 2021, um ano de recuperação ainda incipiente da economia, as exportações globais de carne bovina devem atingir 10,8 Mt, as de carne suína, 11,8 Mt e as de frango, 12 Mt.[40]

Já a produção global de soja dobrou nos primeiros vinte anos do século XXI, atingindo em 2018 uma colheita de cerca de 350 Mt cultivados em 170 países e em mais de 1,25 Mkm^2, grande parte dos quais anteriormente ocupados por vegetação nativa. Em 2018, apenas cinco países — Estados Unidos (123,7 Mt, 35,5%), Brasil (117,9 Mt, 33,8%), Argentina (37,8 Mt, 10,8%), China (14,2 Mt, 4,1%) e Índia (13,8 Mt, 4%) — produziam 88,1% da soja no mundo todo, grande parte para exportação. Em 2019, a China consumiu cerca de 30% dessa produção global, e apenas 14% de seu consumo proveio de seu território. O cultivo de soja chinês em 2019 foi igual ou ligeiramente inferior ao de 1999, pois a produção local é limitada sobretudo pela escassez de água. Conforme frisava Lester Brown já em 2012, "dado que cerca de metade dos porcos do mundo estão na China, grande parte de seu consumo [de soja] destina-se à alimentação dos porcos. Além disso, o país usa agora grande quantidade de soja para a alimentação de suas fazendas aquáticas".[41] A China é, há muito, a maior importadora de soja do mundo, e o Brasil é seu maior fornecedor. Aliás, não apenas de soja: "Todos os dez principais produtos exportados pelo Brasil são commodities agrícolas e minerais, e a China é a maior compradora de seis desses produtos (soja, minério de ferro, petróleo bruto, carne bovina, carne de aves e celulose)".[42] A Figura 2.9 (p. 131) ilustra a trajetória intercontinental da soja em formato de flecha, especialmente a partir do Brasil, da Argentina e dos Estados Unidos em direção à China.[43]

Os portos dos países exportadores nas Américas e dos países importadores (China, Europa, Oriente Médio) estão situados a distâncias que atingem até vinte mil quilômetros. Trata-se, portanto, de um comércio superlativamente emissor de GEE em termos absolutos

Figura 2.9: Trajetórias das exportações globais de soja

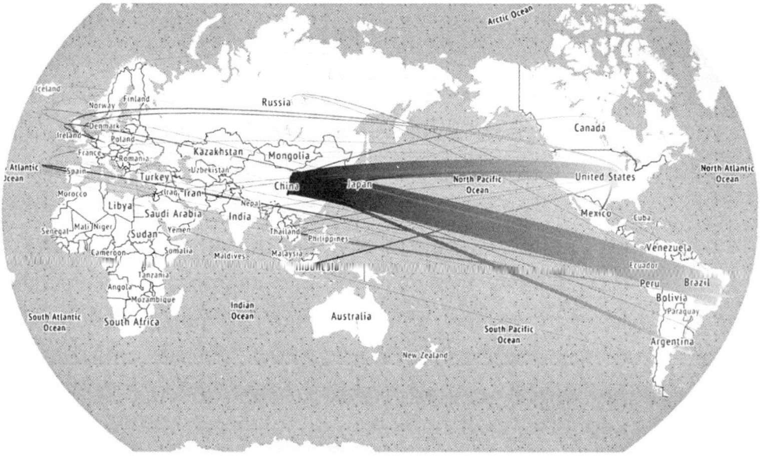

Fonte: Marcello De Maria *et al.*, *Global Soybean Trade: The Geopolitics of a Bean*, UK Research and Innovation Global Challenges Research Fund (UKRI GCRF) Trade, Development and the Environment Hub, 2020.

e por unidade de valor comercializado. O comércio marítimo é hoje responsável por cerca de 3% das emissões globais de GEE, mas as projeções indicam que, "na ausência de ação climática, o setor marítimo internacional poderá representar 17% das emissões globais de CO_2 em 2050".[44] A única "ação climática" consequente, nesse caso, implica uma nova concepção de alimentação, ao mesmo tempo local e baseada em nutrientes vegetais.

2.6 Ineficiência energética do consumo de carne

Até aqui, tratamos dos impactos da produção de carne. Examinemos doravante os impactos de seu consumo. A "pegada energética" da carne é incomparavelmente maior que a do consumo de outros alimentos. Segundo estimativas do *World Counts*,[45] são necessárias cerca de duas a três calorias de combustível fóssil para produzir uma caloria de proteína de soja, milho ou trigo, ao passo que uma caloria de proteína proveniente de carne bovina requer em média 54 calorias de combustível fóssil. Mais de oito litros de gasolina são necessários para produzir um quilo de carne bovina alimentada com grãos. Embora seu aporte calórico seja grande, a carne é o mais ineficiente dos alimentos não apenas no que diz respeito ao uso do solo, mas também no que se refere às emissões de GEE, ao uso de água e às Eroi (calorias obtidas por calorias investidas), como mostra a Tabela 2.4.

Um grupo de pesquisadores coordenado por Alice Rosa comparou os impactos ambientais entre as dietas onívoras, vegetarianas e veganas em relação a emissões de carbono, consumo de água e pegada ecológica. Eles examinaram a alimentação de 153 italianos adultos (51 onívoros, 51 ovolactovegetarianos e 51 veganos), considerando a variabilidade interindividual no interior de cada grupo ao longo de sete dias num contexto de vida cotidiana.[46] Como mostra a Figura 2.10 (p. 133), a inclusão da carne em uma dieta onívora potencializa imensamente o impacto ambiental da alimentação humana.

Tabela 2.4: Eficiência de um quilo de carne consumida no prato em termos da quantidade de insumos requeridos (grãos, água e calorias) e emissões de CO_2e. Os grãos são medidos em quilos de matéria seca (MS = peso após a extração da água neles contida), a água em metros cúbicos, e as calorias obtidas pelos humanos em porcentagem (%) por caloria investida no animal (por exemplo, 25% de eficiência significaria que 25% das calorias contidas na alimentação e na criação do animal foram efetivamente obtidas pelos humanos quando da ingestão de sua carne, sendo os 75% restantes perdidos durante a conversão)

	Grãos (kg MS)	kg CO_2eq	Água (m^3)	Caloria obtida (%)
bovinos (1 kg)	25	99,48	15	1,9
carneiro (1 kg)	15	39,72	8,8	4,4
porco (1 kg)	6,4	12,31	5,9	8,6
galinha (1 kg)	3,3	9,87	4,3	13,6

Fonte: Hannah Ritchie & Max Roser, "Meat and Dairy Production", Our World in Data, ago. 2017. Disponível em: https://ourworldindata.org/meat-production; "Efficiency of Meat Production", Our World in Data, [s.d.]. Disponível em: https://ourworldindata.org/meat-production#efficiency-of-meat-production; Hannah Ritchie & Max Roser, "Environmental Impacts of Food Production", Our World in Data, jan. 2020. Disponível em: https://ourworldindata.org/environmental-impacts-of-food?country=.

Figura 2.10: Comparação entre as dietas onívora (O), ovolactovegetariana (VG) e vegana (V) em relação a: (1) emissões de gramas de gases de efeito estufa por dia (CO_2e); (2) consumo de água por dia; e (3) m² de terra global (pegada ecológica) usados por dia. Os valores são médias +/- o desvio-padrão de 51 medidas independentes para cada grupo dietético

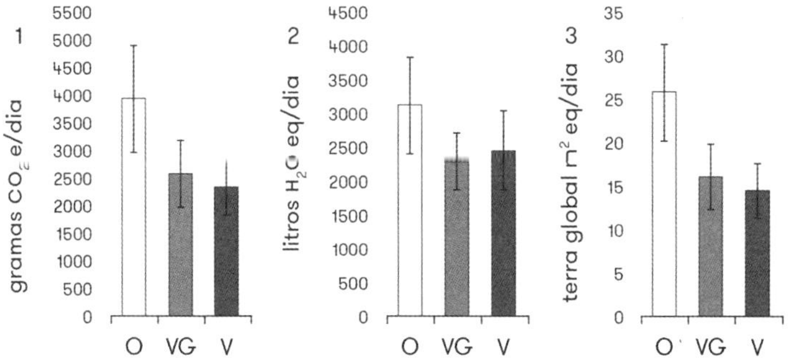

Fonte: Alice Rosi *et al.*, "Environmental Impact of Omnivorous, Ovo-Lacto-Vegetarian, and Vegan Diet", *Scientific Reports*, v. 7, 21 jul. 2017.

2.7 Insalubridade do consumo de carne

Gro Harlem Brundtland, médica, primeira-ministra da Noruega, diplomata e uma das mais lúcidas personalidades de sua geração, além de diretora-geral da Organização Mundial de Saúde (OMS) entre 1988 e 2003, assim resumia sua filosofia sobre a saúde: "É simples, realmente. A saúde humana e a saúde dos ecossistemas são inseparáveis".[47] Nada mais verdadeiro. Isso posto, o consumo de carne, ao menos na escala industrial de nossos dias, é insalubre não apenas por seus impactos nefastos sobre os ecossistemas e o sistema climático. Esse consumo é diretamente prejudicial à saúde humana.

A EAT Foundation, estabelecida pela Stordalen Foundation, o Stockholm Resilience Centre e o Wellcome Trust, publicou em 2019 o relatório "Food in the Anthropocene: The EAT-*Lancet* Commission on Healthy Diets from Sustainable Food Systems", coordenado por Walter Willett e Johan Rockström, à frente de 37 especialistas de dezesseis países. Essa comissão é composta por um corpo independente de cientistas que se valem da melhor ciência disponível para propor uma avaliação global do sistema alimentar, com metas científicas para dietas saudáveis e para a produção sustentável de alimentos.

"Essas metas", afirmam os autores, "constituem a primeira tentativa de fornecer um guia científico para a transformação do sistema alimentar em prol de dietas saudáveis oriundas de sistemas alimentares sustentáveis".[48] O relatório sublinha as conexões entre o sistema alimentar e as mudanças climáticas e descarta ou reduz a um mínimo o consumo de carne, sobretudo carne vermelha e processada:

> Fortes evidências indicam que a produção de alimentos está entre os maiores impulsionadores da mudança ambiental global, contribuindo para mudança climática, perda de biodiversidade, uso de água doce, interferência nos ciclos globais de nitrogênio e fósforo e mudança no sistema terrestre (e poluição química, não avaliada por esta comissão). [...] Descrevemos quantitativamente uma dieta saudável universal de referência no intuito de fornecer uma base para estimar os efeitos sobre a saúde e o meio ambiente da adoção de uma dieta alternativa às dietas-padrão atuais, muitas delas ricas em alimentos não saudáveis. [...] Essa dieta de referência consiste principalmente em vegetais, frutas, grãos integrais, legumes, nozes e óleos insaturados, inclui uma quantidade baixa/moderada de frutos do mar e aves, e nenhuma ou uma pequena quantidade de carne vermelha, carne processada, açúcar adicionado, grãos refinados e vegetais ricos em amido.[49]

A Tabela 2.5 (p. 135) mostra o que significa excluir ou incluir opcionalmente apenas uma pequena quantidade de carne vermelha e processada (não só vermelha) em conformidade com essa dieta de referência.

Em cem gramas de carne vermelha há, aproximadamente, trinta gramas de proteína. A média diária admitida por essa dieta de referência é de sete gramas. Isso significa que bastaria comer cerca de 25 gramas de carne vermelha por dia para atingir esse montante proteico (7,5 gramas). Em outras palavras, uma dieta saudável admite, em média, cerca de cem gramas (um bife pequeno) de carne bovina, ovina ou suína a cada quatro dias. Mas é importante notar que a dieta proposta pelo relatório EAT-*Lancet* considera perfeitamente saudável a opção por um consumo zero de todas as carnes, com a única ressalva de um acompanhamento no que se refere à vitamina B12, particularmente no caso de gestantes veganas:

> Embora a inclusão de alguns alimentos de origem animal nas dietas das gestantes seja amplamente considerada importante para o crescimento

fetal ideal e pelo aumento da necessidade de ferro, especialmente durante o terceiro trimestre da gravidez, evidências sugerem que dietas vegetarianas balanceadas podem apoiar o desenvolvimento fetal saudável, com a ressalva de que dietas veganas estritas requerem suplementos de vitamina B12.[50]

Repita-se: a opção por zerar o consumo de carne não é, em geral, considerada imprópria. Muito pelo contrário, segundo a International Agency for Research on Cancer (Iarc), vinculada à OMS, "os riscos [para a saúde humana] crescem com o aumento da quantidade de carne consumida, mas os dados disponíveis para avaliação não são conclusivos sobre a existência de um limite seguro desse consumo".[51] Que o vegetarianismo é mais saudável já há muito o demonstram, de resto, os cerca de 560 milhões de pessoas que se abstêm de carne (7% da população mundial, sendo 5% de vegetarianos e 2% de veganos). Além disso, 16% da população indagada pelo World in Data opta por uma dieta flexitariana (consumo apenas eventual de carne). Esses segmentos da população não sofrem carências nutricionais decorrentes de suas dietas.[52]

Abster-se de carne, em suma, não faz mal à saúde. O que pode fazer mal é comê-la, ao menos nas quantidades hoje típicas da dieta

Tabela 2.5: Dieta de referência saudável, com variações possíveis, para uma ingestão de 2.500 kcal/dia

Fontes de proteína*	Ingestão de macronutrientes (variações possíveis), gramas/dia	Kcal/dia
Carne bovina e ovina	7 (0-14)	15
Carne suína	7 (0-14)	15
Carne de galinha e demais aves	29 (0-58)	62
Ovos	13 (0-25)	19
Peixes	28 (0-100)	40

*Carnes bovina e ovina são intercambiáveis com carne suína. Frango e outras aves são intercambiáveis com ovos, peixes ou fontes de proteína vegetal. Legumes, amendoins, nozes, sementes e soja são intercambiáveis

Fonte: Walter Willett *et al.*, "Food in the Anthropocene: The EAT-*Lancet* Commission on Healthy Diets from Sustainable Food Systems", *The Lancet*, v. 393, n. 10.170, p. 447-92, fev. 2019.

convencional, principalmente carne vermelha, e tanto mais se processada. O supracitado estudo coordenado por Walter Willett e Johan Rockström em 2019 reporta que:

> Em uma metanálise prospectiva, o consumo de carne vermelha processada (bovina, suína ou ovina) foi associado a risco acrescido de morte por qualquer causa e por doença cardiovascular; carne vermelha não processada também foi ligeiramente associada a mortalidade por doença cardiovascular.[53]

Além disso, como veremos melhor no Capítulo 8 (seção 8.4), estudos epidemiológicos sugerem uma associação entre o consumo de carne vermelha e processada (de todos os tipos) e aumento no risco de vários tipos de câncer, sobretudo câncer colorretal, mas também pancreático e de próstata (a associação com câncer no estômago ainda não se mostrou conclusiva). A Iarc classifica a carne processada de todos os tipos como carcinogênica (grupo 1) e a carne vermelha como "provavelmente carcinogênica para os humanos" (grupo 2A). Estimativas recentes realizadas pelo Global Burden of Disease Project indicam que cerca de 34 mil mortes por câncer todos os anos são atribuíveis a dietas com alta ingestão de carne processada. No que se refere à ingestão de carne vermelha, a OMS afirma:

> Comer carne vermelha ainda não foi estabelecido como causa de câncer. No entanto, se as associações relatadas forem provadas como causais, o Global Burden of Disease Project estimou que dietas ricas em carne vermelha podem ser responsáveis por cinquenta mil mortes por câncer por ano em todo o mundo.[54]

As estimativas da Iarc-OMS são de que "o risco de câncer colorretal pode aumentar em 17% a cada porção de cem gramas de carne vermelha ingerida diariamente".[55]

2.8 O sistema alimentar globalizado, indutor de pandemias

Segundo o Worldometer, até meados de setembro de 2022 a covid-19 havia matado mais de 6,5 milhões de pessoas (mortes oficialmente notificadas), o que significava, em média, cerca de 830 mortes por milhão de pessoas no mundo todo. No Brasil, sabidamente por causa da política homicida e negacionista do governo Bolsonaro, já se havia atingido nessa data a cifra de 3.170 pessoas por milhão de brasileiros, um número quase quatro vezes maior que a média global.[56] Os números reais globais de mortes causadas pela pandemia são, contudo, muito superiores aos reportados oficialmente. Segundo estimativas publicadas pela revista *The Lancet* em 10 de março de 2022,

> entre 1º de janeiro de 2020 e 31 de dezembro de 2021, o total global de mortes por covid-19 foi de 5,94 milhões, mas estima-se que 18,2 milhões [...] de pessoas morreram em todo o mundo por causa da pandemia de covid-19 (medida pelo excesso de mortalidade) durante esse período.[57]

Trata-se, portanto, da maior catástrofe sanitária da história contemporânea desde a chamada "gripe espanhola", causada pelo vírus H1N1 influenza A (1918-1920), que levou à morte cerca de cinquenta milhões de pessoas (os números variam de dezessete milhões a cem milhões), ou seja, algo em torno de 2,5% da humanidade, então prestes a atingir dois bilhões de indivíduos (contra 0,23% da população global mortalmente vitimada pela covid-19 entre janeiro de 2020 e meados de setembro de 2022).

Ao contrário, porém, da pandemia causada pelo vírus H1N1 influenza A, a pandemia de covid-19, bem longe de ser adventícia, é uma consequência reiteradamente prevista de um sistema alimentar globalizado crescentemente disfuncional e destrutivo.[58] A convite da IPBES, Josef Settele, Sandra Díaz, Eduardo Brondizio e Peter Daszak escreveram um artigo sobre as causas da atual pandemia, que me permito citar longamente:

> Há uma única espécie responsável pela pandemia da covid-19: nós. Assim como com as crises climáticas e o declínio da biodiversidade, as pandemias recentes são uma consequência direta da atividade humana — particularmente de nosso sistema financeiro e econômico global

> baseado num paradigma limitado, que preza o crescimento econômico a qualquer custo. [...]
>
> Desmatamento crescente, expansão descontrolada da agropecuária, cultivo e criação intensivos, mineração e aumento da infraestrutura, assim como a exploração de espécies silvestres criaram uma "tempestade perfeita" para o salto de doenças da vida selvagem para as pessoas. [...]
>
> E, contudo, isso pode ser apenas o começo. Embora se estime que doenças transmitidas de outros animais para humanos já causem setecentas mil mortes por ano, é vasto o potencial para pandemias futuras. Acredita-se que 1,7 milhão de vírus não identificados, entre os que sabidamente infectam pessoas, ainda existam em mamíferos e pássaros aquáticos. Qualquer um deles pode ser a "Doença X" — potencialmente ainda mais perturbadora e letal do que a covid-19.
>
> É provável que pandemias futuras ocorram com mais frequência, propaguem-se mais rapidamente, tenham maior impacto econômico e matem mais pessoas, se não formos extremamente cuidadosos acerca dos impactos das escolhas que fazemos hoje.[59]

Cada frase dessa citação encerra uma lição de ciência e de lucidez política. Mas as duas mais importantes lições precisam ser repetidas: (i) o avanço da agropecuária sobre as florestas criou a tempestade perfeita para o salto zoonótico; (ii) a covid-19 "pode ser apenas o começo", pois "é vasto o potencial para pandemias futuras". Em palavras mais diretas, a maior frequência recente de epidemias e pandemias tem por causas centrais o desmatamento e a agropecuária, algo bem estabelecido também por Christian Drosten, atual coordenador do combate à pandemia da covid-19 na Alemanha, além de diretor do Instituto de Virologia do Hospital Charité de Berlim e um dos cientistas que identificaram a epidemia de síndrome respiratória aguda grave (Sars) em 2003:

> Desde que tenha oportunidade, o coronavírus está pronto para mudar de hospedeiro, e nós criamos essa oportunidade através de nosso uso não natural de animais — a criação animal (*livestock*). Esta expõe os animais de criação à vida silvestre, mantém esses animais em grandes grupos que podem amplificar o vírus, e os humanos têm intenso contato com eles — por exemplo, através do consumo de carne —, de modo que tais animais certamente representam uma possível trajetória de emergência para o coronavírus. Camelos são animais de criação no Oriente Médio e são os hospedeiros do vírus Mers,

> assim como do coronavírus 229E — que é uma causa da gripe comum em humanos —, e o gado bovino, por sua vez, foi o hospedeiro original do coronavírus OC43, outra causa de gripe.[60]

Nada disso é novidade para a ciência. Sabemos que a maioria das pandemias emergentes são zoonoses, isto é, doenças infecciosas causadas por bactérias, vírus, parasitas ou príons, que saltaram de hospedeiros não humanos, usualmente vertebrados, para os humanos. Como afirma Ana Lúcia Tourinho, da Universidade Federal de Mato Grosso (UFMT), o desmatamento é uma causa central e uma bomba-relógio para zoonoses: "Quando um vírus que não fez parte da nossa história evolutiva sai do seu hospedeiro natural e entra no nosso corpo, é o caos".[61] Esse risco, ressalte-se, é crescente. Basta ter em mente que "mamíferos domesticados hospedam 50% dos vírus zoonóticos, mas representam apenas doze espécies".[62] Esse grupo inclui porcos, vacas e carneiros, em suma, os principais mamíferos escravizados para servir de alimentação aos humanos.

A dieta com carne impulsionada pela pecuária industrial é, portanto, uma arma apontada contra nossa saúde e a de inúmeras outras espécies. Outra arma é a emergência climática. Temperaturas mais elevadas favorecem a adaptação de microrganismos a um mundo mais quente, diminuindo a eficácia de duas defesas básicas dos mamíferos contra os patógenos: (i) a febre, pois muitos microrganismos não sobrevivem ainda a temperaturas superiores a 37°C, mas podem vir a se adaptar rapidamente a elas; (ii) o sistema imune dos mamíferos, que perde eficiência em temperaturas mais elevadas.[63] Miyu Moriyama e Takeshi Ichinohe mostraram que "a exposição de camundongos a um ambiente de 36°C reduziu sua alimentação e prejudicou suas respostas imunes adaptativas à infecção pelo vírus da influenza".[64] Além disso, o aquecimento global altera a distribuição geográfica de fauna e flora, e está levando espécies animais terrestres a se deslocarem em direção a latitudes mais altas a uma taxa média de 17 km por década.[65] Aaron Bernstein, diretor do Harvard University's Center of Climate, Health and the Global Environment, sintetiza bem a interação entre aquecimento global e desmatamento causado primariamente pela agropecuária industrial em suas múltiplas relações com novos surtos epidêmicos:

À medida que o planeta se aquece [...] os animais se deslocam para os polos fugindo do calor. Estabelece-se um contato entre espécies que normalmente não interagiriam, o que cria uma oportunidade para patógenos encontrarem outros hospedeiros. Muitas das causas primárias das mudanças climáticas também aumentam o risco de pandemias. O desmatamento, causado em geral pela agropecuária, é a causa maior da perda de habitat no mundo todo. E essa perda força os animais a migrar e, potencialmente, a entrar em contato com outros animais ou pessoas e a compartilhar seus germes. Grandes fazendas de gado também servem como uma fonte para a passagem de infecções de animais para pessoas.[66]

Em resumo, o aquecimento global, o desmatamento, a destruição dos habitats selvagens, a domesticação e a criação de aves e mamíferos em escala industrial destroem o equilíbrio evolutivo entre as espécies, facilitando as condições para saltos desses vírus de uma espécie a outra, inclusive a nossa.

A dieta com carne na escala industrial de nossos dias é a principal responsável pela insustentabilidade do sistema alimentar globalizado, mesmo em países de renda média e de excepcional desigualdade socioeconômica, como o Brasil, onde o consumo foi de 89,69 kg per capita em 2020, em ligeiro recuo em relação a 2018 (92,66 kg).[67] Nos Estados Unidos, o consumo de carne (bovina, suína e aviária) se manteve, entre 1999 e 2006, em torno de 113 kg (250 libras) per capita, mas saltou, de 2015 a 2019, para 119 kg (264 libras) per capita.[68] Se todos os humanos consumissem carne nos padrões dos Estados Unidos, o sistema alimentar não poderia nutrir mais de 2,5 bilhões de pessoas, menos de um terço da humanidade.[69] Citando um estudo de Peter Alexander e colegas publicado em 2016,[70] o relatório especial do IPCC de 2019, *Climate Change and Land*, sublinha o mesmo resultado no que se refere ao perfil de consumo alimentar dos Estados Unidos e do Reino Unido:

Se todos os países adotassem a dieta e o consumo médio de carne do Reino Unido em 2011, seria necessário reservar 95% da área habitável global para a agropecuária — muito acima dos 50% da superfície terrestre atualmente usada. Para a dieta média dos Estados Unidos, seriam necessários 178% da superfície terrestre global (em relação a 2011).[71]

Resumindo as diversas recomendações elaboradas por esse relatório do IPCC, Quirin Schiermeier enfatiza como este "descreve dietas baseadas em vegetais como uma grande oportunidade para mitigar e se adaptar às mudanças climáticas — e inclui uma recomendação política para reduzir o consumo de carne".[72] Num artigo publicado no *Jornal da Unicamp* em 2019, intitulado "Abandonar a carne ou a esperança", retomei a questão, então há muito discutida:[73] há ainda esperança de evitar a ruína de nossas sociedades, causada por temperaturas mais altas, epidemias ou pandemias, secas, inundações, elevação do nível do mar, quebras de safra crescentes e insegurança alimentar e hídrica cada vez maior? A resposta categórica é NÃO, se não assumirmos, entre outros compromissos políticos, a responsabilidade de reduzir drasticamente ou abandonar o consumo de carne.[74] Em 2022, essa resposta nada perdeu de sua atualidade. As figuras 2.2 (p. 119), 2.3 (p. 122) e 2.4 (p. 123), com o histórico dos últimos sessenta anos e com a situação em 2010, mostram o caminho em que estamos. E há projeções segundo as quais a produção de carne pode atingir, até 2050, entre 460 Mt e 570 Mt, algo entre 35% e 65% a mais que os 342 Mt de 2018.[75] Isso não deve acontecer, pois, mantido o sistema alimentar vigente, dificilmente haverá capacidade ecológica para a manutenção de tal rebanho. Na realidade, desde 2015 já se acusa um aumento da insegurança alimentar global, que só tenderá doravante a aumentar.

2.9 O aumento da insegurança alimentar

O crescimento impressionante da produção agrícola global nos últimos cinquenta anos foi feito a um custo social e ecológico altíssimo, e esse custo começa agora a cobrar seu preço. No seu relatório especial de 2019, o IPCC constata que:

> A erosão do solo em campos agrícolas é estimada de dez a vinte vezes (sem aragem) a mais de cem vezes (com aragem convencional) mais alta do que a taxa de formação do solo (média confiabilidade). [...] Em 2015, cerca de quinhentos (380-620) milhões de pessoas viviam em áreas que sofreram desertificação entre as décadas de 1980 e 2000. [...] Outras regiões de terras secas também sofreram desertificação. Pessoas que vivem

em áreas já degradadas ou desertificadas são cada vez mais afetadas negativamente pelas mudanças climáticas (alta confiabilidade).[76]

O relatório da IPBES, de maio de 2019, afirma que, "atualmente, a degradação dos solos reduziu a produtividade em 23% da área terrestre global, e entre 235 bilhões e 577 bilhões de dólares na produção anual global de culturas estão em risco como resultado da perda de polinizadores".[77] Em seu Sexto Relatório de Avaliação (AR6, WG II, 2022), o IPCC confirma os estudos recentes a respeito das relações entre a emergência climática e o aumento da insegurança alimentar:

> As mudanças climáticas, incluindo aumentos na frequência e na intensidade de extremos, reduziram a segurança alimentar e hídrica, dificultando os esforços para atingir os Objetivos de Desenvolvimento Sustentável (alta confiabilidade). Embora a produtividade agrícola geral tenha aumentado, as mudanças climáticas desaceleraram esse crescimento globalmente nos últimos cinquenta anos (média confiabilidade).[78]

A combinação do fator climático com todos os fatores típicos da atividade do agronegócio — desmatamento, intoxicação e morte dos organismos por agrotóxicos, aniquilação da biodiversidade, uso irresponsável de antibióticos e uso insustentável dos solos — explica por que, segundo Ariel Ortiz-Bobea e colegas, a taxa do aumento do "fator total de produtividade" da agricultura[79] começou a declinar:

> A mudança climática antropogênica reduziu o fator total de produtividade agrícola global em cerca de 21% desde 1961, uma redução equivalente a perder os últimos sete anos de crescimento de produtividade. O efeito é substancialmente mais grave (com uma redução de 26% a 34%) em regiões mais quentes, como a África, a América Latina e o Caribe. Também descobrimos que a agricultura global se tornou mais vulnerável às mudanças climáticas em curso.[80]

Na América do Sul, por exemplo, fortemente golpeada em 2021 e 2022 por eventos meteorológicos extremos, escassez hídrica, picos de calor, erosões, secas mais prolongadas e chuvas torrenciais, as estimativas são de quebras importantes de safra de soja e de milho em diversas regiões, entre as quais o Sul do Brasil, a Argentina, o

Uruguai, o Paraguai e a Bolívia.[81] Trata-se da pior seca na Bacia Paraná-La Plata desde 1944:

> Na Bacia do Paraná-La Plata, os danos causados pela seca à agricultura reduziram a produção agrícola, incluindo soja e milho, afetando mercados mundiais de colheitas. Na América do Sul em geral, as condições de seca levaram a um declínio de 2,6% na safra de cereais 2020-2021 em comparação com a temporada anterior.[82]

Multiplicam-se as projeções desses impactos negativos combinados da destruição da biodiversidade e da emergência climática sobre os cultivos de milho, soja, arroz e feijão já a partir do segundo quarto do século.[83] Um trabalho publicado na *Nature Food* sugere que, num cenário de altas emissões de GEE, as colheitas médias globais de milho podem sofrer um decréscimo de 24% até o final do século, com declínios aparentes já no fim do presente decênio.[84] Uma pesquisa conduzida pela Nasa sugere que a produção de milho e de trigo pode ser afetada negativamente pela emergência climática já em 2030.[85] Trata-se de um resultado consistente com um estudo de 2017, segundo o qual a emergência climática impactará também a produção de arroz e soja. Juntos, esses quatro cultivos — milho, trigo, arroz e soja — fornecem dois terços das calorias na alimentação humana global.[86] E, conforme adverte Daniel Quiggin, do Environment and Society Programme de Chatham House (Reino Unido):

> Para atender à demanda global, a agricultura precisará produzir quase 50% mais alimentos até 2050. No entanto, as colheitas podem diminuir 30% na ausência de reduções drásticas de emissões. Até 2040, a proporção média em que terras agrícolas globais serão afetadas por secas graves — equivalentes à sofrida pela Europa Central em 2018 (com reduções de 50% nas colheitas) — provavelmente aumentará para 32% ao ano, mais de três vezes a média histórica.[87]

Esses indicadores reforçam as análises e os prognósticos, já antigos de uma ou mesmo duas décadas, de Lester Brown, que exploram a possibilidade de que o colapso socioambiental em curso assuma finalmente a forma "clássica" de outros colapsos locais e históricos, qual seja, a de crises agudas ou estados recorrentes de insegurança alimentar e hídrica.[88] Em 2012, numa intervenção em Cambridge, na

Inglaterra, Brown afirmou, referindo-se à alimentação como o elo mais fraco das civilizações anteriores que colapsaram: "Por muito tempo, rejeitei a ideia de que a alimentação pudesse ser nosso elo mais fraco. Mas, tendo pensado a respeito em anos recentes, cheguei à conclusão de que não apenas a alimentação pode ser como provavelmente é o elo mais fraco".[89]

Essa forma "clássica" de colapso já começou a se evidenciar nos últimos oito anos (2015-2022), pois a longa tendência à diminuição da fome, da insegurança alimentar e da subnutrição se inverteu após 2014. É impossível saber de qual dos 17 ODS estaremos mais distantes em 2030 do que estávamos em 2015. Mas um dos mais fortes candidatos, mantida a tendência atual, é, por certo, o Objetivo 2: "Acabar com a fome, alcançar a segurança alimentar e a melhoria da nutrição e promover a agricultura sustentável". De fato, a FAO projeta que a subnutrição aumentará até 2030, como mostra a Tabela 2.6.

Esses dados provavelmente são conservadores, baseados que estão em informações fornecidas pelos governos. Além disso, estão defasados, pois a pobreza, a insegurança alimentar, a subnutrição e a fome no mundo aumentaram muito desde a pandemia de covid-19, com o aumento no preço dos combustíveis fósseis e com a invasão da Ucrânia pela Rússia em 2022, elementos que trouxeram níveis mais extremos de empobrecimento, escassez e carestia de alimentos.

Em todo caso, já em 2020, como afirmava a FAO,[90] 2,37 bilhões de pessoas, ou 30,4% da humanidade, estavam em situação de insegurança alimentar. O Agricultural Commodity Price Index permaneceu 25% mais alto em 2021 do que em 2020 e se trata de uma tendência de longo prazo, malgrado os altos e baixos conjunturais. Assim, a

Tabela 2.6: Número de pessoas subnutridas (em milhões) e porcentagem da população mundial entre 2005 e 2030

	2005	2014	2019	2030
Pessoas subnutridas no mundo	825,6	638,9	687,8	841,4
% da população mundial	12,4	8,6	8,9	9,8

Fonte: FAO, "Food Security and Nutrition Around the World in 2020", 2020. Disponível em: https://www.fao.org/3/ca9692en/online/ca9692en.html#chapter-1_1.

FAO reavaliou os dados de 2019 e concluiu que, em 2020, as estimativas de pessoas subnutridas globalmente variaram entre 9,2% e 10,4%. A média de 9,8% estimada para 2030 na Tabela 2.6 (p. 144) foi atingida já em 2020, e na África uma em cada cinco pessoas passavam fome naquele ano. No que se refere à insegurança alimentar, os números são ainda mais críticos:

> A insegurança alimentar moderada ou grave (com base na Escala de Experiência de Insegurança Alimentar) em nível global tem aumentado lentamente, de 22,6% em 2014 para 26,6% em 2019. Então, em 2020 [...] ela aumentou quase tanto quanto nos cinco anos anteriores combinados, para 30,4%. Assim, quase uma em cada três pessoas no mundo não tinha acesso à alimentação adequada em 2020 — um aumento de 320 milhões de pessoas em apenas um ano, de 2,05 bilhões para 2,37 bilhões. Quase 40% dessas pessoas — 11,9% da população global, ou quase 928 milhões de indivíduos — enfrentaram insegurança alimentar em níveis graves, com quase 148 milhões deles a mais em 2020, em relação a 2019, com insegurança alimentar grave.[91]

O caso dos Estados Unidos, sempre exemplar por ser o país mais rico do mundo e com grande abundância de dados estatísticos, é chocante. Em 2000, havia 33,2 milhões de pessoas no país em situação de insegurança alimentar. Em 2019, esse número cresceu em trezentos mil, para 33,5 milhões. Mas a projeção para 2020, por causa da pandemia de covid-19, era de um salto para nada menos que 50,4 milhões de pessoas.[92] Subitamente, mais 16,9 milhões de pessoas se encontravam em situação de insegurança alimentar, em comparação com os números de 2019. Dificilmente a insegurança alimentar diminuirá de maneira significativa nos Estados Unidos. No Brasil, a insegurança alimentar havia diminuído substancialmente até 2014, graças a políticas inclusivas como o Programa Bolsa Família, o crescimento real de 71,5% do salário mínimo e a merenda escolar distribuída a 43 milhões de crianças e adolescentes. Essas iniciativas diminuíram a pobreza em 75% entre 2001 e 2014, e o país foi retirado pela FAO do Mapa Mundial da Fome em 2014. Essa tendência positiva se inverteu a partir da crise econômica de 2014 e, com a tragédia da eleição de Bolsonaro em 2018, fomentada pela elite econômica, a fome começou a se generalizar no país, agravada obviamente pela pandemia, mas, sobretudo, em decorrência do desmonte das políticas públicas. Segundo Paulo Petersen, da Articulação Nacional de Agroecologia,

"89% de todos os grãos produzidos no país no ano passado [2020] foram de milho e soja",[93] produtos basicamente destinados, como visto acima, à exportação e à ração animal. Assim, em dezembro de 2020, segundo inquérito coordenado pela Rede Brasileira de Pesquisa em Soberania e Segurança Alimentar e Nutricional (Rede Penssan), havia 116,8 milhões de pessoas (55,2% da população total) convivendo com algum grau de insegurança alimentar (leve, moderada ou grave). Em 2021, o II Inquérito Nacional sobre Insegurança Alimentar no Contexto da Pandemia da Covid-19 no Brasil, realizado também pela Rede Penssan, mostrou um quadro ainda mais alarmante: "Em termos populacionais, são 125,2 milhões de pessoas residentes em domicílios com Insegurança Alimentar e mais de 33 milhões em situação de fome (insegurança alimentar grave). A desigualdade de acesso aos alimentos se manifesta com maior força em domicílios rurais, 18,6% dos quais enfrentando a fome em seu cotidiano".[94]

É ainda possível retomar o caminho da redução da fome no Brasil e no mundo? É claro que sim. Mas isso só será de fato possível se o sistema alimentar vigente basear-se em nutrientes de origem vegetal e se a destrutividade do agronegócio for substituída por uma agricultura genuína, saudável e respeitosa da biosfera.

2.10 Conclusão: mudar o sistema alimentar globalizado

Tanto quanto o abandono dos combustíveis fósseis, também são necessárias mudanças radicais no sistema alimentar, portanto. Esse é um ponto central de uma agenda política de sobrevivência. Trata-se de uma das mudanças mais difíceis em âmbito pessoal, dado que regimes alimentares estão profundamente arraigados na história e nas culturas de cada sociedade. E, no entanto, será imprescindível mudar. Os mais apegados ao consumo de carne podem começar pela tradicional "segunda sem carne" e evoluir aos poucos para a minimização desse consumo.

Este capítulo iniciou-se com a constatação de Michael Clark e colegas segundo a qual as emissões do sistema alimentar, por si só, tornam impossível conter o aquecimento global nos limites do Acordo de Paris.[95] Essa constatação tem, contudo, uma contrapartida extremamente encorajadora: a rápida descontinuação do consumo de carne pode estabilizar os níveis de GEE por trinta anos e compensar 68% das emissões de CO_2 neste século. Michael Eisen e Patrick Brown quantificaram os benefícios dessa mudança, combinando os efeitos de longo prazo da redução das emissões de GEE provenientes do atual sistema alimentar e da recuperação da biomassa que essa descontinuação propiciaria:

> Mostramos que, mesmo na ausência de quaisquer outras reduções de emissões, quedas persistentes nos níveis atmosféricos de metano e óxido nitroso e acúmulo mais lento de dióxido de carbono, após a eliminação da produção de gado, teriam, até o final do século, o mesmo efeito cumulativo sobre o potencial de aquecimento da atmosfera que uma redução de 25 gigatoneladas por ano nas emissões antropogênicas de CO_2, fornecendo metade das reduções de emissões líquidas necessárias para limitar o aquecimento a 2°C. A magnitude e a rapidez desses efeitos potenciais devem estabelecer a redução ou a eliminação da pecuária na vanguarda das estratégias para evitar mudanças climáticas desastrosas.[96]

O relatório *Bending the Curve: The Restorative Power of Planet-Based Diets*, lançado pelo World Wide Fund for Nature (WWF) em 2020, chega a conclusões ainda mais ambiciosas no que se refere aos benefícios de uma dieta baseada em nutrientes vegetais. Ela tem potencial para:[97]

1. reduzir as emissões de GEE diretamente relacionadas à produção de alimentos das atuais 16 Gt CO_2e (2018) para 5 Gt CO_2e;
2. tornar a agricultura um sumidouro de carbono, ao permitir o aproveitamento dos espaços das pastagens para o reflorestamento;
3. alimentar a humanidade com a mesma área de terras agrícolas hoje utilizadas ou ainda menos;
4. "reduzir a perda de biodiversidade global entre 5% (dieta flexitariana) e até 46% (dieta vegana). Na região da América Latina/Caribe, a perda de biodiversidade pode ser reduzida em aproximadamente 50% a 70%, dependendo do padrão alimentar adotado";[98]
5. reduzir as mortes prematuras em mais de 20%.

Um programa pessoal e político baseado nesses cinco pontos é o caminho mais rápido e eficiente para transformar círculos viciosos em círculos virtuosos no que se refere ao sistema alimentar e à crise animal. Ele é tanto mais necessário e impreterível nos países amazônicos, como veremos no próximo capítulo.

3. O decênio decisivo da Amazônia

> *Se eles desmatarem toda a floresta, o tempo vai mudar, o Sol vai ficar muito quente, os ventos vão ficar muito quentes. Eu me preocupo com todos porque é a floresta que segura o mundo.*
>
> — Raoni Metuktire[1]

Uma canção-manifesto, "Canção para a Amazônia", composta em 2021 por Nando Reis e Carlos Rennó e interpretada por um conjunto de músicos excepcionais do Brasil, tem por refrão a mesma mensagem do cacique Raoni Metuktire, citada em epígrafe: "Salve a Amazônia. Salve-se a selva ou não se salva o mundo!".[2] Não é necessário ser cientista ou ler os relatórios do Painel Intergovernamental sobre as Mudanças Climáticas (IPCC) e da Plataforma Intergovernamental sobre Biodiversidade e Serviços Ecossistêmicos (IPBES) para entender essa verdade simples e essencial, advertida e formulada bem antes da ciência pela sabedoria indígena e pela sensibilidade artística. Sim, se não salvarmos a floresta, não se salvará o mundo, pois é a floresta que segura o mundo. Todas as florestas, é claro, e em especial a amazônica. Os dois capítulos precedentes podem ser lidos como uma introdução ao desafio discutido neste: como aumentar as chances de sobrevivência da Amazônia, de sua floresta e de suas diversas civilizações, contra a coalizão de forças político-militares e corporativas da mineração, do garimpo e do sistema alimentar globalizado, que lucra com a sua ruína? Por enquanto, essas chances têm diminuído cada vez mais rápido. Reverter esse processo requer medidas emergenciais, a serem tomadas desde já com a adoção, a partir de janeiro de 2023, de providências consentâneas com a extrema gravidade da situação, discutidas ao final deste capítulo e no Capítulo 11 (propostas 3 e 4, em particular; p. 444-5). Em suma, em nenhuma outra frente de batalha pela habitabilidade do planeta é tão verdadeira a percepção de que estamos vivendo o decênio decisivo quanto na Amazônia.

3.1 As civilizações da floresta sob ataque

A Amazônia tem sido ininterruptamente ocupada por uma grande diversidade de civilizações, e é possível que a antiguidade dessa ocupação seja muito anterior a doze mil anos antes do presente (AP), como habitualmente proposto. Ela poderia remontar a mais de trinta mil anos, ou seja, a um período tão remoto quanto o da presença humana atestada nos famosos sítios arqueológicos do Piauí. De fato, segundo Antoine Lourdeau, "a partir de cerca de trinta mil anos, existe inegável convergência de dados consolidados em diferentes sítios e diferentes ambientes da região [Piauí] para apoiar presença humana pleistocênica".[3] Outros vestígios arqueológicos estudados no México remontam a mais de trinta mil anos AP, o que reforça a hipótese de presença humana na Amazônia muitos milênios antes do início do Holoceno.[4] A geografia humana da Amazônia é de imensa complexidade, apesar de não ter escapado ilesa do maior genocídio perpetrado na Idade Moderna pela colonização europeia. Estima-se que a população das Américas anterior a 1492 era de 54 milhões a 60,5 milhões de pessoas, e que apenas entre 1492 e 1600 os colonizadores europeus tenham causado, através de epidemias, escravização, massacres e destruição de territórios e modos de vida, uma redução de 90% nessa população.[5] A América do Sul não sofreu menos que outras regiões do continente americano, mas a floresta amazônica e seus povos foram menos impactados nesse primeiro momento. O genocídio, contudo, não cessou após 1600. No século XVI, as populações autóctones da Amazônia montavam a cerca de oito milhões a dez milhões de pessoas. Elas foram sucessivamente reduzidas pelos invasores europeus (ou de origem europeia) a apenas 10% a 20% desse total. A Amazônia conta-se hoje entre as regiões mais agredidas social e ambientalmente do planeta e se tornou, nos últimos decênios, a mais violenta do Brasil. Como informa o Fórum Brasileiro de Segurança Pública,[6] a taxa de homicídios cresceu 85% no país entre 1980 e 2019. Mas, enquanto no Sudeste essa taxa caiu 19,2%, no Norte ela cresceu 260,3%, e no Nordeste, 296,8%. A taxa nacional de mortes violentas intencionais (MVI) é de 23,9 para cada cem mil habitantes, porém, na região amazônica, ela sobe para 29,6, sendo de 41,7 no Amapá, 32,9 no Acre e 32,5 no Pará. Os autores do Fórum acrescentam:

> Pelo menos dois fatores parecem contribuir diretamente para o crescimento da violência letal na região da Amazônia Legal: a intensa presença

de facções do crime organizado e de disputas entre elas pelas rotas nacionais e transnacionais de drogas que cruzam a região; e o avanço do desmatamento e a intensificação de conflitos fundiários, que resulta também no crescimento da violência letal.

A população da Amazônia está indefesa perante traficantes de drogas, madeira, ouro e carne obtida em detrimento da floresta. Nesse espectro, os maiores criminosos, os grandes fazendeiros, são os mais impunes. Além de super-representados em todas as instâncias dos poderes Executivo e Legislativo do país, são também parte substancial do próprio corpo legislativo, como bem mostrou Alceu Luís Castilho em seu clássico livro *Partido da terra: como os políticos conquistam o território brasileiro*.[7] A Oxfam e o grupo de analistas De Olho nos Ruralistas vêm monitorando essa apropriação do território brasileiro e do poder Legislativo pelos congressistas da Frente Parlamentar da Agropecuária (FPA), fundada em 1995, atualmente representada por 241 dos 513 deputados federais e 39 dos 81 senadores.[8] Apenas a título de exemplo, as propriedades de Jayme Campos (União Brasil-MT), senador e ex-governador do Mato Grosso, somam 43,9 mil hectares nesse estado. Em 2008, os administradores de uma de suas fazendas tiveram que assinar um termo de ajustamento de conduta (TAC) por abrigar trabalho análogo à escravidão. O Instituto Brasileiro do Meio Ambiente e dos Recursos Naturais Renováveis (Ibama) também já o autuou por desmatamento ilegal. Outro exemplo é o do agora ex-senador Acir Gurgacz (PDT-RO), que cumpre sentença de quatro anos em regime semiaberto e que declarou 31,6 mil hectares em Rondônia e no Amazonas, na divisa com o Acre. Mas muitos desses parlamentares possuem terras em nomes de pessoas jurídicas, o que dificulta determinar a extensão de suas propriedades. Em todo caso, é justamente pela certeza de impunidade de que gozam fazendeiros, grileiros, seus jagunços e suas milícias[9] que o Brasil figura hoje como um dos países mais violentos do mundo no que se refere a assassinatos de ambientalistas e de todos os que defendem suas terras e seus modos de vida. Entre 2012 e 2020, o Global Witness documentou o assassinato de 317 defensores de terras e do meio ambiente, muitos dos quais indígenas, cujos territórios sofreram um aumento do desmatamento da ordem de 74% em 2019, em relação a 2018.[10]

Apesar de tudo, a Amazônia resiste. Ela ainda é o lar de 3.344 territórios indígenas formalmente reconhecidos.[11] São imensas a força e a riqueza da cultura material, agrícola e simbólica desses povos, e sua diversidade linguística é um dos traços mais salientes dessa riqueza. Segundo o Painel

Científico para a Amazônia (*Science Panel for the Amazon — Amazon Assessment Report 2021*), entre os povos indígenas da região encontram-se cerca de cinquenta das 125 línguas isoladas no mundo. Somente nas cabeceiras dos rios Guaporé e Mamoré, na porção sudoeste da Amazônia, encontram-se mais de dez línguas isoladas.[12] Essa riqueza cultural se estampa também na população não indígena, vale dizer, na constelação de povos ribeirinhos, extratores e quilombolas, que se adaptaram à floresta ao longo dos últimos séculos e com ela viviam em harmonia até a ofensiva militar e corporativa iniciada nos anos 1970.

3.2 Imensidão, conservação e diversidade biológica da Amazônia

Antes de descrever as evidências e indicadores da atual aceleração da floresta em direção ao seu colapso, é importante lembrar o que sua simples existência representa para a vida. As florestas tropicais modernas, inclusive a amazônica tal como a conhecemos hoje — florestas ombrófilas densas, com dossel fechado e forte dominância de táxons de angiospermas —, resultam da remodelagem dos ecossistemas tropicais após a grande extinção em massa do Cretáceo-Paleogeno, causada pelo impacto de um meteoro em Chicxulub, na Península de Iucatã, há 66,02 milhões de anos. Como mostraram Mónica Carvalho e colegas:

> O evento do final do Cretáceo teve consequências profundas para a vegetação tropical, possibilitando, em última instância, a formação das modernas florestas neotropicais. É notável que um único acidente histórico tenha alterado a trajetória ecológica e evolutiva das florestas tropicais, desencadeando, em essência, a formação do mais diverso bioma da Terra.[13]

A floresta amazônica, durante todo o Cenozoico, é, portanto, produto de uma evolução de 58 milhões a 60 milhões de anos, concluindo-se nos últimos dez milhões de anos com a aceleração do soerguimento dos Andes, que determinou a direção oeste-leste do fluxo das águas. Da interação entre esses diversos processos geomórficos e biológicos resultou a Bacia Amazônica, que se estende por 6,7 milhões de quilômetros quadrados (Mkm^2), dos quais 5,5 milhões são ainda cobertos por florestas, embora em estados muito diversos de conservação. Ela é, na Idade Contemporânea, o denominador comum, o traço de união entre oito nações e um território francês da América do Sul: Bolívia (6,87%), Brasil (60,3%), Colômbia (6,95%), Equador (1,48%), Guiana (3,02%), Guiana Francesa (1,15%), Peru (11,3%), Suriname (2,1%) e Venezuela (6,73%). A área da floresta amazônica é maior que a soma das áreas de todas as florestas tropicais do mundo. A Figura 3.1 mostra que, em 2020, ela ainda correspondia a 54% da área ocupada por todas as florestas tropicais primárias do planeta. As colunas à direita da Figura 3.1 indicam que a floresta amazônica é também a que apresenta, juntamente com as florestas da Australásia, a maior porcentagem ainda conservada de florestas primárias.

O planeta Terra é mais do que uma rocha gravitando em torno de uma estrela apenas porque sobre essa rocha pôde-se formar uma

Figura 3.1: Distribuição por área das florestas tropicais primárias ao redor do mundo e estado dessas florestas em 2020 em milhões de hectares (Mha). Nas colunas da direita, os segmentos mais escuros representam as florestas primárias, os mais claros, outros tipos de cobertura arbórea, sempre em Mha

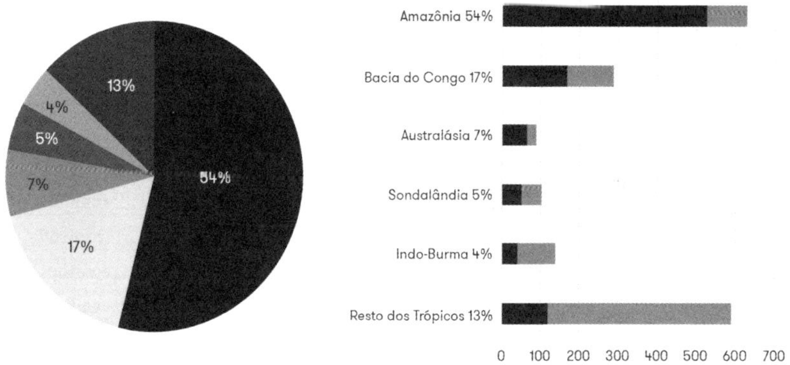

Observação: (1) Amazônia (54%); (2) Bacia do Congo (17%); (3) Australásia (nordeste da Austrália, Papua Nova Guiné e ilhas da parte oriental da Indonésia = 7%); (4) Sondalândia (Malásia peninsular, Sumatra, Java, Borneo e ilhas próximas = 5%); (5) Indo-Burma (Myanmar, Laos, Tailândia, Camboja, Vietnã, parte oriental da Índia, Bangladesh e província de Yunan na China = 4%).

Fonte: Rhett A. Butler, "The World's Largest Forests", *Mongabay*, 11 jul. 2020, baseado em Matthew C. Hansen & World Resources Institute (WRI), 2020. Disponível em: https://rainforests.mongabay.com/facts/the-worlds-largest-rainforests.html.

finíssima camada composta de solos, água em estado líquido e atmosfera, na qual, e graças à qual, pulsa a vida: a biosfera. E em nenhum lugar deste planeta a biosfera terrestre se fez mais rica e pujante do que nas florestas tropicais, entre as quais a Amazônia. Calcula-se que o magnífico mosaico de ecossistemas terrestres e aquáticos que constitui esse bioma — florestas, várzeas, planícies alagáveis, savanas e rios — comporte ainda entre 390 bilhões e 410 bilhões de árvores.[14] Há consenso de que a Amazônia abriga, em geral, 10% a 15% da biodiversidade existente nas terras emersas do planeta.[15] O conhecimento da biodiversidade dessa região é ainda muito lacunar, e novas espécies amazônicas continuam sendo descobertas a um ritmo impressionante. De 1999 a 2009, o projeto Amazônia Viva (Amazon Alive) registrou novas espécies na seguinte proporção: "637 plantas, 257 peixes, 216 anfíbios, 55 répteis, dezesseis aves, 39 mamíferos e milhares de invertebrados, tais como insetos, aranhas e lesmas".[16] A Tabela 3.1 fornece alguns números relativos às espécies descritas, segundo os levantamentos reportados, entre outros, pelo Painel Científico para a Amazônia (Science Panel for the Amazon — SPA).

Tabela 3.1: Espécies descritas na Amazônia

Espécies	Números documentados
Insetos	2.500.000 (estimativa)
Plantas com sementes	> 50.000 (dezesseis mil espécies de árvores)
Borboletas	1.560 (7.800 ao todo nos Trópicos)
Mamíferos	425
Anfíbios	427
Répteis	371
Aves	1.300
Peixes	2.406 (1.248 endêmicas)

Fontes: Carlos Nobre *et al.*, "Science Panel for the Amazon (SPA), Executive Summary of the Amazon Assessment Report 2021, The Amazon We Want", 2021, p. 10; Butterflies of the Amazon, Naturkunde Museum Karlsruhe. Disponível em: https://www.amazonian-butterflies.net/introduction/amazon/; Thierry Oberdorff *et al.*, "Unexpected Fish Diversity Gradients in the Amazon Basin", *Science Advances*, v. 5, 11 set. 2019; Hans ter Steege *et al.*, "Hyperdominance in the Amazonian Tree Flora", *Science*, v. 342, 2013.

Além dessas quase 2.500 espécies de peixes de água doce já descritas, estima-se que mais de mil espécies de peixes restem ainda a se descobrir.[17] Segundo o SPA,

> a Amazônia é o lar de uma fatia notável da biodiversidade global conhecida, incluindo 22% das espécies de plantas vasculares, 14% das aves, 9% dos mamíferos, 8% dos anfíbios e 18% dos peixes que habitam os Trópicos. Em partes dos Andes e das planícies amazônicas, um único grama de solo pode conter mais de mil espécies de fungos geneticamente distintas.[18]

Nas regiões norte e central da Amazônia, em apenas um hectare de floresta podem conviver mais de trezentas espécies de árvores — vale dizer, mais espécies de árvores que em toda a Europa.[19] "Uma simples árvore na Amazônia", afirmam Gerardo Ceballos, Anne Ehrlich e Paul Ehrlich, "pode abrigar centenas de espécies de besouros e mais espécies de formigas do que em toda a Grã-Bretanha".[20]

Em 1988, Russell Mittermeier e o World Conservation Monitoring Centre (WCMC), do Programa das Nações Unidas para o Meio Ambiente (Pnuma), identificaram dezessete países considerados biologicamente megadiversos. Os critérios de megadiversidade são: (i) a abundância de espécies; (ii) o grau de endemismo, tanto no nível de espécies quanto em níveis taxonômicos mais altos; (iii) a existência em seu território de ao menos cinco mil espécies de plantas endêmicas; e (iv) fronteiras com ecossistemas marinhos.[21] Juntos, esses dezessete países "detêm ao menos dois terços de todas as espécies de vertebrados terrestres e três quartos de todas as espécies de plantas".[22] Apenas quatro países entre eles — Brasil, Madagascar, República Democrática do Congo e Indonésia — conservam 75% de todas as espécies de primatas do planeta, embora muitas estejam em situação crítica.[23] No rol dos dezessete países megadiversos, apenas os Estados Unidos não estão nos Trópicos, seis têm ao menos parte de seus territórios entre as latitudes 23°26' N e S (México, Brasil, África do Sul, Índia, Austrália e China), dez se encontram entre esses dois paralelos e cinco são amazônicos, tal como mostra a Figura 3.2 (p. 156).

O SPA ressalta que o endemismo na planície amazônica é muito alto: 34% das espécies de mamíferos, 20% das aves e 58% das espécies de peixes de água doce se encontram apenas nessa região do planeta. No caso dos mamíferos, concentram-se na Amazônia 80% das espécies endêmicas da Terra. Trata-se da maior biodiversidade aquática em ecossistemas de água doce do mundo, e suas espécies de peixes representam 13% a 15% das espécies de peixes de água doce até agora descritas.[24]

Figura 3.2: Os dezessete países megadiversos por abundância de espécies endêmicas

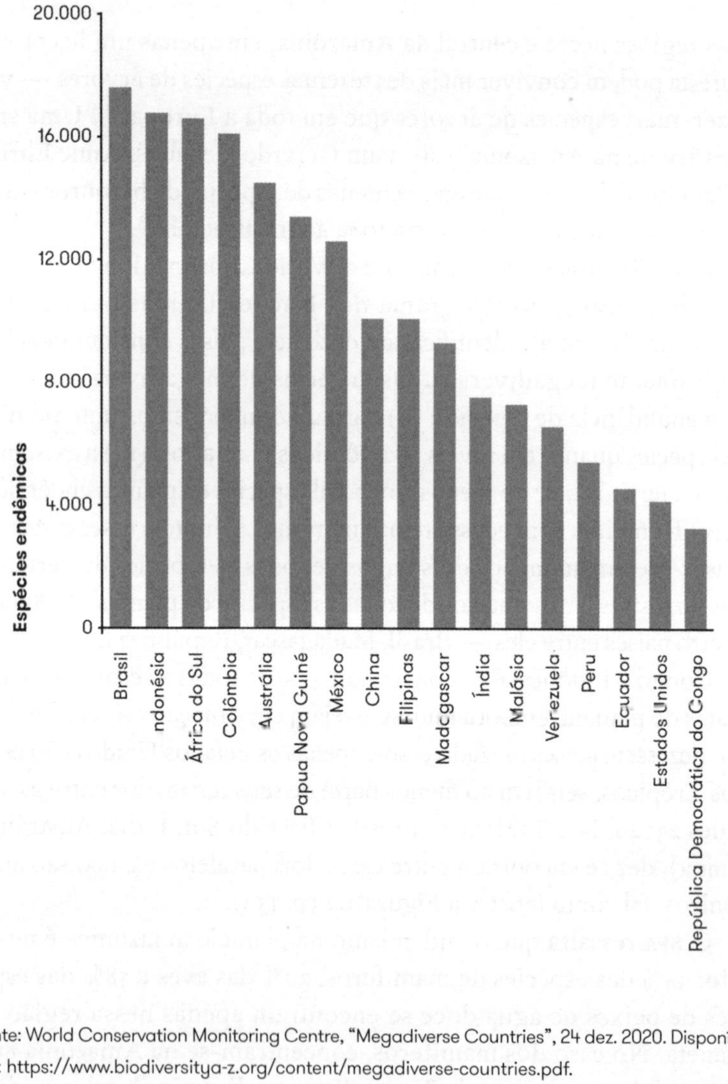

Fonte: World Conservation Monitoring Centre, "Megadiverse Countries", 24 dez. 2020. Disponível em: https://www.biodiversitya-z.org/content/megadiverse-countries.pdf.

3.3 Amazônia, refrigerador do planeta e reservatório de carbono

A região equatorial em geral, e a Amazônia em particular, é enormemente importante para o clima do mundo.
— Antonio Donato Nobre[25]

A Amazônia não representa "apenas" a maior biodiversidade terrestre e aquática de água doce do planeta. O tesouro amazônico também pode ser entendido do ponto de vista de sua importância crucial para os recursos hídricos, para o equilíbrio dos oceanos e para o sistema climático regional, continental e global. Isso porque essa descomunal biodiversidade é irrigada por quantidades igualmente descomunais de água que, ao mesmo tempo, separam e conectam os ecossistemas amazônicos entre eles e interferem também nos ecossistemas não amazônicos.

A área de drenagem da Bacia Amazônica se estende por cerca de 6,3 Mkm², ou 38% da área da América do Sul. O Rio Amazonas, o maior rio do mundo por volume de água (doze vezes maior que o volume do Mississipi, por exemplo), descarrega entre 215 mil e 230 mil metros cúbicos de água por segundo no Oceano Atlântico, o que representa entre 15% e 22% da descarga de água doce nos oceanos.[26] Há uma enorme quantidade de rios de grande porte nessa bacia hidrográfica (1.100 rios tributários do Rio Amazonas, por exemplo),[27] e todos eles transportam animais, minerais, sedimentos e nutrientes por milhares de quilômetros através do continente. O Rio Amazonas sozinho os transporta por mais de 6 mil km e por cerca de 160 km oceano adentro.

A abundância de água é obviamente fundamental para a existência da floresta. Mas o inverso também é verdadeiro, pois a floresta é igualmente fundamental para a água. Isso porque, ao mesmo tempo que os rios amazônicos correm para o mar, na atmosfera ocorre o processo inverso: jatos de vapor de água adentram o continente. Os ventos alísios da célula de Hadley, em circulação constante em direção à zona equatorial de baixa pressão atmosférica, ganham umidade e calor à medida que se aproximam da linha do Equador e, ao ascenderem (dado que são mais quentes, menos densos que o ar frio e contêm mais energia), descarregam chuva sobre a floresta. Como proposto desde 2007 e novamente em 2014 por Anastassia Makarieva, Victor Gorshkov,

Antonio Donato Nobre e colegas, a própria floresta amazônica produz sucção dos ventos alísios para o interior do continente:

> A cobertura florestal natural pode causar baixa pressão atmosférica. O mecanismo deriva da evaporação e condensação e de gradientes resultantes na umidade atmosférica. Em resumo, as áreas com a maior evaporação geram ressurgência e condensação, que induzem à baixa pressão e puxam a maior parte do ar de outros lugares — levando a um fluxo líquido de umidade atmosférica para o continente a partir do oceano.[28]

A par desse processo, designado como bomba biótica de umidade, as centenas de bilhões de árvores da Amazônia reciclam a chuva em direção leste-oeste, num ciclo hidrológico oceano-chuvas-evapotranspiração, vital para toda a região, para todo o continente e mesmo para todo o planeta. Num dia ensolarado, uma única árvore de grandes proporções na Amazônia, segundo uma avaliação de Antonio Donato Nobre, pode bombear dos solos e dos lençóis freáticos, através de suas raízes superficiais[29] e profundas, até mil litros de água por dia para a atmosfera.[30] Se a célula de Hadley é um mecanismo de circulação atmosférica que irriga as florestas equatoriais, entre as quais a floresta amazônica, a reciclagem das chuvas operada por suas árvores produz o fenômeno inverso. Ainda segundo Antonio Nobre, a floresta produz "uma irrigação em reverso. A floresta amazônica é um irrigador da atmosfera".[31] Segundo os cálculos do SPA,

> estima-se que 72% do vapor de água que entra na coluna atmosférica anualmente [na Amazônia] seja de origem oceânica e 28% seja evaporado localmente; assim, a floresta e a evapotranspiração desempenham um papel significativo no clima. Na base dos Andes, a reciclagem da precipitação atinge mais de 50%. As florestas amazônicas também sustentam o ciclo hidrológico emitindo compostos orgânicos voláteis (COVs, tais como terpenos) que se tornam núcleos de condensação de nuvens e levam à formação de gotas de chuva.[32]

Uma parte ponderável dos cerca de 2.200 milímetros de chuva recebida em média, por ano, pela floresta amazônica como um todo é produzida por ela mesma: nos cálculos citados acima, estima-se em 28% dessa chuva e mais de 50% na base dos Andes; segundo outras estimativas convergentes, entre 25% e 35%.[33] Já em 1984, Eneas Salati e Peter Vose calculavam que, "em média, 50% da precipitação é reciclada e em algumas áreas mais".[34] E Esprit Smith reporta que "as florestas tropicais geram até 80% de sua própria chuva, especialmente durante a estação seca".[35] Em outras palavras, a floresta produz e reproduz as condições de sua própria existência. Como resume Carlos Nobre numa fórmula admirável: "A floresta só existe porque ela existe".[36]

Além disso, outras regiões do continente ao sul da floresta só não são mais áridas ou mesmo desérticas porque a floresta lhes fornece quantidades apreciáveis de massas de ar carregadas de vapor de água, os chamados "rios voadores", segundo a famosa expressão proposta por José Marengo.[37] Em outras palavras, parte importante das chuvas das regiões do Chaco, do Pantanal, do Centro-Oeste do Brasil, da Bacia do Prata e do Sudeste do país é, em diversas proporções, tributária desses rios voadores amazônicos. Os mapas do Projeto Rios Voadores monitoram a chegada dessas massas de umidade em cidades do Sudeste do país como Ribeirão Preto, Uberaba, Uberlândia e Belo Horizonte.[38] Antonio Donato Nobre mostrou que, não fosse por esses rios voadores de baixa atmosfera provenientes da floresta amazônica, as latitudes médias entre 20°S e 35°S do continente sul-americano seriam propensas à desertificação, por efeito dos ventos contra-alísios secos da alça de subsidência da célula de Hadley, que roubam umidade dessas latitudes. Os desertos ou semidesertos do Kalahari na África, do Atacama na América do Sul e os desertos da Austrália situam-se justamente nessas latitudes do planeta.[39] A floresta amazônica, em suma, age, para usar a expressão do SPA, "como um gigantesco 'ar-condicionado', diminuindo as temperaturas terrestres superficiais e gerando chuva. Ela exerce uma forte influência sobre a atmosfera e sobre seus padrões de circulação, tanto nos Trópicos quanto além deles".[40]

As florestas e seus solos também exercem essa função de "ar-condicionado" da atmosfera através da absorção e do armazenamento de carbono pela vegetação e pelos solos. Estima-se que, desde o início das medições modernas das concentrações atmosféricas de CO_2 em 1958, as florestas sequestraram cerca de 2% a mais de CO_2 através da fotossíntese do que por meio da decomposição do material orgânico. Essa capacidade representa a captura de cerca de 25% de todas as emissões geradas pela queima de combustíveis fósseis desde 1960.[41] Apenas esse dado, reportado por Scott Denning, mostra a importância crucial da floresta para a regulação do clima global. Como afirma o mesmo autor, reverberando um trabalho de Luciana Gatti e colegas, "as florestas tropicais têm sido um componente maior do sumidouro de carbono terrestre, e a maior floresta tropical intacta está na Amazônia".[42]

A Amazônia é, estruturalmente, um reservatório imenso de carbono e um sumidouro das emissões antropogênicas de CO_2. James Watson e colegas, já citados no Capítulo 1, estimam que "a região amazônica armazena quase 38% (86,1 Pg C) do carbono (228,7 Pg C) encontrado acima do solo na vegetação lenhosa tropical da América, África e Ásia" (1 petagrama de carbono [Pg C] = 1 gigatonelada de carbono [Gt C]).[43] É mais carbono do que o armazenado nas florestas boreais (32%), entretanto muito mais extensas, e Watson e colegas reportam apenas o carbono armazenado nas árvores, acima dos solos. As avaliações mais recentes, reportadas por Carlos Nobre e colegas num estudo publicado nos *Proceedings of the National Academy of Sciences* (*PNAS*) em 2016,[44] pelo SPA e por Amanda Cordeiro e colegas, são coincidentes: "A floresta amazônica é uma das maiores reservas ecossistêmicas de carbono (C) do mundo, armazenando aproximadamente de 150 a 200 Pg C em biomassa de vegetação viva e solos".[45] Só para se ter uma ideia da magnitude da catástrofe climática representada pela perda em curso dessa floresta, 150 a 200 Gt de carbono equivalem a cerca de 550 a 734 Gt de dióxido de carbono (CO_2) (1 C = 3,67 CO_2), ou seja, de 16 a 22 anos das emissões globais desse gás associadas à geração de energia pela queima de combustíveis fósseis nos níveis de 2019 (33,3 Gt CO_2, segundo a Agência Internacional de Energia [AIE]).[46]

A mensagem central do capítulo anterior, sintetizada por Michael Clark e colegas, citados em epígrafe, era a de que, "mesmo se as emissões provenientes dos combustíveis fósseis fossem eliminadas imediatamente, as emissões do sistema alimentar, por si só, tornariam impossível limitar o aquecimento a 1,5°C e dificultariam atingir até mesmo a meta de 2°C". Os dados acima mostram a mensagem central do presente capítulo: as emissões de CO_2 decorrentes da perda continuada da floresta amazônica tornam impossível limitar o aquecimento a 2°C, mesmo se as emissões decorrentes da queima de combustíveis fósseis cessassem imediatamente, pois o orçamento carbono ainda disponível para limitar o aquecimento global a níveis não catastróficos já é muito menor do que os 550 a 734 Gt CO_2 potencialmente liberados na atmosfera pela perda em curso da floresta.

3.4 A floresta amazônica, de sumidouro a fonte de carbono

Luciana Gatti e colegas reportam avaliações de armazenamento de carbono apenas um pouco abaixo de outras estimativas e alertam sobre a possibilidade de perdas rápidas desse estoque de carbono: "A floresta amazônica contém cerca de 123 ± 23 Pg C de biomassa acima e abaixo do solo, que pode ser liberado rapidamente e, assim, resultar em um feedback positivo considerável sobre o clima global".[47] Diversos estudos[48] detectam perdas da capacidade de partes da floresta amazônica de capturar e armazenar carbono. Publicado em 2021, o trabalho de Luciana Gatti e colegas mostra que o carbono armazenado na floresta está sendo liberado rapidamente nas regiões leste e sul, sobretudo durante os três meses da estação seca (agosto-outubro). Em 2018, mensurações levando em conta a estrutura etária da floresta amazônica induziam Edna Rödig e colegas a considerá-la um sumidouro de carbono à taxa de 0,56 Gt C por ano, com árvores mais jovens demonstrando muito maior produtividade primária líquida (NPP).[49] Outros inventários estimavam que a biomassa das florestas intactas funcionava na média de longo prazo como sumidouro de 0,39 ± 0,10 Pg C por ano, e havia ainda incerteza sobre o balanço de carbono da floresta. Em 2014, Luciana Gatti e colegas assim sintetizavam suas mensurações dos fluxos de carbono da floresta amazônica em 2010 e 2011:

> Reportamos balanços de carbono sazonais e anuais em toda a Bacia Amazônica, com base em medições de dióxido de carbono e monóxido de carbono para os anos anomalamente secos e úmidos de 2010 e 2011, respectivamente. Descobrimos que a Bacia Amazônica perdeu 0,48 ± 0,18 petagramas de carbono por ano (Pg C/ano) durante o ano seco, mas foi neutra em carbono (0,06 ± 0,1 Pg C/ano) durante o ano úmido.[50]

Em 2015, Roel Brienen e colegas constatavam ainda a capacidade da floresta amazônica de funcionar como um sumidouro de carbono, mas com um declínio tendencial:

> Aqui analisamos a evolução histórica da dinâmica da biomassa da floresta amazônica ao longo de três décadas [...]. Encontramos uma tendência decrescente de acumulação de carbono no longo prazo. As taxas de aumento líquido da biomassa acima do solo diminuíram em um terço durante a

última década em comparação com os anos 1990. Trata-se de uma consequência do fato de que a taxa de crescimento da biomassa se estabilizou recentemente, enquanto a sua mortalidade aumentou de maneira persistente, levando a um encurtamento dos tempos de residência do carbono.[51]

Em 2021, Gatti e colegas publicaram os resultados de um estudo sobre os fluxos de monóxido e dióxido de carbono (CO e CO_2) durante nove anos consecutivos (2010-2018), em quatro regiões distantes entre si da floresta (noroeste, sudoeste, nordeste e sudeste), exibindo cada qual níveis diversos de desmatamento, aquecimento e precipitação. Ao medir esses fluxos da superfície até 4.500 metros de altitude, através de quase seiscentos perfis verticais (VPs) registrados por aeronaves, o estudo pôde, pela primeira vez, estabelecer de modo mais seguro quais têm sido as respostas dos ecossistemas amazônicos, seja ao impacto antrópico direto sobre a floresta, seja ao impacto indireto, via mudanças climáticas regionais.

Valendo-se de duas metodologias diversas de mensuração do CO_2 atmosférico, ambas com resultados quase coincidentes, o estudo pôde comprovar que as regiões nordeste e sudeste da floresta se tornaram fontes de emissões de CO_2, ao passo que as regiões noroeste e sudoeste, que sofreram menos desmatamento, menos aquecimento e mais chuvas, se mantiveram como sumidouros ou quase neutras em relação aos fluxos de carbono. Em sua região leste, representando 24% da área da Amazônia, 27% da floresta já fora desmatada por corte raso até 2018, mais especificamente 31% na região nordeste e 26% na região sudeste. O desmatamento nessas duas regiões é muito maior que na oeste (13% a sudoeste e 7% a noroeste da Amazônia). Não surpreende, portanto, que a região leste da floresta fosse então responsável por 72% do total das emissões de carbono de toda a Amazônia, dos quais 62% decorriam de incêndios. Aos aumentos desses incêndios florestais, e a seus impactos devastadores, voltaremos adiante, mas é importante frisar desde já que eles são, como vemos, um vetor fundamental da conversão da floresta de sumidouro em fonte de carbono. Exacerbados por secas sucessivas, das quais a floresta não se recupera integralmente, tais incêndios, na grande maioria dos casos, são provocados ilegalmente por grileiros e fazendeiros.

Gatti e colegas combinam seus resultados com as quantificações de emissões de carbono da floresta amazônica propostas por outros trabalhos. Luiz Aragão e colegas mostraram, por exemplo, que os incêndios na Amazônia em 2015 aumentaram 36% durante esse ano de seca, comparado com os doze anos precedentes. Os autores concluem que apenas as emissões brutas provenientes de incêndios florestais, somando cerca de 1 Gt CO_2 ao ano (989 ± 504 teragramas [Tg] de CO_2 ou 0,99 Gt CO_2), correspondem a mais da metade das emissões provenientes do desmatamento de florestas maduras durante os anos de secas.[52] Também o projeto Rainfor (Amazon Forest Inventory Network) revelou um declínio das florestas maduras em sua capacidade de absorver carbono devido à maior mortalidade em magnitudes consistentes com as mensurações de Gatti e colegas.

O trabalho de Gatti e colegas indica que as quatro regiões amazônicas monitoradas apresentam níveis muito diversos de aquecimento médio. Na Amazônia como um todo, o aquecimento médio foi de 1,02 ± 0,12°C em 2018, em relação a 1979, com aumentos maiores nos três meses de seca (agosto-outubro = 1,37 ± 0,15°C). Nesse período de seca, o diferencial de aquecimento é notável na comparação entre o oeste e o leste da floresta: noroeste e sudoeste = 1,6°C e 1,7°C; nordeste e sudeste = 1,9°C e 2,5°C, respectivamente. Na média anual, o aquecimento nesses quarenta anos (1979-2018) foi de 1,38 ± 0,15°C no nordeste e de 1,46 ± 0,11°C no sudeste. Gatti e colegas alertam também para o fato de que "essas mudanças parecem estar se acelerando, com taxas de crescimento anual [do aquecimento] aumentando nos últimos quarenta, trinta e vinte anos".[53]

Uma hipótese particularmente significativa desse trabalho é a possibilidade de explicar um resultado aparentemente contraditório: a região noroeste da floresta com menor desmatamento (7% de sua área) está acusando, contudo, um decréscimo de precipitação de 20% nos meses de agosto-outubro:

> Uma possível razão para essa diminuição de 20% na precipitação em ambas as regiões [noroeste e sudoeste], apesar de sofrerem menos desmatamento em comparação com o leste, é o efeito cascata; ou seja, o desmatamento no leste da Amazônia pode estar reduzindo a evapotranspiração, que, por sua vez, pode estar reduzindo a reciclagem do vapor d'água transportado para o oeste da Amazônia.[54]

Em outras palavras, não apenas as regiões nordeste e sudeste da floresta amazônica se converteram de sumidouros em fontes de carbono como também a bomba biótica de suas árvores, que irriga a atmosfera transportando umidade para o oeste da floresta e, em seguida, para o centro e o sul do continente, tem se enfraquecido. Os rios voadores já podem estar, por assim dizer, começando a definhar. Esse talvez seja um fator coadjuvante, e cada vez mais importante, na raiz das secas sucessivas que vêm ocorrendo mais frequentemente no Centro-Oeste, no Sudeste e no Sul do Brasil e do continente. Embora exiba uma quantidade imensa de dados e ensinamentos, a mensagem central desse trabalho de Gatti e colegas foi bem sintetizada por Scott Denning: "O futuro da acumulação de carbono nas florestas tropicais foi, por muito tempo, objeto de incerteza. Os perfis atmosféricos de Gatti e colegas mostram que esse futuro incerto está acontecendo agora".[55]

3.5 Diminuição das águas superficiais e da umidade atmosférica na Bacia Amazônica

Dado o acima exposto, não surpreende a tendência a uma diminuição das superfícies de água na Amazônia, constatada por Carlos Souza Jr. e colegas do Imazon e pelo Projeto MapBiomas (no Brasil como um todo). Carlos Souza Jr. e colegas mostraram que se verifica, entre 1985 e 2017, "uma tendência geral de redução da água superficial no bioma Amazônia e nas escalas das bacias hidrográficas, sugerindo uma conexão com secas extremas mais recentes na década de 2010".[56] Esse declínio se declara inequivocamente somente a partir de 2010, como mostra a Figura 3.3 (p. 165).

Numericamente, vemos que a máxima superfície média de água mapeada na Amazônia ocorreu nos anos 1990 e equivalia a 130.379 km² por ano. Um primeiro declínio ocorreu no primeiro decênio do século XXI, com um novo aumento em 2005. No primeiro decênio do século, a superfície média mapeada foi de 127.265 km² por ano, já um pouco abaixo, portanto, da média dos anos 1990. Entre 2010 e 2017, contudo, detectou-se um declínio anual constante em relação aos três decênios anteriores (1985-2010): a mais baixa média da área das águas superficiais no bioma amazônico passou a ser equivalente a 116.811 km² por ano. Entre 2010 e 2017, o declínio foi de quase 13 mil km², ou seja, de cerca 10% da superfície total. A taxa de variação ao longo desse período (1985-2017) obtida por esse mapeamento mostra uma forte aceleração na curva de declínio das águas superficiais da Amazônia. Segundo os autores, houve:

uma diminuição na extensão da água superficial de 350 km² por ano ao longo do período de 33 anos nas áreas que sofreram mudança entre massa de terra e água. [...] No entanto, a retração mais rápida das áreas submetidas a esse tipo de dinâmica [mudança entre massa de terra e água] ocorreu entre 2010 e 2017, com uma redução média de quase 1.400 km² por ano.[57]

O território brasileiro detém 12% da água doce do mundo (superficial e subterrânea), percentual superado apenas pelo Canadá. O Projeto MapBiomas Água, publicado em agosto de 2021, mostra, sem surpresa, que a Amazônia detém a grande parte dessas reservas, com 10,6 milhões de hectares (Mha) de área média, seguida de longe pela Mata Atlântica (> 2,1 Mha), pelos Pampas (1,8 Mha), pelo Cerrado (1,4 Mha) e pelo Pantanal (1 Mha). O que é surpreendente, entretanto, é a taxa de perda dessa superfície nos últimos 36 anos (1985-2020). O levantamento do Projeto MapBiomas Água mostra que, "desde 1991, quando chegou a

Figura 3.3: Extensão anual das águas de superfície na Amazônia entre 1985 e 2017 em quilômetros quadrados, mapeada com um novo algoritmo classificador de subpixel de água de superfície (SWSC), um método de regressão LOESS (linha central) e intervalo de confiança de 95%

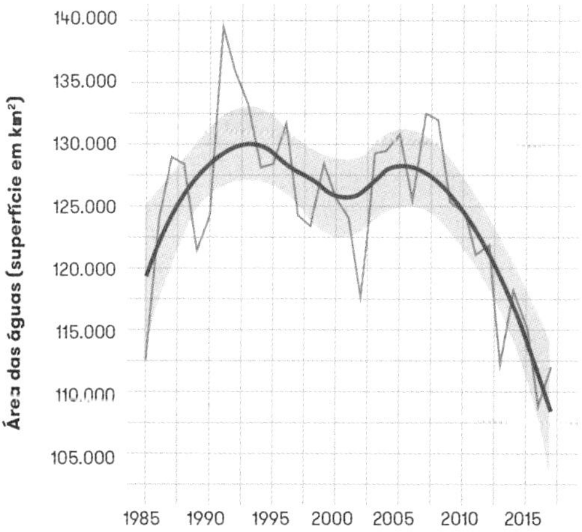

Fonte: Carlos M. Souza Jr. *et al.*, "Long-Term Annual Surface Water Change in the Brazilian Amazon Biome: Potential Links with Deforestation, Infrastructure Development and Climate Change", *Water*, v. 11, n. 3, 2019. Disponível em: https://www.mdpi.com/2073-4441/11/3/566.

Tabela 3.2: Redução percentual da superfície de água nos biomas brasileiros (1985-2020)

Amazônia	Cerrado	Pantanal	Pampas	Caatinga	Mata Atlântica
- 10,4%	- 1,3%	- 68%	- 0,5%	-17,5%	- 1,4%

Fontes: Projeto MapBiomas Água, "A dinâmica da superfície de água do território brasileiro", ago. 2021. Disponível em: https://tinyurl.com/bdz3jkvy.

Figura 3.4: Tendência a um déficit na pressão do vapor de água, ou seja, um declínio na umidade do ar sobre a Amazônia, particularmente em suas regiões sudoeste e sul, durante os meses da estação seca, entre agosto e outubro de 1987 a 2016 (em milibares)

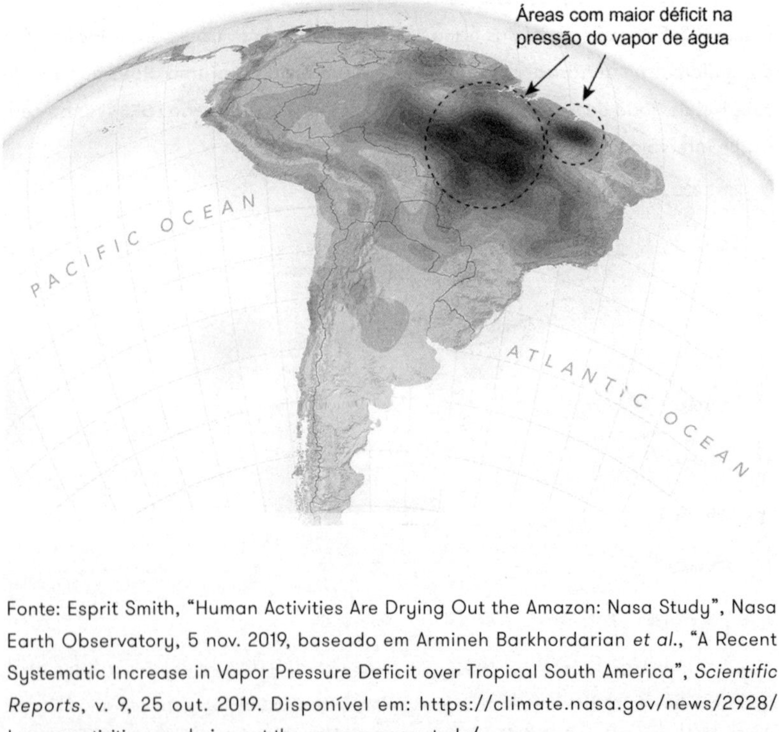

Fonte: Esprit Smith, "Human Activities Are Drying Out the Amazon: Nasa Study", Nasa Earth Observatory, 5 nov. 2019, baseado em Armineh Barkhordarian *et al.*, "A Recent Systematic Increase in Vapor Pressure Deficit over Tropical South America", *Scientific Reports*, v. 9, 25 out. 2019. Disponível em: https://climate.nasa.gov/news/2928/human-activities-are-drying-out-the-amazon-nasa-study/.

19,7 milhões de hectares, houve uma redução de 15,7% da superfície de água no país. A perda de 3,1 milhões de hectares [31 mil km^2] em trinta anos equivale a uma vez e meia a superfície de água de toda região Nordeste em 2020".[58] Todos os biomas tiveram redução de superfície de água nesse período, nas proporções indicadas na Tabela 3.2 (p. 166).

A área de perda de superfície de água em trinta anos — 31 mil km^2 — é maior que a área, por exemplo, do estado de Alagoas (27 mil km^2) e corresponde a 71% da área do estado do Rio de Janeiro (43,7 mil km^2). Essa redução alarmante, concentrada na Amazônia e no Pantanal, mas generalizada em todo o Brasil, está associada a menos chuvas, isto é, à diminuição da umidade na atmosfera, especificamente a um maior déficit de pressão de vapor (VPD)[59] sobre a Amazônia entre 1987 e 2016.[60] A Figura 3.4 (p. 166) mostra como esse déficit é maior justamente no leste, sudeste e no sul da Amazônia, e como ele se estende pelo arco do desmatamento até o oeste da floresta, avançando também pelo Pantanal e pelo Cerrado.

3.6 Supressão da floresta: histórico e situação atual

Na raiz dessa sinergia entre perda de umidade, incêndios e secas maiores e mais frequentes está, evidentemente, a supressão pura e simples da floresta por corte raso. Antes de analisar, porém, o atual estado do desmatamento da floresta, convém um rápido excurso sobre o histórico de sua destruição no último meio século, pois é preciso quantificar a extensão da catástrofe socioambiental legada pela ditadura, especialmente após 1970.

O golpe de 1964 que instalou no Brasil mais de vinte anos de regime militar representa o maior revés sofrido pela sociedade brasileira no século XX. Trata-se, de fato, da página mais sinistra e portadora de crimes contra a humanidade e contra a natureza na história do país.[61] Em 1967, a descoberta das jazidas de ferro em Carajás, no sudeste do Pará, anuncia o que estava por vir. Apenas três anos depois, já tendo neutralizado por exílios, prisões, torturas e assassinatos a oposição democrática, os militares voltam suas armas contra os grandes biomas do Brasil central e setentrional, o Pantanal, o Cerrado e a Amazônia, e contra as comunidades indígenas, ribeirinhas e extrativistas. Em 9 de outubro de 1970, Emílio Garrastazu Médici descerrava na Amazônia uma placa autocomemorativa, em que se lia: "Nestas margens do Xingu, em plena selva amazônica, o sr. presidente da República dá início à construção da Transamazônica, numa arrancada histórica para a conquista deste gigantesco mundo verde". Ricardo Cardim analisou e recolheu em um acervo importante a propaganda de apoio, militar e corporativa, à destruição naqueles anos.[62] Ela se baseia na retórica de guerra de uma floresta a ser "vencida" e transformada em "oportunidade" de negócios. "Toque sua boiada para o maior pasto do mundo", dizia uma publicidade da Superintendência da Amazônia (Sudam) de dezembro de 1971: "Na Amazônia, a terra é barata e sua fazenda pode ter todo o pasto que seus bois precisam".[63] Em 1972, a Sudam, com o patrocínio do Ministério do Interior e do Banco da Amazônia S.A., publica a revista *Isto é Amazônia*. Um de seus anúncios resumia o ideário programático da aliança entre o regime militar e o grande capital:

> Chega de lendas, vamos faturar! Muitas pessoas estão sendo capazes, hoje, de tirar proveito das riquezas da Amazônia. Com o aplauso e o incentivo da Sudam. [...] O Brasil está investindo na Amazônia e oferecendo lucros para quem quiser participar desse empreendimento. A Transamazônica está aí: a pista da mina de ouro. [...] Há um tesouro à sua espera. Aproveite. Fature.

O saldo dessa aliança entre ditadores, bancos de investimento e "pioneiros" é razoavelmente conhecido. Além da documentação recolhida por Cardim e dos riquíssimos dossiês fotoetnográficos de Sebastião Salgado, Pedro Martinelli,[64] Araquém Alcântara,[65] Carlos Carvalho,[66] Rogério Assis,[67] Jorge Bodanzky[68] e outros grandes fotógrafos e cineastas da Amazônia, há uma ampla filmografia de denúncia e de análise do processo amazônico coligida por Stella Oswaldo Cruz Penido em 2000.[69] Os crimes da ditadura contra os povos amazônicos foram denunciados em 2017 por Rubens Valente[70] e pelo capítulo "Violações de direitos humanos dos povos indígenas", no segundo volume do relatório final da Comissão Nacional da Verdade (CNV). O levantamento pioneiro da CNV só foi capaz de documentar uma pequena parte das atrocidades cometidas, ressaltando que o número real de indígenas mortos no período "deve ser exponencialmente maior, uma vez que apenas uma parcela muito restrita dos povos indígenas afetados foi analisada e que há casos em que a quantidade de mortos é alta o bastante para desencorajar estimativas".[71] Como bem resumido por Kátia Brasil e Elaíze Farias:

> No período investigado [1964-1985], ao menos 8.350 indígenas foram mortos em massacres, esbulho de suas terras, remoções forçadas de seus territórios, contágio por doenças infectocontagiosas, prisões, torturas e maus-tratos. Muitos sofreram tentativas de extermínio. [...] Entre os índios mortos estão, em maior número, 3.500 indígenas Cinta Larga (RO), 2.650 Waimiri Atroari (AM), 1.180 índios da etnia Tapayuna (MT), 354 Yanomami (AM/RR), 192 Xetá (PR), 176 Panará (MT), 118 Parakanã (PA), 85 Xavante de Marãiwatsédé (MT), 72 Araweté (PA) e mais de catorze Arara (PA).[72]

No que se refere à destruição do bioma amazônico, vale mencionar o extermínio de sua fauna. Ricardo Cardim cita uma passagem da revista *Realidade*, da editora Abril, de 1971:

> A grande caçada coletiva de felinos começou em 1965, quando umas três dezenas de firmas de pele profissionalizaram como caçadores boa parte dos homens do baixo Xingu, Tocantins e Tapajós. Em 1970, somando peles exportadas, perdidas na caça e no contrabando, calcula-se que foram mortas 30 mil onças e 370 mil gatos menores. [...] 1970 foi um ano ruim para os vendedores de peles: mataram apenas quinhentos mil jacarés.[73]

Embora não sejam tão precisas quanto as mensurações realizadas desde 1988 pelos satélites do Instituto Nacional de Pesquisas Espaciais (Inpe), as estimativas de desmatamento por corte raso da floresta promovido pelos tiranos são assombrosas. A Tabela 3.3 (p. 170) revela números superiores à grande maioria dos registrados em qualquer momento sucessivo da história da destruição desse bioma.

A floresta amazônica foi amputada em 144.130 km² entre 1970 e 1977, e em 355.430 km² entre 1970 e 1987. Apenas em três anos após o fim da ditadura — 1988, 1995 e 2004 — o desmatamento da Amazônia exibiu números iguais ou superiores à média anual de 21 mil km² do período 1970-1987, de modo que os militares, que por cúmulo de cinismo se autointitulam "protetores" da Amazônia",[74] permanecem os maiores culpados pela destruição da parte brasileira da maior floresta tropical do mundo.

A partir de 1986, os governos civis sucessivos continuaram a destruição. Em 1985, segundo o Projeto MapBiomas, o Brasil como um todo ainda possuía 586.396.673 hectares (5.863.966 km²) de florestas (florestas = formações florestais propriamente ditas + savanas +

Tabela 3.3: Desmatamento por corte raso da floresta amazônica entre 1970 e 1987

Período	Território remanescente coberto por floresta na Amazônia brasileira (km²)	Desmatamento anual por corte raso (km²)	Porcentagem da floresta remanescente em 1970	Perda florestal desde 1970
Pré-1970	4.100.000	---	---	---
1977	3.955.870	21.130	96,50%	144.130
1978-1987	3.744.570	21.130	91,30%	355.430

Fonte: Rhett A. Butler, "Calculating Deforestation Figures for the Amazon", *Mongabay*, 24 abr. 2018, baseado em dados do Inpe. Disponível em: https://rainforests.mongabay.com/amazon/deforestation_calculations.html.

mangues + restingas arborizadas). Em 2021, essas florestas se haviam reduzido a 508.648.571 hectares (5.086.485 km²), uma perda, portanto, de 77.748.102 hectares (777.481 km²). Em termos de formações florestais *stricto sensu*, passou-se de 443.459.794 hectares (4.434.597 km²) em 1985 a 393.277.829 hectares (3.932.778 km²) — uma perda, portanto, de 50.181.965 hectares (501.819 km²).[75]

Os mapas do Projeto MapBiomas 2020, que rastreiam todo o território brasileiro em unidades de 30 × 30 metros (ou mesmo 10 × 10 metros), permitem identificar que "o principal uso dado ao solo brasileiro é a pastagem: ela ocupa 154,49 milhões de hectares [1,54 Mkm²] de norte ao sul do país". Por pastagens entende-se aqui apenas pastagens cultivadas e de uso exclusivo para o gado, ou seja, sem incluir as paisagens campestres naturais (46,6 Mha), sobretudo do Pampa e do Pantanal, e as áreas de mosaico de agricultura e pastagem (45 Mha). Desse 1,54 Mkm² de pastagens plantadas em 2020, 545 mil km² se encontram na região amazônica. Entre 1985 e 2020, a área de pastagens plantadas na Amazônia aumentou 206%, ou seja, mais que triplicou nesses 36 anos (1985-2020). Apenas o Pantanal viu suas áreas de pastagens aumentarem ainda mais (+263%) no período. O MapBiomas quantificou as áreas de pastagens degradadas, nas quais aumenta a liberação de carbono e os riscos de desertificação: 46% das pastagens (41,1 Mha) criadas no país desde 2000 já apresentavam sinais de degradação em 2020. Nada menos que 27,5 Mha

Figura 3.5: Evolução do rebanho bovino no Brasil segundo as regiões entre 1985 e 2016, em milhões de cabeças de gado

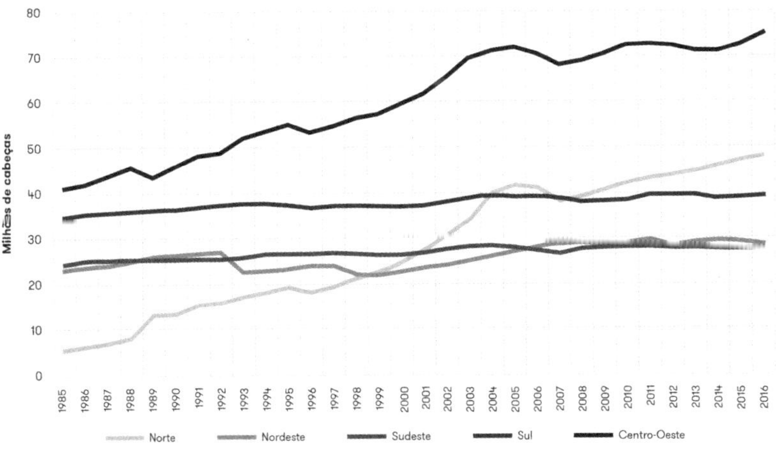

Fonte: "IBGE: rebanho de bovinos tinha 218,23 milhões de cabeças em 2016", *Beefpoint*, 29 set. 2017, a partir de dados do IBGE, Diretoria de Pesquisas, Coordenação de Agropecuária, Pesquisa da Pecuária Municipal, 1985-2016.

das pastagens criadas no país desde 2000 já estavam provavelmente abandonadas em 2020. Na Amazônia, especificamente, 38% da área de pastagens são consideradas em estado de "degradação intermediária", e 21,3% exibem um estado de degradação grave ("severamente degradado"). Ao todo, portanto, 59,3% dessas pastagens amazônicas, outrora ocupadas em geral por florestas, exibiam em 2020 algum grau de degradação.[76]

Segundo o Instituto Brasileiro de Geografia e Estatística (IBGE), em 1975 o país abrigava 102,5 milhões de cabeças de gado bovino; em 2020, esse número chegava a 218,2 milhões.[77] No Acre, há hoje quatro bovinos para cada humano, e o desmatamento ali foi o maior em dezoito anos.[78] A Figura 3.5 mostra que, enquanto o rebanho bovino quase não cresce no Nordeste, no Sudeste e no Sul do Brasil, ele quase duplica no Centro-Oeste e *decuplica* aproximadamente na Amazônia entre 1985 e 2016, sendo que em 2020, segundo o IBGE, 41,6% do rebanho bovino se concentrava na Amazônia.[79]

Malgrado a retórica da "segurança nacional", com a qual a casta militar pretende justificar sua existência, a desintegração da floresta amazônica sempre teve por objetivo integrá-la no circuito de commodities do sistema alimentar globalizado. Assim, por força sobretudo da pecuária, mantêm-se altíssimas as taxas de desmatamento, de modo que desde o início da devastação, em 1970, o desmatamento da Amazônia nunca foi inferior a 4.500 km^2 por ano e nunca, com exceção dos anos 2009-2018, foi menor do que 10 mil km^2 por ano. A Figura 3.6 revela as mensurações de desmatamento por corte raso

Figura 3.6: Taxas de desmatamento por corte raso na floresta primária da Amazônia Legal brasileira entre 1988 e 2021 (dados relativos ao desmatamento entre agosto de cada ano e julho do ano sucessivo; o desmatamento de agosto de 2020 a julho de 2021 é ainda uma estimativa)

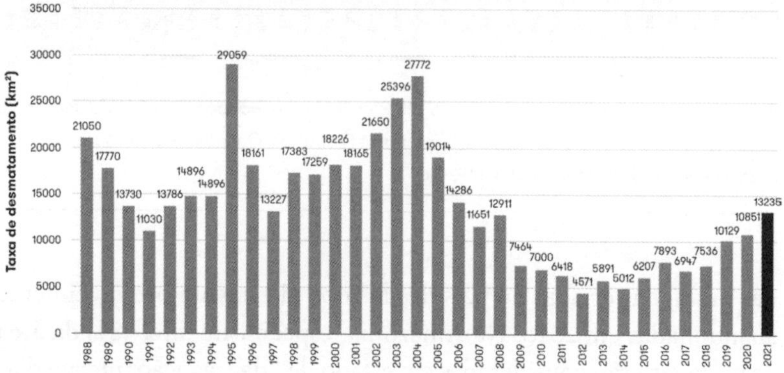

Fonte: Projeto de Monitoramento do Desmatamento na Amazônia Legal por Satélite (Prodes/Inpe), "Estimativa de desmatamento por corte raso na Amazônia Legal para 2021 é de 13.235 km^2", 27 out. 2021. Disponível em: https://www.gov.br/inpe/pt-br/assuntos/ultimas-noticias/divulgacao-de-dados-prodes.pdf.

Tabela 3.4: Crescimento percentual do desmatamento entre 2017 e 2021 (agosto a julho) em relação aos doze meses anteriores

ago. 2017-jul. 2018	ago. 2018-jul. 2019	ago. 2019-jul. 2020	ago. 2020-jul. 2021
8,50%	34,40%	7,10%	22%

Fonte: Projeto de Monitoramento do Desmatamento na Amazônia Legal por Satélite (Prodes/Inpe), "Estimativa de desmatamento por corte raso na Amazônia Legal para 2021 é de 13.235 km^2", 27 out. 2021. Disponível em: https://www.gov.br/inpe/pt-br/assuntos/ultimas-noticias/divulgacao-de-dados-prodes.pdf.

na floresta primária amazônica, realizadas pelos satélites do Prodes/Inpe desde 1988, sempre nos doze meses entre cada agosto e cada julho do ano sucessivo.

Entre 1º de agosto de 2020 e 31 de julho de 2021, a floresta amazônica perdeu, por corte raso, segundo estimativas a serem confirmadas pelo Inpe, 13.235 km², um aumento de 22% em relação ao desmatamento apurado em 2020, que fora de 10.851 km² para os nove estados da Amazônia Legal Brasileira. É importante demorar-se um pouco no gráfico da Figura 3.6 (p. 172):

1. O desmatamento em 2021 (agosto 2020-julho 2021) é o maior da série histórica desde 2006. Essa estimativa foi publicada pelo Inpe em 27 de outubro de 2021, mas sonegada pelo governo brasileiro à comunidade internacional no encontro de novembro de 2021 da Convenção-Quadro das Nações Unidas sobre as Mudanças Climáticas (UNFCCC), a 26ª Conferência das Partes (COP26).
2. Considerado o inteiro arco histórico 1988-2021 registrado por esse gráfico, percebe-se que apenas no período entre 2017 e 2021 houve crescimento ininterrupto por quatro anos (2018-2021) do desmatamento por corte raso na Amazônia, como mostra a Tabela 3.4 (p. 172).
3. Além disso, nunca houve, no século XXI, um aumento de 34,4% em doze meses em relação aos doze meses anteriores. Em apenas quatro anos, entre agosto de 2017 e julho de 2021, o desmatamento anual passou de 6.947 km² (agosto de 2016-julho de 2017) para 13.235 km² (agosto de 2020-julho de 2021), ou seja, um salto de mais de 90%.
4. A soma dos valores apurados pelos satélites do Inpe mostra que, ao todo, nos 33 anos entre 1988 e 2021, foram completamente eliminados (desmatamento por corte raso) 470.472 km² de floresta primária na Amazônia. Se somarmos esse total (1988-2021) ao total estimado do desmatamento anterior (1970-1987 = 355.430 km², ver Tabela 3.2, p. 166), chegamos a um total de 825.902 km² de perda florestal absoluta, equivalente a pouco mais que a soma da área dos estados de São Paulo, Paraná, Santa Catarina e Rio Grande do Sul (824.618 km²).
5. Pouco mais de 20% da área original da gigantesca floresta amazônica brasileira já não existe.
6. É importante notar, enfim, como alerta o Inpe, que o desmatamento registrado por seus satélites não captura toda a extensão do fenômeno:

> O mapeamento do Prodes [Projeto de Monitoramento do Desmatamento da Amazônia Legal por Satélite] é feito com base em imagens do satélite Landsat ou similares, para registrar e quantificar as áreas desmatadas maiores que 6,25 hectares. O Prodes define como desmatamento a remoção completa da cobertura florestal primária por corte raso, independentemente da futura utilização dessas áreas.[80]

Três aspectos cruciais do fenômeno escapam, portanto, às mensurações do Prodes/Inpe: (i) a degradação do tecido florestal; (ii) o desmatamento por corte raso em áreas menores que 6,25 hectares; e (iii) o desmatamento ocorrido em florestas não primárias.

3.7 Degradação e fragmentação do tecido florestal

Esses três aspectos da destruição da floresta não capturados pelos satélites do Inpe devem ser considerados. O desmatamento por corte raso de mais de 825 mil km² da floresta amazônica é a parte mais evidente do processo de aniquilação biológica em curso. Ele é, em geral, secundado pela degradação da floresta por incêndios, extração de madeira, caça e pesca descontroladas, tráfico de vida selvagem, mineração, garimpo e outras atividades deletérias, viabilizadas pelas estradas que atravessam a região. Além da Transamazônica (BR-230), outras grandes estradas, algumas iniciadas pelos militares e continuadas pelos governos civis, avançam floresta adentro e continuam a funcionar como os principais vetores do desmatamento e da degradação da floresta amazônica e do Cerrado: a BR-163, a BR-174, a BR-158, a BR-364 interligada à BR-317 (estrada do Pacífico), a BR-319 (Manaus-Porto Velho),[81] entre outras. Abertas a ferro e fogo pela demência do "desenvolvimentismo" — da qual comungam direita e setores atrasados da esquerda —, essas estradas invadiram e destruíram a floresta, sua fauna e sua flora exuberantes, territórios ocupados pelas populações locais e milenarmente por civilizações originárias, que foram mortas ou brutalmente expulsas pelos invasores e seus jagunços, com incentivo financeiro de bancos privados e estatais, e com a tolerância ou indiferença de todos os governos civis a partir da chamada Constituição "cidadã" de 1988. Essas estradas, hoje, rasgam, esquartejam, fragmentam e tornam ainda mais vulnerável o tecido florestal remanescente.

"Degradação", explica Antonio Donato Nobre, "é o fenômeno que acontece quando o acúmulo de perturbações em um trecho de floresta [...] retira daquele ecossistema sua capacidade de funcionar normalmente".[82] Em suma, o corte raso elimina a floresta, ao passo que a degradação a condena a uma morte lenta. Celso Silva Junior e outros 32 renomados pesquisadores da floresta amazônica assinaram, em 2021, uma carta ao editor da revista *Nature Geoscience*, na qual evidenciam a magnitude crescente dos impactos socioambientais da degradação da floresta e apelam para que as emissões de carbono dela decorrentes sejam incorporadas nos inventários de emissões de carbono dos países amazônicos.

> A degradação florestal induzida pelo homem é o principal fator de empobrecimento socioambiental na Amazônia, e sua extensão está aumentando. As florestas degradadas ocupam atualmente uma área maior do que a que foi desmatada. [...] Agravando esse cenário, as emissões de CO_2 resultantes da degradação não são apenas imediatas. As florestas degradadas continuam a emitir mais CO_2 do que absorvem por muitos anos, tornando-se fontes significativas de carbono. É extremamente importante que todos os países amazônicos cessem essas emissões. Isso requer relatar toda a gama de emissões de CO_2 à Convenção-Quadro das Nações Unidas sobre as Mudanças Climáticas (UNFCCC), incluindo a degradação florestal.[83]

Numa entrevista concedida ao jornal *El País* em outubro de 2021, Carlos Nobre reitera essa percepção de que as emissões dos países amazônicos reportadas à ONU são subestimadas justamente por não incluírem as emissões derivadas da degradação florestal:

> O inventário oficial das emissões de gases causadores do efeito estufa só considera emissões provenientes do corte raso de árvores, mas ele não considera a degradação [...] Temos dados que mostram que 17% de toda a floresta amazônica, 6,2 milhões de quilômetros quadrados, já foram desmatados com corte raso de árvores, e outros 17% estão em diversos estágios de degradação. Isso é um dado que não é muito falado. [...] Considerando as emissões de gás carbônico de áreas desmatadas com corte raso, essa área degradada emitiu mais 53% de gases.[84]

Figura 3.7: Emissões brutas de CO_2 provenientes do desmatamento por corte raso e por degradação da floresta (incêndios e efeitos de borda) na Amazônia brasileira, (a) ano a ano e (b) cumulativamente, entre 2003 e 2015, medidas em teragramas (Tg) de CO_2 (1 Tg = um trilhão de gramas ou um milhão de toneladas ou ainda 0,001 Gt). No gráfico (a), o segmento inferior de cada coluna diz respeito às emissões de CO_2 decorrentes do desmatamento por corte raso e o segmento de cima, às decorrentes da degradação florestal. No gráfico (b), a linha de cima se refere às emissões cumulativas de CO_2 por desmatamento por corte raso, e a de baixo, às emissões por degradação

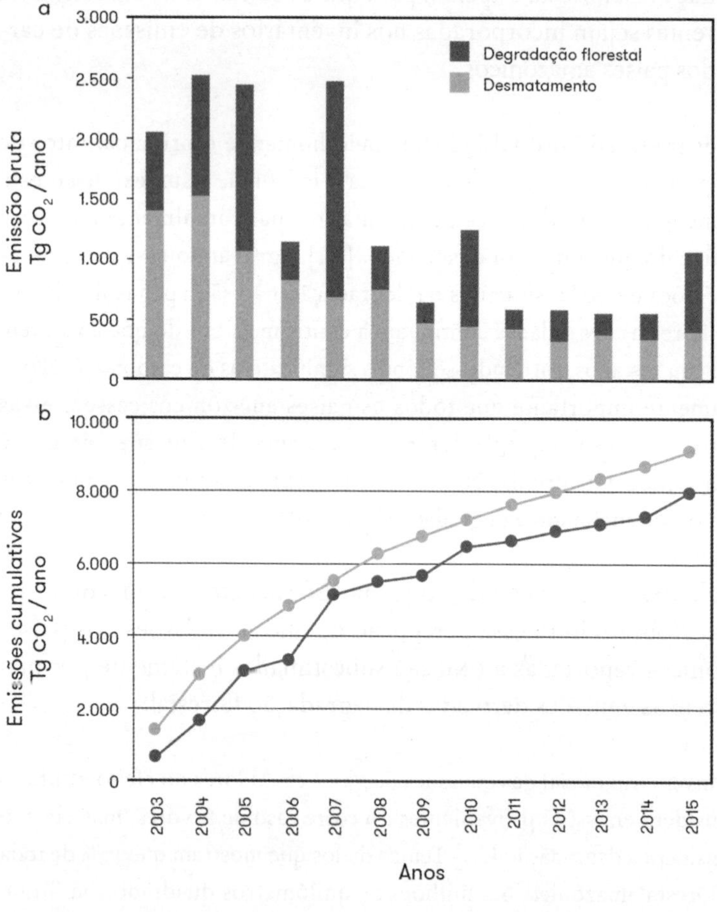

Fonte: Celso H. L. Silva Junior *et al.*, "Amazonian Forest Degradation Must Be Incorporated into the COP26 Agenda", *Nature Geoscience*, v. 14, 2 set. 2021, p. 634.

Na Figura 3.7 (p. 176), Celso Silva Junior e os demais autores da carta ao editor da *Nature Geoscience* quantificam as emissões de CO_2 da floresta amazônica ano a ano e cumulativamente (2003-2015), discriminando as emissões brutas por corte raso e por degradação.

Os dois gráficos ao lado evidenciam que as emissões de CO_2 oficialmente reportadas pelo Brasil à UNFCCC entre 2003 e 2015 correspondem a pouco mais da metade das emissões reais. Não por outra razão Antonio Donato Nobre chama apropriadamente a degradação florestal de "a grande mentira verde", e não só por causa da subnotificação das emissões de CO_2, mas também porque a degradação se estende por uma área ainda maior do que a já eliminada por corte raso.[85]

3.8 A interação entre secas e incêndios

O desmatamento é o principal vilão da biodiversidade da Amazônia, com os incêndios florestais vindo logo atrás.
— Paulo Brando[86]

O relatório de avaliação nacional do Painel Brasileiro de Mudanças Climáticas (PBMC), de 2013, atualizado em 2020, projetava diminuição de 30% a 50% da pluviosidade em todas as regiões do Brasil até 2100, com exceção das regiões da Mata Atlântica do Sul/Sudeste e dos Pampas. Na Amazônia, as diminuições previstas eram, no verão, de −10% (2011-2040), −25% (2041-2070) e −40% (2071-2100); no inverno, de −10%, −30% e −45% nos três períodos considerados.[87] Essas previsões estão sendo confirmadas pelas observações. Secas cada vez mais intensas, do gênero esperado uma vez por século, agora ocorrem na Amazônia a intervalos de tempo cada vez menores: 1982/1983, 1997/1998, 2005, 2007, 2010 e 2015/2016.[88] A seca de 2015/2016 na Amazônia foi maior em área e em intensidade que as anteriores, medidas pelo Índice de Palmer (PSDI), com até 13% da floresta atingida por seca extrema (PDSI = < −4) em fevereiro-março de 2016, sobretudo nas regiões nordeste e sudeste da floresta, justamente as mais desmatadas. "Isso significa", esclarecem Juan C. Jiménez-Muñoz e coautores do trabalho supracitado, "uma área da floresta com seca extrema um quinto maior do que a área atingida nos eventos anteriores, quando tal nível de seca extrema ainda não afetara mais que 8% a 10% da floresta".[89]

Essa tendência sistêmica a menores níveis de pluviosidade é agravada pelos grandes incêndios florestais provocados por grileiros e outros criminosos, seja a mando de fazendeiros, seja no intuito de desmatar e vender terras a estes últimos. Como afirma Ane Alencar, diretora de ciência do Instituto de Pesquisa Ambiental da Amazônia (Ipam), "os incêndios da Amazônia são, usualmente, o último estágio do desmatamento. É a forma mais barata disponível para converter biomassa em cinzas, de modo a poder usar a terra como pasto".[90] Como é sabido, contrariamente à floresta boreal e ao Cerrado, a floresta tropical e equatorial, muito úmida e não por acaso chamada pluvial (em inglês, *rainforest*), não evoluiu em interação com incêndios. Em geral, graças a seu dossel muito fechado, apenas 4% da radiação solar atinge seu solo, de modo que incêndios causados por raios não têm, ou não tinham, condições de se alastrar. A degradação por extração seletiva de árvores, abertura de estradas, entre outros fatores, abre o dossel, multiplica as clareiras e a exposição das bordas da floresta à radiação solar, seca os solos e a vegetação do sub-bosque, fatores que, conjugados com o aumento das temperaturas e das secas, fazem da floresta presa de incêndios cada vez mais frequentes e cada vez maiores. Nessas novas condições, mesmo queimadas chamadas "de manejo" para "limpeza" de pastos e de áreas agrícolas, isto é, em áreas já desmatadas, podem agora sair do controle de pequenos e grandes proprietários de terras e avançar profundamente numa floresta ressequida e muito mais propensa a se incendiar.

As perdas causadas por esses incêndios são quase inimagináveis para a flora, a fauna e para a saúde das populações que habitam a região amazônica, e mesmo fora dela. Foram quantificadas apenas localmente. Durante a seca de 2015-2016, por exemplo, conforme mostraram Erika Berenguer e colegas, os incendiários foram responsáveis, direta ou indiretamente, pela morte de cerca de 2,5 bilhões de caules (árvores e cipós) somente nos 65 mil km^2 de floresta na região amazônica do baixo Tapajós, destruição que liberou na atmosfera cerca de 495 milhões de toneladas de CO_2.[91] Aline Pontes-Lopes e colegas pesquisaram os impactos dos incêndios na região central da floresta amazônica, especificamente no interflúvio Purus-Madeira, durante os incêndios ocorridos também durante a seca de 2015. A pesquisa mostrou que:

> Ao longo dos três anos após o incêndio, a densidade dos caules diminuiu de 517,7 ± 38,8 para 376,0 ± 53,2 caules por hectare, enquanto a biomassa acima do solo diminuiu de 223,6 ± 66,7 para 193,7 ± 49,7 Mg [megagramas = toneladas] por hectare nas parcelas queimadas. Esses valores representaram perdas de 27,3 ± 9,0% na densidade dos caules e 12,7 ± 9,1% na biomassa aérea.[92]

Os incêndios favoreceram o aumento de espécies nativas herbáceas, como os bambus herbáceos. Efeitos similares foram detectados por Bernardo Flores e colegas e, mais recentemente, por Tayane Costa Carvalho e colegas. Tais estudos alertam para os danos extensos e irreversíveis que o fogo, em especial quando repetido, causa nas várzeas e nas planícies anualmente inundáveis da floresta, os chamados igapós, que ocupam cerca de 8% do bioma amazônico e já se encontram particularmente vulnerabilizados pelas secas.[93] Segundo Flores e colegas, "um primeiro evento de incêndio em florestas de várzea destrói completamente as árvores e mais de 90% do sistema radicular superficial e do banco de sementes das árvores, favorecendo a invasão da vegetação herbácea". A floresta se recupera lentamente, mas, na ocorrência de um segundo incêndio, no intervalo de algumas décadas, "as taxas de recuperação florestal caem e a cobertura herbácea persiste".[94]

Os incêndios sistemáticos e em grande escala da floresta primária na Amazônia são uma prática introduzida pela ditadura. Desde 1985, entretanto, o Brasil não parou de queimar. Uma fotografia de Carlos Carvalho, de 1994, mostrando um incêndio à beira da BR-317, no Acre, é um documento mais eloquente e desolador do que qualquer conjunto de dados. Segundo o Projeto MapBiomas Fogo,[95] uma área de 1.672.142 km², cerca de um quinto (19,6%) do território brasileiro, já queimou ao menos uma vez entre 1985 e 2020, resultando em uma média anual de 150,9 mil km². Esses incêndios se concentram no século XXI, pois, desde 2000, 17,5% do território brasileiro já queimou ao menos uma vez. O Projeto MapBiomas Fogo traz um dado gravíssimo entre todos: cerca de dois terços da área queimada (65%) eram antes cobertos por vegetação nativa (8% de formações florestais nativas). Outros dados centrais para se entender a destruição em curso: 690.028 km² da Amazônia queimaram ao menos uma vez nos 36 anos entre 1985 e 2020. A Tabela 3.5 (p. 180) mostra a distribuição acumulada desses incêndios no território brasileiro no período.

Tabela 3.5: Área do bioma como porcentagem do território nacional, área queimada acumulada como porcentagem de cada bioma e extensão da área queimada ao menos uma vez entre 1985 e 2020

	Área do bioma como % do território nacional	Área queimada como % do bioma	Área queimada no período
Cerrado	43,90%	36%	733 mil km²
Amazônia	41,20%	16,40%	690 mil km²
Caatinga	5,30%	10,50%	88 mil km²
Pantanal	5,20%	57,50%	86 mil km²
Mata Atlântica	4,30%	6,50%	71 mil km²
Pampas	0,20%	1,50%	2 mil km²

Fonte: Projeto MapBiomas Fogo (Coleção 1), Infográfico. Disponível em: https://tinyurl.com/mryfxb59.

Dados complementares sobre esses incêndios e suas consequências, especificamente na floresta amazônica entre 2001 e 2019, foram fornecidos e analisados por Xiao Feng e colegas em 2021:

> Desde 2001, uma área estimada entre 103.079 e 189.755 km² da floresta amazônica foi potencialmente impactada pelo fogo, afetando a maioria das plantas e espécies de vertebrados nessa região. Entre 93,3% e 95,5% das plantas e das espécies de vertebrados (entre 13.608 e 13.931 espécies) podem ter sido impactadas pelo fogo, mesmo que em um grau menor. Entretanto, muitas dessas espécies são conhecidas a partir de um pequeno número de registros e têm âmbitos restritos de distribuição. De fato, a Amazônia é habitada por numerosas espécies (610), consideradas ameaçadas pela União Internacional para a Conservação da Natureza (IUCN). Desde 2001, uma grande fração dessas espécies ameaçadas tem sofrido impactos do fogo em suas áreas de registro: 263 a 264 espécies de plantas listadas na IUCN; 83 a 85 espécies de aves; 53 a 55 espécies de mamíferos; cinco a nove espécies de répteis; e 95 a 107 espécies de anfíbios.[96]

Outros resultados desse trabalho de Feng e colegas devem ser considerados:

1. os impactos mais pronunciados do fogo verificados em níveis de espécies são frequentemente associados a espécies com menor âmbito de distribuição;
2. é particularmente preocupante que as florestas mais prejudicadas entre 2001 e 2019, localizadas obviamente no chamado arco do desmatamento, são sabidamente as que contêm a mais ampla gama de linhagens evolucionárias nas árvores da América do Sul;
3. alterações nos habitats nesse arco do desmatamento foram abrangentes e rápidas, afetando um número considerável de espécies. Assim, há entre 263 e 700 espécies que tiveram mais de 10% de sua área de distribuição afetada;
4. para cada 10 mil km² de floresta por onde o fogo se alastra, novas espécies perdem mais de 10% de suas áreas de distribuição, a saber, 27 a 37 espécies de plantas e duas a três espécies de vertebrados;
5. essas estimativas são, provavelmente, conservadoras, entre outras razões porque avaliam os impactos do fogo apenas sobre vertebrados e porque não consideram o histórico de perdas e degradação florestal anterior a 2001;
6. embora a área da degradação florestal por fogo tenha flutuado entre 2001 e 2019, as novas áreas de florestas destruídas pelo fogo nunca diminuíram, e tanto a área cumulativa afetada quanto seus impactos nas áreas de distribuição das espécies continuaram a aumentar a taxas constantes, notadamente em 2019.

3.9 Bolsonaro e a destruição da floresta como meta de governo

Como afirma o Projeto MapBiomas Fogo, os grandes picos de áreas queimadas entre 1985 e 2020 se deram sobretudo em anos impactados por secas maiores. Mas, a par disso, “altas taxas de desmatamento principalmente antes de 2005 e depois de 2019 tiveram um grande impacto no aumento da área queimada nesses períodos”. O Ipam evidenciou um fato inédito e muito importante em 2019:

> A Amazônia está queimando mais em 2019, e o período seco, por si só, não explica este aumento. O número de focos de incêndios, para a maioria dos estados da região, já é o maior dos últimos quatro anos. É um índice

impressionante, pois a estiagem deste ano está mais branda do que as observadas nos anos anteriores. Até 14 de agosto, eram 32.728 focos registrados, número cerca de 60% superior à média dos três anos anteriores para o mesmo período (média de ~20,4 mil focos de incêndios, variando entre ~15 mil e 25,5 mil).[97]

Eis o ponto de partida para entender o que mudou a partir de 2019, quando os incêndios novamente explodiram, suscitando reações inclusive internacionais.[98] Com os governos civis anteriores, a destruição da floresta decorria basicamente de negligência, dependência e/ou cumplicidade dos governantes com os devastadores, fortemente representados em todas as instâncias dos poderes Executivo e Legislativo (ver seção 3.1). Embora desde a Constituição de 1988 se assistisse à montagem de uma legislação timidamente protetora dos biomas brasileiros, a ausência de uma estrutura mínima de governança tornava a estrutura de leis, normas e regulamentações vigentes desde 1988 quase totalmente inefetiva. Assim, entre agosto de 1994 e julho de 1995, isto é, entre os governos de Itamar Franco e Fernando Henrique Cardoso, o desmatamento de florestas primárias da Amazônia atinge um pico de 29.059 km². Também durante os dois mandatos de FHC (1995-2002), o desmatamento nunca ficou abaixo de 13.227 km² (1997), com uma escalada sucessiva que o levou a atingir 21.650 km². Entre agosto de 2003 e julho de 2004, já sob a presidência de Lula, o desmatamento da Amazônia chegou a atingir 27.772 km². Iniciava-se, contudo, um período em que a legislação passava a ser aplicada de modo mais efetivo, com o auxílio de uma estrutura repressiva minimamente eficaz. Esse período se estende até julho de 2012. Claramente contrariado por essa governança, o agronegócio retoma a ofensiva desde os primeiros dias do governo de Dilma Rousseff. Os resultados dessa operação não tardam. Como mostra a Figura 3.6 (p. 172), a partir de 2013 o desmatamento volta a decolar. Em cinco anos (agosto de 2013 a julho de 2018), as perdas acumuladas por corte raso apenas na Amazônia Legal foram de 39.486 km². Em meia década, uma área de floresta quase equivalente à do estado do Rio de Janeiro (43.696 km²) simplesmente havia desaparecido. Desde a promulgação do novo Código Florestal (Lei nº 12.651, de 25 de maio de 2012), o desmatamento da Amazônia passou de 4.571 km² em 2012 para 7.536 km² em 2018, um salto de cerca de 65%.

O impeachment de Dilma Rousseff em agosto de 2016 foi causado, entre outros motivos, porque sua aliança com Aldo Rebelo[99] e Kátia Abreu, por mais espúria que fosse, não era mais capaz de contentar o agronegócio, que, vendo-a muito desgastada pela crise econômica iniciada em 2014, percebeu que podia obter muito mais. Assim, no breve governo de Michel Temer (agosto de 2016 a dezembro de 2018), houve ao menos sete medidas provisórias e projetos de lei destinados a enfraquecer ainda mais as últimas defesas da floresta.[100] Em novembro de 2016, na COP22 em Marrakesh, seu ministro da Agricultura, Blairo Maggi, queixando-se da reserva legal ainda mantida pelo novo Código Florestal nas propriedades rurais da Amazônia, declarou, inconformado: "Imagine um hotel que tenha cem quartos, mas que só possa comercializar vinte unidades. As outras oitenta ele tem que manter fechadas".[101] Raramente a percepção que o capitalismo tem da natureza terá sido mais bem formulada. Essa mesma percepção se estampa em 2020 na declaração de Assuero Doca Veronez, pecuarista, então presidente da Federação da Agricultura e Pecuária do Acre (Faeac):

> A questão ambiental foi uma questão muito limitadora. Desmatamento para nós é sinônimo de progresso, por mais que isso possa chocar as pessoas. O Acre não tem minério, não tem potencial turístico, o que o Acre tem são as melhores terras do Brasil. Só que esta terra tem um problema, uma floresta em cima.[102]

Para lotar o "Hotel Amazônia" e liquidar o "problema" da floresta, o agronegócio precisava, portanto, de Bolsonaro. Este declarava em 2018, em plena campanha eleitoral em Porto Velho:

> O Brasil não suporta ter mais de 50% do território demarcado como terras indígenas, áreas de proteção ambiental, com parques nacionais, e essas reservas todas atrapalham o desenvolvimento [...], não podemos continuar admitindo uma fiscalização xiita por parte do ICMBio e do Ibama, prejudicando quem quer produzir.[103]

Bolsonaro sempre foi irrelevante na política brasileira e sua vitória continua suscitando interrogações diversas, envolvendo a crise econômica, o peso das novas campanhas de desinformação eletrônica e a cumplicidade da imprensa, além de tendências internacionais que não cabe aqui discutir. Um fato, porém, não pode ser subestimado. Se Bolsonaro é uma excrescência no sistema político, ele não é um fenômeno adventício na sociedade brasileira, historicamente moldada pela escravidão, pelo ressentimento, pela violência e pela predação da natureza. Sua campanha deu voz e novo alento à ideologia militarista, racista, obscurantista, individualista, predatória, decalcada da visão de mundo do patriarcado rural e profundamente arraigada em certos setores sociais. Essa ideologia está encastelada, obviamente, na casta militar e no empresariado — nomeadamente o agronegócio, a mineração, as empreiteiras, o setor financeiro e a mídia corporativa —, mas também encontra guarida (felizmente cada vez menos) nos estratos mais pobres e marginalizados da população, cooptados, no mais das vezes, pela teologia da prosperidade. O desprezo rancoroso de Bolsonaro pela democracia, pela inteligência, pela dimensão crítica da ciência e da cultura, pelos direitos humanos e da natureza e pelos ideais de igualdade herdados do socialismo e da social-democracia é o mesmo desprezo rancoroso que setores da classe média e da "elite" sempre sentiram em seu íntimo, mas não tinham coragem de manifestar à luz do dia — a começar por sua oposição aos aspectos progressistas da Constituição de 1988 e por sua nostalgia da ditadura. Bolsonaro representa, assim, a retomada da agenda militar dos anos 1970, obcecada pelo subsolo da Amazônia e pela missão de devastá-la em nome da "segurança nacional", de tal modo que a floresta e seus povos se tornam novamente o inimigo a ser abatido, e sua destruição, uma das metas centrais de seu governo. Em 2018, um ex-assessor de Geraldo Alckmin para o agronegócio, Frederico d'Avila, então diretor da Sociedade Rural Brasileira, abandonou o então governador de São Paulo para assumir o programa de Bolsonaro para a agropecuária. A linguagem empregada em sua declaração à imprensa é sintomática desse retorno à política como guerra à natureza e à democracia:

> O Geraldo [Alckmin] é um piloto de 747 da Lufthansa: não vai chacoalhar, vai jantar, atravessar o Atlântico bem tranquilo. Só que não estamos voando em céu de brigadeiro, estamos voando sobre a Síria. Bolsonaro é um piloto de [caça] F-16. O Brasil precisa de um piloto de F-16.[104]

Tudo isso explica, entre outras atrocidades, o fato de que as terras indígenas (TI) foram sistematicamente invadidas pelo agronegócio e pelo garimpo, de modo que, nelas, o desmatamento aumentou 153%,[105] sendo que mais de 98% do desmatamento amazônico em 2020 foi ilegal. Como mostra o Projeto MapBiomas Alerta:

> Em 2020, foram identificados, validados e refinados 74.218 alertas em todo território nacional, totalizando 13.853 km² de desmatamento, um

> crescimento de 30% no número de alertas e de 14% na área desmatada em relação ao ano de 2019. Do total de alertas, 79% estão no bioma Amazônia, com uma área de 843 mil hectares (60,9% da área total).[106]

Sempre segundo o MapBiomas, entre 2019 e 2021, "o desmatamento em terras indígenas na Amazônia foi multiplicado por 1,7 quando comparado com a média de 2016 a 2018. Já o desmate para a mineração ilegal dobrou entre 2018 e 2019".[107] Os fazendeiros nunca tiveram escrúpulos em lançar mão de armas de ecocídio contra a floresta e seus povos. Desde ao menos 2003, conforme detectado pelo Greenpeace,[108] seus aviões adotam a prática, então relativamente comum, de bombardear agente laranja e demais herbicidas (glifosato, 2,4-D etc.) sobre as florestas e seus povos para acelerar o desmatamento.[109] A lição fora aprendida com a aviação estadunidense que, nos anos 1960, empregava esse método para devastar os arrozais e as florestas do Vietnã, do Laos e do Camboja, onde se ocultavam guerrilheiros.[110] Com Bolsonaro, os fazendeiros retomaram essa prática de guerra sem a menor inibição ou receio de punição. E, segundo Naiara Bittencourt, advogada da ONG Terra de Direitos, "a expectativa é que o uso de agrotóxicos para desmatamento vai se intensificar no próximo período, porque está mais fácil, mais acessível e mais consolidado".[111]

Os garimpeiros gozam da mesma certeza de impunidade, e tanto mais porque Bolsonaro tem uma identificação pessoal e familiar com o garimpo. Seu pai, Percy Geraldo Bolsonaro, havia sido garimpeiro em Serra Pelada, uma extensão da Serra dos Carajás, no sudeste do Pará.[112] O garimpo de ouro, hoje mais controlado pelo crime organizado, como o Primeiro Comando da Capital (PCC),[113] não apenas reduz a floresta a uma paisagem sinistramente lunar como também mata e aterroriza as populações indígenas, além de intoxicar pessoas, fauna, rios e solos com quantidades letais e crescentes de mercúrio. Segundo Flávio Ilha, "um volume estimado em cem toneladas do metal neurotóxico foi utilizado em 2019 e 2020 para extrair ouro ilegalmente da região, de acordo com estimativas feitas com base em um levantamento oficial. Esse ouro foi exportado pelo Brasil para países como Canadá, Reino Unido e Suíça".[114]

Outro efeito da impunidade garantida por Bolsonaro é o aumento dos incêndios florestais na Amazônia, incluindo o chamado "Dia do Fogo", uma ação ostensivamente coordenada por fazendeiros e empresários do sudoeste do Pará em homenagem ao presidente, ocorrida em 10 e 11 de agosto de 2019. O Inpe detectou nessas datas 1.457 focos de calor no entorno da BR-163 (38% deles em áreas de floresta) e cerca de 2.400 focos em toda a Amazônia. Nesses dois únicos dias, houve um aumento de 1.923% de focos de calor em relação aos dois mesmos dias no ano anterior.[115] Dois anos depois, nenhum dos responsáveis pelos crimes foi punido, embora todos tenham sido devidamente identificados, e parte da área queimada nessa ocasião foi ocupada sucessivamente por plantações de soja.[116] Em 2020, também segundo o Inpe, a Amazônia registrou 103.161 focos de queimada, o maior registro desde 2017 (107.439) e 2015 (106.438), quando Dilma Rousseff já se aliara à contraofensiva do agronegócio, iniciada na segunda década do século. Em 2022, uma operação policial impediu um novo "Dia do Fogo", planejado por diversos fazendeiros para acontecer no período de 4 a 6 de agosto[117] em Colniza (MT), uma das cidades com maior número de queimadas no país, além de ser considerada a "cidade mais violenta do Brasil" pelo Mapa da Violência, segundo uma pesquisa da Organização dos Estados Íbero-Americanos, divulgada em 2007.[118] Mesmo assim, em 22 de agosto de 2022 o Programa Queimadas do Inpe registrou um novo recorde: 3.358 focos de fogo no bioma amazônico. E, sempre segundo o Programa Queimadas dos Inpe, o número de focos de fogo na Amazônia nos primeiros sete dias de setembro de 2022 já era 10% maior do que em todo o mês de setembro de 2021.[119]

3.10 Amazônia, elemento crítico do sistema Terra

> *A Amazônia é fundamental para a estabilidade ecológica do planeta.*
>
> — Carlos Nobre[120]

Para perceber o alcance das palavras do cacique Raoni, citadas na epígrafe de abertura deste capítulo, segundo as quais é a floresta que segura o mundo, é preciso partir do entendimento de que a Amazônia é um elemento crítico do sistema Terra. A floresta amazônica é parte de uma estrutura interdependente de elementos de grande escala que mantém o sistema Terra em equilíbrio. Essa percepção remonta, entre outros, a Alexander von Humboldt[121] e Vladimir Vernadsky, em seu fundamental *The Biosphere* (1926). Como disciplina, contudo, as ciências do sistema Terra têm início com a hipótese de Gaia, desenvolvida por James Lovelock e Lynn Margulis nos anos 1960.[122] Como afirma Timothy Lenton, "ela representa a primeira afirmação científica da Terra como um sistema que é mais do que a soma de suas partes. Assim, pelo menos para mim, a hipótese Gaia marca o início da ciência do sistema Terra".[123] Examinar a recepção científica um tanto turbulenta dessa teoria, de resto em constante evolução, escapa ao meu propósito aqui.[124] Importa, no presente contexto, compreender que: (i) o planeta Terra é um sistema, o que significa, como Lenton ressalta, que ele é mais que a justaposição ou a somatória de suas partes; (ii) nesse sistema, a biota planetária interage com os elementos não vivos do planeta, de modo a moldá-lo (através de *feedbacks* positivos e negativos) e a fazê-lo funcionar à maneira de um superorganismo autorregulatório. Essa seria a razão mais plausível pela qual a composição química da atmosfera e, em consequência, o sistema climático se mantiveram em um estado propício à vida, malgrado o lento incremento da radiação solar ao longo de bilhões de anos.

A Amazônia, como dito, é um dos elementos críticos desse sistema. O conceito de elemento crítico (*tipping element*) deriva de ponto crítico (*tipping point*), ou ponto de inflexão na dinâmica de um sistema, e é importante defini-los conjuntamente, valendo-nos da formulação particularmente feliz e sucinta proposta por Timothy Lenton e colegas em 2008:

> O termo "ponto crítico" (*tipping point*) se refere comumente a um limiar crítico no qual uma pequena perturbação pode alterar qualitativamente o estado ou o desenvolvimento de um sistema. Aqui introduzimos o termo "elemento crítico" (*tipping element*) para descrever componentes de larga escala do sistema Terra suscetíveis de ultrapassar um ponto crítico.[125]

Convém complementar essa definição do conceito de elemento crítico pela que propõem os cientistas do Potsdam Institute for Climate Impact Research, que o consideram justamente como "os calcanhares de Aquiles do sistema Terra":

> Elementos críticos são componentes de larga escala do sistema Terra, caracterizados por um comportamento de limiar. Quando aspectos relevantes do

> clima se aproximam de um limite, esses componentes podem ser levados a um estado qualitativamente diferente por pequenas perturbações externas. [...] O comportamento de limiar é com frequência impulsionado por alças de retroalimentação que, uma vez atingido o ponto crítico, podem continuar a agir mesmo sem novos estímulos. Assim, é possível que um componente do sistema terrestre atinja um ponto crítico mesmo que as condições estruturais do sistema climático ainda se encontrem abaixo do limiar de transição. A transição resultante da ultrapassagem de um ponto crítico específico do sistema pode ser abrupta ou gradual.[126]

No Capítulo 7 (seção 7.7), discutirei as estimativas de cruzamento de diversos pontos críticos no sistema Terra a partir dos níveis iminentes e futuros de aquecimento médio global (entre 1,5°C e 3°C). Enfatize-se aqui apenas o caráter sistêmico de uma transformação qualitativa no estado de equilíbrio de um elemento crítico do sistema Terra. "O que acontece no Ártico não fica no Ártico", eis uma das frases mais repetidas pelos cientistas do clima e um dos mais sólidos consensos sobre a emergência climática.[127] O mesmo pode ser dito da floresta amazônica. Sua destruição em curso, se vier a se consumar, não terá somente efeitos continentais, mas enviará ondas de choque a outras partes do planeta. O mapa da Figura 3.8 (p. 189) mostra o conjunto dos elementos críticos do sistema Terra (clima e biodiversidade) em sua conectividade e interação, de modo que a ultrapassagem de pontos críticos em qualquer um deles influencia fortemente a desestabilização dos demais.

Quando esse elemento crítico do sistema Terra, a floresta amazônica, ultrapassará seu ponto crítico, transitando mais ou menos rapidamente para um estado alternativo de equilíbrio não florestal, catastrófico do ponto de vista climático e muito empobrecido do ponto de vista da biodiversidade? Em primeiro lugar, precisamos lutar com todas as nossas forças para que ela não ultrapasse esse ponto trágico de não retorno. Em segundo, deve-se admitir que, como em todo processo de colapso de sistemas complexos, não é possível fixar datas precisas, sobretudo porque essas datas dependem das escolhas da sociedade aqui e agora, fundamentalmente neste decênio — de onde o título deste capítulo e do livro como um todo. Não sabemos, por exemplo, o ritmo futuro do desmatamento e da degradação florestal, nem como a floresta responderá ao ritmo futuro do aquecimento global, inclusive porque não sabemos qual será esse ritmo, posto que ele depende par-

Figura 3.8: Mapa da conectividade dos elementos de larga escala do sistema Terra em risco crescente de ultrapassar pontos críticos em direção a outros estados de equilíbrio, com potencial efeito dominó

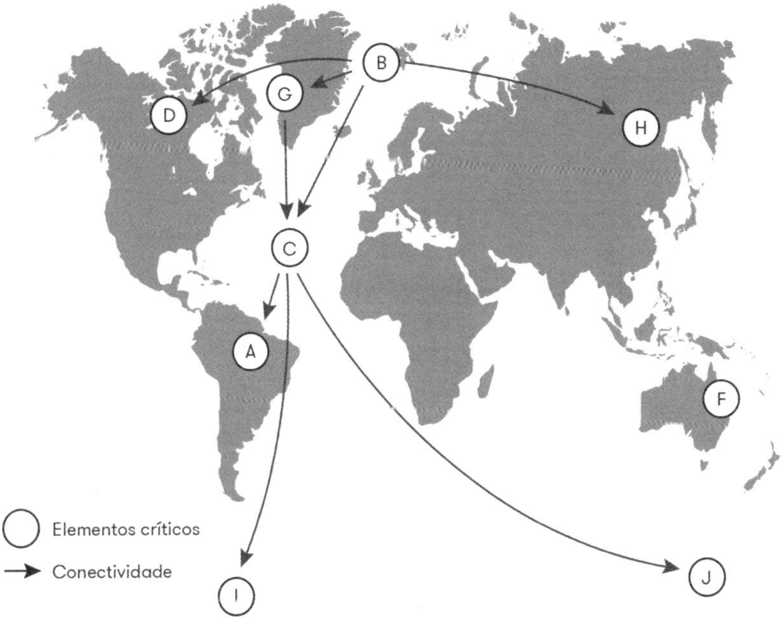

(A) Secas mais graves e mais frequentes na floresta amazônica;

(B) Diminuição do gelo do Oceano Ártico, com diminuição do albedo e maior absorção da radiação solar pelo mar e pelo leito marinho ainda congelado, sobretudo da grande Plataforma Marinha da Sibéria Oriental, cujo degelo já está liberando crescentes quantidades de metano;

(C) Enfraquecimento da circulação termoalina ou corrente meridional de capotamento do Atlântico (Amoc), com potencial colapso desse elemento fundamental do sistema climático;

(D) Declínio das florestas boreais, atacadas por pestes e espécies invasoras;

(F) Morte em larga escala dos recifes de corais;

(G) Aceleração da perda de gelo na Groenlândia;

(H) Derretimento do permafrost terrestre e marítimo, com liberação crescente de dióxido de carbono e metano;

(I) Derretimento do manto de gelo da Antártida Ocidental;

(J) Derretimento do manto de gelo da Antártida Oriental.

Fonte: "Climate Crisis: Earth May Be Approaching Key Tipping Points", *NetNewsLedger*, 21 jan. 2020, adaptado de Tim Lenton *et al.*, "Climate Tipping Points: Too Risky to Bet against", *Nature*, v. 575, 28 nov. 2019. Disponível em: http://www.netnewsledger.com/2020/01/21/climate-crisis-earth-may-be-approaching-key-tipping-points/ e https://www.nature.com/articles/d41586-019-03595-0.

cialmente do ritmo do desmatamento das florestas tropicais. O ritmo do aquecimento é dado, em parte, pelo ritmo de perda florestal e vice-versa. Temos aqui, portanto, duas variáveis mutuamente dependentes e não conhecemos nenhuma das duas, porque ambas dependem, em última instância, da política — vale dizer, de nós.

Mesmo num cenário ainda distante de desaceleração do aquecimento — o que suporia zerar ao mesmo tempo as emissões de gases de efeito estufa (GEE) e o desmatamento —, não sabemos como a floresta responderá a aquecimentos maiores já inevitáveis. Não é dado saber sequer quão irreversíveis são os processos endógenos já desencadeados pela sinergia entre a destruição deliberada da floresta e as alças de retroalimentação acionadas pelo desmatamento, sob a pressão sistêmica da emergência climática.

Uma das muitas incógnitas é o efeito de fertilização sobre as florestas causado pelo aumento das concentrações atmosféricas de CO_2. Roel Brienen e colegas, supracitados, enfatizam que o declínio da capacidade de absorção de carbono pela floresta amazônica diverge claramente do recente aumento na absorção de carbono pelas florestas temperadas e boreais em escala global.[128] De fato, vimos no Capítulo 1 (seção 1.5) que o aquecimento global e o efeito de fertilização pelo aumento das concentrações atmosféricas de CO_2 têm favorecido a expansão da taiga e sua maior capacidade de sequestro de carbono. Esse efeito de fertilização parece, contudo, ter um limite. A constrição dos poros das folhas (estômatos) em face de maior abundância de CO_2 diminui a sua evapotranspiração e, se essa diminuição tem um lado positivo (maior resistência às secas), ela também pode gerar ao final menos chuvas, o que neutralizaria o efeito positivo. De qualquer forma, na floresta amazônica esse efeito de fertilização por CO_2 vem sendo testado pelo AmazonFace (Free-Air Carbon Dioxide Enrichment), um experimento de grande escala ainda em curso. Conforme cogitam Daniel Grossman e David Lapola, é bem possível que ele se mostre nulo ou muito pequeno sobre a floresta amazônica, dado um gargalo importante para o aumento de sua produtividade, qual seja, a escassez de nutrientes em grande parte de seu solo, sobretudo fósforo.[129] Em reforço a essa tese, Hellen Fernanda Viana Cunha e colegas mostraram que "a disponibilidade de fósforo pode restringir as respostas da floresta amazônica à fertilização com CO_2, com implicações maiores para o futuro sequestro de carbono e resiliência da floresta às mudanças climáticas".[130]

Quando se trata de cenários futuros do colapso em curso da floresta amazônica, as incógnitas são, portanto, muitas, sendo crucial apostar que nada ainda é irreversível, embora saibamos que a irreversibilidade esteja velozmente a caminho. Em 2011, Timothy Lenton sustentou a hipótese de que pontos críticos no sistema Terra poderiam ser advertidos precocemente, dada a presença de sintomas antecipatórios.[131] Em 2016, Carlos Nobre e colegas do Inpe e de outras instituições se valeram dessa hipótese para pôr em dúvida o consenso anterior segundo o qual o ponto crítico da floresta amazônica estaria situado num longínquo desmatamento de 40% de sua área ou num aquecimento médio de 4°C. Em 2018, Thomas Lovejoy e Carlos Nobre emitiram um alerta sobre a iminência desse ponto crítico, sugerindo que ele poderia ser atingido muito mais cedo do que previam os modelos anteriores:

> Acreditamos que sinergias negativas entre desmatamento, mudanças climáticas e uso extensivo de fogo indicam um ponto crítico (*tipping point*) de transição para ecossistemas não florestais nas porções leste, sul e central da Amazônia, uma vez atingidos 20% a 25% de desmatamento da área original da floresta.[132]

Dado que o desmatamento da floresta amazônica estava então em vias de cruzar 20% de sua área original no Brasil (17% em escala continental), o editorial assinalava que a floresta já havia adentrado uma zona de alto risco. Em fins de 2019, os mesmos autores voltaram à carga num segundo editorial para a mesma revista *Science Advances*. Intitulado "Amazon Tipping Point: Last Chance for Action", o texto reitera quanto a agricultura brasileira e, mais amplamente, todos os países da América do Sul se beneficiam da umidade da floresta amazônica, e volta a advertir que estamos diante da "última chance" para evitar um desastre em escala planetária:

> Quanto desmatamento a floresta [...] ainda aguenta antes que a umidade se torne insuficiente para sustentar as florestas tropicais, ou antes que grandes porções da paisagem se convertam em savana tropical? [...] O aumento da frequência de secas sem precedentes em 2005, 2010 e 2015/16 sinaliza que o ponto de inflexão é iminente. [...] Hoje, estamos exatamente em um momento do destino: o ponto de inflexão é aqui, é agora. Os povos e líderes dos países amazônicos juntos têm o poder, a ciência e as ferramentas para

evitar um desastre ambiental em escala continental, na verdade, um desastre ambiental global.[133]

Em 2020, Carlos Nobre retomou o tema da iminência do ponto crítico da floresta amazônica, sublinhando, mais uma vez, um sintoma fundamental: o aumento da estação seca na Amazônia, que a aproxima das condições de umidade típicas do Cerrado e a torna mais vulnerável ao fogo. Desde os anos 1980, afirma Nobre, a estação seca nas partes central e sul da floresta aumentou em seis dias por década. "Em relação aos anos 1980, ela já está três semanas mais longa". E adverte: "Riscos de savanização aumentam exponencialmente" quando a estação seca amazônica se estender por mais de quatro meses (um mês a mais do que seu habitual), atingindo um regime de chuvas equivalente ao da estação seca do Cerrado. De resto, no sul e no sudoeste da Amazônia (Rondônia), onde houve aumento do desmatamento, "o início da estação chuvosa chegou a atrasar quatro semanas". A temperatura média durante a estação seca já está se elevando em até 3°C, a mortalidade das árvores vem aumentando e a floresta tem se tornado uma fonte de CO_2. Todos esses elementos atuam sinergicamente e reforçam seu prognóstico de uma ultrapassagem do ponto de não retorno de perda florestal na escala de tempo de quinze a trinta anos. Essa mudança é agora claramente observada, e nesse cenário a floresta estaria próxima de perder até 70% de sua área.[134] Hoje, após quatro anos de intensa devastação da floresta promovida por Bolsonaro, esse horizonte de tempo de quinze a trinta anos afigura-se talvez excessivamente otimista, o que, mais uma vez, reforça a percepção de estarmos vivendo o decênio decisivo. De qualquer modo, essas observações de Carlos Nobre convergem, como vimos, com as mensurações dos fluxos de carbono e de reciclagem de umidade pela floresta, realizadas por Luciana Gatti e colegas (entre os quais, o próprio Carlos Nobre), publicadas em 2021.

A fragilidade da floresta amazônica

Um último aspecto das ameaças que pesam sobre a Amazônia deve ser ressaltado: a constitutiva fragilidade dessa floresta. Em 2013 e 2015, Hans ter Steege e colegas apresentaram dois trabalhos importantes a respeito. Em sua análise de 2013 sobre a diversidade das espécies arbóreas na

Amazônia, os autores "encontraram 227 espécies hiperdominantes (1,4% do total) tão preponderantes que, juntas, compõem metade de todas as árvores na Amazônia, ao passo que onze mil espécies perfazem apenas 0,12% das árvores".[135] Essas espécies hiperdominantes estão disseminadas em largas extensões da floresta, embora sejam dominantes em apenas uma ou duas regiões da Bacia Amazônica. Trata-se, evidentemente, de espécies muito bem adaptadas às coordenadas ambientais atuais da Amazônia. Ocorre que essas coordenadas — umidade, temperatura, biodiversidade etc. — estão sendo rapidamente alteradas e, se vierem a superar as possibilidades de adaptação dessas 227 espécies hiperdominantes que compõem metade das árvores da floresta amazônica, a floresta como um todo pode entrar em risco de desaparecimento. Esse risco não é meramente teórico. Ele vem sendo observado e foi mensurado em 2015 por Hans ter Steege e um coletivo de 157 cientistas.

> Sobrepusemos modelos de distribuição espacial com desmatamento histórico e projetado para mostrar que pelo menos 36% e até 57% de todas as espécies de árvores da Amazônia provavelmente se qualificam como globalmente ameaçadas sob os critérios da Lista Vermelha da IUCN.[136]

Apenas em 2021, segundo cálculos efetuados pela plataforma Plena Mata, foram eliminadas cerca de 470 milhões de árvores, e apenas em janeiro de 2022, um mês de baixo desmatamento, a perda florestal superou 31 milhões de árvores, ou seja, uma média de um milhão de árvores por dia.[137] Mantida essa escala e velocidade de destruição, qualquer esperança de que a floresta amazônica resista ainda por muito mais tempo seria injustificável.

Recapitulemos, para terminar, enfatizando a interação entre todos os aspectos da destruição em curso da Amazônia, ou seja, entre desmatamento, degradação florestal, incêndios, redução da biodiversidade, redução das chuvas, maior mortalidade das árvores, maior emissão de carbono e consequente aumento ainda maior de temperatura. Trata-se de um círculo vicioso em que destrutividade antrópica e alças de retroalimentação da destruição se ampliam reciprocamente. Esse círculo vicioso representa uma ameaça existencial real, crescente e iminente não apenas para o maior bioma tropical do planeta, mas para a viabilidade da espécie humana e de tantas outras espécies. Uma última citação de Carlos Nobre fornece uma síntese, ainda que parcial, desse quadro catastrófico:

> A reciclagem de vapor d'água [realizada pela floresta] leva vapor ao sul da Bacia Amazônica, o que alimenta sistemas de chuva do Cerrado, do Sudeste, da Bacia do Rio Paraná, do Uruguai, da Argentina, do Paraguai e do Sul do Brasil. Se desaparecer a floresta, as chuvas nessas regiões diminuirão, prejudicando, por exemplo, a agricultura. Outro impacto: sem a floresta, a temperatura sobe muito na região amazônica, de 4°C a 5°C, o que já acontece em regiões de pastagem na Amazônia. O ar que passa por lá e chega ao Cerrado fica de 4°C a 5°C mais quente, o que perturba a ecologia do Cerrado e, principalmente, a agricultura dessa região, que já está próxima de um limite, ou seja, de não haver mais potencial de agricultura.[138]

3.11 Conclusão: Amazônia, santuário da biosfera

O que os ditadores desencadearam na Amazônia e os governos civis continuaram deve ser bem compreendido: trata-se do mais *fulminante* ecocídio perpetrado por qualquer sociedade em qualquer latitude do planeta em toda a história da espécie humana. A *rapidez* da eliminação pura e simples da cobertura vegetal primária de mais de 1 milhão de km² do Cerrado, de mais de 800 mil km² da Amazônia Legal e de mais de 400 mil km² das florestas secas da Caatinga,[139] essa rapidez de extermínio da manta vegetal de mais de um quarto do território nacional em apenas meio século define a singularidade mundial da história recente do Brasil, de sua elite econômica e de sua casta militar.

É preciso ter em mente o que está em jogo no destino da Amazônia. As florestas tropicais e equatoriais não são somente os maiores reservatórios de vida no planeta; são também as mais importantes *condições de possibilidade* de vida no planeta. Lembremos incansavelmente da advertência da Organização das Nações Unidas para a Alimentação e a Agricultura (FAO): "Não podemos viver sem florestas".[140]

No próximo capítulo, tratarei da engrenagem físico-financeira da emergência climática. No que se refere à guerra contra a Amazônia, é possível falar de uma engrenagem biofísico-financeira, na qual os bancos desempenham, como em toda guerra, um papel determinante. Inventários promovidos pela Forest & Finance, Rainforest Action Network, Amazon Watch (em associação com a Articulação dos Povos

Indígenas do Brasil — Apib) e Greenpeace têm quantificado os créditos, subscrições e investimentos em empresas e em atividades com alto risco de desmatamento ou com desmatamento ilegal comprovado. Entre 2016 e 2020, o Banco do Brasil, por exemplo, concedeu créditos num montante equivalente a trinta bilhões de dólares a operações com alto risco de desmatamento. O Banco Nacional de Desenvolvimento Econômico e Social (BNDES) — proprietário via BNDES-Par de 21% das cotas da JBS, uma corporação repetidamente acusada de operações ilegais[141] — investiu, nesse período, 3,8 bilhões de dólares em empresas de alto risco de desmatamento, destinando à pecuária mais da metade desse montante.

Nem todas essas injeções de recursos, por certo, implicaram desmatamento, mas o ponto central do problema é que elas financiam uma economia agrária de grande escala, e a floresta amazônica definitivamente não comporta grandes propriedades rurais.[142] Estas devem, portanto, ser desativadas, desapropriadas e, na medida do ainda possível, recuperadas pela floresta. Esta pode conviver, como sempre conviveu, com uma economia extrativa e agroflorestal de expressão local, baseada em cooperativas e/ou pequenas propriedades, a única economia apta a promover o bem-estar de sua população. Salvar o que resta da floresta amazônica e restaurá-la supõe, portanto, mantê-la a uma distância prudente da engrenagem devoradora do latifúndio, do sistema financeiro, dos grandes mercados e da economia globalizada. De fato, uma projeção proposta em 2008 por Stephen Hubell e colegas indica que, mesmo num cenário otimista em que se procure compatibilizar conservação e mercados, 37% das espécies raras (< 10 mil indivíduos) de árvores amazônicas devem se extinguir, pois a maioria dessas espécies se distribui em pequenos territórios e é vulnerável à perda de habitat local.[143]

A condição mais importante de possibilidade de conservação da Amazônia é uma mobilização nacional e global para proteger os protetores das florestas e aprender com eles, com suas tecnologias de gestão florestal e com seus modos de vida. Demarcar as terras indígenas e quilombolas, aumentar rapidamente suas áreas e cuidar para que sejam respeitadas é o primeiro passo de um programa político de sobrevivência da vida e da humanidade, não apenas da sobrevivência das sociedades sul-americanas.

Em julho de 2022, teve lugar, em Belém do Pará, o 10º Fórum Social Pan-Amazônico, um encontro fundamental dos povos amazônicos voltado para definir a Amazônia que todos nós queremos e de que precisamos para garantir um futuro de vida ao planeta. Esse encontro se insere na continuidade de outros de igual importância, como a Assembleia Mundial pela Amazônia (28 de julho de 2022), o Sínodo dos Bispos para a Região Pan-Amazônica e o que ocorreu, também em 2019, em Altamira, intitulado Amazônia Centro do Mundo, que reuniu cientistas, indígenas, ribeirinhos e toda uma gama de participantes dos mais diversos horizontes sociais. Antonio Donato Nobre, que participou do encontro, sublinhou a tese que lhe dá título: "A Amazônia é de fato o centro do mundo, é o mais importante órgão para o metabolismo do sistema climático, garantindo estabilidade e conforto ambiental".[144] Já em julho de 2019, em um discurso proferido em Manaus no primeiro encontro do Rainforest Journalism Fund, Eliane Brum chamava a atenção para essa condição estratégica da Amazônia no contexto mundial: "A floresta amazônica é efetivamente o centro do mundo. Ou, pelo menos, é um dos principais centros do mundo. Se não compreendermos isso, não há como enfrentar o desafio do clima".[145] É desse desafio que tratarão os próximos quatro capítulos.

Parte II

A ruptura impreterível no sistema energético

4. A engrenagem físico-financeira da emergência climática

A expansão combinada dos rebanhos de ruminantes, da queima de combustíveis fósseis, do desmatamento, dos incêndios florestais e das turfeiras implica aumento das emissões de gases de efeito estufa (GEE). Dessas emissões crescentes resultam maiores concentrações atmosféricas desses gases. Estas são, hoje, as mais altas dos últimos três milhões de anos. As concentrações atmosféricas de dióxido de carbono (CO_2), por exemplo, são agora similares às do Período Quente do Médio Plioceno (aproximadamente 3,2 a 3 milhões de anos atrás), quando tais concentrações estavam entre 380 e 450 partes por milhão (ppm).[1] Quanto maior a concentração atmosférica desses gases, maior a temperatura superficial da Terra, como veremos em detalhes no próximo capítulo. Esse encadeamento entre causas e efeitos é justamente o que constitui a engrenagem da emergência climática. Ela é, antes de mais nada, determinada pela física da relação causal entre as concentrações atmosféricas desses GEE, o equilíbrio radiativo do planeta (equilíbrio entre a energia incidente e a energia dissipada) e, em consequência, a temperatura superficial do planeta. Mas ela é também uma engrenagem financeira, uma vez que é fomentada por quantidades até agora crescentes de créditos, subscrições e investimentos na indústria de combustíveis fósseis e no sistema alimentar globalizado.

No âmbito da física da atmosfera, essa relação causal foi demonstrada, teórica e experimentalmente, desde o século XIX. Em 1824, Jean-Baptiste Joseph Fourier descobria que a radiação solar possui propriedades diferentes ao incidir sobre o planeta na forma de luz e ao ser rebatida para fora do planeta na forma de calor (isto é, de radiação infravermelha).[2] Em 1856, um experimento de Eunice Newton Foote foi lido por Joseph Henry, secretário da Smithsonian Institution, numa seção da American Association for the Advancement of Science (AAAS). Foote afirmava, pela primeira vez, essa relação de causalidade entre uma dada concentração atmosférica de CO_2 e a temperatura da Terra:

> Uma atmosfera desse gás [CO_2] daria à nossa Terra uma alta temperatura; e se, como alguns supõem, em um período de sua história o ar se misturou

> a esse gás em uma proporção maior do que a atual, isso deve necessariamente ter resultado em um aumento da temperatura pela própria ação do gás e pelo aumento do seu peso.[3]

Em 1861, John Tyndall reiterava essa relação causal, intervindo igualmente no debate sobre a história do sistema climático do planeta: "Mudanças na quantidade de qualquer dos constituintes radiativamente ativos da atmosfera, tal como CO_2, podem ter produzido todas as mutações do clima que as pesquisas dos geólogos revelam".[4] Em 1896 e 1906, Svante Arrhenius retoma esses resultados e introduz a questão da sensibilidade climática, isto é, a proporção em que o sistema climático responde a um dado aumento das concentrações atmosféricas de CO_2.[5] Em seu livro de 1906, Arrhenius recapitulava as descobertas de seus predecessores:

> Até certo ponto, a temperatura da superfície da Terra [...] é condicionada pelas propriedades da atmosfera que a envolve, e particularmente pela sua permeabilidade aos raios de calor. [...] Que os envelopes atmosféricos limitam a perda de calor foi sugerido por volta de 1800 pelo grande físico francês Fourier. Suas ideias foram desenvolvidas por [Claude] Pouillet e Tyndall. A teoria deles foi chamada a teoria da estufa (*hot house*) por afirmar que a atmosfera age analogamente a uma estufa com paredes de vidro.[6]

Em 1938, Guy Stewart Callendar observou que a temperatura média da atmosfera tinha se elevado nos 56 anos precedentes (1880-1935), em parte por causa do aumento das concentrações atmosféricas do CO_2 (0,03°C/década).[7] Nos anos 1950, os trabalhos fundamentais de Gilbert Plass, Roger Revelle e Hans Suess[8] consolidam a descoberta, e, a partir dos anos 1970, Wallace S. Broecker e o relatório de 1979 de uma equipe de cientistas coordenada por Jule Charney[9] exprimem o momento em que essa relação causal deixa de ser uma teoria e adquire o estatuto de consenso científico. Como bem resume Nathaniel Rich, "quase tudo o que compreendemos hoje sobre o aquecimento global já era compreendido em 1979".[10]

De fato, embora trabalhando com base em modelos muito menos complexos e com menos dados do que os hoje disponíveis, as projeções do aquecimento médio global acima do período pré-industrial propostas por Wallace Broecker em 1975,[11] por Carl Sagan em 1985 e por James Hansen e colegas em 1981 e 1988[12] têm sido confirmadas pelas observações e pelas mais recentes projeções. Em 1985, em um histórico depoimento no Congresso dos Estados Unidos, Carl Sagan afirmava:

> As melhores estimativas (certamente associadas a alguma incerteza) são de que, mantidas as taxas presentes de queima de combustíveis fósseis, mantidas as taxas presentes de aumento de gases menores absorventes de radiação infravermelha na atmosfera da Terra, haverá um aumento de vários graus centígrados na temperatura na média global do planeta entre meados e o fim do próximo século.[13]

Dez anos antes, em 1975, Broecker havia predito que, em 2010, as concentrações atmosféricas de CO_2 atingiriam 403 ppm, o que corresponderia a um aquecimento médio global de 1,1°C acima do período pré-1900. Acertou quase no centro do alvo. Apenas três anos depois, em maio de 2013, essas concentrações atingiram, pela primeira vez em toda a história da humanidade, 400 ppm, com um correlativo aquecimento médio global de cerca de 1°C acima do período pré-industrial em 2015. Em 2016, verificou-se um salto para 1,26°C, segundo o Goddard Institute for Space Studies (Giss), devido a um forte El Niño. Não menos certeiro seria, em 1981, um trabalho de James Hansen e colegas:

> O aquecimento global projetado para um cenário de crescimento rápido é de 3°C a 4,5°C ao final do próximo século, dependendo da proporção em que o petróleo e o gás, então esgotados, forem substituídos por combustíveis sintéticos. [...] Um aquecimento de 2°C é superado no século XXI em todos os cenários de emissões de CO_2 por nós considerados, exceto se não houver aumentos dessas emissões e se o carvão for descontinuado.[14]

Trata-se, como sabido, de projeções em linha com as observações e com as mais recentes previsões dos cientistas e do Painel Intergovernamental sobre as Mudanças Climáticas (IPCC). Em 1988, Hansen e colegas fizeram outra projeção igualmente precisa, como mostra a Figura 4.1 (p. 204).

Essas projeções de Wallace Broecker (1975), Carl Sagan (1985) e Hansen e colegas (1981 e 1988) fornecem espetaculares demonstrações de compreensão das dinâmicas fundamentais do sistema climático na história recente da ciência, que só hoje podem ser plenamente aquilatadas. Em particular, o cenário B (Figura 4.1) proposto por Hansen e colegas em 1988 antecipa a uma distância de trinta anos um aquecimento médio global de cerca de 1,1°C em 2019. Foi exatamente o que aconteceu. O IPCC, criado em 1988 (mesmo ano desse trabalho e do depoimento de James Hansen apresentado à Comissão de Energia e Recursos Naturais do Senado dos Estados Unidos), alargou ainda mais

Figura 4.1: Observação e projeção do aquecimento médio superficial global até 2019 (em °C), segundo três cenários, A, B e C, em relação ao período 1951-1980. O cenário A supõe uma taxa de aumento das emissões de CO_2 típica dos vinte anos anteriores a 1987, isto é, um crescimento a uma taxa de 1,5% ao ano. O cenário B assume taxas estacionárias de aumento das emissões aproximadamente no nível de 1988. O cenário C é de drástica redução dessas emissões atmosféricas no período 1990-2000. A linha contínua descreve o aquecimento observado até 1987. A faixa cinza recobre o pico de aquecimento durante os períodos Altitermal (6 mil anos AP) e Eemiano (120 mil anos AP)

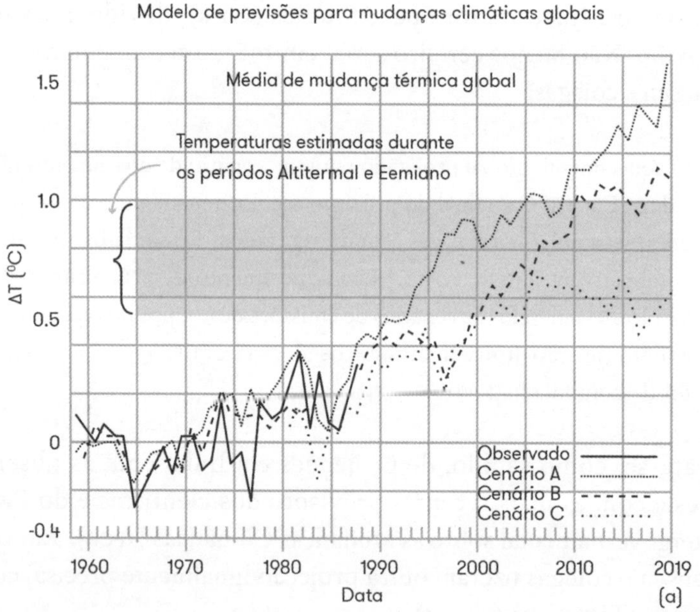

Fonte: J. Hansen *et al.*, "Global Climate Changes as Forecasted by the Goddard Institute for Space Studies Three Dimensional Model", *Journal of Geophysical Research*, v. 93, n. D8, p. 9.341-64, 20 ago. 1988.

e institucionalizou esse consenso através de seis relatórios gerais de avaliação (1990-2022) e de quatro relatórios especiais (2012, 2018-2019).[15]

A engrenagem do aquecimento global se origina numa economia baseada na queima de combustíveis fósseis, na monocultura de escala e, em especial, na produção industrial de carne. Essa economia é controlada pelos detentores de capital, cuja razão de ser é a máxima rentabilidade dos investimentos e a reprodução ampliada do ciclo econômico, o que implica expansão sempre crescente de consumo energético. Os dados que comprovam esse aumento ininterrupto de consumo energético, no âmbito da chamada "Grande Aceleração",[16] evocada na Introduçao (seção 3), são bem conhecidos. Em 2020, Jaia Syvitski e colegas mostraram que a humanidade consumiu 50% mais energia nos últimos setenta anos (22 zettajoules ou ZJ) do que em todo o Holoceno (11.700 anos antes do presente [AP]-1950), cujo consumo acumulado foi de cerca de 14,6 ZJ.[17] A queima de combustíveis fósseis é, como se sabe, o motor principal dessa imensa potenciação do consumo energético humano, bem como da poluição e da emergência climática. No século XXI, nenhuma academia nacional de ciência, nenhuma instituição científica e nenhum cientista reconhecido por seus pares põe em dúvida o que o IPCC afirmava, já em 2007, em seu Quarto Relatório de Avaliação (AR4, SPM, 2007):

> O aquecimento do sistema climático é inequívoco, como o evidenciam as observações dos aumentos nas temperaturas globais médias na atmosfera e no oceano, derretimento generalizado da neve e do gelo e elevação média do nível do mar. [...] As mudanças climáticas estão ocorrendo agora, como resultado, sobretudo, das atividades humanas.[18]

Em 2014, o Quinto Relatório de Avaliação (AR5, 2014) do IPCC reforça os resultados dos relatórios anteriores ao afirmar: "A influência humana sobre o sistema climático é crescente, com impactos observados em todos os continentes e oceanos. Muitas das mudanças observadas desde os anos 1950 não têm precedentes em décadas ou em milênios".[19] Em 2021, em seu Sexto Relatório de Avaliação (AR6, WG I, 2021), o IPCC reitera mais uma vez esse veredito: "É inequívoco que a influência humana aqueceu a atmosfera, o oceano e os solos. [...] Os aumentos observados nas concentrações [atmosféricas] de gases bem misturados [de efeito estufa] desde cerca de 1750 são inequivocamente causados pelas atividades humanas".[20]

O que o IPCC designa por "atividades humanas" ou por "influência humana" é, na realidade, algo menos genérico. Trata-se basicamente do modo de funcionamento corporativo, privado e estatal, dos sistemas (i) energético, (ii) extrativo e (iii) alimentar em escala global. Esses três sistemas são interdependentes e operam em estreita interação com: (iv) a indústria, sobretudo de cimento e petroquímica; (v) as trading companies (ABCD, COFCO etc.); e (vi) o setor financeiro, redes corporativas igualmente oligopolizadas e globalizadas. Em conjunto e em sinergia, esses seis sistemas criaram a civilização termofóssil que hoje ameaça a humanidade e, em geral, a vida pluricelular no planeta.

4.1 A transição energética não está à vista neste decênio

Como mostra a Figura 4.2 (p. 207), o consumo de combustíveis fósseis não fez senão aumentar desde a Revolução Industrial e teve fortíssimo crescimento após a "Grande Aceleração" iniciada em 1950, marco inaugural da nova época geológica em que vivemos, o Antropoceno.[21]

Em 1950, o mundo consumiu em combustíveis fósseis o equivalente à geração de 28.536 terawatts-hora (TWh).[22] Em 2019, esse número atingiu 173.340 TWh, um aumento por um fator de pouco mais de seis para uma população que aumentou "apenas" cerca de três vezes. Como mostra ainda a Figura 4.2, o petróleo começa a disputar com o carvão a primazia no âmbito dos combustíveis fósseis a partir dos anos 1950, e em 2019 permanece o mais importante dos três na métrica TWh. Superada a pior fase da crise financeira de 2007-2008, a demanda global por petróleo volta em 2010 a atingir 86,4 milhões de barris por dia (Mb/d). Desde então, e malgrado as promessas firmadas em 2015 no Acordo de Paris, essa demanda, observada e projetada, não dá sinais de arrefecimento. Em 2020, a pandemia da covid-19 derrubou a demanda em 9 Mb/d, mas 2021 já mostrou uma forte recuperação. A Agência Internacional de Energia (AIE) projeta um retorno aos níveis de 2019 já em 2022 e um subsequente aumento da demanda até ao menos 2026, quando ela pode atingir 104,1 Mb/d, tal como mostra a Figura 4.3 (p. 207).

Figura 4.2: Consumo de combustíveis fósseis entre 1800 e 2019 em terawatts-hora (TWh). De baixo para cima: biomassa tradicional, carvão, petróleo e gás, nuclear, hidrelétrica, eólica, solar, biocombustíveis modernos e outras energias renováveis. A flecha realça a inflexão na curva após 1950, isto é, o início da "Grande Aceleração"

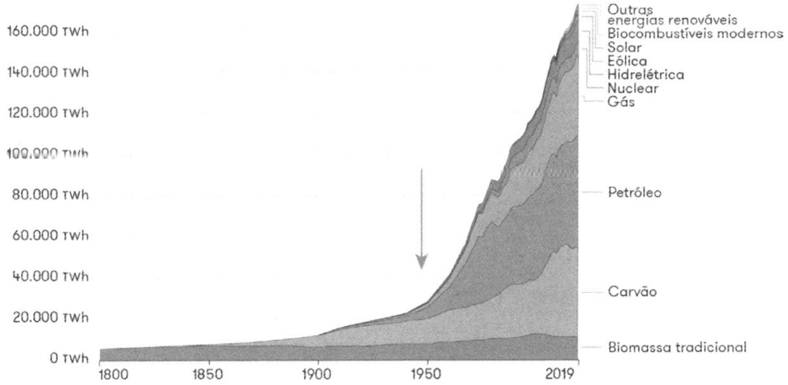

Fonte: Hannah Ritchie & Max Roser, Our World in Data, baseado em Vaclav Smil, "Energy Transitions: Global and National Perspectives" (para os dados pré-1965) e BP Statistical Review of World Energy até 2019.

Figura 4.3: Demanda global de petróleo por produto, observada e projetada, entre 2019 e 2026

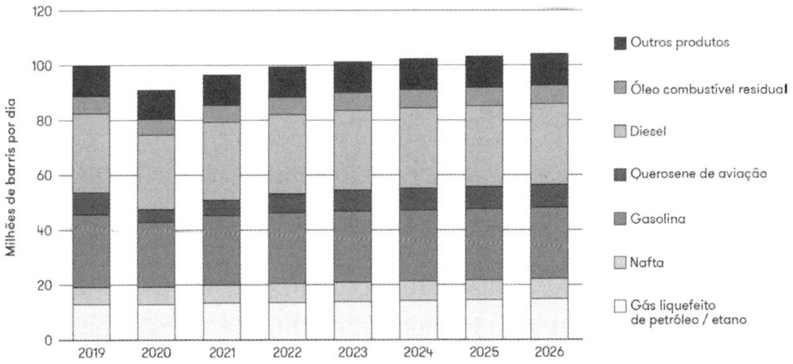

Fonte: IEA, "Oil 2021: Analysis and Forecast to 2026", mar. 2021. p. 10. Disponível em: https://tinyurl.com/y85wbenv.

A demanda por carvão continuará aumentando neste decênio

No triênio 2014-2016, o consumo global de carvão diminuiu ligeiramente — o bastante, porém, para suscitar prognósticos de que o combustível fóssil mais poluente, e o que mais emite GEE por unidade de energia gerada, havia começado ou estaria a ponto de começar sua trajetória de queda. Os fatos sucessivos desmentiram esses prognósticos. Na realidade, *King Coal*, a primeira alavanca da Revolução Industrial, permanece, em pleno capitalismo supostamente *hightech*, a segunda fonte global mais importante de energia primária.[23] A Figura 4.4 (p. 209) mostra como a produção de carvão aumentou quase incessantemente no século XXI, atingindo 7.801 milhões de toneladas (Mt) em 2019.

O relatório da AIE, "Coal 2021", mostra que em 2021 o mundo gerou mais eletricidade a partir da queima de carvão do que jamais antes. Após a queda de 4,4% no consumo global por carvão em 2020 (7.456 Mt), por efeito da pandemia de covid-19, a AIE projetou um aumento de 9% nessa demanda em 2021, o que a levará a exceder a demanda observada em 2019:

> Os declínios na geração global de energia elétrica a carvão em 2019 e 2020 criaram expectativas de que o uso de carvão poderia ter atingido seu pico em 2018. Mas 2021 frustrou essas esperanças. Com a demanda de eletricidade superando a oferta de baixo carbono e com o aumento acentuado dos preços do gás natural, a geração global de energia a carvão está em vias de aumentar 9% em 2021, para 10.350 TWh — um novo recorde histórico.[24]

As projeções da AIE, segundo esse relatório de 2021, são de que em 2022 o consumo global de carvão ultrapasse o pico de 2013 (7.830 Mt) e atinja 8.031 Mt em 2024, o maior consumo de todos os tempos e mais de 50% acima do consumo global verificado em 2003 (5.300 Mt). De fato, em julho de 2022, a AIE projetou um consumo global de oito gigatoneladas (Gt) até o final deste ano, superando assim, como previsto, o pico histórico de 2013: "os preços crescentes do gás natural após a invasão da Ucrânia pela Rússia estão sustentando o uso mundial de carvão este ano".[25] Premida por múltiplas crises ambientais e pela escassez hidrelétrica, a China retornou sem nuances ao carvão. Entre janeiro e agosto de 2022, a produção de carvão no país atingiu 2,56 bilhões de toneladas, ou seja, 11,5% a mais do que durante o mesmo período em 2021.[26]

Figura 4.4: Produção global de carvão mineral entre 1978 e 2020 por países e regiões do mundo, em milhões de toneladas (Mt)

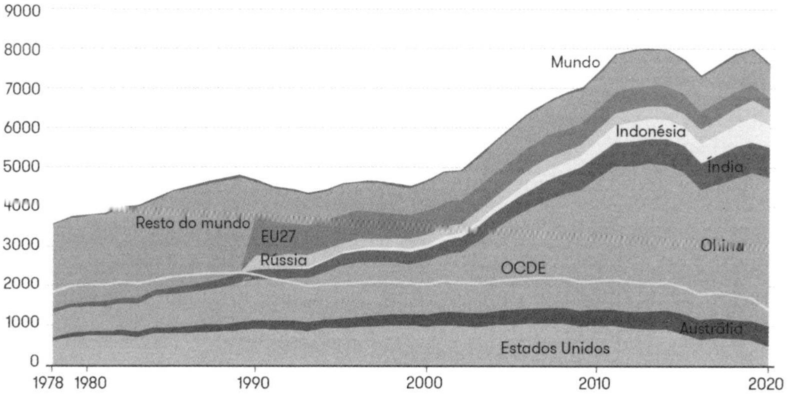

Fonte: IEA, "World Total Coal Production, 1971-2020", 13 ago. 2021. Disponível em: https://www.iea.org/data-and-statistics/charts/world-total-coal-production-1971-2019-provisional.

Em 2020, havia em operação no mundo mais de quatro mil usinas termelétricas movidas a carvão, com uma capacidade de geração da ordem 2.044 gigawatts (GW),[27] responsáveis por um terço das emissões globais de carbono. Em 2021, o número de unidades de geração de energia em operação movidas a carvão diminuiu 0,99%, mas sua capacidade global de geração de energia aumentou 0,64% em termos líquidos.[28]

Na China, na Índia, no Japão e nos dez países do Sudeste Asiático que compõem a Association of the South East Asian Nations (Asean) concentram-se cerca de 75% da capacidade instalada e 80% dos investimentos globais em novas usinas termelétricas movidas a carvão.[29] Apenas na China, que representa mais da metade da demanda de carvão do mundo, a capacidade operacional das usinas termelétricas movidas a carvão era, em 2020, da ordem de 1.042 GW,[30] e havia nesse país, em 2021, em fase de construção ou de projeto, termelétricas movidas a carvão capazes de gerar um total suplementar de 247 GW. Em 2020, o governo chinês aprovou a construção de 47 GW de usinas termelétricas a carvão, mais que o triplo da capacidade legalmente permitida em 2019.[31] Em dezembro de 2021, foi inaugurada a primeira de quatro unidades da maior usina termelétrica a carvão em construção na China, a usina de Shanghaimiao, na Mongólia Interior.

Entre 2021 e 2025, a China deve construir outras usinas termelétricas movidas a carvão capazes de gerar outros 150 GW, levando a capacidade instalada total a 1.230 GW.[32] Na Indonésia, no Vietnã, nas Filipinas e na Tailândia, estão em fase de projeto ou de construção mais 71 GW gerados por usinas movidas a carvão; no Japão, mais 8 GW. Ao lado da China, a Europa é outro motor dessa regressão ao carvão, sobretudo após a invasão da Ucrânia pela Rússia em fevereiro de 2022, dado que este país fornecia até há pouco 50% do consumo europeu de carvão. A Alemanha e a Áustria estão reativando suas usinas termelétricas movidas a carvão e a Europa como um todo está importando carvão da Tanzânia, Nigéria, Cazaquistão, Austrália, África do Sul, Colômbia e dos Estados Unidos, com forte incentivo para um novo aumento da mineração de carvão nesses paí-

Figura 4.5: Participação percentual das diversas fontes na satisfação da demanda global por energia primária entre 2010 e 2019

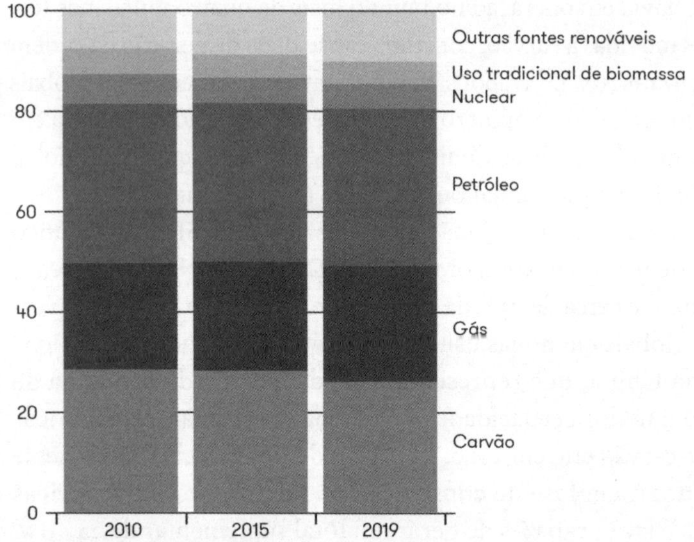

Fonte: IEA, "Share of Total Primary Energy Demand by Fuel, 2010-2019", 30 abr. 2020. Disponível em: https://www.iea.org/data-and-statistics/charts/share-of-total-primary-energy-demand-by-fuel-2010-2019.

ses exportadores. Em 2022, a exportação de carvão pelos Estados Unidos está sendo a maior dos últimos três anos.[33] É preciso lembrar que cada nova usina termelétrica, inclusive as movidas a carvão, implica emissões de GEE por ao menos quarenta anos.

As figuras 4.2, 4.3 e 4.4 revelam que a curva do consumo global de combustíveis fósseis não só continua crescendo como não dá indícios de estar na iminência de se estabilizar. A dependência dos combustíveis fósseis para a geração de energia não diminuiu no segundo decênio do século. Em 2010, 81% da demanda global por energia primária era satisfeita pelos combustíveis fósseis; em 2015, essa porcentagem se mantinha em 82%, e em 2019 essa dependência baixou para... 80%, como mostra a Figura 4.5 (p. 210).

É fato que o consumo de energias renováveis de baixo carbono está aumentando a taxas maiores que as do consumo dos combustíveis fósseis. Mas isso é irrelevante para a evolução do clima. O que importa para essa evolução é a quantidade de GEE concentrada na atmosfera. Ao contrário dos humanos, o sistema climático não se impressiona com porcentagens. Se no futuro 90% da energia global for gerada por fontes de baixo carbono, mas os 10% restantes, oriundos ainda de combustíveis fósseis, significarem valores absolutos iguais aos atuais, esses 10% continuarão a desequilibrar o sistema climático. Eis, portanto, em conclusão, os dois únicos fatos relevantes para o clima neste decênio:

1. as energias renováveis de baixo carbono (sobretudo solar e eólica), embora cada vez mais baratas, não estão substituindo os combustíveis fósseis, que se beneficiam de imensos subsídios de parte dos Estados. Dados os investimentos públicos e privados já realizados em toda a cadeia de produção e consumo de combustíveis fósseis, seu consumo deve, com toda a probabilidade, continuar crescendo ao menos ao longo deste decênio, quaisquer que sejam as proezas tecnológicas para substituí-los, com as quais muitos ainda contam para embalar suas ilusões;
2. longe de anunciar uma transição energética e uma nova era de energias "limpas", o aumento da capacidade instalada e dos investimentos em energias renováveis de baixo carbono só vem satisfazendo a voracidade energética insaciável da economia capitalista globalizada. Enquanto essa economia da voracidade e da acumulação não for substituída por uma economia de sobriedade energética radical, não haverá esperança de substituição das energias fósseis pelas renováveis de baixo carbono.

Nenhuma evidência autoriza os que, como Simon Evans, do Carbon Brief, continuam repetindo o mantra de que "estamos nos aproximando do ponto em que as renováveis vão genuinamente diminuir o consumo dos combustíveis fósseis".[34] Isso pode ser verdade se, e somente se, situarmos esse ponto num momento ainda indiscernível do futuro. Mas será, então, tarde demais para conter o aquecimento global e demais perturbações a ele associadas em níveis compatíveis com qualquer forma de sociedade organizada. Afirmações ilusórias como a de Simon Evans não auxiliam a compreensão do que significa o termo "emergência climática". António Guterres, secretário-geral da ONU, resumiu essas ilusões numa frase lapidar: "Enganamos a nós mesmos se pensamos que podemos enganar a natureza".[35]

4.2 O setor financeiro e os Estados-corporações

A AIE liquidou os últimos vestígios de credibilidade da fábula da transição energética ao lançar seu relatório "Net Zero by 2050". Suas projeções vão até 2030 e 2050, e sua mensagem central é simples: "Não há necessidade de investimentos em nova oferta de combustíveis fósseis em nossa trajetória para zero emissão líquida de carbono" [em 2050].[36] Isso significa que qualquer investimento suplementar em energia fóssil hoje impede que se contenha o aquecimento médio global entre 1,5°C e 2°C. Em março de 2022, essa conclusão foi reforçada com precisão e sistematicidade muito maiores por Dan Calverley e Kevin Anderson num relatório publicado pelo Tyndall Centre for Climate Change Research, da University of Manchester, por encomenda do International Institute for Sustainable Development. Intitulado "Phaseout Pathways for Fossil Fuel Production within Paris-Compliant Carbon Budgets", o relatório reafirma e quantifica mais precisamente — em conformidade com o princípio consagrado pela ONU de reponsabilidades comuns, mas diferenciadas entre as nações — as mensagens centrais da ciência e do último relatório do IPCC:

1. para manter uma chance de 50% de não exceder um aquecimento médio global de 1,5°C acima do período pré-industrial (1,5°C-2°C), é preciso descontinuar urgentemente a produção de carvão. No âmbito

do princípio da justiça climática, é preciso que os países ricos diminuam essa produção em 50% nos próximos cinco anos e a zerem até 2030. Os países pobres devem diminuí-la em 50% nos próximos dez anos e zerá-la até 2040;

2. o grupo de países mais ricos deve diminuir sua produção de petróleo e gás em 74% até 2030 e zerá-la até 2034. Os países de renda média devem diminuir essa produção em 28% até 2030 e zerá-la até 2043. Para os países mais pobres, uma redução de 14% nessa produção deve ocorrer até 2030, e sua descontinuação deve estar completa até 2050;
3. em acordo com o IPCC (2022) e com o supracitado relatório da AIE (2021), manter uma probabilidade de 50% de não ultrapassar 1,5°C requer investimento zero no desenvolvimento de "novas instalações de qualquer tipo, seja em minas de carvão, poços de petróleo ou terminais de gás natural. Essa conclusão desafiadora se aplica a todas as nações, independentemente de seu nível de desenvolvimento";[37]
4. embora os países mais pobres disponham de mais tempo para descontinuar sua produção de combustíveis fósseis, muitos deles serão afetados por perdas de receita, com risco associado de instabilidade política. Uma transição energética equitativa exigirá, assim, que as nações ricas façam transferências financeiras substanciais e contínuas para as nações mais pobres para facilitar seu desenvolvimento à base de energias de baixo carbono.[38]

Nada pode ser mais distante desse cenário do que a dura realidade dos investimentos atuais em combustíveis fósseis. Entre o Acordo de Paris e 2020, o Banco Mundial investiu mais de doze bilhões de dólares em combustíveis fósseis, dos quais 10,5 bilhões em financiamento de novos projetos.[39] Entre 2016 e 2021, os sessenta maiores bancos privados do mundo canalizaram para a indústria de combustíveis fósseis recursos

Tabela 4.1: Financiamentos da indústria de combustíveis fósseis pelos sessenta maiores bancos privados do mundo entre 2016 e 2021 (em bilhões de dólares)

2016	2017	2018	2019	2020	2021
709,2	740,4	780,9	823,6	750,7	742

Fonte: Banking on Climate Chaos, "Fossil Fuel Finance Report 2022", 2022. Disponível em: https://tinyurl.com/5zhb9kcw.

no singelo valor de 4,6 trilhões de dólares, como mostrou a 13ª edição do relatório anual "Banking on Climate Chaos".[40] Essas transferências de recursos aumentaram ano a ano, e mesmo os financiamentos de 2020 e 2021, malgrado a pandemia de covid-19, foram superiores aos de 2016 e de 2017, conforme mostra a Tabela 4.1 (p. 213).

"Apenas quatro bancos estadunidenses — JPMorgan Chase, Citi, Wells Fargo e Bank of America — respondem por um quarto de todos os financiamentos à indústria de combustíveis fósseis nos últimos seis anos", afirma o relatório.[41] Apenas em 2021, esses sessenta bancos privados canalizaram 185,5 bilhões de dólares para as cem maiores corporações que mais investiram nessa indústria, tais como Saudi Aramco e ExxonMobil. Eis um sumário dos dados levantados por esse relatório, relativos a 2021:

- o financiamento da indústria de extração de petróleo de areias betuminosas aumentou 51% em 2021 em relação a 2020, atingindo 23,3 bilhões de dólares;
- a extração de petróleo e gás *offshore* recebeu desses bancos 52,9 bilhões de dólares em 2021;
- o financiamento do *fracking* atingiu 62,1 bilhões de dólares;
- o financiamento da indústria de carvão ficou essencialmente estável nos últimos três anos, em cerca de 44 bilhões de dólares, sendo que o China Merchants Bank e o Ping An Group lideraram o financiamento para o setor no ano passado.

O Ártico, ecossistema tão rico, frágil e vulnerável quanto abundante em combustíveis fósseis, recebeu recursos da ordem de 8,2 bilhões de dólares em 2021. A região vem atraindo sempre mais investimentos e subscrições de bancos e seguradoras, além de gestores de ativos (*assets under management*), tais como BlackRock, Vanguard e Crédit Agricole (via Amundi). O Arctic Monitoring and Assessment Programme (Amap) elenca, hoje, 599 localidades com potencial para a produção de petróleo e gás listados nessa região. Desse total, 220 sítios, contendo 130 bilhões de barris de petróleo equivalente (BOE), já estão sendo explorados em 2021, 25 dos quais em águas profundas, com alto risco de desastres ambientais. Esses 220 sítios já operacionais produziram quatro bilhões de barris de petróleo apenas em 2020 e emitiram 1,3 Gt de dióxido de carbono equivalente (CO_2e), ou seja, mais que as emissões do Japão em 2018. Outros 39 sítios, contendo potencialmente 147 bilhões de BOE, se encontram em fase de estudos e planejamento, e há ainda 338 sítios, contendo 266 bilhões de BOE, que podem vir a ser explorados com a tecnologia atual, o que representaria 15% do aumento global previsto da produção de petróleo até 2030. O relatório da ONG francesa Reclaim Finance, que inventaria e denuncia a atividade da indústria e do setor financeiro na exploração de combustíveis fósseis no Ártico, mostra que as perspectivas econômicas de expansão dessa exploração são excepcionais:[42] 20% de crescimento da produção entre 2022 e 2026, com grandes lucros para as corporações envolvidas, as "expansionistas do Ártico", como denominadas pela Reclaim Finance. A mais importante dessas corporações expansionistas é a Gazprom, reestatizada por Vladimir Putin em 2000, com 74% de suas reservas de petróleo e gás natural localizadas no Ártico. Mas o setor financeiro público e privado é, como sempre, o nervo da guerra — no caso, a guerra de extermínio da vida planetária. Os números são expressivos:

> De 2016 a 2020, os bancos comerciais canalizaram 314 bilhões de dólares para os expansionistas do Ártico em empréstimos e subscrições. Até março de 2021, os investidores detinham cerca de 272 bilhões de dólares nessas mesmas empresas em ações e títulos. [...] 80% de todos os empréstimos e subscrições para os expansionistas do Ártico provieram de apenas trinta bancos.[43]

Como será examinado em detalhes no Capítulo 7, observa-se no Ártico, que já se aquece quatro vezes mais rapidamente do que a média global,[44] um dos mais destrutivos círculos viciosos ou alças de retroalimentação do aquecimento. O rápido degelo em curso em toda essa região, causado em grande parte pela queima de combustíveis fósseis, acelera o aquecimento, pois quanto menos gelo na região, mais fácil se torna a exploração de suas jazidas de petróleo e gás natural, bem como a sua exportação. O círculo vicioso é impulsionado ainda pelo fato de que o gelo é escurecido pela fuligem emitida por essa exploração, o que aumenta a absorção da radiação solar na região (diminuição do albedo), acelerando ainda mais o degelo e, portanto, o aquecimento. Além disso, como veremos melhor também no Capítulo 7, o derretimento do permafrost acelera a metabolização do material orgânico pela atividade bacteriana anaeróbica, o que engendra a liberação de quantidades crescentes de metano, um poderosíssimo GEE, responsável já por cerca de 20% a 30% do aquecimento global.[45]

A parte destinada ao carvão no setor financeiro

Entre 2007 e 2015, isto é, até o Acordo de Paris, os membros do G20 financiaram projetos em países não pertencentes a esse grupo das maiores economias do planeta no valor de 76 bilhões de dólares, e a maior parte desse total (62 bilhões) proveio de quatro países: China, Japão, Alemanha e Coreia do Sul.[46] Nos seis anos após o Acordo de Paris, nada mudou. Em maio de 2021, enfim, o G7 declarou que, a partir de 2022, não mais financiaria projetos internacionais de usinas termelétricas movidas a carvão. Em setembro, Xi Jinping declarou que o governo chinês deixará de financiar projetos similares *fora* de seu território. Essas são declarações positivas, que aguardam confirmação pelos fatos. De todo modo, os financiamentos já contratados são de longo prazo e, no caso da China, representam 40% dos 42 bilhões de dólares comprometidos com o carvão, entre 2013 e 2019, em dezoito países definidos por um estudo recente como de alto impacto (HIC), dado seu déficit em eletrificação: Bangladesh, Paquistão, Índia, Angola, Burkina Faso, Chade, República Democrática do Congo, Etiópia, Quênia, Madagascar, Malawi, Moçambique, Níger, Nigéria, Sudão, Sudão do Sul, Uganda e Tanzânia.[47]

Isso posto, entre 2016 e 2020, o carvão foi muito bem aquinhoado por investimentos de parte do setor financeiro, conforme informações de uma coalizão de ONGs, publicadas em fevereiro de 2021. Globalmente, os bancos comerciais canalizaram mais recursos (em empréstimos e subscrições)[48] para o carvão em 2020 (543 bilhões de dólares até outubro desse ano) do que em 2016 (491 bilhões de dólares), um aumento de 11% desde que o Acordo de Paris entrou em vigência, como mostra a Figura 4.6 (p. 217).

Em janeiro de 2021, 4.488 investidores institucionais estavam investindo globalmente recursos da ordem de 1,03 trilhão de dólares em companhias operando ao longo das cadeias de valor do carvão térmico.[49] Em 2018, a Rússia produziu 439 Mt de carvão; em 2020, 399 Mt; em 2021, 433 Mt.[50] O embargo ao carvão russo decretado pelos países da Organização do Tratado do Atlântico Norte (Otan) após a invasão da Ucrânia deve levar a um declínio entre 6% e 17% dessa produção em 2022, em relação a 2021.[51] Mas esse declínio pode ser efêmero, dadas as alternativas de exportação de que dispõe a Rússia. Seja como for, pelo menos até a eclosão da guerra, o futuro não trazia más notícias para essa indústria, pois os diversos cenários de produção em 2035 oscilam entre 383 Mt e 703 Mt.[52] A Joint-Stock Company Siberian Coal Energy Company (Suek), fundada em 2001 e hoje a maior corporação de mineração de carvão da Rússia, ostenta uma produção de mais de 100 Mt de carvão por ano e tem planos para um incremento de 25 Mt adicionais na região de Kuzbass (sudoeste da Sibéria). Em 2021, seu CEO, Stepan Soljenitsin (filho do escritor Aleksandr Soljenitsin), concedeu licenças a nove bancos, três ocidentais, um chinês e cinco russos, para, na qualidade de *joint lead managers* e *joint bookrunners*, oferecer ao mercado títulos em dólares, com vencimento em cinco anos, de modo a alavancar essa expansão, incluindo maior capacitação de seus portos de exportação.[53] Se os bancos ocidentais se dissociarem dessa iniciativa por causa da guerra da Ucrânia, isso só deixará mais espaço para os bancos russos e o banco chinês, pois países como a Índia e a China, grandes importadores de carvão, não estão se distanciando da indústria russa de combustíveis fósseis.

Figura 4.6: Empréstimos bancários e subscrições por bancos comerciais para a indústria do carvão entre 2016 e 2020 em bilhões de dólares. A parte de baixo de cada coluna representa os empréstimos, e a parte de cima, as subscrições

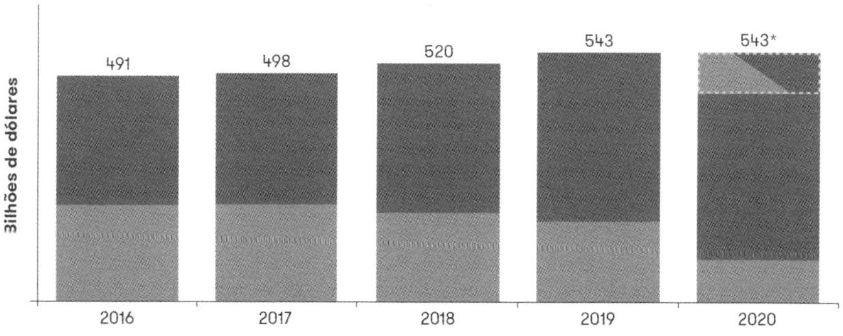

*Dados até outubro de 2020, com extrapolação até dezembro

Fonte: Urgewald, "Groundbreaking Research Reveals the Financiers of the Coal Industry", fev. 2021. Disponível em: https://tinyurl.com/4kshmnjz.

No esforço conjunto da humanidade de diminuir seus riscos existenciais, aos Estados competiria, entre outros deveres, impor aos mercados uma nova política energética, incluindo investimentos sustentados em energias de baixo carbono, eletrificação dos transportes, um novo perfil tributário, cobrança de impostos crescentes sobre as emissões de GEE, barreiras comerciais aos países mais emissores, legislação específica sobre o setor financeiro, proibindo subscrições e financiamentos aos combustíveis fósseis etc. Na realidade, os Estados jamais estiveram tão longe de suas responsabilidades. Em 1988, os 340 participantes de 46 países presentes na Conferência de Toronto sobre as Mudanças Climáticas subscreveram a proposta de reduzir em 20% as emissões globais de CO_2 até 2005, e em 50% sucessivamente. Desde então, essas emissões aumentaram de forma incessante. Passadas mais de três décadas, uma constatação se impõe: quando se trata da indústria de combustíveis fósseis, não há diferença entre bancos privados e Estados nacionais no quesito irresponsabilidade criminosa.

Os subsídios constituem um aspecto agudo da cumplicidade dos Estados com as corporações dos combustíveis fósseis. Em 2009, na Cúpula de Pittsburgh, os governos do G20 subscreveram as seguintes 24ª e 25ª resoluções:

> 24. Eliminar e racionalizar em médio prazo os subsídios ineficientes aos combustíveis fósseis, fornecendo ao mesmo tempo apoio aos mais pobres. Subsídios ineficientes aos combustíveis fósseis incentivam o consumo supérfluo, reduzem nossa segurança energética, impedem o investimento em fontes de energia limpa e minam os esforços para lidar com a ameaça da mudança climática.
>
> 25. Pedimos aos nossos ministros de Energia e Finanças que nos relatem suas estratégias de implementação e seus cronogramas para cumprir esse compromisso crítico em nossa próxima reunião.[54]

Os progressos na eliminação dos subsídios diretos e indiretos desde 2009 foram pífios ou nulos, de modo que qualquer declaração de intenções sobre a transição energética de parte desses países tem por destinatários somente os que gostam de ser enganados. De fato, um estudo de 2020 quantificou em mais de meio trilhão de dólares os subsídios *diretos* fornecidos por esses governos na média anual do triênio 2017-2019:

> Em média, por ano em 2017, 2018 e 2019, os governos do G20 subsidiaram em pelo menos 584 bilhões de dólares os combustíveis fósseis no país e no exterior. Esse total consistiu em 25 bilhões de dólares em transferências orçamentárias diretas (4%), 79 bilhões de dólares em despesas tributárias (14%), 172 bilhões de dólares em suporte de preços (29%), 51 bilhões de dólares em finanças públicas (9%) e 257 bilhões de dólares em investimento nas empresas estatais de combustíveis fósseis (44%).[55]

No intervalo de apenas doze meses, entre 2020 e 2021, os governos do G20 comprometeram recursos públicos no valor de 297,28 bilhões de dólares para manutenção e acréscimo da matriz energética fóssil, significativamente mais do que os recursos canalizados para as energias "limpas" (234,36 bilhões de dólares).[56] Enfim, segundo o Fundo Monetário Internacional (FMI), "os subsídios globais aos combustíveis fósseis (diretos e indiretos) foram de 5,9 trilhões de dólares em 2020 ou cerca de 6,8% do produto interno bruto (PIB) mundial, e a projeção é que aumentem para 7,4% do PIB mundial em 2025".[57]

São muitas e complexas as causas da conivência dos Estados com a indústria de combustíveis fósseis, mas a primeira delas é simples: os Estados nacionais são os grandes proprietários das reservas provadas de combustíveis fósseis existentes na crosta terrestre. Através de empresas estatais,[58] eles controlam a exploração desses combustíveis, além de serem fortemente dependentes das receitas geradas por essa exploração. É o que Ian Bremmer, já em 2010, relatava num famoso artigo do *Wall Street Journal*:

> As treze maiores companhias de energia da Terra, medidas pelas reservas que controlam, são hoje de propriedade dos Estados e são por eles operadas. Saudi Aramco [Arábia Saudita], Gazprom (Rússia), China National Petroleum Corp., National Iranian Oil Co. [Irã], Petróleos de Venezuela, Petrobras (Brasil) e Petronas (Malásia) são todas maiores do que a ExxonMobil, a maior das multinacionais [em energia]. Coletivamente, as multinacionais de petróleo só exploram 10% das reservas mundiais de petróleo e gás natural. As companhias estatais controlam agora mais de 75% de toda a produção de petróleo.[59]

Essas proporções evocadas por Ian Bremmer podem variar no tempo e segundo os diferentes critérios adotados. Por exemplo, se a data for 2019, e se o critério adotado for a receita (e não reservas), quatro das cinco maiores companhias de petróleo e gás do mundo são estatais (Sinopec, CNPC, PetroChina e Saudi Aramco) e somam receitas de mais de 1,5 trilhão de dólares.[60] Se o critério for volume de produção, oito das dez maiores companhias de petróleo do mundo são estatais (Saudi Aramco, Rosneft, KPC, Nioc, CNPC, Petrobras, Adnoc e Pemex) e produzem mais de trinta milhões de barris de petróleo por dia, cerca de um terço da produção global em 2018.[61] Os diferentes critérios de avaliação não alteram, contudo, a centralidade das corporações estatais no sistema energético global, razão pela qual é preciso entender muitos dos Estados nacionais, inclusive o brasileiro, como Estados-corporações.[62] Richard Heede, do Climate Accountability Institute, mostrou que, entre 1965 e 2017, as vinte maiores corporações de combustíveis fósseis contribuíram com 480 Gt CO_2e ou

Figura 4.7: As vinte companhias que contribuíram com 480 Gt CO_2e ou 35% das emissões globais de 1.354 bilhões de CO_2 e metano entre 1965 e 2012, doze das quais estatais, com suas respectivas contribuições (em bilhões de toneladas de CO_2e)

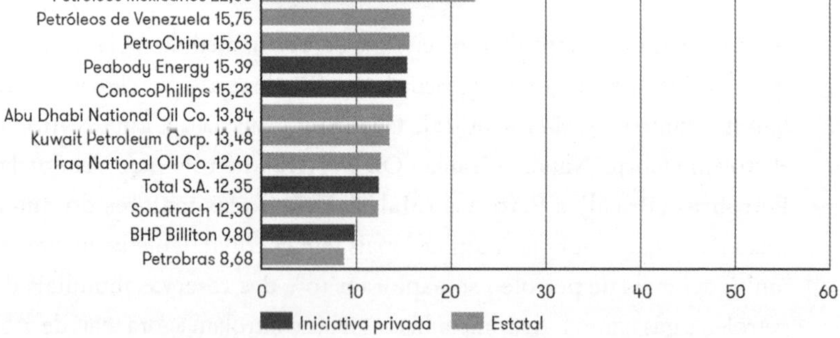

Fonte: Matthew Taylor & Jonathan Watts, "Revealed: The 20 Firms Behind a Third of All Carbon Emissions", *The Guardian*, 9 out. 2019, baseado em Richard Heede, "Carbon Majors: Updating Activity Data, Adding Entities, & Calculating Emissions: A Training Manual", Climate Accountability Institute, set. 2019.

35% das emissões das mais de 1.354 bilhões de toneladas de CO_2 e metano (CH_4) diretamente relacionadas à produção de energia. E as doze estatais desse setor contribuíram com 262,7 Gt CO_2e ou 54,6% das emissões desse grupo das vinte *majors*, conforme discriminado na Figura 4.7.

Segundo um relatório de 2021, essas estatais têm projetos em *upstream investments* (investimentos em extração e a montante da extração) de quase dois trilhões de dólares ao longo desta terceira década do século.[63] Além desses investimentos, os Estados detêm, somente em reservas de petróleo, ativos da ordem de três trilhões de dólares.

Não por acaso, portanto, apesar de sua retórica e suas promessas, os Estados nacionais, bem ao contrário de liderar a transição energética, procuram sabotá-la ou retardá-la para perder o menos possível de seus ativos.[64] Mesmo quando os Estados não detêm, eles próprios, esses ativos, como é o caso dos Estados Unidos, seus legisladores põem, nominalmente ou através de suas famílias, parte importante de seus ativos financeiros na indústria de combustíveis fósseis. Ao menos cem dos 435 deputados da Câmara dos Estados Unidos possuíam investimentos em combustíveis fósseis em 2021, e os senadores eram proprietários de catorze milhões de dólares em ações dessa indústria.[65] Como afirma Fiona Harvey, tanto quanto as multinacionais privadas, das quais os governantes são investidores, as corporações estatais "têm nosso clima em suas mãos".[66] Como veremos nos três próximos capítulos, se seus planos de investimentos forem efetivados nos próximos anos, as emissões de CO_2 e CH_4 lançadas à atmosfera pela queima desses combustíveis vão estourar até 2025 o orçamento de carbono ainda disponível para manter uma chance mínima de conter o aquecimento médio global em níveis não catastróficos (vale dizer, até 2°C).

A transição energética para fora de nossa civilização termofóssil impõe, portanto, uma luta política da sociedade pelo controle das decisões relativas aos investimentos das corporações, mas não menos pelo controle dos investimentos estratégicos dos Estados nacionais. E esse controle das decisões nacionais só poderá ser conquistado através do controle social e radicalmente democratizado do poder do Estado, em particular no que se refere às decisões sobre investimentos estratégicos em energia e alimentação.

4.3 A escalada das emissões de GEE e a baixa confiabilidade dos inventários nacionais

A expansão observada e projetada neste decênio da indústria de combustíveis fósseis e o consequente aumento de seu consumo implicam um correlativo aumento das emissões antropogênicas de GEE. O Sexto Relatório do IPCC (AR6, WG III, 2022) afirma: "As emissões antropogênicas líquidas de GEE foram de 59 ±6,6 Gt CO_2e em 2019, cerca de 12% (6,5 Gt CO_2e) mais altas do que em 2010 e 54% (21 Gt CO_2e) mais altas do que em 1990".[67] O relatório de dezembro de 2020 da PBL Netherlands Environmental Assessment Agency, segundo dados do Emission Database for Global Atmospheric Research (EDGAR), afirma, por sua vez, que:

> As emissões globais de GEE em 2019 atingiram 57,4 Gt CO_2e [bilhões de toneladas de dióxido de carbono equivalente], quando incluídas as emissões causadas pelas mudanças no uso do solo (estimadas, com muita incerteza, em 5 Gt CO_2e +/−50%), o que representa um aumento de 70% em relação a 2018.[68]

A Figura 4.8 (p. 223) indica a evolução das emissões globais oficialmente relatadas desde 1990 por tipo de gás e por fonte de atividade econômica.

Em 2019, ainda segundo a PBL Netherlands Environmental Assessment Agency, "as emissões totais dos GEE (excetuadas as emissões derivadas das mudanças de uso do solo) continuaram a crescer à taxa de 1,1% (± 0,1%)". Trata-se de uma taxa de crescimento não inferior à do passado recente, pois "as emissões globais aumentaram à taxa média de 1,1% ao ano entre 2012 e 2019". Além disso, em 2019, as emissões de GEE estavam cerca de 59% mais altas do que em 1990 e 44% mais altas do que em 2000, em todos os casos precedentes sem contar as emissões decorrentes da mudança de uso de solo, sobretudo desmatamento.[69]

Qual é o nível de confiabilidade dos inventários nacionais de emissões de GEE reportados pelas Partes da Convenção-Quadro das Nações Unidas sobre as Mudanças Climáticas (UNFCCC)? A questão se impõe. O Brasil e outros países reportam à ONU (UNFCCC) suas emissões líquidas de GEE, isto é, as emissões restantes, uma vez subtraído o montante desses gases, em especial o CO_2 absorvido pelas florestas e pelas plantas em geral em sua fotossíntese. Essa metodologia é lícita nos termos da UNFCCC, mas é cada vez mais falsa, pois se baseia em cálculos defasados sobre a capacidade das florestas funcionarem como sumidouros de CO_2. Como visto no Capítulo 3 (seção 3.7 e Figura 3.7, p. 176), as emissões oriundas da mudança de uso de solo (principalmente desmatamento) não contabilizam, no caso da Amazônia, as emissões provenientes da degradação florestal (fragmentação, desmatamento seletivo, incêndios, efeitos de borda etc.). Se contabilizadas, as emissões totais de GEE do Brasil, ao menos as originadas da Amazônia, seriam cerca do dobro das emissões relatadas oficialmente.[70] Ocorre que, como visto ainda no capítulo precedente, as florestas têm absorvido menos CO_2 do que anteriormente e se tornaram, por vezes, neutras ou mesmo fontes de CO_2, dadas sua menor produtividade primária líquida (NPP) e sua maior mortalidade. E não é apenas o caso da Amazônia. A Malásia, por exemplo, emitiu 422 Mt de GEE em 2016, o que a inclui entre os 25 países que mais emitem GEE no mundo. Mas a Malásia declarou à ONU que suas emissões naquele ano foram de apenas 81 Mt, argumentando que suas florestas haviam absorvido grandes quantidades de CO_2.[71]

Figura 4.8: Emissões globais de GEE entre 1990 e 2019, por tipo de gás (CO_2, CH_4, N_2O e gases fluorados) e por fontes de emissões (energia, transporte, agropecuária processos industriais, uso do solo, mudança do uso do solo e indústria madeireira)

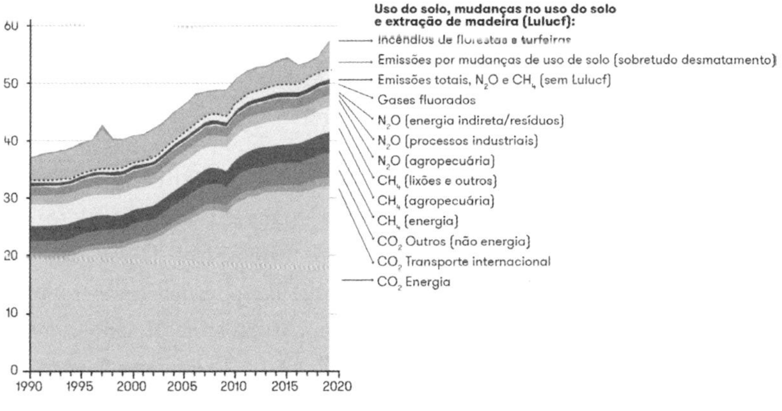

Fonte: J. G. J. Olivier & J. A. H. W. Peters, "Trends in Global CO_2 and Total Greenhouse Gas Emissions 2020 Report", PBL Netherlands Environmental Assessment Agency, 20 dez. 2020, p. 17.

Nos países tropicais, essa discrepância entre emissões reportadas e emissões reais seria ainda maior se fossem incluídas (ou não fossem subestimadas) as emissões de GEE, sobretudo metano, originadas, no caso brasileiro, das 158 represas hidrelétricas atualmente em operação ou em construção na bacia hidrográfica amazônica (e há propostas e projetos para mais 351), aliás muito significativas, como têm mostrado Philip Fearnside em uma série de trabalhos.[72] O autor revela que as emissões de carbono das represas hidrelétricas brasileiras acabam sendo superiores às das usinas termelétricas, para uma geração equivalente de eletricidade, sendo esse montante muito superior aos números oficialmente admitidos pela Eletrobrás:

> Os reservatórios hidrelétricos do Brasil em 2000 totalizavam 33 mil km^2, uma área maior que a da Bélgica [30.526 km^2]. [...] Infelizmente, a expectativa é de que essas represas tenham emissões cumulativas maiores que as da geração de eletricidade por combustíveis fósseis por períodos que podem se estender por várias décadas, tornando-as indefensáveis com base na mitigação do aquecimento global.[73]

Em um artigo recente, publicado no *New York Times*, Fearnside inventaria, além disso, os imensos malefícios sociais e ambientais dessas grandes represas, só defendidas pela ganância das grandes empreiteiras, associadas à tecnocracia civil-militar entrincheirada no Estado brasileiro desde o golpe de 1964.[74] No que diz respeito apenas às emissões de carbono, particularmente de metano, associadas a essas represas — emissões, repita-se, não informadas pelo Brasil e pelos demais países amazônicos à ONU —, Alexandre Kemenes, Bruce Forsberg e John Melack reportam os seguintes dados, de 2008:

> Até o momento, as emissões totais de cinco hidrelétricas do Trópico úmido (Balbina, Tucuruí, Curuá-Una, Samuel e Petit-Saut) foram estimadas através de dados reais e cálculos matemáticos. Dessa maneira, as emissões se revelaram sempre maiores que as das termelétricas tropicais consideradas, inclusive as que queimam carvão mineral, tido como o combustível fóssil mais poluente. Em Balbina, [...] a emissão de gases de efeito estufa por megawatt-hora é cerca de dez vezes superior à de uma termelétrica a carvão mineral. Mesmo Tucuruí, com uma das melhores densidades energéticas do país, pode gerar quase duas vezes mais gases de efeito estufa por megawatt-hora que uma termoelétrica a carvão.[75]

Mais recentemente, também Rafael de Almeida e colegas advertiram que:

> Cerca de 10% das usinas hidrelétricas do mundo emitem tantos GEE por unidade de energia quanto as usinas convencionais de energia fóssil. Algumas barragens existentes na planície amazônica demonstraram ser até dez vezes mais intensivas em carbono do que as usinas termelétricas movidas a carvão.[76]

Outra fonte de emissões de GEE nem sempre reportada pelos países é a causada por incêndios florestais. Em 2017, os incêndios florestais que se estenderam por mais de três meses em Elephant Hill, no estado de British Columbia, no Canadá, lançaram na atmosfera cerca de 38 Mt CO_2, equivalente às emissões médias de oito milhões de automóveis durante um ano. Essas emissões não foram contabilizadas pelo Canadá, que, a exemplo de outros países, argumenta que não deve reportar emissões de GEE não antropogênicas, isto é, causadas por "perturbações naturais" (*natural disturbances*).[77] O subterfúgio é de um cinismo exemplar, pois o aumento em frequência e em extensão temporal e espacial desses incêndios é inequivocamente de natureza antropogênica. A envergadura global dessas discrepâncias entre as emissões reportadas pelas Partes da UNFCCC e as emissões antropogênicas reais foi recentemente revelada por um estudo realizado pelo jornal *The Washington Post*, segundo o qual:

> Em todo o mundo, muitos países subnotificam suas emissões de GEE em seus relatórios para as Nações Unidas. [...] Um exame de relatórios de 196 países revela uma gigantesca discrepância entre as emissões de GEE declaradas pelas nações e o que de fato elas estão enviando para a atmosfera. A discrepância varia entre pelo menos 8,5 bilhões e 13,3 bilhões de toneladas por ano de emissões subnotificadas — algo grande o suficiente para mover a agulha sobre o quanto a Terra vai aquecer. O plano para salvar o mundo do pior das mudanças climáticas é baseado em dados. Mas os dados em que o mundo está confiando são inexatos.[78]

Em outras palavras, o montante real das emissões de GEE não notificadas pelos países à ONU pode ser, no mínimo, maior que as emissões dos Estados Unidos (13% das emissões globais de Gt CO_2e) e, no máximo, um montante de emissões quase equivalente às da China em 2019, que foram de 14 Gt CO_2e (26% das emissões globais), segundo a PBL Netherlands Environmental Assessment Agency, supracitada.

Qualquer que seja o montante real dessas emissões, o fato indiscutível é que elas continuam aumentando globalmente. O relatório provisório de 2021 da Organização Meteorológica Mundial (OMM) indica que, em 2020, a pandemia de covid-19 provocou uma queda de 5,6% nas emissões globais de CO_2 decorrentes da queima de combustíveis fósseis.[79] Trata-se, como constata a AIE, do maior declínio anual desde a Segunda Guerra. Mas a pandemia, embora ainda persistente em 2022, não passou de um acidente de percurso na curva ascendente dessas emissões, pois, segundo a AIE, as emissões globais de CO_2 relacionadas à geração de energia aumentaram 6% em 2021, saltando para 36,3 Gt CO_2, seu mais alto nível nos registros históricos:

> As emissões aumentaram quase 2,1 Gt em relação aos níveis de 2020. Isso põe 2021 acima de 2010 como o maior aumento anual nas emissões de CO_2 relacionadas à energia em termos absolutos. [...] As emissões de CO_2 em 2021 aumentaram para cerca de 180 Mt acima do nível pré-pandemia de 2019.[80]

Já em março de 2021, Fatih Birol, diretor-executivo da AIE, soou o enésimo alarme:

> A recuperação das emissões globais de carbono no final do ano passado é um forte aviso de que não está sendo feito o suficiente para acelerar as transições de energia limpa em todo o mundo. Se os governos não agirem rapidamente com as políticas de energia certas, isso pode pôr em risco a oportunidade histórica mundial de fazer de 2019 o pico definitivo das emissões globais.[81]

Os últimos dez anos

Segundo o IPCC (AR6, WG III, 2022),

> As emissões históricas cumulativas de CO_2 entre 1850 e 2019 foram de 2.400 Gt CO_2 (alta confiabilidade). Desse total de emissões de CO_2, mais da metade (58%) ocorreu entre 1850 e 1989 [1.400 ± 195 Gt CO_2], e cerca de 42% entre 1990 e 2019 [1.000 ± 90 Gt CO_2]. Cerca de 17% das emissões históricas cumulativas líquidas de CO_2 ocorreram entre 2010 e 2019 [410 ± 30 Gt CO_2].[82]

Trabalhando provavelmente com dados menos atualizados que os do IPCC, o site Engaging Data contabiliza emissões históricas cumulativas de "apenas" 1.683 Gt CO_2 lançadas na atmosfera entre 1750 e 2020. Mas entre o IPCC e o Engaging Data, a distribuição percentual dessas emissões ao longo do tempo não difere significativamente. Para o Engaging Data, 53% dessas emissões ocorreram após 1990; 40%, após 2000; e 21,1% (354 Gt CO_2) apenas no segundo decênio do século XXI, como mostra a Figura 4.9.

Como se vê, a diferença entre a avaliação do IPCC (2010-2019 = 17%) e do Engaging Data (2011-2020 = 21,1%) é pequena no que se refere à proporção das emissões do segundo decênio do século XXI em relação ao total das emissões antropogênicas desde a Revolução Industrial. Em todo o período considerado, pouco menos ou pouco mais de um quinto das emissões antropogênicas de CO_2 ocorreu neste segundo decênio.

Figura 4.9: Emissões antropogênicas de CO_2 entre 1750 e 2020, das quais 21,1% ocorreram entre 2011 e 2020

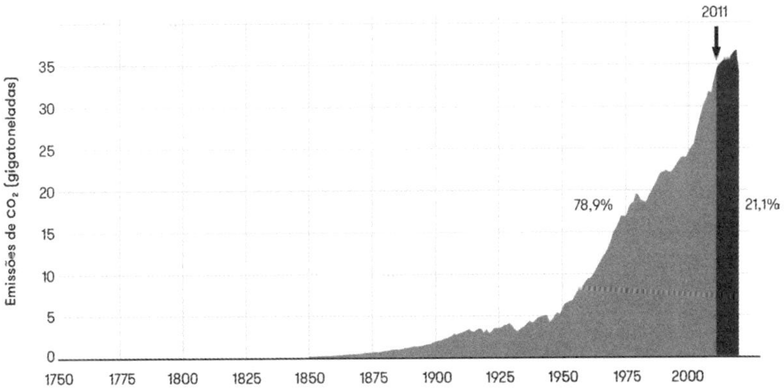

Fonte: Engaging Data, "Cumulative CO_2 Emissions Calculator", [s.d.]. Disponível em: https://engaging-data.com/cumulative-co2-calculator/.

4.4 Concentrações atmosféricas de GEE sem precedentes nos últimos três milhões de anos

A consequência direta desse imenso aumento das emissões globais de CO_2 nos últimos setenta anos é a correlativa aceleração da taxa de incremento das concentrações atmosféricas de CO_2 e demais GEE. As concentrações atmosféricas pré-industriais (1750-1800) de CO_2 eram tipicamente cerca de 280 ppm. Seu valor médio anual em 2021 foi de aproximadamente 414,3 ppm (segundo a agência Copernicus).[83] Em abril de 2021, elas atingiram um pico de 421,2 ppm, o mais alto nível dessas mensurações iniciadas em Mauna Loa, no Havaí, em 1958.[84]

Figura 4.10: Concentrações atmosféricas de CO_2 e de CO_2 equivalente em partes por milhão (ppm) (eixo vertical esquerdo) e Índice Anual dos GEE (AGGI, que mede as mudanças nos forçamentos radiativos) entre 1700 e 2020

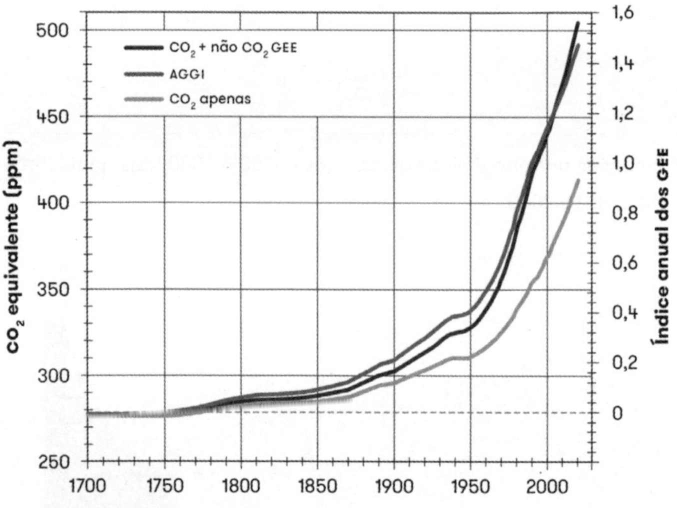

Observação: "Forçamento radiativo é uma medida da influência de dado fator na alteração do equilíbrio entre entrada e saída de energia no sistema Terra-atmosfera".[85] O forçamento radiativo é medido em relação às condições prevalecentes no período pré-industrial (1700 = nível 0 = 278 ppm), expresso em watts por metro quadrado (W/m²).
Fonte: Global Monitoring Laboratory, "The Noaa Annual Greenhouse Gas Index", 2020. Disponível em: https://gml.noaa.gov/aggi/aggi.html.

Trata-se de um aumento de cerca de 52% em apenas dois séculos e meio.[86] Em 2020, as concentrações atmosféricas de CO_2e atingiram 504 ppm, como mostra a Figura 4.10 (p. 228).

O Annual Greenhouse Gas Index (AGGI), que mede a taxa de mudança nos forçamentos radiativos, atingiu 1,47, o que significa que a influência dos GEE sobre o aquecimento global aumentou em 47% desde 1990. Foram necessários 240 anos (1750-1990) para que o AGGI aumentasse 100%, mas somente trinta anos para aumentar outros 47% (49% para o CO_2 apenas). A Figura 4.11 indica a aceleração da taxa de aumento das concentrações atmosféricas de CO_2 desde 1960.

Nos anos 1960, as concentrações atmosféricas de CO_2 aumentaram em média cerca de 1 ppm por ano (0,88 ppm por ano, segundo a National Oceanic and Atmospheric Administration [Noaa]). No primeiro decênio do século XXI, aumentaram em média 2 ppm ao ano.

Figura 4.11: Aumento das concentrações atmosféricas de CO_2 (curva de Keeling) entre 1958 e 2021

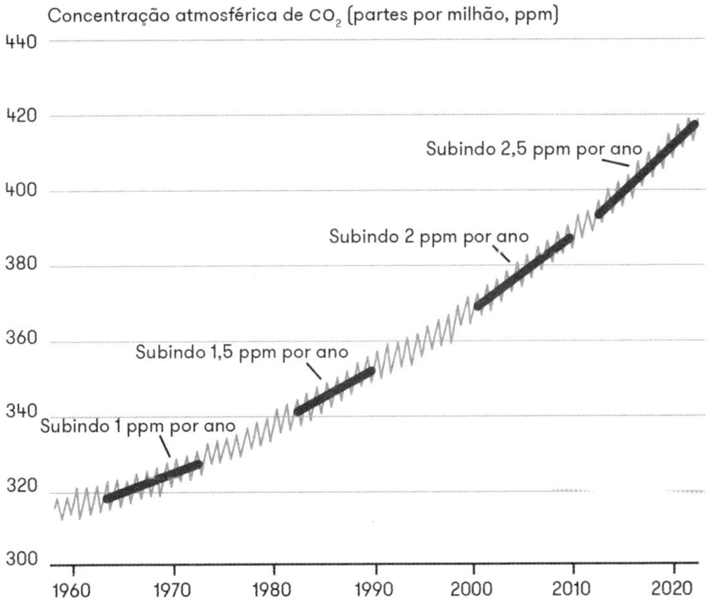

Fonte: Richard Betts *et al.*, "Guest Post: How the Keeling Curve Will Need to Bend to Limit Global Warming to 1.5°C", *CarbonBrief*, 12 jan. 2022. Disponível em: https://tinyurl.com/28fj5us8.

No segundo (2012-2021), aumentaram em média 2,5 ppm ao ano. Em 2021, essas concentrações atingiram, como visto, um pico de 421,2 ppm e um valor médio de 414 ppm. Elas aumentaram, enfim, 2,84 ppm entre janeiro de 2021 (415,15 ppm) e janeiro de 2022 (417,99 ppm).[87]

Desde a década de 1980, combinações entre dados paleoclimáticos sobre a composição química da atmosfera em épocas geológicas passadas e modelos climáticos começaram a aperfeiçoar o conhecimento dos cenários mais plausíveis de aquecimento no século XXI e sucessivamente. Segundo o IPCC, "em 2019, as concentrações atmosféricas de CO_2 estavam mais altas do que em qualquer momento ao menos nos últimos dois milhões de anos (alta confiabilidade)".[88] Outras mensurações, entre as quais as propostas pela Noaa[89] e por Gavin Foster, Dana Royer e Dan Lunt,[90] indicam que as concentrações atmosféricas de CO_2 só estiveram tão altas no Plioceno

---

Figura 4.12: Compilação segundo diversas metodologias de mensurações indiretas (*proxies*) das concentrações atmosféricas de CO_2 nos últimos 423 milhões de anos em partes por milhão (eixo vertical esquerdo), com marcação em 400 ppm e 1.000 ppm (linhas horizontais pontilhadas). No eixo vertical direito, projeções dessas concentrações nos próximos séculos até o ano 2500, segundo as trajetórias definidas pelo IPCC (AR5, 2013) como Trajetórias Representativas de Concentrações Atmosféricas de CO_2 (RCP = Representative Concentration Pathways), medidas em watts por metro quadrado em 2100. Na abscissa, a linha retrospectiva do tempo é dada em escala logarítmica (da direita para a esquerda, de séculos a milhões de anos)

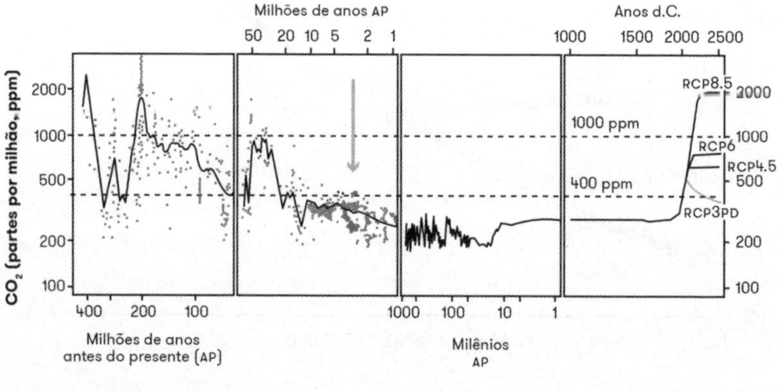

Fonte: Gavin Foster, Dana Royer & Dan Lunt, "Past and Future CO_2", *Skeptikal Science*, 1º maio 2014. Disponível em: https://skepticalscience.com/Past-and-Future-CO2.html.

(5,33 milhões a 2,58 milhões de anos atrás), quando a temperatura média global estava 2°C a 3°C acima do período pré-industrial (cerca de 10°C mais elevada no Ártico) e o nível do mar, 15 a 25 metros mais alto do que hoje. A Figura 4.12 (p. 230) mostra a recomposição dessas concentrações atmosféricas de CO_2 nos últimos 423 milhões de anos, bem como os cenários projetados até 2500.

Uma revisão dessas reconstruções dos níveis passados de concentrações atmosféricas de CO_2, no intuito de obter indicadores do clima presente e futuro, foi proposta por Alan Haywood e colegas.[91] Eles detectaram que níveis de CO_2 atmosférico em torno de 400 ppm, típicos do Período Quente do Placenciano Médio, também chamado Período Quente do Médio Plioceno (mid-Pliocene Warm Period — MPWP), 3,2 milhões a 3 milhões de anos atrás, correlacionam-se com temperaturas entre 2,7°C e 4°C mais elevadas do que o período pré-industrial e com o nível do mar igualmente cerca de vinte metros mais alto do que em nossos dias. Nos capítulos 5 e 6, voltarei a esses paralelismos entre o século XXI e épocas geológicas passadas para enfatizar a aceleração atual do aquecimento e suas implicações para os níveis já inevitáveis de aquecimento superficial do planeta em curto e longo prazos.

4.5 Conclusão: desativar a engrenagem da emergência climática

Indissociável da transformação profunda do sistema alimentar globalizado, tratada nos capítulos 2 e 3, a descontinuação da queima de combustíveis fósseis está no coração de uma política de sobrevivência de nossas sociedades. A 26ª Conferência das Partes (COP26) trouxe mais uma leva de promessas de diminuição das emissões de GEE até 2030 e sucessivamente até 2050 ou 2060. Nenhum país estabeleceu metas concretas, contudo, para reduzir *imediatamente* essas emissões, e nada permite esperar que essas novas promessas sejam honradas, dado que, no passado, nenhuma o foi. Como informa um documento da Organização para Cooperação e Desenvolvimento Econômico (OCDE), "as economias do G20 respondem por cerca de 80% das emissões globais de GEE, com as emissões de CO_2 relacionadas à energia representando cerca de 80% do total de emissões de GEE do G20".[92] Em 2018, no prefácio ao Relatório especial do IPCC sobre o aquecimento global de 1,5°C, Petteri Taalas, secretário-geral da OMM, e Joyce Msuya, diretora do Programa das Nações Unidas para o Meio Ambiente (Pnuma), afirmavam que "limitar o aquecimento a 1,5°C é possível segundo as leis da química e da física".[93] Em 2022, quantos cientistas continuam a crer que manter o aquecimento nesse limite ainda é possível segundo essas mesmas leis da química e da física? E quantos ainda subscreverão essa afirmação em 2023? Essa impossibilidade ficará ainda mais evidente ao longo dos próximos dois ou três anos, caso o cenário atual permaneça substancialmente inalterado, o que é mais que provável enquanto as decisões sobre a nossa existência e o nosso destino permanecerem nas mãos das corporações e dos Estados-corporações. Nos capítulos 6 e 7 serão abordados em detalhes os argumentos e as margens de incerteza nas projeções científicas sobre o montante do aquecimento já inevitável a longo e curto prazos. A conclusão é que conter o aquecimento médio global em 2°C acima do período pré-industrial no âmbito do sistema econômico vigente já é, com toda a probabilidade, impossível.

Longe de ser um motivo de desânimo e de derrotismo, essa evidência é uma convocação ainda mais imperiosa à luta e à mudança social. Como examinado em detalhes na conclusão do Capítulo 6 (seção 6.5), o que realmente importa para a humanidade e para a vida no planeta não é um número mágico — seja ele 1,5°C, 2°C ou qualquer outro —, mas manter o aquecimento tão baixo quanto ainda possível, pois cada décimo de grau a menos de aquecimento significa maiores chances de adaptação a um futuro que trará, inevitavelmente, mais sofrimento e mais mortes em consequência da desregulação do sistema climático. É fundamental entender, além disso, que a dificuldade maior de conter o aquecimento nos limites ainda possíveis para nossa adaptação não vem da química e da física, mas do modo elementar de funcionamento de nossas sociedades. A boa notícia, portanto, é que, se o problema reside no modo como as nossas sociedades se organizam (e não em um meteoro, como há 66 milhões de anos), a solução está em nossas mãos. Construí-la politicamente é algo de imensa dificuldade, por certo o maior desafio já enfrentado por nossa espécie. Trata-se, porém, de um desafio, não de uma impossibilidade.

5. A aceleração do aquecimento

A extensão e a magnitude dos impactos das mudanças climáticas são maiores do que as estimadas em avaliações anteriores (alta confiabilidade).
— IPCC (2022)[1]

O grande Robert Hunter, já falecido, previu em seu livro Thermageddon, *de 2002, uma escalada de consequências ambientais até 2030. Era excessivamente otimista. Estamos vendo essa escalada uma década inteira antes do que ele previu.*
— Paul Watson[2]

A par de sua variabilidade natural, o sistema climático apresenta uma forte estabilidade e inércia, sobretudo devido à imensa energia requerida para alterar a temperatura média dos oceanos e, portanto, à maior lentidão com que eles se aquecem. Assim sendo, durante o Quaternário (os últimos cerca de 2,5 milhões de anos), mudanças relevantes no estado do sistema climático planetário, como os ciclos glaciais e interglaciais, só podiam ser observadas na perspectiva de muitos séculos ou milênios. Nos últimos cinquenta anos, contudo, alterações estruturais nesse sistema têm sido verificadas na escala de decênios. O Sexto Relatório de Avaliação (AR6, WG 1, 2021) do Painel Intergovernamental sobre as Mudanças Climáticas (IPCC) afirma, reiterando a Organização Meteorológica Mundial (OMM), que "cada uma das últimas quatro décadas foi sucessivamente mais quente do que qualquer década precedente desde 1850".[3] Em conformidade com essa tendência, a OMM, que desde 1993 realiza anualmente o relatório "State of Global Climate", afirma também, em sua edição de 2021, que "as taxas de aquecimento dos oceanos mostram um aumento particularmente alto nas duas últimas décadas" e que "a perda de massa dos glaciares da América do Norte se acelerou ao longo das duas últimas décadas".[4]

Mensurações convergentes realizadas de forma independente por seis agências internacionais revelam que a engrenagem que leva à emergência climática, brevemente analisada no capítulo anterior,

Figura 5.1: Temperatura média global no período 1850-2020 em relação ao período 1850-1900, segundo as seguintes agências: Met Office Hadley Centre (HadCRUT analysis), Noaa (NoaaGlobalTemp), Nasa (Gistemp), Copernicus Climate Change Service (ERA5) e Japan Meteorological Agency (JRA-55) e Berkeley Earth

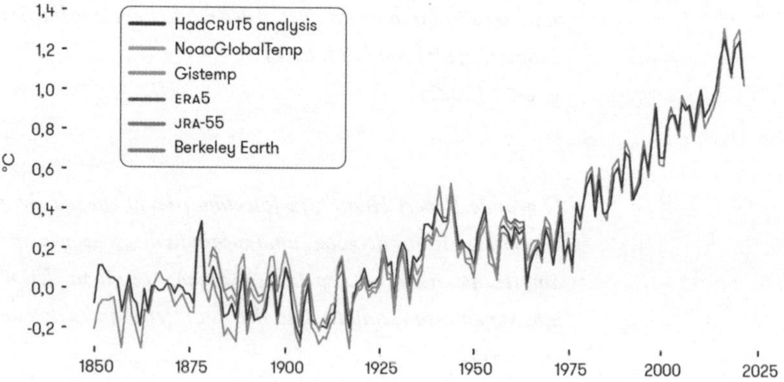

Fonte: WMO, "State of the Global Climate 2021: WMO Provisional Report", 2021. Disponível em: https://library.wmo.int/doc_num.php?explnum_id=10859.

entrou, sem dúvida, em aceleração desde os anos 1970. Essas mensurações indicam que o aquecimento médio global superficial, terrestre e marítimo superou, em meados do segundo decênio, a marca de 1°C acima do período pré-industrial e mantém sua curva ascendente, tal como ilustrado na Figura 5.1.

Segundo a OMM, em 2020 a temperatura média global atingiu 1,2°C (±0,1°C) acima do período pré-industrial. Dados de 2021 fornecidos por essas agências mostram um pequeno e momentâneo resfriamento em relação a 2020 devido ao efeito do fenômeno climático La Niña: JRA (1,04°C); Noaa (1,07°C); MET Office (1,08°C); Gistemp (1,09°C); Berkeley Earth (1,1°C) e Copernicus (1,13°C). As seis agências sinalizam que 2020 foi um dos três anos mais quentes dos registros históricos. Além disso, 2020 foi o segundo ano mais quente na América do Sul, continente em que todos os anos entre 2002 e 2020 foram mais quentes do que a média do período 1981-2010.[5] Na Europa, de acordo com o Copernicus Climate Change Service (C3S), o verão de 2021, ainda em pleno La Niña, foi o mais quente dos registros históricos.[6] Esse recorde foi batido de novo em 2022. Sempre segundo o Copernicus, "a temperatura média na

Europa em 2022 foi a mais alta já registrada em agosto e no verão (junho a agosto) por margens substanciais de 0,8°C em relação a 2018 para agosto e 0,4°C em relação a 2021 para o verão".[7] O Sexto Relatório de Avaliação do IPCC (AR6, WG I), divulgado em agosto de 2021, confirma esse quadro no que se refere à média das duas primeiras décadas do século XXI:

> A temperatura superficial global nas primeiras duas décadas do século XXI (2001-2020) foi 0,99°C [0,84°C-1,1°C] mais alta do que a do período 1850-1900. A temperatura superficial do planeta foi 1,09°C [0,95°C a 1,2°C] mais alta na década de 2011-2020 do que no período 1850-1900, com aumentos maiores sobre a superfície terrestre (1,59°C [1,34°C-1,83°C]) do que sobre o oceano (0,88°C [0,68°C-1,01°C]). O aumento estimado na temperatura global superficial desde o AR5 [o Quinto Relatório de Avaliação do IPCC, de 2013] se deve, principalmente, ao aumento sucessivo do aquecimento desde 2003-2012 (+0,19°C [0,16°C-0,22°C]).[8]

Segundo essa primeira parte do Sexto Relatório do IPCC, as temperaturas médias do último decênio (2011-2020) foram superiores às da fase mais quente do Holoceno (0,2°C a 1°C, cerca de 6.500 anos atrás).[9] Isso significa que a humanidade está vivendo desde 2016 em um clima global em média cerca de 0,2°C mais quente do que os mais quentes climas experimentados desde a chamada Revolução Neolítica, vale dizer, em toda a história da civilização agrícola, iniciada provavelmente cerca de dez mil anos antes do presente (AP).

5.1 Duas fases da aceleração e o crescente desequilíbrio energético da Terra (DET)

Em janeiro de 2021, a Global Surface Temperature Analysis (Gistemp) do Goddard Institute for Space Studies (Giss), vinculado à Nasa, forneceu dados sobre o aquecimento médio global em 2020 que se situam no limite superior da avaliação da OMM (1,2°C ±0,1°C) para 2020. O relatório de 2020 da Gistemp afirma:

> A temperatura global de 2020 foi 1,3°C mais quente do que no período-base de 1880-1920; a temperatura global nesse período de referência é

uma estimativa razoável da temperatura "pré-industrial". Os seis anos mais quentes no registro Giss ocorrem todos nos últimos seis anos, e os dez anos mais quentes estão todos no século XXI.[10]

A Figura 5.2 (p. 237) atualiza a evolução da temperatura até 2021, mostrando: (a) as médias anuais; (b) as médias de cada onze anos para evitar o ruído de um dos ciclos solares; e (c) a tendência linear dos anos 1970-2015.

Em janeiro de 2022, James Hansen, Makiko Sato e Reto Ruedy, do Earth Institute (Columbia University), fizeram um balanço da situação climática de 2021 e das perspectivas do clima neste decênio. Os dados são do Giss e os elementos dessa análise fundamental devem ser reportados *ipsis litteris*:

> A temperatura da superfície global em 2021 foi de +1,12°C em relação à média de 1880-1920. [...] Os anos 2021 e 2018 estão empatados como o sexto ano mais quente nos registros instrumentais. Os oito anos mais quentes desses registros ocorreram nos últimos oito anos. A taxa de aquecimento sobre as terras emersas é cerca de 2,5 vezes mais rápida do que sobre o oceano. O ciclo irregular El Niño/La Niña domina a variabilidade interanual da temperatura, o que sugere que 2022 não será muito mais quente que 2021, mas 2023 pode estabelecer um novo recorde. Além disso, três fatores — aceleração das emissões de gases de efeito estufa (GEE), diminuição dos aerossóis e o ciclo de irradiação solar — aumentarão um desequilíbrio energético planetário já sem precedentes e levarão a temperatura global além do limite de 1,5°C, provavelmente durante a década de 2020.[11]

Voltaremos nos próximos capítulos a essa afirmação de Hansen e colegas, segundo a qual o aquecimento médio global deve provavelmente ultrapassar o limite de 1,5°C, o mais ambicioso do Acordo de Paris, ainda neste decênio. Subscrevem-na, hoje, setores crescentes da comunidade científica. O fato, além disso, de que os oito anos mais quentes dos registros históricos, iniciados no século XIX, estejam todos nos últimos oito anos (2014-2021) aporta a evidência mais contundente de que o aquecimento está em aceleração.

Como indica a Figura 5.2, a tendência linear do período 1970-2015 mostra um aquecimento médio global de 0,18°C por década (0,27°C/década nas terras emersas e 0,11°C/década nos oceanos). A estimativa do Giss está quase no centro daquela indicada pelo Relatório Especial de

Figura 5.2: Temperaturas médias superficiais, terrestres e marítimas combinadas, em relação ao período de base 1880-1920, baseadas nos dados do Gistemp

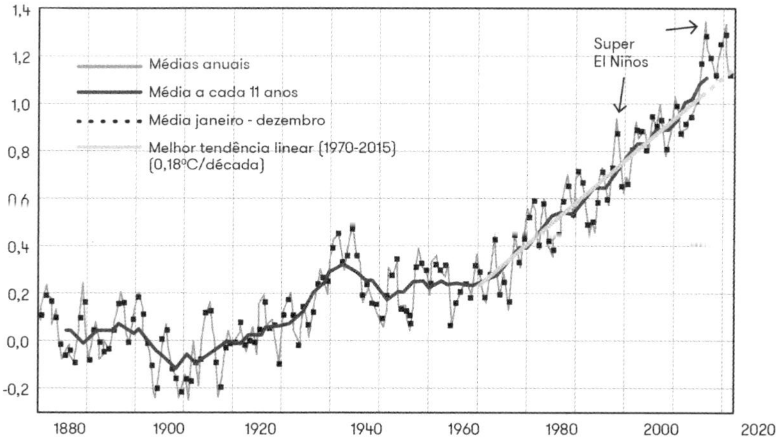

Fonte: James Hansen *et al.*, "Global Temperature In 2021", Climate Science, Awareness and Solutions Program, Earth Institute, Columbia University, 13 jan. 2022. Disponível em: https://tinyurl.com/yp5yxe58.

2018 do IPCC (SR1.5, 2018), segundo a qual "o aquecimento global antropogênico vem aumentando nos dias de hoje em 0,2°C (provavelmente entre 0,1°C e 0,3°C) por década, em decorrência das emissões passadas e atuais (alta confiabilidade)".[12] Essa taxa de aquecimento (1970-2015) indica a primeira fase de aceleração em relação ao ritmo de aquecimento dos decênios anteriores (1880-1970). Os dados da National Oceanic and Atmospheric Administration (Noaa) a confirmam, ao mostrar que "a temperatura global anual se elevou a uma taxa média de 0,07°C por década desde 1880 e a uma taxa média por década superior ao dobro da taxa anterior (0,18°C) desde 1981".[13]

Mais recentemente, contudo, o aquecimento do planeta entrou em uma segunda fase de aceleração. Em uma postagem de 14 de dezembro de 2020 na página Climate Science, Awareness and Solutions Program, do Earth Institute da Columbia University, justamente intitulada "Global Warming Acceleration", James Hansen e Makiko Sato escrevem:

> A temperatura global recorde em 2020, apesar de um forte La Niña nos últimos meses, reafirma uma aceleração do aquecimento global, grande

> demais para ser um ruído aleatório. Isso implica um aumento da taxa de crescimento do forçamento climático global total e do desequilíbrio energético da Terra. [...] A taxa de aquecimento global se acelerou nos últimos seis, sete anos. O desvio da média atual dos últimos cinco anos (sessenta meses) em relação à taxa de aquecimento linear é grande e persistente; isso significa um aumento do forçamento climático líquido e do desequilíbrio de energia da Terra, que impulsiona o aquecimento global.[14]

A Figura 5.3 (p. 239) evidencia essa segunda fase da aceleração, ilustrada também na Figura 5.2 (p. 237). Ela foi detectada a partir de 2015, quando o aquecimento médio global cruza a barreira de 1°C em relação ao período 1880-1920.

Como se percebe na Figura 5.3, entre 1970 e 2015 a progressão anual e quinquenal do aquecimento acompanha a tendência linear do período 1970-2015. No período 2016-2020, contudo, ambas as linhas do aquecimento — anual e quinquenal — avançam claramente acima da tendência linear. Essa segunda fase da aceleração do aquecimento foi advertida em 2018 por outros trabalhos, entre os quais o de Yangyang Xu, Veerabhadran Ramanathan e David Victor. Segundo esses autores, o aumento das emissões implica que "nos próximos 25 anos o aquecimento evoluirá à taxa de 0,25°C a 0,32°C por década".[15] Esse prognóstico foi confirmado em julho de 2021 por James Hansen e Makiko Sato, que se indagam sobre a medida do desvio do aquecimento recente em relação à tendência linear dos últimos cinquenta anos. A resposta que oferecem é 0,14°C *além* do aumento médio de 0,18°C por década observado no período 1970-2015 (ver Figura 5.2). Portanto, a taxa decenal de aquecimento é, agora, de 0,32°C. "Isso é muito, e sabemos que se trata de uma mudança de forçamento, impulsionada pelo crescente desequilíbrio energético planetário". Os autores concluem:

> No momento, só podemos inferir que o desequilíbrio energético da Terra — que era menos (ou cerca) de 0,5 watt por metro quadrado (W/m^2) durante o período 1971-2015 — dobrou aproximadamente para cerca de 1 W/m^2 desde 2015. Esse maior desequilíbrio energético é a causa da aceleração do aquecimento global. Nossa expectativa é que a taxa de aquecimento global para o quarto de século 2015-2040 seja cerca do dobro da taxa de aquecimento de 0,18°C por década durante o período 1970-2015, a menos que sejam tomadas medidas apropriadas.[16]

Figura 5.3: Temperatura média global entre 1970 e 2020 em relação à média do período 1880-1920. A linha reta indica a tendência linear do aquecimento nesse período; a linha ligeiramente ondulada indica a média das temperaturas a cada sessenta meses; a linha preta fortemente ondulada assinala as variações anuais. Os dois cones fornecem o registro de duas erupções vulcânicas maiores (El Chichón em 1982, no México, e Pinatubo em 1991, nas Filipinas). No registro inferior, o gráfico apresenta as variações da temperatura superficial do oceano (Sea Surface Temperature — SST) causadas por eventos de El Niño e La Niña em relação à média de 1981-2010

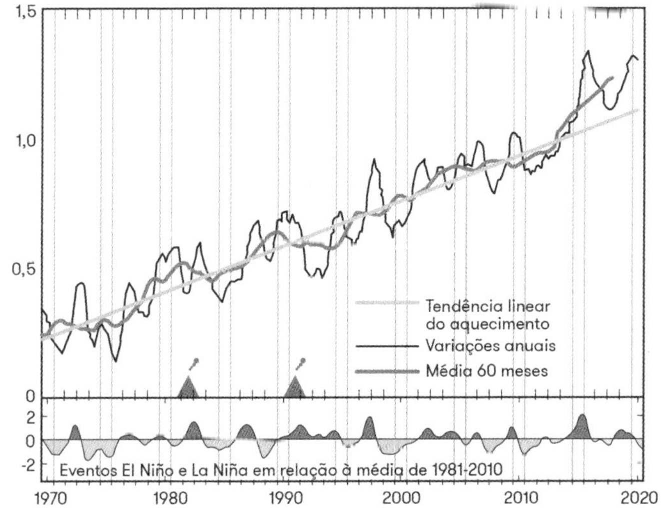

Observação: O El Niño 3.4 é um índice comumente usado para definir os eventos de El Niño e La Niña. Esse índice recorre tipicamente a uma média de cinco meses, e esses eventos são definidos quando a temperatura oceânica excede ± 0,4°C por um período de seis meses ou mais. Fonte: James Hansen & Makiko Sato, "Global Warming Acceleration", Columbia University, 14 dez. 2020. Disponível em: https://tinyurl.com/mw77mw9j.

Em sua primeira fase de aceleração, o aquecimento evoluiu de uma taxa de 0,07°C para 0,18°C por década, enquanto a atual segunda fase mostra um salto de 0,18°C por década (1970-2015) para uma taxa de 0,32°C por década, com tendência para uma taxa de 0,36°C por década entre 2016 e 2040. A Tabela 5.1 (p. 240) resume os dados supracitados sobre a aceleração do aquecimento desde 1880:

Tabela 5.1: Taxas de aquecimento por década em três períodos (1880-2040), segundo a National Oceanic and Atmospheric Administration (Noaa) e o Earth Institute, Columbia University (EI)

Períodos	1880-2018	1970-2015	2016-2020
Aquecimento/década	0,07°C (Noaa)	0,18°C (Noaa/EI)	0,36°C (EI)

Fontes: Noaa, "Annual 2019 Global Climate Report", 2019. Disponível em: https://www.ncdc.noaa.gov/sotc/global/201913; James Hansen & Makiko Sato, "Global Warming Acceleration", Earth Institute, Columbia University, 14 dez. 2020. Disponível em: https://tinyurl.com/mw77mw9j; *idem*, "July Temperature Update: Faustian Payment Comes Due", 13 ago. 2021. Disponível em: https://tinyurl.com/54utj3x5.

O desequilíbrio energético da Terra (DET)

O desequilíbrio energético da Terra (DET) a que se referem acima James Hansen e Makiko Sato decorre do fato de que as concentrações sempre mais excedentes de GEE na atmosfera intensificam o efeito estufa, isto é, diminuem a dissipação de energia na forma de ondas longas (sobretudo na parte infravermelha do espectro eletromagnético) rebatidas para fora do planeta. Entre 2010 e 2018, esse crescente armazenamento de energia no sistema Terra, na forma de calor, foi absorvido em cerca de 90% pelos oceanos. O restante dele foi absorvido nesse mesmo período: (i) pela criosfera (3%), causando degelo; (ii) pelas superfícies terrestres (5%); e (iii) pela atmosfera (2%), causando aquecimento superficial do planeta. O DET, ou seja, a troca desigual no sistema Terra entre energia incidente do Sol e energia dissipada (radiação infravermelha), é medido no topo da atmosfera (a cerca de 100 km de altitude), cumulativamente em zettajoules (ZJ = 10^{21} joules), com uma taxa de ganho de calor a cada instante medida em watts por metro quadrado (W/m^2). Como afirmam Karina von Schuckmann e colegas:

> O planeta tem estado em desequilíbrio radiativo, com menos energia saindo do topo da atmosfera do que entrando, desde ao menos cerca de 1970, e a Terra vem ganhando substancialmente energia ao longo das últimas quatro décadas. [...] Em acordo com estudos prévios, o

inventário de calor da Terra, baseado nas mais recentes estimativas de ganho de calor no oceano, na atmosfera, no solo e na criosfera, mostra um consistente ganho de calor a longo prazo desde os anos 1960. Nossos resultados mostram um ganho total de calor de 358 ± 37 ZJ no período 1978-2018, o equivalente a uma taxa de aquecimento de 0,47 ±0,1 W/m² aplicada continuamente sobre a superfície da Terra ($5,1 \times 10^{14}$ m²) [510 milhões de quilômetros quadrados].[17]

A conclusão desse estudo assume a forma de um alerta fundamental sobre a aceleração do aquecimento global:

> Nossos resultados também mostram que o DET não apenas permanece mas está crescendo: durante o período 2010-2018, ele atingiu 0,87 ±0,12 W/m². A estabilização do clima — objetivo da Convenção-Quadro das Nações Unidas sobre as Mudanças Climáticas (UNFCCC) de 1992 e do Acordo de Paris de 2015 — exige que o DET seja reduzido a aproximadamente zero para atingir o quase equilíbrio do sistema da Terra. A quantidade de dióxido de carbono (CO_2) na atmosfera deve ser reduzida de 410 partes por milhão (ppm) para 353 ppm [...], de modo a restabelecer o equilíbrio energético da Terra (EET). Esse simples número, EET, é a métrica mais importante da qual a comunidade científica e o público devem estar conscientes, como a medida do sucesso na tarefa de pôr as mudanças climáticas sob controle.[18]

A Tabela 5.2 (p. 242) indica o aumento do DET entre 1971 e 2020, segundo algumas mensurações. Apenas para ilustrar com um exemplo concreto o que esses números significam, o montante do DET no período 2015-2020 é equivalente à quantidade de calor continuamente aplicada por uma lâmpada de 1 W (a chamada lâmpada bolinha) sobre cada metro quadrado (W/m²) dos 510 milhões de quilômetros quadrados (Mkm²) da superfície da Terra. Note-se que, no intervalo de apenas um decênio (de 2005-2010 a 2010-2018), houve um aumento de 0,6 W/m² (2005-2010) para 0,87 W/m² (2010-2018), ou seja, um aumento de quase 50% no DET. Se compararmos o período 1971-2018 (0,47 W/m²) com o período 2015-2020 (1 W/m²), o aumento do DET foi de mais de 100%. Enfim, um estudo conjunto da Noaa e da Nasa, mensurando o DET a partir do satélite Ceres no topo da atmosfera (TOA) e de mensurações oceânicas (*in situ*), apresenta resultados convergentes (Figura 5.4, p. 242).

Tabela 5.2:[19] Aceleração do desequilíbrio energético da Terra (DET) no topo da atmosfera em diversos intervalos de tempo, segundo mensurações selecionadas

Período	DET	Mensuração
1971-2010	0,4 W/m²	IPCC (AR5, 2013)
1971-2018	0,47 ±0,1 W/m²	Von Schuckmann et *al.* (2020)[I]
2005-2010	0,58 ±0,15 W/m²	Hansen et *al.* (2011)[II]
2010-2018	0,87 ±0,12 W/m²	Von Schuckmann et *al.* (2020)
2005-2019	0,9 +/- 0,2 W/m²	Trenberth (2020)[III]
2015-2020	~1 W/m²	Hansen & Sato (2021)[IV]

Fonte: adaptado de Karina von Schuckmann *et al.*, "Heat Stored in the Earth System: Where Does the Energy Go?", Earth System Science Data, v. 12, n. 3, p. 1-29, 2020, figura 7.

Figura 5.4: Aumento do desequilíbrio radiativo da Terra, medido no topo da atmosfera por satélite (Clouds and the Earth's Radiant Energy System — Ceres, Nasa) e no oceano (Programa Argo, entre zero e dois mil metros de profundidade e outras observações na litosfera, criosfera e atmosfera *in situ*, Noaa), entre meados de 2005 e meados de 2019, em W/m²

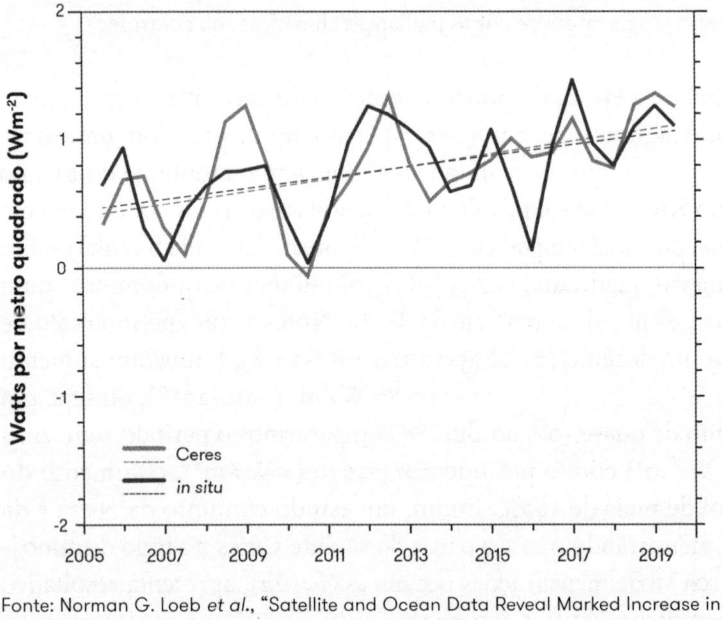

Fonte: Norman G. Loeb *et al.*, "Satellite and Ocean Data Reveal Marked Increase in Earth's Heating Rate", *Geophysical Research Letters*, 15 jun. 2021.

A comparação entre os dois conjuntos de mensurações (Noaa e Nasa) confirma, como mostram os autores, que, entre meados de 2005 e meados de 2019, o DET aproximadamente duplicou. Parte dessa aceleração do DET deve-se provavelmente ao fato de que a Oscilação Decadal do Pacífico (PDO) está desde 2014 em fase positiva, isto é, em sua fase mais quente. Como afirma Norman Loeb:

> É provavelmente um misto de forçamentos antropogênicos e de variabilidade interna. E, durante este período [2005-2019], ambos os fatores estão causando aquecimento, o que leva a uma mudança bastante grande no desequilíbrio de energia da Terra. A magnitude desse aumento não tem precedentes.[20]

5.2 Aceleração do aquecimento marinho e a febre dos oceanos

> *Ondas de calor marinho aproximadamente dobraram em frequência desde os anos 1980 (alta confiabilidade) e a influência humana contribuiu muito provavelmente para a maior parte delas desde ao menos 2006.*
> — IPCC (2021)[21]

James Hansen e Makiko Sato afirmam que a aceleração do aquecimento global por eles detectada é "grande demais para ser um ruído aleatório" (*too large to be unforced noise*).[22] De fato, as observações da evolução do calor armazenado nos oceanos confirmam largamente essa aceleração. Os oceanos fornecem um indicador particularmente confiável para se avaliar o ritmo do aquecimento planetário não apenas porque neles se armazenam cerca de 90% do calor acumulado pelo desequilíbrio radiativo do planeta, mas também porque as variações de curto prazo do aquecimento oceânico são menores do que as da temperatura da atmosfera. Como observa Zeke Hausfather, "os oceanos são realmente o melhor termômetro que temos para medir as mudanças na Terra".[23] O IPCC (AR5, 2013) afirma que há "*virtual certeza* do aquecimento do oceano superficial (acima de setecentos metros) de 1971 a 2010, e é *provável* que se tenha aquecido dos anos 1870 a 1971".[24] O IPCC (AR6, WG I, 2021) reitera que, "com adicional aquecimento glo-

Figura 5.5: Evolução do calor armazenado nos oceanos (OHC) entre 1950 e 2021 entre 0 e 700 m e entre 700 m e 2.000 m, medido em zettajoules (1 ZJ = 10^{21} joules)

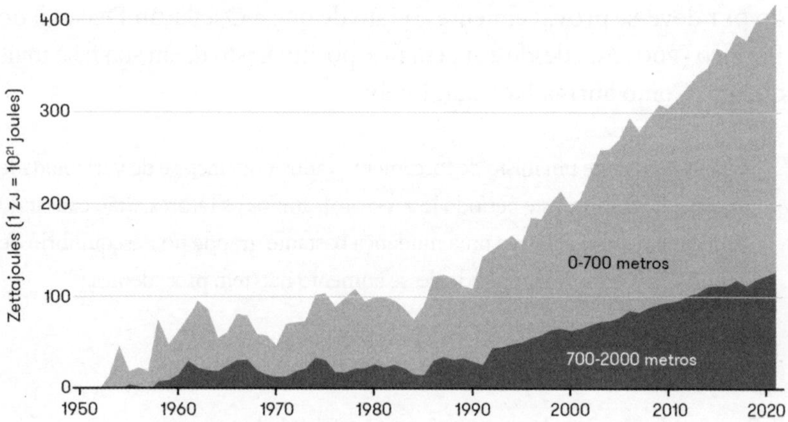

Fonte: Zeke Hausfather, "State of the Climate: How the World Warmed in 2021", baseado em Lijing Cheng *et al.*, "Another Record: Ocean Warming Continues Through 2021 Despite La Niña Conditions", *CarbonBrief*, 17 jan. 2022.

bal, a frequência de ondas de calor marinho continuará a aumentar (alta confiabilidade), particularmente no oceano tropical e no Ártico (média confiabilidade)".[25]

Segundo Lijing Cheng e colegas, "o oceano global, em 2021, foi o mais quente já registrado por humanos, e o valor do calor armazenado nos oceanos (ocean heat content — OHC) supera o valor recorde observado no ano anterior". O ano de 2021 superou o de 2020 por um valor imenso: entre 14 ±11 ZJ e 16 ±10 ZJ, segundo duas diferentes mensurações.[26] A Figura 5.5 mostra a evolução do calor armazenado nos oceanos entre 1950 e 2021, em duas profundidades: entre 0 e 700 m e entre 700 m e 2.000 m.

Entre 0 e 700 m, o montante do calor acumulado nos oceanos entre 1950 e 2021 é de 290,8 ZJ. E entre 700 m e 2.000 m, esse montante é de 126,1 ZJ. Três trabalhos anteriores publicados por Lijing Cheng e colegas em 2017, 2019 e 2020 mostram a aceleração desse aquecimento de modo igualmente inequívoco. O trabalho de 2017 dá conta de aperfeiçoamentos nessas mensurações e conclui que a tendência linear de aumento do OHC em profundidades de 0 a 700 m quadruplicou na comparação entre os períodos 1960-1991 e 1992-2015. Já em profundidades de 700 m a 2.000 m, essa tendência linear de aquecimento multiplicou-se por nove na comparação entre esses dois períodos. Citemos os autores mais extensamente e com os dados numéricos:

> Detecta-se uma tendência a um aquecimento oceânico mais intenso desde o final da década de 1980 para profundidades de 0 a 700 m e de 700 m a 2.000 m, em comparação com as décadas de 1960 a 1980. A tendência linear do OHC em profundidades de 0 a 700 m é 0,15 ± 0,08 × 10^{22} joules/ano (0,09 ± 0,05 W/m^2) durante 1960-1991 e 0,61 ± 0,04 × 10^{22} J/ano (0,38 ± 0,03 W/m^2) durante 1992-2015, uma tendência de um aquecimento quatro vezes mais intenso do que no período 1960-1991. A tendência linear do OHC na profundidade de 700 m a 2.000 m é 0,04 ± 0,08 × 10^{22} J/ano (0,02 ± 0,05 W/m^2) no período 1960-1991 e 0,37 ± 0,02 × 10^{22} J/ano (0,23 ± 0,02 W/m^2) de 1992 a 2015 (nove vezes mais intenso do que de 1960 a 1991). Isso indica uma aceleração da entrada de calor nas camadas de 0 a 700 m e de 700 m a 2.000 m.[27]

O artigo de 2019 responde com dados observacionais à pergunta que lhe dá título: "Com que rapidez os oceanos estão se aquecendo?". Tal como no artigo de 2017, a resposta é fornecida pelas mais precisas mensurações realizadas pelo programa Argo, um conjunto de três mil sondas robóticas que fornecem informação em tempo real sobre os oceanos em profundidades de até 2.000 m (temperatura, salinidade, taxa de oxigênio etc.). Sabemos agora que: (i) o aquecimento oceânico é maior do que os cinco cenários considerados pelo Quinto Relatório de Avaliação do IPCC (AR5, 2013); e (ii) há uma forte aceleração desse aquecimento desde 1991:

> Essas estimativas recentes de OHC baseadas em observações mostram mudanças altamente consistentes desde o final dos anos 1950. No período 1971-2010, o aquecimento é maior do que o relatado no AR5. A tendência de OHC para os 2.000 m superiores [dos oceanos] no AR5 variou de 0,24 a 0,36 W/m^2 durante esse período. As três estimativas mais recentes que cobrem o mesmo período de tempo sugerem uma taxa de aquecimento de 0,36 ± 0,05; 0,37 ± 0,04 e 0,39 ± 0,09 W/m^2. [...] Quatro estudos recentes mostram que a taxa de aquecimento do oceano para os 2.000 m superiores acelerou nas décadas pós-1991 de 0,55 a 0,68 W/m^2.[28]

As observações fornecidas pelo programa Argo, consistentes com as projeções dos modelos Coupled Model Intercomparison Project Phase 5 (CMIP5), sinalizam mais uma vez, em suma, uma aceleração brutal do aquecimento oceânico. O terceiro trabalho, de 2020, registra que em 2019 os oceanos nos 2.000 m mais superficiais estavam 228 ZJ mais quentes do que a média do período 1981-2010, o equivalente a lhes adicionar a energia de explosão de 3,6 bilhões de bombas atômicas da potência da de Hiroshima. O trabalho confirma essa inequívoca aceleração do aquecimento oceânico ao revelar que a taxa de aquecimento no período 1987-2019 foi 450% maior que a do período 1955-1986. Eis os números:

> Para o primeiro período [1955-1986], o aquecimento foi relativamente constante, isto é, em torno de 2,1 ± 0,5 ZJ por ano. Entretanto, o aquecimento no período mais recente [1987-2019] foi ~450% maior do que o aquecimento no período anterior (9,4 ± 0,2 ZJ por ano, igual a 0,58 W/m² em média sobre a superfície da Terra), refletindo um aumento maior na taxa de aquecimento global.[29]

Ondas de calor marinho (OCM) e calor marinho extremo

Um dos impactos imediatos da aceleração do aquecimento oceânico é a devastadora proliferação de ondas de calor marinho (OCM) e de calor marinho extremo. Trata-se de duas abordagens adotadas para quantificar a extensão e a frequência das anomalias de temperatura oceânica superficial observadas a partir de dois períodos de referência: cada período de trinta anos e o período de base 1870-1919. Podendo variar em duração, extensão espacial, intensidade e frequência, as OCM são definidas como anomalias durante ao menos cinco dias consecutivos que excedem o 90º percentil[30] das observações climatológicas durante um período de trinta anos.[31] Um calor marinho extremo foi assim definido por Kisei Tanaka e Kyle Van Houtan: para cada mês, em cada grade de 1° × 1° (latitude e longitude), o calor marinho extremo é um valor da temperatura marítima superficial que excede o 98º percentil dessa temperatura observada ao longo do período de base 1870-1919.[32]

Tanaka e Van Houtan revelaram que 57% da superfície oceânica global registrou calor extremo em 2019, em contraste com apenas 2% dessa superfície no período 1870-1919. "Para o oceano global, 2014 foi o primeiro ano a ultrapassar o limite de 50% de calor extremo, tornando-se, assim, 'normal', sendo que as bacias do Atlântico Sul (1998) e da Índia (2007) cruzaram essa barreira mais cedo".[33] A Figura 5.6 apresenta a evolução do calor marinho extremo em termos de porcentagem da superfície marinha global, de modo que o calor extremo (98º percentil em relação ao período 1870-1919) ocupou desde 2014 mais da metade da superfície marinha global, apresentando-se, assim, como o "novo normal" da temperatura oceânica superficial. A Figura 5.6 ainda mostra saltos consecutivos a partir dos anos 1990 no aumento das porcentagens da superfície marinha global em que vêm sendo registrados calores marinhos extremos.

Kyle van Houtan alerta que "nosso novo índice de calor marinho extremo indica que o oceano global cruzou uma barreira crítica em 2014 e é agora normal. Chegou, está aqui".[34] A mesma aceleração verifica-se nas OCM, sobretudo a partir dos anos 1980, com um novo salto no século XXI. Segundo o IPCC (AR6, WG I, 2021), "ondas de calor marinho aproximadamente dobraram em frequência desde os anos 1980 (alta confiabilidade), e a influência humana muito prova-

Figura 5.6: Porcentagem da superfície marinha global exibindo calor marinho extremo

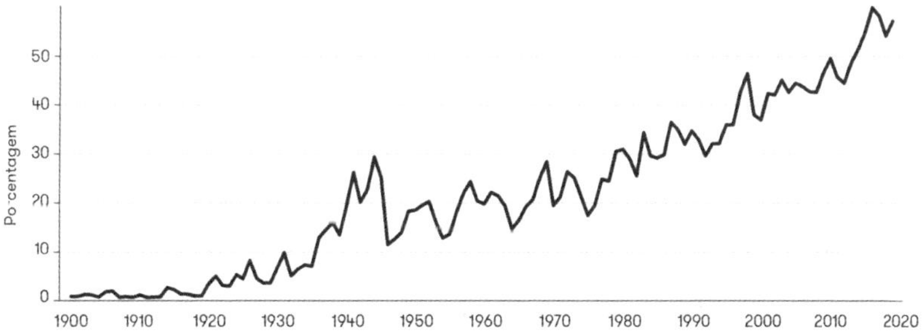

Fonte: Adam Vaughan, "Extreme Marine Heatwaves Are Now Normal for the World's Oceans", *New Scientist*, 1 fev. 2022, baseado em Kisei R. Tanaka & Kyle S. Van Houtan, "The Recent Normalization of Historical Marine Heat Extremes", *Plos Climate*, 1 fev. 2022.

velmente contribuiu para a maioria delas desde ao menos 2006".[35] As OCM no século XXI incluem eventos ocorridos no Mediterrâneo setentrional em 2003, a oeste da Austrália (o "Ningaloo Niño" de 2010-2011), no noroeste do Atlântico (2012), na região nordeste do Pacífico ("The Blob" de 2013-2016)[36] e nos oceanos Pacífico e Índico durante o El Niño de 2016.[37]

Particularmente ruinosas para os ecossistemas marinhos, essas ondas "já se tornaram", segundo mensurações feitas por Thomas Frölicher, Erich Fischer e Nicolas Gruber, "mais longas e mais frequentes, mais extensas e intensas nas últimas poucas décadas, e essa tendência se acelerará com mais aquecimento global",[38] sendo que 87% delas, em 2018, eram antropogênicas. Eis os aquecimentos passados e as projeções dessas ondas de calor marinho:

> Entre 1982 e 2016, detectamos uma duplicação no número de dias de ondas de calor marinho e esse número deve aumentar, em média, por um fator de 16 para o aquecimento global de 1,5°C em relação aos níveis pré-industriais e por um fator de 23 para o aquecimento global de 2°C.[39]

Como é típico da dinâmica das mudanças climáticas em geral, também a evolução dos impactos do aquecimento marinho não é linear. Um aquecimento médio global de cerca de 1°C acima do período pré-industrial ocorrido até 2015 implicou uma duplicação do número de dias de OCM. Mas um aquecimento médio global de 1,5°C multiplicará esses dias por 16 e de 2°C, por 23. Os autores concluem que o agravamento dessas OCM, mantida a tendência atual, levará "os organismos marinhos e os ecossistemas aos limites de sua resiliência e mesmo além deles, o que pode causar mudanças irreversíveis".[40]

Uma meta-análise coordenada por Dan Smale, da Marine Biological Association em Plymouth, no Reino Unido, analisou 116 trabalhos sobre oito OCM bem documentadas. A Figura 5.7 (p. 249), baseada nesse artigo, mostra o crescimento do número de dias de OCM entre 1900 e 2016.[41]

Como afirmam os autores, "na média global, houve mais de 50% mais dias com OCM por ano na segunda parte dos registros instrumentais (1987-2016), comparada com a primeira parte (1925-1954), com aumento do número de dias na maioria das regiões".[42] Em 2019, Dan Smale declarou a Damian Carrington, do *Guardian*:

Há incêndios florestais induzidos por ondas de calor que suprimem áreas gigantescas de florestas, mas isso também sucede nos oceanos. Há florestas de algas laminariales (*kelp*) e prados marinhos (*seagrasses*) morrendo diante de nossos olhos. Eles desaparecem ao longo de centenas de quilômetros da linha costeira em semanas ou meses.[43]

É importante notar, tal como ressalta Carrington, que nos últimos anos o número de dias de OCM triplicou. A biomassa marítima está em declínio acelerado não apenas por causa da sobrepesca corporativa, da poluição químico-industrial e da acidificação oceânica, como ressaltado no Capítulo 1 (seção 1.2), mas também por causa dessa febre dos oceanos, que terá repercussões cada vez mais dramáticas sobre toda a cadeia da vida mesmo em terra firme, a começar pelo fato de que 17% da alimentação humana provém dos mares,[44] porcentagem que explode quando se trata dos modos de vida das comunidades praieiras que vivem da pesca. Tão ou ainda mais importantes que os impactos sobre a alimentação, o aquecimento marítimo causará diminuição da produção de oxigênio pelo fitoplâncton, diminuição

Figura 5.7: Série temporal média global do número de dias de ondas de calor marinho por ano (1900-2016)

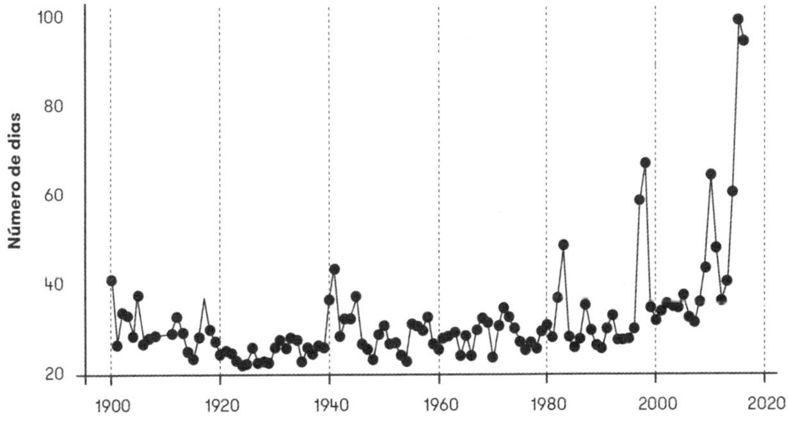

Fonte: Dan A. Smale *et al.*, "Marine Heatwaves Threaten Global Biodiversity and the Provision of Ecosystem Services", *Nature Climate Change*, v. 9, abr. 2019, p. 306-12.

das populações de invertebrados, mamíferos e aves marítimas, alterações das correntes marinhas, menor capacidade de absorção de CO_2, além de eventos de El Niño mais numerosos e intensos. Estes três últimos impactos constituem alças de retroalimentação e, portanto, de aceleração do aquecimento. Eles serão discutidos no Capítulo 7.

5.3 Ondas de calor mais frequentes e mais intensas na atmosfera

> *De 1900 a 1980, um novo recorde de temperatura foi batido em média a cada 13,5 anos. Mas, de 1981 a 2018, ele foi batido a cada três anos.*
>
> — Rebecca Lindsey & LuAnn Dahlman[45]

> *No que se refere a ondas de calor, nossas opções estão entre o ruim e o terrível. Muitos no mundo já estão pagando o preço último das ondas de calor.*
>
> — Camilo Mora[46]

Embora o desequilíbrio energético da Terra e o consequente aquecimento médio global do planeta sejam as métricas fundamentais para avaliar o nível de desregulação do sistema climático, esses parâmetros funcionam apenas como referência abstrata e de médio prazo, pois são quantificados como tendências na escala de anos ou de décadas. O que fustiga os organismos e os mata é a consequência primeira e mais concreta dessas métricas: os extremos meteorológicos, entre os quais as ondas de frio e de calor, definidas, tal como visto para as ondas de calor marinho, como temperaturas que excedem o 90º percentil das observações climatológicas durante um período de trinta anos.

Ondas de frio extremo no hemisfério norte decorrem de vários fatores, como mudanças nos regimes de ventos e de correntes marinhas. Destacam-se, entre eles, fases fracas mais persistentes e, consequentemente, maior sinuosidade dos jatos polares estratosféricos, que deixam o frio polar invadir temporariamente latitudes temperadas e permitem, inversamente, que temperaturas mais amenas predominem acima do paralelo 66°N. Esse fenômeno é causado pela diminuição do contraste entre temperaturas de baixas e altas latitudes, devido ao aquecimento do Ártico a uma taxa quatro vezes mais rápida que o aquecimento médio global.[47] Isso posto, a desproporção entre recordes de calor e de frio é gritante. Em 2018, ano sem El Niño, para quarenta recordes de frio, as estações meteorológicas registraram 430 recordes absolutos de calor.[48] Essas ondas e picos de calor se mostram sempre mais intensas, duradouras e frequentes, e se estendem sobre regiões maiores. Elas exacerbam incêndios florestais e secas, alternadas com inundações por trombas-d'água e furacões mais devastadores.[49] Registram-se, em suma, variações meteorológicas que se distanciam dos valores típicos do sistema climático do século XX, com maior probabilidade doravante de anomalias jamais registradas no estado anterior desse sistema.[50]

No século XXI, as probabilidades de que essas ondas e picos de calor sejam causados pela variabilidade natural do sistema climático tendem rapidamente a zero. Em 2013, um trabalho de autoria de Dim Coumou, Alexander Robinson e Stefan Rahmstorf indicava que, globalmente, o número de recordes locais de temperaturas extremas nas médias mensais era então "em média cinco vezes maior do que seria de esperar num clima sem uma tendência de aquecimento de longo prazo".[51] Como afirma um trabalho publicado na *Nature Climate Change* em 2014, "verões extremamente quentes, que ocorreriam duas vezes no século no início dos anos 2000, são agora esperados duas vezes por década".[52] Passaram a ser, portanto, dez vezes mais prováveis. Referindo-se à onda de calor europeia no verão de 2018, Peter Stott, do Met Office, declarou, na 24ª Conferência das Partes (COP24), em dezembro de 2018:

> Nosso estudo provisório comparou modelos baseados no clima de hoje com os do clima natural que teríamos sem emissões antropogênicas [de GEE]. Descobrimos que a intensidade da onda de calor deste verão é cerca de trinta vezes mais provável do que teria sido sem mudanças climáticas.[53]

Nas palavras de Nikolaos Christidis, coautor desse estudo, há agora 12% de chances de as próximas temperaturas médias estivais no Reino Unido repetirem as do verão de 2018 (máxima de 35,6°C) contra menos de 0,5% numa situação em que não houvesse mudanças climáticas. No que se refere a novos recordes de temperatura no

Reino Unido, em 2019, o termômetro marcou 38,7°C e, em 2022, 40,8°C.[54] Mais de um terço da população dos Estados Unidos (124,6 milhões de pessoas) sofre agora taxas de aquecimento superiores à média global, com 499 dos 3.006 condados mostrando aquecimentos médios superiores a 1,5°C. Na Califórnia, 83% da população sofre esse nível de aquecimento, e o condado de Ventura, a noroeste de Los Angeles, já sofreu um aquecimento de 2,62°C em relação a 1895, data do início dos registros instrumentais naquele estado.[55] No verão de 2021, quase um a cada três habitantes dos Estados Unidos (32%) vive em um condado que sofreu eventos meteorológicos extremos. Além disso, quase duas de três pessoas (64%) nesse país sofreram uma onda de calor de vários dias, fenômeno que tem se tornado a mais perigosa forma de evento meteorológico extremo,[56] com forte aumento de mortes por excesso de calor em escala global entre 2000 e 2019.[57] Nos Estados Unidos, "mais pessoas morrem a cada ano por excesso de calor do que pela soma de tempestades, inundações e incêndios florestais".[58] Em 2019, em Phoenix, capital do estado do Arizona, e em seu condado de Maricopa, houve 103 dias com temperaturas acima de 37,7°C (100°F), o que ocasionou a morte de 197 pessoas por causas relacionadas a excesso de calor. Trata-se do quarto ano seguido de recordes de mortes por calor nessa região.

Ainda há pouco, esses picos e ondas de calor extremo eram chamados *silent killers*, matadores silenciosos, pois, como afirmam Camilo Mora e colegas, "a doença por calor (ou seja, a ultrapassagem grave da ótima temperatura interna do corpo) é frequentemente mal diagnosticada, porque a exposição ao calor extremo tende a resultar em disfunção de vários órgãos, o que pode levar a erro de diagnóstico".[59] Mas isso está mudando. No trabalho citado, Camilo Mora e dezessete coautores procuram mostrar justamente o impacto populacional direto do calor quando este ultrapassa o limiar de mortalidade dos humanos:

> Atualmente, cerca de 30% da população mundial está exposta a condições climáticas que excedem o limiar de mortalidade por ao menos vinte dias por ano [...] Uma ameaça crescente à vida humana por excesso de calor parece agora inevitável, mas será muito agravada se os gases de efeito estufa não forem consideravelmente reduzidos.[60]

Repercutindo esse trabalho, um editorial da revista *Nature* relembra esse fato, a que se começa a dar mais e mais atenção:

> De chuvas extremas à elevação do nível do mar, o aquecimento global deve causar caos na vida humana. Por vezes, o impacto mais direto — o próprio aquecimento — é esquecido. E, no entanto, o calor mata. Afinal, o corpo evoluiu para funcionar numa faixa muito estreita de temperaturas. Nosso mecanismo de resfriamento baseado em transpiração é rudimentar; ultrapassada certa combinação de alta temperatura e umidade, ele falha. Estar ao sol e exposto a tal ambiente por qualquer período de tempo se torna rapidamente uma sentença de morte. E esse ambiente está se expandindo. Uma zona de morte está se alastrando sobre a superfície da Terra, ganhando um pouco mais de terreno a cada ano.[61]

A transpiração é um processo de evaporação que causa resfriamento do corpo, pois as moléculas de água com maior energia cinética (calor sensível) evaporam, deixando no corpo as de menor energia (calor latente). A capacidade dos humanos de transpirar — e, portanto, dissipar calor — em ambientes de alta umidade é muito menor do que em ambientes de baixa umidade. Quanto maior a umidade relativa do ar, maior é a dificuldade de as glândulas transpiratórias acionarem esse mecanismo de resfriamento evaporativo do corpo. Em situação de extrema umidade do ar, a fisiologia humana atinge seu limite de eficiência evaporativa em níveis muito baixos de calor. Esse limite, expresso pelo termo "temperatura de bulbo úmido" (*wet bulb temperature* ou TW), é ultrapassado em temperaturas maiores que 35°C (TW > 35°C).[62] Em tais temperaturas, combinadas à alta umidade, o sistema de resfriamento natural, inclusive de organismos jovens e saudáveis, entra em alto risco de falência, mesmo à sombra e com quantidades ilimitadas de hidratação. A consequência mais provável é então a morte por hipertermia ou por complicações a ela associadas. "Algumas localidades costeiras subtropicais", afirmam Colin Raymond e colegas, "já reportaram uma temperatura de bulbo úmido de 35°C, e a frequência em geral desse calor extremamente úmido mais que dobrou desde 1979."[63] Além disso, o calor pode levar à morte por outros muitos fatores, entre os quais a desidratação e a insolação.

5.4 Epidemiologia das ondas de calor nos dois últimos decênios e no futuro

"Há virtual certeza de que calores extremos (incluindo ondas de calor) passaram a ser mais frequentes e mais intensos em muitas regiões terrestres desde 1950", afirma o Sexto Relatório de Avaliação (AR6, WG I, 2021) do IPCC (AR6, WG I, 2021).[64] Como veremos em detalhes no Capítulo 8 (tabelas 8.2 e 8.3, p. 339), os impactos resultantes dessas ondas de calor têm causado um imenso aumento do sofrimento humano, tal como registrado em vários relatórios da ONU e de demais agências internacionais.[65] Entre 1980 e 1999, houve 130 ondas de calor extremo notificadas pelos governos; mas, entre 2000 e 2019, essas ondas se multiplicaram por um fator de 3,2, atingindo 432 ondas de calor extremo, uma média de 21,6 por ano. Entre 2000 e 2019, mais da metade da população humana, cerca de quatro bilhões de pessoas, foi afetada por desastres "naturais", e 91% desses desastres nesse período são atribuíveis à emergência climática.[66] Também segundo a Organização Mundial da Saúde (OMS), "entre 2000 e 2016, o número de pessoas expostas a ondas de calor aumentou em cerca de 125 milhões".[67] Um relatório da European Environment Agency revelou que, entre 1980 e 2020, 91% das 142.101 mortes causadas na Europa por eventos meteorológicos extremos decorreram de ondas de calor extremo.[68]

Desde 2016, o periódico *The Lancet* publica anualmente o "Lancet Countdown on Health and Climate Change", um estudo produzido em conjunto por mais de uma centena de especialistas de dezenas de universidades e outras instituições, incluindo a OMS e o Banco Mundial. A edição lançada no final de 2018 adverte que "um clima em rápida mudança tem implicações tremendas para todos os aspectos da vida humana, expondo populações vulneráveis a condições climáticas extremas, alterando padrões de doenças infecciosas e comprometendo a segurança alimentar, a água potável e o ar limpo".[69] Segundo esse estudo, em 2017 ocorreram 157 milhões de eventos adicionais de ondas de calor (um evento de exposição sendo uma onda de calor sofrida por uma pessoa) em relação ao período de base 1986-2005, dezoito milhões a mais do que em 2016, tal como mostra a Figura 5.8 (p. 255).

Em 2017, prossegue o estudo, 153 bilhões de horas de trabalho foram perdidas potencialmente em função de ondas de calor. A edição de 2020 desse relatório indica, para o ano de 2019, perdas de 302,4 bilhões de horas de trabalho, quase o dobro das perdas de horas de trabalho em 2017, além de outros dados igualmente indicativos do

Figura 5.8: Mudanças no número de eventos de exposição a ondas de calor (sendo um evento de exposição entendido como uma onda de calor sofrida por uma pessoa) em relação ao número médio do período 1986-2005. A linha horizontal contínua é o período de referência (1986-2005). A linha pontilhada indica mudança zero

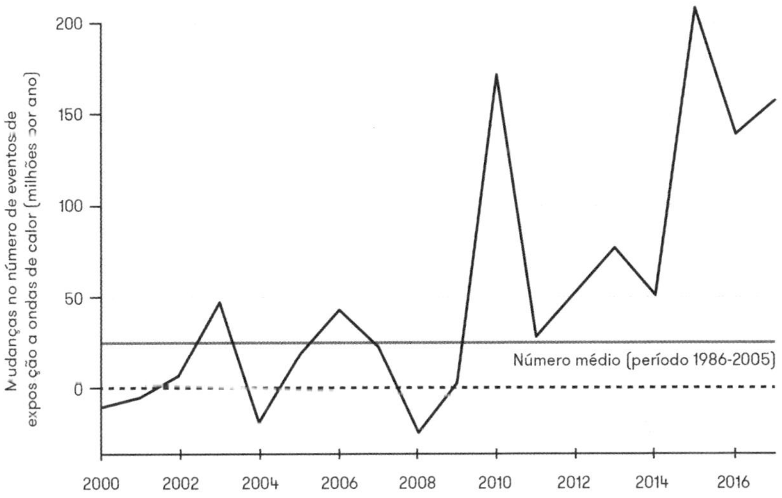

Fonte: Nick Watts *et al.*, "The 2018 Report of the Lancet Countdown on Health and Climate Change: Shaping the Health of Nations for Centuries to Come", *The Lancet*, v. 392, n. 10.163, dez. 2018, p. 2.485, fig. 3.

agravamento dos impactos das ondas de calor, sobretudo se comparados com os dados de 2017:

> Populações vulneráveis foram expostas a adicionais 475 milhões de eventos de ondas de calor em todo o mundo em 2019, o que, por sua vez, se refletiu em excesso de morbidade e mortalidade. Nos últimos vinte anos, houve um aumento de 53,7% na mortalidade relacionada ao calor em pessoas com mais de 65 anos, atingindo um total de 296 mil mortes em 2018. O alto custo no que diz respeito a vidas humanas e sofrimento está associado a efeitos na produção econômica, acarretando a perda de 302 bilhões de horas de capacidade de trabalho potencial em 2019.[70]

Esses são indicadores suplementares, entre inúmeros outros, de um estágio inicial de colapso. Nick Watts, coordenador desses relatórios, declarou, com efeito, que esses eventos "não são algo que vai acontecer em 2050, são coisas que estamos vendo hoje".[71] Os impactos sobre a saúde e a mortalidade humana e de outros animais estão agora se tornando objeto de estudos epidemiológicos em escala global,[72] empreendidos por coletivos de cientistas de diversos países, tais como os recentemente publicados por periódicos como *The Lancet Planetary Health*[73] e *Nature Climate Change*.[74] Sabemos, por exemplo, que no período 1991-2015, 37% (20,5% a 76,3%) das mortes em 732 localidades de 43 países do planeta ocasionadas por exposição a excesso de calor podem ser atribuídas a mudanças climáticas antropogênicas. O estudo coordenado por Ana Maria Vicedo-Cabrera conclui que "os prejuízos para a saúde decorrentes das mudanças climáticas antropogênicas estão ocorrendo, e são geograficamente amplos e não triviais. Em muitas localidades, a mortalidade atribuível é da ordem de dezenas a centenas de mortes por ano".[75]

As mortes por desidratação, hipertermia ou insolação (*heat strokes*) já causam globalmente mais óbitos do que todos os demais desastres naturais combinados, e cresceram dramaticamente nas últimas décadas, afirma o estudo de Lisa Leon e Abderrezak Bouchama.[76] É claro que a letalidade por exposição a excesso de calor ainda é muito menor do que a da exposição a excesso de frio, inclusive por causa do aumento do número de pessoas sem-teto, mas a curva ascendente das mortes por excesso de calor e a declinante por excesso de frio devem se cruzar em um futuro já discernível. O maior estudo epidemiológico já realizado a respeito dessas ondas de calor extremo, com dados do período entre 1984 e 2015 colhidos em 412 comunidades em vinte países, calcula que, entre 2031 e 2080, segundo quatro cenários de emissões de GEE, haverá aumentos de mortalidade entre 150% e 2.000% (na Colômbia) por ondas de calor, em relação ao período 1971-2020.[77] Há estimativas, por exemplo, de que mortes excedentes por ondas de calor nas 45 maiores áreas metropolitanas dos Estados Unidos aumentem para 13.860 em meados dos anos 2040, número que representa mais de dez vezes a média histórica de 1.360 mortes por verão no período 1975-2010.[78] No que se refere à Europa, os resultados da modelagem de Giovanni Forzieri e colegas são impactantes:

> Desastres relacionados ao clima podem afetar cerca de dois terços da população europeia anualmente até o ano 2100 (351 milhões de pessoas expostas por ano [faixa de incerteza de 126 milhões a 523 milhões] durante

o período de 2071-2100) em comparação com 5% durante o período de referência (1981-2010; 25 milhões de pessoas expostas por ano).[79]

Segundo os autores, o aquecimento global será responsável por mais de 90% do aumento do risco para os seres humanos no âmbito dos desastres relacionados ao clima. O excesso de calor, então, já não será um exterminador relativamente silencioso. Ele ganhará proporções epidêmicas e se somará às próximas pandemias.[80]

5.5 Comparação entre os dois últimos decênios

O primeiro decênio do século XXI sofreu ondas gigantescas de calor, a começar pela que assolou a Europa em 2003, matando mais de setenta mil pessoas.[81] Outras ondas de calor fortíssimas, com temperaturas muito acima de 40°C e milhares de mortes por hipertermia, ocorreram em 2007 (Europa, Ásia e América do Norte),[82] em 2009 (Argentina e Austrália) e em 2010 (recorde absoluto na Rússia, com 44°C em Yashkul).[83] Esta última, com duração de um mês e meio, atingiu mais de 5°C acima da média histórica. Combinada com a seca e com os incêndios que atingiram sete regiões do país, algumas densamente povoadas, provocou um excesso de mortalidade (em relação a 2009) calculado em 54 mil mortes.[84] Um relatório do Ministério do Desenvolvimento Econômico da Rússia reporta a seguinte estimativa: "Em conexão com o calor excepcional, incêndios florestais e fumaça, houve mais de 14.500 mortes em julho e mais de 41.300 em agosto [de 2010] a mais do que no mesmo período do ano anterior".[85] Um total, portanto, de 55.800 mortes a mais do que em 2009 durante esses dois meses.

No segundo decênio do século XXI, a situação se mostrou ainda mais grave. Já em 2012, começavam a se constatar tendências decenais de aumentos na frequência, na intensidade e na duração de ondas de calor entre 1950 e 2011.[86] Na Europa ocidental e mediterrânea, a onda de calor "Lúcifer" de agosto de 2017 trouxe saldos de mortes e prejuízos imensos. Acerca da onda de calor que se abateu sobre a Europa no verão de 2018, Dann Mitchell, da University of Bristol, escreveu:

> Mostramos que, no estado atual do clima, ondas de calor similares à presente podem ocorrer a cada cinco ou seis anos em média. No mundo futuro a 1,5°C [a mais], elas podem se dar a cada dois anos, e num mundo a 2°C [a mais] é provável que quase todos os verões tenham ondas de calor ao menos tão quentes quanto esta.[87]

No Japão, uma onda de calor no verão de 2018 elevou a temperatura a 41,1°C, provocando 77 mortes notificadas e a hospitalização por insolação de cerca de trinta mil pessoas.[88]

No hemisfério sul, menos estudado, a Austrália tem sido particularmente atingida por ondas de calor extremo e incêndios. No Angry Summer australiano de 2012-2013, registraram-se 123 quebras de recordes de calor num período de noventa dias. O país bateu três marcas: (i) o dia mais quente do mês de janeiro, (ii) o janeiro mais quente e (iii) o verão mais quente dos registros históricos. Ao longo de sete dias corridos, o país inteiro teve uma temperatura média de 39°C. Um estudo de Sarah Perkins-Kirkpatrick e colegas chama a atenção para o fato de que essas ondas de calor já são responsáveis por mais da metade de todas as mortes relacionadas a causas naturais, com prejuízos para a força de trabalho do país de 6,2 bilhões de dólares anuais, em média: "Na Austrália, a intensidade do verão de 2012/2013 foi cinco vezes mais provável de ocorrer num clima sob a influência de gases de efeito estufa antropogênicos, comparada a um clima sem essas influências".[89] No verão de 2018-2019, a temperatura nesse país atingiu 47°C, ou 12°C acima da média para o período,[90] e em janeiro de 2019, registrou-se a marca de 48,9°C, com uma temperatura noturna de 35,9°C, levando a sucessivas quebras de recordes dos registros históricos nas regiões afetadas, iniciados em 1962. Incêndios e mortes humanas e de outros animais, como peixes e morcegos, vêm sendo registrados em números crescentes e se transformaram num "novo normal".[91] O retorno em 2018-2019 do Angry Summer de 2012-2013 tomou o nome de Angriest Summer: "Em apenas noventa dias, foram batidos mais de 206 recordes de temperatura na Austrália continental",[92] o verão mais quente dos registros históricos por uma margem de 2,14°C acima do período de referência 1961-1990. Na realidade, todos os verões australianos desde o de 2003 (exceto um) foram mais quentes que os verões desse período de referência, como mostra a Figura 5.9.

Figura 5.9: Temperaturas na Austrália durante o verão em relação ao período de referência 1961-1990

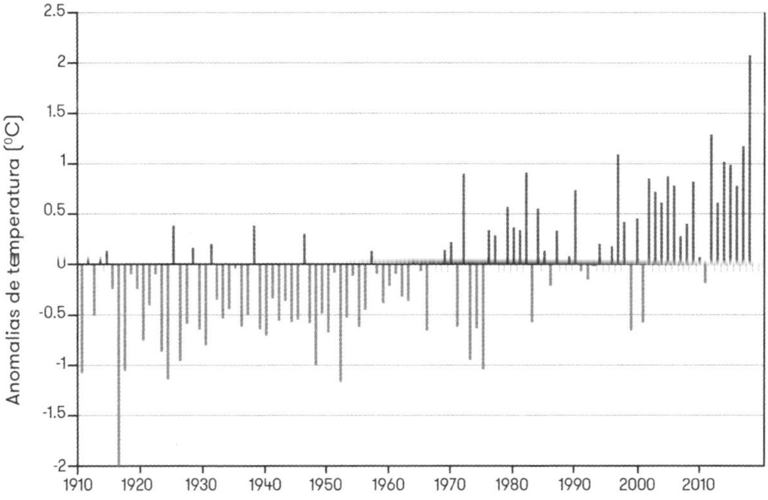

Fonte: Will Steffen *et al.*, *The Angriest Summer*. Potts Point: Climate Council of Australia, 2019, figura 1.

5.6 Recordes de calor nos últimos sete anos (2015 — janeiro de 2022)

Comecemos por três informações sobre 2021 aptas a fornecer uma imagem da catástrofe que se avizinha: (i) "Mais de quatrocentas estações meteorológicas no mundo todo bateram recordes das mais altas temperaturas dos registros históricos em 2021";[93] (ii) "Um total de 1,8 bilhão de pessoas, quase um quarto da população mundial, vivem em países que tiveram em 2021 o ano mais quente já registrado"; (iii) "Vinte e cinco países, incluindo China, Nigéria e Irã, registraram uma média anual recorde em 2021".[94] Por brutais que sejam, esses dados não surpreendem mais e não teriam por que surpreender quando lembramos que os últimos oito anos (2014-2021) foram os mais quentes dos registros históricos,[95] o que naturalmente implica uma profusão crescente de temperaturas extremas.

Os novos recordes de temperatura têm ocorrido em todas as latitudes, a começar pelo Ártico (acima do paralelo 66°N), em decorrência do fenômeno de amplificação ártica, causado, entre outros fatores, pela diminuição do albedo (perda das coberturas brancas de neve e gelo ou escurecimento dessas superfícies por poluição). Em quatro dos cinco anos entre 2014 e 2018, o Polo Norte sofreu as mais intensas ondas de calor dos registros históricos, iniciados em 1958, inclusive com temperaturas acima de zero, isto é, 17°C a 19°C acima do normal.[96] Na Finlândia e na Escandinávia, a temperatura ultrapassou vários recordes históricos, com termômetros em torno de 33°C, por vezes em latitudes superiores a 70°N. Na noite do dia 18 para 19 de julho de 2018, a temperatura não ficou abaixo de 25,2°C na latitude 70,7°N, a noite mais quente já observada no norte da Escandinávia, à beira do Mar de Barents, no Oceano Ártico.[97] Na Sibéria, em junho de 2020, no contexto de uma longa onda de calor, a temperatura atingiu 38°C em Verkhoyansk. Situada a cerca de 115 km ao norte do Círculo Polar Ártico, a cidade cravou a mais alta temperatura registrada desde 1885 nas latitudes árticas. As temperaturas médias foram até 10°C superiores às das médias históricas para essa época do ano no Ártico siberiano.[98] Em Anchorage (61°N), no Alasca, a temperatura bateu 32,2°C (90°F) em 4 de julho de 2019, também a mais alta dos registros históricos e mais de 14°C acima da média histórica nesse período.[99] Essas novas e mais frequentes temperaturas veranis no Ártico ou próximo dele disparam incêndios florestais maiores, rápido derretimento do permafrost e, em consequência desses dois fenômenos, imensas emissões de CO_2 e metano (CH_4) na atmosfera. Em março de 2022, na Antártida, como visto na Introdução (seção 3), as temperaturas atingiram −12°C, ou seja, cerca de 40°C acima da média histórica para esse período do ano, o que desencadeou o colapso da plataforma de gelo Conger.[100]

Isso posto, os recordes invernais de calor no Ártico ou em altas e médias latitudes setentrionais são ainda mais notáveis e, como detidamente analisado por Jürgen Kreyling e colegas, "podem ter efeitos ecológicos profundos".[101] Em novembro de 2016, a temperatura no Polo Norte atingiu −7°C, ou seja 15°C acima do normal para essa latitude (entre 80°N e 90°N) nessa época do ano.[102] Em fevereiro de 2018, embora ainda sem praticamente receber luz do sol, a temperatura da Sibéria estava até 35°C acima da média histórica para o mês. Na Groenlândia, no mesmo fevereiro de 2018, a temperatura passou 61 horas acima de zero grau, um período três vezes mais longo que em qualquer outro fevereiro.[103] Em 26 de dezembro de 2021, os termômetros marcaram 19,4°C (67°F) na Ilha de Kodiak (57,7°N), no Alasca,

Tabela 5.3:[104] Temperaturas máximas (entre 45°C e 54,4°C) entre 2015 e janeiro de 2022

País	Temperatura	Ano
Argentina[I]	45°C	2022
Colômbia	45°C	2015
Guiné (Conakri)	45°C	2017
África do Sul (Cidade do Cabo)[II]	45,2°C	2022
Índia (Nova Déli)[III]	45,4°C	2020
França (Vérargues, Hérault)	46°C	2019
Estados Unidos (Colorado)	46°C	2019
Chipre	46,2°C	2020
Egito (Kharga)	47°C	2021
Sudão (Cartum)	47°C	2021
Grécia (Langadas)[IV]	47,1°C	2021
Estados Unidos (Las Vegas)	47,2°C	2021
Espanha	47,3°C	2017
Catar (Doha)	48°C	2021
Itália (Siracusa, Sicília)[V]	48,8°C	2021
México (Gallinas)[VI]	48,8°C	2020
Turquia (Cizre)[VII]	49,1°C	2021
Estados Unidos (Chino, Califórnia)[VIII]	49,4°C	2020
Estados Unidos (Woodland Hills, Califórnia)[IX]	49,4°C	2020
Austrália (Port Augusta)[X]	49,5°C	2019
Canadá (Lytton)	49,6°C	2021
Marrocos (Sidi Slimane)	49,6°C	2021
Austrália (Nullarbor, Austrália do Sul)	49,9°C	2019
Tunísia (Cairuão)	50,3°C	2021
Arábia Saudita (Qaisumah)	50,4°C	2021
China (Xinjiang)	50,5°C	2017
Austrália (Onslow)[XI]	50,7°C	2022
Omã (Joba)	51,6°C	2021
Índia (Phalodi, Rajastão)[XII]	51°C	2016
Argélia (Uargla)[XIII]	51,3°C	2018
Emirados Árabes Unidos (Sweihan)	51,8°C	2021
Paquistão (Turbat)[XIV]	53,7°C	2017
Iraque	53,8°C	2016
Kuwait (Mitribah)	53,9°C	2016
Irã (Ahvaz)[XV]	54°C	2017
Estados Unidos (Califórnia, Furnace Creek)	54,4°C	2020

Fontes: "List of Weather Records", Wikipedia, [s.d.]. Disponível em: https://en.wikipedia.org/wiki/List_of_weather_records; OMM, "June Ends with Exceptional Heat", 30 jun. 2021. Disponível em: https://public.wmo.int/en/media/news/june-ends-exceptional-heat; Mohammed Haddad, "Mapping the Hottest Temperatures around the World", *Al Jazeera*, 1 jul. 2021; Bibi van der Zee, "More Than 400 Weather Stations Beat Heat Records in 2021", *The Guardian*, 7 jan. 2022.

um salto de 7°C acima do recorde de calor precedente.[105] Uma onda de calor no inverno europeu de 2021-2022 trouxe temperaturas absolutamente anômalas: em Londres, 16,2°C;[106] em Roma, 18°C; em Catânia, na Sicília, 22°C; no sul da França, temperaturas acima de 20°C; em Bilbao, na Espanha, 24,7°C. Nos Alpes, a altitudes de 1.600 metros, foram registradas temperaturas em torno de 15°C, sem quedas abaixo de 10°C mesmo à noite, e não há registros de zero grau abaixo de quatro mil metros de altitude. Em Cortina d'Ampezzo e em Courmayeur, famosas estações de esqui situadas a mais de 1.200 metros de altitude, as temperaturas oscilaram em dezembro de 2021 entre 13°C e 15°C.[107]

Naturalmente, nada é tão perigoso quanto a exposição dos organismos a temperaturas acima de 40°C. A Tabela 5.3 (p. 261) mostra temperaturas verdadeiramente infernais, a partir de 45°C, em países situados em latitudes muito diferentes, algumas inclusive muito distantes do cinturão equatorial, entre 2015 e janeiro de 2022.

Em junho de 2021, a OMM afirmou ser difícil registrar todos os recordes de temperatura, tal sua quantidade.[108] Em Lytton, na província de Colúmbia Britânica, no Canadá, a temperatura naquele mês chegou a 49,6°C, mais que o dobro da temperatura média dessa cidade em junho (24°C). Na mesma província canadense, romperam-se, no dia 27 de junho, sessenta recordes de temperatura e, no dia 28, outros 59, obrigando o governo a fechar escolas e a abrir refúgios com ar-condicionado.[109] A Sicília bateu por quase 1°C o recorde europeu de 48°C (Atenas, 1977), ao registrar 48,8°C em Siracusa em agosto de 2021.[110] As temperaturas no Kuwait estão tornando o lugar inabitável para humanos e outros animais. Em 2021, as temperaturas nesse país ultrapassaram pela primeira vez a marca de 50°C já em junho, ou seja, semanas antes do período de maior calor.[111] Em 5 de julho de 2018, a cidade de Urgala, na Argélia, atingiu 51,3°C, a maior temperatura medida de modo confiável na África. A temperatura mais baixa do dia 28 de junho de 2018 em Curiate, em Omã, foi 42°C.[112] A temperatura de 50,7°C atingida em Onslow, na Austrália, em janeiro de 2022, foi a mais alta já registrada no hemisfério sul.

No Brasil, temperaturas acima de 45°C serão em breve uma realidade. Em 5 de outubro de 2020, em Nova Maringá (MT) e em Água Clara (MS), a temperatura atingiu 44,6°C, e, em 4 e 5 de novembro, em Nova Maringá, o termômetro bateu em 44,8°C. No mesmo ano, houve quebras de recordes de calor também em Cuiabá, Curitiba e Belo Horizonte.[113] Em janeiro de 2019, foram quebrados recordes de temperatura em Vitória, Belo Horizonte, Brasília e Goiânia.[114] Nesse mesmo mês, em Santa Catarina, a temperatura atingiu 41,3°C na estação de Massaranduba e 41°C na Grande Florianópolis, definindo outros novos recordes.[115] No Rio de Janeiro, um novo recorde de temperatura, 42,2°C, foi batido também em janeiro de 2019.[116] Um estudo comparou ondas de calor em seis capitais brasileiras entre 1961 e 2014. Na cidade de São Paulo, ondas de calor acima de 32°C somavam apenas treze dias em 1960, mas 25 em 2017, um

Figura 5.10: Evolução constatada e projeções do número mensal de ondas de calor observadas em relação às que seriam esperadas num mundo sem aquecimento global, entre 1880 e 2040. As linhas mais finas mostram a variabilidade dos dados anuais; a linha mais espessa, a evolução da média quinquenal. A linha central na mancha de incerteza indica as predições a partir de um simples modelo estocástico baseado meramente na evolução do aquecimento médio global

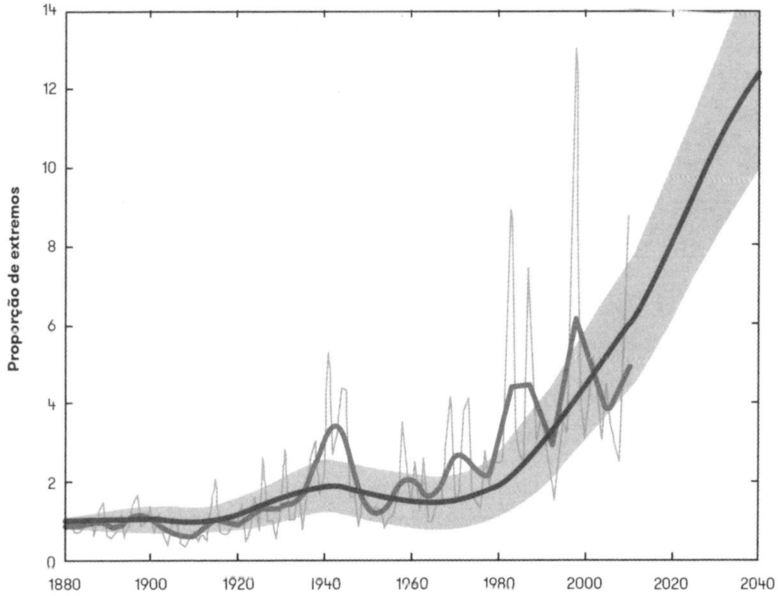

Fonte: Baseado em John Cook, "Global Warming Is Increasing the Risk of Heatwaves", Skeptical Science, 2015. Disponível em: https://www.skepticalscience.com/heatwaves-past-global-warming-climate-change-intermediate.htm.

aumento de quase 100%. Em outubro de 2014, a temperatura atingiu 37,8°C na cidade, a mais elevada dos registros do Instituto Nacional de Meteorologia (Inmet), iniciados em 1943. A média histórica para o mês de janeiro na cidade de São Paulo é de 27,7°C, mas, entre 10 e 15 de janeiro de 2015, a média das temperaturas máximas diárias registradas na capital paulista foi de 32,5°C, num momento em que a escassez absoluta de água era iminente.[117]

Essas temperaturas extremas sinalizam também, como afirma o supracitado editorial da *Nature*, que o calor agora ameaça de morte contingentes populacionais cada vez maiores. E esses contingentes crescerão de forma exponencial à medida que o aquecimento médio global ultrapassar 1,5°C nos próximos anos ou, no mais tardar, na próxima década. O IPCC (SR1.5, 2018) enfatiza o salto de escala nos impactos de um aquecimento médio global de "apenas" 2°C acima do período pré-industrial, comparado com um aquecimento de 1,5°C:

> Limitar o aquecimento global a 1,5°C em vez de 2°C pode resultar em cerca de 420 milhões de pessoas a menos expostas a ondas de calor extremo e cerca de 65 milhões a menos de pessoas expostas a ondas de calor excepcionais, assumindo vulnerabilidade constante (confiabilidade média).[118]

A Figura 5.10 (p. 263) projeta a evolução dessas ondas mensais de calor extremo até 2040.

5.7 Ilhas de calor urbano e as regiões que se tornarão inabitáveis antes das demais

> *As cidades, que contribuem com 70% das emissões globais [de GEE], são altamente vulneráveis aos impactos climáticos*
>
> — Petteri Taalas, secretário-geral da OMM (2022)[119]

Uma porcentagem crescente dos 4,2 bilhões de pessoas que vivem hoje em cidades são vítimas potenciais das ilhas de calor urbano. O Sexto Relatório de Avaliação (AR6, WG I, 2021) do IPCC assim define as ilhas de calor urbano (ICU):

> Centros urbanos e cidades são mais quentes do que as áreas rurais circundantes devido ao que é conhecido como efeito de ilha urbana de calor. Esse efeito resulta de vários fatores, incluindo ventilação reduzida e retenção de calor em razão da proximidade de edifícios altos, calor gerado diretamente pelas atividades humanas, pelas propriedades de absorção de calor do concreto e outros materiais de construção urbana e pela quantidade limitada de vegetação. [...] A urbanização exacerbou as mudanças nos extremos de temperatura nas cidades, em particular em extremos no período noturno (alta confiabilidade) [120]

Nessas ilhas, as concentrações e os labirintos de asfalto, pedra, pisos pavimentados e estruturas em concreto absorvem e reemitem calor, o que dificulta sua dissipação pelos ventos, diminui o resfriamento noturno e exacerba as temperaturas em até 10°C em relação a paisagens rurais circundantes com vegetação abundante e grandes corpos de água.[121] Segundo o IPCC (AR6, WG II, 2022), "globalmente, projeta-se que o estresse de calor urbano reduza a capacidade laboral em 20% nos meses quentes até 2050, comparado com a redução atual de 10%".[122] De fato, o impacto dessas concentrações urbanas já está inviabilizando o trabalho ao ar livre nas cidades em algumas regiões do planeta. Desde 2016, o Ministério do Trabalho do Kuwait proibiu o trabalho ao ar livre das 11 horas às 16 horas entre 1º de julho e 31 de agosto, dado o risco de exposição prolongada ao sol.[123] O relatório da Union of Concerned Scientists, intitulado "Too Hot to Work", afirma que "trabalhadores ao ar livre nos Estados Unidos têm até 35 vezes maior risco de morrer por exposição ao calor do que a população geral". Os autores reportam a recomendação do Center for Disease Control (CDC), segundo a qual o trabalho ao ar livre deve ser cancelado e reagendado sempre que a temperatura exceder 42,2°C (108°F), dada a gravidade dos riscos. E alertam, enfim, que:

> Com ação lenta ou nenhuma ação para reduzir as emissões globais e assumindo que não haja nenhuma mudança no número de trabalhadores ao ar livre, a exposição desses trabalhadores a dias com um índice de calor acima de 100°F [37,7°C] aumentará três ou quatro vezes em meados do século.[124]

Já em julho de 2017, esses picos de calor extremo implicaram o cancelamento de dezenas de voos em Phoenix, porque os aviões não foram projetados para decolar a temperaturas acima de 47°C. Num futuro próximo, o aquecimento deve restringir as condições operacionais de cinco modelos de aviação comercial em dezenove grandes aeroportos.[125] Problemas desse tipo foram relatados no aeroporto internacional de Las Vegas em julho de 2021.[126] Também no verão de 2021, fechou-se à visitação o Partenon em Atenas, sob um calor de 42°C, entre meio-dia e 17 horas, e é provável que, num futuro não distante, muitas regiões do Mediterrâneo fiquem inacessíveis ao turismo durante boa parte do ano.

Como mostra a Tabela 5.3 (p. 261), a temperatura ultrapassou 46°C desde 2016 em 23 países. Quinze deles se localizam no Mediterrâneo e no Oriente Médio (Chipre, Espanha, Itália, Grécia, Turquia, Egito, Argélia, Tunísia, Marrocos, Irã, Iraque, Emirados Árabes Unidos, Omã, Arábia Saudita e Catar), quatro na Ásia e na Oceania (China, Índia, Paquistão e Austrália), três na América do Norte (México, Estados Unidos e Canadá) e um no Sahel (Sudão). Nada menos que vinte desses registros em dezesseis países apresentaram temperaturas acima de 49°C, sendo que treze desses registros em treze países tiveram temperaturas acima de 50°C. Como constata Jean Jouzel, ex-vice-presidente do IPCC, a respeito da onda de calor canadense em julho de 2021, "a temperaturas próximas de 50°C, entramos em um mundo no qual não se pode controlar mais nada. As aldeias se incendeiam, a natureza é destruída, há perdas humanas e as infraestruturas não resistem".[127]

Os 23 países acima elencados estão entre os que abrigam as regiões mais quentes e mais secas do mundo. Elas serão possivelmente as primeiras do planeta a se tornar inabitáveis para humanos e outros animais durante o verão, já no próximo decênio ou, no mais tardar, até meados do século. Lar de mais de 540 milhões de pessoas, o Mediterrâneo tem se aquecido 20% mais rapidamente do que a média global, o que significa que ele já ultrapassou o patamar de 1,5°C acima do período pré-industrial, e algumas de suas áreas podem se tornar inabitáveis durante os picos de calor já no horizonte de meados do século, quando o aquecimento médio regional tiver ultrapassado 3°C acima do período pré-industrial no horizonte deste século.[128] No verão de 2021, como visto acima, Siracusa, na Sicília, foi atingida por um calor de 48,8°C. A cidade sofrerá em breve temperaturas superiores a 50°C e não é verossímil que, no intervalo de apenas dez ou vinte anos, sua população se adapte a tais extremos sem sofrer inúmeras mortes ou mesmo ser desertada. No que se refere, por exemplo, ao Oriente Médio e ao norte da África, segundo George Zittis e colegas:

> Em cenários de altas emissões e concentrações de GEE em partes do Oriente Médio, por exemplo, perto do Golfo Pérsico, projeta-se que o efeito combinado de alta temperatura e umidade possa atingir ou mesmo exceder os limites da adaptabilidade humana. [...] Considerando intensidades moderadas de intensificação das ilhas de calor urbano, prevemos que a temperatura máxima durante as ondas de calor "superextremas" e "ultraextremas", em alguns centros urbanos e megacidades no Oriente Médio e no norte da África, poderiam atingir ou mesmo exceder 60°C, o que seria tremendamente disruptivo para a sociedade. A humanidade nesses locais dependerá do resfriamento interno e externo, ou será forçada a migrar.[129]

Depender de refúgios públicos dotados de equipamentos de ar-condicionado, tal como ocorreu em junho de 2021 na Colúmbia Britânica, no Canadá, pode ser um bom procedimento emergencial, mas não é, obviamente, uma solução, mesmo para os países ricos. Segundo estimativas propostas por Renee Obringer e colegas, um aquecimento médio global de 1,5°C acima do período pré-industrial, já inevitável (como veremos no próximo capítulo), deve implicar um aumento entre 5% e 8,5% na demanda de ar-condicionado nos Estados Unidos, e um aquecimento de 2°C representaria um aumento de 13% (11% a 15%), se comparado à média de 2005-2019. Sem medidas específicas de adaptação, a sobrecarga na rede decorrente desse aumento de demanda seria suficiente para engendrar alto risco de quedas recorrentes de oferta de energia elétrica em alguns estados daquele país.[130]

Na China, houve cerca de 26.800 mortes relacionadas a ondas de calor em 2019, uma tendência claramente crescente em relação a anos recentes.[131] Com metade de seu território atingido por secas entre graves e "extraordinárias",[132] a onda de calor iniciada em junho de 2022 foi de longe a pior e a mais extensa geograficamente dos registros históricos nesse país. Ela perdurou por mais de 75 dias, quebrou recordes de temperatura em centenas de estações meteorológicas, causou apagões elétricos, matou milhões de animais de criação, afetou novecentos milhões de pessoas e arruinou muitas colheitas. Apenas na área municipal de Xunquim, 66 rios secaram.[133] Para compensar a penúria de energia hidrelétrica, o governo chinês decidiu maximizar o uso de carvão na geração de energia por usinas termelétricas. Como visto no Capítulo 4 (seção 4.1), a produção de carvão na China atingiu 2,56 bilhões de toneladas entre janeiro e agosto de 2022, um aumento de 11,5% em relação ao mesmo período em 2021.[134] Este típico círculo vicioso é o caminho mais rápido e seguro para afundar o país e o mundo em crises sistêmicas, com aumentos sucessivos da temperatura, mais secas, mais enchentes e demais desequilíbrios climáticos.

Na Índia, registraram-se 31 mil mortes em 2018 por ondas de calor em pessoas com mais de 65 anos.[135] O país já é um dos locais mais mortíferos do planeta por excesso de calor: das quinze localidades mais quentes do mundo em 2020, dez estavam na Índia.[136] Houve um aumento de 61% no número dessas mortes no país entre 2004 e 2013, segundo dados do National Crime Records Bureau (NCRB).[137] Nos onze anos entre 2005 e 2015, houve sete anos nos quais ondas de calor causaram mais de mil mortes, contra apenas dois anos no período entre 1992 e 2004.[138] Entre 2013 e 2016, houve registro de 4.620 mortes por excesso de calor nos estados de Andra Pradexe e Telangana, no sudoeste da Índia.[139] Apenas em maio de 2015, em várias regiões do país a temperatura ultrapassou regularmente 47°C, com registro de 2.500 mortes, a maioria de trabalhadores pobres, urbanos e rurais.[140] Em junho desse mesmo ano, essa onda de calor extremo atingiu o Paquistão com temperaturas de até 49°C, causando cerca de duas mil mortes. Ambos os países foram vítimas de ondas de calor extremo igualmente em 2017 e em 2018, com temperaturas de até 51°C e numerosos óbitos. Por mais terríveis que sejam, esses números de vítimas fatais do calor são bastante subestimados. Segundo Dileep Mavalankar, diretor do Indian Institute of Public Health (IIPH), "considerando apenas as mortes por insolação clinicamente certificadas, elas representam apenas 10% do total das mortes por excesso de calor. [...] Mortes por excesso de calor são como um iceberg, 90% delas não são visíveis".[141]

O Rajastão, situado a noroeste da Índia, na fronteira com o Paquistão, é o maior e um dos mais quentes estados do país, com cerca de setenta milhões de habitantes. As temperaturas nessa região e em áreas adjacentes já ultrapassam com frequência 50°C no verão. Entre março e maio de 2022, antes, portanto, do pico sazonal de calor, os termômetros já marcavam temperaturas superiores a 49°C nessa e em outras regiões da Índia e do Paquistão, com 49,5°C cravados em Nawabshah no Paquistão.[142] Em abril e maio de 2022, o país sofreu temperaturas acima de 40°C em muitos lugares e durante muito tempo. Em maio, em Jacobabad, a temperatura atingiu 51°C. Essas altíssimas temperaturas causaram degelo catastrófico em suas geleiras, rompendo represas naturais de gelo. Além disso, dado que o ar mais quente pode reter mais umidade, vários meteorologistas previram maior probabilidade de níveis anômalos de chuvas durante as monções de julho e setembro. E foi exatamente o que ocorreu. Entre junho e agosto de 2022, as chuvas desabaram sobre o país, submergindo por completo cerca de um terço de sua área total de 796 mil km².[143] O trasbordamento do Rio Indo criou um lago de 100 km de comprimento, que submergiu pessoas, animais, casas e plantações. Isso "ultrapassa todo limite, toda norma. Estamos habituados a cada ano com as monções, mas jamais vimos algo similar. Oito semanas de tempestades constantes", afirmou a ministra das Mudanças Climáticas do Paquistão, Sherry Rehman. Até meados de setembro de 2022, o Paquistão contabilizava, e de modo ainda muito provisório, 50 milhões de pessoas deslocadas, cerca de 1.500 mortes humanas, metade das quais de crianças, mais de 700 mil mortes de gado, 1,2 milhão de residências danificadas e 1,8 milhão de hectares (18 mil km²) de terras agrícolas perdidas.[144] Os prejuízos são estimados inicialmente em 30 bilhões de dólares, ou seja, mais de 10% do seu PIB (263 bilhões de dólares em 2020).[145] No sudeste do país, em Sindh (48 milhões de habitantes), a província em que se encontra Carachi, a maior e mais rica cidade do Paquistão, as chuvas danificaram 90% de sua agricultura. A fome ameaça a população, além de uma epidemia de malária e de outras doenças transmissíveis pela água, de modo que o saldo de mortes nos próximos meses será muito maior. O Paquistão jamais se recuperará por completo dessa catástrofe, e tanto mais porque novas calamidades climáticas devem sobrevir em breve, numa sequência cada vez mais feroz de eventos climáticos extremos. Em visita emergencial ao Paquistão em 10 de setembro de 2022, António Guterres, secretário-geral da ONU, declarou com sua habitual lucidez: "Estamos caminhando para um desastre. Travamos uma guerra contra a natureza, e a natureza está respondendo de forma devastadora. Hoje no Paquistão, amanhã em qualquer um de vossos países".[146] Exato! O quinto país mais populoso do mundo ensina hoje à comunidade das nações o que é um colapso ambiental, processo complexo e eventualmente abrupto que atingirá num futuro próximo um número crescente de países, a começar por sua vizinha, a Índia. Como bem reitera Sophie Landrin, "a Índia e o Paquistão se incluem entre os países mais vulneráveis às mudanças climáticas. Territórios como o Rajastão correm o risco de se tornar inabitáveis no curto prazo".[147] Outras regiões nesses dois países se tornarão igualmente inabitáveis. Segundo Pangaluru Kishore e colegas:

> Em um cenário de Trajetória de Concentração Representativa 4,5 [RCP 4,5 W/m² em 2100], o risco de ondas de calor [na Índia] deverá aumentar dez vezes durante o século XXI. [...] Simulações de modelos indicam a ocorrência de ondas de calor sem precedentes no futuro, nunca vistas no período observacional.[148]

As estimativas reportadas por Landrin são de que, em cinquenta anos, 1,2 bilhão de pessoas na Índia viverão em áreas tão quentes quanto o Saara, se as emissões de GEE continuarem aumentando. E elas devem continuar aumentando, inclusive com a contribuição da própria Índia, país no qual, hoje, mais de 60% da demanda de energia industrial é atendida pela queima de combustíveis fósseis, mais da metade através da queima de carvão. E esse aumento do consumo de carvão continuará de par com uma crescente escassez de recursos hídricos. De fato, a Agência Internacional de Energia (AIE) reporta projeções segundo as quais, "mantidas as tendências atuais, metade da demanda de água da Índia não será atendida até 2030".[149] Em *The Ministry for the Future* (2020), Kim Stanley Robinson propõe uma narrativa cujo ponto de partida é uma onda de calor que extermina vinte milhões de indianos. O autor imagina um quadro de traumas individuais e sociais daí decorrentes que talvez nada, ou muito pouco, tenha de ficcional já neste decênio ou nos próximos.

6. Quanto aquecimento é já inevitável?

Nous sommes d'ores et déjà pleinement entrés dans le "futur climatique".

— "Le SOS de 700 scientifiques", *Libération*, 7 set. 2018

A temperatura superficial global continuará a crescer ao menos até meados do século em qualquer cenário de emissões considerado.

— IPCC (2021)[1]

"Já entramos plenamente no 'futuro climático'", diz a frase em epígrafe que inicia o manifesto "Emergência climática: SOS de 700 cientistas", lançado pelo jornal *Libération* em setembro de 2018.[2] Ela indica a inevitabilidade de um aquecimento futuro maior do que o atingido no presente, quaisquer que sejam as medidas de mitigação adotadas. O relatório do Painel Intergovernamental sobre as Mudanças Climáticas (IPCC) de 2021, também citado em epígrafe, reitera que a temperatura média global e demais desequilíbrios climáticos continuarão aumentando, em qualquer cenário de diminuição de emissões, mesmo que, por hipótese, as emissões de gases de efeito estufa (GEE) cessem imediatamente. É o que afirma, de forma assertiva, o mesmo relatório:

> Glaciares montanhosos e geleiras polares confirmadamente continuarão a derreter por décadas ou séculos (confiabilidade muito alta). A perda de carbono do permafrost após seu degelo é irreversível em escalas de tempo de séculos (alta confiabilidade). A perda contínua de gelo ao longo do século XXI é praticamente certa para o manto de gelo da Groenlândia e provavelmente para o manto de gelo da Antártida. [...] É quase certeza o contínuo aumento do nível médio global do mar ao longo do século XXI. [...] No prazo mais longo, de séculos a milênios, ainda mais elevação do nível do mar já está confirmada, dados o contínuo aquecimento do oceano profundo e o derretimento da camada de gelo; e esse nível permanecerá elevado por milhares de anos (alta confiabilidade).[3]

Erupções vulcânicas, oscilações oceânicas, tais como a Oscilação Decadal do Pacífico, ou um La Niña, como o de 2020-2021, ainda em curso em 2022, influenciam a variabilidade natural do sistema climático e podem mascarar momentaneamente a aceleração do aquecimento, mas a tendência a temperaturas médias globais maiores continuará, e os correlativos extremos climáticos — furacões, ondas de calor e frio, recordes de calor, secas e inundações etc. — se intensificarão. Um maior aquecimento futuro é inevitável e já está, por assim dizer, comprometido pelas emissões de GEE passadas.

O clima responde de modo defasado às emissões e concentrações atmosféricas de GEE. Sua resposta tem um componente de curto prazo, vale dizer, no horizonte de um ou dois decênios, e outro de longo prazo, que pode ser medido em muitos decênios, em séculos e, no limite, em milênios. Essa resposta de longo prazo se deve a vários fatores. Um deles é o fato de que os oceanos, que cobrem 70% da superfície terrestre com uma profundidade média de 4 km, têm uma imensa inércia térmica, isto é, sua absorção de calor ocorre muito lentamente. Num livro centrado sobre os problemas que devem ser confrontados no decênio atual, a resposta de curto prazo é a que mais interessa. Comecemos, contudo, por examinar muito brevemente a resposta de longo prazo.

6.1 O aquecimento futuro de longo prazo determinado pelas emissões passadas

Uma primeira e mais simples forma de entender o aquecimento futuro já comprometido, abordada no Capítulo 5 (seção 5.1), é fornecida pelo crescente desequilíbrio energético da Terra (DET). Num famoso TED Talk de 2012, James Hansen afirmava:

> Há um desequilíbrio temporário de energia. Mais energia está entrando do que saindo da Terra, e esse desequilíbrio permanecerá até que a Terra se aqueça o suficiente para irradiar novamente para o espaço tanta energia quanto absorve do Sol. [...] Mais aquecimento já está a caminho e isso ocorrerá mesmo sem adição de mais gases de efeito estufa à atmosfera.[4]

Lembremos o que foi visto no Capítulo 5: a Terra entrou em crescente desequilíbrio energético desde os anos 1970, de tal modo que, entre 1978 e 2018, ela acumulou um ganho total de calor da ordem de 358 ± 37 zettajoules (ZJ). Portanto, como afirmam Karina von Schuckmann e colegas, para que a Terra retorne ao seu equilíbrio climático, as concentrações atmosféricas de dióxido de carbono (CO_2) precisam baixar do seu patamar médio anual nos dias de hoje, em torno de 415 partes por milhão (ppm), para algo próximo de 350 ppm.[5] Enquanto esse superávit da energia incidente do Sol sobre a energia dissipada pela Terra permanecer, ocorrerá ganho de energia no sistema Terra — hoje de cerca de um watt por metro quadrado (1 W/m^2), medido no topo da atmosfera —, implicando maior aquecimento futuro. Esse aquecimento futuro, inevitável, só cessará quando o planeta, tendo passado a um patamar superior de aquecimento, restaurar seu equilíbrio energético, vale dizer, quando dissipar tanta energia para o espaço sideral quanto a que recebe do Sol.

Uma segunda forma de entender esse aquecimento futuro inevitável de longo prazo é através da paleoclimatologia. Dado que, em épocas geológicas pregressas (por exemplo, no Período Terciário, 66 milhões a 2,58 milhões de anos antes do presente [AP]), a Terra apresentou concentrações atmosféricas de GEE muito mais elevadas, o que implicou temperaturas muito maiores, comparar as composições químicas anteriores da atmosfera com a composição atual pode nos instruir sobre a magnitude da tendência de aquecimento futuro. Em 2021, essas concentrações oscilaram sazonalmente entre 413 e 421,2 ppm (3 de abril de 2021).[6] Como visto no Capítulo 4 (seção 4.4), concentrações atmosféricas de CO_2 só superaram 400 ppm há pelo menos dois milhões (IPCC)[7] ou mesmo há mais de três milhões de anos, isto é, durante o Plioceno, a última época geológica do Terciário, quando a temperatura estava 2°C a 3°C acima do período pré-industrial.[8] Dado que as concentrações atmosféricas de GEE são um fator estruturante do sistema climático, o clima futuro no longo prazo deve corresponder, em linhas gerais, ao clima do Plioceno.

Isso posto, há incerteza sobre a velocidade e sobre o montante desse aquecimento inevitável, a partir das concentrações atmosféricas de GEE já existentes. Em geral, admite-se que, num cenário hipotético de emissões líquidas zeradas hoje, o aquecimento já comprometido pelas emissões passadas de GEE deveria ser de cerca de 0,6°C acima do aquecimento médio dos anos 1980-1999, podendo atingir no máximo 0,9°C até 2090-2099. Em seu Quarto Relatório de Avaliação (AR4, WG I, 2007), baseado num trabalho de James Hansen e colegas,[9] o IPCC confirmava esse prognóstico:

O aquecimento médio multimodelo, mantidos constantes todos os forçamentos radiativos no ano 2000 [...], é de cerca de 0,6°C para o período de 2090 a 2099 em relação ao período de referência 1980-1999. [...] [A] faixa de incerteza provável é de 0,3°C a 0,9°C. [James] Hansen *et al.* (2005) calculam o desequilíbrio de energia atual da Terra em 0,85 W/m^2, implicando que o aquecimento global ainda não realizado é de cerca de 0,6°C, isso sem qualquer aumento adicional no forçamento radiativo.[10]

No Quinto Relatório de Avaliação (AR5, WG I, 2013), o IPCC retomava essa análise de 2007 de modo quase idêntico, sugerindo um "aquecimento adicional de cerca de 0,5°C, duzentos anos após a estabilização do forçamento radiativo".[11] No Relatório Especial (SR1.5) de 2018, o IPCC explicitava essa percepção nos seguintes termos:

> É improvável que as emissões antropogênicas (incluindo gases de efeito estufa, aerossóis e seus precursores) até o presente causem um aquecimento adicional de mais de 0,5°C nas próximas duas a três décadas (alta confiabilidade) ou em uma escala de tempo de um século (média confiabilidade).[12]

O Sexto Relatório de Avaliação (AR6, 2021) do IPCC reitera que, mesmo no cenário de mais extrema redução das emissões (SSP1-1.9),[13] os modelos mostram um aquecimento futuro inevitável acima de 1,5°C em meados do século em relação ao período pré-industrial. Em todo caso, se, por hipótese, as emissões líquidas de GEE tivessem sido zeradas em 2018 ou em 2021, as concentrações atmosféricas desses gases nos levariam, sempre segundo o IPCC, a um aquecimento futuro não muito superior a 1,5°C.

Mais recentemente, porém, Chen Zhou e colegas propuseram que esse aquecimento de longo prazo, já comprometido pelas emissões passadas, será da ordem de 2,3°C a 2,8°C acima do período pré-industrial — muito maior, portanto, do que o aquecimento inevitável anteriormente admitido.[14] A tese central desse trabalho foi bem explicitada num breve vídeo produzido por um dos autores, Andrew Dessler. Trata-se da crítica de um equívoco em que incorrem as projeções da magnitude do aquecimento futuro já comprometido. Esse equívoco consistiria em assumir que tal aquecimento futuro pode ser previsto por meio da observação de aquecimentos em épocas passadas. "A principal conclusão de nosso trabalho é que não podemos supor que as mudanças futuras no sistema climático seguirão as mudanças passadas."[15] Isso porque, segundo os autores, a resposta das nuvens (*cloud feedback*)

Figura 6.1: Aquecimento global da atmosfera nas diversas latitudes do planeta (1850-2020). Há um aquecimento mais lento do Oceano Austral (60°S), devido à formação de nuvens baixas que refletem de volta para o espaço a radiação solar, produzindo um padrão regional de menor aquecimento

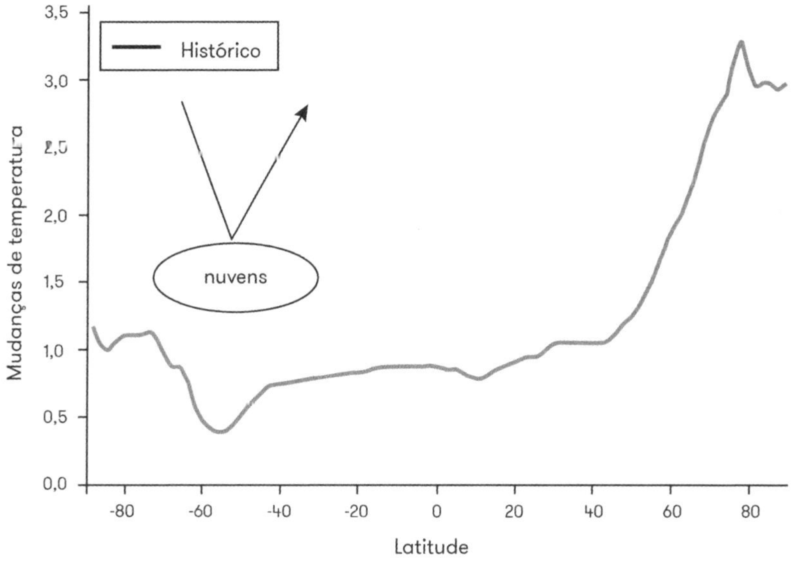

Fontes: Andrew E. Dessler, "Committed Warming Paper Explained" [vídeo], 2021, disponível em: https://www.youtube.com/watch?v=LV9aCiyui18; Chen Zhou *et al.*, "Great Committed Warming After Accounting for the Pattern Effect", *Nature Climate Change*, v. 11, 2021, p. 132-6.

ao aquecimento futuro será diferente de sua resposta ao aquecimento passado. A Figura 6.1 indica os diferentes níveis de aquecimento global nas diversas latitudes do planeta, com aquecimento mais lento do Oceano Austral (em torno da latitude 60°S). Esse menor aquecimento regional, subjacente a uma atmosfera que continua se aquecendo em decorrência do aquecimento global, favoreceu a formação localizada de nuvens baixas, que refletem de volta para o espaço a radiação solar, diminuindo assim o aquecimento médio global.

Quando os autores superpõem esses registros históricos aos modelos de sensitividade climática em equilíbrio (ECS),[16] isto é, com a resposta de longo prazo do sistema climático à duplicação das concentrações atmosféricas de CO_2, esse efeito de aquecimento regional mais lento desaparece. A partir dessa observação, Dessler e colegas podem concluir:

> Esse aquecimento do oceano austral ainda não aconteceu, não está no registro histórico. Portanto, usar o registro histórico como uma métrica para estimar o aquecimento futuro significa ignorar esse processo e subestimar o aquecimento que está por vir. Quando contabilizamos esse processo, descobrimos que o aquecimento comprometido tem um valor mais provável de cerca de 2,5°C [2,3°C-2,8°C] acima do período pré-industrial. [...] Esse é o aquecimento comprometido apenas em função das emissões já ocorridas.[17]

Deve-se insistir, como fazem os autores, que esse aquecimento futuro, inevitável em decorrência das emissões passadas, ocorrerá ao longo de um lento processo condicionado pela grande inércia térmica dos oceanos. Estamos falando de séculos, provavelmente, para que a maior parte desse aquecimento já inevitável ocorra.

6.2 A data-limite para conter o aquecimento em 1,5°C-2°C

Qualquer mudança de longo prazo nas temperaturas do planeta começa no curto prazo; ou seja, uma pequena parte desse aquecimento de longo prazo já está em ação. Embora isso seja óbvio, convém sempre ressaltar que, por mais lento e de longo prazo que seja, o aquecimento inevitável decorrente das emissões passadas está em ação a cada instante do presente. Além disso — e muito mais importante —, todas as estimativas de aquecimento futuro inevitável partem de uma premissa abstrata, qual seja, a suposição hipotética, e apenas para efeito de modelagem, de concentrações atmosféricas de GEE estabilizadas no momento do cálculo. Essa estabilização demandaria emissões líquidas zeradas, alvo ambicionado para 2050 e do qual o sistema econômico vigente se distancia dia a dia. Tal suposição, portanto, é um artefato teórico que nada tem a ver com o mundo real. Como visto no Capítulo 4 (seções 4.3 e 4.4), as emissões globais de CO_2 deram um salto de cerca de 6% em 2021 em relação a 2020, e vem sendo observada uma forte aceleração do ritmo de aumento das concentrações atmosféricas de CO_2. Neste terceiro decênio, é provável que o ritmo dessa taxa média de aumento alcance 3 ppm por ano. Em consequência disso, a evolução linear do aquecimento médio global passou de 0,18°C por década entre 1970 e 2015 para 0,32°C por década entre 2016 e 2021, com projeção de 0,36°C por década entre 2016 e 2040, como visto no capítulo anterior.[18]

Diante disso, não surpreende a mensagem central do Sexto Relatório (AR6, WG III, 2022) do IPCC: para manter uma chance maior de 50% de conter o aquecimento médio global em 1,5°C acima do período pré-industrial, as emissões de GEE devem começar a diminuir por efeito de uma "ação imediata" (*immediate action*) e, no mais tardar, "antes de 2025". Leiamos o texto:

> Projeta-se que as emissões globais de GEE atinjam o pico entre 2020 e, no mais tardar, antes de 2025 em trajetórias globais modeladas que limitam o aquecimento a 1,5°C (> 50%) sem ultrapassagem (*overshoot*) ou ultrapassagem limitada [de um aquecimento de 1,5°C], bem como naquelas trajetórias que limitam o aquecimento a 2°C (> 67%), assumindo uma ação imediata. Em ambos os tipos de trajetória modeladas, reduções rápidas e profundas de emissões de GEE continuam ao longo de 2030, 2040 e 2050 (alta confiabilidade). Sem o fortalecimento de políticas além das implementadas até o final de 2020, projetam-se aumentos das emissões de GEE além de 2025, levando a um aquecimento global médio de 3,2°C [2,2°C a 3,5°C] até 2100 (média confiabilidade).[19]

Convém destacar cinco pontos desse parágrafo:

1. se as emissões de GEE começarem a declinar em 2025, ou *a fortiori* após essa data, já será tarde demais para que as chances de conter o aquecimento em 1,5°C sejam maiores que 50% (ou maiores que 67% para um aquecimento de 2°C);
2. mesmo que as emissões de GEE comecem a declinar antes de 2025, as chances de ultrapassagem irreversível de 1,5°C são bastante elevadas, pois apenas iguais ou menores de 49%. Além disso, não se exclui um *overshoot* moderado, ou seja, a ultrapassagem reversível de um aquecimento superior a 1,5°C;
3. após as emissões de GEE começarem a declinar, no mais tardar antes de 2025, esse declínio deve prosseguir de modo rápido e profundo sucessivamente;
4. os esforços de mitigação devem ser mais radicais do que os envidados até o final de 2020;
5. essa projeção assume "ação imediata" de mitigação em 2022, o que não vem ocorrendo.

Dado que os relatórios do IPCC devem ser aprovados pelos governos e não podem assumir um caráter prescritivo, a formulação encontrada pelos autores desse texto foi extraordinariamente habilidosa. Sua mensagem real é, contudo, inequívoca: não há mais chance alguma, no mundo real, de conter o aquecimento em 1,5°C, pois as chances de que as emissões de GEE comecem a diminuir nos próximos dois ou três anos, e continuem a diminuir sucessivamente de modo "rápido e profundo", são zero ou bem próximas de zero. A data-limite para atingir o pico e iniciar, em seguida, uma vigorosa diminuição das emissões de GEE, de forma a manter uma chance considerável de conter o aquecimento global em 1,5°C-2°C, já passou. Era 2020. Uma rápida retrospectiva das posições da comunidade científica e do próprio IPCC o demonstra claramente.

Em 2018, o IPCC traçou diversos cenários através dos quais podíamos limitar o aquecimento médio global a cerca de 0,5°C acima do aquecimento médio atual em relação ao período pré-industrial (~1,2°C em 2019). O único cenário que admitia ainda alguma chance de conter o aquecimento nesse nível requeria que o pico de emissões de GEE não fosse protelado para uma data além de 2020. Esse fato, mais uma vez, foi lembrado em 2020 por Tom Rivett-Carnac e Christiana Figueres,[20] e em 2019 por Peter Carter, em uma entrevista concedida na 25ª Conferência das Partes (COP25).[21] Antes disso, em 2008, Andrew Simms e Viki Johnson estimavam que havia ainda uma janela de oportunidade de cem meses, cerca de oito anos, antes de que já não fosse "provável" a chance de conter o aquecimento em 2°C.[22] Desde 2016, quando o Acordo de Paris entrou em vigor, muitos cientistas já admitiam que a meta de manter o aquecimento global "bem abaixo" de 2°C era inviável ou extremamente difícil, mesmo se as promessas de redução das emissões concertadas na COP21 em 2015 fossem honradas pelos signatários do acordo (e obviamente não o foram, como bem indica a Figura 4.8, p. 223). Chris Field, codiretor do IPCC, por exemplo, declarou, em agosto de 2016: "A meta de 1,5°C parece agora impossível ou ao menos uma tarefa muito, muito difícil. Não devemos ter ilusões sobre a tarefa que temos pela frente".[23] Kevin Trenberth, do National Center for Atmospheric Research (NCAR), declarou, também em 2016, ao *New York Times*: "Não vejo em absoluto como não ultrapassaremos o limite de 1,5°C na próxima década ou num prazo similar".[24]

A eleição de Donald Trump em novembro de 2016 tornou ainda mais remotas as chances de conter o aquecimento nesse nível, pois o segundo maior emissor de GEE do planeta se encontrava então sob o comando de um presidente ostensivamente negacionista. Em janeiro de 2017, Andrew Simms publicou o resultado de uma enquete que pedia a diversos cientistas avaliações das chances de conter o aquecimento médio global em 2°C acima do período pré-industrial. A resposta de Gavin Schmidt, diretor do Goddard Institute for Space Studies (Giss), da Nasa, foi inequívoca: "A inércia no sistema (oceanos, economias, tecnologias, pessoas) é substancial e... até agora os esforços não são compatíveis com o objetivo".[25] Joanna Haigh, codiretora do Grantham Institute for Climate Change and Environment, era igualmente da opinião de que "não há nenhuma chance, nos níveis atuais de emissões de carbono", de atingir o objetivo 1,5°C-2°C.[26] Glen Peters, pesquisador do Centre for International Climate Research, da Noruega, fornecia uma resposta não menos contundente: "Já emitimos demais".[27] A mesma percepção foi ecoada por Alice Larkin, do Tyndall Centre for Climate Change Research da University of Manchester; por Chris Vernon, do Hadley Centre for Climate Change, do Met Office britânico; e por Bill McGuire, da University College of London. Barry McMullin, da Dublin City University, é ainda mais categórico: "A questão em aberto, para mim, não é se vamos romper a barreira de 2°C, mas quão cedo".[28] "Em resumo", concluía então Andrew Simms, "nenhum dos cientistas questionados pensava ser provável que a meta de 2°C viesse a ser atingida".[29]

Ainda em 2017, Hans Joachim Schellnhuber, uma das mais emblemáticas lideranças na ciência do clima, afirmou que, para guardar alguma esperança razoável de manter o aquecimento médio global em um nível não superior a 2°C em relação ao período pré-industrial, "é preciso abandonar completamente o uso de carvão na geração de energia elétrica até 2030".[30] Como visto no Capítulo 4 (seção 4.1), há ainda em operação no mundo mais de quatro mil usinas termelétricas movidas a carvão,[31] responsáveis por um terço das emissões globais de carbono, e os investimentos em novas usinas desse tipo em 2020 foram de cerca de 543 bilhões de dólares (ver Figura 4.6, p. 217). Sempre em 2017, Jean Jouzel, ex-vice-presidente do IPCC, advertia que, "para manter alguma chance de permanecer abaixo dos 2°C, é necessário que o pico das emissões seja atingido, no mais tardar, em 2020".[32] Recentemente, James Hansen e Makiko Sato, citados no capítulo anterior, reafirmaram, enfim, que a ultrapassagem do patamar 1,5°C deve ocorrer "provavelmente durante os anos 2020".[33]

Ciente desse desafio, um grupo de cientistas, coordenado por Stefan Rahmstorf, lançou em abril de 2017 a campanha "2020: The Climate Turning Point", em cujo prefácio se reafirmava a meta mais ambiciosa do Acordo de Paris (1,5°C-2°C).[34] O texto esclarecia que:

> No marco do Acordo de Paris, as nações do mundo se comprometeram a "manter o aumento da temperatura média global bem abaixo de 2°C acima dos níveis pré-industriais e envidar esforços para limitar o aumento da temperatura em 1,5°C acima dos níveis pré-industriais". Essa meta é considerada necessária para evitar riscos incalculáveis à humanidade, e é factível — mas, realisticamente, apenas se as emissões globais atingirem o pico até o ano de 2020, no mais tardar.[35]

Esse documento norteou então a criação, por diversas lideranças científicas e diplomáticas, da Missão 2020 (M2020), cujo objetivo era generalizar a percepção de que 2020 era a data-limite para o pico das emissões de GEE:

> Para atingir a meta de longo prazo de uma economia descarbonizada, é necessária ação imediata. Se a proposta é atingir a neutralidade de carbono até 2050, precisamos virar o jogo até 2020. O trabalho duro começa agora. Assim, no dia seguinte ao Acordo de Paris, nasce a Missão 2020, no fito de injetar urgência e otimismo na economia.[36]

A M2020 definia metas básicas em seis marcos — energia, transporte, uso da terra, indústria, infraestrutura e finanças —, de modo a tornar declinante, a partir de 2020, a curva das emissões de GEE e instaurar o planeta numa trajetória consistente com o Acordo de Paris. Na apresentação da campanha, Christiana Figueres e colegas escreviam:

> Nossa missão é promover ações urgentes para limitar os efeitos da mudança climática, especialmente para as pessoas e países mais vulneráveis. Com colaboração radical e otimismo obstinado, dobraremos a curva das emissões globais de gases de efeito estufa até 2020, permitindo que a humanidade floresça.[37]

Até 2020... Ninguém exprime o significado dessa data-limite de maneira mais peremptória do que Thomas Stocker, codiretor do IPCC entre 2008 e 2015. De resto, sua extrema assertividade é rara na linguagem científica e deve ser entendida como um verdadeiro ultimato: "O ano de 2020 é crucial [...] Se as emissões de CO_2 continuarem a aumentar além dessa data, as metas mais ambiciosas de mitigação tornar-se-ão inatingíveis".[38]

Os anos mais importantes da história da humanidade

Ao apresentar o Relatório Especial (SR1.5, 2018) do IPCC de 2018 sobre o aquecimento global de 1,5°C, Debra Roberts, uma das codiretoras desse relatório, sublinhava a dimensão histórica transcendental dessa data: "As decisões que tomarmos hoje serão críticas para assegurar um mundo seguro e sustentável para todos, agora e no futuro. [...] Os próximos poucos anos serão provavelmente os mais importantes de nossa história".[39] A respeito desse relatório, Amjad Abdulla, representante dos Small Islands Developing States (Sids) nas negociações climáticas, afirma: "Não tenho dúvidas de que os historiadores considerarão retrospectivamente esses resultados como um momento definidor no curso da história humana".[40] Lembremos, de resto, que esse relatório de 2018 foi encomendado pela ONU justamente a pedido dos Sids, que serão tragados pelas águas em alguns decênios, de modo a poderem processar os chamados países desenvolvidos por não terem respeitado os compromissos assumidos no Acordo de Paris.[41] Em ao menos dois documentários (*From Wolves to the Warning to Humanity: Facing the Environmental Crisis Through Science* e *The Second Warning: A Documentary Film*), ambos de divulgação do manifesto "The Scientist's Warning to Humanity: A Second Notice", lançado por William Ripple e colegas em 2017 e endossado por cerca de vinte mil cientistas, a filósofa Kathleen Dean Moore faz suas as declarações supracitadas: "Estamos vivendo um ponto de inflexão. Os próximos poucos anos serão os mais importantes da história da humanidade".[42]

Assumindo plenamente sua responsabilidade de incentivar e coordenar os esforços de governança global, António Guterres, secretário-geral da ONU, alertava em setembro de 2018, e em termos não menos peremptórios, que 2020 era uma data crucial a ser respeitada:

> Estamos enfrentando uma ameaça existencial direta. Se não mudarmos de trajetória até 2020, corremos o risco de ultrapassar o ponto em que podemos evitar uma mudança climática desenfreada (*runaway climate*

change), com consequências desastrosas para as pessoas e para todos os sistemas naturais que nos sustentam.[43]

Chegado o ano de 2019, o World Resources Institute (WRI) fez um primeiro balanço dos progressos realizados em direção às metas da M2020. Sem surpresa, constatava: "Na maioria dos casos, a ação é insuficiente ou não houve progresso".[44] Nenhuma das seis metas enunciadas pela M2020 havia sido alcançada até então. Em dezembro desse ano, em seu discurso de abertura da COP25, Hoesung Lee, atual presidente do IPCC, alertou pela enésima vez os diplomatas e o mundo, repisando ainda a importância crucial do ano de 2020: "Nossas avaliações apontam que a estabilização das mudanças climáticas requer que as emissões de gases de efeito estufa atinjam seu pico no próximo ano, mas as emissões continuam a crescer, sem dar sinal de inflexão num futuro próximo".[45] Os resultados pífios da COP25 varreram definitivamente, afinal, as últimas esperanças de uma diminuição iminente das emissões globais de GEE. Em dezembro de 2020, malgrado a persistência da pandemia de covid-19, essas emissões já haviam superado as de dezembro de 2019, e as avaliações da United in Science, publicadas em setembro de 2021, cravavam o último prego no caixão das metas mais ambiciosas do Acordo de Paris e dos seis objetivos da M2020:

> Segundo estimativas preliminares, no período janeiro-julho de 2021, as emissões globais nos setores de energia e indústria já estavam no mesmo nível ou ainda maiores do que no mesmo período de 2019, antes da pandemia, enquanto as emissões do transporte rodoviário permaneceram cerca de 5% menores. Nesses sete meses, excluindo a aviação e o transporte marítimo, as emissões globais ficaram em média nos mesmos níveis de 2019.[46]

Enfim, a COP26 (Glasgow, na Escócia) e a COP27 (Sharm El Sheikh, no Egito) nada trouxeram de tangível no que se refere à redução imediata das emissões de GEE. Nem o trará a COP28, a se realizar em 2023 nos Emirados Árabes Unidos, país em que o setor de petróleo e gás contribui, segundo dados oficiais de 2022, com 30% do seu PIB e com a maior parte das receitas do Estado.

6.3 O orçamento de carbono restante: "Três anos para salvaguardar nosso clima"

Em essência, não temos nem mais um ano para evitar uma mudança climática perigosa, porque ela já está aqui.
— Michael Mann[47]

O ano de 2020 é crucialmente importante por outra razão, mais associada à física que à política. Quando se trata de clima, tudo se resume a uma questão de prazos.
— Christiana Figueres et al.[48]

Outra forma de compreender por que 2020 representava a data-limite para conter o aquecimento dentro das metas do Acordo de Paris é através da análise do orçamento de carbono (*carbon budget*). Ele indica quanto carbono ainda pode ser emitido na atmosfera para se manter certa probabilidade (33%, 50% ou 66%) de conter o aquecimento em

Figura 6.2: Demanda global de energia primária projetada até 2030, indexada pelo nível da demanda de 2019, discriminada por fontes energéticas. Cenário Steps [cenário de políticas declaradas]

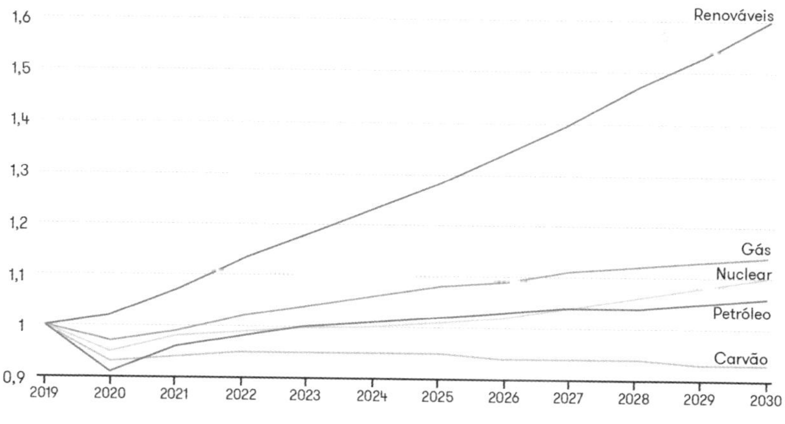

Fonte: AIE, "Report Extract: Outlook for Energy Demand", 2020. Disponível em: https://www.iea.org/reports/world-energy-outlook-2020/outlook-for-energy-demand.

determinado nível. Veremos que, para manter o aquecimento médio global em níveis inferiores a 2 °C, o orçamento de carbono ainda disponível em 2022 é diminuto ou praticamente zero. Por outro lado, a demanda global por petróleo e gás aumenta neste decênio, enquanto a de carvão se mantém inalterada, conforme projeções do Energy Outlook 2020 da Agência Internacional de Energia (AIE) no cenário "Stated Policies Scenario" (Steps), isto é, o "cenário de políticas declaradas", que reflete o impacto das estruturas políticas existentes e as intenções políticas anunciadas sobre a demanda energética global. A Figura 6.2 (p. 283) revela a evolução projetada da demanda por energia primária até 2030, tendo 2019 como índice 1.

Diante dessas mensurações e antecipações da AIE, é preciso lembrar os resultados de um trabalho de 2017, citado duas vezes pelo IPCC em 2018 e intitulado "Three Years to Safeguard Our Climate". Christiana Figueres, artífice do Acordo de Paris e primeira autora desse artigo, é ladeada por cinco dos mais renomados cientistas do clima na atua-

Figura 6.3: Curvas de declínio das emissões de CO_2 requeridas para se manter o aquecimento médio global superficial do planeta entre 1,5°C e 2°C acima do período pré-industrial, segundo a premissa de um orçamento de carbono de 600 bilhões de toneladas de CO_2 (Gt CO_2), com cenários de picos de emissões em 2016, 2020 e 2025. A linha pontilhada mostra a trajetória de queda das emissões, na hipótese de um orçamento de 800 Gt CO_2

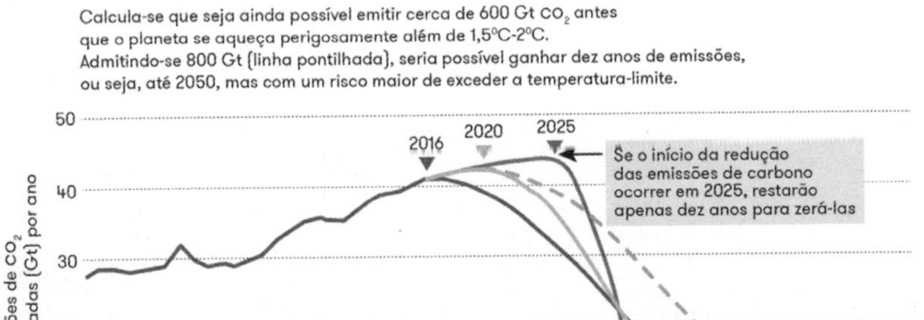

Fonte: Christiana Figueres *et al.*, "Three Years to Safeguard Our Climate", *Nature*, v. 546, 29 jun. 2017.

lidade. Baseados em cálculos realizados por três coletivos científicos, eles alertavam então que: "Se as emissões continuarem a crescer além de 2020, ou mesmo permanecerem constantes, os objetivos estabelecidos no Acordo de Paris se tornam quase inatingíveis. Os Objetivos do Desenvolvimento Sustentável (ODS), acordados em 2015, também ficariam gravemente ameaçados".[49] A Figura 6.3 (p. 284) aponta as curvas de redução das emissões de CO_2 necessárias para manter o aquecimento entre 1,5°C e 2°C, com o início do declínio em três datas: 2016, 2020 e 2025, sendo o de 2025 já considerado excessivamente arriscado.[50]

Nos três cenários, por volta de 2030 as emissões deveriam cair cerca de 50% (~20 gigatoneladas [Gt] de CO_2) em relação aos níveis de 2016. É algo inimaginável numa economia do crescimento, pois em 2030 essas emissões precisariam ter regredido aos níveis de 1977 e aos níveis de 1955 em termos de emissões per capita.[51] Como alertam Christiana Figueres e demais autores desse trabalho, "atrasar o pico [das emissões] em uma década deixa demasiado pouco tempo para transformar a economia" (*delaying the peak by a decade gives too little time to transform the economy*). Por outro lado, se o orçamento de carbono for de 800 Gt CO_2, sempre com pico das emissões em 2020, obtém-se a data de 2050 para zerar as emissões líquidas (linha pontilhada), "mas com um risco maior de exceder o limite de temperatura" (*but at a greater risk of exceeding the temperature limit*).

Nos cinco anos transcorridos entre junho de 2017, data da publicação desse trabalho, e agosto de 2022, as atividades humanas lançaram na atmosfera algo próximo de 200 Gt CO_2 (> 250 Gt CO_2e). Nosso orçamento de carbono em 2022, portanto, é muito menor. Tal é a estimativa do Carbon Brief, em outubro de 2021:

> No total, os humanos bombearam cerca de 2.500 bilhões de toneladas de CO_2 (Gt CO_2) na atmosfera desde 1850, deixando menos de 500 Gt CO_2 do orçamento de carbono restante para ficar abaixo de 1,5°C do aquecimento. Isso significa que, até o final de 2021, o mundo terá queimado coletivamente 86% do orçamento de carbono para uma probabilidade de 50-50 de ficar abaixo de 1,5°C, ou 89% do orçamento para uma probabilidade de dois terços.[52]

Segundo o IPCC, o orçamento de carbono calculado no início de 2020 para que tenhamos 50% de chances de conter o aquecimento médio global em 1,5°C acima do período pré-industrial é de 500 Gt CO_2.[53] A Tabela 6.1 mostra o quadro de emissões e probabilidades de aqueci-

Tabela 6.1: Estimativas dos orçamentos de dióxido de carbono (CO_2) remanescentes segundo cinco probabilidades de conter o aquecimento médio global em 1,5°C, 1,7°C e 2°C, partindo de um aquecimento médio global de 1,07°C na década 2010-2019, em relação ao período 1850-1900

		Orçamento de carbono ainda disponível em Gt CO_2 segundo cinco probabilidades				
Temperatura-limite	Aquecimento adicional até atingir esse limite	17%	33%	50%	67%	83%
1,5°C	0,43°C	900	650	500	400	300
1,7°C	0,63°C	1450	1050	850	700	550
2°C	0,93°C	2300	1700	1350	1150	900

Fonte: IPCC (AR6, SPM, WG I, 2021), p. 29. Disponível em: https://www.ipcc.ch/report/ar6/wg1/downloads/report/IPCC_AR6_WGI_SPM_final.pdf.

mento de 1,5°C, 1,7°C e 2°C proposto pelo IPCC, segundo os diversos orçamentos de carbono. O ponto de partida é 2020, dado pela estimativa de um aquecimento de 1,07°C (0,8°C a 1,3°C) na década de 2010-2019 em relação ao período 1850-1900. Portanto, para conter o aquecimento nesses três patamares, ainda seria possível em 2020 um aquecimento adicional de 0,43°C, 0,63°C e de 0,93°C, respectivamente, com suas correlativas quantidades ainda possíveis de emissões de CO_2.

Em 2021, o aquecimento médio global (1,12°C) em relação ao período pré-industrial já era 0,05°C mais quente do que a média do aquecimento na década 2010-2019 (1,07°C) considerada na Tabela 6.1, e isso apesar do impacto de um forte La Niña que ainda perdura em 2022; e, em 2020, o aquecimento chegou a 1,3°C, segundo o Goddard Institute for Space Studies (Gistemp) da Nasa (ver Capítulo 5, seção 5.1). Com o fim do La Niña em 2023, é altamente provável um aquecimento similar ou um pouco maior do que o de 2020 (1,3°C), o que significa que já não estaremos a uma distância de 0,43°C do limite de 1,5°C, mas novamente a apenas cerca de 0,2°C desse limite. Nesse caso, o orçamento de carbono será menos da metade do previsto pelo IPCC. Além disso, o mesmo relatório do IPCC acrescenta que "reduções maiores ou menores nas emissões de outros GEE que não sejam de CO_2 podem aumentar ou diminuir esses valores em 220 Gt CO_2 ou mais".[54] E sabemos que as emissões de metano e de óxido nitroso vêm crescendo fortemente.

Baseado no acima exposto, é preciso abandonar a tenaz ilusão de que podemos emitir 500 Gt CO_2, mantendo ainda 50% de chances de conter o aquecimento em 1,5°C. Em outras palavras, é preciso entender de uma vez por todas o que a ideia de já estarmos plenamente no "futuro climático" implica. Em novembro de 2019, Timothy Lenton, Johan Rockström, Owen Gaffney, Stefan Rahmstorf, Katherine Richardson, Will Steffen e Hans Joachim Schellnhuber — alguns dos signatários do supracitado trabalho de 2017 ("Three Years to Safeguard Our Climate") — mostravam que o orçamento de carbono que se supunha então ainda disponível podia já se ter esgotado ou estar extremamente perto disso:

> O orçamento de emissões restantes do mundo para uma chance de 50% de conter o aquecimento em 1,5°C é de apenas cerca de 500 Gt CO_2. As emissões oriundas do permafrost poderiam tirar cerca de 20% (100 Gt CO_2) desse orçamento, e isso sem incluir o metano do permafrost profundo ou hidratos de metano submarinos. Se as florestas estiverem próximas de um ponto crítico, a morte (*dieback*) da Amazônia pode liberar outros 90 Gt CO_2, e das florestas boreais, mais 110 Gt CO_2. Com as emissões globais totais de CO_2 mantendo-se em mais de 40 Gt por ano, o orçamento de carbono restante já pode ter-se esgotado.[55]

De fato, uma vez que não há nenhuma redução à vista das emissões de GEE e que as florestas do mundo todo continuam sendo destruídas ou degradadas a uma rapidez vertiginosa, é forçoso concluir que o orçamento de carbono restante em março de 2021 por um coletivo de estudiosos da Australian Academy of Science está prestes a se esgotar. O resultado é consistente com a estimativa do IPCC:

> Após décadas de ação insuficiente para reduzir as emissões de GEE, o orçamento de emissões para o alvo de 1,5°C estreitou-se para a faixa de 40 a 135 gigatoneladas de carbono [144 a 494 Gt CO_2]. Limitar o aumento da temperatura ao mais baixo alvo do Acordo de Paris (1,5°C) é extremamente difícil, e com apenas mais três ou quatro anos de emissões nos níveis atuais, esse alvo terá se tornado virtualmente impossível.[56]

No quinquênio 2022-2026, mantida a atual trajetória, as emissões acumuladas de GEE (59 ±6,6 Gt CO_2e em 2019)[57] terão se aproximado de 300 Gt CO_2e, de modo que, após 2026, cada tonelada suplementar de

GEE lançada na atmosfera aumentará exponencialmente a chance de se ultrapassar um aquecimento de 2°C, nível a ser atingido no quarto ou, menos provavelmente, no quinto decênio deste século.[58]

6.4 Um aquecimento médio global igual ou maior que 1,5°C até 2030

> *Pour les 20 prochaines années le rechauffement climatique est joué.*
> — Jean Jouzel[59]

Como afirma Jean Jouzel (ex-vice-presidente do Grupo de Trabalho I do IPCC entre 2002 e 2015), citado em epígrafe, "nos próximos vinte anos, o aquecimento climático está dado". Katharine Ricke e Ken Caldeira calculam que, dado um pulso de 100 Gt C (cem bilhões de toneladas de carbono) emitidos na atmosfera, num estado de concentração atmosférica de CO_2 de 389 ppm, seu máximo efeito de aquecimento é atingido em 10,1 anos, com 90% de probabilidade de que esse efeito máximo ocorra entre 6,6 e 30,7 anos. Eles acrescentam que "as emissões passadas influenciam muito as taxas de aquecimento na escala de tempo de um ano ou de uma década sucessiva à emissão".[60] A Figura 6.4 (p. 289) indica que, embora o efeito de aquecimento de um pulso de CO_2 tenha uma longa duração, aqui simulada na escala de cem anos, seu efeito máximo é atingido cerca de dez anos após o evento emissor.

O máximo efeito de aquecimento a ser experimentado em 2030 será decorrente do CO_2 emitido em 2021 ou, para menor incerteza, entre cerca de 1990 e 2024. O trabalho de Ricke e Caldeira teve imediata repercussão na comunidade científica, pois as estimativas anteriores tendiam a retardar essa resposta do clima em várias décadas. Reto Knutti, do Eidgenössiche Technische Hochschule (ETH) de Zurique, enfatizou o contraste entre a velocidade do efeito máximo de aquecimento e a lentidão (ou, até agora, a incapacidade) das sociedades em abandonar os combustíveis fósseis: "Leva apenas alguns anos para que o clima responda às emissões, mas pelo menos uma geração para diminuí-las. Nós somos lentos, não o clima".[61] Kirsten Zickfeld e Tyler Herrington, por sua vez, consideram que o intervalo de tempo entre

Figura 6.4: Aumento da temperatura a partir de um pulso de emissão de CO_2. Séries temporais do aquecimento marginal em mK (= milikelvin = 0,001 K) por Gt C (gigatonelada de carbono) para os primeiros cem anos após a emissão. O aquecimento máximo ocorre uma mediana de 10,1 anos após o evento de emissão de CO_2 e tem um valor médio de 2,2 mK/Gt C

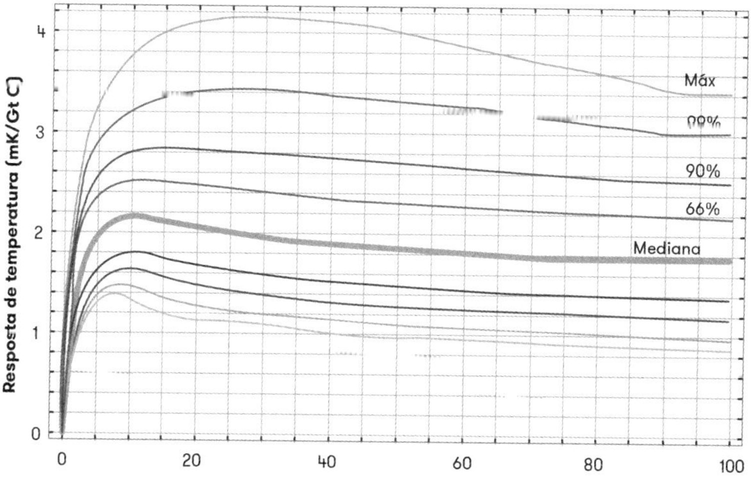

Fonte: Katharine L. Ricke & Ken Caldeira, "Maximum Warming Occurs about One Decade after a Carbon Dioxide Emission", *Environmental Research Letters*, v. 9, 2 dez. 2014.

um pulso de emissão de CO_2 e o seu efeito de máximo aquecimento é maior para emissões maiores (1.000 Gt C e 5.000 Gt C). Nesse caso, esse efeito de máximo aquecimento pode não ser sentido por várias décadas ou até séculos. Mas admitem que "a maior parte do aquecimento [...] emergirá de forma relativamente rápida, o que implica que os cortes nas emissões de CO_2 não beneficiarão apenas as gerações subsequentes como também a geração que implementar esses cortes".[62] Por outro lado, como também revela a Figura 6.4, uma vez atingido esse efeito de máximo aquecimento, ele tende a durar. Como bem diz Pieter Tans, do Earth System Research Laboratory, "ele atinge um pico, que não é bem um pico. É mais como um degrau".[63]

Somando-se esse efeito máximo decenal de aquecimento às alças de retroalimentação do aquecimento, discutidas no Capítulo 7, é altíssima a probabilidade de um aquecimento de 1,5°C acima do período pré-industrial ocorrendo pela primeira vez na média anual talvez já no próximo forte El Niño. Tal é a advertência de James Hansen e

Makiko Sato: "O ano de 2021 será mais frio que o de 2020, em função do efeito retardado do forte La Niña atual. Mas quando sobrevier o próximo El Niño, talvez em meados da década, preparem-se (*hang onto your hat*). É melhor que as emissões de GEE já tenham então entrado em declínio".[64]

A ultrapassagem de 1,5°C: médias mensais e anuais, momentâneas e irreversíveis

Convém esclarecer, antes de concluir, que as principais previsões sobre o momento em que o planeta cruzará um aquecimento médio global de 1,5°C acima do período pré-industrial pouco divergem. Na realidade, na média *mensal*, esse nível de aquecimento já foi atingido e ultrapassado pela primeira vez em fevereiro/março de 2016, como mostram as figuras 6.5 (p. 291) e 6.7 (p. 293).

Por causa do forte El Niño de 2015-2016, a temperatura média global superou a do período pré-industrial: em fevereiro de 2016 foi 1,55°C mais alta e, em março, 1,5°C mais alta. Trata-se da primeira vez na história das mensurações instrumentais que a temperatura global, na média mensal, atingiu esse nível. Médias mensais são, obviamente, muito sujeitas a variações naturais. Também as médias anuais o são, embora forneçam indicadores mais úteis para entender, sobretudo quando agregadas em décadas, as tendências do sistema climático. E, ainda assim, no que se refere às médias anuais, é preciso distinguir dois tipos diferentes de projeção: uma diz respeito ao momento em que essa temperatura será atingida ou ultrapassada momentaneamente, ao passo que a outra se refere ao momento de sua ultrapassagem consolidada e irreversível. Entre as duas, há um intervalo de tempo de poucos anos, provavelmente de menos de um decênio.

A Organização Meteorológica Mundial (OMM) oferece previsões sobre a ultrapassagem momentânea e, pela primeira vez, do patamar de 1,5°C na média anual. Em 2020, ela estimava em 24% as chances de que o limiar de aquecimento médio global 1,5°C viesse a ser ultrapassado em ao menos um ano entre 2020 e 2024. Em 2021, a OMM revisou para cima essa probabilidade: "Há quase uma chance sobre duas (chance de 40%) de que um dos próximos cinco anos [2021-2025] seja ao menos 1,5°C mais quente que os níveis pré-industriais, e essa chance vem aumentando com o tempo".[65] A Figura 6.6 (p. 291) mostra essa projeção em datas e probabilidades.

Figura 6.5: Anomalias de temperatura entre abril de 2015 e março de 2016 em relação ao período de base 1881-1910

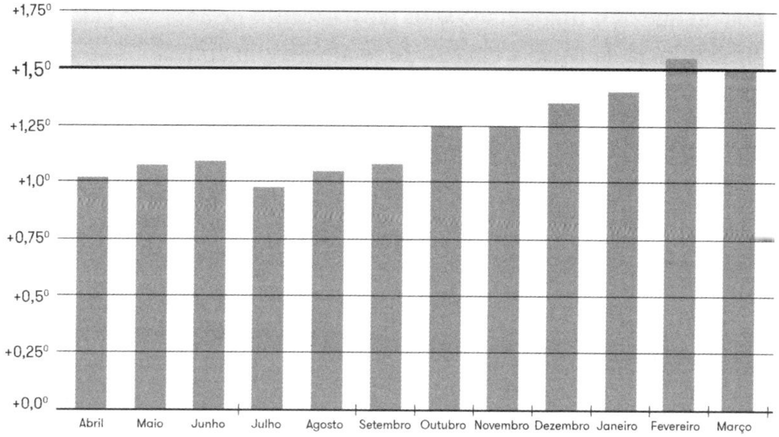

Fonte: Climate Central, "Flirting with the 1.5°C Threshold", 20 abr. 2016. Disponível em: https://www.climatecentral.org/news/world-flirts-with-1.5C-threshold-20260.

Figura 6.6: Previsões plurianuais da temperatura média global próxima à superfície em relação a 1981-2010 (eixo vertical esquerdo). Eixo direito e colunas embaixo: probabilidade de que a temperatura global exceda 1,5°C em relação aos níveis pré-industriais em ao menos um ano durante os cinco anos a partir de 2021. O sombreado indica o intervalo de confiança de 90%

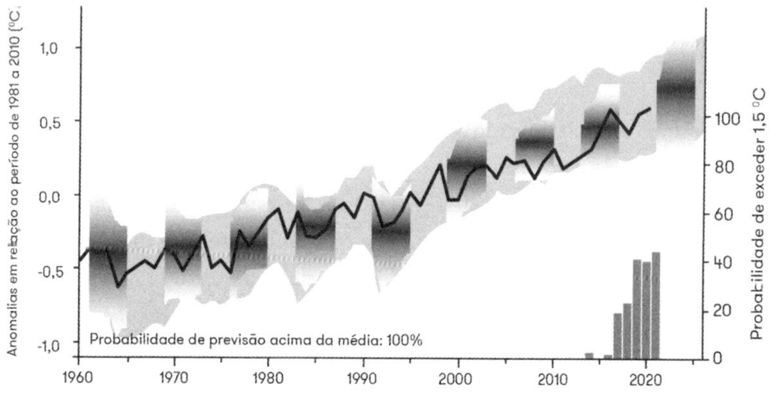

Fonte: OMM, "WMO Global Annual to Decadal Climate Update", 2021, p. 6. Disponível em: https://hadleyserver.metoffice.gov.uk/wmolc/WMO_GADCU_2020.pdf.

Além disso, a OMM afirma que "a chance de que, nos próximos cinco anos, ao menos um ano exceda o mais quente ano até agora, 2016, é de 90%. A chance de que a média do período 2021-2025 seja mais elevada do que os últimos cinco anos [2016-2020] é de 80%".[66] Vale frisar a advertência da OMM: a chance de se atingir um aquecimento médio global de 1,5°C nos próximos anos *aumenta com o tempo*, o que significa que, no prognóstico de 2023 para os cinco anos sucessivos (2023-2027), essa chance já deverá ser maior que 50%. De fato, de 2021 para 2022, essa chance aumentou de 40% para aproximadamente 50% (48%), conforme divulgou a OMM em seu último prognóstico, de maio de 2022:

> A chance de ultrapassar temporariamente 1,5°C aumentou de forma constante desde 2015, quando ela estava perto de zero [ver Figura 6.6, p. 291]. Essa chance era de 10% para os anos em relação ao período entre 2017 e 2021. Essa probabilidade aumentou para quase 50% para o período 2022-2026.[67]

O Sétimo Relatório de Avaliação do IPCC, a ser publicado provavelmente entre 2027 e 2030 (mantidos os intervalos de tempo dos últimos seis), já se dará num mundo no qual o aquecimento médio global terá, com toda a probabilidade, ultrapassado pela primeira vez 1,5°C na média anual em relação ao período pré-industrial.

No que diz respeito à ultrapassagem consolidada e irreversível desse patamar (desprezada, portanto, a variabilidade natural do sistema climático), o IPCC estima para o período 2021-2040, isto é, a curto prazo, as diferentes probabilidades dessa ultrapassagem, segundo os diversos cenários considerados:

> Nos cinco cenários ilustrativos, no curto prazo (2021-2040) é *muito provável* que o nível de aquecimento global de 1,5°C seja excedido no cenário de emissões muito altas de GEE (SSP5-8,5). Esse nível *provavelmente* será excedido nos cenários intermediário e de altas emissões de GEE (SSP2-4,5 e SSP3-7,0); é *mais provável do que não* que ele seja excedido no cenário de baixas emissões de GEE (SSP1-2,6) e *mais provável do que não* que seja alcançado no cenário de emissões muito baixas de GEE (SSP1-1,9).[68]

Em qualquer cenário, portanto, mesmo o de mais baixas emissões (SSP1-1,9), há mais de 50% de chances de que o aquecimento de 1,5°C seja alcançado por volta de 2030 (2021-2040). No atual cenário de altas emissões de GEE (SSP5-8,5), é muito provável que esse limiar de aquecimento seja *excedido* na presente década. O relatório de 2018 do IPCC retardava ainda em um decênio a data de ultrapassagem do aquecimento de 1,5°C. Com efeito, ele afirmava ser "provável que o aquecimento global atinja 1,5°C entre 2030 e 2052, se continuar a aumentar na taxa atual (alta

Figura 6.7: Temperaturas médias globais superficiais observadas e projetadas entre 1960 e 2100

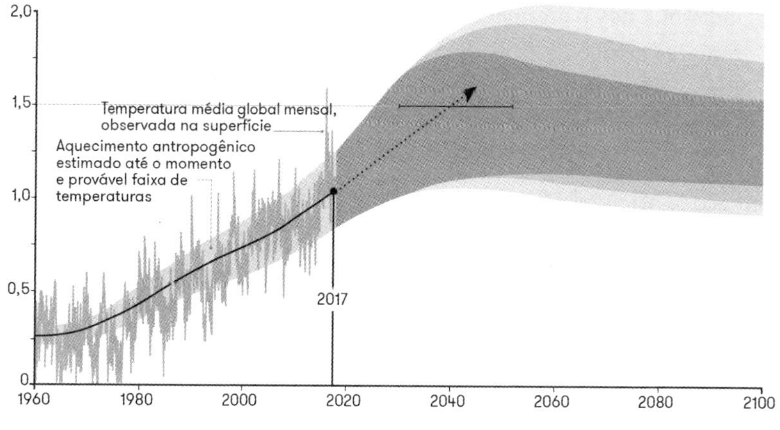

Abrangendo o período entre 1960 e 2017, o gráfico mostra as temperaturas médias mensais globais superficiais e o aquecimento antropogênico observados (sendo o sombreado o intervalo de sua provável variação), a partir de dados de HadCRUT4, Gistemp, Cowtan-Way e Noaa. No lado direito do gráfico, as faixas sombreadas projetam o aquecimento provável a partir de 2018 até 2100 segundo diversos cenários. Em qualquer cenário, a linha pontilhada em forma de flecha indica que o aquecimento cruza 1,5°C por volta de 2040, com possibilidades de cruzá-lo entre 2030 e 2052, mantida a taxa de aquecimento atual. Os três cenários projetados sinalizam ultrapassagem (*overshoot*) do aquecimento de 1,5°C, com maior ou menor probabilidade de retorno a 1,5°C até 2100. O cenário de maior probabilidade de retorno requer que as emissões comecem a declinar em 2020 e que as emissões líquidas sejam zeradas até 2040. Os dois cenários sucessivos apontam emissões líquidas zero atingidas apenas em 2055 com redução dos forçamentos radiativos de outros GEE após 2030 e, finalmente, o pior cenário mostra não redução de forçamentos radiativos de outros GEE. Fonte: IPCC, "Summary for Policymakers". *In*: *Global Warming of 1,5°C: An IPCC Special Report*, 2018, p. 6. Disponível em: https://www.ipcc.ch/site/assets/uploads/sites/2/2019/05/SR15_SPM_version_report_LR.pdf.

confiabilidade)".[69] A Figura 6.7 (p. 293) revela o aquecimento observado entre 1960 e 2017 e a projeção de aquecimento entre 2018 e 2100, com cruzamento mais provável de 1,5°C entre 2030 e 2052.

Reagindo a esse relatório de 2018, muitos cientistas consideraram o prazo entre 2030 e 2052, com média em 2040, excessivamente conservador. A revista *Science* republicou um artigo de Scott Waldman contendo críticas de parte de climatologistas como Michael E. Mann, Bob Ward, Kevin Trenberth, Veerabhadran Ramanathan e Andrea Dunton.[70] As críticas de Michael Mann, diretor do Earth System Science Center da Pennsylvania State University e participante de vários relatórios do IPCC, foram incisivas:

> Estamos mais perto dos limiares de 1,5°C e 2°C do que eles [o IPCC] indicam, e nosso orçamento de carbono ainda disponível para evitar esses limiares críticos é consideravelmente menor do que eles assumem. Em outras palavras, pintam um cenário excessivamente otimista ao ignorar certa literatura relevante.[71]

Em 2020, Michael Mann manteve sua crítica: "O IPCC superestimou o orçamento de carbono disponível através de escolhas que tendem a subestimar o aquecimento já ocorrido. Isso significa, evidentemente, que há muito mais trabalho a fazer para evitarmos um aquecimento perigoso".[72] Apenas para dar um exemplo, um artigo publicado em 2017 previa que as temperaturas médias globais podiam romper a barreira de 1,5°C acima do período pré-industrial por volta de 2029, com uma variação entre 2026 e 2031, a depender da fase, positiva ou negativa, da Oscilação Interdecadal do Pacífico (IPO). Para os autores, essa oscilação

> regulará a taxa na qual a temperatura global se aproxima do nível de 1,5°C. Uma transição para a fase positiva da IPO levaria a uma projeção de superação da meta centrada por volta de 2026. Se o Oceano Pacífico permanecer em sua fase negativa, no entanto, as projeções estão centradas em atingir a meta cerca de cinco anos depois, em 2031.[73]

Outras propostas de antecipar para até 2030 um aquecimento de 1,5°C se baseiam em vários elementos, sintetizados num trabalho publicado em dezembro de 2018 por Yangyang Xu, Veerabhadram Ramanathan e David Victor, discutido em detalhes no próximo capítulo.[74] Mas, acima de tudo, é preciso relembrar os termos da projeção do IPCC em 2018: é "provável que o aquecimento global atinja 1,5°C entre 2030 e 2052, *se continuar a aumentar na taxa atual* (alta confiabilidade)". Coloquei a última frase em itálico para frisar que essa taxa de aquecimento não é mais a mesma, tendo passado de 0,18°C por década entre 1970 e 2015 para 0,36°C por década entre 2016 e 2040, tal como visto no Capítulo 5 (figuras 5.2, p. 237, e 5.3, p. 239). Dado que o aquecimento médio global em 2020 e 2021 era de 1,2°C (±0,1°C) e 1,12°C, respectivamente, acima do período pré-industrial, isso implica uma alta probabilidade de que o aquecimento médio global atinja ou ultrapasse 1,5°C ao final desta década.

6.5 Conclusão: uma impossibilidade sociofísica e o que realmente importa

Em 2017, Richard Millar e colegas afirmavam que manter o aquecimento em 1,5°C não era ainda uma "impossibilidade geofísica".[75] Seria interessante saber se, após quase cinco anos e mais de 200 Gt CO_2 emitidas desde 2018, esses autores ainda mantêm hoje a mesma conclusão. Mas isso pouco importa, porque essa nunca foi a questão central. A questão central, quando se fala em aquecimento inevitável, não é tanto entender as leis da física, e sim, sobretudo, as interações entre a física, o sistema econômico e a ordem jurídica que garante sua permanência. Essa interação torna a contenção do aquecimento em 1,5°C, 2°C ou mesmo 3°C uma impossibilidade *sociofísica*.[76]

O sistema climático continuará se aquecendo enquanto o capitalismo continuar a existir, e isso por três razões: (i) o ciclo de reprodução ampliada do capital é regido pelo consumo crescente (ou ao menos não decrescente) de energia; (ii) como visto no Capítulo 4 (seção 4.1), não há transição à vista para uma matriz energética descarbonizada; (iii) ainda que absolutamente impreterível, uma transição energética acelerada para fora dos combustíveis fósseis demandará intensa atividade mineradora e, portanto, aumento momentâneo do uso de combustíveis fósseis, mantidos os atuais patamares de consumo energético.

A única forma de nos desviarmos dessa trajetória é diminuir drasticamente o atual nível de consumo global da ordem de 580 milhões de terajoules (0,58 ZJ), ou cerca de 13,8 bilhões de toneladas de petróleo equivalente por ano.[77] E isso supõe, é claro, outra organização social.

Por isso, a discussão sobre a data precisa em que o aquecimento global cruzará, momentânea e/ou irreversivelmente, as metas do Acordo de Paris (1,5°C-2°C) pode ser muito interessante do ponto de vista científico, mas, para as sociedades, o que realmente importa são três fatos centrais:

1. não há nada de cabalístico nos números 1,5°C ou 2°C, pois, com o aumento em curso das emissões de GEE, o aquecimento ultrapassará esses dois patamares nos próximos dois ou três decênios;
2. para a humanidade e demais espécies, é de mínima relevância saber se sofrerão os impactos brutais de aquecimentos iguais ou superiores a 1,5°C até 2030 ou, na melhor das hipóteses, alguns anos depois. Em vez de tentar determinar a que distância precisa estamos do caos, e a que velocidade estamos nos aproximando dele, o que realmente importa é mudar de trajetória, de modo a sofrer *o menor aquecimento ainda geofisicamente possível*;
3. para deter e reverter esse processo em tempo hábil, mantendo a habitabilidade de nosso planeta para a nossa espécie e para inúmeras outras, é necessário romper com o sistema capitalista, consubstanciado nos sistemas alimentar e energético vigentes, ambos globalizados e agindo em sinergia. Se não é politicamente factível consumar tal ruptura civilizacional neste decênio, é preciso, ao menos, avançar o máximo possível em sua direção. Todo o resto, por importante que possa ser ou parecer, não passa de ilusionismo climático.

7. Alças de retroalimentação do aquecimento

Com base nos Modelos do Sistema Terrestre, há grande confiança de que o feedback entre as mudanças climáticas e o ciclo do carbono amplificará o aquecimento global. A mudança climática compensará parcialmente os aumentos nos sumidouros de carbono terrestres e oceânicos causados pelo aumento do CO_2 atmosférico. Como resultado, mais CO_2 antropogênico emitido permanecerá na atmosfera, reforçando o aquecimento.

— IPCC (2014)[1]

Uma alça de retroalimentação positiva (ou feedback positivo) é definida como um círculo vicioso, isto é, como a reiteração e/ou a amplificação de certa mudança no estado de equilíbrio de um sistema (clima, ecossistema, organismo...), derivada da dinâmica interna do próprio sistema, e não de uma interferência externa. No caso do clima, alças de retroalimentação positiva são definidas como mecanismos de mudança climática influenciados positivamente pelo próprio sistema climático. Assim, o próprio processo de aquecimento pode gerar ainda mais aquecimento, mesmo sem mais emissões antropogênicas de gases de efeito estufa (GEE). Assim também, no caso dos ecossistemas, a diminuição da biodiversidade pode gerar um círculo vicioso que implicará diminuição suplementar de biodiversidade, mesmo sem mais destruição antropogênica.

Nos três capítulos anteriores, tratamos de fatos e projeções que refletem as conclusões dos relatórios do Painel Intergovernamental sobre as Mudanças Climáticas (IPCC) publicados até aqui (ou que, pelo menos, não diferem significativamente delas). As questões discutidas neste capítulo,[2] incluindo os piores cenários climáticos, não foram consideradas pelo IPCC em toda a sua extensão. Isso porque é particularmente difícil para os modelos capturar as respostas do sistema climático às alças de retroalimentação, dada a imensa complexidade dessas respostas. Elas podem acelerar e/ou refrear o aquecimento (como no caso das nuvens), e essa aceleração pode evoluir de um modo muito difícil de prever quando as respostas são de tipo exponencial. Como indicado na citação em epígrafe, o IPCC atribui alta confiabilidade à capacidade das alças de retroalimentação de amplificar o aquecimento. Mas, até o seu Quinto Relatório (2013/2014), a avaliação desses mecanismos de retroalimentação do aquecimento se baseava principalmente em modelos climáticos globais, os quais esbarravam em grandes incertezas em suas predições sobre a magnitude e os tempos dessas amplificações. Esses modelos não levam em conta, por exemplo, o caráter potencialmente catastrófico da liberação de metano (CH_4) no Ártico, examinada mais adiante (seções 7.5 e 7.6), ou pelo menos não consideram que esses impactos possam ocorrer no curto prazo, ao contrário do que sugerem muitas pesquisas recentes, como veremos.

Em seu Sexto Relatório de Avaliação (AR6, WG I, 2021), o IPCC tenta integrar melhor a relação entre os modelos climáticos e esses mecanismos de autoamplificação do aquecimento, inclusive no sentido de aprimorar os modelos.[3] Ainda assim, o relatório admite que tais mecanismos não são claramente contemplados pelos modelos. Em seu "Summary for Policymakers", o IPCC apenas reafirma a existência dessas alças de retroalimentação e sua maior ação em cenários de altas emissões de dióxido de carbono (CO_2) (o cenário atual), sem, contudo, indicar a magnitude do aquecimento adicional resultante da ação desses feedbacks em curto e longo prazos:

> A magnitude dos feedbacks entre as mudanças climáticas e o ciclo do carbono torna-se maior, mas também mais incerta em cenários de altas emissões de CO_2 (confiabilidade muito alta). [...] Respostas adicionais do ecossistema ao aquecimento ainda não totalmente incluídas nos modelos climáticos, como fluxos de CO_2 e CH_4 de zonas úmidas, degelo do permafrost e incêndios florestais, aumentariam ainda mais as concentrações desses gases na atmosfera (alta confiabilidade).[4]

Os relatórios anteriores têm sido, de todo modo, objeto de críticas por, alegadamente, subestimar a potência dessas alças de retroalimentação do aquecimento. Comentando o Relatório Especial do IPCC de 2018 (SR1.5, 2018), Mario Molina, prêmio Nobel de química em 1995, salientava que, "mesmo com sua descrição dos impactos crescentes por vir, o IPCC subestima um risco central: o de que alças de retroalimentação podem levar o sistema climático ao caos antes de termos tempo para domar nosso sistema energético e as outras fontes de poluição climática".[5] No mesmo sentido, Zeke Hausfather e Richard Betts, do Carbon Brief, mostram que feedbacks positivos "podem resultar em até mais 25% de aquecimento do que as principais projeções do IPCC".[6] Em uma página divulgada online e intitulada "Amplifying Climate Feedbacks", do Climate Emergency Institute (CEI), Peter Carter põe em evidência as insuficiências das avaliações do IPCC no que tange às alças de retroalimentação, e afirma: "Hoje, a maioria das maiores fontes de retroalimentação catastroficamente perigosas está operante ou foi desencadeada, e estamos comprometidos com um grau muito maior de aquecimento global — causando retroalimentações muito maiores e acelerando a taxa de aquecimento".[7] Não é possível estender essa discussão aqui, nem seria de minha competência abordar a complexidade imensa da problemática das alças de retroalimentação. No contexto deste livro, importa apenas indicar cinco delas de forma resumida, já fortemente em ação e com efeitos, inclusive, de curto prazo.

7.1 Desmascaramento do aquecimento pela diminuição dos aerossóis

> *O forçamento de aerossóis feito pelo homem é quase tão grande quanto o forçamento de CO_2, mas é de sinal oposto, ou seja, os aerossóis causam resfriamento.*
> — James Hansen & Makiko Sato[8]

Aerossóis antropogênicos — óxidos de enxofre, sulfatos, óxidos de nitrogênio, amônia, hidrocarbonetos, nitratos, fuligem etc. — são partículas suspensas na troposfera e na estratosfera menores do que um micrômetro (µm).[9] Uma literatura abundante, com resultados ainda controversos, aponta que esses aerossóis, dependendo de seus tipos, de suas interações com a duração e a refletividade dos diversos tipos de nuvens, além de outras variáveis, podem resfriar ou aquecer a atmosfera.[10] Um elemento central da ação dos aerossóis é a sua interação com as nuvens, pois eles agem como núcleos de condensação das partículas de vapor de água.[11] James Hansen e Makiko Sato sublinham a dificuldade de compreender bem e de mensurar essa interação:

> O forçamento climático de aerossóis é complexo, pois a maior parte de seu efeito parece se dar por meio de seu papel como núcleos de condensação

> de nuvens. Núcleos de condensação adicionais tendem a tornar menor, em média, a partícula das nuvens, o que tende a tornar as nuvens mais brilhantes e de vida mais longa, mas essa é uma história complicada.[12]

Joyce Penner enfatiza a complexidade da ação dos aerossóis sobre o clima:

> Os gases de efeito estufa podem ser os principais culpados pelo rápido aquecimento do nosso planeta, mas partículas suspensas no ar também desempenham um papel nesse caso. Fuligem, poeira, sulfato e outros aerossóis podem resfriar a atmosfera e aquecê-la. Quase trinta anos após o primeiro relatório do IPCC, ainda não sabemos realmente quanto os aerossóis influenciam o clima. Essas partículas continuam sendo uma das maiores fontes persistentes de incerteza.[13]

O efeito de resfriamento dos aerossóis é considerado, contudo, preponderante, como bem resumiu o IPCC em 2013:

> Em geral, os modelos e as observações indicam que os aerossóis antropogênicos exerceram uma influência de resfriamento na Terra desde os tempos pré-industriais, o que mascarou parte do aquecimento médio global causado pelos gases de efeito estufa que teria ocorrido na ausência desses aerossóis. A redução projetada nas emissões de aerossóis antropogênicos no futuro, em resposta às políticas de qualidade do ar, teria por efeito desmascarar esse aquecimento.[14]

Um exemplo importante disso começa agora a entrar em ação. Desde 2015 estão em vigor determinações da Organização Marítima Internacional (IMO), limitando os níveis de enxofre no combustível dos navios. Essas determinações se tornaram mais estritas a partir de 2020. Conhecidas como IMO 2020, elas diminuem em muito as emissões dos óxidos de enxofre (SO_x) pelos navios. Segundo James Hansen e Makiko Sato, supracitados, "recebemos apenas cerca de um terço do aquecimento devido à suposta redução das emissões dos navios desde 2015. Felizmente, grande parte do aquecimento ainda não realizado está na lenta resposta do sistema climático ao longo de décadas e séculos".[15] Em 2013, o IPCC estimava que esse desmascaramento implicaria um aquecimento temporário de "alguns décimos de grau".[16] Em 2018, Bjørn H. Samset e colegas estimavam que um menor uso de combustíveis fósseis, especialmente carvão, levaria a um aquecimento global adicional estimado entre 0,5°C e 1,1°C.[17] Yangyang Xu, Veerabhadran Ramanathan e David Victor, por sua vez, reiteram que "o aquecimento global acontecerá mais rápido do que pensamos", entre outras razões, porque declínios no uso global de carvão a taxas mais rápidas do que as previstas pelo IPCC e por grande parte dos modelos climáticos levariam a uma aceleração do aquecimento: "Menos poluição é melhor para as plantações e para a saúde pública. Mas os aerossóis, incluindo sulfatos, nitratos e compostos orgânicos, refletem a luz solar. Esse escudo de aerossóis manteve o planeta mais frio, possivelmente em até 0,7°C globalmente".[18]

Estudos anteriores, publicados em geral no primeiro decênio do século, sugeriam efeitos ainda mais graves. Em 2008, Joachim Schellnhuber, por exemplo, calculava que a remoção instantânea dos aerossóis causaria um salto na taxa de aquecimento de 0,2°C por década para cerca de 0,7°C por década até 2030.[19] Em 2009, Frank Raes e John Seinfeld estimavam, em tais circunstâncias, uma aceleração de 0,2°C para 0,3°C a 0,4°C por década.[20] Em 2019, Drew Shindell e Christopher Smith procuraram demonstrar que essas modelagens, supondo uma supressão imediata dos aerossóis, induziam em erro e propunham cenários de reduções graduais, ressaltando não encontrar em seus modelos efeitos de aquecimento dessa magnitude:

> Mostramos que cenários de modelagem mais realistas não produzem um aumento substancial de curto prazo na magnitude ou na taxa de aquecimento e, de fato, podem levar a uma diminuição nas taxas de aquecimento dentro de duas décadas a partir da descontinuação da queima de combustível fóssil.[21]

Possivelmente em decorrência desses novos resultados, o Sexto Relatório de Avaliação (AR6, WG I, 2021) do IPCC afirma que o efeito de resfriamento do planeta causado por esses aerossóis pode ser de 0,0°C a 0,8°C.[22] Mesmo que esse efeito seja, no limite, 0,0°C, é importante sublinhar a ressalva de Shindell e Smith: "Uma penalização climática", isto é, um aumento das temperaturas, "pode ocorrer se os controles da poluição atmosférica forem efetivados com concomitante aumento das emissões de GEE, tal como demonstrado por muitos estudos".[23] Ora, esse cenário em que a poluição por aerossóis diminui (graças a filtros ou outros dispositivos e à regulação normativa) enquanto as emissões de GEE continuam aumentando é exatamente o cenário previsto ao menos até 2030, segundo todas as projeções disponíveis da Agência Internacional de Energia (AIE) e de outras agências. Além disso, na 26ª Conferência das Partes (COP26), nenhuma das partes estabeleceu metas claras de redução a curto prazo de suas emissões de GEE. Portanto, o que provavelmente teremos nos próximos anos será essa combinação entre eventual diminuição do material particulado em suspensão na atmosfera (sobretudo se houver redução da queima de carvão, o que é, até agora ao menos, improvável) e aumento das emissões de GEE neste decênio. Essa combinação deve, como previsto por todos os estudos, inclusive o de Shindell e Smith, exacerbar o aquecimento médio global, com diferenças regionais relevantes. É incerta a magnitude desse aumento adicional da temperatura, mas ela pode ser, segundo os estudos mencionados, de "alguns décimos de grau" (IPCC) a 1,1°C. É importante entender que o choque de tal aquecimento a curto prazo, combinado com sua aceleração estrutural, tem potencialmente o poder de desencadear efeitos em cascata sobre o sistema climático.

7.2 Menor sequestro de carbono terrestre pela biomassa

A quantidade de carbono atmosférico sequestrado pela fotossíntese indica a maior ou menor produtividade primária da vegetação. A produtividade primária líquida (net primary productivity — NPP) é a quantidade de dióxido de carbono que a vegetação absorve durante a fotossíntese menos a quantidade de dióxido de carbono que as plantas liberam ao morrer e durante a respiração (metabolizando açúcares e amidos para obter energia).[24] O resultado positivo dessa subtração é sucessivamente armazenado na biomassa. Essa produtividade é o primeiro passo no ciclo global do carbono e, consequentemente, um elemento crucial nas dinâmicas do sistema climático.

A destruição das florestas, a queima de biomassa e a conversão de biomas naturais em plantações e em pastagem — as quais possuem muito menor produtividade em relação às florestas — são a causa primeira da redução da NPP. A Plataforma Intergovernamental sobre Biodiversidade e Serviços Ecossistêmicos (IPBES) afirma que "a produtividade primária líquida da biomassa dos ecossistemas e da agricultura está atualmente

[2018] mais baixa do que ela seria em seu estado natural em 23% da área global nas terras emersas, levando a uma redução de 5% da produtividade primária líquida".[25] Segundo Fridolin Krausmann e colegas, a apropriação humana da biosfera, medida em NPP, mais que dobrou no século XX, passando de 6,9 gigatoneladas de carbono (Gt C) por ano em 1910 para 14,8 Gt C em 2005.[26] Essa duplicação permitiu quadruplicar a população humana no período. Mas, como visto no Capítulo 1, essa maior eficiência alimentar em relação ao aumento da população foi conquistada em detrimento da biosfera, com as consequências sabidas.

As secas constituem um fator particularmente importante no declínio da NPP. Como afirmam Yuliang Zhou e Ping Zhou,

> presta-se ainda pouca atenção aos impactos das secas sobre os ecossistemas terrestres. Um dos maiores desastres climatológicos, as secas podem ter impactos significativos sobre os ecossistemas terrestres, especialmente para a NPP.[27]

Os dois autores identificaram essas correlações na bacia do Rio Pérola, no sul da China, a segunda maior bacia hidrográfica e a zona de maior emissão de CO_2 do país. A região, de clima tropical e subtropical, tem sofrido numerosas secas, com as mais persistentes ocorrendo nas últimas duas décadas. Recentemente, a situação se deteriorou a ponto de ameaçar o suprimento de água potável por intrusão de água salgada nessa bacia.[28] Além disso, um exame da resposta da NPP a essas secas, medida em teragramas (1 Tg = 1 Mt ou um milhão de toneladas) de carbono, entre 1982 e 2015, mostra que:

> Eventos prolongados e severos de seca diminuíram em grande parte a NPP regional. Por exemplo, a seca de 2009-2010 a reduziu em 31,85 Tg C em toda a bacia, respondendo por 11,7% da NPP média anual regional. A ocorrência de secas prolongadas e severas pode causar sérios distúrbios nos processos bioquímicos e fisiológicos dos ecossistemas, como fotossíntese, respiração e metabolismo de nitrogênio e proteínas. As secas de longo prazo também influenciam a produtividade do ecossistema, aumentando a infestação de pragas e doenças.[29]

As florestas tropicais diminuíram seu potencial de sumidouro de carbono, ou mesmo se tornaram fonte líquida de carbono, devido ao desmatamento e às secas, que desempenham um papel importante nesse declínio. Com base em um estudo de doze anos de dados do satélite pantropical MODIS, Alessandro Baccini e colegas fornecem evidências de que "as florestas tropicais do mundo são uma fonte líquida de 425,2 ± 92,0 teragramas de carbono por ano [425,2 Tg C ou Mt C/ano]. Essa liberação líquida de carbono consiste em perdas de 861,7 ± 80,2 Tg C/ano e ganhos de 436,5 ± 31,0 Tg C/ano".[30] Durante as secas de 2014 e 2015, por exemplo, a produtividade primária bruta das florestas da Costa Rica foi reduzida em 13% e em 42%, respectivamente, durante a estação com menor taxa de fotossíntese.[31] Como visto no Capítulo 3, diversos estudos recentes, com destaque para o de Luciana Gatti e colegas (2021), mostram que esse mesmo processo vem ocorrendo nas porções nordeste, sudeste e sul da floresta amazônica, o chamado "arco do desmatamento" da Amazônia. De modo geral, já em 2009, Michael Zika e Karl-Heinz Erb detectavam que cerca de 2% da produtividade primária líquida terrestre global estava sendo perdida a cada ano "devido à degradação de terras secas, ou entre 4% e 10% do potencial NPP em terras áridas. As perdas chegam a 20%-40% de NPP potencial em áreas agrícolas degradadas na média global e acima de 55% em algumas regiões do mundo".[32] Evidentemente, quanto menor for a NPP (ou seja, o saldo positivo entre captura e liberação de carbono), menor será a capacidade dos vegetais de funcionar como um sumidouro das emissões antropogênicas de CO_2 e maior será, portanto, o desequilíbrio do sistema climático. Por sua vez, esse desequilíbrio contribui para a diminuição da NPP das plantas, reiniciando, assim, o círculo vicioso: menor NPP implica maior desequilíbrio do clima, que implica menor NPP...

7.3 Diminuição do albedo da Terra pela diminuição das superfícies cobertas de neve e gelo

O albedo é a fração da energia solar refletida de volta para o espaço pela superfície do planeta Terra. Como visto na seção anterior, e como o enfatizam ainda Hansen e Sato, a diminuição ocorrida e prevista das concentrações atmosféricas de aerossóis é uma das causas do maior aquecimento superficial recente do planeta, via diminuição do albedo ou refletividade da Terra em relação à radiação solar:

> A maior parte do desequilíbrio [energético da Terra] desde 2015 se deve a um aumento da energia solar absorvida, ou seja, ao decréscimo da refletividade da Terra. Isso é consistente com a expectativa de que o maior efeito dos aerossóis no equilíbrio radiativo da Terra e no clima é via seu efeito sobre as nuvens.[33]

Outra causa importante da diminuição do albedo terrestre é a diminuição das áreas brancas na superfície do planeta. A neve e o gelo, por serem brancos e refletirem a luz, têm um alto albedo. A neve fresca tem um albedo de cerca de 90% e o gelo marinho tem um albedo entre 50% e 70%, ao passo que o albedo do oceano é de aproximadamente 6%.[34] Ocorre que essas áreas brancas têm diminuído muito fortemente nos oceanos e nas geleiras terrestres, dando lugar a superfícies escuras, que absorvem mais a energia solar e, portanto, esquentam o planeta. A extensão mínima do gelo marinho no Ártico entre setembro de 1979

Figura 7.1: Evolução da área média coberta por gelo marinho no Oceano Ártico nos meses de setembro entre 1979 e 2021 em milhões de quilômetros quadrados

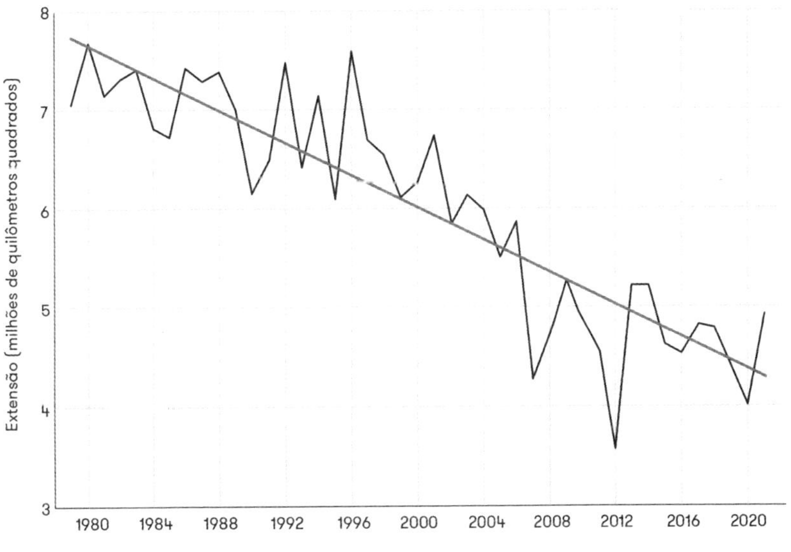

Fonte: National Snow and Ice Data Center (NSIDC), "Arctic Sea Ice News & Analysis", 5 out. 2021. Disponível em: http://nsidc.org/arcticseaicenews/.

e setembro de 2021 diminuiu a uma taxa de 81,2 mil km^2 por ano, ou 12,7% por década, em relação à média do período 1981-2010. Nesse período, contam-se quedas abruptas nos verões de 1989, 1997-1999, 2007 e 2012, quando a extensão da cobertura marítima do gelo atingiu apenas cerca de 3,5 milhões de km^2 (Mkm^2). A Figura 7.1 (p. 305) mostra a evolução dessa diminuição.

Peter Wadhams estima que "o efeito do recuo do gelo marinho apenas no Ártico reduziu o albedo médio da Terra de 52% para 48%, e isso é o mesmo que adicionar um quarto à quantidade de aquecimento do planeta devido aos GEE".[35] Os primeiros eventos de um verão sem gelo no Oceano Ártico (o chamado Blue Ocean Event)[36] têm crescente probabilidade de acontecer até 2050. Segundo Mark Urban, "os verões do Ártico podem se tornar praticamente sem gelo em trinta anos, e até mais cedo se as tendências atuais se mantiverem".[37] Quão mais cedo é incerto.[38] Ele pode acontecer neste ou no próximo decênio, segundo Wadhams e outros especialistas do Ártico, intensificando outra alça de retroalimentação do aquecimento pela diminuição progressiva do albedo. O certo é que a retração do gelo marinho tem tornado o Oceano Ártico cada vez mais exposto, e por mais tempo, à radiação solar, o que obviamente acelera seu aquecimento. De modo mais geral, mensurações feitas pelo Big Bear Solar Observatory (New Jersey Institute of Technology) por Philip R. Goode e colegas confirmam a diminuição do albedo planetário (não somente no Ártico) entre 1998 e 2017:

> A diminuição de duas décadas no albedo da Terra corresponde a um aumento no forçamento radiativo de cerca de 0,5 watt por metro quadrado (W/m^2), algo climatologicamente significativo. Para efeito de comparação, o forçamento antropogênico total aumentou cerca de 0,6 W/m^2 no mesmo período.[39]

Essa alça de retroalimentação do aquecimento via diminuição do albedo terrestre e marítimo está em clara aceleração. A diminuição do albedo marinho e a consequente aceleração do aquecimento oceânico, já discutida no Capítulo 5 (seção 5.2), podem desencadear efeitos em cascata, como veremos nas seções 7.4, 7.5 e 7.6.

7.4 Limite e diminuição da absorção de CO_2 e de calor pelos oceanos

Os oceanos absorvem o CO_2 atmosférico por processos físicos e químicos, mas também pela fotossíntese do fitoplâncton que, ao morrer, transporta-o para as profundezas oceânicas. Considera-se, em geral, que os oceanos absorvem cerca de 25% a 30% das emissões antropogênicas de CO_2, ou ainda mais, segundo cálculos recentes de Andrew Watson e colegas, abrangendo um período de 27 anos (1992-2018).[40] Essa capacidade oceânica de sequestrar e armazenar CO_2 longe da atmosfera, porém, está sendo limitada pelo maior consumo do fitoplâncton por bactérias aeróbicas, à medida que os oceanos se aquecem. Como tantos outros organismos (inclusive os humanos), essas bactérias aeróbicas consomem oxigênio e expelem CO_2, e parte desse CO_2 regenerado retorna à atmosfera. Segundo um estudo publicado por Frank Pavia e colegas, essa regeneração do CO_2 em mares rasos vem se tornando, em muitos casos, mais rápida do que o previsto, sob o impacto da aceleração do aquecimento dos oceanos.[41] Como afirma Robert Anderson, um dos coautores desse estudo, "os resultados nos dizem que o aquecimento causará uma reciclagem mais rápida do carbono em muitas áreas, e isso significa que menos carbono será levado para o oceano profundo e lá armazenado".[42]

Além disso, a crescente absorção de CO_2 pelos oceanos tem causado sua acidificação, com grande prejuízo para a vida marinha e, em especial, para os recifes de coral e para a habilidade de diversos organismos marinhos de produzir seus esqueletos e conchas com carbonato de cálcio. Mas, como observa Pavia, a própria acidificação é um fator limitante da capacidade futura dos oceanos de absorver CO_2 adicional.[43]

Outro fator limitante da capacidade dos oceanos de absorver CO_2 é sua crescente temperatura. Como visto no Capítulo 5, o aquecimento dos oceanos até dois mil metros de profundidade está em forte aceleração. Ora, a solubilidade do CO_2 na água diminui em temperaturas mais altas. Quanto mais aquecidos se tornam os oceanos, menor sua capacidade de absorver e armazenar CO_2 e, portanto, maior a quantidade desses gases que permanecerão na atmosfera e a aquecerão. Como afirmam, entre outros, Chris Marsay e colegas, "os preditos aumentos futuros da temperatura oceânica terão por resultado um armazenamento reduzido de CO_2 pelos oceanos".[44] Ao Carbon Brief, por ocasião da publicação de seu trabalho, Marsay declarou, de modo ainda mais claro, que esse processo age como uma alça de retroalimentação, "com menos CO_2 sendo removido pelos oceanos".[45]

Enfim, também como visto no Capítulo 5 (seção 5.1), os oceanos absorvem cerca de 90% da radiação solar. Grande parte dessa energia térmica permanecerá submersa por séculos ou milênios. Mas, como afirma Cheryl Katz, há sinais recentes de que

> os oceanos podem estar começando a liberar parte dessa energia térmica neles contida, o que pode contribuir para aumentos significativos da temperatura global nos próximos anos. [...] Dada a enormidade da carga térmica do oceano, mesmo uma pequena mudança tem um grande impacto.[46]

O sistema climático é, em suma, altamente dependente do comportamento dos oceanos, de modo que se estabelece aqui uma típica dinâmica de amplificação recíproca, na qual o aquecimento dos oceanos leva, pelas diversas vias acima elencadas, a um menor sequestro de CO_2 atmosférico, o que engendra mais aquecimento da atmosfera que, por sua vez, aquece ainda mais os oceanos.

7.5 Crescente contribuição do metano (CH_4) ao aquecimento global

> *Combater o metano é provavelmente a melhor oportunidade que temos para ganhar algum tempo.*
> — Riley Duren[47]

Tanto historicamente quanto na atualidade, as emissões antropogênicas de CO_2 são o mais importante vetor de aquecimento no conjunto dos GEE. Mas a contribuição do metano tem sido cada vez maior. Só muito recentemente, contudo, a importância do metano no quadro de desestabilização do sistema climático tem sido devidamente reconhecida. Até o início dos anos 1970, considerava-se que esse poderoso GEE não tinha efeito direto sobre o clima. Em 1975, por exemplo, Wallace Broecker afirmava: "Dos efeitos climáticos induzidos pelo homem, apenas o efeito do CO_2 pode ser demonstrado como globalmente significativo".[48] Desde então, vários estudos, a começar pelo de Gavin Schmidt de 2004,[49] têm revelado a crescente importância do metano. Sua contribuição para o aquecimento global, hoje, é avaliada entre 20% e 30% do aquecimento total.[50] Segundo Maryam Etminan e colegas, o forçamento radiativo do metano entre 1750 e 2011, em relação ao potencial de aquecimento global do CO_2, é cerca de 20% maior do que o valor considerado no Quarto (AR4, WG I, 2007) e no Quinto (AR5, WG I, 2013) Relatórios de Avaliação do IPCC.[51]

As concentrações atmosféricas de metano quase triplicaram nos últimos duzentos anos, aumentando de cerca de 720 partes por bilhão (ppb) em média no período pré-industrial para 1.908 ppb em maio de 2022,[52] com forte disparada sobretudo desde 2007. Trata-se de um ritmo de crescimento a uma taxa próxima à do cenário RCP8,5 W/m² (Representative Concentrations Pathway 8,5 W/m² em 2100), definido pelo IPCC como o de emissões altas e continuamente crescentes.[53] Em 2016, Marielle Saunois e colegas alertavam que "as concentrações atmosféricas de metano estão crescendo mais rapidamente do que em qualquer outro período nas duas últimas décadas, aproximando-se, desde 2014, dos cenários de maiores emissões de GEE".[54] A Figura 7.2 mostra essa curva entre 1980 e 2021 (esquerda) e a taxa anual de aumento.

Figura 7.2: Concentrações atmosféricas de metano entre 1984 e 2021 nas médias mensais e anuais, com aumentos médios em quatro períodos, iniciados em finais de janeiro de 1984, maio de 1992, outubro de 2013 e maio de 2021. À direita: aumentos anuais e quinquenais dessas concentrações, sempre em partes por bilhão (ppb)

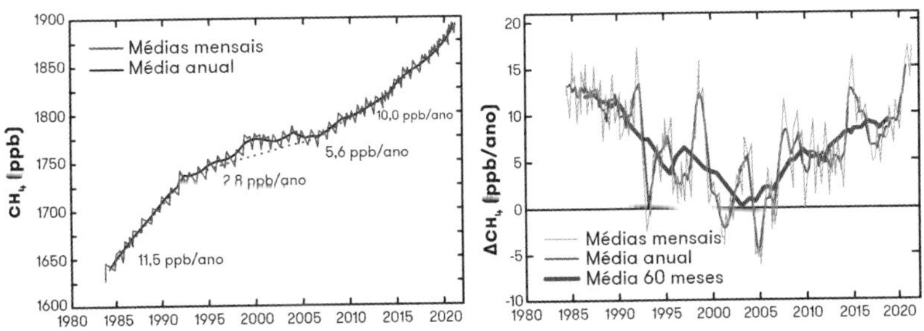

Fonte: James Hansen & Makiko Sato, "August Temperature Update & Gas Bag Season Approaches", Columbia University, 14 set. 2021. Disponível em: https://tinyurl.com/yc55syuv. O gráfico da esquerda é baseado em Ed Dlugokencky, Noaa/GML.

Tabela 7.1: Aumentos anuais das concentrações atmosféricas de metano entre 2011 e 2021 em partes por bilhão (ppb)

Ano	Aumentos em ppb
2011	4,83
2012	5,01
2013	5,7
2014	12,77
2015	10,02
2016	7,09
2017	6,85
2018	8,67
2019	9,89
2020	15,27
2021	16,99

Fonte: Ed Dlugokencky, "Trends in Atmospheric Methane", Noaa, 5 abr. 2022. Disponível em: https://gml.noaa.gov/ccgg/trends_ch4.

O crescimento anual dessas concentrações no segundo decênio do século XXI é, com exceção de 2011, sempre superior a 5 ppb e chega a quase 17 ppb em 2021, como mostra a Tabela 7.1.

Nos oito anos entre 2014 e 2021, o metano atmosférico aumentou 87,55 ppb, a uma taxa média anual de 10,9 ppb, o que significa mais que o dobro da taxa média de aumento anual de 5,2 ppb nos oito anos anteriores (2006-2013). Esse aumento do metano atmosférico "foi tão inesperado que não foi considerado nos modelos de trajetórias de emissões de GEE preparatórios para o Acordo de Paris de 2015", afirmam Euan Nisbet e colegas. Em 2019, baseados no aumento aferido no quadriênio 2014-2017, os autores postulavam que, se a taxa de crescimento das concentrações atmosféricas de metano continuar nas próximas décadas,

> o impacto adicional do metano no aquecimento climático pode anular significativamente ou até mesmo reverter o progresso na mitigação do clima pela redução das emissões de CO_2. Isso desafiará os esforços para cumprir a meta do Acordo de Paris das Nações Unidas sobre Mudanças Climáticas de 2015, de limitar o aquecimento do clima a 2°C.[55]

Figura 7.3: Aumentos anuais das concentrações atmosféricas de metano (CH_4) em partes por bilhão (ppb) entre 1984 e 2021

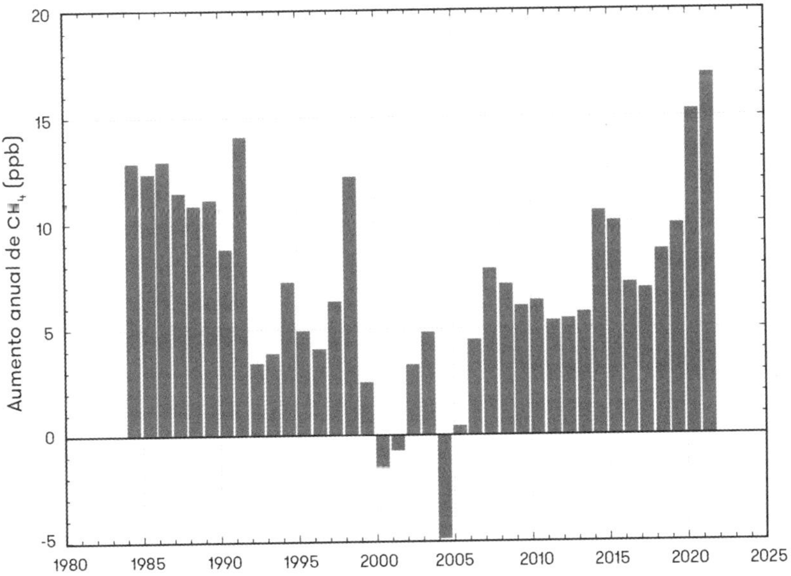

Fonte: Ed Dlugokencky, "Trends in Atmospheric Methane", Noaa, 5 abr. 2022. Disponível em: https://gml.noaa.gov/ccgg/trends_ch4.

Ocorre que, desde o trabalho de Nisbet e colegas, essa tendência só tem se agravado. As taxas médias de aumento anual das concentrações atmosféricas de metano no quadriênio 2018-2021 (12,7 ppb) foram 38% maiores do que no quadriênio 2014-2017 (9,2 ppb). A Figura 7.3 indica um aumento quase ininterrupto dessas concentrações no segundo decênio do século e um crescimento sem precedentes e verdadeiramente vertiginoso no quadriênio 2018-2021.

O CO_2 é um gás de permanência multissecular na atmosfera, com uma "cauda longa" de milênios.[56] Pieter Tans oferece um exemplo eloquente de seu efeito de longo prazo sobre as temperaturas planetárias: "Cerca de 40% das emissões do Ford Modelo T de 1911 ainda estão no ar hoje".[57] Ao contrário do CO_2, o metano permanece na atmosfera por somente cerca de 8,4 a 12,4 anos. No entanto, seu potencial de aquecimento global (GWP)[58] é muito maior do que o do CO_2. No momento de sua emissão (pulso), o metano tem um GWP 120 vezes superior ao do CO_2.[59] Em 2013, o Quinto Relatório de Avaliação do IPCC atualizou o GWP do metano em 20%, tornando-o:

- até cem vezes maior do que o CO_2 em um horizonte de cinco anos;
- 72 a 86 vezes maior em um horizonte de vinte anos; e
- 34 vezes maior em um horizonte de cem anos.

No curto prazo — dado que os próximos vinte anos são os mais importantes na situação-limite em que nos encontramos —, o potencial de aquecimento global do metano é, portanto, pelo menos 72 vezes maior do que o do CO_2. É importante lembrar também que, considerando seu efeito estufa, o metano não é propriamente um gás de curta permanência na atmosfera, pois ele é oxidado e destruído pelos radicais hidroxila (OH*) e transformado (por diferentes mecanismos na troposfera e na estratosfera) em CO_2 e vapor de água (H_2O), dois outros gases de efeito estufa. O metano é, portanto, em certa medida, um precursor do CO_2, e dado que 88% do metano reage dessa maneira, tem-se que 1 g CH_4 gerará, no breve curso de sua oxidação, 2,4 g CO_2.[60] Paul Balcombe e colegas sintetizam a relação entre metano e CO_2 afirmando que, quando se levam em conta os efeitos de oxidação do metano e os feedbacks climáticos (positivo e negativo), o potencial de aquecimento global do metano (ou seja, sua eficiência em absorver radiação infravermelha e, portanto, aquecer a atmosfera) é 87 vezes maior que o do CO_2 num horizonte de tempo de vinte anos. Os autores fazem notar que, conforme se aproximam os prazos finais para evitar uma catastrófica desestabilização do sistema climático — com a obrigatoriedade de uma diminuição de cerca de 50% das emissões de CO_2 até 2030 —, a importância da mitigação das emissões de metano se faz sempre mais crucial.[61]

Finalmente, e talvez mais importante que tudo, o metano e o aquecimento da atmosfera se reforçam reciprocamente. Como bem resumido por Gavin Schmidt, "o metano aumenta rapidamente em um clima quente com um pequeno atraso em relação à temperatura. Portanto, o metano não só afeta o clima por meio do efeito estufa como, por sua vez, pode ser evidentemente afetado pelo próprio clima".[62] A importância dessa interação foi sublinhada por Joshua Dean e colegas, notadamente em ecossistemas caracterizados por alta concentração de carbono, como pântanos, sistemas marinhos e de água doce, permafrost e hidratos de metano: "O aumento das emissões de CH_4 desses sistemas induziria, por sua vez, mais mudanças climáticas, resultando em uma alça de retroalimentação do aquecimento".[63]

Como se sabe, o metano é emitido na atmosfera por diversas fontes, todas elas crescentes. Ele provém da queima de biomassa e da atividade bacteriana nas zonas úmidas, nos lixões e aterros sanitários e no estômago dos rebanhos de ruminantes (tal como visto no Capítulo 2, seção 2.4), mas também dos combustíveis fósseis, das minas de carvão abandonadas, dos escapes em toda a cadeia de exploração e distribuição desse gás e, de modo cada vez mais alarmante, do degelo do permafrost no Ártico, uma fonte ainda não consensualmente quantificada. O metano biogênico, isto é, gerado pelo metabolismo microbiano, contém menos isótopos de carbono-13 (^{13}C) do que o metano geogênico, proveniente, sobretudo, da extração dos combustíveis fósseis. A partir de 2007, há indícios de que 85% do metano emitido na atmosfera seja biogênico. Não se trataria apenas do metano gerado na atividade enté-

Figura 7.4: Fontes da liberação de metano na atmosfera, discriminadas segundo diversas proveniências em milhões de toneladas por ano e em porcentagem do total do metano liberado na atmosfera

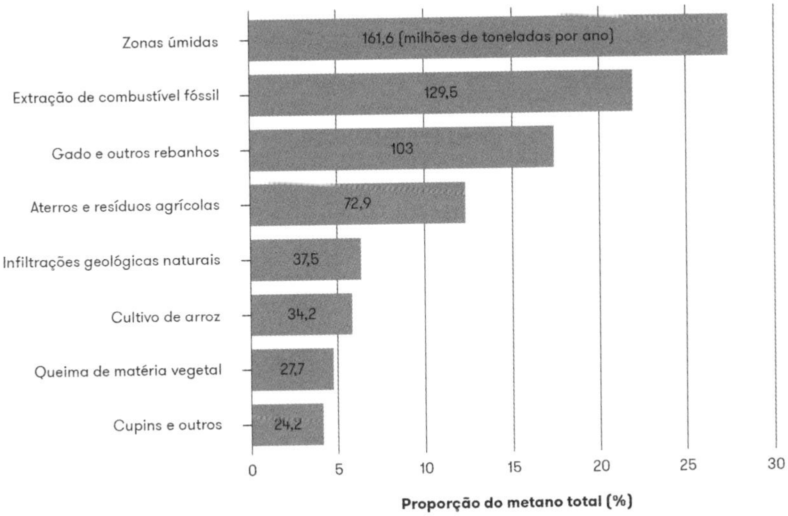

Fonte: Jeff Tollefson, "Scientists Raise Alarm Over 'Dangerously Fast' Growth in Atmospheric Methane", *Nature*, 8 fev. 2022, baseado em Xin Lan *et al.*, "Improved Constraints on Global Methane Emissions and Sinks Using $\delta^{13}C\text{-}CH_4$", *Global Biogeochemical Cycles*, 8 maio 2021.

rica dos ruminantes, mas de uma maior atividade bacteriana em geral, causada pelo aquecimento. Assim, Euan Nisbet se interroga: "Estará o aquecimento alimentando o aquecimento? Trata-se de uma questão incrivelmente importante. Por enquanto, não há uma resposta, mas é realmente o que está parecendo".[64] Xin Lan e colegas identificaram as diversas proveniências do metano após 2006, segundo essas suas duas assinaturas isotópicas (^{12}C e ^{13}C).[65] A Figura 7.4 (p. 313) discrimina o peso relativo de suas fontes geradoras.

O Sexto Relatório de Avaliação (AR6, WG III, 2022) do IPCC estabelece uma proporção maior (32%) do que a proposta por essa avaliação de Xin Lan e colegas no que se refere às emissões de metano relativas à extração de combustíveis fósseis, talvez porque os cálculos reportados pelo IPCC incluem extração e distribuição:

> As emissões globais de metano por fornecimento de energia, principalmente as emissões fugitivas de produção e transporte de combustíveis fósseis, representaram cerca de 18% [13%-23%] das emissões globais de GEE do fornecimento de energia, 32% [22%-42%] das emissões globais de metano e 6% [4%-8%] das emissões globais de GEE em 2019 (alta confiabilidade).[66]

7.6 No Ártico, liberação lenta ou explosão de uma bomba de metano e de CO_2?

Nas fontes de emissão de metano apontadas anteriormente, não se contabiliza a liberação de carbono (metano e CO_2) do permafrost em rápido degelo no Ártico. O processo, contudo, é bem detectado, embora sua magnitude presente e, em especial, sua aceleração no curto prazo sejam ainda objeto de debate na comunidade científica. Dado o alto potencial de aquecimento global do metano, essa incerteza representa um importante entrave ao desenvolvimento de projeções climáticas mais confiáveis, inclusive no horizonte dos dois próximos decênios. Mas há um crescente corpo de indicadores de que o degelo do permafrost possa agir como uma bomba-relógio explodindo em câmera lenta, segundo a expressão cunhada por Ted Schuur e reempregada no filme *Arctic Death Spiral and the Methane Time Bomb* (2012),[67] ou mesmo não tão em câmera lenta...

Definamos, antes de mais nada, o que é o permafrost ou pergelissolo. Permafrost é definido como solo exposto a temperaturas iguais ou inferiores a zero por mais de dois anos consecutivos. "Ele é composto de solo, rocha ou sedimento, muitas vezes com grandes pedaços de gelo misturados".[68] O permafrost ocorre em 24% das terras do hemisfério norte (23 Mkm^2). Boa parte desses solos permanece congelada desde a última glaciação e pode ter profundidades de mais de setecentos metros em algumas regiões do norte da Sibéria e do Canadá.[69] Em 2014, Gustaf Hugelius e colegas fizeram uma nova avaliação da quantidade de carbono globalmente armazenada no permafrost.[70] Segundo esses autores, ela seria da ordem de 1.300 petagramas (1.100 a 1.500 Pg, sendo 1 Pg = 1 Gt). Desse montante, 800 Gt estariam permanentemente congelados. Esses solos armazenariam, portanto, cerca do dobro da quantidade de carbono atualmente contido na atmosfera (~750 Gt C).[71] Essa proporção é ressaltada por Peter Carter, do Climate System Emergency Institute (CEI), que chama a atenção para o potencial catastrófico da alça de retroalimentação da liberação do metano, do CO_2 e do óxido nitroso do permafrost:

> O permafrost é a maior fonte isolada de retroalimentação das emissões de GEE causadas pelo aquecimento global superficial, pois contém o dobro do carbono armazenado na atmosfera. O descongelamento do permafrost gera seu próprio calor interno, tornando-o irreversível. Para um aquecimento global de 1°C, a retroalimentação das emissões de metano, CO_2 e óxido nitroso originadas do permafrost do Ártico está bem estabelecida. Portanto, um aquecimento continuado de mais de 1°C acabará acarretando um aumento irreversível e crescente da retroalimentação das emissões de GEE do permafrost. A retroalimentação amplificadora do declínio do gelo marinho aumentará ainda mais a retroalimentação dessas emissões de GEE. Isso requer intervenção emergencial no Ártico. A retroalimentação do aquecimento causada pelo degelo do permafrost não está incluída nas projeções do IPCC.[72]

A estabilidade do permafrost é monitorada por duas redes — Thermal State of Permafrost (TSP) e Circumpolar Active Layer Monitoring (Calm) —, coordenadas pela International Permafrost Association (IPA). Em 2012, um já citado relatório do Programa das Nações Unidas para o Meio Ambiente (Pnuma), intitulado "Policy Implications of Warming Permafrost", alertou:

> No geral, essas observações [do TSP e do Calm] indicam que o degelo em larga escala do permafrost pode já ter começado. [...] Um aumento da temperatura global de 3°C significa um aumento de 6°C no Ártico, resultando em algo entre 30% e 85% de perda do permafrost próximo à superfície. [...] As emissões de CO_2 e metano do degelo do permafrost podem amplificar o aquecimento devido às emissões antropogênicas de gases de efeito estufa. Essa amplificação é chamada de feedback de carbono do permafrost.[73]

Essa declaração do Pnuma, frise-se, foi feita há dez anos. No último decênio (2012-2021), o feedback de carbono do permafrost tem se tornado sempre mais inequívoco. Dada a amplificação do aquecimento do Ártico, em 2019 o aquecimento médio superficial da região já havia atingido 3,1°C em relação a 1971, sendo que, segundo o relatório de 2021 do Arctic Monitoring and Assessment Program (Amap), "a maior mudança na temperatura do ar nesse período de 49 anos foi sobre o Oceano Ártico durante os meses de outubro a maio, com média de 4,6°C e um pico de aquecimento de 10,6°C, ocorrendo no nordeste do Mar de Barents".[74] Ainda segundo esse relatório do Amap:

> Nos últimos 49 anos, o Ártico aqueceu três vezes mais rápido do que o mundo como um todo, levando a mudanças rápidas e generalizadas no gelo marinho, gelo terrestre (geleiras e mantos de gelo), permafrost, cobertura de neve e outras estruturas físicas e características desse ambiente. Essas mudanças estão transformando o Ártico e têm consequências de longo alcance.[75]

Esse aquecimento mais rápido do Ártico vem provocando um crescente degelo do permafrost, que, de acordo com o Amap, já se aqueceu em média entre 2°C e 3°C desde os anos 1970, ativando a decomposição bacteriana da matéria orgânica nele contida, de modo que parte de seu carbono será liberada na atmosfera, seja na forma de CO_2 (decomposição aeróbica), seja na de CH_4 (decomposição anaeróbica), obviamente exacerbando a emergência climática. Christian Knoblauch e colegas enfatizam a importância do metano liberado na decomposição bacteriana em solos anóxicos, que pode contribuir mais substancialmente para o aquecimento global do que previamente suposto.[76] Elizabeth Herndon acolhe os resultados da pesquisa de Knoblauch e colegas e reitera que "a produção de CH_4 a partir de sistemas anóxicos (sem oxigênio) pode representar uma proporção mais alta do potencial do aquecimento global (GWP) do que previamente estimada, ultrapassando as contribuições do CO_2".[77] Em 2019, Guillaume Lamarche-Gagnon e colegas, por sua vez, forneceram "evidência, a partir das camadas de gelo da Groenlândia, da existência de grandes reservas subglaciais de metano, onde sua produção não é compensada por sumidouros locais, com uma exportação líquida de metano para a atmosfera durante a estação veranil de degelo".[78]

A questão não é, portanto, saber se alças de retroalimentação do aquecimento via liberação do metano estão em ação no Ártico. Elas certamente estão, e isso, pelo menos, desde o primeiro decênio do século XXI. A dificuldade é estimar a taxa de aceleração dessa liberação. Edward Schuur e colegas, por exemplo, afirmavam em 2015 que:

> Nas taxas propostas, é improvável que as emissões observadas e projetadas de CH_4 e CO_2 do degelo do permafrost causem mudanças climáticas abruptas em um período de alguns anos a uma década. As emissões de carbono do permafrost provavelmente serão sentidas ao longo de décadas a séculos, à medida que as regiões do norte se aquecem, fazendo com que as mudanças climáticas aconteçam mais rapidamente do que esperávamos com base apenas nas emissões projetadas das atividades humanas.[79]

Mas essa avaliação está bem longe, hoje, de ser consensual. Há projeções, nos últimos anos, de um derretimento mais rápido do que o suposto por Schuur e colegas. Kevin Schaefer e colegas preveem que "o feedback de carbono do permafrost mudará o Ártico de um sumidouro de carbono para uma fonte após meados da década de 2020, e é forte o suficiente para cancelar de 42% a 88% do total do sumidouro global dos solos".[80] Um degelo abrupto do permafrost terrestre pode ser iniciado ou exacerbado por incêndios ou através de processos de termocarste.[81] Além disso, incêndios nas regiões boreais diminuem o albedo ao recobrirem a neve e o gelo de fuligem, acelerando o derretimento do permafrost, a atividade bacteriana e a sucessiva liberação de CO_2 e metano na atmosfera. Desde o segundo decênio do século, a magnitude desses incêndios florestais é sem precedentes, e, mais importante, eles queimam as turfeiras que liberam enormes quantidades de metano e CO_2.

Nos processos de termocarste, com formação de lagos termocásticos, observam-se infiltrações e ebulições de metano, e as mensurações revelam taxas muito superiores no século XXI em relação ao século XX.

Merritt Turetsky e colegas afirmam que os modelos atuais de liberação de GEE estão equivocados ao supor que o permafrost descongela gradualmente da superfície para baixo:

> O solo congelado não apenas retém carbono — ele mantém fisicamente a paisagem unida. Nas regiões boreais e do Ártico, o permafrost está desmoronando abruptamente à medida que os bolsões de gelo dentro dele derretem. Em vez de alguns centímetros de degelo do solo a cada ano, vários metros de solo podem ficar desestabilizados em dias ou semanas. A terra pode afundar e ser inundada por lagos e pântanos expandidos. [...] O permafrost está derretendo muito mais rapidamente do que os modelos previam, com consequências desconhecidas para a liberação de gases de efeito estufa.[82]

Hidratos de metano ou clatratos:[83] o degelo do permafrost submarino

Também não há consenso sobre a capacidade do degelo do permafrost no leito marinho de se constituir como uma alça de retroalimentação do aquecimento em curto prazo. Em 2018, por exemplo, Joshua Dean e colegas ainda sustentavam não haver expectativa de que os hidratos de metano contribuam significativamente para as emissões globais de CH_4 no futuro próximo e, de resto, nem mesmo no longo prazo.[84] Em 2007, o Quarto Relatório de Avaliação (AR4, WG I) do IPCC mantinha uma distância prudente da questão ao afirmar que, "embora a liberação potencial do metano aprisionado no permafrost submarino possa fornecer um feedback positivo ao aquecimento global, as observações disponíveis não permitem uma avaliação das mudanças eventualmente ocorridas nesse sentido".[85] Contudo, é fato indiscutível que os leitos oceânicos do Oceano Ártico estão descongelando muito mais rapidamente do que se pensava, muitas vezes pela primeira vez desde a última glaciação.[86] Desse modo, tanto a posição de Joshua Dean e colegas quanto a neutralidade do IPCC são abertamente contestadas por Natalia Shakhova, Igor Semiletov e Evgeny Chuvilin,[87] Paul Beckwith, Peter Carter, John Nissen, Peter Wadhams,[88] Gail Whiteman, Chris Hope[89] e Susan Natali,[90] entre muitos outros cientistas e especialistas do Ártico, em vários artigos e intervenções públicas. Segundo eles, há um risco crescente de desestabilização irreversível dos sedimentos no leito marinho do Oceano Ártico, com potencial liberação desastrosa de metano na atmosfera, no horizonte de poucas décadas ou mesmo abruptamente. Há também consenso entre eles de que o maior e mais iminente perigo provém da Plataforma Marinha da Sibéria Oriental (East Siberian Arctic Shelf — Esas), a mais extensa plataforma continental oceânica do mundo, abrangendo o Mar de Laptev, o Mar Siberiano Oriental e a parte russa do Mar de Tchuktchi. Sua profundidade média é de 50 m, sendo que mais de 75% de sua área de 2,1 Mkm^2 está a menos de 40 m de profundidade.

Até um passado recente, o gelo marinho protegia a maior parte da Esas da radiação solar. Mas isso era o passado. A Figura 7.1 (p. 305) mostra a extensão da retração do gelo marítimo do Ártico a cada final de setembro, o mês de sua menor extensão, desde 1979. Outrora aprisionado nos clatratos ou hidratos de metano do raso leito marinho desse oceano, o metano começa a ser lançado em quantidades crescentes na atmosfera. E há quantidades imensas de metano aprisionadas nesses hidratos, cada vez mais desestabilizados. Como afirmam Natalia Shakhova, Igor Semiletov e Evgeny Chuvilin, "a zona costeira da Esas é altamente afetada pelo escoamento fluvial, o que causa um aquecimento significativo da água da plataforma: a temperatura média anual da água profunda está documentada em > 0°C e tem mostrado uma tendência a aumentar durante as últimas décadas".[91]

A Esas se tornou permafrost submarino há doze ou treze milênios, ao final da última glaciação, mas durante o Último Máximo Glacial (de 26,5 mil a 19 mil anos antes do presente [AP]), o nível do mar estava mais de cem metros mais baixo do que hoje, e toda a plataforma se encontrava em terras emersas, permitindo a acumulação de sedimentos orgânicos. Estima-se que os depósitos rasos de hidrato de metano ocupem atualmente cerca de 57% (1,25 Mkm^2) do fundo do mar da Esas, que pode preservar ao todo mais de 1.400 Gt de metano, o que a torna o maior e mais vulnerável armazenamento de CH_4 submarino no mundo.[92] Sempre mais longamente exposta à radiação solar, a Esas aqueceu-se momentaneamente em até 17°C, e as emissões atuais de CH_4 originadas dessa plataforma situam-se entre 8 Tg e 17 Tg (ou milhões de toneladas) por ano.[93] Essa quantidade é já, obviamente, alarmante, mas Shakhova, Semiletov e Chuvilin enfatizam o potencial para liberações muito maiores, inclusive abruptas:

> A atual emissão anual de CH_4 para a atmosfera foi calculada entre 8 Tg e 17 Tg por ano; isso implica, conservadoramente, que quantidades iguais podem ter sido liberadas anualmente durante as épocas climáticas anteriores se o permafrost não tivesse restringido o fluxo de CH_4. Portanto, devido a tal restrição, durante o período glacial (~cem milênios) mais de 800 Gt de CH_4 podem ter se acumulado no fundo da Esas como fluxos potenciais bloqueados [pelo permafrost]. Essa quantidade de gás pré-formado preservado na Esas sugere um potencial para uma possível liberação massiva/brusca de CH_4, seja por hidratos desestabilizados, seja por acúmulos de gás livre [não aprisionados em clatratos] sob o permafrost; tal liberação requer apenas um gatilho.[94]

Esse gatilho pode ocorrer a qualquer momento porque, como lembram os autores, "a Esas é uma área tectônica e sismicamente ativa dos oceanos globais. Durante eventos sísmicos, uma grande quantidade de gás superpressurizado pode ser entregue à coluna de água, não apenas por meio de rotas de migração de gás já existentes, mas também por meio de rupturas no permafrost".[95] Natalia Shakhova e Igor Semiletov temem um escape na atmosfera de 50 Gt de metano em curto prazo apenas a partir da Esas. Para ambos, uma vasta eructação de metano é "altamente possível a qualquer momento".[96] Whiteman, Hope e Wadhams reforçam essa percepção: "Um reservatório de 50 Gt de metano, armazenado na forma de hidratos, existe na plataforma ártica da Sibéria Oriental. É provável que ele seja emitido à medida que o fundo do mar aquece, de forma constante ao longo de cinquenta anos ou subitamente".[97]

Wadhams calcula que, no caso de um pulso de 50 Gt de metano ocorrendo ao longo de uma década, "a temperatura extra devida ao metano em 2040 será de 0,6°C, uma contribuição extrassubstancial". E acrescenta: "Embora o pico de 0,6°C seja atingido 25 anos após o início das emissões, em poucos anos ocorre um aumento de 0,3°C a 0,4°C".[98] Isso significaria algo como duplicar subitamente a taxa atual de aquecimento por década (0,32°C). A probabilidade de que tal pulso de metano venha a ocorrer é considerável, segundo Wadhams, e, caso ocorra, ele acelerará alças de retroalimentação do aquecimento que podem liberar ainda mais metano na atmosfera a uma taxa de progressão exponencial, levando a um aquecimento completamente fora das projeções, mesmo as mais pessimistas.

Também de outras plataformas continentais do Ártico vêm-se constatando acelerações na liberação de metano. Irina Streletskaya e colegas, que estudaram o metano contido no gelo do solo e nos sedimentos costeiros do Mar de Kara, afirmam que "a degradação do permafrost devido às mudanças climáticas será exacerbada ao longo da zona costeira, onde o declínio do gelo marinho provavelmente resultará em taxas aceleradas de erosão costeira [...], liberando ainda mais o metano não contabilizado nos modelos".[99] Da mesma maneira, Alexey Portnov e colegas mensuraram em dois trabalhos, de 2013 e 2014, a liberação de metano na parte sul da plataforma continental do Mar de Kara e na porção oeste da plataforma de Yamal, no noroeste da Sibéria. No trabalho de 2013, eles assinalam que "essa região da plataforma ártica, onde a liberação de gás do fundo do mar é generalizada, sugere que o permafrost se degradou de forma mais significativa do que se pensava anteriormente".[100] Esses estudos fornecem exemplos de outras plataformas marinhas do Ártico onde a liberação de gás metano do leito marinho é generalizada e onde a degradação do permafrost é um processo contínuo. Comentando ambos os trabalhos, Brian Stallard cita a seguinte projeção proposta por Portnov: "Se a temperatura dos oceanos aumentar dois graus, como sugerido por alguns relatórios, isso acelerará o degelo ao extremo. Um clima mais quente pode levar a uma liberação explosiva de gás das áreas rasas".[101]

Baseado no conjunto dessas observações e projeções, o Arctic Methane Emergency Group (Ameg), um grupo de cientistas do Reino Unido, afirmava já em 2012:

> A tendência entre os cientistas e a mídia tem sido ignorar ou subestimar a gravidade da situação no Ártico. O Ameg tem usado as melhores evidências e explicações disponíveis para os processos em andamento. Esses processos incluem vários círculos viciosos que estão crescendo exponencialmente e envolvem oceano, atmosfera, gelo marinho, neve, permafrost e metano.[102]

Peter Wadhams não cessa de alertar sobre a particular importância dessa dinâmica de aceleração, como se lê, por exemplo, em seu livro de 2016:

> Devemos lembrar — e muitos cientistas, infelizmente, esquecem — que somente desde 2005 existem quantidades substanciais de oceano aberto durante o verão nas plataformas do Ártico. Vivemos, portanto, uma situação totalmente nova, com um novo fenômeno de derretimento ocorrendo. [...] Chegamos ao ponto em que não devemos mais simplesmente dizer que

adicionar CO_2 à atmosfera aquece nosso planeta. Em vez disso, temos de dizer que o CO_2 que adicionamos à atmosfera já aqueceu nosso planeta a tal ponto que os processos de feedback de gelo/neve vêm aumentando o efeito [de aquecimento] em mais de 50%. Não estamos longe do momento em que os próprios feedbacks impulsionarão a mudança — ou seja, não precisaremos adicionar mais CO_2 à atmosfera para obter aquecimento de qualquer maneira.[103]

7.7 Além de 1,5°C: cruzando múltiplos pontos críticos

Mesmo se atingida a meta de um aumento nas temperaturas de 1,5°C a 2°C, estipulada pelo Acordo de Paris, não se pode excluir o risco de que uma cascata de retroalimentações possa impelir o sistema Terra irreversivelmente em uma trajetória de "Terra Estufa".

— Will Steffen et *al.*[104]

Em 1990, Frank Rijsberman e R. Swart já entendiam que um aumento de 1°C na temperatura média do planeta em relação ao período pré-industrial se tornara inevitável e que a meta do aquecimento seria manter o planeta tão próximo quanto possível de 1°C. E avançavam a hipótese de que

> aumentos de temperatura além de 1°C podem provocar respostas rápidas, imprevisíveis e não lineares capazes de produzir extensos danos ecossistêmicos. Um limite absoluto de temperatura de 2°C pode ser visto como um limite superior além do qual se espera que os riscos de danos graves aos ecossistemas e de respostas não lineares aumentem rapidamente.[105]

É exatamente essa a hipótese considerada no trabalho de grande repercussão publicado por Will Steffen e colegas, citado em epígrafe. Nos próximos dez ou doze anos, as concentrações atmosféricas de CO_2 devem crescer cerca de 30 partes por milhão (ppm), atingindo, na primeira metade do próximo decênio, algo próximo de 450 ppm, um nível de concentração atmosférica de CO_2 associado estruturalmente a um aquecimento médio global de 2°C em relação ao período pré-industrial.[106] Na métrica dos limites planetários do Stockholm Resilience Centre, 450 ppm instaura o sistema climático em uma "zona de alto risco", na qual é praticamente certa a ultrapassagem da marca de 2°C.[107]

O atual decênio é, portanto, o último em que viveremos em um clima ainda conhecido pela humanidade. O Relatório Especial do IPCC de 2018 (SR1.5)[108] e o Sexto Relatório de Avaliação de 2021 (WG I, SPM) mostraram, com farta exemplificação, como os impactos de um aquecimento de 2°C são muitíssimo maiores que os de 1,5°C. Mas é preciso entender que a diferença entre se expor aos riscos de um planeta 0,5°C e 1°C acima do aquecimento atual não é apenas de intensidade e de frequência de desastres e anomalias já conhecidas. O que está em jogo nessa diferença de níveis de aquecimento diz respeito à capacidade de sobrevivência da humanidade e de outros milhões de espécies eucariotas. Quando, ao longo deste decênio ou no início do próximo, o aquecimento médio global tiver cruzado pela primeira vez o patamar de 1,5°C acima do período pré-industrial, o planeta terá, provavelmente, ultrapassado, segundo o IPCC, o aquecimento médio global do Eemiano, o último período interglacial (130 mil a 115 mil anos AP) do Pleistoceno.[109] Por volta de 2030, os humanos terão de aprender a sobreviver em um clima planetário típico do momento das primeiras migrações do *Homo sapiens* para fora da África, o chamado *out-of-Africa event*, quando não passávamos de alguns milhares de indivíduos. Seremos então mais de oito bilhões, vivendo em condições de risco e precariedade quase sem precedentes em nossa memória ancestral. Uma situação, por certo, terrível, mas ainda incomparavelmente menos ameaçadora do que a de um aquecimento médio global superior a 2°C. Quando o aquecimento médio global tiver cruzado esse segundo patamar, o *Homo sapiens* será ameaçado por um clima muito mais quente do que o mais quente clima conhecido em toda a sua história. Na realidade, um clima mais quente do que os mais quentes climas de todo o período Quaternário, ou seja, dos últimos 2,58 milhões de anos, quando o gênero *Homo* estava emergindo. De fato, os resultados de um trabalho publicado em 2019 por Matthäus Willeit e colegas

> dão suporte às noções de que a concentração atual de CO_2 de mais de 400 ppm não tem precedentes nos últimos três milhões de anos e de que a temperatura global não excedeu o valor pré-industrial em mais de 2°C durante o Quaternário. No contexto das mudanças climáticas futuras,

> isso implica que um fracasso na redução substancial das emissões de CO_2 para cumprir a meta do Acordo de Paris de limitar o aquecimento global bem abaixo de 2°C não só afastará o clima da Terra das condições do Holoceno como também o levará além das condições climáticas vividas durante todo o período geológico atual [o Quaternário].[110]

O Sexto Relatório de Avaliação do IPCC (WG I, SPM) tem um parecer similar ao de Willeit e colegas: "A última vez que a temperatura global superficial manteve-se em — ou acima de — 2,5°C em relação a 1850-1900 foi há mais de 3 milhões de anos (confiança média)".[111]

É praticamente certo que já a partir de um aquecimento médio global de 1,5°C acima do período pré-industrial diversos elementos críticos do sistema Terra começarão a ultrapassar pontos críticos. Retomemos de modo mais circunstanciado a definição de ponto crítico, já brevemente enunciada no Capítulo 3 (seção 3.10). Define-se um ponto de inflexão ou ponto crítico (*tipping point*) como o momento em que tensores em acumulação superam a resiliência do sistema sobre o qual eles agem. Superado esse ponto, o sistema deixa de gravitar em torno de seus atratores de estabilidade, oscila, torna-se brevemente muito instável, antes de transitar, mais ou menos rapidamente ou mesmo abruptamente, para outro estado de equilíbrio. Timothy Lenton e colegas ressaltam que, ao introduzir o conceito de ponto crítico há duas décadas, o IPCC postulava que transições não lineares no sistema climático eram prováveis se, e somente se, o aquecimento excedesse na média global 5°C acima do período pré-industrial. Mas os dois relatórios especiais de 2018 e de 2019 sugerem que pontos críticos podem ser ultrapassados mesmo com aquecimentos médios globais entre 1°C e 2°C.[112] As três décadas entre 2010 e 2040 são, portanto, as décadas em que cresce exponencialmente o risco de ultrapassagem de pontos de inflexão no sistema Terra. No já citado artigo de 2019, intitulado "Climate Tipping Points: Too Risky to Bet against", Timothy Lenton e colegas afirmam:

> Pensamos que vários pontos críticos na criosfera estão perigosamente próximos, mas mitigar as emissões de GEE poderia ainda desacelerar a inevitável acumulação de impactos e ajudar-nos a nos adaptar. Pesquisas na década passada revelaram que a cobertura do Mar de Amundsen, na Antártida Ocidental, pode ter ultrapassado um ponto crítico. [...] Os modelos sugerem que a camada de gelo da Groenlândia pode estar condenada a partir de um aquecimento de 1,5°C, o que pode acontecer tão cedo quanto 2030.[113]

Em 2022, começa-se a perceber que cinco elementos críticos do sistema Terra podem já ter cruzado pontos críticos mesmo nos níveis atuais de aquecimento médio global, e outros pontos críticos podem ser cruzados em níveis de aquecimento entre 1,5°C e < 2°C. Revendo mais de duzentos estudos e modelos sobre pontos críticos, David Armstrong McKay e colegas (entre os quais Timothy Lenton e Johan Rockström, coautores do artigo de 2019, acima citado) propõem as seguintes faixas de probabilidade (de possível a provável) a partir do aquecimento atual.

> Identificamos nove elementos críticos "centrais" globais que contribuem substancialmente para o funcionamento do sistema da Terra e sete elementos críticos com "impactos" regionais que contribuem substancialmente para o bem-estar humano ou têm grande valor como características únicas do sistema Terra. [...] O aquecimento global atual de ~1,1°C acima do período pré-industrial já está dentro da extremidade inferior de cinco faixas de incerteza de cruzamento de pontos críticos do clima. Seis cruzamentos de pontos críticos do clima tornam-se prováveis (e outros quatro, possíveis) com um aquecimento dentro das metas do Acordo de Paris (1,5°C a < 2°C).[114]

Eis, para os autores, os seis elementos críticos do sistema Terra que devem provavelmente ultrapassar pontos críticos (e, portanto, colapsar), mesmo num nível de aquecimento global compatível com as metas do Acordo de Paris: (i) o gelo da Groenlândia; (ii) o gelo da Antártida Ocidental; (iii) os recifes de corais tropicais; (iv) o permafrost das florestas boreais; (v) o permafrost do Mar de Barents e (vi) a corrente marinha do Labrador. Em reforço dessas estimativas, branqueamentos e mortes de corais já estão ocorrendo em larga escala a cada ano na Grande Barreira de Corais, com eventos de mortes em massa de corais previstos para este decênio ou o próximo.[115] Segundo o Relatório Especial (SR1.5) de 2018 do IPCC, um aquecimento médio global de 2°C acima do período pré-industrial implicaria a morte de 99% dos corais tropicais no mundo todo. As florestas tropicais foram de tal modo queimadas, amputadas e degradadas nos últimos cinquenta anos de globalização do capitalismo que muitas delas, inclusive porções crescentes da floresta amazônica, como visto no Capítulo 3, estão agora prestes a ultrapassar pontos de inflexão que as condenam à morte por ausência de condições ambientais (integridade, umidade, solo, biodiversidade etc.) que lhes permitam viver.

Os riscos de pontos de inflexão nos elementos críticos ou de larga escala do sistema Terra, desencadeando aquecimentos maiores e não lineares, estão, portanto, crescendo exponencialmente.[116] Como afirmam Will Steffen e colegas, "um aquecimento de 2°C pode ativar importantes elementos críticos, elevando ainda mais a temperatura de modo a ativar outros elementos críticos, em um efeito dominó ou em cascata que pode levar o sistema Terra a temperaturas ainda mais elevadas".[117] Esses efeitos em cascata são cruciais para entendermos que riscos existenciais já estão em ação hoje, isto é, antes da ocorrência de eventos aniquiladores e de cenários extremos. E isso é tanto mais verdadeiro porque tais efeitos não operam potencialmente apenas no interior do sistema climático. Envolvem interações entre as diversas crises socioambientais do planeta, incluindo também o declínio em curso da biodiversidade, o aumento exponencial de resíduos tóxicos na atmosfera, nos solos, nos oceanos e nos organismos, bem como, e talvez sobretudo, crises agudas de desigualdade socioeconômica e de governança.

7.8 Conclusão: a diminuição do nicho climático humano

Antes de passar a outras questões, recapitulemos o essencial da problemática da emergência climática: o aquecimento médio global superficial, que vinha progredindo entre 1970 e 2015 à taxa média já vertiginosa de 0,18°C por década e à taxa média de 0,11°C por década nos 75 metros mais superficiais dos oceanos,[118] sinaliza, nos últimos anos, uma segunda e ainda mais alarmante fase da aceleração. Conforme projeção de James Hansen e Makiko Sato, entre 2016 e 2040, mantida a atual trajetória, o planeta deverá se aquecer à taxa de 0,36°C por década.[119] Essa velocidade alucinante do aquecimento implica altíssima, e sempre crescente, probabilidade de que um aquecimento médio global de 1,5°C acima do período pré-industrial (1850-1900) ocorra até 2030,[120] em direção a um aquecimento de 2°C no próximo decênio. Esse aquecimento iminente entre 1,5°C e 2°C põe a humanidade definitivamente além da zona de segurança climática, implicando secas e inundações sem precedentes, eventos meteorológicos extremos muito mais destrutivos, novas pandemias, picos de calor mais letais, crescente insegurança alimentar e hídrica e elevação muito mais rápida do nível do mar.

As gerações nascidas no século XXI viverão, portanto, em uma Terra sem registro na memória de sua espécie. Essa condição foi tematizada em 2020 por Chi Xu e colegas em um trabalho intitulado "Future of the Human Climate Niche". Trata-se de um futuro de curto prazo, ou seja, refere-se às experiências de uma pessoa nascida nos dois primeiros decênios do século XXI na maior parte das latitudes do planeta, mantido o cenário de moderada ou nenhuma mitigação da atual aceleração do aquecimento. Se sobreviver às ondas e aos picos de calor dos anos 2030-2050, essa pessoa terá de enfrentar, em sua idade madura, um planeta no qual 30% da população estará exposta a temperaturas que hoje só são típicas do Saara. Trata-se, possivelmente, do mais expressivo retrato do estado do sistema climático planetário ao longo do terceiro quarto deste século:

> Todas as espécies têm um nicho ambiental e, apesar dos avanços tecnológicos, é improvável que os humanos sejam uma exceção. [...] Por milênios, as populações humanas residiram na mesma estreita faixa do envelope climático disponível no globo, caracterizada principalmente por um regime em torno de 11°C a 15°C de temperatura média anual. [...] Mostramos que, em um cenário inalterado de mudança climática, a posição geográfica desse nicho de temperatura deverá mudar mais nos próximos cinquenta anos do que mudou nos últimos seis mil anos. [...] Projeta-se que um terço da população global experimentará então uma temperatura média anual superior a 29°C, atualmente encontrada em apenas 0,8% da superfície terrestre da Terra, concentrada, sobretudo, no Saara.[121]

Parte III

Último decênio de sociedades organizadas ou governança global democrática?

8. As regressões socioambientais em curso

Retomemos brevemente, para prosseguir, as considerações iniciais propostas na Introdução. Desde a expansão do mundo europeu para fora de seus limites antigos, todo o planeta e a própria Europa tiveram suas estruturas sociais profundamente abaladas, com os efeitos conhecidos: guerras, genocídios e massacres em escala inédita dentro e fora do continente, num processo implacável e global de imposição pelas armas e de sedução pela ideologia das novas dinâmicas comerciais e, sucessivamente, industriais. Com exceção das poucas sociedades que conseguiram resistir à expansão colonial e neocolonial e, ainda assim, a um preço altíssimo, a maioria foi incorporada, de um modo ou de outro, a essa expansão dos mercados e das novas tecnologias ocidentais. Qualquer que seja o juízo que se possa fazer desse processo, não resta dúvida de que dele resultou um imenso progresso material para contingentes crescentes das sociedades, evidenciado por inúmeros indicadores socioeconômicos ao longo dos séculos XIX e XX, progresso cujos indicadores elementares avançaram de maneira acelerada sobretudo após 1945. Daí a percepção fortemente enraizada na *forma mentis* contemporânea de que a humanidade estava, por assim dizer, prometida a um futuro melhor, convicção iluminista herdada dos enciclopedistas, de Kant, Hegel e Marx, que mesmo as guerras horrendas, os genocídios sem precedentes e a ameaça nuclear do século XX não conseguiram extirpar. Das múltiplas trincheiras das lutas sociais e das guerras cruentas e ideológicas que opuseram capitalismo e socialismo desde ao menos 1848, e em particular desde 1917, emanava uma confiança comum, compartilhada entre inimigos, de um triunfo final do progresso.

Isso até as últimas três ou quatro décadas. O presente século mostra, pela primeira vez desde o início da Idade Moderna, uma inequívoca desaceleração ou, em muitos casos, uma reversão de múltiplos indicadores de progresso. A angústia crescente diante dessas regressões e a perda de confiança na capacidade das sociedades de continuar progredindo constituíam em 2018 — antes, portanto, da pandemia de covid-19 — a percepção predominante, como mostra a Figura 8.1 (p. 334).

A pesquisa em questão foi feita com 18.235 adultos de dezessete países e partia da seguinte questão: "Tudo bem considerado, você pensa que o mundo está melhorando, piorando ou nem uma coisa

Figura 8.1: Porcentagens das populações adultas de dezessete países que pensam que o mundo está melhorando

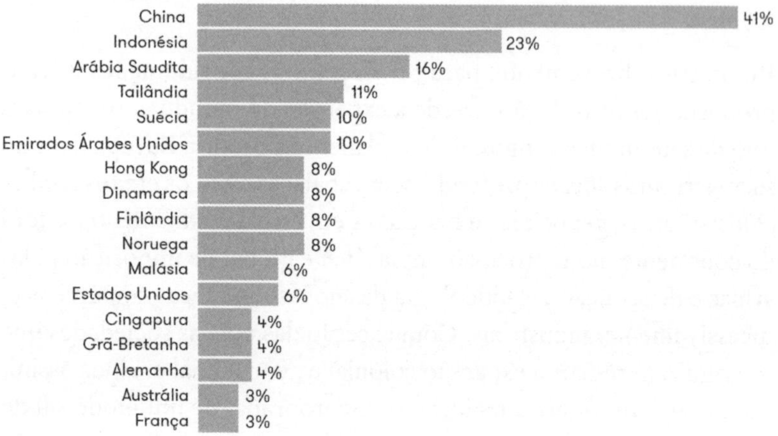

Fonte: Max Roser, "Most of Us Are Wrong about How the World Has Changed (Especially Those Who Are Pessimistic about the Future)", Our World in Data, 27 jul. 2018. Disponível em: https://ourworldindata.org/wrong-about-the-world.

nem outra?". Mesmo na China, campeã do otimismo, a ideia de que o mundo está melhorando não forma maioria. Na outra ponta, a dos países do assim chamado Ocidente, apenas entre 3% e 10% dos indagados acreditam que o mundo vive hoje uma tendência positiva. Outra pesquisa, da Ipsos Global Trends, de 2014, perguntava a cidadãos de vinte países: "Até que ponto você acha que sua geração terá tido uma vida melhor ou pior do que a da geração de seus pais, ou será mais ou menos a mesma?". Os resultados apresentam uma percepção similar à da pesquisa de 2018, em especial no que tange às respostas dos jovens (menos de trinta anos), muito mais pessimistas que a média geral, como mostra a Tabela 8.1 (p. 335).

Na média, apenas 42% das respostas (37% entre os jovens) afirmam a crença de que sua vida será, ou terá sido, melhor que a da geração anterior, média que é puxada para cima por causa do otimismo chinês (82% em geral, 78% entre os jovens). Em princípios de 2014, cerca de metade dos indagados no Brasil ainda se mantinha otimista, pois o país colhia os frutos de políticas públicas postas em prática pelo PT a partir de 2003, que trouxeram, até 2014, grande melhora na maioria dos índices socioeconômicos e notadamente na diminuição do número

Tabela 8.1: Respostas à questão: "Até que ponto você acha que sua geração terá tido uma vida melhor ou pior do que a da geração de seus pais, ou será mais ou menos a mesma?". As porcentagens designam as respostas que consideram que a geração atual terá tido uma vida melhor que a da geração anterior

	Respostas gerais (18-64 anos)	Respostas dos jovens (menos de 30 anos)
Média	42%	37%
China	82%	78%
Brasil	52%	48%
Índia	51%	46%
Turquia	50%	47%
Rússia	42%	41%
Argentina	40%	34%
Suécia	40%	32%
Alemanha	38%	30%
Reino Unido	36%	22%
Itália	34%	21%
Canadá	33%	24%
Estados Unidos	29%	26%
Espanha	25%	16%
França	25%	16%
Bélgica	24%	12%

Fonte: Ami Sedghi & George Arnett, "Will Your Generation Have a Better Life Than Your Parents?", *The Guardian*, 14 abr. 2014, com base em Ipsos, "People in Western Countries Pessimistic about Future for Young People", 14 abr. 2014. Disponível em: https://www.ipsos.com/en-uk/people-western-countries-pessimistic-about-future-young-people.

de pessoas em situação de pobreza e extrema pobreza, como aponta a Figura 8.2 (p. 336).

Se a mesma questão fosse colocada aos brasileiros em 2022, após seis anos de crise econômica e de desmonte radical das políticas públicas, essa pesquisa traria, com toda a probabilidade, resultados bem diferentes. Em todo caso, como indica a Tabela 8.1, os países de industrialização mais madura lideram o pessimismo, sobretudo entre os jovens, com resultados variando de 32% (Suécia) a 12% (Bélgica) entre aqueles que ainda acreditam que a vida lhes será mais risonha que a da geração de seus pais.[1] Muitas outras pesquisas, com diferentes

Figura 8.2: Milhões de pessoas em situação de pobreza e extrema pobreza no Brasil entre 1992 e 2017

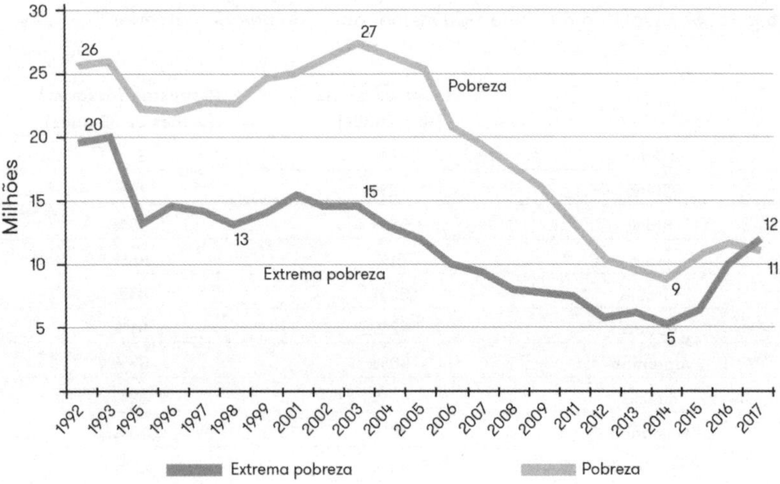

Fonte: Francisco Menezes, "Pobreza e fome em ascensão", Centro de Estudos Estratégicos (CEE), Fiocruz, 29 ago. 2019, baseado em IBGE, Pnad Contínua 1992-2017. Disponível em: https://cee.fiocruz.br/?q=Pobreza-e-fome-em-ascensao.

questões e diferentes recortes, corroboram a mesma percepção, especialmente por parte dos jovens, quanto a um futuro mais sombrio para eles, mesmo antes da pandemia de covid-19.[2]

Constata-se, felizmente, o crescimento de movimentos sociais que reagem a essa expectativa de um futuro pior. Mas, como veremos no próximo capítulo, por rápido que seja seu crescimento, eles são ainda incipientes e suas bandeiras, muito fragmentadas. Apenas lentamente se amplia a percepção da necessidade de rupturas civilizacionais com o sistema econômico globalizado e com os valores e expectativas por ele "naturalizados". Além disso, é inegável o crescente poder de sistemas de desinformação e de tecnologias aplicadas à manipulação ideológica e política dos cidadãos em prol de agendas negacionistas e ultraconservadoras. Há um consenso de que essas técnicas, cada vez mais aprimoradas, mais sutis e mais perigosas, desempenham um papel relevante no fortalecimento das agendas e tendências conservadoras. Mas não devemos subestimar, por outro lado, a receptividade dessas mensagens por parte das próprias sociedades. A percepção difusa de estarem entregues a um futuro sombrio vem suscitando um sentimento social de insegurança que está na raiz desses fenômenos reativos de nossos dias: anseio por retornos ao passado e pelas supostamente perdidas "liberdades individuais", reduzidas à expressão de um individualismo fóbico em relação à democracia, à ideia de ser social e ao sentimento e dever de solidariedade. A resistência de tantos às vacinas é uma das consequências desse ideal tipicamente neoliberal, formulado por patronos dessa ideologia, como Ralph Raico, Milton Friedman e outros animadores da *New Individualist Review*,[3] e também por Keith Joseph, o grande inspirador do "thatcherismo". Ninguém, de resto, formulou essa ideologia com crueza mais límpida do que a própria Margaret Thatcher, segundo a qual não haveria algo como uma sociedade; o que existe são apenas indivíduos e suas famílias, voltados aos próprios interesses.[4]

Entre as vítimas desse sentimento crescente de insegurança, isolamento e abandono contam-se a ciência e a informação qualificada, objetos de crescente desconfiança, quando não de hostilidade, justamente por trazerem dados e análises que reforçam essa percepção negativa do futuro e a necessidade, para evitar seus impactos mais extremos, de uma ação coletiva e conjugada entre as sociedades.[5] Essa mesma percepção negativa do futuro ainda fomenta o recrudescimento tanto de ideologias de exclusão e culpabilização do outro, vale dizer, ideologias nacionalistas, racistas e neofascistas, quanto de fanatismos religiosos (comuns às três grandes religiões monoteístas) e irracionalismos estapafúrdios, retroalimentados pelo confinamento em bolhas de fake news e de negacionismo em relação à emergência climática, às pandemias etc. Há, em suma, uma espécie de sinergia e de simbiose entre essas novas técnicas de manipulação ideológico-política e a receptividade social a essa manipulação. Os Estados nacionais, justamente por serem nacionais, ampliam esses rancores sociais, insuflando discursos demagógicos, retóricas de confronto, tensões geopolíticas e *cyberwars*, que trazem de volta riscos crescentes de autoritarismo, golpes de Estado e guerras. Esses processos vêm concorrendo para a caracterização de nosso tempo como a idade de um novo obscurantismo, de ressentimento e ódio.[6]

Em especial desde o segundo decênio do século XXI, assistimos à convergência, no fundo bastante lógica, entre autocratas como Vladimir Putin, herdeiro direto da burocracia policial stalinista, e líderes de regimes democráticos, de um grotesco até há pouco inimaginável, como Donald Trump, Ron DeSantis, Rodrigo Duterte, Ferdinand Marcos Jr., Giorgia Meloni, Matteo Salvini, Marine Le Pen, Viktor Orbán, Daniel

Ortega e Jair Bolsonaro. A sedução do autoritarismo, do fanatismo religioso, do supremacismo étnico-religioso e do nacionalismo, a atratividade de grupos como o Talibã e o Estado Islâmico, o Brexit e o relativo fortalecimento da extrema direita em vários países da Europa, bem como os projetos de poder dos "armados" — o crime organizado, as milícias e os militares —, compõem os diversos aspectos desse fenômeno de erosão da democracia, denegação dos ideais de igualdade e degeneração do tecido social, subprodutos do enrijecimento ideológico e do caráter regressivo do capitalismo globalizado.

8.1 O peso relativo dos fatores sociais e ambientais

Não importa aqui tentar avaliar quanto essa expectativa substancialmente negativa do futuro corresponde à realidade. O que importa é analisar os constituintes dessas experiências de regressão que justificam essa expectativa.

O primeiro ponto a notar é que esse quadro regressivo ou, nos melhores casos, de estagnação ou desaceleração do progresso, não se deve ainda, *preponderantemente*, às crises na relação do capitalismo globalizado com o sistema Terra, em especial com a biosfera e com o sistema climático, objeto das duas primeiras partes deste livro. É claro que essas crises têm causado, nos últimos vinte anos, sofrimento crescente e um número maior de mortes. Como afirma o Sexto Relatório (AR6, WG II, SPM) do Painel Intergovernamental sobre as Mudanças Climáticas (IPCC), publicado em 28 de fevereiro de 2022:

> As mudanças climáticas induzidas pelo homem, incluindo eventos extremos mais frequentes e intensos, causaram impactos adversos generalizados e perdas e danos relacionados à natureza e às pessoas, que superam a variabilidade natural do clima [...]. O aumento dos extremos meteorológicos e climáticos tem levado a alguns impactos irreversíveis à medida que os sistemas naturais e humanos são impelidos além de sua capacidade de adaptação (alta confiabilidade).[7]

O relatório "Human Cost of Disasters: An Overview of the Last 20 Years (2000-2019)", encomendado pelo Escritório das Nações Unidas para a Redução do Risco de Desastres (UNDRR), fornece subsídios para mensurar o aumento desses impactos sobre as sociedades neste vintênio, comparado com o vintênio anterior (1980-1999). São eles, basicamente, decorrentes da emergência climática e da aniquilação biológica em curso, pois, como afirma o texto, "eventos extremos, tais como inundações, tempestades e furacões, ondas de calor, secas e incêndios florestais, representam 91% dos desastres registrados nos últimos vinte anos".[8] As tabelas 8.2 e 8.3, extraídas desse relatório, fornecem alguns dados a respeito.

Tabela 8.2: Aumentos dos desastres naturais reportados e de seus impactos em 2000-2019 em relação a 1980-1999

	Desastres reportados	Total de mortes	Pessoas afetadas	Prejuízos materiais
1980-1999	4.212	1,19 milhão	3,25 bilhões	US$ 1,63 trilhão
2000-2019	7.348	1,23 milhão	4,03 bilhões	US$ 2,97 trilhões

Fonte: Centre for Research on the Epidemiology of Disasters (Cred) & United Nations Office for Disaster Risk Reduction (UNDRR), "Human Cost of Disasters: An Overview of the Last 20 Years (2000-2019)", 2020.

Tabela 8.3: Aumentos aproximados de cinco tipos de desastres naturais no vintênio 2000-2019 em relação ao vintênio 1980-1999 em decorrência da emergência climática

	1980-1999	2000-2019	Aumento
(1) Ondas de calor extremo	130	432	232%
(2) Inundações	1.389	3.254	134%
(3) Incêndios florestais	163	238	46%
(4) Furacões	1.457	2.043	40%
(5) Secas	263	338	28%

Fonte: Centre for Research on the Epidemiology of Disasters (Cred) & United Nations Office for Disaster Risk Reduction (UNDRR), "Human Cost of Disasters: An Overview of the Last 20 Years (2000-2019)", 2020.

Comentando o lançamento do estudo, Debarati Guha-Sapir, diretora do Centre for Research on the Epidemiology of Disasters (Cred), da Université de Louvain, na Bélgica, adverte: "O futuro da humanidade afigura-se sombrio se esse nível de crescimento de eventos meteorológicos extremos continuar nos próximos vinte anos. Ondas de calor serão nosso maior desafio nos próximos dez anos, especialmente nos países pobres".[9] De fato, os impactos do último vintênio não passam de uma fração do que se seguirá ao longo deste e dos próximos decênios, quando o aquecimento global atingir novos patamares.

Isso nos conduz ao segundo ponto. Por maior que seja o saldo de sofrimento, mortes e prejuízos materiais causados por desequilíbrios ambientais nos últimos vinte anos, ele é *ainda* muito menor que o saldo de dois processos aparentemente bem distintos, mas intimamente interligados. De um lado, os níveis abissais de desigualdade, que vulnerabilizam a maioria da humanidade, pondo em xeque qualquer projeto democrático, e, de outro, a crescente exposição dos organismos a substâncias tóxicas industriais, com riscos bem mensuráveis de adoecimento e morte. Uma declaração conjunta do IPCC e da Plataforma Intergovernamental sobre Biodiversidade e Serviços Ecossistêmicos (IPBES), resultante de um encontro de trabalho de ambos os coletivos, já citado na Introdução, relembra que "o clima e a biodiversidade são sistemas inextricavelmente conectados entre si e com os futuros humanos".[10] Sem dúvida. Mas conviria acrescentar que a evolução interligada desses dois dossiês é igualmente indissociável do aumento da poluição industrial (e agroindustrial) e, sobretudo, da involução do projeto democrático, termo por certo abrangente, mas que tem em seu núcleo duro o aumento da desigualdade socioeconômica.

Em outras palavras, as relações dos homens com o sistema Terra estão inextricavelmente ligadas às relações dos homens com os homens. Um exemplo imediatamente evidente da íntima interação entre problemas ambientais e sociais é a água. O que está em jogo, hoje, não é só a *quantidade* decrescente dos recursos hídricos disponíveis, ameaçada pelas secas e demais distúrbios antropogênicos no sistema Terra, mas também a *qualidade* desses recursos, ameaçada pela poluição, e, além disso, a decrescente capacidade dos mais pobres de ter acesso a água abundante e potável e, portanto, também aos alimentos, pelos quais se pagará cada vez mais. Para dizê-lo da maneira mais abrangente e concisa possível, a ação combinada desses quatro dossiês maiores — clima, biodiversidade, poluição e desigualdades — constitui um quadro de progressiva degradação na capacidade das sociedades de fornecer a seus membros os padrões e as expectativas contemporâneas de bem-estar e segurança existencial, incluindo segurança física, sanitária, alimentar, hídrica, econômica e emocional.

Essa tendência regressiva afeta de modo muito mais dramático, é claro, os países mais pobres. Para muitas nações da América Central, da África e da Ásia, já não seria mais apropriado falar em tendência regressiva, e sim em um inequívoco colapso socioambiental. O colapso provavelmente irreversível do Paquistão foi mencionado no Capítulo 5 (seção 5.7). Mas o número de países em tais condições vem aumentando. Em cada caso, a tragédia resulta de uma determinada combinação de pesos relativos entre fatores sociais e ambientais. A imensa desigualdade socioeconômica e a ausência de democracia, que exacerbam fanatismos religiosos e rivalidades entre oligarquias e grupos étnicos, provocam guerras e morticínios perpetrados por bandos armados, obrigando populações famintas a deslocamentos maciços. Nos países do Sahel, por exemplo, entre 2019 e 2021, em decorrência das secas e das guerras, o número de pessoas em grave perigo de morrer de fome aumentou dez vezes, e o número de migrantes e refugiados, em quase 400%.[11] Por sua vez, a fome, os deslocamentos forçados e o estado quase constante de beligerância entre senhores da guerra nessa região da África exacerbam ainda mais a desigualdade num círculo vicioso que nada tem de apenas conjuntural, malgrado os estressores adicionais da pandemia de covid-19 e da invasão da Ucrânia pela Rússia, que aceleraram a espiral dos preços dos combustíveis e dos alimentos. Na maior parte dos casos, insistamos, os fatores ambientais — e em particular a precarização da agricultura motivada por secas e outros desequilíbrios climáticos — atuam sobre esse quadro de colapso como agravantes, não como causas primeiras. Por vezes, contudo, é impossível distinguir, no caos, o peso relativo de cada uma dessas causas. Um exemplo disso é o Lago Chade, que banha Chade, Nigéria, Níger e Camarões e era outrora uma fonte de subsistência para trinta milhões de africanos. Ele perdeu 90% de suas águas desde os anos 1960 pela ação conjugada de secas e de sobreúso. A violência do Boko Haram e os conflitos entre pastores e fazendeiros martirizam os povos desses países e mostram a combinação de fatores sociais e ambientais que conduzem ao colapso de todo um imenso território. Nessa região do Sahel, segundo a secretária-geral do Alto Comissariado das Nações Unidas para os Refugiados (UNHCR), Amina

Mohammed, "2,3 milhões de pessoas foram deslocadas; mais de cinco milhões estão lutando para obter alimentos suficientes para sobreviver e meio milhão de crianças estão sofrendo de desnutrição grave e aguda".[12] No que se refere à América Central, que tem cerca de um terço de sua população sobrevivendo em condições de pobreza extrema, o índice global de risco climático criado pela ONG German Watch aponta Honduras como o país do mundo mais afetado pelo risco climático entre 1994 e 2013; a Nicarágua é o quarto país nessa escala de riscos climáticos; a República Dominicana, o oitavo; e a Guatemala, o nono.[13]

Esses processos de colapso dos países mais pobres emergem hoje na imprensa dos países ricos, no mais das vezes, como uma crise humanitária que não os ameaça de perto. Mas esses processos também já golpeiam as sociedades mais ricas e mesmo os mais ricos em quaisquer sociedades. Secas, escassez hídrica, incêndios descomunais, ondas letais de calor e poluição atmosférica acrescida da combinação desses fatores são uma realidade na Austrália e em vários países da Europa. Segundo o IPCC, a área queimada em Portugal em 2017 foi a maior do período 1980-2017.[14] A desertificação ameaça Portugal, que pode ter mais de 60% de seu território afetado por esse processo até 2030, mantida a atual trajetória.[15] Degradação e desertificação dos solos avançam em grande parte da Europa mediterrânea, ainda que em escalas e velocidades distintas, sendo já a realidade de 20% do território da Espanha, em decorrência da mineração destrutiva, do agronegócio insustentável e da emergência climática. Em um quinto do território espanhol, a agricultura já se tornou inviável e, segundo Antonio Turiel, pesquisador do Consejo Superior de Investigaciones Científicas desse país, "em um cenário de aumento de 3°C, a única zona habitável na Espanha seria realmente a costa cantábrica e seus arredores. O resto seria inabitável, com exceção de alguma área dos Pirineus e Pré-Pirineus".[16] Um aquecimento médio de 3°C pode soar como algo ainda distante. Trata-se, contudo, de uma realidade que, possivelmente, atingirá os jovens espanhóis de hoje. Fenômenos similares estão acossando também grande parte da zona do Pacífico na América do Norte, da Califórnia à Colúmbia Britânica, passando pelo estado de Utah, onde a secagem terminal do Great Salt Lake libera na atmosfera quantidades crescentes de metais pesados, de arsênico e de outras substâncias tóxicas.[17] No Texas, acossado por secas crescentes, cerca de 840 mil pessoas são consideradas "especialmente vulneráveis a ondas de calor".[18] Inundações vitimam recorrentemente a Inglaterra, a

Europa Central e, novamente, a Austrália. Mesmo os países mais ricos estão estruturalmente indefesos diante da ação conjunta desses quatro vetores de degradação socioambiental, ao menos nos quadros do ordenamento jurídico atual e na ausência de governança global. A sinergia e os tempos apenas defasados entre ricos e pobres no que se refere aos impactos desses processos caracterizam o colapso socioambiental global em curso. E é próprio de um colapso dessa magnitude fazer *tabula rasa* dos privilégios herdados da história, que pareciam espelhar uma hierarquia social supostamente imutável, assente, por assim dizer, na "ordem natural das coisas".

8.2 Desigualdade socioeconômica sem precedentes

Thomas Piketty escreveu todo um livro, riquíssimo de dados, para afirmar que "existe um movimento de longo termo, evoluindo em direção a mais igualdade social, econômica e política ao longo da história".[19] É fato e se trata, como bem ressalta o autor, de um processo resultante da extensa história da luta de classes. No momento, porém, estamos navegando em sentido regressivo em relação a essa tendência histórica, e esse aumento do abismo entre muito ricos e muito pobres é a causa fundamental da incapacidade das sociedades de combater o agravamento dos três primeiros vetores de regressão: clima, biodiversidade e poluição. Ele é também a forma mais aguda e imediata dessas regressões. "Redução das desigualdades" é, como se sabe, o décimo dos 17 Objetivos do Desenvolvimento Sustentável (ODS). Ocorre que, desde os anos 1980, os abismos separando ricos e pobres nos países ricos e pobres só aumentaram. E esse processo se acelerou após 2015, data da assinatura dos 17 ODS.

O fenômeno do acirramento das desigualdades é bem conhecido e foi objeto de análises de grande envergadura por parte da Oxfam e de economistas como Paul Krugman, Joseph Stiglitz, Lucas Chancel, Gaël Giraud, do já citado Thomas Piketty e de muitos outros. Entre suas causas estão, em linhas gerais, a globalização e a financeirização extremas do capitalismo, a liberação da circulação de capitais, a estrutura fiscal mais regressiva em diversos países e os (ao menos) 72 paraísos fiscais, por onde circula até metade do comércio mundial e onde se ocultam fortunas. Segundo o levantamento realizado pelos autores do documento "The State of Tax Justice 2021", 483 bilhões de dólares são canalizados para paraísos fiscais por ano, dos quais 312 bilhões o são através de operações abusivas de multinacionais e 171 bilhões por pessoas físicas.[20] A estrutura jurídica que normatiza o ciclo de reprodução ampliada do capital em escala global foi redesenhada desde os anos 1980 para garantir a evasão e a elisão fiscal. Ela constitui, por si só, um dos mais brutais atentados aos direitos humanos e à agenda de justiça social, pois esses recursos desviados do fisco poderiam atenuar imensamente as desigualdades crescentes.

Passemos aos dados, antes de mais nada aos coligidos pelo World Inequality Database,[21] que mostram quão rapidamente estamos caminhando em sentido diametralmente oposto ao décimo objetivo dos 17 ODS. A Tabela 8.4 (p. 345) aponta a concentração da renda nacional nas mãos do 1% mais rico em países selecionados e no mundo, entre 1980 e 2020.

O World Inequality Report 2022 mostra que, atualmente, os 10% mais ricos da humanidade se apropriam de 52% da renda global em termos de paridade de poder de compra (*purchasing power parity* — PPP), enquanto os 50% mais pobres capturam apenas 8,5% dessa renda. A desigualdade é ainda maior quando medida em termos de riqueza patrimonial, pois os 50% mais pobres detêm somente 2% da riqueza global, ao passo que os 10% mais ricos acaparam 76% dessa riqueza. A Figura 8.3 (p. 345) resume essas disparidades.

Basicamente, os 10% mais ricos da humanidade possuem mais do que o triplo (76%) da riqueza patrimonial dos "restantes" 90%, e 38 vezes mais do que os 50% mais pobres da humanidade. O relatório da ONU de 2020, "Inequality in a Rapidly Changing World", acrescenta outros dados a respeito da desigualdade de renda:

> A desigualdade de renda aumentou na maioria dos países desenvolvidos e em alguns países de renda média, incluindo China e Índia, desde 1990. Os países em que a desigualdade cresceu abrigam mais de dois terços (71%) da população mundial. [...] A parcela da renda destinada ao 1% mais rico da população aumentou em 59 de cem países com dados de 1990 a 2015. [...] A renda média das pessoas que vivem na América do Norte é dezesseis vezes mais alta do que as pessoas na África Subsaariana, por exemplo.[22]

Na base da pirâmide da renda, o Banco Mundial estimava, em 2018 — isto é, antes da pandemia de covid-19 —, que mais de 1,9 bilhão de pessoas, ou 26,2% da população mundial, viviam com menos de 3,20 dólares por dia em 2015; quase 46% da população mundial vivia com menos de 5,50

Tabela 8.4: Concentração da renda nacional nas mãos do 1% mais rico em países selecionados e no mundo (%)

	1980	2020
Estados Unidos	10,5	18,8
França	8,6	9,8
Alemanha	9,8	12,8
China	6,6	14
África do Sul	10,9	21,9
Reino Unido	7,2	12,7
Mundo	17,5	19,3

Fonte: World Inequality Database, "Top 1% National Income Share", [s.d.]. Disponível em: https://tinyurl.com/4eanb4x9.

Figura 8.3: Desigualdade global de renda e de riqueza patrimonial (%), aferida em termos de paridade de poder de compra (*purchasing power parity* — PPP)

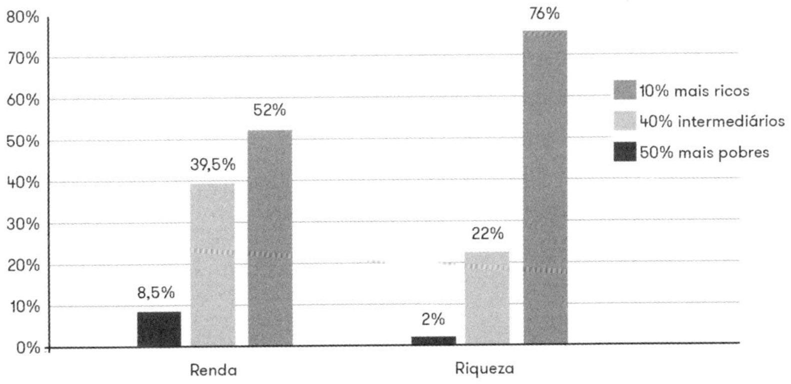

Fonte: World Inequality Report 2022, "Executive Summary", [s.d.]. Disponível em: https://wir2022.wid.world/executive-summary/.

dólares por dia; e 62% da população vivia então com até dez dólares por dia. Enfim, 85% da população mundial vivia com menos de trinta dólares por dia.[23] O relatório "Global Wealth Report" (2021) do Credit Suisse Research Institute evidencia essa desigualdade do ponto de vista dos ativos, o que a revela de modo ainda mais extremo: em 2021, 56 milhões de indivíduos, cerca de 1% dos adultos do planeta, acumulavam uma riqueza estimada em mais de 191 trilhões de dólares, o que representava 45,8% dos ativos mundiais. Além disso, 12% dos adultos mais ricos da humanidade acumulavam mais de 350 trilhões de dólares, ou 85% desses ativos globais.[24] Esses 12% dos adultos mais ricos do mundo, 639 milhões de indivíduos, açambarcam hoje quase toda a riqueza gerada e acumulada pela economia global. Segundo o relatório apresentado pela Oxfam em 2020 ao Fórum Econômico Mundial de Davos, uma fração desses 639 milhões de indivíduos, precisamente 2.153 bilionários, detém mais riqueza do que 4,6 bilhões de pessoas, ou seja, 60% da população mundial.[25]

A desigualdade está aumentando em vários países da Europa e, sobretudo, nos Estados Unidos. Em 2018, o Índice de Desenvolvimento Inclusivo (Inclusive Development Index — IDI) apontou que "a desigualdade de renda aumentou ou permaneceu estagnada em vinte das 29 economias avançadas, e a pobreza aumentou em dezessete".[26] A pobreza, e mesmo a pobreza extrema, é hoje, mais do que nunca, uma realidade que os países ricos já não conseguem disfarçar. De modo geral, os Estados Unidos capitaneiam esse processo. "Segundo dados do Credit Suisse, nos anos 2015-2017, entre 4% e 10% dos 10% [dos adultos] mais pobres do mundo são cidadãos dos Estados Unidos, o que significa algo entre 20 milhões e 50 milhões de adultos".[27] Segundo Luke Shaefer e Kathryn Edin, "o número de famílias vivendo com dois dólares ou menos por dia durante ao menos um mês por ano nos Estados Unidos mais que dobrou em quinze anos, passando de 636 mil famílias em 1996 para 1,46 milhão de famílias em 2011".[28] Os dados publicados por Philip Alston, relator especial da ONU sobre a pobreza extrema e os direitos humanos nos Estados Unidos, revelam alguns aspectos aberrantes da desigualdade e da crise sanitária nesse país:[29]

- os cidadãos dos Estados Unidos têm uma expectativa de vida cada vez menor. Esta diminuiu de 78,8 anos em 2019 para 76,9 anos em 2020 e para 76,6 anos em 2021, uma perda líquida de 2,26 anos. Em contraste, conforme mostra um estudo recente, os países com riqueza comparável tiveram "uma redução média menor na expectativa de vida entre

2019 e 2020 (0,57 ano) e um aumento de 0,28 ano entre 2020 e 2021, ampliando a diferença na expectativa de vida entre os Estados Unidos e 19 países pares para mais de cinco anos";[30]

- os cidadãos desse país têm uma perspectiva de vida mais doentia em comparação com pessoas que vivem em qualquer outra democracia rica, e a "defasagem de saúde" (*health gap*) entre os Estados Unidos e países correspondentes de alta renda continua a crescer. A resistência ideológica à vacinação nos Estados Unidos é a segunda maior (após a Rússia) entre os quinze países investigados por um levantamento realizado em 2022.[31] Por outro lado, a hipermedicalização induzida pela Big Pharma causou mais de um milhão de mortes nos Estados Unidos apenas no século XXI (mais de cem mil mortes apenas em 2021), sobretudo por overdose de analgésicos opiáceos, com grande parte das vítimas em idades entre 10 e 24 anos. Estima-se que, entre 2015 e 2019, perderam-se 1,2 milhão de anos de vida apenas nessa faixa etária por overdose dessas drogas;[32]
- a taxa de pobreza na juventude é a maior dos países da Organização para Cooperação e Desenvolvimento Econômico (OCDE), com um quarto dos jovens vivendo na pobreza, comparados com 14% dos jovens nos países da OCDE;
- os Estados Unidos têm o mais alto Índice de Gini (quanto maior, maior a desigualdade) dos países ocidentais;
- as taxas de mortalidade infantil nos Estados Unidos em 2013 eram as mais altas entre as economias avançadas;
- doenças tropicais negligenciadas, incluindo a zika, estão crescendo nos Estados Unidos, com doze milhões de cidadãos desse país vivendo com infecções parasitárias;
- os Estados Unidos são o país com os maiores índices em absoluto de encarceramento, cinco vezes superiores, aproximadamente, aos demais países da OCDE;
- os Estados Unidos são o país com a maior prevalência de obesidade no mundo: 30,7% da população adulta em 1999-2000 e 42,4% em 2017-2018. Na comparação entre esses dois períodos (1999-2000 e 2017-2018), a prevalência de obesidade grave em adultos passou de 4,7% para 9,2% da população. Nos indivíduos entre 2 e 19 anos, a obesidade atingia 19,3% da população em 2019;[33]
- o país se situa em 36º lugar no que diz respeito a acesso à água e à infraestrutura sanitária no mundo desenvolvido;

- o nível de participação política dos cidadãos dos Estados Unidos é o mais baixo entre países de renda equivalente. Apenas cerca de 55,7% da população em idade de votar nos Estados Unidos participou nas eleições presidenciais de 2016. No âmbito dos países da OCDE, os Estados Unidos estão em 28º lugar em termos de participação eleitoral, em comparação com uma média da OCDE de 75%. Os eleitores registrados representam uma parcela muito menor de potenciais eleitores nos Estados Unidos do que em qualquer outro país da OCDE.

Como afirma Philip Alston, "em setembro de 2017, mais de um em cada oito americanos viviam na pobreza (quarenta milhões, o equivalente a 12,7% da população). E quase metade deles (18,5 milhões) vivia em extrema pobreza, com renda familiar relatada abaixo da metade do limiar de pobreza".[34] Essa radiografia da pobreza nos Estados Unidos pode ser observada também pelo ponto de vista da evolução da pobreza extrema nesse país nos últimos 38 anos, como revela a Figura 8.4.

Figura 8.4: Porcentagem da população dos Estados Unidos em três situações de extrema pobreza, entre 1979 e 2017. De baixo para cima: rendas diárias de até US$ 1,90, até US$ 3,20 e até US$ 5,50 (em dólares de 2011)

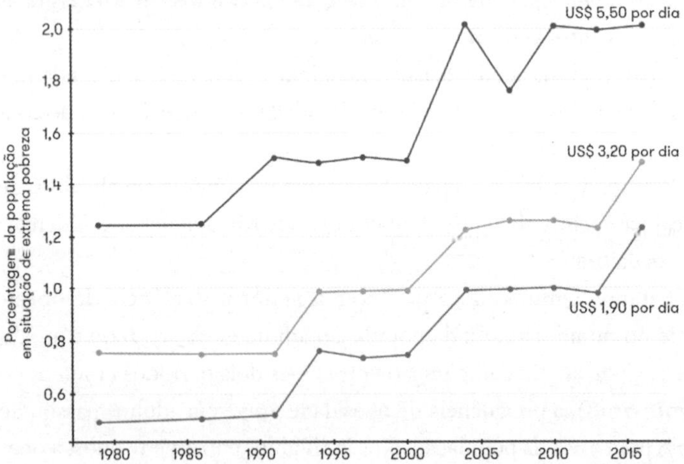

Fonte: Colin McAuliffe, "Extreme Poverty Is on the Rise in the US", *Data for Progress*, 4 dez. 2018, baseado em The World Bank Poverty and Equity Database. Disponível em: https://tinyurl.com/yeyukwrb.

O Índice de Gini, largamente adotado no que se refere à avaliação da desigualdade (como dito, quanto maior o número no Índice de Gini, maior a desigualdade), pareceria contradizer a ideia de um aumento da desigualdade global, pois esse índice passou de 63 em 1960 para 47 em 2013, segundo o Banco Mundial. Mas as grandes conquistas da China nos últimos trinta anos na erradicação da pobreza extrema distorcem enormemente a realidade global. Assim, quando a China é retirada desse cálculo, o Índice de Gini mostra uma involução de 50 em 1980 para 58 em 2005 — isso considerando um Índice de Gini relativo, ou seja, na comparação entre duas economias, critério seguido pelo Banco Mundial. Em termos absolutos, o Índice de Gini regrediu de 57 em 1988 para 72 em 2005, mesmo sem retirar a China.[35] E, desde então, com as crises financeiras de 2007-2008 e com a pandemia de covid-19, esses níveis de desigualdade só fizeram piorar.

Outra forma de abordar o mesmo problema é através da desigualdade nas emissões de gases de efeito estufa (GEE). Como mostrou Lucas Chancel, do World Inequality Lab,[36] em 2019 as emissões globais de dióxido de carbono equivalente (CO_2e) atingiram 52,4 bilhões de toneladas

Figura 8.5: Emissões de CO_2e em 2019, segundo a distribuição da riqueza na população mundial (%)

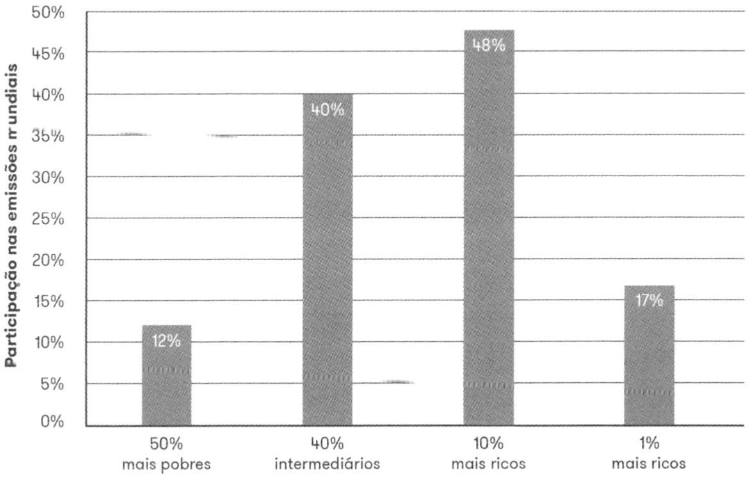

Fonte: Lucas Chancel, "Climate Change and the Global Inequality of Carbon Emissions, 1990-2020", World Inequality Lab, out. 2021. Disponível em: https://tinyurl.com/2k2p7stm.

(não computadas aqui as emissões provenientes da mudança do uso da terra, sobretudo desmatamento), ou seja, cerca de 6,6 toneladas per capita. Mas os 10% mais ricos da humanidade (771 milhões de indivíduos) foram responsáveis por 48% dessas emissões, ao passo que os 50% mais pobres da humanidade (3,8 bilhões de indivíduos) respondiam então por apenas 12% delas, ou quatro vezes menos do que a média global. Enquanto os 10% mais ricos emitiram 31 toneladas de CO_2e per capita, os 50% mais pobres emitiram cerca de vinte vezes menos (1,6 t CO_2e per capita). Já o 1% mais rico da humanidade foi responsável por 17% do total dessas emissões em 2019. Além disso, o 1% mais rico emitiu 110 t CO_2e per capita, ou seja, 69 vezes mais que as emissões per capita dos 50% mais pobres da humanidade e cerca de 110 vezes mais que o bilhão de indivíduos mais pobres do planeta, que emitiram menos de 1 t CO_2e per capita. A Figura 8.5 (p. 349) resume o essencial dessas desproporções.

Entre 1990 e 2020, as emissões de CO_2e do 1% mais rico aumentaram mais rapidamente do que em qualquer outro grupo, ao passo que as emissões dos 50% mais pobres aumentaram apenas de 1,2 t a 1,6 t CO_2e per capita no período. Não se trata, aqui, apenas do abismo crescente entre países ricos e pobres, pois em muitos países ricos as emissões per capita dos 50% mais pobres declinaram, em forte contraste com a minoria dos mais ricos nesses países. Sempre segundo Chancel, na Europa as emissões médias per capita por ano são da ordem de 10 t; na América do Norte, de 20 t; na China, de 8 t; no Sul e no Sudeste Asiático, de 2,6 t; e na África Subsaariana, enfim, de 1,6 t. Nesse quadro de brutal desigualdade, há um agravante importante que a torna ainda maior, pois os países não incorporam, nos relatórios sobre suas emissões nacionais de GEE, as emissões geradas na produção e no transporte dos bens e serviços importados de outros países. Como sublinha Chancel:

> Embora os governos relatem oficialmente o carbono emitido em seu próprio território, eles não produzem dados sistemáticos sobre o carbono importado em bens e serviços para sustentar os padrões de vida em seu país. A contabilização dessas emissões [...] aumenta os níveis de emissão europeus em cerca de 25% e reduz as emissões relatadas na China e na África Subsaariana em cerca de 10% e 20%, respectivamente.[37]

A desigualdade socioeconômica não é, enfim, um mero propulsor da emergência climática: ela também é agravada por essa emergência. Como afirma o já citado relatório da ONU, "a relação entre a renda dos 10% mais ricos e a dos 10% mais pobres da população global é 25% maior do que o seria em um mundo sem aquecimento global".[38]

8.3 Um planeta entulhado

A ineficiência do sistema econômico vigente está aumentando. Em 2020, a economia global era apenas 8,6% circular. Dois anos antes (2018), ela era 9,1% circular.[39] Trata-se de mais uma das tantas regressoes em curso, que se expressa também em outros números: no século XX, a geração de lixo decuplicou (para um aumento demográfico de 1,6 bilhão em 1900 para 6,1 bilhões em 2000) e até 2025, afirmava um trabalho de 2013, ela dobrará novamente.[40] Em 2022, segundo o Banco Mundial:

> No mundo todo, a geração de lixo está aumentando. Em 2016, as cidades do mundo geraram 2,01 bilhões de toneladas de resíduos sólidos, com uma pegada de 0,74 kg por pessoa por dia. Com um rápido crescimento da população e da urbanização, a geração anual de lixo deve aumentar em 70% em relação aos níveis de 2016, atingindo 3,4 bilhões de toneladas em 2050.[41]

É claro que, mais uma vez, essa geração é muito desigual. Em 2018, seguindo os dados do Banco Mundial, Silpa Kaza e colegas mediam essa desigualdade entre os países: "No mundo todo gera-se, em média, 0,74 kg per capita por dia, mas essa quantidade varia de 0,11 kg a 4,54 kg".[42] No que diz respeito apenas à geração de lixo plástico, por

Tabela 8.5: Materiais introduzidos no sistema econômico por ano, discriminados por tipos em gigatoneladas (Gt)

	Gigatoneladas (Gt)
Minerais (areia, argila etc.)	50,8
Ganga (minerais nas rochas)	10,1
Combustíveis fósseis	15,1
Biomassa	24,6
Total	100,6

Fonte: Circle Economy, "The Circularity Gap Report 2020", 2020.

exemplo, "em média os habitantes dos Estados Unidos, da Alemanha, do Kuwait e da Nova Zelândia produzem entre 33 e 70 vezes mais lixo plástico do que os cidadãos da Índia e do Sudão".[43] Na trajetória atual, estima-se que o aumento da geração de lixo será mais que o dobro do aumento da população até 2050. "Todos os anos, cerca de 11,2 bilhões de toneladas de resíduos sólidos são coletados em todo o mundo, e a decomposição da parte orgânica deles contribui com cerca de 5% das emissões globais de gases de efeito estufa".[44] Ao lado do lixo, esse *output* final de uma economia quase inteiramente linear, é preciso lembrar seu *input*, isto é, o aumento descomunal e crescente da mineração e da extração. Em 2017, "pela primeira vez na história, mais de cem bilhões de toneladas de materiais estão entrando na economia a cada ano".[45] A Tabela 8.5 (p. 351) discrimina esses materiais.

Como visto no Capítulo 1, Emily Elhacham e colegas designaram como "massa antropogênica" a massa de produtos resultantes da atividade humana. Essa massa está agora superando a biomassa viva do planeta, hoje da ordem de 1,1 teratonelada:

> Descobrimos que a Terra está exatamente nesse ponto de cruzamento; no ano de 2020 (±6 anos), a massa antropogênica, que tem recentemente dobrado a cada vinte anos, ultrapassará toda a biomassa viva global. Em média, para cada pessoa no globo, uma massa antropogênica igual ou maior do que seu peso corporal é produzida todas as semanas. [...] Da mesma forma, mostramos que a massa global de plástico produzido é maior do que a massa total de todos os animais terrestres e marinhos combinados.[46]

A United States Geological Society (USGS) calculou quantas libras (1 libra = 0,435 kg) de minerais são "necessárias" para uma pessoa em um ano, em média, nos Estados Unidos. Eis os resultados: "Para manter nosso padrão de vida, cada pessoa nos Estados Unidos requer mais de 40.630 libras [17.674 kg] de minerais cada ano". Isso é quanto "pesa", em média, um cidadão estadunidense por ano. Pedras, cascalho e areia compõem, de longe, os maiores itens. Mas um cidadão dos Estados Unidos consome por ano, em média, 310 kg de cimento; 15,4 kg de alumínio; 5,4 kg de cobre; 4,9 kg de chumbo; 2,7 kg de zinco; 2,3 kg de manganês; 11,3 kg de outros metais; e 264,8 kg de outros não metais. Além disso, ele consome por ano, em média, 1.629 kg de carvão, 3.618 litros de petróleo (956 galões) e 101 mil pés cúbicos de gás natural.[47]

O plástico está no centro dessa proliferação obscena de massa antropogênica. Trata-se do material que mais profundamente moldou o mundo e o imaginário contemporâneos: "*I'm a Barbie girl, in the Barbie world/ Life in plastic, it's fantastic!*". Esse refrão de uma canção que faz referência à boneca Barbie[48] é o signo da ubiquidade planetária do plástico.[49] De fato, nenhum outro produto industrial cresceu na velocidade da produção do plástico nos últimos setenta anos, e as perspectivas são de crescimento ininterrupto num futuro discernível. Nesse período, a produção de polímeros aumentou quase duzentas vezes, passando de dois milhões de toneladas (Mt) em 1950 para 358 Mt em 2018 e 368 Mt em 2019.[50] E há projeções segundo as quais essa produção pode crescer entre 3,5% e 4% ao ano, vindo a atingir cerca de 550 Mt em 2035.[51] Aceitam-se, em geral, as estimativas de Roland Geyer, Jenna Jambeck e Kara Lavender Law,[52] segundo as quais haviam sido produzidas até 2015, cumulativamente, 8,3 bilhões de toneladas (ou gigatoneladas [Gt]) de plásticos "virgens", o que gerou 6,3 Gt de lixo plástico, dos quais apenas 9% foram reciclados, 12% haviam sido incinerados e 79%, dispersos nos mais diversos ambientes. Até 2050, sempre segundo esses autores, 11 Gt de lixo plástico estarão entulhando e enfeiando o planeta. Plásticos são encontrados hoje em praticamente todos os habitats da Terra, desde elevações próximas ao pico do Monte Everest até as profundezas oceânicas e a Fossa das Marianas.[53]

Não se trata apenas de poluição e de intoxicação dos organismos (como veremos na próxima seção), mas de uma contribuição cada vez mais significativa à desestabilização do sistema climático. Segundo o relatório "Plastic & Climate: The Hidden Costs of a Plastic Planet" , se a produção e o uso de plástico crescerem conforme os planos atuais das corporações, até 2030 as emissões de GEE podem chegar a 1,34 Gt por ano — o equivalente às emissões liberadas por mais de 295 novas usinas a carvão de 500 megawatts (MW). E, até 2050, as emissões acumuladas de GEE a partir do plástico podem atingir mais de 56 Gt — 10% a 13% de todo o orçamento de carbono restante para manter o aumento da temperatura em 1,5°C.[54]

E-waste e o crescimento exponencial da poluição química

O lixo eletrônico (*e-waste*) constitui uma ameaça equivalente. Segundo Vanessa Forti e colegas: "Em 2019, o mundo gerou 53,6 Mt de lixo eletrônico, uma média de 7,3 kg per capita. A geração global de lixo eletrônico cresceu 9,2 Mt desde 2014, e a projeção é que cresça para 74,7 Mt até 2030 — quase dobrando em apenas dezesseis anos".[55] O plástico e o lixo eletrônico são, contudo, apenas dois exemplos, entre milhares de outras fontes de poluição químico-industrial, presentes na multiplicação ininterrupta de novas substâncias químicas. Já em 1982, a Agência de Proteção Ambiental dos Estados Unidos (EPA) listava em seu inventário 62 mil dessas substâncias — fabricadas ou importadas nos Estados Unidos — incluídas na Lei de Controle de Substâncias Tóxicas (Toxic Substances Control Act — TSCA). O Inventário TSCA, que não inclui agrotóxicos, listava em 2017 mais de 86 mil substâncias químicas, isto é, um aumento de 24 mil itens em pouco mais de trinta anos.[56] Em 2015, a Agência Europeia de Substâncias Químicas (ECHA) elencava a existência de 144 mil diferentes substâncias químicas industriais registradas ou em fase de registro para uso no mercado. O já mencionado relatório sobre direitos humanos proposto em 2022 por David Boyd e Marcos Orellana à ONU afirma:

> A intoxicação do planeta Terra vem se intensificando. Embora algumas substâncias tóxicas tenham sido proibidas ou estejam sendo eliminadas, a produção geral, o uso e o descarte de produtos químicos perigosos continuam a aumentar rapidamente. Centenas de milhões de toneladas de substâncias tóxicas são lançadas anualmente no ar, na água e no solo. A produção de produtos químicos dobrou entre 2000 e 2017, e deve dobrar novamente até 2030 e triplicar até 2050, com a maior parte do crescimento em países não membros da OCDE.[57]

8.4 Intoxicação, adoecimento e mortes prematuras: as novas "zonas de sacrifício"

David Boyd e Marcos Orellana sublinham a existência de novas "zonas de sacrifício", termo que designava, durante a Guerra Fria, áreas que os testes nucleares na atmosfera haviam tornado inabitáveis. "Hoje, uma zona de sacrifício pode ser entendida como um lugar onde os moradores sofrem consequências devastadoras para a saúde física e mental e violações dos direitos humanos como resultado de viverem em focos de poluição e áreas altamente contaminadas."[58] Elas não se encontram apenas nos países pobres e nas comunidades mais pobres dos países ricos. Estima-se que haja 2,8 milhões de sítios contaminados na Europa.[59] Mais de 250 mil pessoas vivem hoje em zonas de sacrifício nos Estados Unidos, onde o risco de câncer causado pela poluição atmosférica é considerado "inaceitável" pela EPA, isto é, pelo próprio governo desse país. Muitos desses *hot spots* de poluição se encontram no corredor petroquímico do Texas e da Louisiana, o chamado Cancer Alley, mas vários outros se encontram na Pensilvânia, no Novo México, em Illinois, no Kentucky e no Tennessee.[60] Isso no que diz respeito "apenas" aos riscos de câncer, e somente nessas zonas de sacrifício. São numerosos os danos à saúde, muitos deles gravíssimos, causados pela poluição, dentro e fora dessas zonas de sacrifício, como veremos em seguida. Julian Cribb faz notar que, além dessas zonas de sacrifício, "a Terra e toda a vida nela estão sendo saturadas com produtos químicos feitos pelo homem em um evento diferente de tudo o que ocorreu em todos os quatro bilhões de anos da história do nosso planeta".[61]

Uma nova linha de pesquisa: a exposômica

Os cientistas categorizam agora a Terra como um planeta tóxico.[62] A letalidade e os danos para a saúde humana e de outras espécies de muitas das mais de 140 mil novas substâncias químicas e pesticidas sintetizados desde 1950 não são ainda suficientemente conhecidos,[63] tampouco os danos causados pela exposição prolongada em baixas doses a essas substâncias e pelas interações entre elas. Mas nem tudo é ignorância. A partir dessas incógnitas, uma nova linha de pesquisa emerge desde 2005 no âmbito da toxicologia, a exposômica (*exposomics*). Ela almeja mensurar os níveis de exposição dos organismos (da fase embrionária à velhice) a essas substâncias e associar os riscos dos impactos dessa exposição sobre nossa saúde, distinguindo-os da suscetibilidade genética.[64] Em uma revisão sobre a matéria, Annette Peters, Tim Nawrot e Andrea Baccarelli sistematizaram oito vias biológicas distintas através das quais essas substâncias podem afetar a saúde dos organismos:

1. estresse oxidativo e inflamação: a despeito de o oxigênio ser necessário para a obtenção de energia a partir de glicose, sua presença induz a uma série de reações químicas danosas (radicais livres). Os mecanismos de defesa do organismo são os antioxidantes. Substâncias químicas agressivas podem esgotar a defesa antioxidante e induzir inflamação e morte celular. "A capacidade de responder ao estresse oxidativo foi identificada como um determinante central do envelhecimento e da longevidade, e está implicada em muitas doenças em humanos, incluindo câncer, aterosclerose e doenças cardiovasculares relacionadas, doenças respiratórias e doenças neurológicas";[65]
2. alterações genômicas e mutações somáticas: algumas substâncias poluidoras são mutagênicas, isto é, alteram o DNA e podem desencadear câncer e doenças crônicas. Mutações somáticas tornam-se mais frequentes com a idade, e deteriorações do material genético estão associadas a diversas doenças. A exposição à poluição intensifica esse processo;
3. alterações epigenéticas: tem sido demonstrado que poluição atmosférica, pesticidas e metais pesados induzem a mudanças danosas na expressão dos genes ao longo da vida, com efeitos que aceleram o relógio do envelhecimento;
4. disfunção mitocondrial: alterações no conteúdo de DNA mitocondrial (mtDNA) (quantidade total de cópias de mtDNA) são um marcador estabelecido de danos e da função mitocondrial. São causa de várias doenças humanas e podem ter impactos no quociente de inteligência (QI), além de estarem associadas a diabetes tipo 2 e a câncer de mama;
5. perturbações endócrinas: muitas substâncias poluidoras perturbam a regulação hormonal, o que tem sido associado a diabetes tipo 2 e a disfunções da tireoide;
6. alteração na comunicação intra e intercelular: o envelhecimento prejudica essa comunicação, prejuízo que é exacerbado por algumas

substâncias que envelhecem prematuramente as células. A resultante desse processo pode ser chamada de "inflamação envelhecedora" (*inflammaging*), um traço típico do envelhecimento;

7. alteração nas comunidades de microbiomas: tais alterações na flora intestinal aumentam a suscetibilidade a alergias e infecções;
8. prejuízos no sistema nervoso central: como afirmam os autores, "o cérebro é particularmente vulnerável a substâncias químicas neurotóxicas ao longo da vida que prejudicam seu desenvolvimento e programação, dificultam a maturação funcional e desencadeiam doenças neurológicas e neurodegeneração. Poluentes industriais prejudicam a saúde, com redução do QI, mudança de comportamento e indução de doenças neurodegenerativas em fases avançadas da vida. Para pelo menos onze produtos químicos (chumbo, metilmercúrio, bifenilos policlorados, arsênico, tolueno, manganês, flúor, clorpirifós, diclorodifeniltricloroetano, tetracloroetileno e éteres difenílicos polibromados), a neurotoxicidade está claramente documentada".[66]

Foram igualmente relatados prejuízos neurais decorrentes de estimulação sensorial excessiva, entre os quais poluição sonora e luminosa. Além disso, três revisões sobre os impactos dessas substâncias reforçam a chamada "hipótese obesogênica", segundo a qual a pandemia de obesidade que se alastra pelo mundo estaria associada à interferência de poluentes químicos no funcionamento de receptores neuronais, promovendo adiposidade e alterando o metabolismo, inclusive por via epigenética.[67]

Mortes por poluição

De modo geral, esse conjunto de doenças em humanos causadas pela poluição foi responsável em 2015 por cerca de nove milhões de mortes prematuras (até 69 anos), ou 16% das mortes no mundo todo. Uma avaliação mais recente confirma que a poluição permanece responsável em 2019 por esse saldo de nove milhões de mortes prematuras.[68] Outra estimativa sugere que esse número pode ser ainda mais alto, atingindo 12,6 milhões de mortes prematuras.[69] Apenas para pôr esses números em perspectiva, mesmo nos atendo à estimativa mais baixa, eles representam "o triplo da soma das mortes por aids, tuberculose e malária, e são quinze vezes maiores que as mortes causadas por todas as guerras e por outras formas de violência. Nos países mais gravemente afetados, a poluição foi responsável por uma morte em cada quatro".[70] A Figura 8.6 apresenta causas e fatores de risco das mortes globais em 2015, com forte preponderância das mortes causadas pela poluição. A Figura 8.7 (p. 359) discrimina, por sua vez, as principais causas de morte por fontes de poluição.

Segundo dados da Organização Mundial de Saúde (OMS), já velhos de um decênio, dos 43 milhões de mortes ocorridas em 2012, 12,6 milhões são atribuíveis a alguma forma de poluição do meio ambiente. Isso representa 22,7% de todas as mortes e 26% das mortes de crianças menores de cinco anos.[71] Nada há de surpreendente nisso, pois, segundo uma avaliação recente da OMS, "a quase totalidade da popu-

Figura 8.6: Estimativas de mortes globais em 2015 (em milhões de pessoas), segundo as principais causas e fatores de risco. As linhas verticais nas colunas representam as margens de incerteza

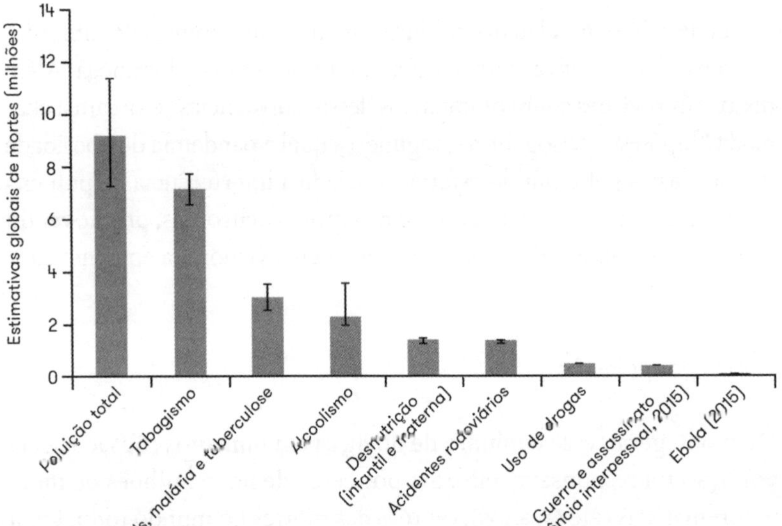

Fonte: Philip J. Landrigan *et al.*, "*The Lancet* Commission on Pollution and Health", *The Lancet*, v. 391, n. 10.119, fev. 2018, p. 473, figura 5, baseado em "Global Burden of Disease 2015 Mortality and Causes of Death Collaborators. Global, Regional, and National Life Expectancy, All-Cause Mortality, and Cause-Specific Mortality for 249 Causes of Death, 1980-2015: A Systematic Analysis for the Global Burden of Disease Study 2015", *The Lancet*, v. 388, n. 10.053, 2016, p. 1.459-544.

lação mundial (99%) respira um ar que excede os limites de qualidade estipulados pela OMS e ameaça sua saúde".[72] Segundo Jos Lelieveld e colegas, "o excesso de mortalidade global por causa da poluição do ar é estimado em 8,8 (7,11-10,41) milhões por ano, com uma perda de expectativa de vida de 2,9 (2,3-3,5) anos, um fator duas vezes maior do que as estimativas anteriores, superando a letalidade do tabagismo".[73] Em setembro de 2021, uma declaração de Tedros Adhanom Ghebreyesus, diretor-geral da OMS, ilustra o que está em jogo: "Por causa da poluição atmosférica, o simples ato de respirar contribui para sete milhões de mortes por ano".[74]

Figura 8.7: Estimativas de mortes globais por poluição em 2015 (em milhões de pessoas), segundo suas fontes: ar, água, exposição ocupacional e chumbo. As linhas verticais representam as margens de incerteza

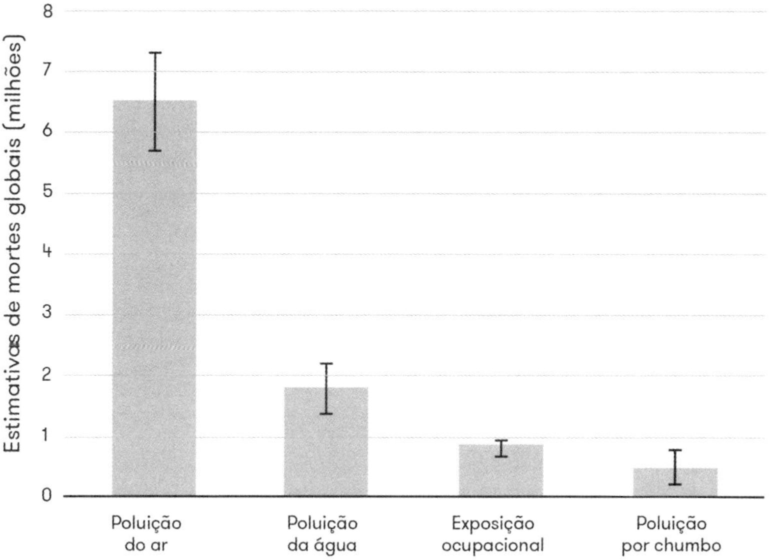

Fonte: Philip J. Landrigan *et al.*, "*The Lancet* Commission on Pollution and Health", *The Lancet*, v. 391, n. 10.119, fev. 2018, figura 6, baseado em "Global Burden of Disease 2015 Mortality and Causes of Death Collaborators. Global, Regional, and National Life Expectancy, All-Cause Mortality, and Cause-Specific Mortality for 249 Causes of Death, 1980-2015: A Systematic Analysis for the Global Burden of Disease Study 2015", *The Lancet*, v. 388, 2016, p. 1.459-544.

Poluição tradicional *versus* poluição industrial

Outrora, e mesmo durante todo o século XX, as doenças e mortes causadas pela poluição decorriam sobretudo da falta ou da precariedade de infraestrutura sanitária. Em outras palavras, era em particular a contaminação da água e dos alimentos pelo esgoto, pelos resíduos dos próprios organismos, que adoecia e matava esses mesmos organismos. Tratava-se, portanto, de uma poluição orgânica. A Figura 8.8 destaca o advento de algo radicalmente novo na estrutura da poluição no século XXI: a partir aproximadamente de 2005, a poluição industrial ou, por assim dizer, "moderna", começa a matar mais que a tradicional.

Em Bangladesh, Índia, Nepal e Paquistão, países que, com a globalização do capitalismo, receberam dos países ricos as indústrias mais poluentes, há hoje um equilíbrio entre essas duas categorias de poluição. No entanto, mesmo em alguns países extremamente pobres da África, destinos do lixo "moderno" dos países ricos, as mortes

Figura 8.8: Evolução das mortes globais causadas por poluição entre 1990 e 2015 (em milhões de pessoas), segundo as duas categorias de poluição: tradicional e industrial

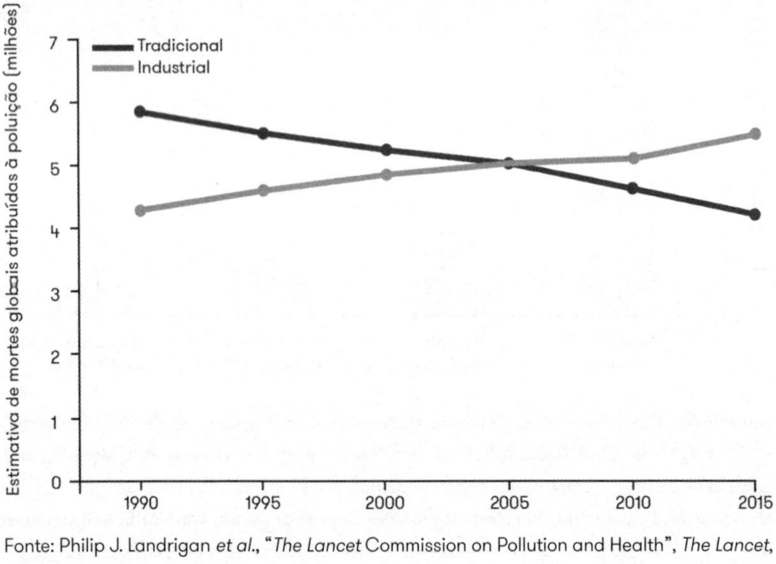

Fonte: Philip J. Landrigan *et al.*, "*The Lancet* Commission on Pollution and Health", *The Lancet*, v. 391, n. 10.119, fev. 2018, p. 474, figura 7.

Figura 8.9: Os dez países com as maiores porcentagens de mortes por poluição, segundo duas categorias de poluição: tradicional e moderna

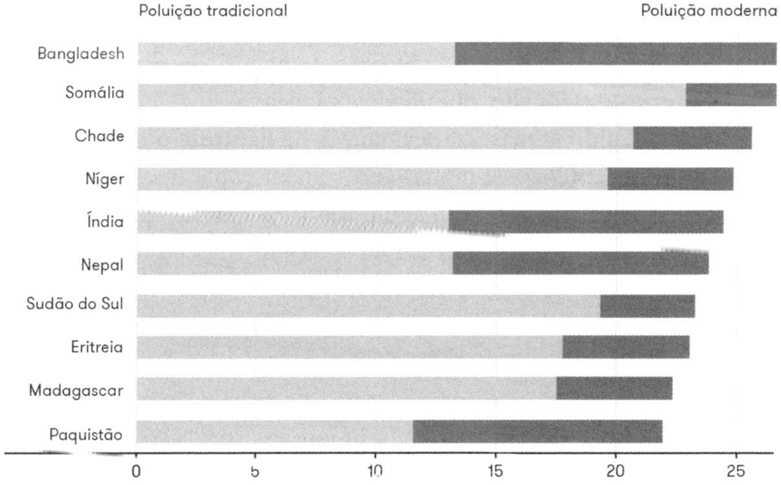

Fonte: Roger Sathre, "Environmental Pollution Is a Threat to Global Sustainable Development", Institute for Transformative Technologies, 12 jun. 2017, baseado em Philip J. Landrigan *et al.*, "*The Lancet* Commission on Pollution and Health", *The Lancet*, v. 391, n. 10.119, fev. 2018, com dados de "Global Burden of Disease 2015 Mortality and Causes of Death Collaborators. Global, Regional, and National Life Expectancy, All-Cause Mortality, and Cause-Specific Mortality for 249 Causes of Death, 1980-2015: A Systematic Analysis for the Global Burden of Disease Study 2015", *The Lancet*, v. 388, 2016, p. 1.459-544.

por poluição industrial ganham espaço. A Figura 8.9 mostra os dez países com maior proporção de mortes causadas por essas duas categorias de poluição.

Plástico, lixo eletrônico, agrotóxicos e PFA

Entre os itens mais proeminentes na intoxicação pela poluição "moderna" figuram o plástico, o lixo eletrônico, os agrotóxicos e as substâncias perfluoroalquiladas (PFA), uma família de milhares de produtos químicos persistentes (PFOS, PFOA, GenX etc.), chamados, por isso, de *forever chemicals*. Estes são detectados agora na corrente sanguínea, no fígado, nos rins... Nos Estados Unidos, essas substâncias foram encontradas no leite materno humano em 100% das cinquenta amostras examinadas.[75] A exposição humana e de outros animais a essas substâncias é generalizada e em níveis de concentração até quase duas mil vezes mais altos do que os considerados seguros na água potável pelos órgãos reguladores. Elas têm sido associadas a lesões no fígado, doenças da tireoide, perturbações endócrinas, diminuição da fertilidade, colesterol alto, obesidade e câncer.[76]

Como é sabido, o plástico permanece na natureza por séculos ou milênios, fragmentando-se muitas vezes em microplásticos e em nanoplásticos, que invadem o ar, a água, todos os habitats planetários e os organismos. É recente a descoberta da exposição de organismos humanos a essas partículas, detectadas, por exemplo, na circulação sanguínea, na placenta e nas fezes humanas. Segundo Heather Leslie e colegas, "é cientificamente plausível que partículas de plástico possam ser transportadas aos órgãos através da circulação sanguínea".[77] O autor conclui o trabalho com a seguinte interrogação: "Se as partículas de plástico presentes na corrente sanguínea estão de fato sendo transportadas por células imunes, surge também a questão: tais exposições podem afetar potencialmente a regulação imune ou a predisposição a doenças de base imunológica?".[78] Em 2018, um estudo-piloto mostrou que mais de 50% da população mundial humana já podia ter em suas fezes até nove tipos de microplásticos.[79] Em média, foram encontradas vinte partículas de microplástico por dez gramas de fezes. Do trato gastrointestinal, essas partículas são transportadas para a corrente sanguínea e para os vasos linfáticos dos peixes e de vários mamíferos, entre os quais os humanos, causando bioacumulação, estresse hepático, imunorreações locais, ou servindo de vetor para outras substâncias químicas. Um estudo de 2019 sobre a ingestão potencial de plástico pelos humanos através da água e da alimentação mais comum nos Estados Unidos estima que o consumo anual per capita de microplásticos nesse país gira em torno de 39 mil a 52 mil partículas, dependendo da idade e do sexo. Esse número aumenta para 74 mil a 121 mil quando se acrescenta a ingestão de partículas de microplásticos por inalação. Os que se servem exclusivamente de garrafas de plástico para o consumo diário recomendado de água podem ingerir noventa mil partículas adicionais, comparadas com quatro mil partículas para os que usam água de torneira. Os autores sublinham que todos esses números podem estar bastante subestimados.[80]

No que se refere ao lixo eletrônico, basta um único exemplo: o ciclo de vida de um telefone celular, desde a extração dos elementos que o compõem até seu descarte final. Antes de mais nada, mais de 60% da energia requerida para a sua fabricação foi despendida apenas na fase da mineração.[81] Segundo Kyle Wiens, da iFixit, para fabricar uma unidade de smartphone são necessárias "mais de quinhentas libras [cerca de 250 kg] de material bruto".[82] Há outras avaliações, baseadas em outros critérios. Nenhuma delas aponta uma quantidade inferior a 50 kg de material bruto (sem contar o consumo de água) usado para produzir um objeto de cerca de 200 g. Além disso, em cada telefone celular existem ao menos trinta elementos da tabela periódica. Seu descarte e sobretudo sua incineração liberam nos depósitos de lixo, nos lençóis freáticos e na atmosfera partículas de lítio (Li), ítrio (Y), chumbo (Pb), zinco (Zn), antimônio (Sb), tantálio (Ta), cobalto (Co), berílio (Be), níquel (Ni), arsênio (As), titânio (Ti) e outras substâncias tóxicas, inclusive as contidas em seus componentes de plástico.[83]

Um lugar especial no âmbito da poluição "moderna" deve ser reservado ao envenenamento por um produto cuja finalidade é justamente envenenar: os agrotóxicos. O aumento de seu uso e seus impactos sobre a biosfera em geral já foram brevemente abordados no Capítulo 1 (seção 1.8). Mas os riscos, as mortes e o sofrimento que eles causam especificamente aos humanos não são menores. Obviamente, esses impactos se fazem sentir mais sobre os trabalhadores agrícolas, mas também não poupam as gestantes, os nascituros e as crianças em geral. A OMS reporta a contaminação do leite materno por 22 pesticidas e substâncias químicas em mais de setenta países, incluindo Estados Unidos, quinze nações europeias, Brasil, China, Rússia, Índia, Austrália e numerosos outros países asiáticos e africanos.[84] Em 2020, os resultados de uma revisão sistemática em 141 países sobre os impactos letais e subletais dos agrotóxicos sobre os humanos em geral apontaram que:

> Aproximadamente 740 mil casos anuais de envenenamento agudo não intencional por pesticidas foram relatados pelas publicações compulsadas, resultando em 7.446 mortes e 733.921 casos não fatais. Com base nisso, estimamos que cerca de 385 milhões de casos de envenenamento agudo não intencional por pesticidas ocorram anualmente em todo o mundo, incluindo cerca de onze mil mortes. Considerando uma população agrícola mundial de aproximadamente 860 milhões, cerca de 44% dos agricultores são envenenados por pesticidas todos os anos.[85]

A base de dados sobre doenças induzidas por pesticidas (Pesticide--Induced Diseases Database) reúne muito da crescente literatura científica a respeito. Sua página de apresentação elenca as doenças associadas à exposição dos organismos humanos a esses agrotóxicos:

> Asma, autismo e dificuldades de aprendizagem, defeitos congênitos e disfunção reprodutiva, diabetes, doenças de Parkinson e Alzheimer e vários tipos de câncer. A conexão dessas doenças com a exposição a pesticidas continua a se fortalecer, apesar dos esforços para restringir a exposição individual a produtos químicos ou mitigar riscos químicos, usando uma política baseada em avaliação de risco.[86]

Mesmo nos casos em que não está demonstrada uma relação direta de causa e efeito entre a exposição a agrotóxicos e algumas dessas doenças, o simples princípio de precaução deveria bastar para a descontinuação desses produtos. Mas o controle e a capacidade de corrupção das megacorporações sobre o sistema político, inclusive sobre instituições científicas credenciadas pelos governos, impedem essa descontinuação. Tudo o que alguns governantes da Europa fazem, e ainda assim timidamente, é limitar ou proibir o uso dos agrotóxicos em seus territórios, mas não sua exportação, inclusive para os Estados Unidos e, sobretudo, para o Sul global, onde o agronegócio domina o sistema político. Em 2017, o trabalho de Larissa Mies Bombardi sobre o uso comparativo de agrotóxicos no Brasil e na União Europeia mostrou, de modo pormenorizado, o abismo que separa a legislação europeia da brasileira.[87] Em 2020, André Cabette Fábio, Hélen Freitas e Ana Aranha acrescentaram mais dados ao dossiê de evidências sobre a imoralidade, a inescrupulosidade e a cumplicidade criminosa entre as megacorporações da agroquímica e o agronegócio brasileiro em sua guerra contra a vida e a saúde dos organismos.[88] Em 2018, fabricantes europeus de agrotóxicos obtiveram licença de exportação de 81 mil toneladas de produtos de uso proibido na Europa para 85 países fora do continente, sendo os principais importadores Estados Unidos (25.998 t), Brasil (10.080 t), Japão (6.707 t), Ucrânia (6.003 t) e México (3.713 t).[89] O paraquate (Gramoxone), um herbicida de altíssima letalidade, proibido na Europa desde 2007 por aumentar o risco da doença de Parkinson, é produzido pela ChemChina-Syngenta no Reino Unido. Em 2018, ele representou 40% (32 mil toneladas) do total das licenças de exportação da União Europeia de agrotóxicos proibidos e foi também o mais exportado para o Brasil, que dele consumiu nove mil toneladas apenas nesse ano. Em 2020, a Anvisa proibiu, enfim, seu uso no país, apesar da oposição da Frente Parlamentar da Agropecuária.[90] Isso posto, a Bayer segue exportando livremente para o Brasil agrotóxicos de uso proibido na Europa, como etoxissulfurom, ciflutrina e tiodicarbe.

É cada vez mais indubitável o impacto dos agrotóxicos e demais fatores de intoxicação ambiental sobre a crescente incidência de câncer em humanos. A mensagem do relatório da OMS de 2020 sobre o câncer não poderia ser mais clara: os casos de câncer estão aumentando e causando uma em seis mortes hoje. Em 2008, foram reportados 12,6 milhões de casos. Em 2018, esse número subiu para 18,1 milhões de pessoas, um aumento de cerca de 44% em apenas um decênio, com 9,6 milhões de mortes. O câncer foi em 2018 a causa de 30% de todas as mortes prematuras por doenças não contagiosas de pessoas na faixa etária entre 30 e 69 anos. Para 2040, a projeção da OMS é de que 29,4 milhões de pessoas serão acometidas por alguma forma de câncer.[91] Uma pesquisa realizada na China estima que cerca de 40% dos fatores de risco cancerígenos são atribuídos a condições ambientais e a estilos de vida que poderiam ser evitados nos países desenvolvidos.[92] Não por acaso, os órgãos mais afetados por câncer são o pulmão e o trato digestório, justamente as vias de inalação e ingestão das toxinas. E não por acaso, também, o câncer nesses órgãos representa a primeira e a terceira causa de morte por essa doença:

> O câncer mais frequentemente diagnosticado é o de pulmão (11,6% de todos os casos), seguido por câncer de mama feminino (11,6%) e câncer colorretal (10,2%). O câncer de pulmão é a principal causa de morte por câncer (18,4% de todas as mortes), seguido por câncer colorretal (9,2%) e câncer de estômago (8,2%).[93]

Segundo a American Association for Cancer Research (AACR), a poluição do ar pode ser associada a muitos tipos de câncer: "Não surpreende que a poluição do ar seja associada ao câncer do pulmão. Um novo estudo sugere que a poluição também está associada ao aumento de risco de mortalidade por numerosos outros tipos de câncer, incluindo de mama, de fígado e do pâncreas".[94] Esse novo estudo, publicado em 2016, envolveu mais de 66 mil pessoas de Hong Kong, com 65 anos ou mais, monitoradas entre 1998 e 2011.[95] Ele mostra, segundo a AACR, o aumento do risco de câncer à exposição de material particulado com diâmetro de até 2,5 microgramas (*particulate material* ou PM2,5):

> Para cada dez microgramas por metro cúbico (μg/m³) de exposição aumentada ao PM2,5, o risco de morrer por qualquer câncer aumentou 22%. Para cânceres do trato digestório superior, o risco de mortalidade foi 42% maior. Para cânceres dos órgãos digestórios acessórios, que incluem fígado, dutos biliares, vesícula biliar e pâncreas, o risco de mortalidade foi 35% maior. Para o câncer de mama, o risco de mortalidade foi 80% maior. E para o câncer de pulmão, o risco de mortalidade foi 36% maior. Todos os valores são por exposição aumentada de 10 μg/m³ a PM2,5.[96]

Esse estudo acompanha os resultados de um estudo publicado em 2013 pela International Agency for Research on Cancer (Iarc) igualmente direcionado ao impacto da exposição dos organismos a material particulado mais fino (PM2,5):

> As características químicas e físicas precisas da poluição do ar ambiente, que compreendem uma miríade de constituintes químicos individuais, variam ao redor do mundo devido a diferenças nas fontes de poluição, clima e meteorologia, mas as misturas de poluição do ar ambiente invariavelmente contêm produtos químicos sabidamente cancerígenos para os seres humanos. Estimativas recentes sugerem que a carga de doenças devido à poluição do ar é substancial. Uma estimativa recente é de que a exposição a partículas finas ambientais (PM2,5) tenha contribuído com 3,2 milhões de mortes prematuras em todo o mundo em 2010.[97]

Desde 2013, o material particulado fino PM2,5 foi classificado pela Iarc como grupo I carcinogênico, provocando câncer de pulmão em humanos. Em Taiwan, a crescente incidência de câncer no pulmão é a principal causa de mortes por câncer entre mulheres e a segunda entre homens. Trata-se de algo particularmente relevante porque o tabagismo, outra possibilidade de câncer no pulmão, é pouco praticado nessa população e tanto menos por mulheres. Uma pesquisa realizada em 66 municipalidades nessa ilha demonstrou uma inequívoca associação entre exposição crônica a altos níveis de PM2,5 e a crescente probabilidade de morte atribuída a câncer de pulmão tanto em homens quanto em mulheres.[98] Na realidade, a exposição a altos níveis de PM2,5 não é uma causa relevante só de câncer; ela pode lesionar todo e qualquer órgão e cada tecido celular do corpo humano, como alertam dois trabalhos publicados por Dean Schraufnagel e colegas em 2018:

> A poluição do ar pode ser o maior risco ambiental para a saúde no mundo. De acordo com as estimativas do Global Burden of Disease, um componente da poluição ambiental (ou do ar externo), material particulado fino ou material particulado com diâmetro aerodinâmico < 2,5 μm (PM2,5) é o quinto principal fator de risco de morte no mundo, responsável por 4,2 milhões de mortes (7,6% do total de mortes globais) e > 103 milhões de anos de vida perdidos por incapacidade em 2015.[99]

Segundo o mesmo trabalho, exposição a altos níveis de material particulado PM2,5 pode ser responsável por 19% das mortes cardiovasculares e por 21% das mortes causadas por acidente vascular cerebral. Ela tem sido associada ao câncer de bexiga e à leucemia infantil, a prejuízos no desenvolvimento pulmonar na infância, fator preditor de comprometimento pulmonar em adultos. A poluição do ar está associada, sobretudo através de inflamação sistêmica, a prejuízos cognitivos, ao aumento de risco de demência, ao atraso no desenvolvimento psicomotor e a menor inteligência infantil. Estudos relacionam a poluição do ar com prevalência e mortalidade por diabetes mellitus. Essa poluição afeta também o sistema imunológico e está associada à rinite alérgica, à sensibilização alérgica e à autoimunidade, e ainda a fraturas ósseas e osteoporose, conjuntivite, doença do olho seco, blefarite, doença inflamatória intestinal e aumento da coagulação intravascular. Diz Dean Schraufnagel, principal autor desses dois trabalhos: "Não me surpreenderei se quase todos os órgãos forem afetados. Se algo está faltando [nessa revisão], é porque, provavelmente, não houve ainda pesquisa a respeito".[100]

Muito se poderia ainda afirmar sobre esses e outros danos e mortes causados pela poluição industrial. Ela tem sido associada, por exemplo, à reversão do efeito Flynn, vale dizer, a uma regressão do QI médio em países onde há maior disponibilidade de dados.[101] Além disso, tem sido apontada como a causa maior do aumento avassalador das diversas modalidades do espectro do autismo infantil, sobretudo em meninos, sendo a causa também de outras perturbações do desenvolvimento neuronal. A literatura a respeito é inequívoca, e já em 2012 Philip Landrigan, Luca Lambertini e Linda Birnbaum escreviam no editorial da revista *Environmental Health Perspectives*:

> Autismo, transtorno do déficit de atenção e hiperatividade (TDAH), retardamento mental, dislexia e outras desordens do cérebro de base biológica afetam entre quatrocentos mil e seiscentos mil dos quatro milhões de crianças nascidas nos Estados Unidos a cada ano. Os Centros de Controle e Prevenção de Doenças (CDC) reportaram que desordens do espectro autista afetam agora 1,13% (uma em 88) (CDC 2012) das crianças dos Estados Unidos, e TDAH, 14%. [...] Estudos prospectivos [...] associaram comportamentos autistas com exposições pré-natais a inseticidas organofosforados clorpirifós e também com exposições pré-natais a ftalatos. Estudos prospectivos adicionais associaram perda de inteligência (QI), dislexia e TDAH a exposição a chumbo, metilmercúrio, inseticidas organoclorados, bifenilos policlorados, arsênio, manganês, hidrocarbonetos aromáticos policíclicos, bisfenol-A, retardantes de chamas brominados e compostos perfluorados. Substâncias químicas tóxicas causam provavelmente lesões no desenvolvimento do cérebro humano através de toxicidade direta ou de interações com o genoma.[102]

Em 2019, Ondine von Ehrenstein e colegas confirmaram essas descobertas, identificando mais uma vez a responsabilidade específica dos agrotóxicos:

> Exposição infantil ou pré-natal a pesticidas selecionados *a priori* — incluindo glifosato, clorpirifós, diazina e permetrina — foram associados a uma maior probabilidade de desenvolver desordens do espectro autista. Deve-se evitar a exposição de mulheres grávidas e de crianças a ambientes com pesticidas como uma medida preventiva contra desordens do espectro autista.[103]

Por fim, nenhuma ameaça da poluição merece mais o adjetivo existencial do que a que se exerce sobre as condições de reprodutibilidade da espécie humana. O aumento dos perturbadores endócrinos é, sabidamente, uma das causas do declínio dos níveis de testosterona, bem como do número de espermatozoides, de sua motilidade e de sua eficiência morfológica. A humanidade está hoje confrontada, em suma, a um declínio persistente da fertilidade masculina, muito pronunciado nos países ocidentais e na China.[104] O livro de Shanna Swan *Count Down*, de 2020, propõe uma síntese das pesquisas na área da reprodução humana, confirmando novamente uma tendência surgida talvez já nos anos 1970 e que hoje não se restringe aos países setentrionais nem à fertilidade masculina. Em meio a tantas incertezas, Swan escreve:

> Isto está claro: o problema não está em algo inerentemente errado com o corpo humano à medida que evoluiu ao longo do tempo; o problema é que os produtos químicos em nosso ambiente e as práticas de estilo de vida pouco saudáveis em nosso mundo moderno estão perturbando nosso equilíbrio hormonal, causando vários graus de danos reprodutivos que podem frustrar a fertilidade e levar a problemas de saúde a longo prazo, mesmo após os anos reprodutivos. Efeitos semelhantes estão ocorrendo em outras espécies, somando-se a um choque reprodutivo generalizado. [...] Não é apenas que a contagem de esperma caiu em 50% nos últimos quarenta anos; ocorre também que essa taxa alarmante de declínio pode significar que a raça humana será incapaz de se reproduzir se essa tendência perdurar.[105]

8.5 Poluição: a ultrapassagem do quinto dos nove limites planetários

Há mais de dez anos, o Stockholm Resilience Centre propôs mensurar o perigoso avanço da interferência antrópica no sistema Terra com base na identificação de nove limites planetários (*planetary boundaries*). Se ultrapassados, o sistema Terra não mais resguardaria as condições seguras para a humanidade e para outras espécies que nele viveram ao longo do Holoceno (11.700 anos antes do presente [AP] até 1950). O conceito de limite planetário é bem conhecido[106] e já foi reiterado no Capítulo 1 (seção 1.1). Ainda assim, convém reportá-lo aqui mais uma vez: "O conceito de limite planetário, introduzido em 2009, tem por objetivo definir os limites ambientais (*environmental limits*) no interior dos quais a humanidade pode operar de modo seguro".[107] Essa abordagem se ateve deliberadamente às perturbações produzidas pelo homem em sua relação com o sistema Terra, não incluindo, portanto, os diversos níveis de desigualdade social (relações sociais).[108] Esse conceito de limite planetário ganhou então um diagrama que, embora hoje icônico, convém reproduzir novamente, na Figura 8.10.

Figura 8.10: Os nove limites planetários propostos pelo Stockholm Resilience Centre em 2009 e 2015, quatro dos quais já ultrapassados e três não ainda avaliados (em 2015)

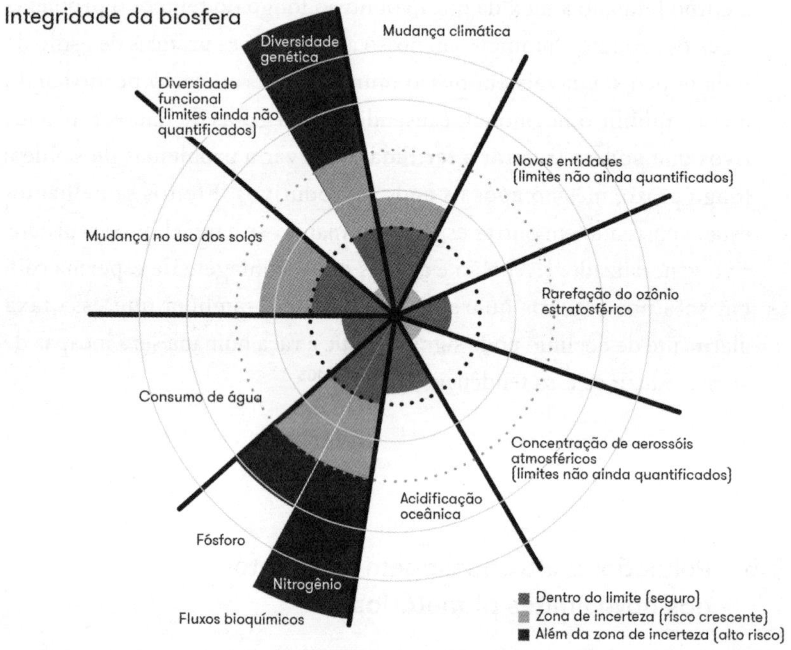

Fontes: Will Steffen *et al.*, "Planetary Boundaries: Guiding Human Development on a Changing Planet", *Science*, v. 347, n. 6.223, 15 jan. 2015; Johan Rockström *et al.*, "A Safe Operating Space for Humanity", *Nature*, v. 461, 24 set. 2009, p. 472-5.

Os cinco círculos concêntricos propostos na Figura 8.10 delimitam três zonas:

- a zona segura, prevalecente no Holoceno (primeiro círculo);
- a zona de incerteza ou de risco crescente (segundo e terceiro círculos);
- a zona além da incerteza, isto é, de alto risco (quarto e quinto círculos).

No âmbito dos nove limites planetários, foram identificados em 2015 quatro vetores de interferência antrópica no sistema Terra situados na zona de risco crescente e de alto risco: (i) fluxos bioquímicos de fósforo e nitrogênio, decorrentes do uso insustentável de fertilizantes industriais; (ii) integridade da biosfera, em especial no que se refere à diversidade genética das espécies; (iii) mudança no uso do solo, causada por desmatamento, degradação florestal, degradação de outros biomas e dos próprios solos; e (iv) mudanças climáticas. Como mostra o gráfico, três desses vetores de interferência antrópica foram considerados não ainda suficientemente quantificados.

A dificuldade de compreender os riscos planetários reais da poluição industrial explica por que o limite planetário designado pelo termo "novas entidades" (*novel entities*) tenha permanecido não mensurado nas análises do Stockholm Resilience Centre. Em 2022, contudo, esse novo limite — o quinto entre os nove — foi considerado excedido por Linn Persson e colegas, *justamente* por causa da incapacidade humana de avaliação e de monitoramento de sua escala e da velocidade de seu aumento. Revisando a literatura científica a respeito, Persson e colegas afirmam:

> Concluímos que a humanidade está atualmente operando fora do limite planetário com base no peso da evidência de várias dessas variáveis de controle. A crescente taxa de produção e descarte de volumes maiores e um número maior de novas entidades com diversos potenciais de risco excedem a capacidade das sociedades de realizar avaliações e monitoramento relacionados à sua segurança. Recomendamos tomar medidas urgentes para reduzir os danos associados à transposição desse limite, reduzindo a produção e o descarte de novas entidades, observando que, mesmo nesse caso, a persistência de muitas novas entidades e/ou de seus efeitos continuará a representar uma ameaça.[109]

Na definição de Will Steffen e colegas, retomada por Linn Persson e coautores desse trabalho, novas entidades são "novas substâncias, novas formas de substâncias existentes e formas de vida modificadas". Elas incluem "produtos químicos e outros novos tipos de materiais ou organismos obtidos por engenharia e não conhecidos anteriormente no sistema Terra, bem como elementos naturais (por exemplo, metais pesados) mobilizados por atividades antropogênicas".[110] Novas entidades se referem, em suma, a substâncias ou compostos adventícios na história e na estrutura geológica e biológica do planeta, ou seja, produtos fabricados principalmente através de manipulação bioquímica e cuja escala pode ameaçar o funcionamento dos processos no sistema Terra, incluindo o funcionamento dos organismos. Trata-se, aqui, antes de mais nada, do potencial tóxico dessa nova massa antropogênica, mas seus perigos vão além de sua toxicidade, pois interferem no próprio modo de funcionamento do sistema Terra e de seus elementos, dimensões situadas não apenas além da nossa capacidade de avaliação, mas além de nosso conhecimento de sua própria existência (os famosos *unknown unknowns*, ou seja, os efeitos desconhecidos do que é desconhecido).

8.6 Conclusão

O cerco à vida humana e à de outros organismos se fecha cada vez mais, de modo que a questão que se impõe hoje reforça mais uma vez a percepção de que as sociedades estão adentrando uma zona de risco extremo: que civilização pode, com efeito, se adaptar aos impactos crescentes da emergência climática, da aniquilação biológica, das desigualdades e da poluição industrial?

E, no entanto, por imensas que sejam, essas regressões em curso, com suas perspectivas sombrias, não constituem (ainda) o problema maior. O problema maior é a dificuldade de mudar. Essa dificuldade radica-se em dois problemas estruturais da governança mundial. O primeiro é o fato de que os poucos milhares de bilionários do planeta detectados pela Oxfam, pelo Credit Suisse Research Institute e por outras instituições detêm demasiado poder e capacidade de influência sobre a esfera da política e sobre o emprego dos recursos estratégicos da humanidade. Eles controlam as decisões de investimento nos sistemas energético, alimentar e químico-industrial, que alteram perigosamente as coordenadas ambientais do planeta e intoxicam os organismos. Esses donos do mundo aceleram as crises e impõem, pela força ou por narrativas fictícias de "sustentabilidade", a continuidade da trajetória em curso. Eles comandam a regressão social, o empobrecimento da grande maioria e a ruína dos alicerces da vida no planeta.

O segundo problema central é o fato de que o ordenamento jurídico internacional repousa sobre o axioma de que as decisões últimas e irrevogáveis sobre os destinos do sistema Terra e, especificamente, da humanidade repousam sobre os Estados nacionais, considerados de fato e de direito como as unidades últimas de onde podem e devem emanar as tomadas de decisão estratégicas. Enquanto essas decisões dependerem do axioma da soberania absoluta dos Estados nacionais, não haverá como mudar, ao menos com a radicalidade e a velocidade necessárias, a atual trajetória de colapso socioambiental. É sobre essa questão premente e crucial que devemos agora nos debruçar.

9. Superar o axioma da soberania nacional absoluta

Democracia e multilateralismo estão em recesso, minando o compromisso necessário para que se progrida em direção aos objetivos de sustentabilidade.
— Editorial da revista *Nature*[1]

O objetivo final claramente não é retornar ao Estado-nação ou ao sistema de Estados-nações. O horizonte permanece sendo uma organização confederativa de bioregiões.
— Serge Latouche[2]

Desde o advento do Fórum Social Mundial e, em geral, do altermundialismo na virada do século, multiplicaram-se os movimentos sociais impregnados de um novo internacionalismo socioambiental. Como adiantado na Introdução (seção 5), essas iniciativas convergentes e de resistência têm envolvido os setores mais diversos das sociedades: as populações originárias das Américas, os movimentos de trabalhadores sem terra, sem teto e das periferias das grandes cidades, os pequenos e médios agricultores da agroecologia, os veganos e vegetarianos, as feministas, os que lutam pelos direitos humanos e das outras espécies, os que se insurgem contra o patriarcalismo, o racismo e a homofobia, enfim, os jovens pelo clima, pela justiça climática e pelos direitos da natureza. Os sindicatos e os trabalhadores organizados têm se envolvido crescentemente nesse processo, ainda que de modo menos resoluto no que se refere às pautas ambientais, posto não terem estas uma longa tradição em suas agendas. Nesse contexto, sobressai a contribuição imensa de setores da Igreja católica, inspirados pela encíclica *Laudato Si'* e pela ideia de ecologia integral, sob a liderança do papa Francisco. Enfim, também intelectuais e artistas têm se mobilizado politicamente nesse concerto de esforços. As universidades vêm demonstrando um envolvimento crescente, embora ainda hesitante, na defesa das políticas de sobrevivência, o que será discutido no próximo capítulo. Há, de qualquer modo, em todo esse amplo espectro de movimentos sociais, um ideal comum de luta pela vida e uma clara consciência de que essa luta tem de se tornar, sempre mais, a expressão de um movimento democrático global de superação do sistema socioeconômico e político vigente.

Isso posto, se esses movimentos refletem hoje uma consciência crescente, muito mais profunda e espraiada do que na geração anterior, e se reverberam mais, e mais positivamente, nas sociedades em que atuam, é preciso admitir que eles são, em seu conjunto, ainda muito incipientes perante os desafios que nos defrontam. Infelizmente, ainda é bem limitada sua capacidade de pressionar os poderes políticos nacionais e as débeis estruturas institucionais internacionais em prol de políticas globais efetivas contra as principais zonas de risco à humanidade e à vida no planeta. Como tudo o mais na história das sociedades, não se pode prever o ritmo das mudanças de paradigma, e é preciso aliar esperança e muito trabalho de informação e organização para aumentar a probabilidade de um crescimento exponencial desses movimentos sociais ao longo desta década.

De seu lado, impermeáveis às pressões democráticas, as tentativas das elites políticas e corporativas de governança intergovernamental, encetadas desde ao menos os anos 1970, vêm se caracterizando pelo fracasso. Não há como relativizá-lo, pois aqui a linha divisória entre sucesso e malogro é nítida. Fracasso ocorre, por definição, quando não se avança na direção da meta almejada. E nas zonas de risco acima nomeadas constatam-se, como visto nos capítulos anteriores, regressões dramáticas. Constata-se a mesma regressão no que se refere ao risco de tensões geopolíticas e de guerras. É passada a hora de admitir que fracasso é a única palavra que caracteriza a trajetória de governabilidade socioambiental e política do planeta nos últimos cinquenta anos. É possível argumentar, é claro, que a regressão da paz e da habitabilidade planetária teria sido provavelmente ainda maior na ausência dos esforços políticos e diplomáticos envidados. É fato. Tudo sempre pode ser ainda pior. Truísmos dessa natureza não tornam, contudo, menos verdadeiro o fato de que o balanço final dos retrocessos é irretorquivelmente desastroso.

A razão fundamental desse fracasso tem a evidência do mastodonte na sala: designar o que temos hoje pelo termo "governança global" é uma fantasia autocongratulatória do jargão diplomático. Como afirma um editorial do jornal *Le Monde* de maio de 2021, protestando contra o enésimo massacre de palestinos pelas Forças Armadas de Israel: "Não há 'comunidade internacional', mas um mundo explodido, concorrencial, atormentado, sem potência hegemônica. A covid-19 acelerou a desintegração dos quadros multilaterais clássicos".[3] A guerra da Ucrânia é o ponto em que deságua esse processo de desintegração do multilateralismo. Ainda que seja contida — e nada em setembro de 2022 autoriza a esperança de paz —, os riscos de novos conflitos e de seu transbordamento num mundo cada vez mais armado só aumentam, com consequências potencialmente terminais para a vida multicelular no planeta. A guerra é, por certo, o aspecto mais evidente da ausência de uma governança global, mas essa evidência se estende a todas as esferas das crises socioambientais.

9.1 A tese central deste capítulo

Os 21 anos transcorridos entre os ataques às torres gêmeas de Nova York e a invasão da Ucrânia — passando pelas guerras do Iraque, do Afeganistão, da Síria, do Iêmen, pelo Brexit e pela pandemia de covid-19 — são marcados por uma regressão em todas as frentes na governança global. Essa regressão não deve surpreender. Ela resulta da contradição, sempre mais aguda, entre o caráter eminentemente global dos problemas maiores que nos confrontam e o fato de que a ordem internacional vigente é regida, hoje mais do que nunca, pelo axioma da soberania nacional absoluta. Por definição, um axioma é um *a priori* não demonstrado sobre o qual se assenta o edifício de um consenso. Esse consenso congrega hoje direita e extrema direita, mas também parcelas expressivas da esquerda. Sob o pretexto do chamado direito à autodeterminação dos povos, válido em todo processo histórico de descolonização, ele postula que apenas os Estados-nações têm o direito de governar os territórios sob sua jurisdição. Toda tentativa de limitar esse direito é vista como uma ingerência indevida e injustificável. O atual arcabouço jurídico-institucional da governança permanece prisioneiro de um *a priori* jurídico que erige o Estado nacional em sujeito de direito e considera sua "segurança" a razão última de seu crescente militarismo. Para a ordem jurídica internacional, o Estado nacional permanece, assim, a esfera irredutível da qual emanam decisões incontestadas, mesmo quando nocivas à humanidade (e, portanto, em última instância, à sua própria população) e às demais formas de vida em nosso planeta.

Hoje, é preciso contestar esse *a priori* jurídico. A soberania nacional absoluta nada tem de um princípio apriorístico, posto ser apenas o legado histórico da Paz de Vestfália, de 1648, que assentou o princípio da soberania exclusiva dos Estados nacionais sobre seus territórios. Os dois tratados de 1713, conhecidos como Paz de Utrecht, assinalam a emergência da hegemonia anglo-saxã no hemisfério ocidental e a matriz do que viria a ser, a partir do século XIX, a idade dos imperialismos. A realidade global de nossos dias não pode continuar a sofrer as consequências de realidades completamente diversas, herdadas da Europa dos séculos XVII e XVIII. Em outras palavras, as condições de habitabilidade do planeta, os valores e bens comuns da humanidade e de outras espécies não podem mais se submeter ao direito absoluto do Estado-nação, em detrimento do universal. Ao se fundar no particular, o direito universal se ancora na negação de si próprio. A contradição é aberrante e suas consequências constituem, na situação atual de tensões geopolíticas, de emergência climática e outras emergências, uma ameaça existencial.

Nossa tese enuncia-se, portanto, sem dar margem a qualquer ambiguidade: se quiser sobreviver, a civilização humana, em suas mais diversas acepções, precisa substituir o axioma da soberania nacional absoluta por um novo princípio: o da soberania nacional relativa. Esse princípio é alicerçado em duas premissas básicas: (i) o reconhecimento jurídico da autonomia de diversas comunidades no âmbito de Estados plurinacionais, nos quais os povos autóctones das Américas e de outros continentes, submetidos desde os séculos XV e XVI a recorrentes genocídios de parte de civilizações materialmente mais poderosas (ver Capítulo 3, seção 3.1), poderão definir livremente seu destino e suas formas de organização social; (ii) o reconhecimento da superioridade do poder da comunidade internacional sobre os Estados nacionais e plurinacionais, sempre que houver ameaça aos equilíbrios naturais planetários.

O princípio da soberania nacional relativa é apenas uma extensão do conceito de sustentabilidade proposto desde 1987 por Gro Harlem Brundtland[4] e pode ser assim formulado: as nações e suas comunidades autônomas têm o direito e o dever de gerir os recursos disponíveis em seus territórios se, *e somente se*, essa gestão não comprometer os direitos humanos e os equilíbrios naturais, conciliando, assim, o presente e o futuro da espécie humana e de outras espécies. Esse novo direito implica a construção impreterível de políticas globais democráticas e mandatórias, as únicas capazes de conter os processos em curso de degradação socioambiental. É preciso reiterar o óbvio: as ameaças globais que agem em sinergia e se adensam sobre a humanidade e sobre a biosfera como um todo demandam respostas compatíveis com sua natureza global. Só podem, portanto, ser efetivamente confrontadas por legislação e cooperação transnacional, globalmente coordenadas por processos democráticos de tomadas de decisão, enraizados nos territórios.

9.2 A guerra está inscrita no axioma da soberania nacional absoluta

A relação entre as perturbações das coordenadas ambientais do planeta e as guerras é direta, pois da guerra contra a natureza decorrerá cada vez mais a guerra entre os homens. Como bem adverte Jean Jouzel, ex-vice-presidente do Painel Intergovernamental sobre as Mudanças Climáticas (IPCC): "Penso que não poderemos nos adaptar a um aquecimento de 3°C e que viveremos conflitos maiores".[5] Sem dúvida. Contudo, com toda a probabilidade, a questão é ainda mais grave e, sobretudo, mais premente. É provável que, mantido o axioma do unilateralismo nacional, a guerra tome definitivamente o lugar da diplomacia bem antes de o aquecimento médio global atingir 2°C acima do período pré-industrial.

O atual unilateralismo nacional foi cruamente reafirmado no discurso de Barack Obama, quando da recepção do Prêmio Nobel da Paz em dezembro de 2009: "Eu — como qualquer outro chefe de Estado — me reservo o direito de agir unilateralmente, se necessário, para defender minha nação".[6] Em seu discurso sobre a paz universal, Obama sufragava assim, paradoxalmente, o princípio de que uma nação tem o direito de deflagrar uma guerra "defensiva" ou "preventiva", em outras palavras, o direito de "atacar para se defender". De fato, já em fevereiro de 2009, talvez baseado nesse princípio, Obama havia aumentado os efetivos militares dos Estados Unidos no Afeganistão para 68 mil soldados, enviando, três meses depois, outros quarenta mil, num total de mais de cem mil soldados durante dezoito meses. Na realidade, entre George W. Bush e Barack Obama, isto é, desde 2001, "mais de 775 mil soldados estadunidenses foram enviados ao Afeganistão. Desses, 2.300 morreram lá e 21 mil voltaram para casa feridos".[7] Segundo o Uppsala Conflict Data Program (UCDP), entre 1989 (as tropas invasoras da URSS no Afeganistão, derrotadas, haviam se retirado em 1988) e 2020, a guerra no Afeganistão matou mais de 278 mil pessoas, sendo o mais sangrento conflito mundial entre 2018 e 2020.[8]

Para nos atermos apenas aos últimos cinquenta anos, o direito nacional ao uso da força foi evocado em praticamente todas as guerras de maior envergadura nesse período, em geral para justificar o controle de potências imperialistas sobre territórios considerados geopoliticamente sensíveis e sobre recursos naturais, em especial energéticos: a invasão do Afeganistão em 1979 pela URSS, a longa guerra entre o Iraque e o Irã (1980-1988), a invasão do Kuwait pelo Iraque (1990), a Guerra do Golfo (1990-1991), a invasão do Afeganistão (2001) e do Iraque (2003) pelos Estados Unidos e aliados, a guerra entre Líbano e Israel (2006), o bombardeio brutal da Líbia em 2011 também pelos Estados Unidos e por aliados (a pretexto de uma decisão do Conselho de Segurança da ONU restrito à exclusão do espaço aéreo pelas Forças Armadas da Líbia), as recorrentes guerras e escaramuças de fronteira entre a China, a Índia e o Paquistão, as guerras em curso no Cáucaso, na Síria e no Iêmen, a invasão da Geórgia (2008) e, enfim, da Ucrânia (2022) pela Rússia. Em praticamente todas essas guerras, aí incluídas as guerras "santas" movidas pelo Talibã e pelo chamado Estado Islâmico, as potências ocidentais e a Rússia (ou a ex-URSS) estão ou estiveram, de um modo ou de outro, envolvidas. Essas potências as travam diretamente, isto é, com suas próprias tropas, bombardeiros e drones, ou "por procuração" (*proxy wars*), vale dizer, fornecendo aos contendentes armas, tecnologia militar e apoio político-diplomático. Desde 2014, a guerra civil no Iêmen, uma típica *proxy war* travada entre, de um lado, a Arábia Saudita, os Estados Unidos, a França e o Reino Unido e, de outro, o Irã, é uma das mais cruéis em termos de vítimas civis. Segundo o UCDP, essa guerra já matou diretamente, isto é, sobretudo por bombardeios sauditas, mais de 32 mil civis, numa estimativa muito conservadora. Indiretamente, por doenças e fome, centenas de milhares de civis já pereceram, e a crise aguda de alimentos pode causar a maior mortandade por fome dos últimos cem anos. Isso em meio à total indiferença da imprensa e da opinião pública ocidental. A respeito do conflito, Lise Grande, nomeada coordenadora humanitária da ONU no Iêmen, declarou em 2018:

> Penso que muitos de nós sentíamos, ao entrar no século XXI, que era impensável ver uma fome como a que vimos na Etiópia, em Bengala, em partes da União Soviética; era simplesmente inaceitável. Muitos de nós tínhamos confiança de que isso nunca aconteceria novamente e, no entanto, a realidade é que no Iêmen é exatamente o que estamos vendo.

> Prevemos que podemos ter de 12 milhões a 13 milhões de civis inocentes correndo o risco de morrer por falta de comida.[9]

Quatro anos depois, a predição de Lise Grande está em vias de se realizar. Segundo o que a ONU reportava em março de 2022, "hoje, mais de 17,4 milhões de iemenitas [em um país de trinta milhões de pessoas] sofrem de insegurança alimentar. Outro 1,6 milhão de pessoas deve cair em níveis emergenciais de fome nos próximos meses, levando o total de pessoas com necessidades emergenciais para 7,3 milhões até o fim do ano".[10]

Na Síria, outro caso modelar, a paz afigurou-se impossível para os quatro enviados especiais do secretário-geral da ONU para a Síria. O título da análise de Paulo Sérgio Pinheiro, presidente da Comissão Independente Internacional de Investigação sobre a República Árabe Síria, do Conselho de Direitos Humanos da ONU, dá o diapasão dessa cacofonia de horrores: "Dez anos de guerra na Síria: ninguém tem as mãos limpas".[11] Não se trata de resumir aqui os crimes cometidos por todos, de resto, bem conhecidos. Basta lembrar o saldo provisório do desastre: cerca de doze milhões de pessoas (mais da metade da população) foram obrigados a fugir de suas casas, levando a uma diáspora estimada em 6,6 milhões de refugiados fora da Síria. Segundo o UCDP, a guerra já fez cerca de quatrocentas mil vítimas fatais e, segundo o Observatório Sírio dos Direitos Humanos, foram mortos entre 388 mil e 594 mil pessoas de março de 2011 a março de 2021.[12] Esses números continuam aumentando porque a guerra não acabou. Bashar al-Assad é considerado por muitos o principal responsável pela destruição de seu país, mas, se lhe foi permitido cometer os crimes que cometeu e continua cometendo, isso se deve essencialmente à ausência de limitação jurídica do conceito de soberania nacional. O mesmo se aplica, em maior ou menor grau (pouco importa), a seus contendentes.

Todas essas guerras, do Iêmen à Síria e à Ucrânia, entre muitas outras, estão, de resto, conectadas. A crise aguda de fome do Iêmen, por exemplo, está fortemente associada à guerra entre Rússia e Ucrânia, pois o país, já paupérrimo antes da guerra, importa de ambos um terço do trigo que consome e já não consegue obtê-lo ou não consegue mais pagar por ele, tal a espiral dos preços. É óbvio que todas essas guerras são inaceitáveis. Mas o que parece menos óbvio a muitos, e é ainda mais inaceitável, é a lógica que as desencadeia e as move: a lógica militarista da "segurança nacional" e do "direito" à soberania absoluta dos Estados nacionais sobre seus territórios e/ou sobre suas áreas de influência e de controle de recursos, lógica típica da ordem jurídica vigente, alheia à vontade expressa dos povos e que leva usualmente à imposição dos interesses do mais forte sobre os direitos dos mais fracos.

O fracasso da ONU nesse contexto é total, pois lhe faltam os meios jurídicos e materiais para cumprir seu papel primeiro, qual seja, a manutenção da paz. Em 1950, a Resolução nº 377 da ONU outorgou aos quinze membros de seu Conselho de Segurança a missão e a autoridade para realizar intervenções militares no fito de manter a paz entre nações ou comunidades. No entanto, o mandato dessas missões de paz está condicionado aos interesses nacionais dos cinco membros permanentes, que têm direito de veto nesse Conselho. Além disso, os meios militares desse mandato são pouco mais que simbólicos, e seu exercício está condicionado a dois princípios que limitam drasticamente sua ação: (i) o consentimento das partes beligerantes, o que significa que a missão de fazer cessar a guerra só é iniciada quando a intenção de paz já prevaleceu; e (ii) a não utilização de força, salvo em autodefesa e em defesa de seu mandato.[13] Não é por acaso que, em tais condições, as 71 missões de manutenção da paz de iniciativa da ONU realizadas entre 1948 e 2018 não tenham conseguido diminuir as tensões geopolíticas e os conflitos armados.

Enquanto a ordem jurídica internacional não se prover de um direito de manutenção da paz próprio e efetivo, a humanidade continuará sujeita à Doutrina Wolfowitz, tal como passou a ser conhecido o Defense Planning Guidance para os anos 1992-1999. Publicado em 1992 como um documento interno por Paul Wolfowitz, subsecretário de Defesa dos Estados Unidos sob George H. W. Bush (1989-1993), o texto foi vazado para o *New York Times*, o que motivou uma redação mais "suavizada", coordenada por Dick Cheney. Esse documento partia da implosão da União Soviética (1991) para elaborar como política de Estado o ideário dos neoconservadores, fornecendo as diretrizes da chamada Doutrina Bush (2001-2009). Trata-se do mais importante sustentáculo ideológico do unilateralismo estadunidense desde o célebre discurso "The Strenuous Life", de Theodore Roosevelt, pronunciado em Chicago em 1899. Cito esses documentos por serem os mais emblemáticos, mas a Rússia, a China, os países europeus e demais nações, mesmo as mais pobres, têm seus próprios discursos e manuais belicistas, baseados no interesse de seus militares e no princípio da soberania nacional absoluta.

Ocorre que, por definição, a guerra entre nações geradas por esse princípio, bem longe de instituir direito, institui as próximas guerras.

A Primeira Guerra Mundial instituiu a Segunda, e isso a tal ponto que poderíamos, no limite, considerá-las uma única longa guerra mundial (1914-1945), com uma trégua de vinte anos para o devido rearmamento dos beligerantes. E ambas as guerras estão agora em vias de, ao menos potencialmente, instituir a Terceira. Mesmo que se consiga evitar esta última, os exemplos históricos de guerras geradoras de guerras são onipresentes. Não há, em geral, solução militar para conflitos entre comunidades ou países, nem mesmo para os mais fortes, pois apenas muito raramente estes podem colher frutos efetivos de sua força. A que paz e reconhecimento universal de seu direito a existir pode Israel aspirar pela via do racismo, da segregação, da opressão e da guerra, não obstante todo seu poderio militar, inclusive nuclear? A que liderança mundial os Estados Unidos podem aspirar com seu belicismo compulsivo e sua "diplomacia" do Big Stick? A que relação construtiva, baseada em suas imensas e magníficas convergências históricas, a Rússia pode ainda aspirar manter com a Ucrânia após a brutalidade inominável da invasão de 2022? Ou com a Chechênia, depois de tantas atrocidades de parte a parte desde 1994, e com a Geórgia, após a invasão de 2008? Qualquer mente dotada de um mínimo de racionalidade e bom senso sabe, há muito, que não existe solução para os países do Oriente Médio e da Ásia Central, ou ainda para as tensões geopolíticas entre a China, a Índia e o Paquistão, sobretudo pelo controle e usufruto das nascentes e das geleiras do Himalaia, fonte maior dos recursos hídricos desses países,[14] sem uma efetiva governança global, na qual todos terão de ceder muito para não perder ainda mais.

Se alguma chance houvesse de paz e reconhecimento através do unilateralismo e do conceito de segurança nacional, não estaríamos vendo o contínuo acirramento das hostilidades em tantas regiões do planeta desde o fim da Segunda Guerra. Um grupo de pesquisa da Universität Hamburg recenseou 29 conflitos armados no mundo em 2020, dois a mais que em 2019.[15] O que é possível deduzir de imediato desse quadro é que não há, nem poderá haver, paz duradoura para nenhum desses conflitos. Haverá apenas o eterno retorno de situações calamitosas, que se sobreporão às calamidades criadas pelos desequilíbrios planetários, os quais, por sua vez, acirrarão ainda mais os conflitos, num círculo vicioso infernal.

9.3 A soberania nacional absoluta garante e impulsiona o processo de colapso ambiental

A guerra é apenas o aspecto mais agudo e visível da disfuncionalidade dos Estados nacionais no mundo contemporâneo. O direito facultado aos Estados nacionais de destruir florestas e explorar combustíveis fósseis e demais minerais existentes no solo e subsolo de "seu" território terrestre e marítimo, o direito de descumprir acordos internacionais sobre o clima, sobre a pesca, sobre o combate à desertificação, entre outros, esse direito do particular a se sobrepor ao interesse geral está na raiz de males ainda mais sistêmicos do que os causados pela guerra. E isso não só porque vitima o conjunto da humanidade e inúmeras outras formas de vida em todo o planeta, mas também porque compromete a vida das gerações futuras, ao causar desequilíbrios cada vez mais irreversíveis nos parâmetros de funcionamento do sistema Terra. É fato que esses crimes sistêmicos são cometidos por corporações frequentemente mais poderosas do que os Estados nacionais, mas muitas dessas corporações são estatais, e as corporações transnacionais de direito privado, de seu lado, escudam-se em legislações nacionais soberanas para afrontar e se pôr acima do interesse comum.

O Brasil é um caso modelar de unilateralismo nacional. O direito facultado ao Estado brasileiro de permitir — e mesmo de incentivar, através de financiamentos públicos — a destruição por corte raso de mais de 20% da floresta amazônica e de mais de 50% do Cerrado, seu direito a estimular a destruição de outros biomas, como o Pantanal e a Caatinga, esses direitos são considerados inalienáveis pelo concerto das nações. E isso mesmo quando a destruição e a agressão atingem paroxismos, como sob a catástrofe Bolsonaro. Além disso, o Estado brasileiro ameaçou impunemente a saúde pública internacional, ao sabotar o combate à pandemia de covid-19. No Brasil, em pouco mais de dois anos (entre março de 2020 e setembro de 2022), a doença matou pelo menos 680 mil pessoas, segundo os números oficialmente reportados, ou seja, mais do que dez anos de guerra na Síria (entre março de 2011 e agosto de 2021), e a maioria dessas mortes poderia ter sido evitada, não fosse a matança comandada por delinquentes que desafiam frontalmente, sem qualquer contestação efetiva, a Organização Mundial de Saúde (OMS) e o consenso internacional. É verdade que o

Tribunal Permanente dos Povos (TPP) condenou Bolsonaro por crimes contra a humanidade em 1º de setembro de 2022. E é provável que o Tribunal Penal Internacional (TPI), fundado no Estatuto de Roma, acabe julgando Bolsonaro não apenas por crimes contra a humanidade, mas por genocídio e também por ecocídio, tão logo tal crime venha a ser bem tipificado. Mas o TPP tem força apenas simbólica e o TPI julga indivíduos. Estados ecocidas não podem ser objeto de nenhuma ação dotada de força de lei de parte da comunidade internacional. O país mais rico do mundo em espécies endêmicas se tornou hoje, e tanto mais sob Bolsonaro, um dos que mais ameaçam a biodiversidade global. E cada espécie endêmica perdida no Brasil é uma espécie perdida para a humanidade e para o planeta Terra, o único até agora conhecido a abrigar vida no Universo. Diante disso, diante do fato de que a destruição em curso da Amazônia e demais biomas brasileiros impactará a vida humana e não humana no planeta como um todo, como ainda é possível sustentar a ideia absurda de que o Estado brasileiro e os demais Estados nacionais amazônicos tenham direito de vida ou morte sobre a maior floresta tropical do mundo e sobre seus habitantes, humanos e não humanos?

O mesmo se aplica aos países produtores de combustíveis fósseis. Quando o governo australiano, na figura de seu ex-ministro Paul Fletcher, afirma que "a minoria tagarela das Nações Unidas pode dizer o que ela quiser" (*chattering classes of the UN can say what they want*), em alusão ao apelo de António Guterres pela descontinuação do carvão naquele país, temos uma boa ideia do que significa o caos instaurado pelo axioma da soberania nacional absoluta. "Nenhum país encontraria 173 bilhões de barris de petróleo em seu subsolo e os deixaria lá."[16] Essa declaração de Justin Trudeau, primeiro-ministro do Canadá, datada de fevereiro de 2017, é outra demonstração didática da letalidade do funcionamento "normal" da economia globalizada e da anarquia permitida pela soberania nacional absoluta. A corrida para chegar primeiro, literalmente, ao fundo do poço explica tanto esse discurso de Trudeau, ovacionado por sua plateia na CERAWeek, a reunião anual da indústria do petróleo de Houston, no Texas, quanto as três declarações de Lula entre 2008 e 2010 sobre o petróleo brasileiro do pré-sal, supostamente descoberto em 2006: "Bilhete premiado" (2008), "O pré-sal é um passaporte para o futuro" (2008) e "O Brasil jogou fora o século XX. O século XXI será inexorável" (2010). Lula associava essa descoberta à esperança de promover o que ele chamava, e ainda hoje é convencionalmente chamado, de "desenvolvimento" do Brasil. Infelizmente, com uma atmosfera poluída por mais de 400 partes por milhão (ppm) de dióxido de carbono (CO_2), e com concentrações atmosféricas desse gás crescendo a uma taxa anual de cerca de 2,5 ppm, não há mais CO_2 "do bem". Há pelo menos três décadas, tais afirmações de Fletcher, Trudeau e Lula (e a elas poder-se-iam acrescentar as de Putin, Xi Jinping e de outros mandatários de Estados "ricos" em combustíveis fósseis) exprimem a recusa obstinada em reconhecer que a catástrofe socioambiental em curso, assim como a maioria das guerras, decorre diretamente, sobretudo, da corrida pela exploração dos combustíveis fósseis. O único futuro para o qual a exploração do petróleo é o passaporte é o do desregulamento final do sistema climático, que se tornará muito mais mortífero do que já é, e o de níveis sempre mais destrutivos de poluição marinha e atmosférica. Uma vez eleito presidente para um terceiro mandato, Lula terá agora a última chance histórica de contribuir para mudar a trajetória de colapso socioambiental do país e do mundo. É preciso confiar em sua inteligência política, da qual deu mostra fundamental ao promover uma gestão que resultou na diminuição do desmatamento da Amazônia em mais de 80% entre 2005 e 2012.

9.4 Do nacionalismo ao autoritarismo

A violência dos Estados nacionais está inscrita em sua gênese, posto que sua formação é indissociável do processo de conquista e ampliação de mercados dentro e fora de seus territórios. Tal como ontem, os Estados nacionais exprimem hoje a agressividade inerente ao capitalismo. Mais que isso, são o mais poderoso *estímulo*, ideológico e material, a essa agressividade. A psicologia, mesmo a mais elementar, mostra como essa entidade histórica denominada Estado nacional excita nos humanos suas mais primitivas pulsões. É verdade que, até o terceiro quarto do século XX, o nacionalismo foi funcional para as colônias em suas lutas de emancipação. Mas essa função foi apenas circunstancial e, definitivamente, terminou. No geral, a história mostra *ad nauseam* que as mais destrutivas guerras da Idade Contemporânea tiveram por princípio motriz ideologias nacionalistas. Nos séculos XIX e xx, essas ideologias foram, como é sabido, a principal bandeira empunhada pelos países econômica e militarmente mais poderosos, e, desde o primeiro pós-guerra, pelo nazifascismo. Os versos "*Deutschland, Deutschland über alles, / Über alles in der Welt*" [Alemanha, Alemanha acima de tudo/ Acima de tudo no mundo], extraídos do poema "Deutschlandlied" de Hoffmann von Fallersleben, iniciam, como se sabe, o hino nacional alemão. O mote, vociferado por Hitler diante de multidões ressentidas e sequiosas de revanche pela humilhação sofrida em Versalhes, renasce no século xxi nos diversos matizes de neofascismo do "America First" e do "Brasil acima de tudo, Deus acima de todos", respectivamente de Trump e Bolsonaro, entre outros. Renasce também nos grupos eslavófilos de matiz neonazista, seja no Batalhão de Azov, ligado ao Ministério do Interior da Ucrânia, seja no grupo Wagner, próximo ao Kremlin, na Rússia. O nazifascismo, hoje, como ontem, é a última flor das ideologias nacionalistas.

Mas tampouco os movimentos socialistas deixaram de sucumbir à demência identitária do nacionalismo. Sean Larson recorda como, em Paris, em 1889, ano do centenário da Revolução Francesa, representantes de 24 países se reuniram para fundar a Segunda Internacional sob o signo da bandeira vermelha e do mote "Trabalhadores do mundo todo, uni-vos". No discurso de abertura desse congresso, Paul Lafargue lançou uma saudação especial à delegação alemã, num gesto de celebração do internacionalismo e de superação dos profundos ressentimentos causados pela Guerra Franco-Prussiana (1870-1871):

> Reunimo-nos aqui não sob a bandeira tricolor ou de qualquer outra cor nacional. Reunimo-nos aqui sob a bandeira vermelha, a bandeira do proletariado internacional. Aqui vocês não estão na França capitalista, na Paris da burguesia. Aqui, nesta sala, vocês estão em uma das capitais do proletariado internacional, do socialismo internacional.[17]

Ainda em 1914, Jean Jaurès, fundador do Partido Socialista francês e diretor do jornal *L'Humanité*, mantinha essa tradição do pacifismo socialista. Para ele, "o capitalismo traz em si a guerra, como a nuvem traz a tempestade". Empenhou-se, assim, com todas as suas forças, para evitar a guerra. Em 25 de julho de 1914, Jaurès esperava que, "no último minuto, os governos se controlarão e não teremos de tremer de horror ao pensamento do cataclisma que desencadearia, para os homens hoje, uma guerra europeia". Na manhã do dia de seu assassinato, em 31 de julho, ele assina um editorial do *L'Humanité*, apelando à "inteligência do povo" para "afastar da raça humana" o perigo da guerra.[18] Paradoxalmente, seu assassinato acabou arrastando a esquerda a aderir à *union sacrée*, a coligação política pró-guerra, num contexto de tal delírio nacionalista que seu assassino confesso, o nacionalista Raoul Villain, foi inocentado, como "bom patriota".

Poucos foram, contudo, os que se mantiveram dignos de Lafargue e Jaurès e que não capitularam diante do chauvinismo imperante em quase todas as posições do espectro ideológico desde a eclosão da Primeira Guerra. Como bem acusa então Romain Rolland: "Essa elite intelectual, essas Igrejas, esses partidos operários não quiseram a guerra... Que seja! O que fizeram para impedi-la? O que fazem para atenuá-la? Eles alimentam o incêndio. Cada um com sua tocha".[19] Como se sabe, também Karl Kautsky não deixou de acender a sua. Propôs primeiramente, em 1914, que os deputados do Partido Social-Democrata alemão se abstivessem na votação parlamentar de créditos de guerra (emissões de títulos da dívida pública para financiá-la). Votar contra estava fora de cogitação. Mas, diante das divisões profundas na direção do partido, acabou propondo que votassem a favor dessa concessão, sob a condição de que se tratasse de uma guerra apenas "defensiva".[20] O mais importante partido da Segunda Internacional se alinhava ao infame *Burgfrieden*, a paz entre as classes em prol da guerra nacional, o equivalente alemão da *union sacrée* francesa, e oferecia, assim, o mais didático exemplo de traição ao universalismo socialista de Marx, Engels, Lafargue, Jaurès e Trotsky, ou, se se preferir, ao universalismo iluminista e cosmopolita de Kant, expresso em 1784:

> As mesmas dificuldades, cuja difícil superação deve levar a uma constituição civil, após tantas guerras e tentativas fracassadas, acabarão por se resolver em uma Sociedade das Nações (*Völkerbund*). No âmbito dessa Sociedade, mesmo o menor Estado poderá obter a garantia de sua segurança e de seus direitos, que emanarão desta Sociedade das Nações (*Foedus Amphictyonum*, a exemplo da antiga liga das cidades gregas). Por mais romanesca que seja essa ideia — ridicularizada por um abade de Saint Pierre ou por um Rousseau (talvez porque a acreditassem de próxima realização) —, ela é, contudo, a única e inevitável saída da miséria na qual os homens precipitam uns aos outros, e que deve forçar os Estados a adotar a resolução (ainda que a grande custo) que o homem selvagem aceitou outrora, também a contragosto: renunciar à liberdade brutal para buscar repouso e segurança em uma constituição conforme às leis.[21]

Sucessivamente, os Estados nascidos das revoluções socialistas também não se mostraram aptos a superar o paradigma nacionalista herdado de um passado que os subjugou.[22] Como afirma Leon Sedov acerca da degeneração do ideal socialista na Rússia, "o internacionalismo revolucionário cedeu lugar ao culto da pátria em sentido estrito. E a pátria significa, acima de tudo, as autoridades".[23] A história do capitalismo e das experiências socialistas do século XX ensina, em suma, que não há projeto social digno desse nome se não partir da superação do axioma militarista da soberania nacional absoluta em direção a uma governança global democrática.

9.5 O nacionalismo e o aumento das despesas militares no século XXI

O senso de comunidade universal, herança maior do cristianismo, do Iluminismo e do socialismo, é, para o nacionalismo, o inimigo a abater. O nacionalismo é, sempre foi, o fundamento e o fermento do militarismo. Nacionalismo e militarismo estão reciprocamente implicados. Não por acaso, o novo surto de nacionalismo que acomete o século XXI tem levado a um aumento quase ininterrupto das despesas militares. As nações estão se preparando para a guerra, contra o interesse de suas populações. A população de um país só tem a perder, e muito, numa guerra contra a população de outro país. Mas parcelas ponderáveis dessas populações contraem o vírus do ódio nacionalista, inoculado pelos que têm interesse na guerra e na "defesa" nacional: a casta militar e a indústria bélica, obviamente, mas também as elites econômicas, ansiosas por aumentar sua participação na apropriação dos recursos naturais e nas transações comerciais e financeiras internacionais. O Global Peace Index (GPI), do Institute for Economics and Peace, mede o estado de paz em 163 nações e territórios segundo três critérios: nível de segurança social, extensão dos conflitos domésticos e do envolvimento em conflitos internacionais e grau de militarização de cada país. Em sua 14ª edição, de 2020, o GPI afirma:

> O mundo está agora consideravelmente menos pacífico do que estava quando do início deste índice. Desde 2008, o nível médio da paz em cada Estado nacional deteriorou-se em 3,76%. Houve deteriorações ano após ano em nove dos últimos doze anos.[24]

Em sua 16ª edição, de 2022, o GPI afirma que o nível médio global de paz se deteriorou em 0,3%, sendo esta a décima primeira deterioração da paz nos últimos catorze anos.[25] De fato, o mundo precisaria estar se organizando com o máximo empenho e urgência para aumentar a cooperação internacional, de modo a atenuar, tanto quanto possível, as causas e os impactos já inevitáveis das mudanças climáticas, da perda de biodiversidade e da poluição. A Figura 9.1 mostra onde os Estados-nações estão investindo seus recursos.

O 53º relatório do Stockholm International Peace Research Institute (Sipri), publicado em abril de 2022, mostra o aumento das despesas militares desde 1999. Malgrado a pandemia, os gastos militares em 2020 aumentaram em 2,6% em termos reais em relação a 2019, num contexto em que o produto interno bruto (PIB) global caiu cerca de

Figura 9.1: Despesas militares mundiais entre 1988 e 2021, discriminadas por cinco regiões, em dólares constantes de 2020

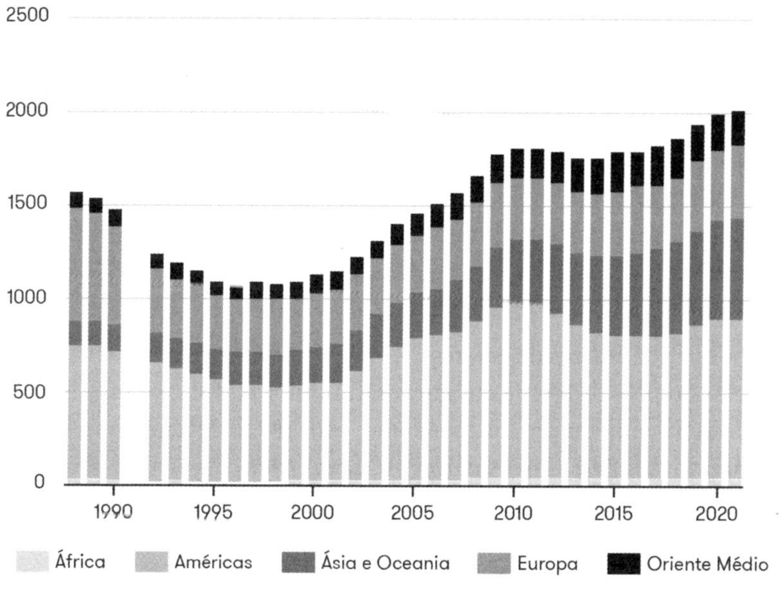

Observação: a inexistência de dados da ex-URSS em 1991 impede o cálculo das despesas mundiais nesse ano.
Fonte: Diego Lopes da Silva *et al.*, "Trends in World Military Expenditure, 2021", Stockholm International Peace Research Institute (Sipri), abr. 2022.

4,5% sempre em relação a 2019, uma perda de cerca de 2,9 trilhões de dólares. Os gastos militares em 2020 representaram, assim, 2,4% do PIB global nesse ano. Trata-se do maior aumento anual das despesas militares desde a crise financeira de 2007-2009, que, de resto, como mostra ainda a Figura 9.1 (p. 389), não teve impacto algum sobre as despesas militares. Nenhuma das cinco regiões do mundo discriminadas nessa figura indica diminuição de suas despesas militares entre 1998 e 2021. Em 1998, elas atingiram o mínimo de 1,054 trilhão de dólares. Cresceram desde então quase ininterruptamente no século XXI até dobrar em 2021, com gastos estimados em 2020 em 1,981 trilhão de dólares e, em 2021, em 2,113 trilhões, um aumento de 6,1% em termos nominais e de 0,7% em termos reais (por causa da inflação) em relação a 2020. Os gastos militares globais aumentaram 12% em termos reais em 2021 em relação a 2012. Trata-se do sétimo aumento anual consecutivo das despesas militares globais.[26] Os cinco países com maiores orçamentos militares (em bilhões de dólares) em 2020 e em 2021 — Estados Unidos (778 e 801), China (252 e 293), Índia (72,9 e 76,6), Rússia (61,7 e 65,9) e Reino Unido (59,2 e 68,4) — responderam tanto em 2020 quanto em 2021 por 62% do orçamento militar mundial. Os Estados Unidos e a China responderam, sozinhos, por 52% do orçamento militar mundial em 2021.

O orçamento militar dos Estados Unidos reflete o fato de que se trata do país mais belicoso do mundo. A manutenção de cerca de oitocentas bases militares em mais de setenta países e territórios fora de suas fronteiras custou ao país no mínimo 85 bilhões de dólares em 2014, sem contar as despesas com tropas e bases em zonas de guerra, de modo que o custo total giraria, nesse ano de 2014, em torno de 160 bilhões a 200 bilhões de dólares.[27] Um levantamento realizado em 2019 revela que o país esteve em guerra durante 225 dos 243 anos de sua existência como nação independente, com 188 intervenções militares contabilizadas em outros países até 2017. Além disso, uma pesquisa realizada pelo Institute for Politics and Strategy, da Carnegie Mellon University, mostra que os Estados Unidos estiveram envolvidos em quase 70% das 117 interferências realizadas por países militarmente mais fortes nos processos eleitorais de outras nações entre 1946 e 2000.[28] O extremo belicismo dos Estados Unidos se explica, é claro, pelo imperialismo, esse nacionalismo dos países mais poderosos, mas também pela ideologia de sua excepcionalidade e de seu "destino manifesto".[29] Para o país mais militarizado do mundo, a guerra é um vício e, desde o segundo pós-guerra, esse vício aprofundou-se em decorrência do controle que o complexo industrial-militar dos Estados Unidos exerce sobre o Congresso e sobre o poder Executivo, já advertido por Dwight D. Eisenhower em 1961.[30] O PIB dos Estados Unidos é hoje cerca de 50% maior que o da China, mas seu orçamento militar (801 bilhões de dólares) é quase o triplo do orçamento do país asiático (293 bilhões) e cerca de 63% maior que a soma dos outros quatro maiores orçamentos militares do mundo em 2021 (503,9 bilhões). Embora seu PIB representasse 15,8% do PIB mundial em 2020 (ajustado por paridade de poder de compra),[31] seu orçamento militar representava então 39% do total das despesas militares globais (38% em 2021). Ele aumentou em 2021 pela quarta vez consecutiva, com ênfase nos investimentos em seu arsenal nuclear. Enquanto os gastos militares no mundo todo representavam em 2020, como dito, 2,4% do PIB global, os gastos militares dos Estados Unidos em 2021 representavam 3,5% do seu PIB (22,9 trilhões de dólares). Esse gasto aumenta *pari passu* com uma dívida pública federal, externa e interna, que montava em setembro de 2022, segundo o U.S. Debt Clock, a mais de 30,8 trilhões de dólares, sendo que essa dívida era de 26,8 trilhões de dólares em setembro

Figura 9.2: Dívida pública federal dos Estados Unidos entre 1º de janeiro de 1966 e 10 de janeiro de 2020, em trilhões de dólares

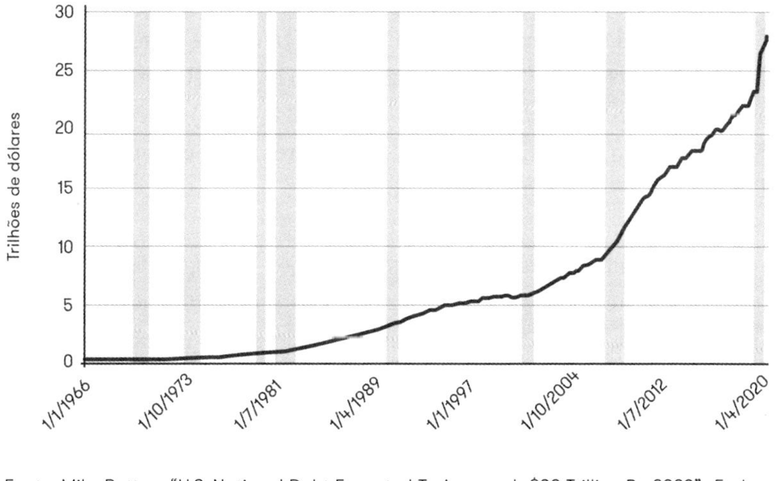

Fonte: Mike Patton, "U.S. National Debt Expected To Approach $89 Trillion By 2029", *Forbes*, 3 maio 2021, com base em dados do U.S. Department of the Treasury, Fiscal Service.

de 2020 — e nada indica que seu aumento está desacelerando, pois o U.S. Debt Clock projeta que, mantida trajetória atual, ela será de 41 trilhões de dólares em 2026.[32] Os gastos militares dos Estados Unidos são, ao menos em parte, financiados por essa dívida, que chegou a esse patamar alguns anos antes do previsto. A Figura 9.2 (p. 391) revela sua aceleração vertiginosa, sobretudo a partir dos anos 1980, quando, ironicamente, a doutrina Reagan martelava o mantra da diminuição dos orçamentos estatais. A partir de 2017, com Trump, que retoma a bandeira dos cortes orçamentários estatais, ela sobe quase verticalmente.

Já a dívida total dos Estados Unidos em agosto de 2022, incluindo as dívidas pública (federal, estadual e municipal) e privada (famílias e empresas), é da ordem de 92 trilhões de dólares. Todos sabemos que essas dívidas são impagáveis, e tanto mais se as taxas de juros do país continuarem crescentes, como parece ser a tendência, dadas a inflação e a necessidade de continuar a atrair os credores. Todos observamos também o empobrecimento de parcelas crescentes da população nesse país, a degradação dos consensos políticos, a regressão das liberdades democráticas (com o fim do direito ao aborto, por exemplo), o recrudescimento da violência racial, o aumento dos *mass shootings* e, em geral, dos conflitos sociais nessa sociedade. A velocidade desses indicadores de declínio é imprevisível, mas há quem veja esse processo em estonteante aceleração,[33] impulsionado não apenas pelo débito sistêmico, público e privado, mas também pela profunda divisão ideológica interna do país (fomentada pelas redes e pelo controle corporativo da imprensa) e, externamente, pela progressiva "desdolarização" do sistema monetário internacional e de partes crescentes do comércio mundial.[34] Em todo caso, como mostra Robert J. Gordon, ao "século especial" dos Estados Unidos (1870-1970) sucede um lento declínio de sua produtividade total dos fatores (PTF) com consequente diminuição de seu dinamismo econômico:

> O efeito combinado dos quatro ventos contrários — desigualdade, educação, demografia e dívida governamental — pode ser quantificado de maneira aproximada. Mais difíceis de avaliar, contudo, são os inúmeros sinais de colapso social na sociedade estadunidense. Se medido pela porcentagem de crianças que crescem em uma família chefiada por um dos pais em vez de dois, ou pela desvantagem de vocabulário de crianças pré-escolares de baixa renda, ou pela porcentagem de homens jovens brancos e negros cumprindo penas na prisão, sinais de decadência social estão em toda parte nos Estados Unidos do início do século XXI.[35]

Nada disso interessa às agências de *rating*, que continuam atribuindo à dívida pública dos Estados Unidos risco zero ou mínimo de default.[36] Essa resiliência excepcional e contrária ao bom senso da credibilidade do país repousa, é claro, em sua capacidade única de imprimir mais dólares, a moeda internacional preponderante de comércio e de reservas, o que torna o dólar um *risk-free asset*. No entanto, quanto maiores forem as chances de abalo dessa credibilidade, e elas são crescentes,[37] mais a credibilidade dos Estados Unidos repousará, em última instância, em sua superioridade militar, o que alimenta o círculo vicioso: maior orçamento militar implica maior dívida, que implica maiores riscos de perda de credibilidade, que implica maior orçamento militar... De fato, mantida sua velocidade de aumento, a dívida pública federal dos Estados Unidos deve atingir 89 trilhões de dólares até 2029, quando representará 277% de seu PIB.[38]

O orçamento militar da China (293 bilhões de dólares), o segundo maior do mundo, representa 14% do orçamento militar mundial em 2021, 1,7% de seu PIB (17,7 trilhões de dólares), e teve um aumento de 4,7% em relação a 2020. Trata-se do 27º aumento anual consecutivo, a mais longa série ininterrupta de aumentos de orçamentos militares nacionais nos registros do Sipri, sendo esse aumento de 72% em dez anos. O orçamento militar da Rússia (65,9 bilhões de dólares) representa 4,1% de seu PIB, uma porcentagem ainda maior que a dos Estados Unidos (3,5%), e aumentou 2,9% em 2021 em relação a 2020, o terceiro ano de aumento consecutivo. As estratégias da Rússia e da China, guardadas as devidas proporções entre suas economias, são óbvias e as de sempre: alcançar e superar o poderio militar dos Estados Unidos. Elas se inscrevem, assim, na mesma lógica suicida de hegemonia e confronto militar que marca o imperialismo estadunidense e os imperialismos anteriores. O mesmo é possível dizer da Organização do Tratado do Atlântico Norte (Otan), pois quase todos os seus países-membros tiveram aumentos em seus orçamentos militares: nove deles despenderam 2% ou mais de seu PIB, e a França, o oitavo orçamento militar do mundo, ultrapassou pela primeira vez a marca dos 2% desde 2009. Já em seu relatório anterior, de 2020, o Sipri enfatizava como a tendência global de aumento dos orçamentos militares refletia "uma crise em curso do controle de armas que se tornou agora crônica, uma geopolítica global e rivalidades regionais crescentemente tóxicas".[39]

Dos trinta Estados nacionais que integram a Otan, treze ingressaram nessa aliança militar após o fim da União Soviética. E, desde 2015, as despesas militares da Otan têm aumentado, como mostra a Figura 9.3, que discrimina, até junho de 2021, apenas as despesas do Canadá e dos treze países europeus que se integraram a essa aliança desde 1999.

Em 2014, essas despesas foram de 250 bilhões de dólares, saltando para 323 bilhões em 2021 (estimativa), um aumento de quase 30% em sete anos. A invasão da Ucrânia pela Rússia em 2022 só fez piorar esse quadro, com a decisão da Alemanha, do Japão e da Austrália, entre outros, de aumentar ainda mais seus orçamentos militares. As despesas militares da Alemanha atingiram 56 bilhões de dólares em 2021, ou 1,3% de seu PIB. Elas correspondiam em 2015 a 1,13% de seu PIB e já estavam em ligeiro aumento desde 2005. A agressão russa fornece agora o pretexto ideal para que o país multiplique seu orçamento militar por dois, visando elevá-lo a mais de 2% de seu PIB, com a aquisição de drones de Israel e

Figura 9.3: Despesas militares da Otan em bilhões de dólares (dólares e taxas de câmbio de 2015), relativas apenas aos países europeus e ao Canadá entre 1989 e 2021, discriminando as datas de entrada nessa aliança militar dos novos países europeus a partir de 1999

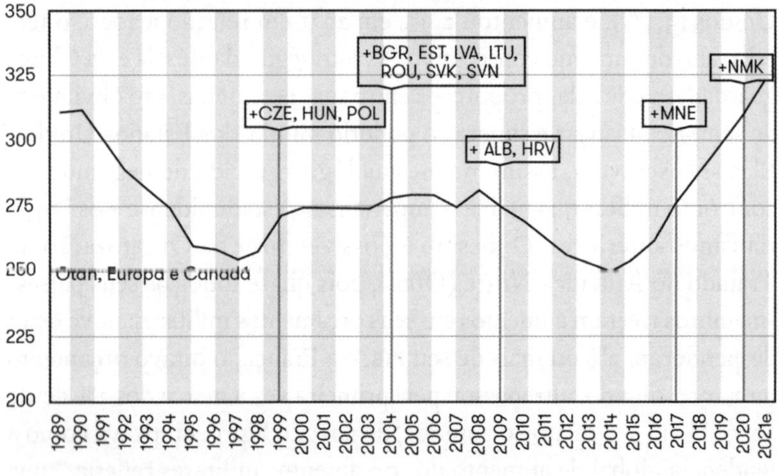

CZE = República Tcheca; HUN = Hungria; POL = Polônia; BGR = Bulgária; EST = Estônia; LVA = Letônia; LTU = Lituânia; ROU = Romênia; SVK = Eslováquia; SVN = Eslovênia; ALB = Albânia; HRV = República da Croácia; MNE = Montenegro; e NMK = Macedônia do Norte. Dados para 2021 são estimativas. Fonte: "Defence Expenditure of Nato Countries (2014-2021)", Otan *press release*, 11 jun. 2021.

de caças F-35 dos Estados Unidos. O discurso do chanceler alemão, Olaf Scholz, proferido três dias após o início da invasão da Ucrânia, suscitou aplausos estrondosos no Bundestag, inclusive da oposição, algo que faz lembrar o *Burgfrieden* de 1914.[40] O mesmo ocorre com a Austrália, que aumentou em 4,4% seu orçamento militar do ano fiscal 2021-2022 em relação ao exercício anterior. E deverá aumentar sempre mais, com a compra de submarinos nucleares e outras armas de última geração no âmbito da aliança militar da região do Indo-Pacífico, a Aukus (Austrália, Reino Unido e Estados Unidos), firmada em setembro de 2021 e cujo objetivo explícito é fazer frente à expansão militar e comercial da China.

9.6 O negócio da segurança nacional: corporações, estamento militar e ciência em simbiose

Armas pedem guerras, guerras pedem armas e ambas pedem mais tecnologia bélica para aumentar o poder destrutivo. Num artigo publicado em 2020 na revista *Nature*, Denise Garcia, vice-diretora do International Committee for Robot Arms Control, constata algo de palmar evidência: "O poderio militar não torna o mundo mais pacífico". E a autora continua:

> Os governos devem aceitar que seu conceito de segurança nacional, sustentado por um complexo industrial-militar, é anacrônico e irrelevante. Para se recuperarem dos custos da pandemia, estimados em 82 trilhões de dólares nos próximos cinco anos, eles deveriam concentrar suas despesas em pacotes de estímulos de descarbonização, saúde, educação e meio ambiente. Os orçamentos de segurança nacional deveriam ser investidos no cumprimento dos Objetivos do Desenvolvimento Sustentável da ONU e do Acordo de Paris de 2015 para evitar mudanças climáticas perigosas.[41]

No entanto, embora as guerras tenham custado ao mundo prejuízos da ordem de 14,5 trilhões de dólares apenas em 2019,[42] o negócio da "segurança nacional", vale dizer, o negócio da guerra e da criação de inimigos (*No business without enemies*, reza o ditado), continua sendo um dos maiores e mais lucrativos do mundo. Como mostra Jordi Calvo Rufanges, do Centre Delàs d'Estudis per la Pau, baseado no Worldwide Armed Banks Database, entre 2014 e 2019:

As 37 maiores corporações da indústria armamentista — sendo as mais importantes Boeing, Honeywell, Lockheed Martin e General Dynamics — receberam 903 bilhões de dólares em investimentos de mais de quinhentos bancos em cinquenta países. As principais instituições financeiras envolvidas no comércio de armamentos estão sediadas nos Estados Unidos, na França e no Reino Unido, e as dez maiores no ranking dos principais provedores financeiros são Vanguard, BlackRock, Capital Group, State Street, T. Rowe Price, Verisight, Bank of America, JPMorgan Chase, Wells Fargo e Citigroup.[43]

Ao criar o inimigo, a ideologia nacionalista justifica por toda parte a existência do estamento militar, sempre interessado em explorar sua única razão de ser: o medo primal e o ódio ao "outro", o que está além da fronteira. O poder e os privilégios desse estamento parasitário são medidos por diversos critérios. Antes de mais nada, nos termos do Protocolo de Kyoto, os países não são obrigados a comunicar as emissões provenientes de seu complexo militar em suas operações fora do país. Também o Acordo de Paris tornou opcional a decisão de comunicar as emissões nacionais provenientes do complexo militar. Em um relatório publicado pela Brown University, Neta Crawford estimou as emissões provenientes do complexo militar dos Estados Unidos entre 2001 e 2017. Apenas no ano de 2017, ela as avalia em 59 milhões de toneladas de dióxido de carbono equivalente (CO_2e), um montante correspondente ao total de emissões de um país como a Suécia ou a Suíça. Mas, como afirma Stuart Parkinson, da organização independente Scientists for Global Responsibility (SGR):

> Essas emissões [59 Mt CO_2e] são apenas parte da história. Também precisamos contar as emissões de carbono, por exemplo, da indústria de armas que produz todo o equipamento militar, a extração das matérias-primas usadas por essa indústria e os impactos quando o equipamento militar é usado, ou seja, na guerra. [...] De onde temos um total de, aproximadamente, 340 milhões de toneladas (Mt) de CO_2e no que se refere às emissões de carbono dos militares nos Estados Unidos, ou cerca de 6% das emissões nacionais totais [em 2018].[44]

Essas emissões "ocultas" dos Estados Unidos superam, por exemplo, as emissões de CO_2 reportadas pelo Reino Unido em 2020 (330 Mt CO_2). Emissões proporcionalmente equivalentes podem ser evocadas para os demais países.

O estamento militar é tanto mais poderoso também porque evolui em estreita simbiose com as elites, as milícias de mercenários e os senhores da guerra do complexo financeiro-industrial-militar, o que lhes permite viver acima do mundo sublunar dos demais setores da economia, sujeitos a restrições orçamentárias e às oscilações entre oferta e demanda. Nem mesmo a pandemia de covid-19 afetou os orçamentos militares, como bem aponta a discrepância de desempenho entre a aviação comercial e a militar. Segundo um relatório da Deloitte:

> O setor aeroespacial comercial foi significativamente afetado pela pandemia de covid-19, que levou a uma redução dramática no tráfego de passageiros, afetando a demanda por aeronaves. Como resultado, espera-se que o setor aeroespacial comercial se recupere lentamente, já que a demanda por viagens não deve retornar aos níveis anteriores à covid-19 antes de 2024. O setor de defesa deve permanecer estável em 2021, já que a maioria dos países não reduziu significativamente seus orçamentos de defesa e permanece comprometida em sustentar suas capacidades militares.[45]

O relatório frisa que os orçamentos nacionais de "defesa" e o faturamento da indústria bélica devem permanecer intocados, "pois os programas militares continuam a ser críticos para a defesa nacional, especialmente considerando as tensões geopolíticas".

A evidente militarização do mundo todo implica o desenvolvimento da tecnologia bélica, e esta tem um de seus pilares no desvio da pesquisa científica para fins militares. Em dezembro de 1968, a primeira frase do documento inaugural da Union of Concerned Scientists, do Massachusetts Institute of Technology (MIT), em plena efervescência da oposição à Guerra do Vietnã, frisa essa cooptação da ciência pela guerra: "O uso indevido do conhecimento científico e técnico representa uma ameaça maior à existência da humanidade".[46] Nos Estados Unidos, esse processo é relativamente bem documentado e constitui um aspecto nada menos que vergonhoso para a comunidade científica desse país. Uma imensa comunidade de cientistas e engenheiros nos Estados Unidos vive à sombra do orçamento militar. Em 2011, segundo dados do Departamento de Defesa norte-americano, entre os mais de 1,4 milhão de pessoas a serviço do establishment militar (Exército, Marinha, fuzileiros navais e Aeronáutica), ao menos duzentas mil pessoas eram cientistas, engenheiros e técnicos. Como informa Roz Pidcock:

> Alguns estão construindo robôs. Outros, pilotando remotamente veículos submarinos. Segundo especialistas entrevistados pela *Science Careers*, todos compartilham uma característica: são primeiramente militares, depois cientistas. [...] Muitos militares veteranos afirmam que uma carreira como cientista militar pode ser mais gratificante e oferecer mais segurança trabalhista do que uma carreira como cientista civil.[47]

Em suma, a simbiose militar-industrial à qual se associa grande parte da pesquisa científica açambarca recursos crescentes e se beneficia de orçamentos que escapam ao escrutínio da sociedade e do sistema político democrático. E, de novo, o que aqui se afirma sobre os Estados Unidos vale, em maior ou menor medida, para os demais países.

9.7 A intensificação das tensões geopolíticas e o peso crescente das crises ambientais

Sobre esse quadro sombrio, age com força crescente a questão emergente de nossos dias: os riscos de beligerância generalizada estão novamente aumentando, não apenas *em paralelo* com o aumento das crises ambientais, mas, em medida crescente, *por causa* desse aumento. Essas crises ambientais são, basicamente, de dois tipos distintos, mas interligados: (i) escassez potencial ou já crescente de materiais e formas de vida disponíveis na natureza, que o jargão econômico chama indiferentemente de "recursos"; e (ii) desequilíbrios das coordenadas ambientais do sistema Terra. No que se refere ao primeiro tipo, a tendência à escassez desses "recursos" só faz aumentar a competição entre as nações pelo controle geopolítico dos últimos ecossistemas relativamente preservados do planeta, situados no Ártico, na África, na América do Sul, na Oceania e nos oceanos, em especial no que se refere à água, aos solos agricultáveis, às florestas, à biodiversidade, aos combustíveis fósseis e aos minerais em geral. Uma pesquisa realizada por Nedal Nassar e colegas sobre o risco de rupturas de oferta para os Estados Unidos de 52 commodities minerais não combustíveis entre 2007 e 2016 revela que "um subconjunto de 23 commodities, incluindo cobalto, nióbio, elementos de terras-raras e tungstênio, representa o maior risco de oferta".[48] Quanto maiores forem a demanda e a consequente escassez (absoluta ou relativa) desses insumos, maior será a energia requerida para a sua obtenção, maior será a poluição gerada nesse processo e, sobretudo, maiores se tornarão as tensões geopolíticas e o aparato tecnológico e militar necessário para garantir sua apropriação. Mais ameaçador também passa a ser o segundo tipo dessas crises ambientais: o desequilíbrio do sistema climático e a contração catastrófica da biodiversidade, notadamente pela supressão das florestas tropicais, pela poluição generalizada, pela sobrepesca e pelo comércio global de aves e mamíferos destinados à alimentação humana.

A combinação desses dois tipos indissociáveis de crises ambientais define nosso destino a curtíssimo prazo. Não por acaso, o clima se impôs na pauta das reuniões do Conselho de Segurança da ONU a partir de 2007 e, desde então, voltou a ocupar a agenda do Conselho ao menos mais seis vezes: em julho de 2011, em março de 2017, em julho de 2018, em janeiro de 2019, em fevereiro de 2021, e novamente em dezembro de 2021. Em 2019, pela primeira vez na história, Pavel Kabat, cientista-chefe da Organização Meteorológica Mundial (OMM), foi convidado a fazer uma explanação aos membros do Conselho de Segurança da ONU sobre o clima e sobre a questão dos eventos meteorológicos extremos.[49] E não deixou de, pela enésima vez, advertir o que os presentes estavam provavelmente cansados de saber:

> A mudança climática tem uma infinidade de impactos na segurança: redução dos ganhos em nutrição e acesso aos alimentos; aumento do risco de incêndios florestais e agravamento dos desafios da qualidade do ar; aumento do potencial de conflito pela água; aumento do deslocamento interno e da migração.[50]

Nada disso era, de fato, novidade. Mas, em vez de suscitar naquela seleta audiência qualquer sobressalto, tal consciência só tem aguçado entre as nações mais poderosas uma corrida pela garantia de posições de força num mundo em derrocada. Os membros desse conselho estão convencidos de que, neste mundo, haverá cada vez menos lugar para os mais vulneráveis e os menos armados. Iludem-se, porém, ao acreditar que a exclusão da maioria aumenta as chances de sobrevivência da minoria. Em fevereiro de 2021, a convite de Boris Johnson, então primeiro-ministro do Reino Unido, foi convocada uma nova reunião do Conselho de Segurança da ONU sobre o mesmo tema. Na ocasião, John Kerry dirigiu-se aos seus membros nesses termos:

> Somente uma ação audaciosa neste decênio pode pôr o mundo confiantemente no caminho das emissões líquidas zero até 2050 — ou antes. [...] E, tristemente, deixar de fazê-lo nos deixará na posição em que estamos — apenas por inadvertência, por falta de vontade, por falta de união —, isto é, marchando em direção ao que é quase equivalente a um pacto de suicídio mútuo.[51]

Outro pronunciamento nesse encontro, o de *sir* David Attenborough, relembrou aos presentes o que está em jogo. É preciso citá-lo mais extensamente para perceber a comoção que suas palavras transmitem:

> Não sou um político, nem um diplomata. Falo como membro do público, que ouve suas deliberações e pronunciamentos com cuidado e preocupação. Sabemos que a segurança do mundo inteiro depende de suas decisões. [...] Se continuarmos no nosso caminho atual, enfrentaremos o colapso de tudo o que nos dá segurança: produção de alimentos, acesso à água doce, temperatura ambiente habitável e cadeias alimentares oceânicas. E se o mundo natural não puder mais atender às nossas necessidades mais básicas, grande parte do restante da civilização se desintegrará rapidamente. Por favor, não se enganem: as mudanças climáticas são a maior ameaça à segurança que os humanos modernos já enfrentaram. Não invejo a responsabilidade que isso põe sobre todos os senhores e sobre seus governos. Algumas dessas ameaças certamente se tornarão realidade em poucos anos. Outras podem, durante a vida dos jovens de hoje, destruir cidades e sociedades inteiras, alterando até mesmo a estabilidade do mundo como um todo. Talvez a lição mais significativa trazida por estes últimos doze meses tenha sido a de que não somos mais nações separadas, cada uma mais bem servida cuidando das próprias necessidades e segurança. Somos uma espécie única e verdadeiramente global, cujas maiores ameaças são compartilhadas e cuja segurança deve vir, em última instância, de agirmos juntos, no interesse de todos nós. Acredito que, se agirmos rápido o suficiente, podemos alcançar um novo estado estável. Isso nos obrigará a questionar nossos modelos econômicos e onde depositamos valor. [...] E, por meio da cooperação global, podemos alcançar muito mais do que apenas combater as mudanças climáticas. Podemos finalmente criar um mundo estável e saudável, em que os recursos sejam igualmente compartilhados. Pela primeira vez na história da humanidade, poderemos, enfim, saber o que é nos sentir seguros.[52]

Palavras ao vento, naturalmente. Nada resultou e nada resultará de concreto desses encontros e desses apelos, porque os cinco membros permanentes desse organismo supremo da cena diplomática representam os interesses de nações cuja soberania absoluta lhes garante o duplo direito de veto e de emitir 50% das emissões globais de CO_2.[53] De resto, os países do bloco ex-socialista ou autodenominado socialista são os que mais "sinceramente" se opõem a ações concertadas para conter o aquecimento global e demais anomalias climáticas. Assim, em fevereiro de 2021, o representante da Rússia no Conselho de Segurança, Vassily Nebenzia, lançou mais uma vez descrédito sobre a emergência do problema: "Concordamos que as mudanças climáticas e as questões ambientais podem exacerbar conflitos. Mas são elas realmente sua causa primeira? Há sérias dúvidas a respeito". E Xie Zhenhua, falando em nome da China na mesma ocasião, descreveu as mudanças climáticas com a mente negacionista de um típico economista, brandindo a varinha mágica do "desenvolvimento sustentável": "O desenvolvimento sustentável é a chave mestra para resolver todos os problemas e eliminar as causas primeiras dos conflitos".[54] Finalmente, em 13 de dezembro de 2021, a Rússia fez valer seu poder de veto à tentativa de estabelecer a primeira resolução do Conselho de Segurança sobre o clima, proposta de iniciativa da Irlanda e do Níger, apoiada por 113 dos 193 países-membros da ONU e aprovada por doze dos quinze membros do Conselho de Segurança. Vassily Nebenzia, embaixador russo na ONU, afirmou: "Estabelecer as mudanças climáticas como uma ameaça à segurança internacional desvia a atenção das razões genuínas e profundamente enraizadas de conflito nos países acerca da agenda do conselho".[55] A Índia também votou contra e a China se absteve. A resolução vetada pela Rússia era similar à proposta avançada pela Alemanha em 2020, igualmente vetada por Donald Trump.

9.8 A cem segundos da meia-noite e o retorno do cenário de guerra nuclear

Em decorrência de todas as questões acima evocadas, observa-se o retorno ao proscênio da política internacional do cenário de uma guerra nuclear. Os momentos de máxima tensão e com mais alta probabilidade de uma guerra terminal ocorreram, como é sabido, com a crise dos mísseis de Cuba em 1962, a eleição de Ronald Reagan em

1981 e o chamado Able Archer 83 da Otan em novembro de 1983, exercícios de simulação de uma guerra atômica com mísseis Pershing II, cujo extremo realismo suscitou na URSS e nos países do Pacto de Varsóvia a percepção da iminência de um ataque nuclear real.[56] Esses exercícios são considerados por autores como Nate Jones e Dmitri Adamski o momento em que mais próximos estivemos de uma guerra atômica.[57] Tais momentos críticos pareciam pertencer ao passado. De fato, dada a relativa paridade de tecnologias de mísseis portadores de ogivas nucleares, não era possível suprimir completamente o inimigo sem ser, ao mesmo tempo, suprimido por ele. Essa condição gerou a doutrina MAD (ou Mutually Assured Destruction — destruição mútua assegurada), que levou à resignada declaração conjunta de Genebra (1985) de Ronald Reagan e Mikhail Gorbachev: "A guerra nuclear não pode ser vencida e jamais deve ser combatida".[58]

"A Guerra Fria terminou. O risco de uma guerra nuclear praticamente desapareceu", afirmava Gorbachev em seu discurso de recepção do Prêmio Nobel da Paz de 1990, proferido em junho de 1991.[59] Esse momento de distensão pertence aos últimos quinze anos do século XX. O século XXI trouxe o desmonte dos tratados de desarmamento nuclear, assinados há mais de meio século, isto é, desde o Tratado de Não Proliferação (NPT) de 1968, não assinado, de resto, por Índia, Paquistão e Israel. Em 2002, a administração Bush retirou os Estados Unidos do Tratado sobre Mísseis Antibalísticos (Antiballistic Missile Treaty — ABM), assinado em 1972, após três anos de negociações no âmbito do Strategic Arms Limitation Talks (Salt I).[60] Em resposta, o general Anatoly Kvashnin declarou então que esse ato "alterará a natureza do equilíbrio estratégico internacional, liberando as mãos de uma série de países para recomeçar a corrida armamentista".[61]

O Salt II, assinado por Jimmy Carter e Leonid Brejnev em Viena em 1979, foi muito criticado no Senado dos Estados Unidos[62] e nunca entrou formalmente em vigor. A invasão do Afeganistão pela URSS naquele ano excluiu toda possibilidade de sua ratificação pelo Congresso estadunidense. Em 1987, porém, o tratado de desarmamento nuclear firmado entre os Estados Unidos e a URSS (Treaty on the Elimination of Intermediate-Range and Shorter-Range Missiles, ou INF Treaty), passados mais de seis anos de intermitentes negociações, foi um passo efetivo dado pelos dois países em direção ao desarmamento. Ele entrou em colapso em 2019, coroando a retomada da corrida por mais (e novas) armas atômicas de parte dos nove países detentores desses arsenais.

Resta agora apenas o New Start (Strategic Arms Reduction Treaty), assinado em 2010 para substituir o Start I e o Tratado de Moscou (Strategic Offensive Reductions Treaty, ou Sort), expirados em 2009 e 2012, respectivamente. O New Start, com data de expiração prevista para 2026, estabelece um teto de 1.550 ogivas nucleares estratégicas operacionais para cada país, mas conta uma ogiva operacional para cada grande avião bombardeiro, independentemente de quantas ogivas cada um desses aviões possa carregar. Assim, no princípio de 2021, os nove países detentores de armamento nuclear possuíam cerca de 13.080 dessas armas, 2.847 delas pertencentes à Rússia e aos Estados Unidos e mantidas em "estado de alto alerta operacional" (*state of high operational alert*).[63] A Figura 9.4 apresenta a distribuição dessas ogivas nucleares, segundo seu estado de prontidão operacional.

Figura 9.4: Inventários nucleares globais em 2021, segundo três categorias operacionais

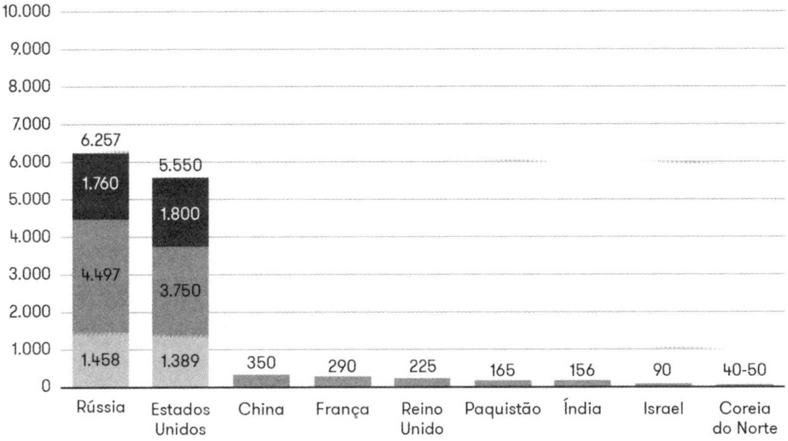

(1) ogivas retiradas, mas intactas, à espera de desmantelamento (3.550);

(2) ogivas estocadas, ativas e inativas, para uso potencial, colocadas em veículos militares (~9.573);

(3) ogivas operacionais implantadas em mísseis balísticos e em bases de bombardeiros (~2.847).

Fonte: Kelsey Davenport & Daryl G. Kimball, "Nuclear Weapons: Who Has What at a Glance", Arms Control Association, jan. 2022. Disponível em: https://www.armscontrol.org/factsheets/Nuclearweaponswhohaswhat. Com dados baseados em Hans M. Kristensen & Shannon N. Kile, Stockholm International Peace Research Institute.

Eric Schlosser fornece as seguintes informações, aparentemente confiáveis, sobre os recentes desenvolvimentos do novo poderio atômico global.[64] A Coreia do Norte teria muito provavelmente desenvolvido uma bomba de hidrogênio,[65] e seus mísseis Hwasong-15 têm novas capacidades de transporte que podem neutralizar os sistemas de defesa antiaérea dos Estados Unidos (*ground-based midcourse defense anti-ballistic-missile system*). A Índia aperfeiçoa sua tecnologia de ataque à China e ao Paquistão, o qual tem agora o arsenal nuclear que mais rapidamente cresce no mundo. Israel está expandindo seus mísseis de cruzeiro com armas nucleares em submarinos. A França e o Reino Unido estão modernizando seu arsenal nuclear. Em março de 2021, como parte de sua nova estratégia pós-Brexit, o Reino Unido aumentou em mais de 40%, de 180 para 260, o teto de armazenamento de suas ogivas nucleares Trident, uma reversão fundamental no gradual desarmamento nuclear britânico iniciado com o fim da União Soviética.[66]

O poderio nuclear da China é igualmente crescente. A China nunca assinou tratados sobre desarmamento nuclear, e seu estoque de ogivas nucleares aumenta agora a passos largos. Como visto acima, seu orçamento militar quase dobrou em dez anos.[67] Os mísseis chineses podem atingir, hoje, qualquer parte do território dos Estados Unidos, país que, por sua vez, planeja investir nos próximos trinta anos mais de um trilhão de dólares na renovação de seu arsenal nuclear. Seus documentos de 2010 e 2018 ("Nuclear Posture Review") propugnam armas nucleares "táticas", isto é, de muito menor potência e, portanto, com maior probabilidade de serem usadas. Mas o planejamento dos Estados Unidos não se restringe a armas táticas. Segundo Elisabeth Eaves, do *Bulletin of the Atomic Scientists*, a Força Aérea do país planeja encomendar, ao custo de cem bilhões de dólares, mais de seiscentos mísseis nucleares intercontinentais (ICBM), capazes de viajar cerca de 10 mil km carregando ogivas mais de vinte vezes mais poderosas do que a bomba lançada em Hiroshima. Esse novo armamento, intitulado Ground-Based Strategic Deterrent (GBSD), deverá estar pronto por volta de 2029 e substituirá a atual frota de mísseis Minuteman III.[68]

Segundo Eric Schlosser, supracitado, a Rússia planeja construir de quarenta a cinquenta mísseis R-28 Sarmat, apelidados Satan-2, carregados com dezesseis ogivas nucleares capazes de destruir todas as cidades dos Estados Unidos com mais de dois milhões de pessoas. Em 2018, às vésperas de sua reeleição, em uma peça de propaganda ao mesmo tempo espetacular e sinistra, Putin mostrou uma nova geração de mísseis capazes de evitar detecção por radares e voar a uma velocidade vinte vezes maior que a do som: "Vão como um meteoro em direção ao alvo". E, em referência à saída dos Estados Unidos do Tratado sobre Mísseis Antibalísticos em 2002, Putin afirmou: "Eles continuam nos ignorando. Então, ouçam-nos agora. [...] Espero que tudo o que disse hoje retenha qualquer potencial agressor, incluindo a expansão da Otan em direção às nossas fronteiras" — palavras acompanhadas por uma ovação de aplausos. Em resposta, o Pentágono declarou: "Estamos preparados e estamos prontos" (*We are prepared and we are ready*). E, por ocasião do discurso do State of Union, em 2018, Donald Trump retrucou: "Precisamos modernizar e reconstruir nosso arsenal nuclear, esperando nunca ter de usá-lo, mas tornando-o tão forte e tão poderoso que ele deterá quaisquer atos de agressão".[69]

A guerra da Ucrânia trouxe uma escalada de explicitações sobre a possibilidade de uma guerra mundial com uso de armas nucleares. Em 27 de fevereiro de 2022, por exemplo, o apresentador Dmitri Kiseliov afirmou na televisão estatal russa: "Nossos submarinos são capazes de lançar quinhentas ogivas nucleares, que garantem a destruição dos Estados Unidos e de todas as nações da Otan. Por que precisamos de um mundo se a Rússia não está nele?".[70] A respeito de uma derrapagem em direção à guerra nuclear, Sergei Lavrov, ministro das Relações Exteriores da Rússia, declarou: "Não gostaria de elevar esses riscos artificialmente. Muitos gostariam disso. O perigo é sério, real. E não devemos subestimá-lo".[71] Do lado ocidental, declarações como a de Jean-Yves Le Drian, ministro das Relações Exteriores da França, não contribuem para a diminuição das tensões: "Penso que Vladimir Putin também deve compreender que a Aliança Atlântica é uma aliança nuclear. Não direi mais nada".[72] Não por acaso, António Guterres, secretário-geral da ONU, declarou em 14 de março de 2022: "A perspectiva de um conflito nuclear, antes impensável, está agora de volta ao reino da possibilidade".[73]

Quanto a Joe Biden, seu belicismo não deve surpreender. Já em 2002, como líder da Comissão de Relações Internacionais do Senado, ele teve uma atuação decisiva para obter o acordo do Congresso dos Estados Unidos em favor da invasão do Iraque.[74] Endossando agora novamente sua fantasia de Capitão América, Biden é um típico senhor da guerra: "Um conflito direto entre a Otan e a Rússia é a Terceira Guerra Mundial, algo que devemos nos esforçar para evitar". Esse esforço não parece convincente, dado que os Estados Unidos forneceram à Ucrânia entre fevereiro e 10 de agosto de 2022, em ajuda militar e não militar, cerca de 50 bilhões de dólares.[75]

Como se não bastasse a corrida de dementes entre a Rússia e a Otan, a guerra na Ucrânia tem aumentado como nunca o risco de proliferação de armas atômicas. O ex-primeiro-ministro do Japão Shinzo Abe (2012-2020), recentemente assassinado — membro do grupo ultranacionalista Nippon Kaigi, militarista e negacionista dos crimes de guerra do Japão na China e na Coreia no século XX —, aproveitou a invasão da Ucrânia para sugerir a instalação de armas nucleares estadunidenses em seu país. Em uma entrevista ao canal de televisão *Nikkei Asia*, ele declarou:

> Na Otan, Alemanha, Bélgica, Holanda e Itália participam do compartilhamento nuclear, hospedando armas nucleares estadunidenses. Precisamos entender como a segurança é mantida em todo o mundo e não considerar tabu ter uma discussão aberta. Devemos considerar firmemente várias opções quando falamos sobre como podemos proteger o Japão e a vida do povo nesta realidade.[76]

Embora desautorizada pelo atual primeiro-ministro, Fumio Kishida, natural de Hiroshima, a discussão sobre o fim do pacifismo japonês, inclusive com a criação de sua própria bomba, tem se imposto no país, para evidente inquietação da China.[77] Também o Irã e a Coreia do Sul podem, em breve, aceder à posição de potências nucleares. Tal é, enfim, como ninguém ignora, o sonho dos militares brasileiros.[78] O projeto em curso de análise pela Comissão de Direitos Humanos do Senado brasileiro argumenta que a posse de bombas atômicas garantiria ao Brasil o exercício ainda mais pleno de sua soberania nacional absoluta, o que seria ideal, naturalmente, para continuar a explorar petróleo e a destruir o patrimônio civilizacional e natural da Amazônia e dos demais biomas brasileiros.[79] Desde os anos 1990, estamos, em suma, deliberadamente procurando abreviar nossa existência e a de outras espécies neste planeta. É o que mostra o Doomsday Clock do *Bulletin of the Atomic Scientists*, ilustrado na Figura 9.5 (p. 407).[80]

Às vésperas do segundo decênio do século XXI, precisamente em 2010, o mundo ultrapassou o nível de insegurança de 1947 e atingiu o de 1988, o ano sucessivo à assinatura do supracitado tratado de desarmamento nuclear (INF Treaty). A diferença é que, em 1988, estávamos numa trajetória positiva de distanciamento da meia-noite, tendo che-

Figura 9.5: Evolução do Doomsday Clock entre 1947 e 2020, em relação à meia-noite, momento terminal da humanidade (associando a metáfora de uma escatologia laica à ideia contemporânea de contagem regressiva)

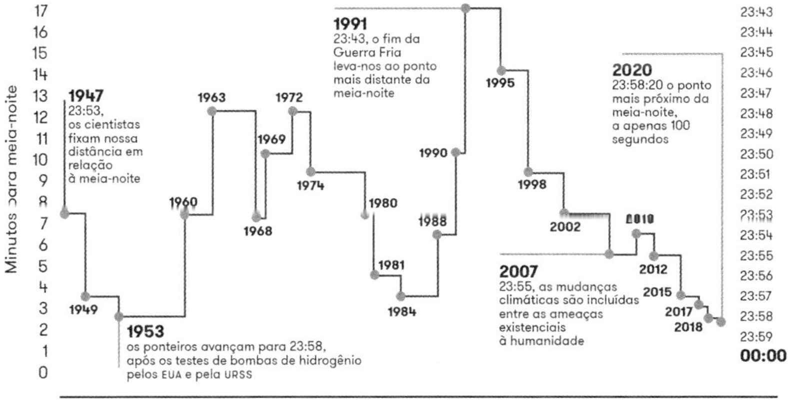

Fonte: "Doomsday Clock Ticks Closer to Disaster", PhysicsWorld, 2 set. 2020. Disponível em: https://physicsworld.com/a/doomsday-clock-ticks-closer-to-disaster. Baseado no *Bulletin of the Atomic Scientists*.

gado em 1991 ao ponto mais distante da catástrofe (11h43), ao passo que, desde 2010, estamos nos precipitando em direção a ela. A tendência observada no segundo decênio é de queda livre em direção ao suicídio. Em 2020, chegamos a 11h 58min 20s, isto é, a apenas cem segundos desse ponto-final da civilização humana e de tantas outras espécies, o ponto mais próximo da morte desde o início da série histórica acima ilustrada. Estávamos nele em 2021, e a guerra da Ucrânia está nos levando para ainda mais perto da meia-noite.

9.9 Conclusão

O que poderia ser mais iminente: um colapso socioambiental ou uma guerra nuclear? A questão é sem sentido porque o colapso ambiental já está em curso, e uma guerra nuclear é uma das possíveis decorrências da irracionalidade do axioma da soberania nacional absoluta. Trata-se, em todo caso, de dois aspectos do mesmo processo, como o demonstra o fato de, desde 2007, o *Bulletin of Atomic Scientists* incluir as mudanças climáticas em sua avaliação das ameaças existenciais à humanidade e à vida no planeta:

> Os perigos representados pelas mudanças climáticas são quase tão terríveis quanto os representados pelas armas nucleares. Em curto prazo, os efeitos podem ser menos dramáticos que a destruição provocada por explosões nucleares, mas, nas próximas três a quatro décadas, as mudanças climáticas podem causar danos irremediáveis aos habitats dos quais as sociedades humanas dependem para sobreviver.[81]

Escrito há quinze anos por um coletivo de cientistas de escol, o texto acima se referia a danos irremediáveis causados pelas mudanças climáticas "nas próximas três a quatro décadas". Dado que o sistema econômico-político global se manteve desde então na mesma trajetória, hoje o prazo do irremediável pode ser os próximos quinze anos, talvez 25 anos, não mais. Seja como for, estamos confrontados a um tempo-limite, de tal modo que a nossa capacidade de reverter as tendências atuais neste decênio decidirá, com toda a probabilidade, sobre nossas possibilidades de atenuar e nos adaptar aos impactos vindouros, muitos dos quais já inevitáveis.

Sejamos mais precisos. Entre uma guerra nuclear e a emergência climática, há uma diferença crucial e um denominador comum. Eis a diferença: enquanto uma guerra nuclear é, hoje, um risco novamente crescente, a catástrofe oriunda das mudanças climáticas não representa um risco; representa uma certeza, mantidas as rivalidades entre as nações para tirar vantagens particulares do perigo comum, concretizado pela emergência climática. Como bem afirmou James Hansen em 2017, ao comparar o risco nuclear à certeza da catástrofe climática, "há muita discussão sobre a ascensão da China como potência militar. Bem, eles não vão bombardear seus clientes. A ameaça maior é a ameaça climática. É ela que pode destruir a civilização tal como a conhecemos".[82]

O que, por outro lado, guerras mundiais e colapso ambiental têm em comum é o fato de ambos serem resultado do axioma da soberania nacional absoluta. Este axioma, baseado numa ideologia de matriz mercantil-militarista, protege juridicamente as corporações e as burocracias dos Estados-nações das pressões sociais por uma governança global democrática. É preciso compreender que, nesse jogo de rivalidades, todos perdem, salvo o complexo industrial-militar. Essa ideologia de competição e confronto numa situação de absoluta emergência planetária é de tal modo irracional que nos remete à sempre citada frase de David Suzuki: "Estamos num carro gigantesco em vias de se chocar contra um muro, e todo mundo continua discutindo sobre onde cada um vai se sentar".[83]

10. Hesitações sobre a urgência de superar o capitalismo

> *Não é um problema tecnológico ou científico, é uma questão de valores sociopolíticos das humanidades... Precisamos de um ponto de inflexão social que mude nosso pensamento antes de atingir um ponto de inflexão no sistema climático.*
> — Will Steffen[1]

Se, num acesso de otimismo, posso esperar que este livro tenha algum efeito sobre os leitores, que seja o de contribuir para que se desfaçam da dupla ilusão de que o capitalismo:

1. tenha a intenção de enfrentar a emergência climática e demais crises socioambientais; e
2. teria os meios de fazê-lo, caso tivesse essa intenção.

Desnudar essa ilusão da viabilidade ecológica de um sistema econômico globalizado e expansivo foi objeto de um livro anterior.[2] Essa ilusão repousa, em última instância, numa visão antropocêntrica do mundo, a qual se assenta em três categorias mentais: (i) ela não aceita que haja limites para o nicho humano no planeta; (ii) põe o homem no vértice de uma biosfera, imaginada como uma pirâmide; e (iii) nesse vértice, nossa espécie desfrutaria, ademais, de uma posição de descontinuidade radical em relação ao concerto das demais espécies, o que lhe conferiria o direito de reduzi-las à condição de "recurso" e lhes negar o direito mesmo à simples existência e à de seus habitats. O antropocentrismo resulta, antes de mais nada, da simples ignorância do que a ciência ensina sobre a posição de nossa espécie no mundo. É também uma filosofia do direito que não nasce com a Idade Moderna, bem longe disso, mas que embasa e legitima o modo elementar de funcionamento inerentemente expansivo do sistema econômico a que damos, em nossos dias, o nome de capitalismo globalizado (nele incluídas as economias da China, da Rússia e de demais países do antigo bloco socialista).

Do ponto de vista da percepção mais imediata do capitalismo globalizado, a ilusão de que o sistema que polui e destrói a biosfera e altera o sistema climático pode ser também o que os respeita e os restaura constitui um obstáculo epistemológico, que tem impedido a compreensão da envergadura civilizacional das crises socioambientais. Um obstáculo epistemológico, no sentido da reflexão proposta por Gaston Bachelard há quase um século, não é algo que obsta a compreensão da realidade por uma deficiência de saber. Um obstáculo epistemológico nasce do peso de positividade do próprio saber herdado, que impede o conhecimento de sair de seu próprio sistema.[3] Empregaremos aqui a noção de obstáculo epistemológico numa acepção mais ampla, pois em Bachelard ela se restringia, sobretudo, à dinâmica interna do espírito científico. Mas um obstáculo epistemológico é também o resultado de uma ideologia. Defino aqui ideologia como uma visão de mundo que, mais do que fazer vê-lo de certa maneira, impede que se o veja por outras lentes e perspectivas.

10.1 Em direção a uma civilização da pós-economia

Este livro, e em particular este capítulo, busca dialogar com todos os que ainda pensam que a economia é a mais importante dimensão da atividade social, circunscrevendo as ambições e os limites de uma sociedade. Essa crença não é defendida, claro, apenas pelos economistas. Ela é o que se pode chamar um lugar-comum, ou seja, uma ideia aceita e compartilhada por um contingente fortemente majoritário da sociedade contemporânea. Mas, se ela permeia a sociedade como um todo, os economistas, ou pelo menos a esmagadora maioria deles, são, por assim dizer, seus sacerdotes. Economistas que se pretendem ecologistas percebem, em geral, as crises socioambientais em que estamos naufragando como um problema pertencente por excelência à sua área de especialidade, o "reino" da economia. Seu diagnóstico da crise ambiental residiria no fato de que investimentos e consumo estão mal direcionados. Lidar com essas crises seria, em suma, uma tarefa de política econômica, de políticas públicas e de mercado. Uma boa gestão dos preços relativos, um correto manejo da regulamentação e, sobretudo, uma sábia distribuição de bônus e ônus, de estímulos via subsídios e desestímulos via taxação, conduziriam os mercados ao leito da sustentabilidade. Se a economia está doente e se os economistas são seus médicos, bastaria aplicar a medicação correta, com sua adequada posologia, para lhe restituir a saúde. Seguida escrupulosamente a terapia, a economia entraria, cedo ou tarde, numa trajetória virtuosa, e o resultado seria, ao fim e ao cabo, a Terra Prometida dos 17 Objetivos do Desenvolvimento Sustentável (ODS). Essa ideologia sustenta-se na ideia de que a sociedade seria regida pelas "leis da economia", leis de equilíbrio fiscal e de câmbio, de oferta e demanda, de inovação e crescimento da produtividade (sob pena de fracasso e sujeição ao "concorrente", seja este uma empresa, seja um Estado-nação) — leis que, afinal, não podem ser transgredidas, sob pena de "retrocesso" e, no limite, de ruína do edifício social. Leis, enfim, relativamente invulneráveis às leis que regem o comportamento dos demais fenômenos não econômicos, já que a economia poderia crescer indefinidamente num mundo finito, bastando, para isso, crescer "bem", isto é, de modo "sustentável".

Trata-se, como dito, definitivamente de uma ilusão. Serge Latouche, professor emérito de ciências econômicas na Université de Paris XI e do Institut d'études du développement économique de la Sorbonne (Iedes) de Paris, deu à edição italiana de um de seus livros — na realidade, três entrevistas que funcionam como ensaios de autobiografia intelectual — um título sugestivo: *L'economia è una menzogna* [A economia é uma mentira].[4] Uma mentira, de fato. Em primeiro lugar, a atividade econômica não rege nada, mas é regida, como tudo o mais, pelas determinações reais da natureza, isto é, da física, da química e da biologia. Em segundo lugar, a economia é um aspecto particular das relações sociais. Há algo de ridículo na obsessão dos economistas pela matemática, típica de um saber em busca eterna, e vã, de validação científica. Suas funções, equações e curvas de otimização marginal da atividade econômica nada têm de científicas, no sentido da objetividade almejada pelo conhecimento científico; elas apenas tentam legitimar uma atividade radicalmente orientada pelo interesse e pela ideologia do poder. Além disso, os economistas entendem a atividade econômica como uma máquina de crescimento em busca da uma fantasmática máxima rentabilidade marginal do investimento. Cegos às consequências dessa busca, acabam por converter a economia em uma atividade com máximo potencial espoliador nas relações entre os humanos e com máximo potencial destrutivo nas relações destes com o mundo. A economia nunca foi uma ciência, a não ser que se a considere como a "ciência triste", a famosa *dismal science*, termo com que Thomas Carlyle a batizou para sempre. Embora a considerasse ainda uma "ciência social" (para o horror dos economistas de hoje), Carlyle, em seu fatídico artigo de 1849, escreveu:

> Também a ciência social é maravilhosa; não é uma "ciência alegre" (*gay science*), mas uma lamentável, que encontra o segredo desse universo na "oferta e demanda" e reduz o dever dos governos humanos a deixar os homens entregues à sua sorte. Não é uma "ciência alegre", devo dizer, como algumas de que ouvimos falar. Não. É uma ciência lúgubre, desolada e, de fato, bastante abjeta e perturbadora; poderíamos chamá-la, por eminência, a *triste Ciência*.[5]

A economia está hoje, em todo caso, tão longe quanto possível de ser uma ciência, reduzida que foi a um conjunto de técnicas voltadas para o enriquecimento da minoria ao custo de um aumento vertiginoso da desigualdade. Não haverá economia "ótima" para ninguém, nem mesmo para essa minoria, enquanto não se reconhecer que a esfera do econômico está subordinada à ecologia e às coordenadas mais gerais do sistema Terra e que todo saber econômico tem de ser contestado e refundado com base no respeito a essas coordenadas. Em caso contrário, a economia levará a humanidade aos próximos estágios do colapso socioambiental em curso. Como bem sublinha Edgar Morin:

> Há dois universos mentais, psicológicos e intelectuais, incapazes de se compreender. De um lado, o universo técnico-econômico, o dos dirigentes, que domina nossa sociedade e não vê o mundo senão através de cifras, crescimento, rentabilidade, competitividade, PIB… O outro universo vê a tragédia humana do planeta que se degrada, a necessidade de mudar totalmente de via, de abandonar esse liberalismo econômico pseudocientífico.[6]

Morin toca num ponto preciso: o caráter tóxico, autorreferenciado e pseudocientífico do pensamento econômico dominante. A tentativa de William Nordhaus, representante laureado desse pensamento, de compatibilizar mudança climática e crescimento econômico, subordinando a primeira ao segundo,[7] é prova de como o imperativo do crescimento econômico desfigura a inteligência. Agraciado com o Prêmio Nobel de Economia em 2018, ele declarou aos estudantes que o homenageavam: "Não deixem ninguém os distrair de sua tarefa, que é o crescimento econômico".[8] Assim, não causa surpresa essa passagem de seu livro *The Climate Casino: Risk, Uncertainty, and Economics for a Warming World*, escrito em 2014 (sim, em 2014, o mesmo ano da parte final do Quinto Relatório do IPCC):

> Nossa análise sugere que as políticas devem ter como objetivo limitar a temperatura a uma faixa entre 2°C e 3°C acima dos níveis pré-industriais (aqui considerada a temperatura de 1900), dependendo dos custos, das taxas de participação [dos países] e do desconto. A meta mais baixa é apropriada se os custos forem baixos, as taxas de participação forem altas e a taxa de desconto sobre os impactos econômicos futuros for baixa. Uma meta mais alta se aplicaria a custos altos, baixas taxas de participação e altos descontos [desconto = balanço entre custos e benefícios atuais *versus* custos e benefícios futuros].[9]

Sustentar que um aquecimento médio global entre 2°C e 3°C é aceitável em nome do crescimento econômico é a definição mesma de um falso saber. Falso porque não há nenhuma possibilidade de crescimento econômico num planeta cujas temperaturas médias globais tenham se elevado a tais patamares. Falso também porque a ênfase de Nordhaus na incerteza, no que se refere aos desdobramentos das mudanças climáticas, expressa ao longo do livro e já no título e no subtítulo, revela um negacionismo maldisfarçado. O aquecimento global não é um cassino, não é um processo no qual o ônus de uns pode ser o bônus de outros. O aquecimento global, mantida sua atual trajetória, é o fim da habitabilidade do planeta para a nossa espécie e inúmeras outras, e não há, portanto, como afirma seu subtítulo, uma economia ou uma teoria econômica do crescimento para um mundo em aquecimento. Mais do que falso, o pensamento de Nordhaus é repugnante do ponto de vista moral: não se hipotecam as chances dos jovens em troca do suposto benefício de um crescimento atual do produto interno bruto (PIB). Falso e repugnante sobretudo porque Nordhaus e os seus partem da ridícula premissa antropocêntrica de que a relação homem-biosfera é, primariamente, uma relação econômica. A biosfera é um valor em si. Um valor absoluto. A biosfera não existe *para* a economia, não se dispõe para a atividade econômica como um meio se dispõe ao seu fim. Ela não é insumo, nem local de descarte de resíduos industriais, tampouco, enfim, uma "externalidade" que se possa internalizar através de sua precificação.

A biosfera é a condição estrutural de possibilidade de nossa existência. Desconhecer essa premissa é olhar o mundo de ponta-cabeça, é operar uma inversão de taxonomia, semelhante à inversão pré-copernicana: assim como o Sol não gravita em torno da Terra, a biosfera não gravita em torno da economia. O contrário é verdadeiro. O *Homo sapiens* é, como as demais espécies, dependente do equilíbrio dos ecossistemas que o nutrem e da estabilidade do sistema climático que lhe permite viver neste planeta. Esse equilíbrio e essa estabilidade foram há muito rompidos pelo sistema econômico expansivo global prevalecente, tome este sistema o nome de capitalismo ou de socialismo "real". Ignorar esse dado elementar da ciência, como se permitem, por ganância e estupidez, os "cornucopianos", continua sendo, em âmbito intelectual e moral, a causa primeira da catástrofe de nossos dias.

Como dito, o avanço do conhecimento, e não apenas do conhecimento especificamente científico, supõe, para superar seus obstáculos epistemológicos, um esforço imenso para conhecer, insurgindo-se, como afirma ainda Bachelard, "contra um conhecimento anterior" (*on connaît contre une connaissance antérieure*). Isso não significa aportar novas respostas à mesma questão, mas elaborar outra questão. Também a economia não avançará se continuar a avançar a enésima resposta à questão que a tem definido: a da otimização do crescimento. Ela precisa romper com sua herança, mudar de elemento e compenetrar-se da única questão genuína que a justifica, ética e epistemologicamente, hoje: que economia pode ser compatível com a ecologia? Sem dúvida, uma economia *radicalmente* diferente da atual. Essa incompatibilidade tem sido demonstrada por economistas da International Society for Ecological Economics (Isee), fundada em 1989 e que teve como presidentes Robert Costanza, Joan Martinez-Alier, Peter May, Clóvis Cavalcanti, Sabine O'Hara, Bina Agarwal, entre outras e outros brilhantes economistas. Uma economia fundada na ecologia é uma economia ideológica e epistemologicamente diversa da economia e de economistas que ainda se veem como gestores do capitalismo e de suas crises ambientais. Ela vem sendo desenvolvida desde os anos 1960 por, pelo menos, três gerações de grandes pensadores da economia, que, não por acaso, permaneceram relativamente marginais no ensino universitário, entre os quais Ivan Illich, Kenneth Boulding, Nicholas Georgescu-Roegen, Donella e Dennis Meadows, Jørgen Randers, William Behrens III e, mais recentemente, Herman Daly, Serge Latouche, Gaël Giraud, Ida Kubiszewski, Kate Raworth, entre tantos outros. O interesse maior do pensamento de Latouche, além de sua notável contribuição a esse grande movimento de ideias e propostas que é o decrescimento, é sua ênfase na dificuldade e, em especial, na urgente necessidade de abandonar o imaginário econômico, isto é, a ideia segundo a qual a economia estaria no centro da atividade humana e estabeleceria, assim, os limites do socialmente possível:

> Nosso imaginário é o imaginário econômico. Trata-se de algo de que não temos consciência, pois o naturalizamos completamente. [...] Toda a nossa realidade é apreendida através do prisma da economia. E é preciso bem perceber que se trata de algo extremamente recente. Nenhuma sociedade anterior foi uma sociedade *econômica*. [...] Será necessário começar a sair da economia, como no século XVIII saímos da religião.[10]

Em 1996, em um libelo que se transformou imediatamente em um best-seller mundial, Viviane Forrester chamou esse imaginário de *O horror econômico* (*L'horreur économique*): "Nossa sociedade se quer cada vez mais econômica, e nessa lógica não nos é ocultado o fato de que nos tornamos a despesa supérflua" (*Notre société se veut de plus en plus économique, et dans cette logique on ne nous cache pas que nous en sommes la dépense superflue*). Sair do imaginário econômico, do mundo criado por esse imaginário, significa atribuir valor não econômico à atividade humana, aí incluída a própria atividade econômica. Para Latouche, não se trata, portanto, de "construir um capitalismo ecocompatível. É preciso sair de fato do sistema, a radicalidade é fundamental".[11] E a radicalidade é, aqui, a ideia, já sugerida pelo estudioso francês, de que precisamos de uma civilização da pós-economia. Como bem afirma outro economista de grande lucidez, Alberto Acosta:

> Temos de pensar em uma pós-economia que não seja entendida como mais uma entre as tantas escolas econômicas, e sim como uma tentativa genuína de superá-las, reunindo o que possa ser útil para assegurar a vida em harmonia entre os seres humanos, e deles com a natureza. Essa pós-economia deve abandonar o antropocentrismo. [...] A pós-economia não é uma antieconomia. Na verdade, a pós-economia reconhece que as sociedades, como qualquer formação social, precisam de produção, distribuição, circulação e consumo para reproduzir sua vida material e sociopolítica. No entanto, esses processos devem ser regulados por uma racionalidade socioecológica, e não pelo capital, que afoga o planeta em seu próprio lixo.[12]

Não se trata, portanto, de desqualificar o saber dos economistas. Mas ele não pode mais se arrogar a posição de diretriz no âmbito de um mundo que o transcende. Não estamos ainda no mundo da pós-economia, mas já adentramos há tempos o mundo da não economia, no sentido de uma atividade econômica que mais destrói valor, inclusive econômico, do que o cria. Estamos no mundo que Herman Daly chamou apropriadamente de mundo do crescimento não econômico (*uneconomic growth*):

> Penso que o crescimento econômico já terminou, no sentido de que o crescimento que continua agora é antieconômico; custa mais do que vale na margem e nos torna mais pobres em vez de mais ricos. Ainda chamamos isso de crescimento econômico, ou simplesmente "crescimento", na crença confusa de que o crescimento deve ser sempre econômico. Afirmo que atingimos o limite econômico do crescimento, mas não sabemos disso, e desesperadamente escondemos o fato por meio de uma contabilidade nacional defeituosa, porque o crescimento é nosso ídolo e parar de cultuá-lo é um anátema. [...] Penso que atingimos os limites do crescimento nos últimos quarenta anos.[13]

Posto que esse texto foi publicado há dez anos, podemos dizer, hoje, que atingimos os limites do crescimento há meio século. Quer os economistas saibam (e desejem saber) ou não, nos encontramos em pleno mundo da não economia e nele, como afirma Gaël Giraud, economista-chefe da Agence française de développement (AFD), "em geral, os economistas, entre os quais me incluo, são antes o problema que a solução".[14]

10.2 As hesitações da comunidade científica

Outros interlocutores possíveis deste livro, na realidade mais bem posicionados que os economistas para este diálogo, são os cientistas. Ao contrário dos economistas, ainda presos, como Narciso, à sua imagem, às discussões sobre a gestão do "desenvolvimento sustentável", os cientistas de fato detêm diagnósticos e soluções preciosas para evitar ou atenuar o desastre. Nesse sentido, só pode haver hoje governança digna desse nome se os limites da economia forem pautados pela ciência e pela ética da democracia.

Nessa aliança estratégica entre ciência e democracia, a tecnologia é, mais do que nunca, necessária. Sem tecnologia, não se poderá acelerar a transição energética para fora dos combustíveis fósseis. Mas não se trata, por outro lado, de delegar à tecnologia a mudança necessária. A envergadura do desafio é civilizacional ou mesmo espiritual, na medida em que supõe uma redefinição da posição da espécie humana na biosfera, que, por sua vez, supõe uma radical mudança da ideia que nossa espécie faz de si mesma, de suas necessidades e de seus limites. Não se muda de civilização apenas trocando um automóvel a combustão por um automóvel elétrico, ou uma usina termelétrica por um parque fotovoltaico ou eólico. Não se muda de civilização trocando A por B, mesmo que B seja melhor que A. Menos ainda sequestrando carbono ou gerenciando a radiação solar, falsas soluções tecnocráticas que têm todas as chances de agravar o problema. Tal mudança supõe um senso de autocontenção e, portanto, de algum modo, uma renúncia à ilusão de um poder crescente do homem sobre o não humano. Isso se aplica, antes de tudo, às expectativas de consumo energético, de bens e de um regime alimentar globalizado e insustentável. Substituir os combustíveis fósseis por energias renováveis de baixo carbono é algo urgentemente necessário. Mas essas energias não são a panaceia universal de que tanto se fala. Apenas a título de exemplo, segundo Dominique Guyonnet, do Bureau de recherches géologique et minière (BRGM), na França, "para fornecer um quilowatt/hora (Kw/h) de energia elétrica por meio de uma eólica terrestre, são necessárias cerca de dez vezes mais concreto armado e aço, e vinte vezes mais cobre e alumínio que uma usina termelétrica movida a carvão".[15] Estudos sobre a transição energética em escala global, em conformidade com os compromissos assumidos desde o Acordo de Paris, avaliam que:

> Para turbinas eólicas, a demanda anual de material aumentará de duas a quinze vezes, dependendo do material e do cenário. Espera-se um aumento significativo da demanda tanto para materiais estruturais — concreto, aço, plástico, vidro, alumínio, cromo, cobre, ferro, manganês, molibdênio, níquel e zinco — quanto para materiais específicos de tecnologia, como terras-raras e metais menores.[16]

Como se não bastasse, assume-se que o tempo de vida útil de uma eólica terrestre pode ser, em média, de 25 anos, o que supõe problemas de reciclagem desses materiais já para a próxima década. Não se deve esquecer, como discutido no Capítulo 4 (seção 4.3), que a energia hidrelétrica baseada em grandes represamentos não é nem renovável nem de baixo carbono, haja vista o assoreamento dos reservatórios e suas enormes emissões de metano, isso para não falar em seus imensos impactos socioambientais.

Precisamos, portanto, mais do que nunca, de saltos tecnológicos sem precedentes. Mas não de saltos baseados ainda na pretensão de que é possível manter o nível de dispêndio energético facultado pelos combustíveis fósseis, e sim de saltos tecnológicos capazes de nos trazer de volta, com os menores percalços possíveis, a um mundo ecologicamente viável. Isso supõe, é claro, minimizar o uso de materiais na geração de energia descarbonizada, tanto mais porque a energia necessária para a extração desses materiais ainda será fornecida, em grande parte, por combustíveis fósseis. E supõe, principalmente, minimizar a interferência antrópica no sistema Terra, que a própria tecnologia vem, por outro lado, magnificando. Pois a tecnologia orientou-se até agora, fundamentalmente, no sentido de aumentar a potência energética da sociedade, sem levar em conta as consequências dessa potenciação para o clima, a biodiversidade, a poluição, em suma, para a habitabilidade do planeta.

O receio da acusação de alarmismo

No afã de alertar a sociedade sobre as tempestades ecológicas que se adensam sobre nós, a comunidade científica, ou ao menos grande parte dela, tem dificuldade de superar dois obstáculos epistemológicos. O primeiro deles é o receio de passar por alarmista. O segundo é sua crença de que o sistema político está reagindo (ou ao menos poderia reagir) positivamente aos seus alertas. Examinemo-los separadamente, começando pela análise desse receio. Diante da incerteza inerente a toda projeção sobre as dinâmicas do sistema Terra, muitos cientistas (e, em especial, seus coletivos, como o Painel Intergovernamental sobre as Mudanças Climáticas [IPCC]) tendem a colocar em surdina cenários extremos, resultantes de dinâmicas não lineares, de mudanças bruscas no sistema climático ou no estado da biosfera, sob a alegação de que esses cenários são menos prováveis. Isso se deve, é claro, tanto à ojeriza que os cientistas têm de errar numa cultura da caça ao erro como método, característica da ciência, quanto, sobretudo, ao temor de fornecerem munição à imprensa corporativa e aos negacionistas, que poderiam desmoralizá-los se o pior não se verificar. É compreensível esse temor numa era como a nossa, de contestação frontal e generalizada do conhecimento científico e da expertise. Mas a ciência trata justamente da diminuição da incerteza, e os cientistas precisam lidar publicamente e sem incertezas com a incerteza.[17] Sentindo-se vulneráveis a esse medo de errar e a seus detratores, e, uma vez que não dá para excluir o erro nas projeções sobre o comportamento futuro do sistema Terra num certo horizonte de tempo, os cientistas tendem a optar por prognósticos excessivamente cautelosos, típicos do que James Hansen chamou de "reticência científica" em um trabalho de 2007 cujas projeções sobre o ritmo acelerado da elevação do nível do mar vêm, de resto, se confirmando:

> A cautela, se não a reticência, tem seus méritos. No entanto, em um caso como a instabilidade do manto de gelo e a elevação do nível do mar, existe o perigo de cautela excessiva. Podemos nos arrepender da reticência, se ela servir a nos condenar a desastres futuros. [...] Reticência está bem em se tratando do IPCC. E os cientistas, individualmente, podem optar por ficar em uma zona de conforto, sem precisar se preocupar se dizem algo que se mostra ligeiramente errado. Mas talvez devêssemos também considerar nosso legado de uma perspectiva mais ampla. Não sabemos o suficiente para dizer mais?[18]

E tanto nesse artigo quanto em sua obra máxima de divulgação de 2009, *Tempestades dos meus netos*, Hansen resumiu magistralmente esse temor, associando duas imagens originadas em Esopo e Tácito numa frase cuja tradução requer uma paráfrase: "*Scientists' fear of 'crying wolf' is more immediate than their fear of 'fiddling while Rome burns'*",[19] ou seja, os cientistas temem mais imediatamente a acusação de gritar "o lobo está chegando", sem que ele de fato esteja, do que temem "tocar lira enquanto Roma queima".

A mesma tendência foi detectada por Keynyn Brysse e colegas num artigo histórico publicado há quase dez anos:

> As evidências disponíveis sugerem que os cientistas têm sido de fato conservadores em suas projeções dos impactos das mudanças climáticas.

> Em particular, discutimos estudos recentes que mostram que pelo menos algumas das principais características do aquecimento global devido ao aumento dos GEE atmosféricos foram subestimadas, particularmente nas avaliações da ciência física pelo Grupo de Trabalho I do IPCC. [...] Sugerimos, portanto, que os cientistas não são tendenciosos por alarmismo, mas, ao contrário, por privilegiar estimativas cautelosas, em que definimos cautela como errar ao optar por dar relevo a previsões menos alarmantes. Chamamos essa tendência de "errar pelo viés do menor drama".[20]

Processos como o ritmo do degelo da Groenlândia e da Antártida, do degelo marinho no Ártico, da elevação do nível do mar, da liberação de gases de efeito estufa (GEE) do permafrost, entre outros, vêm se mostrando consistentes com os *worst-case scenarios* do IPCC (em geral, categorizados com o qualificativo "baixa confiabilidade"), isso quando não se mostram ainda piores do que os piores prognósticos. E, no entanto, esse temor quase sagrado da acusação de alarmismo persiste e renova-se agora na preocupação de certos climatologistas em minimizar a importância dos resultados extremos dos novos modelos climáticos que apontam a possibilidade de aquecimentos ainda mais extremos e/ou mais precoces dos que os indicados nos modelos anteriores. Essa preocupação se evidencia num trabalho recente assinado por Zeke Hausfather (do Breakthrough Institute) e colegas:

> Cuidado, usuários: um subconjunto da geração mais recente de modelos é "quente demais" e projeta o aquecimento climático em resposta às emissões de dióxido de carbono (CO_2) que podem ser maiores do que as apoiadas por outras evidências. Alguns modelos sugerem que dobrar as concentrações atmosféricas de CO_2 em relação aos níveis pré-industriais resultará em aquecimento acima de 5°C, por exemplo. Este não era o caso nas gerações anteriores de modelos mais simples.[21]

"A última coisa que queremos agora é dizer a todos que teremos muito mais aquecimento do que o provável", declarou Hausfather à imprensa.[22] Errado, e esse erro é nefasto. Ele é defensivo e faz o jogo dos negacionistas. Ocorre que estes não deixarão de atacar a ciência, quaisquer que sejam as projeções dos modelos, mesmo as mais otimistas. É preciso entender de uma vez por todas que negacionistas não são interlocutores e muito menos juízes da ciência. Com raríssimas e decrescentes exceções, são apenas "mercadores de dúvidas", como Naomi Oreskes e Erik Conway[23] os batizaram para sempre, ou seja, indivíduos inescrupulosos a soldo de interesses econômicos. Não há interlocução racional possível com o negacionismo climático, pois este não se move no campo das ideias, dos dados e da argumentação. A única relação possível com o negacionismo é o desprezo e, eventualmente, o enfrentamento nos níveis educacional, político e judicial.[24]

Nefasto também por outra razão, muito mais grave. O compromisso ético dos cientistas não é com os negacionistas e/ou com os governantes (frequentemente os dois termos são sinônimos), mas com homens e mulheres, sobretudo os mais jovens, que *têm o direito* de tomar ciência das ameaças existenciais que pesam sobre eles num futuro já discernível. Não importa se os cenários mais extremos são menos prováveis. Se o improvável vier a se verificar, os cientistas serão desmoralizados e acusados — aí sim, justamente — de irresponsabilidade, por terem faltado ao dever de advertir a todos de que o pior não podia ser excluído. No meu entendimento, a mensagem central de Zeke Hausfather, como cientista do clima, deveria ser justamente o oposto do que disse. Deveria ser: "A última coisa que queremos agora é dizer a todos que um aquecimento ainda mais catastrófico do que o previsto, mesmo que não tão provável, é menos digno de preocupação". Pois aqui não interessa o jogo das probabilidades. É o menos provável que deve preocupar os cientistas e a todos nós, pois, caso aconteça, estaremos diante do irremediável. É a possibilidade de um alto impacto, não sua baixa probabilidade, que deve servir de guia à ação. É preciso agir, em suma, em função da pior hipótese, pois ela comprometerá, se vier a ocorrer, nossas chances de sobrevivência.[25]

Isso posto, essa discussão tende a ser sempre menos momentosa, pois mesmo os cenários mais prováveis e menos extremos previstos pelos modelos já são suficientemente catastróficos. Não precisamos temer um aquecimento médio global de 5°C acima do período pré-industrial até 2100, como indicam alguns dos mais de cinquenta modelos da sexta fase do Coupled Model Intercomparison Project (CMIP6), rodados e comparados pelo World Climate Research Programme, pois o modo elementar de funcionamento de nossas sociedades — a começar por quebras sucessivas de safras — tenderá a se inviabilizar já a partir de um aquecimento superior a 2°C.

O outro obstáculo epistemológico: as relações entre ciência e política

A comunidade científica é confrontada, além disso, por um segundo tipo de obstáculo epistemológico. Trata-se de sua compreensão da natureza das relações entre ciência e política. Não é o caso aqui de generalizar, mas é preciso admitir que a maioria dos cientistas persiste ainda em acreditar que as evidências científicas sobre a insustentabilidade do sistema econômico vigente, bem como as soluções propostas pelos cientistas com bases nessas evidências, podem influenciar de modo significativo os centros de decisão política e econômica.

A tenacidade dessa crença é compreensível de um ponto de vista psicológico. Afinal, é razoável imaginar que o que motivou os cientistas a se tornarem cientistas foi a convicção iluminista de que o saber deve primar não apenas sobre a ignorância, mas também sobre o interesse. Deve, como já dito, guiar a ação. Deve de fato. O problema é que, sempre que contraria interesses econômicos e políticos, o saber científico não é levado em conta pelos governantes e pelas corporações que governam estes últimos. Nunca foi e nunca será. Mas muitos cientistas resistem em compreender esse fato. Confiantes na racionalidade de suas propostas, eles aguardam na sala de espera o chamado dos *policymakers*, tal como o agrimensor K espera o chamado do conde em *O castelo*, de Kafka. O que têm a ensinar aos governantes é, insistamos, mais do que nunca fundamental. Eles mostram que o presente decênio é decisivo. O problema é que os destinatários dos relatórios científicos desconsideram seus resumos e seus *key findings*, se é que os leem. Claudia Tebaldi, do Lawrence Berkeley National Laboratory, afirma que os governantes anseiam por recomendações científicas baseadas em prazos.[26] Espero estar errado, mas me parece inverossímil que, com exceção de Angela Merkel, dotada de cultura científica, qualquer dos governantes do G20 tenha jamais lido um *Summary for Policymakers* dos Relatórios de Avaliação do IPCC e da Plataforma Intergovernamental sobre Biodiversidade e Serviços Ecossistêmicos (IPBES), entre outros. E se os leram, isso é ainda mais grave, pois continuaram a cometer seus crimes contra o sistema climático e contra a biosfera em plena consciência de causa. Na realidade, os aplausos palacianos à sustentabilidade pontuam suas políticas inalteradas de devastação. Com exceção do sempre citado Protocolo de Montreal, de 1987, nenhuma das resoluções contidas nos acordos e convenções internacionais sobre o meio ambiente nos últimos 35 anos foi posta em prática pelos governantes.

Os cientistas são, de resto, os primeiros a constatar essa inação. O editorial da revista *Nature*, de dezembro de 2021, citado na epígrafe que abre o capítulo anterior, reafirma a projeção segundo a qual estamos numa trajetória catastrófica de aquecimento acima de 2°C em relação ao período pré-industrial.[27] Dada a probabilidade ínfima ou nula de que os governos nacionais se afastem dessa trajetória, não surpreende que a maioria dos cientistas participantes do Sexto Relatório do IPCC permaneça cética quanto à ação desses governos. Indagados por uma pesquisa proposta pela revista *Nature* em 2021, 82% deles consideram que, ainda durante seu período de vida, o planeta sofrerá impactos catastróficos das mudanças climáticas. Além disso, cerca de 60% deles pensam que o aquecimento médio global será de, no mínimo, 3°C ao longo deste século em relação ao período pré-industrial.[28] Muitos são os cientistas que se manifestam a respeito. Terry Hughes, profundo conhecedor da Grande Barreira de Corais, não hesita em afirmar que "o ponto crítico (*tipping point*) para o branqueamento dos corais já foi ultrapassado. Há décadas, cientistas e ecologistas, como eu, alertam sobre o aquecimento global, e é frustrante não sermos ouvidos". E Johan Rockström emenda: "Há uma razão real para nos sentirmos frustrados, porque a ciência é clara, tem sido comunicada nos últimos trinta anos, e ainda não estamos avançando na direção certa".[29] E, no entanto, por mais que constatem a inação, por mais que essa constatação possa frustrá-los e mesmo indigná-los, cientistas muito representativos de sua comunidade hesitam em dar o único passo lógico possível diante desse muro das lamentações: ajudar a derrubá-lo. Derrubá-lo supõe engajar-se resolutamente, como cientistas e como cidadãos, ao lado dos que lutam por uma civilização da sobrevivência.

Grassa ainda em muitos, porém, uma curiosa profissão de fé na capacidade dos poderes e paradigmas vigentes de se autossuperar à força de relatórios científicos. Robert Watson é um dos cientistas mais eminentes de nosso tempo, tendo ocupado posições de liderança na Nasa, no IPCC (Grupo de Trabalho II), na Organização Meteorológica Mundial (OMM), no Programa das Nações Unidas para o Meio Ambiente (Pnuma) e na IPBES, entre outros grandes coletivos científicos. Indagado em 2019 se acreditava que os banqueiros e os ministros das Finanças estavam sensibilizados com a crise global da biodiversidade, ele foi peremptório: "Sim, sem dúvida alguma".

Entre os sintomas disso, segundo ele, estava o fato de que o Fórum Econômico Mundial tinha "se comprometido a escrever um relatório qualificado sobre o financiamento e a evolução do sistema econômico, de modo a garantir que possamos conservar, proteger e restaurar a biodiversidade. Assim, parece haver nesse sentido um interesse muito forte do setor financeiro e da comunidade corporativa em geral".[30] A ilusão é flagrante. Como visto na Introdução, Watson é o primeiro a exclamar: "O tempo para a ação era ontem ou anteontem". E, no entanto, afirma, na mesma entrevista:

> Não estou dizendo que devemos nos livrar do capitalismo, definitivamente não. Não estou dizendo que devemos nos livrar do PIB como uma medida de crescimento econômico. Mas precisamos complementar o PIB. Embora seja uma medida de crescimento econômico, não é uma medida de crescimento econômico sustentável.[31]

Robert Watson continua acreditando que o capitalismo é uma forma de organização social essencialmente benigna e, em todo caso, não necessariamente antagônica ao seu clamor pela integridade da biosfera. Resiste em compreender que a expressão "crescimento econômico sustentável" designa uma contradição nos termos, como vem demonstrando um número crescente de economistas.[32] Resiste, enfim, a criticar um indicador completamente tóxico como o PIB. Contabilizar quanta "riqueza" produzimos em bens e serviços independentemente das consequências nefastas da forma como essa riqueza é gerada há muito é uma operação frontalmente contrária à finalidade primeira da atividade econômica: o bem-estar e a segurança material das sociedades.

Johan Rockström é outro representante ilustre de sua comunidade, tendo desempenhado funções tais como de diretor do Stockholm Environment Institute e do Stockholm Resilience Centre, além de ser atualmente diretor do conselho da EAT Foundation e diretor associado do Potsdam Institute for Climate Impact Research (PIK). Suas declarações à imprensa revelam, contudo, a mesma crença na ideia de que os que comandam a economia da destruição podem ser aliados estratégicos na elaboração e na execução de uma política de conservação:

> Precisamos de todas as forças. Os amantes das árvores (*tree-huggers*) e os ativistas de fronteira são muito importantes, mas eles não podem derrubar tudo sozinhos. Também precisamos dos banqueiros e executivos. Por

quê? Porque temos apenas dez anos para cortar as emissões pela metade. Não podemos mudar o modelo econômico em dez anos.[33]

Sim, precisamos de todos. Por certo, mudar o modelo econômico em dez anos é um desafio sem precedentes para a humanidade, e para enfrentá-lo precisaríamos como nunca dos banqueiros e dos executivos das grandes corporações. O problema é que eles não precisam de nós. As sociedades, suas demandas por diminuição das desigualdades, pela conservação das florestas, pela transição energética, e mesmo sua sobrevivência não estão incluídas em seus planos. O dinheiro não segue os discursos corporativos. E nem poderia, sob pena de suicídio corporativo, numa sociedade da competição e do crescimento. Nem poderia, também, por outra razão: oito das onze maiores corporações do mundo por receita, segundo a lista das quinhentas maiores da *Fortune Global* de 2020, são indústrias de combustíveis fósseis ou umbilicalmente ligadas a elas, como mostra a Tabela 10.1 (p. 427).

As receitas dessas oito maiores corporações privadas e estatais somam 2,6 trilhões de dólares. Se fossem um país, elas seriam o quinto PIB do mundo, atrás de Estados Unidos, China, Japão e Alemanha. Além disso, das vinte maiores corporações do mundo, também por receitas, seis estão associadas ao Big Food,[34] grande responsável pela aniquilação da biosfera e pela intoxicação dos organismos por agrotóxicos. Tudo empalidece, contudo, diante do poder dos grandes *asset managers* ou gestores de fundos de investimento — BlackRock, Vanguard e State Street —, que administram em conjunto mais de 21 trilhões de dólares, valor equivalente ao PIB dos Estados Unidos. Como visto no Capítulo 9 (seção 9.5), esses famosos Big Three estão entre os maiores canalizadores de recursos para a indústria armamentista e para o comércio de armas do mundo. São também os maiores investidores nas empresas que administram as prisões privatizadas e os centros de detenção de imigrantes nos Estados Unidos. Para eles, guerras, prisões, aquecimento global e desmatamento são parte dos negócios. Enquanto lançam declarações pungentes sobre a necessidade de transição energética,[35] os Big Three administravam em conjunto, em 2019, um portfólio de investimentos da ordem de trezentos bilhões de dólares em combustíveis fósseis, com recursos da poupança da sociedade. Além disso, entre 2015 e 2019, a BlackRock e a Vanguard se opuseram a mais de 80% das moções dos acionistas das corporações de combustíveis fósseis relacionadas à emergência climática.[36]

Tabela 10.1: Lista das onze maiores corporações do mundo por receita em 2020 (em bilhões de dólares)

Corporações	Receita em 2020 (números redondos)
1. Walmart	523
2. Sinopec*	407
3. State Grid	384
4. China National Petroleum*	379
5. Royal Dutch Shell*	352
6. Saudi Aramco*	330
7. Volkswagen*	283
8. British Petroleum*	283
9. Amazon	280
10. Toyota Motor*	275
11. Exxon Mobil*	265

*Corporações direta ou indiretamente ligadas à indústria de combustíveis fósseis

Fonte: "Global 500", *Fortune*, 2020. Disponível em: https://fortune.com/global500/2020/search/.

Os Big Three são ainda os proprietários diretos, em conjunto, de 27% das ações da Chevron, da ExxonMobil e da ConocoPhillips, e de 30% de gigantes do sistema alimentar globalizado, como a Archer Daniels Midland, o que faz deles os maiores acionistas nos dois setores industriais mais fortemente responsáveis pelas emissões de GEE.

Não é necessário um raciocínio complexo para entender que essas corporações não vão contribuir para mudar o atual modelo econômico baseado em energias fósseis e em destruição das florestas. Basta olhar onde estão seus ativos e seus atuais planos de investimento. Basta lembrar que, desde o Acordo de Paris (2016-2021), como já visto no Capítulo 4 (seção 4.2), os sessenta maiores bancos privados do mundo financiaram a indústria de combustíveis fósseis com recursos no valor de 4,6 trilhões de dólares.[37] Três dias após a publicação do Sexto Relatório do IPCC, com suas alarmantes informações sobre a necessidade de abandonar imediatamente os combustíveis fósseis, a Reclaim Finance publicou sua denúncia de que doze bancos emprestaram oito bilhões de dólares à TotalEnergies em apoio às suas novas operações em Moçambique, Uganda, Tanzânia e Austrália.[38] Essas análises e esses dados, entre tantos outros, são amplamente divulgados.

É inverossímil que um cientista da envergadura de Johan Rockström os desconheça, de modo que sua crença de que "banqueiros e executivos" possam se aliar à luta pela descarbonização e pela mudança estrutural da economia em dez anos é um típico obstáculo epistemológico.

No que se refere à mudança do modelo econômico especificamente para a Amazônia, o problema é o mesmo. "Apenas 87 corporações com sede em trinta países dominam a cadeia produtiva do agronegócio em todo o planeta."[39] É completamente descabido propor um modelo econômico não destrutivo para a Amazônia sem a total desmontagem dessa coalizão do desmatamento que envolve proprietários de grandes fazendas e frigoríficos, bancos, megacorporações da agroquímica, as cinco companhias de *trading* de commodities agropecuárias (ABCD e Cofco, controladoras de mais de 70% desse comércio mundial) e os *asset managers* que administram os fundos de investimentos globais. Esse complexo de corporações privadas e estatais é responsável direto pela destruição em curso da biosfera. E, no entanto, mesmo cientistas entre os mais argutos e experientes nas pesquisas sobre a Amazônia imaginam que suas propostas para conciliar a economia e a floresta podem frutificar apenas sobre a base de sua maior racionalidade. A proposta capitaneada por Carlos Nobre, um dos mais renomados cientistas da Amazônia, tem suscitado um compreensível entusiasmo entre cientistas e economistas, dado que esse modelo seria capaz de trazer prosperidade para a região, mantendo a floresta de pé. "A região amazônica oferece a possibilidade de implantar um modelo que nenhum país do mundo ainda implantou: uma revolução industrial baseada no aproveitamento da biodiversidade de um país tropical", afirma Carlos Nobre em uma entrevista publicada na revista do Instituto Humanitas Unisinos, em 2019. E continua:

> Este é um sistema que casa muito bem com a agricultura familiar, porque todo o modelo que nós estamos propondo vai na direção de criar um modelo de classe média para o Brasil. Logo, não é um modelo de grandes propriedades rurais que teriam um único dono, ou grandes grupos industriais, ou grupo econômico, ou bancos que dominam propriedades gigantescas de dezenas de milhares de hectares, porque esse é um modelo que naturalmente está associado com a concentração; nosso modelo visa a inclusão social de toda a população rural.[40]

A proposta é, por certo, extremamente importante. Mas será que ela já conta com o aval dos "grandes grupos industriais, ou grupo econômico, ou bancos que dominam propriedades gigantescas de dezenas de milhares de hectares"? Causa perplexidade que cientistas e economistas envolvidos nesse projeto imaginem um modelo alternativo de desenvolvimento socioeconômico para a Amazônia sem levar em conta que seu êxito depende da garantia *política* de integridade das reservas e dos territórios indígenas, de um salto de escala no aumento dessas reservas e desses territórios, de investimentos vultosos em restauração dos biomas já destruídos e, acima de tudo, de uma reforma agrária popular capaz de instaurar uma nova estrutura da propriedade fundiária, baseada na "inclusão social de toda a população rural". Sem levar em conta, em suma, que essa proposta é incompatível com o modelo capitalista globalizado no qual a estrutura econômica e política do Brasil está profundamente inserida.

É paradoxal: os cientistas, esses profissionais altamente qualificados e treinados no rigor do pensamento lastreado em evidências, não enxergam a evidência mais elementar de que os governos e o sistema econômico global não têm a intenção — nem a capacidade estrutural — de alterar sua trajetória, malgrado mais de meio século de dados e alertas científicos. Já passou a hora de a comunidade científica e a universidade *como um todo* entenderem que só alternativas sociopolíticas sistêmicas de organização da sociedade têm alguma chance de reverter a curva das emissões de GEE, deter a destruição das florestas e demais biomas e atenuar, em caráter de máxima urgência, a intoxicação pandêmica dos organismos gerada pela poluição químico-industrial.

A agenda dos governantes e da engrenagem econômica global está traçada. Segundo essa agenda, à universidade cabe incrementar a potência produtiva e a melhor rentabilidade econômica. Essa agenda nunca incluiu — nem poderia incluir — uma economia respeitosa da biosfera e uma redução das emissões de GEE conforme os compromissos assumidos em 1992 na Convenção da Diversidade Biológica e na Convenção-Quadro das Nações Unidas sobre as Mudanças Climáticas. Como lembram alguns cientistas descrentes dos discursos oficiais, tais como David Victor e colegas:

> Nenhum grande país de industrialização avançada está a caminho de cumprir suas promessas de controlar as emissões de gases de efeito estufa que causam as mudanças climáticas. O pensamento positivo e a bravata estão eclipsando a realidade. [...] Os governos nacionais fazem promessas que são incapazes de honrar.[41]

Sim, são incapazes, pois honrá-las demandaria uma governança global e o controle democrático dos investimentos estratégicos em energia, alimentação, mobilidade etc. Mas, sobretudo, eles não têm a intenção de honrá-las. Xi Jinping declarou recentemente que a China deve "atingir gradualmente" seu pico de energia centrada em combustíveis fósseis, "baseada na realidade nacional de que o carvão é seu recurso energético dominante".[42] Outros governantes, como os do Reino Unido, mais sujeitos talvez às pressões internas e externas, precisam mentir. Peter Wadhams, da University of Cambridge, grande especialista do Ártico, reforça essa percepção no que se refere às promessas do governo britânico: "O governo pode afirmar seu compromisso de que em trinta anos reduzirá nossas emissões de CO_2 em 80%. Ele pode citar o número que quiser nesse compromisso, porque não tem intenção de cumpri-lo".[43] O novo ministro da Fazenda da primeira-ministra do Reino Unido, Jacob Rees-Mogg, um conhecido negacionista climático, refere-se aos ambientalistas como "*the green blob*" [a bolha verde] e manifestou-se no passado a favor de extrair petróleo do Mar do Norte, "até a última gota".[44] De modo geral, as estimativas publicadas pelo relatório "Production Gap 2019" confirmam as reais intenções governamentais:

> Os governos têm projetos para a produção de cerca de 50% mais combustíveis fósseis até 2030 do que seria consistente com uma trajetória de aquecimento de 2°C, e 120% mais do que seria consistente com uma trajetória de aquecimento de 1,5°C. [...] A expansão contínua de produção de combustíveis fósseis — e a ampliação do descompasso entre a produção global e sua necessária redução — é sustentada por uma combinação entre ambiciosos planos nacionais, subsídios governamentais aos produtores e outras formas de financiamento público.[45]

O relatório mostra também a longa vida do carvão: "Até 2030, os países planejam produzir 150% (5,2 bilhões de toneladas) mais carvão do que seria consistente com uma trajetória de aquecimento de 2°C, e 280% (6,4 bilhões de toneladas) a mais do que seria consistente com uma trajetória de aquecimento de 1,5°C".[46] O carvão ainda é responsável por 40% da energia elétrica na Alemanha, que decidiu descontinuar suas termelétricas a carvão em... 2038, malgrado quase três quartos da população alemã se mostrar favorável a uma meta muito mais ambiciosa.[47] Em junho de 2020, Fatih Birol, diretor-executivo da Agência

Internacional de Energia (AIE), afirmou: "De um lado, os governos hoje afirmam que as mudanças climáticas são sua prioridade. Mas, de outro, estamos vendo o segundo maior aumento das emissões [de CO_2] da história. É, de fato, decepcionante".[48] Segundo a AIE, as medidas anunciadas pelos governos até julho de 2021 para a recuperação econômica pós-pandemia resultarão, se implementadas, "em recordes de emissões de CO_2 em 2023, as quais continuarão a aumentar em seguida".[49]

Diante disso, até quando a comunidade científica e a universidade em geral se resignarão à função que lhes é reservada nesse sistema, qual seja, a de escrever *papers* e relatórios sobre as catástrofes em curso? Cada um deles será mais alarmante que o precedente, agitará a imprensa por um momento e renovará os mesmos contos de fadas governamentais e corporativos sobre o avanço gradual em direção ao "desenvolvimento sustentável". No âmbito do sistema socioeconômico vigente, nos limites do capitalismo globalizado, a tarefa da comunidade científica e das instituições de pesquisa e ensino não difere das que consomem os supliciados do Tártaro. Isso é sabido. O que resta saber é por quanto tempo tantos ainda se resignarão ao suplício.

10.3 O engajamento político necessário

Desviar-nos da trajetória atual só será possível se e quando o consenso social se alinhar ao consenso científico. Essa possibilidade depende de muitas variáveis. Uma delas, e não das menos importantes, é o engajamento político dos cientistas em suas próprias associações, mas também nas ruas, nos partidos, nas organizações de resistência da sociedade civil, bem como na tradição dos movimentos de desobediência civil pacífica. Desde 1849, em seu *A desobediência civil* (*On the Duty of Civil Disobedience*), Henry David Thoreau, revoltado contra a escravidão, contra a guerra de agressão ao México (1846-1848) e contra a destruição da natureza, proclamava esse direito e mesmo esse dever à desobediência civil: "Todos os homens reconhecem o direito à revolução, isto é, o direito de recusar fidelidade e resistir ao governo, quando sua tirania ou sua ineficiência são grandes e insuportáveis".[50] Esse direito e esse dever, que haviam valido a Thoreau a prisão, foram renovados no pensamento e na ação de Lev Tolstói, Mahatma Gandhi, Martin Luther King, Nelson Mandela, entre outros. Peter Kalmus cita exatamente o exemplo de Martin Luther King para justificar por que ele e outros cientistas da Nasa se acorrentaram à porta de uma das sedes do JPMorgan em Los Angeles, em protesto à inação política contra a emergência climática, e que os levou a serem presos.

> Sou um cientista climático e um pai desesperado. Como posso pleitear com mais força? O que será preciso? O que meus colegas e eu podemos fazer para impedir que essa catástrofe se desenrole agora ao nosso redor com uma clareza tão excruciante? [...] É chegado o momento de se levantar, assumir riscos e fazer sacrifícios por este belo planeta que nos dá vida, que nos dá tudo.[51]

Esses cientistas seguem o exemplo não apenas de Luther King, mas de 94 cientistas que declararam, em um manifesto, apoio ao Extinction Rebellion (XR), em outubro de 2018:

> Estamos em plena sexta extinção em massa, com cerca de duzentas espécies sendo extintas a cada dia. Os humanos não podem continuar a violar as leis fundamentais da natureza ou da ciência impunemente. Se continuarmos nesse caminho, o futuro de nossa espécie será sombrio. [...] O "contrato social" foi rompido e, portanto, não é apenas nosso direito, mas nosso dever moral desconsiderar a inação e o flagrante abandono de dever da governança, e rebelar-nos para defender a própria vida. Declaramos, portanto, nosso apoio ao movimento Extinction Rebellion.[52]

Tal engajamento começa a frutificar no Scientist Rebellion, um grupo de cientistas e acadêmicos que trabalham no âmbito do movimento Extinction Rebellion. Suas posições e demandas se baseiam em dados bem conhecidos e discutidos ao longo deste livro. Ainda assim, convém citá-los extensamente:

> Como cientistas e acadêmicos, acreditamos que devemos expor a realidade e a gravidade do clima e da emergência ecológica por meio da desobediência civil não violenta. [...] Alguns acreditam que parecer "alarmista" é prejudicial, mas ficamos aterrorizados com o que vemos, e acreditamos que é vital e correto expressar nossos temores abertamente. Alças de retroalimentação no sistema climático, no qual climas mais quentes causam aquecimento adicional [...], ameaçam levar a Terra irreversivelmente a um estado quente e inabitável. Esses efeitos estão sendo observados décadas

antes do previsto, em linha com as predições dos piores cenários. Ondas de calor, secas e desastres naturais cada vez piores vêm ocorrendo ano após ano, enquanto o nível do mar pode subir vários metros neste século, deslocando centenas de milhões de pessoas que vivem em áreas costeiras. Há um medo crescente entre os cientistas de que simultâneos eventos climáticos extremos nas principais áreas agrícolas possam causar escassez global de alimentos, provocando colapso social. [...] O meio mais eficaz de alcançar uma mudança sistêmica na história moderna é através da resistência civil não violenta. Convocamos acadêmicos, cientistas e o público a se juntarem a nós na desobediência civil para exigir descarbonização e decrescimento emergenciais, facilitados pela redistribuição de riqueza.[53]

Até quando é preciso continuar a advertir os governantes, mesmo sabendo quão ineficazes são os alertas científicos? Isso começa a ser pela primeira vez seriamente questionado, a ponto de um grupo de cientistas propor uma moratória dos relatórios do IPCC:

> Dada a urgência e o nível crítico das mudanças climáticas, argumentamos que chegou a hora de os cientistas acordarem uma moratória nas pesquisas sobre mudanças climáticas como um meio de primeiro expor e depois renegociar a ruptura do contrato entre ciência e sociedade.[54]

A recente "An Open Letter to All Climate Scientists", escrita por um eminente cientista como Bill McGuire, exortando-os a assumir suas responsabilidades políticas e a dizer as coisas como eles sabem que elas de fato são, é apenas o último exemplo de uma mudança de atitude que precisa se generalizar:

> Enquanto nosso mundo está indo aos poucos para o inferno, muitos de vocês, estudando e registrando sua morte, nada tiveram a dizer sobre o assunto e permaneceram nas sombras, quando era necessário que monopolizassem os holofotes. A justificativa comum é sempre a mesma: desculpas murmuradas sobre a necessidade de objetividade, sobre como não devem se envolver em política, sobre como são apenas fiéis registradores de fatos; uma mentalidade de silo que os protege de ter que tomar decisões difíceis ou se envolver com outras pessoas fora de sua zona de conforto.[55]

Será sempre um dever da ciência advertir os governantes. Mas é preciso, sobretudo, que os cientistas se façam ouvir pelos que têm interesse em ouvi-los e poder para mudar a sociedade: os governados. Estes precisam dos cientistas tanto quanto os cientistas precisam deles, inclusive porque só quando apoiados pelo consenso popular os cientistas se farão ouvir, enfim, pelos governantes. Trata-se, ademais, de um aprendizado mútuo, pois os movimentos sociais têm tanto a aprender com os cientistas quanto a lhes ensinar. Esse aprendizado recíproco inclui, antes de mais nada, o não consentimento das políticas gradualistas em favor de um contrato social baseado num novo pacto dos homens com a natureza, que passa por redefinir as relações sociais, bem como as que regem as relações entre governantes e governados.

Ciência e política popular não podem mais, em suma, continuar dissociadas. Não se trata de superestimar a importância da academia e dos centros de pesquisa. Mas de reconhecer que a ciência e suas instituições têm um papel relevante no crescente movimento de contestação política da lógica econômica que gera o agravamento acelerado de todas as crises socioambientais. O que sofreremos *todos* já no segundo quarto deste século se ciência e política popular continuarem dissociadas se situa além do que se deve, ou se conseguiria, exprimir. Em Davos, em 2018, Christiana Figueres, ex-secretária-executiva da Convenção-Quadro das Nações Unidas sobre as Mudanças Climáticas (UNFCCC), tentou expressar algo desse sofrimento, ao conclamar os donos do planeta a reduzirem pela metade, a cada decênio, suas emissões de GEE:

> Podemos dirigir toda a nossa tecnologia, todo o nosso engenho para fazer isso. Se não o fizermos, o sofrimento humano, o custo humano — sem falar na natureza — será francamente inaceitável, intolerável, irresponsável, e jamais nos perdoaremos como sociedade humana por termos deixado isso acontecer.[56]

Figueres subestima a capacidade dos governantes e das corporações de se perdoarem. Seu discurso faz lembrar um dos célebres sermões do padre Antônio Vieira, pois a semeadora semeou sobre a pedra, já que seus ouvintes “a desatendem ou a desprezam”. Deixemos de nos enganar: os *habitués* de Davos, que ali aportam anualmente em uma revoada de 1.500 jatos particulares,[57] não farão o que Christiana Figueres e a ciência lhes ditam. Charlie Munger, vice-presidente da Berkshire Hathaway, fala em nome de seus pares: “As pessoas pensam que esses hidrocarbonetos ficarão encalhados e que o mundo mudará. Eu penso que, cedo ou tarde, vamos usá-los, e até a sua última gota”.[58]

Se acontecer (e é preciso que aconteça), a mudança nascerá contra Davos e contra os bancos. Nascerá da superação das hesitações e ilusões em relação ao capitalismo; nascerá da convergência entre os movimentos sociais, a ciência e a política em direção a uma nova governança global, fundada no reconhecimento de que desacelerar as mudanças climáticas, preservar a biosfera, cessar a poluição químico-industrial e diminuir radicalmente o abismo das desigualdades passou a ser, hoje, a tarefa política de todos, porque são as condições de possibilidade de nossa sobrevivência.

10.4 As objeções de irrealismo político

A objeção mais recorrente à agenda anticapitalista e pós-capitalista é que ela careceria de realismo político. A ideia mesma de uma ancoragem dessa agenda na ideia de realismo político é ainda outro obstáculo epistemológico da política. Esse obstáculo consiste em não compreender algo, entretanto, bastante simples: o que nos trouxe a essa situação de emergência generalizada foi precisamente o realismo político, de modo que é de uma ingenuidade ímpar acreditar que se pode tratar uma situação de emergência múltipla global — a emergência climática é apenas um aspecto dela — com mais realismo político. De resto, a essa objeção poder-se-ia responder com outra questão: seria o engajamento em uma luta política anticapitalista e antiantropocêntrica mais irrealista do que as propostas de redução em 45% das emissões antropogênicas globais de CO_2 até 2030, em relação aos níveis de 2010, de modo a conter o aquecimento médio global abaixo de 2°C, tal como preconizado pelo IPCC em 2018?[59] Seriam a escala e a velocidade dessa redução "realistas"? Seria factível avançar nessa escala e nessa velocidade, mantidas a lógica e a ordem jurídica do sistema capitalista? A resposta é não. Basta voltar o olhar para os últimos 34 anos: desde 1988, a Conferência de Toronto sobre as Mudanças Climáticas havia aprovado a proposta de reduzir em 20% as emissões globais de CO_2 até 2005 e de 50% sucessivamente... Segundo o IPCC, tal como visto no Capítulo 4 (seção 4.3), as emissões antropogênicas líquidas de GEE em 2019 foram 54% mais altas do que em 1990.[60] As emissões de CO_2 associadas ao setor de energia deram em 2021 um salto de 6%, quebrando mais um recorde histórico.[61] E as projeções são de que as emissões de

CO_2 não só não diminuirão 45% como ainda aumentarão mais 14% até 2030, caso os governos cumpram (ou cumprissem) as promessas feitas na 26ª Conferência das Partes (COP26), em novembro de 2021.[62]

"Alguns líderes governamentais e empresariais estão dizendo uma coisa, mas fazendo outra. Simplificando, estão mentindo. E os resultados serão catastróficos", afirmou recentemente António Guterres, secretário-geral da ONU.[63] Sim, para manter em marcha o capitalismo globalizado, os governos e as corporações mentem a cada negociação climática. A pergunta que poderia ser feita é: como conseguem continuar mentindo? A resposta é simples: é que as pessoas continuam acreditando ou fingindo acreditar no realismo acovardado que as circunda. Desconectados da realidade não são, portanto, os que entendem a necessidade imperiosa de uma mudança radical e emergencial de sociedade, mas sim os que preferem enterrar a cabeça na areia para não enxergar a realidade brutal da catástrofe que já nos abate, embora ela só esteja ainda em seus estágios iniciais. Como bem assevera Guterres,

> os ativistas climáticos são às vezes descritos como radicais perigosos. Mas os radicais verdadeiramente perigosos são os países que estão aumentando a produção de combustíveis fósseis. Investir em novas infraestruturas de combustíveis fósseis é uma loucura moral e econômica.[64]

Não há em curso, repita-se, nenhuma transição energética. E a prova disso reside na mais elementar aritmética: em 1971, de acordo com a AIE, os combustíveis fósseis satisfaziam 86,6% da demanda global por energia primária, o que significava um consumo energético de 230 exajoules; em 2019, eles continuavam satisfazendo cerca de 81% dessa demanda, o que significava um consumo de 606 exajoules.[65] Consumimos hoje cerca de 2,6 vezes mais energia baseada em combustíveis fósseis do que em 1971. Segundo as projeções do Fórum Econômico Mundial e da Energy Information Administration dos Estados Unidos, em 2040 os combustíveis fósseis ainda continuarão, em princípio, a fornecer 77% da demanda global por energia primária.[66] Quantos exajoules essa porcentagem representará? Impossível dizê-lo, pois, muito provavelmente, a economia já terá então submergido em um estado de depressão estrutural.

Se as sociedades têm intenção de desativar a bomba climática e deter a destruição da natureza, se quiserem, em suma, sobreviver, elas terão de acreditar em si mesmas e desafiar as narrativas de impossibilidade dos "realistas". Elas não poderão mais se furtar a encarar e a debater seriamente, aqui e agora, uma política de superação do capitalismo. A tarefa é tremenda. Trata-se nada menos do que a construção de outra e bem diversa civilização, algo que não virá à luz da noite para o dia. Mas os dados sinalizam que a velocidade dessa mudança é hoje a variável mais crucial para o seu sucesso.

11. Propostas para uma política de sobrevivência

Há um novo projeto de mundo que tem sido ofertado pelos povos originários, verdadeiros guardiões do planeta. É um projeto de descolonizar a vida e abrir caminho para a sociedade da felicidade e do amor, do bem viver, do envolvimento. Um reencontro a partir de uma nova matriz energética, dos direitos da natureza em oposição à distopia de terra arrasada e do colapso climático.
— "Chamado pela Terra", manifesto de Sônia Guajajara e outras lideranças indígenas para as eleições nacionais de 2022

Este relatório reconhece o valor de diversas formas de conhecimento, tais como o conhecimento científico, o conhecimento indígena e o conhecimento local, na compreensão e na avaliação dos processos e ações de adaptação ao clima para reduzir os riscos das mudanças climáticas induzidas pelo homem.
— IPCC (2022)[1]

Na Introdução, mencionei o que um número crescente de movimentos sociais considera serem os princípios basilares em que se assentam suas propostas para a formulação de alternativas sistêmicas às crises socioambientais contemporâneas. Antes de explicitar um pouco mais essas propostas, é importante frisar o que todas têm em comum: uma revalorização da noção de *limite*, essa noção que o capitalismo desconhece ou despreza e que é, de fato, incompatível com seu *modus operandi*. Limite (ou a falta dele) é a palavra que define nosso tempo desde os anos 1970, quando as lutas políticas por mais igualdade social começam a regredir, a poluição adquire um caráter sistêmico, a pegada ecológica começa a ultrapassar a capacidade de carga do planeta, e os gases de efeito estufa (GEE), a desencadear os primeiros níveis aferíveis de desequilíbrio energético do planeta (DET), com mais energia entrando do que saindo do sistema Terra. Em sintonia com esses primeiros níveis de extrapolação de limites, surgiram as primeiras advertências científicas sobre a trajetória de colapso que se desenhava no horizonte das sociedades, trajetória que elas poderiam então ter evitado sem tanto sacrifício, mas não o fizeram. Hoje, esses limites se impõem com a força de uma terapia de última linha contra o perigo iminente de um planeta que o sistema econômico vigente vem desfigurando e tornando sempre mais hostil a tantas formas de vida, inclusive — obviamente — a nossa. Hoje, portanto, esses limites se impõem de modo absolutamente impreterível, sob pena de falência múltipla de órgãos da vida planetária. É preciso devolver às noções de limite, de justa medida e de decoro (no sentido de adequação, derivado do termo latino *decus*)[2] o valor ao mesmo tempo positivo e impositivo que lhes era atribuído pela sabedoria délfico-socrática e por toda a tradição clássica, bem como, hoje mais do que nunca, pela sabedoria dos povos originários. O limite não pode mais ser entendido como um desafio e um obstáculo a ser continuamente superado, pois somos seres finitos num planeta que é o nosso único lar, que tem recursos declinantes e equilíbrios sistêmicos frágeis. O limite planetário, na acepção que lhe dão os cientistas do Stockholm Resilience Centre (ver Capítulo 1, seção 1.1) e já em 1972 os autores do icônico *Limites do crescimento*, constitui o centro de gravidade de toda sabedoria contemporânea, pois deve ser entendido como uma proteção inviolável contra o abismo e, portanto, como algo a ser protegido e mesmo reverenciado.

Sabemos, em muitos casos de modo razoavelmente preciso, onde se situam os limites necessários para garantir ou ao menos favorecer nossa sobrevivência. Sabemos, por exemplo, que as concentrações atmosféricas de dióxido de carbono (CO_2) devem voltar a ser da ordem de 350 partes por milhão (ppm). Sabemos que a taxa atual de extinção de espécies deve regredir em duas ou três ordens de grandeza até retornar à taxa de base dessas extinções, segundo o que indicam os registros fósseis. Isso supõe, entre outras medidas: (i) decretar uma moratória internacional da pesca industrial, de modo a restaurar os cardumes das espécies ainda não irreversivelmente declinantes; (ii) cessar o uso de agrotóxicos, evitando assim a extinção de inúmeras espécies terrestres, entre as quais as essenciais para a polinização das plantas; (iii) zerar a destruição de todos os biomas, a começar pelas florestas tropicais; e (iv) conter e desacelerar ao máximo o aquecimento global. Também sabemos que é preciso diminuir ao máximo a produção de substâncias químicas que estão perturbando o sistema endócrino dos organismos etc.

A questão não é mais, portanto, sobre quais são os limites nem sobre onde situá-los na escala da sustentabilidade. A questão é política, pois quem fala em limites deve afrontar dois problemas: (i) quem pode e deve estabelecê-los; e (ii) como garantir que sejam implantados e respeitados. Esses dois problemas nos reconduzem à questão da democracia, ou seja, ao equilíbrio, sempre mutante, entre liberdade individual e coerção coletiva através do aparelho de Estado, em níveis local, nacional, regional e internacional. Não cabe a mim nem a ninguém teorizar ou prescrever receitas políticas. Mas temos de ressaltar dois pontos, ainda que óbvios: (i) as chamadas liberdades individuais — tais como a liberdade de não se vacinar, de não usar máscara numa pandemia, de jogar lixo pela janela do seu carro, de desperdiçar água, de se armar, de fazer o que quiser com o seu dinheiro etc. — são hoje o argumento central da extrema direita e dos conservadores em geral para combater as políticas de sobrevivência; (ii) quanto mais as sociedades retardarem a adoção dessas políticas de sobrevivência, as quais já impõem hoje sacrifícios consideráveis, mais o ponteiro do equilíbrio entre liberdade individual e coerção estatal penderá para o lado não só da coerção estatal como também da coerção exercida pela natureza, isto é, por vírus, furacões, inundações, picos letais de calor, secas, incêndios etc. Isso posto, passemos à análise de oito propostas para uma política de sobrevivência, destacando que a ordem da exposição não indica uma ordem de prioridades.

1. Redução radical e emergencial das diversas desigualdades entre os membros da espécie humana

A luta pela redução das desigualdades continuaria sendo prioritária, mesmo sem as crises ambientais contemporâneas. Ocorre que, com a aceleração recente dessas crises, essa luta passa a ser ainda mais determinante, pois não há chance alguma de mitigá-las no quadro atual de agravamento das desigualdades humanas, a começar pela desigualdade socioeconômica (ver Capítulo 8, seção 8.2). Uma sociedade baseada na limitação das desigualdades sempre foi, e continua sendo, a herança essencial dos ideais de justiça social e das lutas por alcançá-la. Estas constituem o fio vermelho de nossa história desde os albores da Idade Moderna, desde, se quisermos, o *Tumulto dei Ciompi*, a revolta por uma representação política e pelo direito associativo dos primeiros assalariados da manufatura da lã na Florença de 1378, pertencentes ao "*popolo magro*". Ontem, como hoje, estamos em plena luta de classes, no sentido "clássico" do termo, isto é, no sentido da famosa frase que abre o primeiro capítulo do *Manifesto comunista* de Marx e Engels: "A história das sociedades até hoje tem sido a história da luta de classes". Mesmo que a noção de classe seja hoje mais fluida do que nas fases primeiras da Revolução Industrial, mesmo que alguns mecanismos de exploração e espoliação da maioria tenham se financeirizado e se tornado mais complexos e abstratos, todo o aparato de experiências adquiridas em séculos de lutas sociais permanece válido em nossos dias. Três elementos desse conjunto de experiências históricas afiguram-se, hoje, particularmente cruciais e tomam a forma de quatro exigências elementares:

1. a exigência do direito ao trabalho, à estabilidade e à segurança do emprego e a uma remuneração compatível com a dignidade dos trabalhadores, em clara oposição às estratégias do capital de criar um mundo à sua imagem e semelhança, no qual o emprego se atrofia e se hipertrofiam a terceirização e a uberização;
2. a exigência do direito ao repouso, ao ócio e ao lazer, num sistema que, cada vez mais, extenua e descarta os que conseguem trabalhar;
3. a exigência de uma renda mínima capaz de garantir segurança existencial e acesso aos serviços fundamentais da sociedade (moradia, alimentação, saúde, educação, mobilidade, cultura e lazer) a todos os que estiverem abaixo de certo patamar de renda; e
4. a exigência de um teto para a renda e para o patrimônio, de modo a evitar a formação de uma casta de super-ricos, cujo poder econômico e cuja capacidade de interferência no sistema político ameacem o funcionamento e a existência mesma das democracias.

Essas quatro exigências estão postas, hoje, no centro do pensamento econômico digno desse nome, pois a economia só tem sentido para a sociedade se contribuir para diminuir a desigualdade, assegurar o bem-estar de todos e promover condições de possibilidade para a mitigação da pegada ecológica humana. Trata-se da única resposta eficiente às atuais crises socioambientais, mas também, e antes de mais nada, de uma questão de valores. O *Homo oeconomicus*, essa personagem sinistra criada pela economia política, pela filosofia liberal e pelo capitalismo industrial, é uma redução desfigurante da complexidade imensa de nossa espécie. Os comportamentos do *Homo oeconomicus*, orientados pela busca de maximização individual do ganho financeiro e de seus padrões de consumo, nunca puderam ditar o padrão de sucesso civilizatório. Hoje, esses valores precipitam a ruína de nossa civilização. Só há civilização digna desse nome onde a cooperação solidária prima sobre a competição e onde a busca por benefícios individuais não suplanta a percepção da superioridade do bem comum.

2. Diminuição do consumo humano de materiais e de energia

A quarta exigência formulada no item anterior — o estabelecimento de um teto para a renda e para o patrimônio — merece uma consideração especial. O que caracteriza e confere especificidade histórica aos desafios das sociedades contemporâneas é a centralidade da questão das consequências funestas da extrapolação dos limites da interferência antrópica no sistema Terra. Já extrapolamos vários limites de resiliência do planeta, e só estamos começando a pagar o preço disso. É preciso entender algo bastante simples, que, no entanto, a maioria dos economistas, tecnocratas e tecnólatras ainda tem dificuldade de admitir: não há solução tecnológica miraculosa que nos permita sobreviver, mantidos os níveis atuais de consumo de bens, de energia e de interferência antrópica no sistema Terra. Digamos isso da maneira mais enfática possível: *a permanência das civilizações humanas depende da diminuição de suas taxas de consumo de materiais e de energia*. Isso supõe:

1. redefinir os limites de consumo de energia e materiais a partir de critérios ditados pela ciência do sistema climático e pela biosfera;
2. construir uma economia tão circular quanto possível, orientada pela engenharia reversa e por um sistema extrativo condicionado à capacidade de reciclagem;
3. recusar toda economia que não se conceba como um subsistema da ecologia. Hoje, no Antropoceno, o sentido e a eficiência de uma economia precisam ser avaliados por sua capacidade de atender às necessidades humanas básicas sem destruir ou pôr em risco os habitats das demais espécies e os equilíbrios climáticos do sistema Terra prevalecentes no Holoceno.

A interseção imprescindível entre essas duas demandas — a humana e a ambiental — tem uma implicação incontornável: a minoria privilegiada precisará diminuir drasticamente seus níveis de consumo para que as necessidades elementares da maioria da população possam ser atendidas. Isso supõe a urgência e a inevitabilidade da quarta exigência da proposta 1, qual seja, a de um teto da renda e do patrimônio dos mais ricos. Não há nenhuma razão ética ou racional que justifique o acúmulo de riqueza por um indivíduo além de certo nível, que pode ser estabelecido, por exemplo, a partir de três parâmetros: (i) seu impacto no sistema Terra, em termos ecológicos e de emissões de GEE; (ii) um certo múltiplo do salário mínimo de uma sociedade; e (iii) o nível geral de riqueza da metade mais pobre da humanidade.

Aos super-ricos e aos que os admiram e os têm por modelo, essa proposta parecerá decerto uma ameaça às suas "liberdades individuais". A única ameaça que ela pode representar é a ameaça à ganância e à pulsão primitiva de acumulação. Bem ao contrário de ser uma ameaça, esse teto compulsório de consumo é uma garantia de sobrevivência física, inclusive das pessoas que compõem essa ínfima minoria. Essa proposta de limitação da riqueza não é nem nova, nem "socialista". Ela data do início do século XX e teve por local de nascimento justamente os Estados Unidos, país que ostenta hoje os maiores níveis de desigualdade do mundo, já que três estadunidenses — Jeff Bezos, Bill Gates e Warren Buffett — detinham em conjunto, em 2017, mais riqueza (263 bilhões de dólares) do que a metade mais pobre da população do seu país, um total de 160 milhões de pessoas.[3] No início do século XX, Felix Adler, fundador e presidente do National Child Labor Committee, propunha um teto para as rendas e o patrimônio para evitar a "influência corruptora" (*corrupting influence*) dos excessivamente ricos sobre a vida política daquele país. Em 1913, criou-se nos Estados Unidos a obrigatoriedade do imposto de renda;[4] por outro lado, a entrada do país na Primeira Guerra Mundial, em 1917, suscitou uma campanha pelo controle da plutocracia, com um imposto de 100% de todo rendimento individual acima de cem mil dólares, para ajudar no esforço de guerra. Sam Pizzigatti mostrou como essa limitação à riqueza (*conscription of wealth*) foi defendida pelo diretor do comitê dessa campanha, Amos Pinchot, procurador de Nova York. Em seu testemunho perante o Congresso estadunidense, Pinchot afirmava: "Nem os Estados Unidos nem qualquer outro país pode levar adiante uma guerra que tornará o mundo seguro para a democracia e a plutocracia ao mesmo tempo".[5] Requer-se de todos, hoje, um esforço de guerra muito maior do que os precedentes para mitigar as consequências da guerra contra o planeta, exigência que retorna, no século XXI, nas bandeiras de movimentos altermundialistas, como Association pour la Taxation des Transactions Financières et l'Aide aux Citoyens (Attac) e Occupy Wall Street, bem como em propostas concretas de juristas, economistas e pensadores políticos como Gaël Giraud, Cécile Renouard,[6] Thomas Piketty, Pierre Concialdi, Didier Gelot, Christiane Marty, Philippe Richard,[7] Jean Gadrey,[8] Ian Ayres, Aaron Edlin,[9] entre muitos outros.

3. Extensão da ideia de sujeito de direito às demais espécies, à biosfera e às paisagens naturais

A biosfera, a água, o solo, o ar, as paisagens e as formas magníficas do mundo não estão para os humanos como meios para o seu fim. É necessário superar a concepção utilitária da natureza como uma externalidade sujeita a precificação. O planeta não é um "recurso" a ser explorado ou alocado pela economia. É o lugar de habitação comum de seres vivos interdependentes, lugar único e privilegiado a se fruir e, sobretudo, em sua atual precariedade, a se proteger.

Isso supõe alargar a noção de sujeito de direito. Humanos são animais, e seus direitos, um caso particular dos direitos de outras formas de vida.[10] A Declaração dos Direitos do Homem e do Cidadão, proclamada pela Assembleia Nacional francesa em 1789, e a Declaração Universal dos Direitos Humanos, de 1948, são tributárias de uma idêntica concepção do fundamento filosófico dos direitos humanos, enunciado já no artigo primeiro de 1948: os homens "são dotados de razão e de consciência". A ausência em 1948 de qualquer menção aos direitos dos outros animais se deve à ignorância, naquela data, das capacidades emocionais e cognitivas de outras espécies. Mas, em 2012, a Cambridge Declaration on Consciousness, assinada por um proeminente grupo de neurocientistas especializados em cognição, neurofarmacologistas, neurofisiologistas, neuroanatomistas e neurocientistas computacionais, proclamou:

> Evidências convergentes indicam que animais não humanos possuem substratos neuroanatômicos, neuroquímicos e neurofisiológicos de estados

> de consciência, além da capacidade de exibir comportamentos intencionais. Consequentemente, o peso da evidência indica que humanos não são únicos em possuir os substratos neurológicos que geram consciência. Animais não humanos, incluindo todos os mamíferos e aves, e muitas outras criaturas, incluindo polvos, também possuem esses substratos neurológicos.[11]

À luz do conhecimento atual, a distância emocional e intelectual que nos separa dos outros animais encurta-se, assim, dia após dia, e a maior capacidade de simbolização e de pensamento abstrato de nossa espécie parece crescentemente ser de ordem quantitativa, não mais qualitativa. Nenhum argumento racional impede, portanto, um alargamento da noção de sujeito de direito para outros animais. Bem antes de qualquer demonstração experimental, isso já era claro em 1754 para Rousseau, que, no *Discurso sobre a origem e os fundamentos da desigualdade entre os homens*, afirma:

> Todo animal tem ideias, pois tem um sentido; ele combina mesmo suas ideias até certo ponto: e nisso o homem não difere dos animais senão pela escala do mais ao menos. Alguns filósofos argumentaram que pode haver mais diferença entre um homem e outro do que entre tal homem e tal animal.[12]

Antes ainda de Rousseau e de Montaigne, é possível admirar, no diálogo de São Francisco com os passarinhos e no sermão de Santo Antônio aos peixes (recriado no magnífico "Sermão aos peixes", do padre Antônio Vieira), antecipações desse senso de comunidade entre os seres vivos, que prenunciam a reflexão sobre os direitos animais e sobre a conservação da biosfera, questões que se colocam hoje no cerne de uma política de sobrevivência da cadeia da vida, da qual o próprio homem depende para existir.[13]

4. Restauração e ampliação das reservas naturais, a serem consideradas como santuários inacessíveis aos mercados globais

A extensão a outras entidades vivas do estatuto de sujeito de direito implica uma extensão das reservas naturais. A frase com que Marx abre *O capital* descreve o mundo criado pelo capitalismo: "A riqueza das sociedades onde reina o modo de produção capitalista aparece (*erscheint*) como uma 'enorme coleção de mercadorias'". Marx compreendeu (ou talvez apenas intuísse) que, nesse processo de imensa e ilimitada acumulação de mercadorias, nada mais estaria, finalmente, ao abrigo de sua redução ontológica à condição mercantil. Superar o capitalismo é restaurar a possibilidade de que uma dimensão central do mundo permaneça *separada* da mercadoria. Separada no sentido designado pelo termo latino *sacer*, "aquilo que não pode ser tocado sem ser maculado ou sem macular". Uma reserva natural deve ser considerada como uma *sacra domus*. Mas uma reserva natural é somente um caso-limite do planeta como um todo, pois este deve ser, de alguma forma, ressacralizado, no sentido em que habitá-lo significa introjetar novamente, como algo sagrado, o senso do limite. O "cuidado da casa comum", na expressão feliz da encíclica *Laudato Si'* do papa Francisco, está entre os apelos mais lúcidos e prementes de nossos dias em favor de uma ecologia integral, isto é, de uma nova síntese entre a Razão prática na idade industrial (tal como tematizada por Hans Jonas)[14] e a demanda dos movimentos sociais por justiça climática e conservação ecológica. A linguagem científica diz algo equivalente quando se refere às leis e às condições imperativas para a conservação da biosfera e dos ecossistemas.

Concretamente, as florestas, e não apenas as tropicais, bem como os demais biomas terrestres, os oceanos e demais ambientes de água doce, precisam urgentemente adquirir um estatuto jurídico de proteção muito mais efetivo e no âmbito de um direito internacional mandatório. Tal como a Antártida, tal como o fitoplâncton, que produz metade do oxigênio de que os organismos aeróbios necessitam para existir, as florestas são um bem comum e imprescindível da vida planetária. Aonde as florestas forem, o sistema Terra as seguirá. Se "é a floresta que segura o mundo", como afirma o cacique caiapó Raoni Metuktire, citado na epígrafe que abre o Capítulo 3, cabe ao mundo, para sobreviver, conservar sua integridade. Elas devem constituir o núcleo dos 50% ou mais da superfície da Terra a serem conservados à margem da economia de mercado na escala global em que é hoje praticada. É sobretudo às florestas que Edward O. Wilson se referia quando, em seu livro *Half-Earth*, propôs: "Estou convencido de que somente se metade, ou mais, do planeta obtiver o estatuto de reserva natural poderemos salvar a parte vital do meio ambiente e obter a estabilização necessária para nossa sobrevivência".[15]

No caso sul-americano, sempre no âmbito dessa governança global efetiva, a floresta amazônica precisa se beneficiar de um estatuto legal muito mais vigoroso. As ideias-diretrizes dessa proposta estão sendo traçadas pelo Fórum Social Pan-Amazônico e foram esboçadas no "Encontro de saberes" de Belém, que teve lugar nessa cidade entre 20 e 23 de outubro de 2021. Elaborado por representantes dos povos da floresta amazônica, em concerto com outros segmentos das sociedades sul-americanas, e enriquecido com contribuições da Assembleia Mundial pela Amazônia, os signatários desse documento exprimem três reivindicações fundamentais:

REIVINDICAÇÃO I: Os povos da floresta amazônica reivindicam uma participação direta — como beneficiários imediatos e/ou como prestadores de assessoria, baseada em seu profundo conhecimento da floresta — nas negociações e nas decisões internacionais, públicas e privadas, de transferências de recursos para mitigação e adaptação das mudanças climáticas, em especial no que se refere à restauração da floresta amazônica. Essa primeira reivindicação se exprime na seguinte forma mais circunstanciada:

(a) os povos da floresta amazônica devem ter o direito de formular projetos de conservação e restauração florestal que façam jus a tais aportes;
(b) os povos da floresta amazônica, através de suas próprias organizações, devem ter assento, voz, voto e poder de veto nas instâncias de formulação, decisão e auditoria no emprego desses recursos;
(c) os recursos destinados à Amazônia através de mecanismos de repasse previstos no Acordo de Paris devem ser destinados explicitamente à conservação e à restauração da floresta, e não a subsidiar o agronegócio com suas falsas soluções de replantio de áreas de proteção permanente (APP);
(d) empréstimos não são transferências de recursos. Empréstimos não devem ser, portanto, conceitualmente contabilizados como parte do Acordo de Paris, tal como tem ocorrido. Essas transferências de recursos aos países e povos mais vulneráveis, no âmbito da Convenção-Quadro das Nações Unidas sobre as Mudanças Climáticas (UNFCCC), devem ser um instrumento de justiça climática, em vez de subterfúgios para promover negócios no setor financeiro (bancos privados ou bancos multilaterais de desenvolvimento, tais como o Banco Mundial ou o Asian Bank). Esses recursos anuais de cem bilhões de dólares, que deveriam ter sido desembolsados até 2020, prazo agora estendido para 2025, devem provir na forma de doações, isto é, na forma de transferências diretas a projetos, em nível subnacional, de proteção e restauração da floresta, de modo a promover, de fato, os objetivos do Acordo de Paris.

REIVINDICAÇÃO 2: Boicote, pelas partes do Acordo de Paris, das commodities produzidas pelas corporações em toda a região amazônica e em todo o Cerrado brasileiro. Há uma demonstrada incompatibilidade (como analisada no Capítulo 2) entre as metas do Acordo de Paris e o sistema alimentar globalizado, cujas emissões combinadas atingem entre 21% e 37% das emissões globais desses gases na média do período 2007-2016.[16] Laura Kehoe, Tiago Reis e mais de seiscentos cientistas publicaram em 2019, na revista *Science*, um apelo para tornar sustentável o comércio entre a União Europeia (UE) e o Brasil.[17] Os autores mostram que a UE, por exemplo, despendeu mais de três bilhões de euros em importações brasileiras de ferro em 2017. Somente em 2011, a UE importou carne bovina e ração animal associada a mais de 1.000 km^2 de desmatamento. Sendo a Amazônia um patrimônio global da biosfera e uma condição de possibilidade dos equilíbrios planetários, é preciso que cessem as importações de commodities (carne, soja, milho, ouro, minérios, petróleo etc.) provenientes da Amazônia e do Cerrado. Os maiores importadores dessas commodities, a China e a UE, têm fechado os olhos para o fato de que, como visto no Capítulo 3 (seção 3.3), a floresta amazônica é uma das maiores reservas de carbono do mundo. Os incêndios e o desmatamento, em grande parte motivados pela demanda internacional dessas commodities, têm o poder de liberar rapidamente na atmosfera CO_2 em uma quantidade equivalente a 16 ou 22 anos de emissões globais desse gás associadas à geração de energia nos níveis de 2019. Uma liberação muito menor do que essa já significaria um fim de partida para a viabilidade da comunidade internacional, o que inclui esses países importadores. A cada tonelada dessas commodities importadas da Amazônia, os importadores aumentam o risco de colapso de sua própria agricultura. O futuro do clima e, portanto, o futuro dos cultivos agrícolas fora da Amazônia dependem da conservação da Amazônia. Esta segunda reivindicação de boicote endossa e fortalece outras propostas em curso, cujos efeitos ainda não se fizeram sentir, em grande medida, por omissão das Partes da UNFCCC.[18] Apenas sob forte pressão internacional os governos da Amazônia, aliados ou reféns do agronegócio, se alinharão aos objetivos do Acordo de Paris. E, no entanto, bastaria que esses governos cessassem o desmatamento para que suas contribuições à mitigação da emergência climática figurassem entre as mais exemplares e ambiciosas do mundo.

REIVINDICAÇÃO 3: Reconhecer os direitos da Amazônia e da natureza. Ao se discutirem os planos para a Amazônia, os direitos da natureza devem ser levados em consideração. É imperativo parar de promover projetos para substituir uma floresta viva por plantações de monoculturas. O maior ecocídio do planeta vem se dando na Amazônia, e autoridades nacionais e multilaterais são cúmplices, diretamente ou por omissão, desse crime. Os governos reunidos na UNFCCC devem condenar o ecocídio em andamento, propor que o crime de ecocídio seja reconhecido pelo Tribunal Penal Internacional e solicitar a esse tribunal que inicie imediatamente o julgamento do caso da Amazônia por tal crime. As Nações Unidas devem convocar uma Assembleia da Terra para repensar as metas de desenvolvimento sustentável de uma perspectiva não antropocêntrica. Para fazer frente às mudanças climáticas, é necessário construir democracias e processos de integração multilateral ecocêntricos que considerem todos os componentes da comunidade terrestre, pois só assim poderemos restaurar o equilíbrio do sistema terrestre.

É preciso entender claramente o que significa uma reserva natural a ser considerada como um santuário inacessível aos mercados globais. A Amazônia Central, por exemplo, integra a rede de Reservas Mundiais da Biosfera. Esse conceito nasceu, como é sabido, em 1968 em Paris, na conferência sobre a biosfera promovida pela Organização das Nações Unidas para a Educação, a Ciência e a Cultura (Unesco). Em 1971, a Unesco criou o Programa Homem e Biosfera (Man and Biosphere Programme — MAB), cujo objetivo era criar uma rede mundial de áreas protegidas, designadas Reservas Mundiais da Biosfera (World Network of Biosphere Reserves). Essas reservas têm aumentado consistentemente ao longo dos anos. Em 2018, havia 686; hoje há 727 — entre terrestres, marinhas e costeiras — em 131 países, incluindo 22 sítios transnacionais. Nada menos que 306 sítios (42%) se encontram na Europa e na América do Norte, uma proporção muito maior do que nos países tropicais, mais pobres, com maior biodiversidade e menores recursos e possibilidades de conservação. A África possui 86 reservas; a Ásia e os países do Pacífico, 168; e a América Latina, 132, em 22 países. Nessas reservas, vivem 257 milhões de pessoas.[19] A Figura 11.1 (p. 450) apresenta a distribuição geográfica das Reservas Mundiais da Biosfera em 2018.

O Brasil tem a responsabilidade de abrigar sete Reservas Mundiais da Biosfera, localizadas na Mata Atlântica, no Cerrado, no Pantanal, na Caatinga, na Serra do Espinhaço (Minas Gerais e sul da Bahia), no cha-

Figura 11.1: Mapa da Rede Mundial de Reservas da Biosfera em 2018

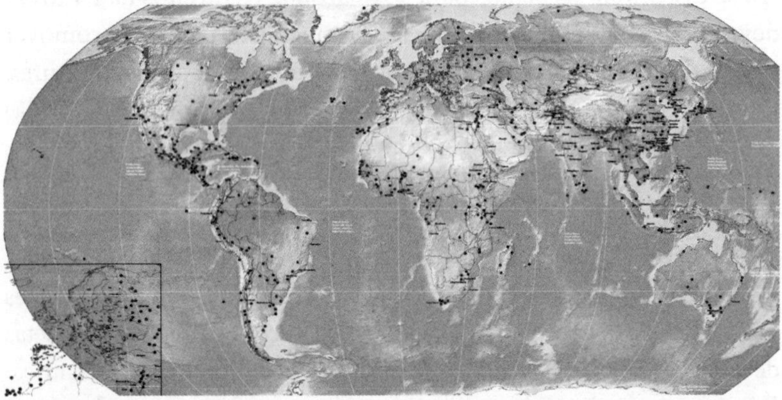

Fonte: Andrea Porta, "Cultural and Natural Heritage, an Opportunity for Development", Fondazione Santagata for the Economics of Culture, [s.d.]. Disponível em: https://www.euromontana.org/wp-content/uploads/2017/12/Porta_cultural-heritage.pdf.

mado cinturão verde de São Paulo e na Amazônia Central. A Reserva da Biosfera na Amazônia Central, instituída em 2001, abrange uma região de 208 mil km², irrigada pelas bacias dos rios Negro e Solimões. A proteção dessa Reserva da Amazônia Central é reforçada por outro mecanismo diplomático de conservação, o Complexo de Conservação da Amazônia Central (Central Amazon Conservation Complex), um sítio de cerca de 60 mil km² pertencente ao Patrimônio Mundial (World Heritage Site), posto também sob patrocínio da Unesco.[20]

Embora essas iniciativas — Reservas Mundiais da Biosfera e Patrimônio Mundial — tenham representado avanços na área da conservação do meio ambiente, seus resultados em escala global têm se mostrado aquém de suas ambições, pois muitas delas já se encontram bastante degradadas. A Amazônia Central corre perigo real e iminente. Philip Fearnside vem denunciando reiteradamente o impacto, por exemplo, da BR-319 (Manaus-Porto Velho) sobre esse bloco mais preservado da floresta amazônica, pois a estrada redundaria em um aumento de escala do desmatamento, viabilizando, inclusive, a exploração de gás e petróleo pela Petrobras e pela Rosneft na frágil bacia do Solimões.[21]

É claro que a Amazônia não é apenas floresta nem um bloco homogêneo, e sua proteção deve ser modulada em conformidade com seus diversos níveis de fragilidade. Na ausência ainda de um direito internacional mandatório capaz de assegurar a integridade das florestas, e em especial das florestas tropicais, bem como o direito inalienável de seus povos, é preciso uma plataforma política mínima em vista de uma pactuação nacional e internacional pela Amazônia.

5. Desmantelamento da economia global e transição para uma civilização descarbonizada

Essa transição não está ocorrendo e não ocorrerá nos quadros do sistema econômico vigente. Para que ocorra na velocidade necessária, é preciso satisfazer duas condições:

1. o controle social das decisões estratégicas de investimento no sistema energético;
2. a construção social de uma economia do decrescimento administrado, o que supõe o desmantelamento da economia global.

Não se transitará para uma civilização descarbonizada enquanto as decisões sobre os investimentos estratégicos no sistema energético e no sistema alimentar forem prerrogativa dos que controlam as corporações e os Estados-corporações. A responsabilidade pelas decisões impostas pela emergência climática tem de ser assumida, global e democraticamente, pelas sociedades. E essas decisões têm de ser tomadas neste decênio, antes que as alças de retroalimentação do aquecimento as tomem por nós (como examinado em detalhes no Capítulo 7). Tal afirmação é, de tão óbvia, quase embaraçosa, mas nada é mais difícil de admitir do que o óbvio quando este contraria interesses, lugares-comuns e obstáculos epistemológicos. Esse controle democrático dos investimentos é imprescindível, pois transitar para uma economia descarbonizada requer a adoção de quatro medidas radicais:

(a) fim dos subsídios governamentais, diretos e indiretos, à indústria de combustíveis fósseis;
(b) aumentar agressivamente os impostos sobre as emissões de GEE;
(c) combinar o fim dos subsídios e a escalada de taxas sobre as emissões de carbono com políticas de Estado, verdadeiramente coercitivas e globalmente coordenadas, a começar pela proibição da participação do setor financeiro na indústria de combustíveis fósseis;

(d) zerar a produção de petróleo e demais combustíveis fósseis nos prazos estipulados pela ciência e, particularmente, pelo relatório publicado em março de 2022 por Dan Calverley e Kevin Anderson, intitulado "Phaseout Pathways for Fossil Fuel Production within Paris-Compliant Carbon Budgets", já discutido no Capítulo 4 (seção 4.2).

Como visto nos capítulos 4 a 6, as ciências do sistema Terra têm sido capazes de predizer com notável acume o comportamento futuro do sistema climático. Já no âmbito do comportamento das sociedades, são bem poucas as certezas a respeito do futuro. Uma delas é a inexorabilidade do decrescimento da economia. Desde o segundo pós-guerra, esse decrescimento ocorreu pela primeira vez na crise financeira de 2007-2008 e novamente por causa da pandemia de covid-19 em 2020. Ele será cada vez mais recorrente no horizonte deste e dos próximos decênios, pela intercorrência de outras crises do mesmo gênero ou de crises de outros tipos, mais provavelmente pela ação combinada de vários tipos de crise. Como é sabido, o famoso livro *Limites do crescimento* previa, em um de seus diversos cenários, que o crescimento econômico poderia cessar por volta de 2020. Como afirma Dennis Meadows em 2022, no cinquentenário de seu livro, "essa possibilidade está em vias de se realizar: os recursos são cada vez mais caros, a demanda é cada vez maior, assim como a poluição. A questão, doravante, não é de saber se o crescimento vai cessar, mas, sim, como".[22] Para que esse decrescimento iminente, de que já sentimos os primeiros sintomas, seja o menos traumático possível, é preciso encurtar ao máximo as cadeias produtivas, o que supõe a desmontagem da globalização econômica. Essa desmontagem é, de fato, outra condição de possibilidade da descarbonização, em conformidade com o veredito de Yvo de Boer, ex-secretário-executivo da UNFCCC (2006-2010), proferido em 2013: "Não há nada que possa ser acordado em 2015 que seja consistente com os 2°C. A única maneira de um acordo de 2015 atingir uma meta de 2°C é desmantelar toda a economia global".[23]

De fato, é impossível conciliar uma transição rápida para uma economia descarbonizada com os três traços distintivos do sistema econômico vigente: (i) uma economia globalizada, (ii) uma economia de crescimento e (iii) uma economia baseada no critério da rentabilidade do investimento. Examinemos rapidamente cada um deles.

(i) Uma economia globalizada supõe transportes a grandes distâncias. Como bem mostram Steven J. Davis e mais de trinta coautores de um artigo publicado na revista *Science* em 2018, "é particularmente difícil descarbonizar alguns setores do sistema energético, incluindo a aviação, o transporte a longa distância, a produção de aço e de cimento e a oferta confiável de eletricidade".[24] Juntos, esses setores representavam, em 2018, 27% das emissões globais, e as emissões oriundas do transporte a longas distâncias de insumos (combustíveis fósseis, minério de ferro para produção de aço, carnes e produtos agrícolas para ração animal etc.) e de bens manufaturados são cada vez mais a pedra de toque de uma economia globalizada.

(ii) É impossível, além disso, crescer e descarbonizar ao mesmo tempo, pois crescimento significa aumento de extração e transformação dos insumos, aumento da distribuição dos produtos em escala internacional, bem como aumento dos resíduos a serem descartados ou reciclados, sendo que mesmo a reciclagem de um número maior de resíduos supõe aumento do dispêndio energético. Ocorre que a energia demandada para o aumento de todas essas etapas do ciclo econômico ainda se baseia sobretudo na queima de combustíveis fósseis. Recorde-se que mesmo o aumento das energias recicláveis de baixo carbono requer aumento momentâneo da queima de combustíveis fósseis. Portanto, crescer e descarbonizar é uma contradição nos termos. E no entanto, em seu Quinto Relatório de Avaliação (AR5, 2014), o Painel Intergovernamental sobre as Mudanças Climáticas (IPCC) ainda se obstinava na ilusão de que as políticas de mitigação das emissões capazes de conter o aquecimento global eram compatíveis com o crescimento econômico:

> O Relatório de Síntese [do IPCC 2014] conclui que as estimativas de custos de mitigação variam, mas que o crescimento econômico global não seria fortemente afetado. Em cenários inalterados (*business as usual*), o consumo — um indicador do crescimento econômico — cresce de 1,6% a 3% ao ano ao longo do século XXI. Uma mitigação ambiciosa reduziria isso em cerca de 0,06 ponto percentual. "Comparados ao risco iminente de impactos irreversíveis das mudanças climáticas, os riscos de mitigação são administráveis", disse [Youba] Sokona [codiretor do Grupo de Trabalho III do Quinto Relatório de Avaliação do IPCC].[25]

A resposta de Kevin Anderson, ex-diretor do Tyndall Centre for Climate Change Research, da University of Manchester, a essa ilusão explicitava então uma verdade por certo desconfortável, mas irretorquível:

Não é possível conciliar uma trajetória consistente com um aquecimento de 2°C com as afirmações, repetidas em alto nível, de que na transição para um sistema de energia de baixo carbono "o crescimento econômico global não seria fortemente afetado" [IPCC].[26] Certamente seria impróprio sacrificar avanços no bem-estar das populações pobres do mundo todo, incluindo os pobres das nações mais ricas, em prol da redução das emissões de carbono. Mas isso só aumenta a pressão sobre os estilos de vida do segmento relativamente pequeno da população do planeta com emissões mais elevadas — pressão que não pode ser eliminada por meio de escapismo incremental. Com um crescimento econômico de 3% ao ano, a redução na intensidade de carbono do produto interno bruto global precisaria ser próxima a 13% ao ano; mais alta ainda para nações industrializadas mais ricas, e ainda mais alta para aqueles indivíduos com pegadas de carbono bem acima da média (tanto em nações industrializadas quanto em vias de industrialização).[27]

(iii) Uma transição para uma civilização descarbonizada, a única que possibilitará nossa sobrevivência, não pode ser concebida, enfim, no âmbito de uma economia baseada no critério de rentabilidade do investimento. E isso por duas razões óbvias: (1) a imensa infraestrutura global de exploração e uso de combustíveis fósseis, construída ao longo do século XX e nos últimos vinte anos, ainda é plenamente operacional e rentável para essa indústria, ao menos a curto prazo, e tanto mais pelos subsídios diretos de que se beneficia; e (2) no estágio atual da tecnologia, nenhuma fonte energética alternativa aos combustíveis fósseis tem eficiência e versatilidade maiores. Portanto, sair dos combustíveis fósseis não pode ser entendido como uma "oportunidade" para os negócios, como sonham tantos economistas. Ela não é uma operação rentável e, portanto, "racional" do ponto de vista do *Homo oeconomicus*. É uma decisão tomada *contra* os valores e a lógica de uma economia mortífera. Essa decisão comporta sacrifícios consideráveis em padrões e expectativas de consumo dos 10% ou 20% mais ricos da humanidade que detêm mais de 90% dos ativos globais. Trata-se, portanto, de uma ruptura que enfrentará a oposição renhida dessa minoria, que ainda se crê imune ao caos que se avizinha.

6. Desglobalização do sistema alimentar e sua transição para uma alimentação baseada em nutrientes vegetais

No Capítulo 2, desenvolvi o arrazoado em que se baseia essa proposta e não é necessário retomá-lo aqui. Basta frisar dois pontos:

(i) não há avanço possível nessa direção sem uma reforma agrária com radical democratização da propriedade da terra, sobretudo num país como o Brasil, em que a aberrante concentração dessa propriedade é possivelmente uma das maiores do mundo. Segundo o Instituto Nacional de Colonização e Reforma Agrária (Incra), em 2014, 86% dos imóveis rurais brasileiros com até cem hectares ocupavam apenas 15% da área do total dos imóveis rurais, ao passo que apenas 3.057 imóveis rurais com mais de dez mil hectares, equivalente a 0,046% do total desses imóveis, ocupavam 38% dessa área, e somente 365 desses imóveis, com mais de cem mil hectares, ocupavam 19% dessa área;

(ii) construir um sistema alimentar baseado em nutrientes vegetais, produzidos por uma agricultura orgânica, local, variada e respeitosa dos habitats selvagens, constitui uma ruptura civilizatória tão premente e crucial quanto a transição do sistema energético para fora dos combustíveis fósseis. Não se trata aqui do consumo artesanal de carne das comunidades tradicionais. Trata-se do consumo baseado na indústria da carne, insustentável, atentatória à saúde humana, aos direitos dos animais e, em geral, aos equilíbrios do sistema Terra.

O Brasil é uma peça-chave nesse processo. Com o maior rebanho bovino do mundo (14,3% do total mundial), o país é também o maior exportador de carne bovina do planeta,[28] e apenas em 2021 essas exportações alcançaram 1,8 milhão de toneladas.[29] Trata-se, obviamente, de uma atrocidade e de uma insanidade. Isso posto, 76% da carne bovina produzida no Brasil é consumida domesticamente. A Figura 11.2 (p. 456) apresenta a proporção entre o consumo doméstico de carne bovina e o volume exportado entre 2000 e 2020, bem como os países que mais a importaram em 2019.

É claro que esse consumo doméstico, por majoritário que seja, se restringe cada vez mais ao topo da pirâmide de renda,[30] mas um ponto central aqui, já discutido no Capítulo 2, deve ser mais uma vez reiterado: o consumo de carne nos níveis atuais não só não resolverá o problema da fome crescente no Brasil e no mundo como o agravará.

Figura 11.2: (a) Consumo doméstico e exportado de carne bovina entre 2000 e 2020; (b) principais destinos das exportações brasileiras de carne bovina (China, Hong Kong, Egito, Chile, Estados Unidos, União Europeia e outros) por tipo de carne (carne fresca, inclusive congelada, processada e miúdos) em 2019

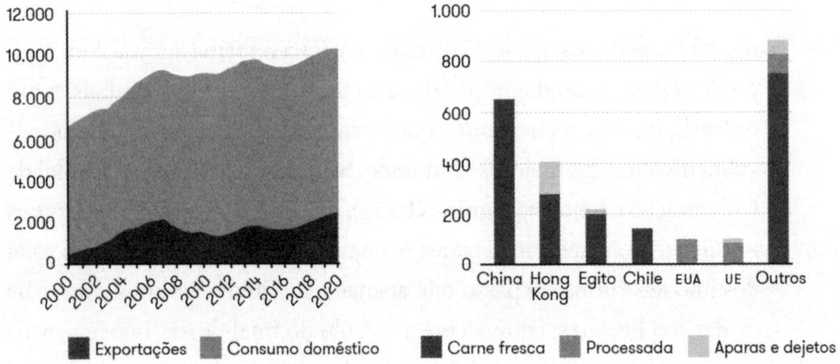

Fonte: Barbara Kuepper, Tim Steinweg & Matt Piotrowski, "Brazilian Beef Supply Chain Under Pressure Amid Worsening ESG Impacts", Chain Reaction Research, ago. 2020, baseado em dados da Associação Brasileira das Indústrias Exportadoras de Carnes (Abiec) e do Departamento de Agricultura dos Estados Unidos.

7. O arcabouço jurídico internacional vigente deve superar o axioma da soberania nacional absoluta em benefício de uma soberania nacional relativa

A soberania nacional deve cessar onde houver ameaça ao interesse comum. O Estado-nação é uma estrutura disfuncional diante de ameaças ambientais de natureza global. Suas fronteiras são arbitrárias e não podem mais prevalecer sobre os territórios, entendidos como fisionomias ao mesmo tempo biológicas e sociais. A soberania nacional deve ceder o passo a uma autoridade superior, formada pela aliança entre representações populares subnacionais e governança global. Essa aliança entre os territórios e o sistema Terra não aproxima entidades opostas, pois o global está inscrito no local e no territorial. Hoje, na situação-limite em que nos encontramos, a derrubada de um hectare de floresta em qualquer ponto do território de um país é um fato de envergadura e de consequências globais.

Os Estados-nações estão no centro da precarização das sociedades, da regressão democrática e dos direitos humanos. De um lado, na busca irracional por se posicionarem melhor numa crise de natureza global, eles desencadeiam e acirram os conflitos geopolíticos e as guerras, o que intensifica os fluxos migratórios. De outro, fortificam cada vez mais suas fronteiras, levantando muros de contenção pelo mundo todo, justamente para se proteger desses fluxos migratórios. O "muro de Trump" é um exemplo emblemático desse processo, mas está longe de ser o único. Segundo Steffen Mau, da Humboldt-Universität de Berlim,

> em 1990, havia uma dúzia deles. Hoje, há mais de setenta. Trinta anos atrás, menos de 5% das fronteiras eram materializadas por muros. Desde então, essa porcentagem cresceu para mais de 20%. [...] Nos últimos dois decênios, mais muros [em fronteiras] foram construídos do que no meio século precedente.[31]

Enquanto isso, o Mediterrâneo se transformou em uma espécie de muro, ou melhor, em um cemitério de imigrantes. Segundo estimativas da UN International Organization for Migration (IOM), 23 mil imigrantes pereceram no Mar Mediterrâneo entre 2014 e 2020 ao tentar chegar à Europa, cinco mil deles apenas em 2016.[32] Processos precários de imigração forçada fizeram, em escala global, mais de 45 mil vítimas fatais entre 2014 e 2021, segundo o Missing Migrants Project da IOM.[33] Isso é apenas a antessala do que reserva o agravamento das crises em curso, e equivocam-se gravemente os que se creem protegidos por seus muros e seu dinheiro.

No que se refere a uma nova possível engenharia da governança global, a ser desenhada pelas sociedades, só me ocorre retomar o escrito no meu livro anterior,[34] ou seja, a necessidade de partir da ONU. É claro que, em sua forma atual, a ONU é a expressão da máxima concentração de poder e precisa ser radicalmente democratizada. Mas, como escrevi anteriormente, ela é a única estrutura de que se dispõe para avançar no âmbito da governança global e deve, portanto, ser apoiada e fortalecida. Fortalecê-la significa subordinar seu Conselho de Segurança à sua Assembleia Geral, da qual deve emanar, como de um Parlamento, um poder superior ao das soberanias nacionais e aos desígnios imperialistas. Essa é a única via para afrontar, pacífica e racionalmente, problemas que não podem sê-lo apenas em âmbito nacional. O ecocídio que se continua a perpetrar nos oceanos, nas mantas vegetais nativas do planeta e na biodiversidade em geral deve-se tornar passível de penalidades efetivamente dissuasivas. Trata-se de refundar o pacto constitucional em escala internacional, de modo a investir as sociedades de um poder de arbitragem e de veto em todas as decisões que possam implicar:

(i) manutenção da atividade econômica orientada para a acumulação de capital;
(ii) manutenção da engrenagem físico-financeira da emergência climática;
(iii) aumento da poluição e desperdício de recursos;
(iv) impacto da atividade econômica sobre os recursos naturais e os equilíbrios ecossistêmicos além do limite preconizado pelos consensos científicos de instituições internacionais pertencentes à ONU ou credenciadas por seus tratados e convenções.

Zelar pela observância dessas quatro cláusulas pétreas do novo pacto constitucional global seria a função de uma nova instância constitucional, eleita, ela também, por sufrágio universal, e composta paritariamente por:

(i) representantes da sociedade civil, aí incluídas associações profissionais e ONGs;
(ii) representantes dos povos originários;
(iii) representantes das instituições científicas;
(iv) representantes das futuras gerações humanas, encarregados de examinar as possíveis consequências vindouras de cada decisão a partir do princípio de precaução;
(v) sociedades de proteção aos direitos animais capazes de representar, como propõe Andrew Dobson,[35] os interesses de espécies não humanas.

8. Acelerar a transição demográfica aumenta as chances de sucesso das rupturas enunciadas

Como afirmado na proposta 2, a permanência das civilizações humanas depende da diminuição de suas taxas de consumo de materiais e de energia. A demografia é, obviamente, um complicador importante no desafio de satisfazer essa condição. Por isso, têm razão os demógrafos que insistem, tal como José Eustáquio Diniz Alves no Brasil, na necessidade de que o decrescimento econômico seja acompanhado por um decrescimento demográfico em escala global; portanto, um decrescimento demoeconômico. A população humana mais que triplicou desde 1950, passando de 2,53 bilhões para 8 bilhões de pessoas em 2022, e continua crescendo ainda a uma taxa próxima de 0,9% ao ano (2021), o que significa acrescentar mais de setenta milhões de humanos ao planeta por ano. A cada três anos, o planeta ainda deve acomodar uma população inteira do Brasil a mais. Isso é obviamente excessivo, e a projeção da variante média da World Population Prospects de 2019 é de que a população global pode crescer mais 10% neste decênio, atingindo 8,5 bilhões em 2030.[36] A fase mais aguda desse processo felizmente já passou. Segundo dados da Divisão da População da ONU, desde os anos 1960, as taxas de fecundidade começaram globalmente a declinar, passando de cerca de cinco nascimentos por mulher, no início dos anos 1960, para cerca de três durante os anos 1990-1995, e para 2,5 nos anos 2015-2020, sendo de 2,1 nascimentos por mulher a taxa de reposição populacional. Estamos, portanto, ainda bem longe dessa taxa, pois em cerca de quarenta países as taxas de fecundidade se mantêm em mais de quatro nascimentos por mulher.[37] A lentidão da transição demográfica nesses países coincide em geral com a pobreza extrema e, mais geralmente, com uma inadmissível falta de liberdade das mulheres, impedidas de exercer o direito primeiro da cidadania, qual seja, o de decidir sobre seu corpo e suas funções reprodutivas. A educação das mulheres em paridade com a dos homens e o pleno acesso de ambos aos métodos de regulação da fecundidade, com ênfase nos direitos sexuais e reprodutivos das mulheres, devem constituir um dos direitos humanos mais basilares. Quase 9,5% da população mundial atual tem 65 anos ou mais e nasceu até 1957, quando éramos ainda menos de três bilhões de seres humanos. Retornar a esse equilíbrio demográfico ou mesmo, ainda mais ambiciosamente, a uma população em torno de dois bilhões, como éramos havia apenas um século, tornará muito mais fácil avançar nas sete propostas enunciadas. Isso será possível no espaço de poucas gerações se conseguirmos construir uma sociedade sem pobreza e riqueza extremas e com igualdade de gênero, o que começa, repita-se, pelo direito das mulheres a decidir livremente sobre suas funções reprodutivas.

Uma observação final: é possível?

A questão de saber se é possível já terá aflorado na mente de muitos, como tem aflorado na minha. Ela não faz sentido, pois não cabe a ninguém afirmar o que as sociedades são capazes ou incapazes de realizar. Realizar essas rupturas civilizacionais, e no prazo de um decênio, parece evidentemente cada vez mais difícil. A enormidade da tarefa, a resistência material e ideológica dos interesses econômicos, a dificuldade de compreender a gravidade e a aceleração das crises ambientais, a fragmentação dos movimentos sociais, tudo agora joga contra a humanidade. Pouco importa: não se enfrenta um desafio existencial a partir de cálculos de probabilidade. À humanidade, não resta alternativa senão se insurgir contra o fracasso iminente de seu potencial e contra a ameaça crescente de sua própria extinção, e é nessa falta de alternativa que reside, paradoxalmente, a força dessa insurgência.

No futuro, ocultam-se energias e sobressaltos insuspeitados, um elemento vital de imprevisibilidade. Pontos de inflexão no comportamento das sociedades podem ser cruzados mais rapidamente do que pensamos, e tanto mais se soubermos contribuir para difundir mais amplamente o senso de urgência imposto por nosso decênio decisivo. Tal é o ensinamento de um diálogo histórico entre Jane Goodall e Edgar Morin, no qual o filósofo francês cunha uma forma de sabedoria diante de situações críticas: "Coloco esperança no improvável" (*Je place de l'espoir dans l'improbable*).[38] Portanto, à questão da possibilidade de as sociedades evoluírem resolutamente em direção a essas rupturas civilizacionais no intervalo de um decênio, é preciso responder por uma afirmação de princípio e de esperança: sim, é possível, pois elas dependem de nós, e nada pode ser considerado impossível para nós perante uma ameaça existencial.

Para tanto, é preciso recusar a naturalização do capitalismo. Não haveria alternativa ao sistema econômico vigente, afirmam seus ideólogos, porque qualquer alternativa ao totalitarismo dos mercados degeneraria em totalitarismo político. Além disso, o individualismo, a sobrevivência do mais apto e o "instinto animal" do lucro exprimiriam, no limite, algo próprio de uma suposta natureza humana. Tal é, exclamam em uníssono os conservadores, o ensinamento da história. Errado. A história encerra ensinamentos múltiplos e contraditórios. Mas não é de história que se trata aqui. Diante de uma ameaça existencial sem precedentes, a palavra final não deve ser buscada no passado, muito menos na esfera da biologia, e sim na das estruturas sociais que tivermos a audácia de construir, *além* de nossa memória histórica e *além* da agressividade ínsita em nossa herança biológica. O ensinamento de que precisamos hoje nos vem de um grande biólogo, Stephen Jay Gould:

> Violência, sexismo e maldade geral são biológicos, pois representam um subconjunto de uma gama possível de comportamentos. Paz, igualdade e gentileza são igualmente biológicas — e podemos ver sua influência aumentar se pudermos criar estruturas sociais que lhes permitam florescer.[39]

Notas

Apresentação

1 No começo de todo filme de desastre, cientistas são ignorados. Cf. Luiza Caires, "Desastres começam com cientistas sendo ignorados", *Jornal da USP*, 4 set. 2020.

2 O telescópio vê o muito grande; o microscópio vê o muito pequeno. O macroscópio vê o muito complexo.

Prefácio à segunda edição

1 Cf. Audrey Garric, Mathilde Gérard, Matthieu Goar, Stéphane Mandard & Léa Sanchez, "Sur l'écologie, un grand renoncement à l'oeuvre en France et dans le monde", *Le Monde*, 13 mar. 2025.

2 Cf. "UK Court Ruling on Climate Protestors Sets Dangerous Precedent", Global Witness, 10 mar. 2025.

3 Cf. Matthäus Willeit *et al.*, "Mid-Pleistocene Transition in Glacial Cycles Explained by Declining CO_2 and Regolith Removal", *Science Advances*, v. 5, n. 4, 3 abr. 2019.

4 Cf. Collin B. Edwards *et al.*, "Rapid Butterfly Declines Across the United States During the 21st Century", *Science*, v. 387, n. 6.738, p. 1.090-4, 6 mar. 2025: "Between 2000 and 2020, total butterfly abundance fell by 22% across the 554 recorded species".

5 Cf. "Carbon Emissions of Richest 1% More than Double Those of Poorest Half of the World", Oxfam, 21 set. 2020.

6 Cf. Programa das Nações Unidas para o Meio Ambiente (Pnuma) & International Solid Waste Management (ISWM), "Beyond an Age of Waste", 2024.

7 Cf. Alexander J. Nihart *et al.*, "Bioaccumulation of Microplastics in Decedent Human Brains", *Nature Medicine*, 3 fev. 2025.

8 Cf. Zhanyun Wang *et al.*, "Toward a Global Understanding of Chemical Pollution: A First Comprehensive Analysis of National and Regional Inventories", *Environmental Science & Technology*, 22 jan. 2020; Janet Pelley, "Number of Chemicals in Commerce Has Been Vastly Underestimated", *Chemical & Engineering News*, v. 98, n. 7, 12 fev. 2020.

9 Cf. "Cancer Rates Rise Among Under 50", NIHCM Newsletter, fev. 2024: "Adults under 50 were the only group to experience an increase in overall cancer incidence compared to older groups". Cf. também Don S. Dizon &

Arif H. Kamal, "Cancer Statistics 2024: All Hands on Deck", *CA: A Cancer Journal for Clinicians*, v. 74, n. 1, p. 8-9, 2024.

10 Cf. "The Effects of Deforestation", Climate Impact Partners, 28 nov. 2024: "It is estimated that we lose 137 species of animals, plants, and insects every day due to deforestation".

11 Cf. José Eustáquio Diniz Alves, "Crise climática e demissões em massa na NOAA", *EcoDebate*, 3 mar. 2025.

12 Cf. NOAA, Global Monitoring Laboratory, Annual Greenhouse Gas Index (AGGI), jun.-set. 2024. Disponível em: https://gml.noaa.gov/aggi/aggi.html.

13 Cf. Karina von Schuckmann *et al.*, "Heat Stored in the Earth System: Where Does the Energy Go?", *Earth System Science Data*, v. 12, p. 1-29, 2020.

14 Cf. Madeleine Cuff, "Earth's Atmosphere is Trapping Twice as Much Heat as it Did in 1993", *New Scientist*, 5 jun. 2024.

15 Cf. Piers M. Forster *et al.*, "Indicators of Global Climate Change 2023: Annual Update of Key Indicators of the State of the Climate System and Human Influence", *Earth System Science Data*, v. 16, p. 2.625-58, 2024: "We find successive increases in Earth Energy Imbalance for each 20-year period since 1974, with an estimated value of 0.42 [0.02 to 0.81] W/m^2 during 1974-1993 that more than doubled to 0.87 [0.65 to 1.08] W/m^2 during 2004-2023".

16 Cf. James C. Curran & Samuel A. Curran, "Natural Sequestration of Carbon Dioxide is in Decline: Climate Change Will Accelerate", *Weather*, 15 jan. 2025: "Atmospheric concentrations will rise more rapidly than previously, in proportion to annual CO_2 emissions, as natural sequestration is now declining by 0.25% per year"; S. R. Weiskopf *et al.*, "Biodiversity Loss Reduces Global Terrestrial Carbon Storage", *Nature Communications*, v. 15, n. 4.354, 2024.

17 Cf. "February 2025: Record Low Global Sea Ice Cover", *Copernicus Monthly Climate Bulletin*, 6 mar. 2025.

18 Cf. James Hansen *et al.*, "Global Warming in the Pipeline", *Oxford Open Climate Change*, v. 3, n. 1, 2 nov. 2023.

19 Cf. "NASA Helps Find Thawing Permafrost Adds to Near-Term Global Warming", Jet Propulsion Laboratory, 29 out. 2024: "What we are finding now is that climate-driven changes are tipping the balance toward permafrost being a net source of greenhouse gas emissions"; Kimberley R. Miner. "Permafrost Carbon Emissions in a Changing Arctic", *Nature Reviews Earth & Environment*, v. 3, p. 55-67, 2022.

20 Cf. "Production Gap Report, Phasing Down or Phasing Up? Top Fossil Fuel Producers Plan Even More Extraction Despite Climate Promises", Stockholm Environment Institute, Climate Analytics, E3G, International Institute for Sustainable Development & Pnuma, 2023, p. 4: "In total, government plans and projections would lead to an increase in global production until 2030 for coal, and until at least 2050 for oil and gas".

21 Cf. James Hansen *et al.*, "How We Know that Global Warming is Accelerating and that the Goal of the Paris Agreement is Dead", Earth Institute, 10 nov. 2023: "Global warming of 2°C will be reached by the late 2030s, i.e., within about 15 years".

22 Cf. Pablo Gutiérrez *et al.*, "Two-Thirds of the Earth's Surface Experienced Record Heat in 2024", *The Guardian*, 20 fev. 2025, com dados do Copernicus, a agência europeia do clima.

23 Cf. Ana Lucia Azevedo, "América do Sul ferve com Paraguai com mais de 45°C", *O Globo*, 9 jan. 2024.

24 Cf. Djacinto Monteiro dos Santos *et al.*, "Twenty-First-Century Demographic and Social Inequalities of Heat-Related Deaths in Brazilian Urban Areas", *Plos One*, 24 jan. 2024.

25 Cf. Barbara Souza, "Pesquisa relaciona calor extremo à mortalidade no Rio de Janeiro", *Agência Fiocruz de Notícias*, 14 fev. 2025. O artigo analisa uma pesquisa realizada por João Henrique de Araujo Morais na Escola Nacional de Saúde Pública Sergio Arouca (Ensp/Fiocruz), no âmbito do Programa de Epidemiologia em Saúde Pública.

26 Cf. Francielly Barbosa, "Calor levou mais de 5 mil pessoas a buscar atendimento no Rio em 2025", *Agência Brasil*, 20 fev. 2025.

27 Cf. "Trem do ramal Guapimirim descarrila e tomba em Magé, RJ", *G1*, 20 fev. 2025.

28 Cf. "Analysis Shows Unexpected Amount of Sea Level Rise in 2024", NASA Jet Propulsory Laboratory, 13 mar 2025.

29 Cf. Sarah Feron *et al.*, "South America is Becoming Warmer, Drier, and More Flammable", *Communications Earth & Environment*, v. 5, n. 501, 2024.

30 Cf. José Gescilam S. M. Uchôa *et al.*, "Widespread Potential for Streamflow Leakage Across Brazil", *Nature Communications*, v. 15, n. 10.211, 25 nov. 2024.

31 Cf. "Seca leva país a escassez inédita em cinco grandes bacias hidrográficas", *Folha de S. Paulo*, 8 dez. 2024.

32 Cf. Daniel L. Swain *et al.*, "Hydroclimate Volatility on a Warming Earth", *Nature Reviews Earth & Environment*, 6 jan. 2025, p. 35-50.

33 Em 2022, o Painel Intergovernamental sobre as Mudanças Climáticas (IPCC) admitiu: "A extensão e magnitude dos impactos das mudanças climáticas são maiores do que as estimadas nas avaliações anteriores (*alta confiabilidade*)". Cf. IPCC, "Summary for Policymakers". *In*: *Climate Change 2022: Impacts, Adaptation and Vulnerability. Contribution of the Working Group II to the Sixth Assessment Report*. Cambridge: Cambridge University Press, 2022, p. 9: "The extent and magnitude of climate change impacts are larger than estimated in previous assessments (*high confidence*)".

Prefácio

1 Cf. Gilberto Câmara *et al.*, "Desafios do cumprimento da NDC brasileira no bioma Amazônia", *Revista Cebri*, v. 1, n. 4, out.-dez. 2022, baseado em dados de: Instituto Nacional de Colonização e Reforma Agrária (Incra); Cadastro Ambiental Rural (CAR); Serviço Florestal Brasileiro (SFB); Fundação Nacional dos Povos Indígenas (Funai); Instituto Chico Mendes de Conservação e Biodiversidade (ICMBio); Instituto Nacional de Pesquisas Espaciais (Inpe).

2 Cf. Luiz Marques, "A destruição da Mata Atlântica — pequeno dossiê visual", *Revista Rosa*, v. 6, n. 2, 14 dez. 2022.

3 Cf. "Vamos pressionar o Congresso pela integridade da Lei da Mata Atlântica?", *Climainfo*, 31 ago. 2022. Vejam-se, por exemplo, o Projeto de Lei (PL) 364/2019, que retira a proteção dos Campos de Altitude; o PL 195/2021, que enfraquece os controles existentes sobre a exploração e o transporte de madeira; e o PL 686/2022, que permite o desmatamento de floresta secundária excedente da reserva legal em propriedades localizadas na Mata Atlântica.

4 Cf. Luciana Gatti *et al.*, "Amazon Carbon Emissions Double Mainly by Dismantled in Law Enforcement", *Research Square* (preprint), 19 set. 2022: "We estimate that carbon emissions doubled in the years 2019 and 2020, compared with the previous study (2010-2018), because of a reduction of law enforcement in Brazilian Amazonia, resulting in an important increase in deforestation during 2019 and in 2020 the climate stress was also an additional cause for carbon source. Comparing the mean for 2010-2014 with the 2016-2020 for the whole Amazonia, we observed 50% increase in total carbon emissions [...], 31% decrease in carbon sink [...] and 16% increase in fire emissions [...]. This consistent increase in the last 5 years was accelerated in the last 2 years of the period, showing the importance of public policies to prevent deforestation, degradation and fire occurrences".

5 Cf. David M. Lapola, "The Drivers and Impacts of Amazon Forest Degradation", *Science*, v. 379, n. 6.630, 27 jan. 2023: "Approximately 2.5×10^6 square kilometers of the Amazon forest are currently degraded by fire, edge effects, timber extraction, and/or extreme drought, representing 38% of all remaining forests in the region".

6 Cf. Luiz Marques, "A Convenção-Quadro do Clima morreu. E agora?", *Jornal da Unicamp*, 13 dez. 2022.

7 Cf. António Guterres, "Secretary-General's Remarks at the UN Biodiversity Conference — COP15", ONU, 6 dez 2022: "Multinational corporations are filling their bank accounts while emptying our world of its natural gifts. Ecosystems have become playthings of profit. With our bottomless appetite for unchecked and unequal economic growth, humanity has become a weapon of mass extinction. We are treating nature like a toilet. And ultimately, we are committing suicide by proxy".

8 Cf. John Mecklin, "A Time of Unprecedented Danger: It Is 90 Seconds to Midnight — 2023 Doomsday Clock Statement", *Bulletin of the Atomic Scientists*, 24 jan. 2023: "This year, the Science and Security Board of the *Bulletin of the Atomic Scientists* moves the hands of the Doomsday Clock forward, largely (though not exclusively) because of the mounting dangers of the war in Ukraine. The Clock now stands at 90 seconds to midnight — the closest to global catastrophe it has ever been".

9 Cf. Connor Echols, "Defense Contractors Eye Long-Term Profits from Ukraine War", *Responsible Statecraft*, 18 out. 2022: "The world is dealing with a lot of uncertainty. [...] But one thing has been certain from the start: the U.S. defense industry is going to cash in".

10 Cf. "A New Challenge to Relations between America and China", *The Economist*, 29 jan. 2023: "There is bipartisan consensus that the era of trusting Communist China is over".

11 Cf. Courtney Kube & Mosheh Gains, "Air Force General Predicts War with China in 2025", CBS, 27 jan. 2023: "I hope I am wrong. My gut tells me will fight in 2025".

12 Cf. Roberta Jansen, "Mudanças climáticas vão aumentar risco de problemas de saúde; saiba quais", *O Estado de S. Paulo*, 12 abr. 2022.

13 Cf. Nick Bostrom, "Existential Risks. Analyzing Human Extinction Scenarios and Related Hazards", *Journal of Evolution and Technology*, v. 9, n. 1, 2002: "Existential risk — One where an adverse outcome would either annihilate Earth-originating intelligent life or permanently and drastically curtail its potential. An existential risk is one where humankind as a whole is imperiled. Existential disasters have major adverse consequences for the course of human civilization for all time to come". Ver também *idem*, "Existential Risk Prevention as Global Priority", *Global Policy*, v. 4, n. 1, p. 15-31, fev. 2013.

14 Cf. Toby Ord, *The Precipice: Existential Risk and the Future of Humanity*. Nova York: Hachette, 2020.

15 Cf. Luiz Marques, "O colapso socioambiental não é um evento, é o processo em curso", *Revista Rosa*, v. 1, n. 1, 2019; *idem*, "Pandemics, Existential and Non-Existential Risks to Humanity", *Ambiente & Sociedade*, v. 23, 2020.

16 Cf. Catherine E. Richards, Richard C. Lupton & Julian M. Allwood, "Re-Framing the Threat of Global Warming: An Empirical Causal Loop Diagram of Climate Change, Food Insecurity and Societal Collapse", *Climatic Change*, v. 164, n. 3-4, 19 fev. 2021: "There is increasing concern that climate change poses an existential risk to humanity".

17 *Ibidem*: "There is emerging evidence of amplifying feedbacks accelerating and dampening feedbacks decelerating. These feedbacks exacerbate the possibility of runaway global warming, estimated at 8°C or greater by 2100. Such temperature increases translate to a range of real dangers, shifting the narrow climate niche within which humans have resided for millennia".

18 Cf. IPCC, 31ª Sessão, Bali, 26-29 out. 2009, p. 90: "A 'runaway greenhouse effect' — analogous to Venus — appears to have virtually no chance of being induced by anthropogenic activities".

19 Cf. Yangyang Xu & Veerabhadran Ramanathan, "Well Below 2°C: Mitigation Strategies for Avoiding Dangerous to Catastrophic Climate Changes", PNAS, 14 set. 2017: "> 1.5°C as dangerous; > 3°C as catastrophic; and > 5°C as unknown, implying beyond catastrophic, including existential threats. With unchecked emissions, the central warming can reach the dangerous level within three decades, with the LPHI [low probability (5%) of high impact] warming becoming catastrophic by 2050".

20 Cf. *sir* Brian Hoskins *apud* Andrew Simms, "A Cat in Hell's Chance — Why We're Losing the Battle to Keep Global Warming below 2°C", *The Guardian*, 19 jan. 2017: "We have no evidence that a 1.9°C rise is something we can easily cope with, and 2.1°C is a disaster".

21 Cf. Timothy Lenton *et al.*, "Climate Tipping Points: Too Risky to Bet against", *Nature*, v. 575, p. 592-5, 28 nov. 2019; David I. Armstrong McKay *et al.*, "Exceeding 1.5°C Global Warming Could Trigger Multiple Climate Tipping Points", *Science*, v. 377, n. 6.611, 9 set. 2022.

22 Cf. Will Steffen *et al.*, "Trajectories of the Earth System in the Anthropocene", *Proceedings of the National Academy of Sciences*, v. 115, n. 33, p. 8.252-9, ago. 2018.

23 Cf. Chi Xu *et al.*, "Future of the Human Climate Niche", *PNAS*, v. 117, n. 21, p. 11350-5, 26 maio 2020.

24 Cf. Reto Knutti & Gabriele C. Hegerl, "The Equilibrium Sensitivity of the Earth's Temperature to Radiation Changes", *Nature Geosciences*, v. 1, p. 735--43, nov. 2008; Reto Knutti, Maria A. A. Rugenstein & Gabriele C. Hegerl, "Beyond Equilibrium Climate Sensitivity", *Nature Geosciences*, v. 10, p. 727-36, 4 nov. 2017; Gerald A. Meehl *et al.*, "Context for Interpreting Equilibrium Climate Sensitivity and Transient Climate Response from the CMIP6 Earth System Models", *Science Advances*, v. 6, n. 26, jun. 2020.

25 Cf. Steven C. Sherwood *et al.*, "An Assessment of Earth's Climate Sensitivity Using Multiple Lines of Evidence", *Reviews of Geophysics*, v. 58, n. 4, dez. 2020: "We remain unable to rule out that the sensitivity could be above 4.5°C per doubling of carbon dioxide levels, although this is not likely".

26 Cf. Jeff Tollefson, "How Hot Will Earth Get by 2100?", *Nature*, 22 abr. 2020: "Even if coal use doesn't rise in a catastrophic way, 5°C of warming could occur by other means, including thawing permafrost".

Introdução

1 Cf. Will Steffen, "Hot House Earth: Our Future in Crisis" [vídeo], 2021. Disponível em: https://www.youtube.com/watch?v=wgEYfZDK1Qk&t=1347s: "We are sitting at this fork on the road. We're not gonna have another decade to dither like we did the last decade".

2 Sobre o conceito de Grande Aceleração, cf. Will Steffen *et al.*, *Global Change and the Earth System: A Planet Under Pressure*. Berlim: Springer, 2004; John McNeil & Peter Engelke, *The Great Acceleration: An Environmental History of the Anthropocene since 1945*. Cambridge: Harvard University Press, 2014; Ugo Bardi, *Extracted: How the Quest for Mineral Wealth Is Plundering the Planet*. Vermont: Chelsea Green Publisher, 2014; Will Steffen *et al.*, "The Trajectory of the Anthropocene: The Great Acceleration", *The Anthropocene Review*, v. 2, n. 1, p. 81-98, 2015; Richard Monastersky, "First Atomic Blast Proposed as Start of Anthropocene", *Nature*, 16 jan. 2015: "These radionuclides, such as long-lived plutonium-239, appeared at much the same time as many other large-scale changes wrought by humans in the years immediately following the Second World War. Fertilizer started to be mass produced, for instance, which doubled the amount of reactive nitrogen in the environment, and the amount of carbon dioxide in the atmosphere started to surge. New

plastics spread around the globe, and a rise in global commerce carried invasive animal and plant species between continents. Furthermore, people were increasingly migrating from rural areas to urban centres, feeding the growth of megacities. This time has been called the Great Acceleration" [Esses radionuclídeos, como o plutônio-239 de longa duração, apareceram ao mesmo tempo que muitas outras mudanças em grande escala causadas por humanos nos anos imediatamente após a Segunda Guerra Mundial. Fertilizantes começaram a ser produzidos maciçamente, por exemplo, o que dobrou a quantidade de nitrogênio reativo no meio ambiente, e a quantidade de dióxido de carbono na atmosfera começou a crescer. Novos plásticos disseminaram-se pelo globo e o crescimento do comércio mundial transportou, de um continente a outro, espécies invasivas animais e vegetais. Além disso, as pessoas migraram crescentemente das áreas rurais para os centros urbanos, alimentando o crescimento das megacidades. Esse tempo foi chamado A Grande Aceleração].

3 O chamado Manifesto Russell-Einstein ("Notice to the World") foi redigido por Bertrand Russell e lançado em Londres em 9 de julho de 1955, com as assinaturas de Max Born, Percy W. Bridgman, Leopold Infeld, Frédéric Joliot-Curie, Hermann J. Muller, Linus Pauling, Cecil F. Powell, Joseph Rotblat e Hideki Yukawa: "There lies before us, if we choose, continual progress in happiness, knowledge, and wisdom. Shall we, instead, choose death, because we cannot forget our quarrels? We appeal as human beings to human beings: remember your humanity, and forget the rest. If you can do so, the way lies open to a new Paradise; if you cannot, there lies before you the risk of universal death". Reflexões fundamentais sobre esses anos foram propostas por Günther Anders e Michel Serres. Cf. Günther Anders, *L'Obsolescence de l'homme: sur l'âme à l'époque de la deuxième revolution industrielle*, tomo 1. Paris: Ivrea, 2002; *idem*, *L'Obsolescence de l'homme: sur la destruction de la vie à l'époque de la troisième revolution industrielle*, tomo 2. Paris: Fario, 2011; Michel Serres, *Éclaircissements: Entretiens avec Bruno Latour*. Paris: F. Bourin, 1992.

4 Cf. Tony Judt, "The Crisis: Kennedy, Kruschev, and Cuba" (1998). *In*: Tony Judt, *Reappraisals*. Nova York: Penguin, 2008, p. 314-40.

5 Até 1998, seriam ao todo 2.053 explosões nucleares, sendo 1.032 dos Estados Unidos, 715 da ex-União Soviética, 210 da França, 45 do Reino Unido, 45 da China, quatro da Índia e duas do Paquistão. Cf. Isao Hashimoto, "A Time-Lapse Map of Every Nuclear Explosion since 1945" [vídeo], 2010. Disponível em: https://www.youtube.com/watch?v=LLCF7vPanrY.

6 Cf. Colin N. Waters, *A Stratigraphical Basis for the Anthropocene?* Londres: Geological Society, 2014; Richard Monastersky, "First Atomic Blast Proposed as Start of Anthropocene", *Nature*, 16 jan. 2015.

7 Cf. Michelle L. Bell, Devra L. Davis & Tony Fletcher, "A Retrospective Assessment of Mortality from the London Smog Episode of 1952: The Role of Influenza and Pollution", *Environmental Health Perspectives*, v. 112, n. 1, 2004.

8 Livros como *O homem unidimensional: estudos da ideologia da sociedade industrial avançada* (1964), de Herbert Marcuse, e *A sociedade do espetáculo* (1967), de Guy Debord, exprimem admiravelmente essa crítica da produção do sujeito

pela mercadoria. Sobre Debord, sua radicalidade política e os pontos de contato com o pensamento de Marcuse (incluindo seus limites ecológicos), cf. Gabriel Zacarias, *Crítica do espetáculo: o pensamento radical de Guy Debord*. São Paulo: Elefante, 2022, p. 182-200.

9 Cf. Vincent Bevins, "The 'Liberal World Order' Was Built with Blood", *The New York Times*, 29 maio 2020; *idem*, *The Jakarta Method: Washington's Anticommunist Crusade and the Mass Murder Program that Shaped Our World*. Nova York: Public Affairs, 2020 [ed. bras.: *O método Jacarta: a cruzada anticomunista e o programa de assassinatos em massa que moldou nosso mundo*. São Paulo: Autonomia Literária, 2022].

10 Ver as diversas estimativas de mortes e pessoas feridas na Rússia durante a guerra em "World War II Casualties of the Soviet Union", *Wikipedia*, [s.d.].

11 Cf. Bill Keller, "Major Soviet Paper Says 20 Million Died as Victims of Stalin", *The New York Times*, 4 fev. 1989.

12 Por exemplo, na Alemanha Oriental sob dominação soviética, fez-se uso de lei marcial para reprimir o levante dos trabalhadores em 1953.

13 Cf. Amnesty International, "Russia: Closure of International Memorial Is an Insult to Victims of the Russian Gulag", 28 dez. 2021; "Russian Court Increases Jail Sentence for Gulag Historian", *The Guardian*, 27 dez. 2021.

14 Cf. World Bank, "Population growth (anual %)", [s.d.]. Disponível em: https://data.worldbank.org/indicator/SP.POP.GROW.

15 Ver o documentário *How to Change the World*, dir. Jerry Rothwell, 2015.

16 Cf. Barbara Ward & René Dubos, *Only One Earth: The Care and Maintenance of a Small Planet*. Nova York: W. W. Norton, 1972, p. 47: "The two worlds of man — the biosphere of his inheritance, the technosphere of his creation — are out of balance, indeed, potentially in deep conflict. And man is in the middle. This is the hinge of history at which we stand, the door of the future opening on to a crisis more sudden, more global, more inescapable and more bewildering than any ever encountered by the human species and one which will take decisive shape within the life span of children who are already born". O livro trazia contribuições de 152 especialistas de 58 países.

17 Cf. "Blueprint for Survival", proposto por Edward (Teddy) Goldsmith e Robert Allen, assinado por mais de trinta cientistas eminentes, entre os quais Julian Huxley, Frank Fraser Darling, Peter Medawar e Peter Scott.

18 Cf. Donella Meadows *et al.*, *Limits to Growth: A Report for the Club of Rome's Project on the Predicament of Mankind*. Washington: A Potomoc Associates Book, 1972 [ed. bras.: *Limites do crescimento: um relatório para o projeto do Clube de Roma sobre o dilema da humanidade*. Trad. Inês M. F. Litto. São Paulo: Perspectiva, 1973].

19 Cf. Dorothy Neufeld, "Visualizing the History of U.S. Inflation Over 100 Years", *Advisor*, 10 jun. 2021.

20 Cf. Matthew Canfield, Molly D. Anderson & Philip McMichael, "UN Food Systems Summit 2021: Dismantling Democracy and Resetting Corporate Control of Food", *Frontiers in Sustainable Food Systems*, 13 abr. 2021.

21 Cf. Emma Margolin, "Make America Great Again: Who Said It First?", *NBC News*, 9 set. 2016.

22 Ver, por exemplo, "Noam Choamsky: I Would Vote for Jeremy Corbyn (extendend interview)" [vídeo], 2017. Disponível em: https://www.youtube.com/watch?v=edicDsSwYpk.

23 Cf. Joe Concha, "Biden's 'Fall of Saigon' in Afghanistan Presents Worst Moment Yet of Presidency", *The Hill*, 15 ago. 2021.

24 Cf. Kimberly Amadeo, "Opec Oil Embargo, Its Causes, and the Effects of the Crisis: The Truth About the 1973 Arab Oil Crisis", *The Balance*, 30 ago. 2020.

25 Cf. M. King Hubbert, "Nuclear Energy and Fossil Fuels", apresentado no encontro do American Petroleum Institute (API) de março de 1956 em San Antonio, Texas, e publicado nesse mesmo ano em *Drilling and Production Practice*, igualmente do American Petroleum Institute, 7-9 mar. 1956, p. 8. Disponível em: https://tinyurl.com/3z33akv8: "No finite resource can sustain for longer than a brief period such a rate of growth of production; therefore, although production rates tend initially to increase exponentially, physical limits prevent their continuing to do so".

26 Cf. Jean Fourastié, *Les Trente Glorieuses ou la révolution invisible de 1946 à 1975*. Paris: Fayard, 1979. O título alude às "Trois Glorieuses", as três jornadas gloriosas de julho de 1830 que levaram à derrocada de Carlos X e à instituição de uma monarquia constitucional na França.

27 Cf. Joseph Schumpeter, *Capitalism, Socialism, and Democracy*. Nova York: Routledge, 2003, p. 84 [ed. bras.: *Capitalismo, socialismo e democracia*. São Paulo: Lebooks, 2020]: "It must be seen in its role in the perennial gale of creative destruction".

28 Cf. Arnold J. Toynbee, *Mankind and Mother Earth*. Oxford: Oxford University Press, 1976, p. 593-6: "The present-day global set of local sovereign states is not capable of keeping the peace, and it is also not capable of saving the biosphere from man-made pollution or of conserving the biosphere's non-replaceable natural resources. [...] Will mankind murder Mother Earth or will he redeem her? [...] This is the enigmatic question which now confronts Man".

29 Cf. Colin Hutchinson, *Reaganism, Thatcherism and the Social Novel*. Londres: Palgrave Macmillan, 2008.

30 A WCED foi criada em 1983 pela ONU, por iniciativa de seu secretário-geral, Javier Pérez de Cuéllar, que convidou Gro Harlem Brundtland para presidir essa comissão. Vinculada ao Programa das Nações Unidas para o Meio Ambiente (Pnuma), logo passaria a ser conhecida como Comitê Brundtland. Seu objetivo era estabelecer um relatório sobre o meio ambiente, formulando, ao mesmo tempo, estratégias de governança global até 2000 (e além), capazes de compatibilizar o desenvolvimento econômico e a conservação ecológica.

31 Cf. Gro Harlem Brundtland, "Report of the World Commission on Environment and Development: Our Common Future", Chairman's Foreword, 20 mar. 1987: "There was a time of optimism and progress in the 1960s, when there was greater hope for a braver new world, and for progressive international ideas. Colonies blessed with natural resources were becoming nations. The locals of co-operation and sharing seemed to be seriously pursued. Paradoxically, the 1970s slid slowly into moods of reac-

tion and isolation while at the same time a series of UN conferences offered hope for greater co-operation on major issues. The 1972 UN Conference on the Human Environment brought the industrialized and developing nations together to delineate the "rights" of the human family to a healthy and productive environment. A string of such meetings followed: on the rights of people to adequate food, to sound housing, to safe water, to access to means of choosing the size of their families. The present decade has been marked by a retreat from social concerns. Scientists bring to our attention urgent but complex problems bearing on our very survival: a warming globe, threats to the Earth's ozone layer, deserts consuming agricultural land".

32 Cf. Karl Marx, *O 18 de brumário de Luís Bonaparte*. Disponível em: https://www.marxists.org/portugues/marx/1852/brumario/cap01.htm.

33 Cf. Qin Dahe, "Human Influence on Climate Clear, IPCC Report Says", UN and Climate Change, 27 set. 2014: "As the ocean warms, and glaciers and ice sheets reduce, global mean sea level will continue to rise, but at a faster rate than we have experienced over the past 40 years" [À medida que os oceanos se aquecem e as geleiras e os mantos de gelo se reduzem, o nível médio global do mar continuará a se elevar, mas a uma taxa mais rápida do que a observada nos últimos quarenta anos].

34 Cf. Corey J. A. Bradshaw *et al.*, "Underestimating the Challenges of Avoiding a Ghastly Future", *Frontiers of Conservation Science*, 13 jan. 2021: "> 70% of the Earth's land surface has been altered by *Homo sapiens*".

35 *Ibidem*: "We also outline likely future trends in biodiversity decline, climate disruption, and human consumption and population growth to demonstrate the near certainty that these problems will worsen over the coming decades, with negative impacts for centuries to come".

36 Cf. Laurie Laybourn-Langton, Lesley Rankin & Darren Baxter, "This Is Crisis: Facing Up to the Age of Environmental Breakdown", IPPR, 12 fev. 2019.

37 Cf. Luiz Marques, "O colapso socioambiental não é um evento, é o processo em curso", *Revista Rosa*, v. 1, n. 1, 2020.

38 Cf. Graham Lawton, "A Rescue Plan for the Future", *New Scientist*, v. 249, n. 3.322, p. 34-41, 20 nov. 2021.

39 Cf. Timothy Lenton *et al.*, "Climate Tipping Points. Too Risky to Bet against", *Nature*, v. 575, 28 nov. 2019: "We define emergency (E) as the product of risk and urgency. Risk (R) is defined by insurers as probability (p) multiplied by damage (D). Urgency (U) is defined in emergency situations as reaction time to an alert (τ) divided by the intervention time left to avoid a bad outcome (T). Thus: $E = R \times U = p \times D \times \tau / T$. The situation is an emergency if both risk and urgency are high. If reaction time is longer than the intervention time left ($\tau / T > 1$), we have lost control".

40 Sobre a ideia de um planeta inabitável, pode-se ler com proveito textos também de jornalistas cientificamente informados como Mark Lynas, *Our Final Warning: Six Degrees of Climate Emergency*. Londres: 4th State, 2020; e David Wallace-Wells, *The Uninhabitable Earth: Life After Warming*. Nova York:

Tim Duggan Books, 2019 [ed. bras.: *A terra inabitável: uma história do futuro*, trad. Cássio de Arantes Leite. São Paulo: Companhia das Letras, 2019]. Sobre o livro de Wallace-Wells, ver o interessante debate entre o autor e Michael Mann em "The Doomed Earth Controversy"[vídeo], 2017. Disponível em: https://www.youtube.com/watch?v=VfZbYcLxQBI.

41 O Grupo de Trabalho sobre Antropoceno da Subcomissão sobre a Estratigrafia do Quaternário assim define o Antropoceno: "O intervalo de tempo presente no qual muitas condições e processos geológicos significativos são profundamente alterados pelas atividades humanas. Estes abrangem: erosão, transportes de sedimentos associados a uma variedade de processos antropogênicos, colonização, agricultura, urbanizaçao, aquecimento global, a composição química da atmosfera, oceanos e solos com perturbações antropogênicas significativas dos ciclos de elementos como o carbono, nitrogênio, fósforo, vários metais, acidificação oceânica, ampliação das 'zonas mortas', perturbações da biosfera terrestre e marítima, perda de habitat, predação, invasões de espécies e as mudanças químicas mencionadas acima"; cf. Subcomission on Quarternary, "Results of binding vote by AWG", 21 maio 2019. Disponível em: http://quaternary.stratigraphy.org/workinggroups/anthropocene/. Sobre o Antropoceno, ver Paul J. Crutzen & Eugene F. Stoermer, "The Anthropocene", *IGBP Newsletter*, v. 41, p. 12, 2000; Paul J. Crutzen, "Geology of Mankind", *Nature*, v. 415, n. 6.867, p. 23, 2002; *idem*, "The Anthropocene". *In*: Eckart Ehlers & Thomas Krafft (orgs.), *Earth System Science in the Anthropocene: Emerging Issues and Problems*. Nova York: Springer, 2006; Will Steffen, Paul J. Crutzen & John McNeill, "The Anthropocene: Are Humans Now Overwhelming the Great Forces of Nature?", *Ambio*, v. 36, n. 8, 2007; Will Steffen *et al.*, "The Anthropocene: Conceptual and Historical Perspectives", *Philosophical Transactions of the Royal Society*, v. 369, p. 842-67, 2011; Jan Zalasiewicz, "The Anthropocene as a Potential New Unit of the Geological Time Scale" [vídeo], 2014. Disponível em: https://www.youtube.com/watch?v=y_FbbXlgkgE; Liz-Rejane Issberner & Philippe Lena (orgs.), *Brazil in the Anthropocene: Conflicts between Predatory Development and Environmental Policies*. Londres: Routledge, 2016; Luiz Marques, "Gênese da ideia de Antropoceno". *In*: Luiz Marques, *Capitalismo e colapso ambiental*. 3. ed. Campinas: Editora da Unicamp, 2018, cap. 10, "Antropoceno: rumo à hipobiosfera", p. 461-80.

42 Ver "About IGBP", disponível em: https://tinyurl.com/2p8s3sdc.

43 Cf. Will Steffen *et al.*, *Global Change and the Earth System: A Planet Under Pressure*. Nova York: Springer, 2004, p. 131: "The second half of the twentieth century is unique in the entire history of human existence on Earth. Many human activities reached take-off points sometime in the twentieth century and have accelerated sharply towards the end of the century. The last 50 years have without doubt seen the most rapid transformation of the human relationship with the natural world in the history of humankind".

44 Cf. Will Steffen *et al.*, "The Trajectory of the Anthropocene", *op. cit.*, 2015; John McNeill & Peter Engelke, *The Great Acceleration: An Environmental History of the Anthropocene since 1945*. Harvard: Harvard University Press, 2014.

45 Cf. Will Steffen *et al.*, "The Trajectory of the Anthropocene", *op. cit.*, 2015: "It is difficult to overestimate the scale and speed of change. In little over two generations — or a single lifetime — humanity (or until very recently a small fraction of it) has become a planetary-scale geological force".

46 Cf. Rebecca Lindsey, "Climate Change: Global Sea Level", *Climate.gov*, 14 ago. 2020: "From 2018 to 2019, global sea level rose 0.24 inches (6.1 mm.)".

47 Cf. James E. Hansen & Makiko Sato, "Paleoclimate Implications for Human--Made Climate Change". *In*: André Berger, Fedor Mesinger & Djordje Sijacki (orgs.), *Climate Change: Inferences from Paleoclimate and Regional Aspects*. Viena: Springer, 2011: "As warming increases, the number of ice streams contributing to mass loss will increase, contributing to a nonlinear response that should be approximated better by an exponential than by a linear fit. Hansen (2007) suggested that a 10-year doubling time was plausible, and pointed out that such a doubling time, from a 1 mm per year ice sheet contribution to sea level in the decade 2005-2015, would lead to a cumulative 5 m sea level rise by 2095".

48 Cf. James Hansen *et al.*, "Ice Melt, Sea Level Rise and Superstorms: Evidence from Paleoclimate Data, Climate Modeling, and Modern Observations that 2°C Global Warming Is Dangerous", *Atmospheric Chemistry and Physics*, v. 16, 22 mar. 2016: "We hypothesize that ice mass loss from the most vulnerable ice, sufficient to raise sea level several meters, is better approximated as exponential than by a more linear response. Doubling times of 10, 20 or 40 years yield multi-meter sea level rise in about 50, 100 or 200 years".

49 Cf. IPCC, *Climate Change 2001: Synthesis Report. Contribution of Working Groups I, II and III to the Third Assessment Report of the Intergovernmental Panel on Climate Change*. Cambridge: Cambridge University Press, 2001, p. 16: "Sea level is projected to continue to rise for many centuries".

50 Cf. Mohsen Taherkhani *et al.*, "Sea-Level Rise Exponentially Increases Coastal Flood Frequency", *Scientific Reports*, v. 10, n. 1, abr. 2020: "We find that the odds of extreme flooding double approximately every 5 years into the future".

51 Cf. Paul Voosen, "Seas Are Rising Faster Than Ever", *Science*, v. 370, p. 901, 20 nov. 2020.

52 Cf. Scott A. Kulp & Benjamin H. Strauss, "New Elevation Data Triple Estimates of Global Vulnerability to Sea-Level Rise and Coastal Flooding", *Nature Communications*, v. 10, 29 out. 2019.

53 Cf. Robert M. DeConto & David Pollard, "Contribution of Antarctica to Past and Future Sea-Level Rise", *Nature*, v. 531, 31 mar. 2016: "Today we're measuring global sea level rise in millimetres per year. We're talking about the potential for centimetres per year just from Antarctica".

54 Cf. Mia Jankowicz, "'Doomsday Glacier' in Antarctica Is Holding on 'By Its Fingernails', Scientists Warn", *Science Alert*, 7 set. 2022: "Thwaites is really holding on today by its fingernails, and we should expect to see big changes over small timescales in the future — even from one year to the next".

55 Cf. Erin Pettit *apud* Alexandra Witze, "Giant Cracks Push Imperilled Antarctic Glacier to Colapse", *Nature*, 14 dez. 2021: "If Thwaites's eastern ice shelf collapses, ice in this region could flow up to three times faster into

the sea, Pettit says. And if the glacier were to collapse completely, it would raise sea levels by 65 centimetres".

56 Para uma análise da aceleração recente do degelo na Antártida com base, sobretudo, em dados do National Snow and Ice Data Center (NSIDC), ver José Eustáquio Diniz Alves, "Recorde máximo de temperatura e de degelo na Antártida", *EcoDebate*, 18 abr. 2022.

57 Cf. Donna Lu, "Satellite Data Shows Entire Conger Ice Shelf Has Collapsed in Antarctica", *The Guardian*, 25 mar. 2022.

58 Cf. Guy Stewart Callendar, "The Composition of the Atmosphere Through the Ages", *Meteorological Magazine*, v. 74, p. 33-9, 1939: "It is a commonplace that man is able to speed up the processes of Nature, and he has now plunged heavily into her slow-moving carbon dioxide into the air each minute. [...] Man is now changing the composition of the atmosphere at a rate which must be very exceptional on the geological time scale".

59 Cf. Pieter Tans *apud* Brian Kahn, "Carbon Dioxide Is Raising at Record Rates", *Climate Central*, 10 mar. 2017: "The rate of CO_2 growth over the last decade is 100 to 200 times faster than what the Earth experienced during the transition from the last Ice Age. This is a real shock to the atmosphere".

60 Cf. Caroline H. Lear *et al.*, "Geological Society of London Scientific Statement: What the Geological Record Tells Us about Our Present and Future Climate", *Journal of Geological Society*, v. 178, n. 1, 2020: "The current speed of human--induced CO_2 change and warming is nearly without precedent in the entire geological record, with the only known exception being the instantaneous, meteorite-induced event that caused the extinction of non-bird-like dinosaurs 66 million years ago".

61 Cf. Matthias Aengenheyster *et al.*, "The Point of No Return for Climate Action: Effects of Climate Uncertainty and Risk Tolerance", *Earth System Dynamics*, v. 9, n. 3, p. 1.085-95, 2018: "The Earth system is currently in a state of rapid warming that is unprecedented even in geological records".

62 Cf. "CO_2 Acceleration", CO2.Earth 2013. Disponível em: https://www.co2.earth/co2-acceleration.

63 Cf. Noaa Global Monitoring Laboratory, "Trends in Atmospheric Carbon Dioxide", [s.d.]. Disponível em: https://gml.noaa.gov/ccgg/trends/gl_gr.html.

64 Cf. George N. Somero *et al.*, "Review of the Federal Ocean Acidification Research and Monitoring Plan", U.S. National Research Council of the National Academies (Division on Earth and Life Studies), 2013.

65 Cf. Ken Caldeira, "How Far Can We Push the Planet?", *Scientific American*, set. 2012: "In geologic history, transitions from low- to high-CO_2 atmospheres typically happened at rates of less than 0.00001 degree a year. We are re-creating the world of the dinosaurs 5,000 times faster".

66 Cf. Mark Hertsgaard & Kyle Pope, "The Media Is Still Mostly Failing to Convey the Urgency of the Climate Crisis", *The Guardian*, 3 jun. 2021.

67 Cf. "1992 World Cientists' Warning to Humanity", 16 jul. 1992. Disponível em: https://www.ucsusa.org/resources/1992-world-scientists-warning-humanity. A iniciativa tem patrocínio da Union of Concerned Scientists do Massachusetts

Institute of Technology (MIT), redigido por Henry W. Kendall (Prêmio Nobel de Física de Partículas em 1990) e assinado por 1.700 cientistas, incluindo a maioria dos laureados com o Prêmio Nobel em diversos campos das ciências.

68 Cf. Consensus for Action, "Maintaining Humanity's Life Support Systems in the 21st Century: Information for Policy Makers", 2013. Disponível em: http://consensusforaction.stanford.edu/statements/Consensus_English.pdf. O documento permanece aberto a subscrições em http://consensusforaction.stanford.edu/endorse.php.

69 Cf. William Ripple *et al.*, "World Scientists' Warning to Humanity: A Second Notice", *BioScience*, v. 67, n. 12, dez. 2017; William Ripple *et al.*, "World Scientists' Warning of a Climate Emergency", *BioScience*, v. 70, n. 1, p. 8-12, jan. 2020; William Ripple *et al.*, "World Scientists' Warning of a Climate Emergency 2021", *BioScience*, v. 71, n. 9, p. 894-8, set. 2021.

70 Cf. William Ripple *et al.*, "World Scientists' Warning of a Climate Emergency 2021", *op. cit.*: "There has been an unprecedented surge in climate-related disasters since 2019, including devastating flooding in South America and Southeast Asia, record shattering heat waves and wildfires in Australia and the Western United States, an extraordinary Atlantic hurricane season, and devastating cyclones in Africa, South Asia, and the West Pacific. There is also mounting evidence that we are nearing or have already crossed tipping points associated with critical parts of the Earth system, including the West Antarctic and Greenland ice sheets, warm-water coral reefs, and the Amazon rainforest. Given these alarming developments, we need short, frequent, and easily accessible updates on the climate emergency".

71 A Plataforma Intergovernamental sobre Biodiversidade e Serviços Ecossistêmicos (IPBES) foi estabelecida em 2012 na Cidade do Panamá por 94 governos.

72 O IPCC foi estabelecido em 1988 pelo Pnuma e pela OMM. Sua missão é avaliar regularmente a ciência relacionada às mudanças climáticas no intuito de fornecer aos governantes e demais formuladores de políticas públicas subsídios sobre os riscos presentes e futuros implicados nessas mudanças, bem como estratégias de mitigação e adaptação a seus impactos. O IPCC produziu, até a presente data, seis relatórios de avaliação (1990, 1995, 2001, 2007 e 2013-14 e 2021-2022) e três relatórios especiais (2018 e 2019), além de um relatório sobre metodologia. Cf. IPCC, "Reports". Disponível em: https://www.ipcc.ch/reports/.

73 Cf. Hans-Otto Pörtner *et al.*, *Scientific Outcome of the IPBES-IPCC Co-Sponsored Workshop on Biodiversity and Climate Change*. Bonn: IPBES Secretariat, 2021. Disponível em: https://doi.org/10.5281/zenodo.5101125: "Under warming scenarios associated with little successful climate mitigation (RCP 8.5), abrupt disruption of ecological structure, function and services is expected in tropical marine systems by 2030, followed by tropical rain forests and higher latitude systems by 2050". Nesta e demais citações, os itálicos são acrescidos para ressaltar a questão discutida nesta seção: o consenso científico sobre o caráter crucial deste decênio.

74 Cf. Fiona Harvey, “We’re Causing Our Own Misery: Oceanographer Sylvia Earle on the Need for Sea Conservation”, *The Guardian*, 12 jun. 2021: “That’s where we’re at. That’s the next 10 years, with this new awareness of the trouble we have created for ourselves, and 2020 should have been the big wake-up call. We humans, we have to listen to the laws of nature and face up to the reality that we’re causing our own misery”.

75 Cf. Unesco, “United Nations Decade of Ocean Science for Sustainable Development (2021-2030)”, [s.d.]. Disponível em: https://en.unesco.org/ocean-decade: “The United Nations has proclaimed a Decade of Ocean Science for Sustainable Development (2021-2030) to support efforts to reverse the cycle of decline in ocean health”.

76 *Idem*, *The United Nations Decade of Ocean Science for Sustainable Development (2021-2030) Implementation Plan — Summary*. Paris: Unesco, 2021. Disponível em: https://unesdoc.unesco.org/ark:/48223/pf0000376780: “As the world grapples with global challenges, such as the covid-19 pandemic, climate change and biodiversity erosion, there is little doubt that our health and well-being depend on the health and resilience of ocean ecosystems. We must take action to protect them now”.

77 Cf. *Breaking Boundaries: The Science of Our Planet*, dir. Jonathan Klay, 2021: “We are in such a dangerous point when it comes to losing species and destroying ecosystems on Earth that we have to halt the loss of biodiversity as quickly as we ever can. Now is the time to set as a target for 2021, 2022, I mean really at the early parts of this decade, that we must aim at a zero loss of nature. The equivalent of 1.5 degrees Celsius maximum allowed warming would be zero loss of nature from now onwards”.

78 Cf. Robert Watson *apud* Jonathan Watts, “Destruction of Nature as Dangerous as Climate Change, Scientists Warn”, *The Guardian*, 23 mar. 2018: “The time for action was yesterday or the day before. Governments recognise we have a problem. Now we need action, but unfortunately the action we have now is not at the level we need. We must act to halt and reverse the unsustainable use of nature or risk not only the future we want but even the lives we currently lead”.

79 Cf. Nancy Knowlton *et al.*, *Rebuilding Coral Reefs: A Decadal Grand Challenge*. International Coral Reef Society and Future Earth Coasts, 2021: “The coming year and decade likely offer the last chance for international, regional, national, and local entities to change the trajectory of coral reefs from heading towards world-wide collapse to heading towards slow but steady recovery”.

80 Cf. IUCN, “Coral Reefs and Climate Change”, mar. 2021: “Despite covering less than 0.1% of the ocean floor, reefs host more than one quarter of all marine fish species, in addition to many other marine animals”.

81 Cf. Khaleda Rahman, “David Attenborough Tells G7 Climate Change Decisions ‘Most Important in Human History’”, *Newsweek*, 13 jun. 2021: “The natural world today is greatly diminished. That is undeniable. Our climate is warming fast. That is beyond doubt. Our societies and nations are unequal and that is sadly plain to see. But the question science forces us to address specifically in 2021 is whether as a result of these intertwined facts we are on

the verge of destabilising the entire planet. If that is so, then the decisions we make this decade — in particular the decisions made by the most economically advanced nations — are the most important in human history".

82 Cf. David Attenborough, "The World Is Looking to You" [vídeo], discurso proferido na sessão inaugural da COP26, 2021. Disponível em: https://www.youtube.com/watch?v=na7QI9hV-sg: "Is this how our story is due to end? A tale of the smartest species doomed by that all too human characteristic of failing to see the bigger picture in pursuit of short-term goals? [...] We must have carbon emissions halted this decade".

83 Além de codiretora do Grupo de Trabalho (GT) II desse relatório especial de 2018, Debra Roberts foi autora principal do capítulo 8 ("Áreas urbanas") e autora contribuinte do capítulo 12 ("África") no estudo do GT II para o Quinto Relatório de Avaliação do IPCC (*Climate Change 2014: Impacts, Adaptation, and Vulnerability. Contribution of Working Group II to the Fifth Assessment Report of the Intergovernmental Panel on Climate Change*). Em 2015, ela foi eleita codiretora do GT II do Sexto Relatório de Avaliação do IPCC, publicado em 2021. Ver IPCC, "Debra Roberts". Disponível em: https://www.ipcc.ch/people/debra-roberts/.

84 IPCC, "Summary for Policymakers of IPCC Special Report on Global Warming of 1.5°C Approved By Governments" (*press release*), 8 out. 2018: "The decisions we make today are critical in ensuring a safe and sustainable world for everyone, both now and in the future. [...] The next few years are probably the most important in our history".

85 Cf. Petteri Taalas & Joyce Msuya, "Foreword". *In*: IPCC, *Global Warming of 1.5°C: An IPCC Special Report on the Impacts of Global Warming of 1.5°C above Pre-Industrial Levels and Related Global Greenhouse Gas Emission Pathways, in the Context of Strengthening the Global Response to the Threat of Climate Change, Sustainable Development, and Efforts to Eradicate Poverty*. Cambridge: Cambridge University Press, 2018, p. VI: "Without increased and urgent mitigation ambition in the coming years, leading to a sharp decline in greenhouse gas emissions by 2030, global warming will surpass 1.5°C in the following decades, leading to irreversible loss of the most fragile ecosystems, and crisis after crisis for the most vulnerable people and societies".

86 Cf. Will Steffen *et al.*, "Trajectories of the Earth System in the Anthropocene", *PNAS*, v. 115, n. 33, 2018: "We argue that social and technological trends and decisions occurring over the next decade or two could significantly influence the trajectory of the Earth System for tens to hundreds of thousands of years and potentially lead to conditions that resemble planetary states that were last seen several millions of years ago, conditions that would be inhospitable to current human societies and to many other contemporary species".

87 Cf. "Dez anos para transformar o futuro da humanidade — ou desestabilizar o planeta" [vídeo], TED Talk, 2020. Disponível em: https://tinyurl.com/55abb2dt: "When I was on the TED stage a decade ago, I talked about planetary boundaries that keep our planet in a state that allowed humanity to prosper. The main point is that once you transgress one, the risks start

multiplying. The planetary boundaries are all deeply connected, but climate, alongside biodiversity, are core boundaries. They impact on all others. Back then, we really thought we had more time. The warning lights were on, absolutely, but no unstoppable change had been triggered. Since my talk, we have increasing evidence that we are rapidly moving away from the safe operating space for humanity on Earth. Climate has reached a global crisis point. We have now had 10 years of record-braking climate extremes. [...] We risk crossing tipping points that shift the planet from being our best resilient friend, dampening our impacts, to start working against us, amplifying the heat. For the first time, we are forced to consider the real risk of destabilizing the entire planet. [...] The next ten years, to 2030, must see the most profound transformation the world has never known. This is our mission. This is the countdown".

88 Cf. *Breaking Boundaries: The Science of Our Planet*, dir. Jonathan Klay, 2021: "What we do between 2020 and 2030, from the evidence we have today, my conclusion is it will be the decisive decade for humanity's future on Earth. The future is not determined. The future is in our hands. What happens over the next centuries will be determined of how we play our cards this decade". Ver também a entrevista dada a Jonathan Watts, "We Need Bankers as Well as Activists... We Have 10 Years to Cut Emissions by Half", *The Guardian*, 29 maio 2021.

89 Cf. "COP26 head Alok Sharma Says He Tries to Be 'Extremely Boring'", *BBC*, 18 jun. 2021: "This is our moment. This is the decisive decade. If we don't get this right now, I'm afraid it's going to be pretty bleak for future generations. We haven't got 30 years, we've actually got less than 10 years to get this right".

90 Cf. "Sir David King: Urgent Focus Needed on Climate 'Restoration'", *Edie*, 18 out. 2018: "This is the most serious challenge humanity has ever had to face up to. [...] Time is no longer on our side. What we continue to do, what we do that is new, and what we plan to do over the next 10 to 12 years will determine the future of humanity for the next 10,000. We need to think about climate restoration and climate repair. It's certainly critically important to have deep and rapid emissions reductions, but there's too much in the atmosphere today".

91 Cf. Christiana Figueres & Tom Rivett-Carnac, *The Future We Choose: Surviving the Climate Crisis*. Nova York: Knopf, 2020, p. XXI-XXIII: "By 2050 at the latest, and ideally by 2040, we must have stopped emitting more greenhouse gases into the atmosphere than Earth can naturally absorb through its ecosystems (a balance known as net-zero emissions or carbon neutrality). In order to get to this scientifically established goal, our global greenhouse gas emissions must be clearly in decline by the early 2020s and reduced by at least 50 percent by 2030. The goal of halving emissions by 2030 represents the absolute minimum we must achieve if we are to have at least a 50 percent chance of safeguarding humanity from the worst impacts. We are in the critical decade. It is no exaggeration to say that what we do regarding emissions reductions between now and 2030 will determine the quality of human life on this planet for hundreds of years to come, if not more. If we do not halve

our emissions by 2030, we are highly unlikely to be able to halve emissions every decade until we reach net zero by 2050".

92 Cf. "Urgence climatique: le sos de 700 scientifiques", *Libération*, 7 set. 2018: "Seuls des changements immédiats et des engagements de court terme, dans le cadre d'objectifs clairs et ambitieux à horizon 2030, peuvent nous permettre de relever le défi climatique. Celui-ci nous enseigne que le long terme dépend de décisions de court terme, lesquelles permettront aux générations futures de ne pas devoir se résigner au pire".

93 Cf. Toby Ord, *Precipice: Existential Risk and the Future of Humanity*. Nova York: Hachette, 2020: "Unlike many of the other risks I address, the central concern here isn't that we would meet our end this century, but that it may be possible for our actions now to all but lock in such a disaster for the future. If so, this could still be time of the existential catastrophe — the time when humanity's *potential* is destroyed. If there is a serious chance of this, then climate change may be even more important than is typically recognized".

94 Cf. António Guterres, "'We're Digging Our Own Graves': UN Sec. General Says World Must Act Now on Climate Change" [vídeo], 2021. Disponível em: https://www.youtube.com/watch?v=RbF4lvY6MkM: "It is time to say enough! Enough of brutalizing biodiversity; enough of killing ourselves with carbon; enough of treating nature like a toilet; enough of burning and drilling and mining our way deeper. We are digging our own graves. [...] Recent climate announcement might give the impression that we are on track to turn things around. This is an illusion".

95 Cf. Joe Biden *apud* Felicia Sonmez, Colby Itkowitz & John Wagner, "Biden Focuses on Climate Change, Environmental Justice", *The Washington Post*, 27 jan. 2021.

96 Cf. Anna Philips, "Biden Outpaces Trump in Issuing Drilling Permits on Public Lands", *The Washington Post*, 27 jan. 2022.

97 Cf. Thomas Frank, "U.S. to Release 1 Million Barrels of Oil per Day from Reserves to Help Cut Gas Prices", *CNBC*, 31 mar. 2022.

98 Cf. Coral Davenport, "Biden Plans to Open More Public Land to Drilling", *The New York Times*, 15 abr. 2022; Katanga Johnson, "U.S. to Resume Oil, Gas Drilling on Public Land Despite Biden Campaign Pledge", *Reuters*, 15 abr. 2022.

99 "If solutions within this system are so impossible to find then maybe we should change the system itself." De resto, se alguém ainda acredita que, mantido o sistema econômico atual, as metas do Acordo de Paris têm ainda alguma chance de sucesso, deve se lembrar de que a COP24, em Katowice, foi realizada com patrocínio da JSW, da PGE e da Tauron Polska Energy, corporações que controlam a produção de carvão na Polônia, entre muitas outras corporações, seguradoras e bancos umbilicalmente vinculados à indústria de combustíveis fósseis. Cf. Corporate Europe Observatory, "Corporate Sponsors of COP24. The Corporations Bankrolling UN Climate Conference in Katowice, Poland", [s.d.]. Disponível em: https://corporateeurope.org/sites/default/files/fact_files_with_logos.pdf.

Parte I
A ruptura impreterível no sistema alimentar

1. A aniquilação biológica

1 Cf. Eduardo S. Brondízio *et al.*, (orgs.), *Global Assessment Report on Biodiversity and Ecosystem Services*. Bonn: IPBES, 2019: "Biodiversity — the diversity within species, between species and of ecosystems — is declining faster than at any time in human history. [...] Human actions threaten more species with global extinction now than ever before".

2 Cf. Geraldo Ceballos & Paul R. Ehrlich, "The Misunderstood Sixth Mass Extinction", *Science*, v. 360, n. 6.393, p. 1080-1, 2018: "The future of life on Earth, and human well-being, depends on the actions that we take to reduce the extinction of populations and species in the next two decades".

3 Cf. Rudolf Schild (org.), *Extinctions: The History, Origins, Causes & Future of Mass Extinctions*. Cambridge: Cosmology Science Publishers, 2011. As cinco grandes extinçoes em massa de espécies ocorreram: (i) no final do Ordoviciano (há 440 milhões de anos); (ii) no Devoniano tardio (há 365 milhões de anos); (iii) no final do Permiano e do Paleozoico (há 251 milhões de anos); (iv) no final do Triássico (há 210 milhões de anos); e (v) no final do Cretáceo (há 65 milhões de anos).

4 Cf. Richard Leakey & Roger Lewin, *The Sixth Extinction: Biodiversity and Its Survival*. Londres: Crux Publishing, 1996.

5 Cf. Anthony Barnosky, "Vanishing: The Extinction Crisis Is Far Worse Than You Think" [vídeo], *CNN*, 2016. Disponível em: https://edition.cnn.com/interactive/2016/12/specials/vanishing/: "The best way to envision the sixth mass extinction is to look outside and then just imagine that three out of four species that were common are gone. [...] We have this very short window of opportunity — 10 to 20 years — in which to make significant progress. Because, otherwise, we will have just moved too far down the line to recover".

6 Cf. Sandra Díaz *et al.*, "IPBES Summary for Policymakers (Advance Unedited Version)", 6 maio 2019: "Seventy-five per cent of the land surface is significantly altered, 66 per cent of the ocean area is experiencing increasing cumulative impacts, and over 85 per cent of wetlands (area) has been lost". A mesma avaliação foi externada por *sir* Robert Watson, "Biodiversity on the Brink: We Know It Is Crashing". *In*: Rosamunde Almond, Monique Grooten & Tanya Petersen (orgs.). *Living Planet Report 2020: Bending the Curve of Biodiversity Loss*. Gland: WWF, 2020, p. 12. Disponível em: https://tinyurl.com/2zkecjwu: "Seventy-five per cent of the Earth's ice-free land surface has already been significantly altered, most of the oceans are polluted, and more than 85% of the area of wetlands has been lost".

7 Cf. John R. Schramski, David K. Gattie & James H. Brown, "Human Domination of the Biosphere: Rapid Discharge of the Earth-Space Battery

Foretells the Future of Humankind", *PNAS*, 15 jul. 2015: "Earth is a chemical battery where, over evolutionary time with a trickle-charge of photosynthesis using solar energy, billions of tons of living biomass were stored in forests and other ecosystems and in vast reserves of fossil fuels. [...] The laws of thermodynamics governing the trickle-charge and rapid discharge of the earth's battery are universal and absolute [...]. With the rapid depletion of this chemical energy, the earth is shifting back toward the inhospitable equilibrium of outer space with fundamental ramifications for the biosphere and humanity".

8 Cf. Gregory P. Fournier *et al.*, "The Archean Origin of Oxygen Photosynthesis and Extant Cyanobacterial Lineages", *Procedings of the Royal Society B*, v. 288, n. 1.959, set. 2021.

9 Cf. John R. Schramski, David K. Gattie & James H. Brown, "Human Domination of the Biosphere", *op. cit.*: "At the time of the Roman Empire and the birth of Christ, the earth contained ≈1,000 billion tons of carbon in living biomass, equivalent to 35 ZJ of chemical energy, mostly in the form of trees in forests. In just the last 2,000 y, humans have reduced this by about 45% to ≈550 billion tons of carbon in biomass, equivalent to 19.2 ZJ. The loss has accelerated over time, with 11% depleted just since 1900".

10 Cf. Thomas W. Crowther *et al.*, "Mapping Tree Density at a Global Scale", *Nature*, v. 525, 2 set. 2015.

11 Sobre o conceito de "ultrapassagem" (*overshoot*), ver Global Footprint Network, disponível em: https://www.footprintnetwork.org/. Em 1970, a pegada ecológica da humanidade equivalia ainda à biocapacidade do planeta. Em 2017, essa biocapacidade correspondia a doze bilhões de hectares globais (gha), enquanto a pegada ecológica humana atingia 20,9 bilhões de gha, um *overshoot*, portanto de 73%. Cf. William Rees, "World Population Day Presentation" [vídeo], 2021. Disponível em: https://www.youtube.com/watch?v=03nCFwhV-9E.

12 Cf. "E. O. Wilson on Ants and Evolution", *BBC*, 28 jul. 2015: "Destroying rainforest for economic gain is like burning a Renaissance painting to cook a meal".

13 Cf. Emily Elhacham *et al.*, "Global Human-Made Mass Exceeds All Living Biomass", *Nature*, v. 588, 9 dez. 2020.

14 Cf. Matthew Canfield, Molly D. Anderson & Philip McMichael, "UN Food Systems Summit 2021: Dismantling Democracy and Resetting Corporate Control of Food Systems", *Frontiers in Sustainable Food Systems*, 13 abr. 2021.

15 Cf. Rodolfo Dirzo *et al.*, "Defaunation in the Anthropocene", *Science*, v. 345, n. 6.195, p. 401-6, 25 jul. 2014: "The term defaunation, used to denote the loss of both species and populations of wildlife, as well as local declines in abundance of individuals, needs to be considered in the same sense as deforestation" [O termo defaunação, usado para denotar a perda de espécies e populações de animais selvagens, bem como declínios locais na abundância de indivíduos, deve ser considerado no mesmo sentido que desmatamento].

16 Cf. James E. M. Watson *et al.*, "Catastrophic Declines in Wilderness Areas Undermine Global Environment Targets", *Current Biology*, v. 26, n. 21, nov. 2016; Susan Minnemeyer, Peter Potapov & Lars Laestadius, "World's

Last Intact Forests Are Becoming Increasingly Fragmented", World Resources Institute, 17 jan. 2017.

17 Ver a entrevista concedida por Pauly a Richard Schiffman, "Bringing Fisheries Back from the Brink", *Scientific American*, 23 set. 2021.

18 Cf. Gerardo Ceballos, Anne H. Ehrlich & Paul R. Ehrlich, *The Annihilation of Nature: Human Extinction of Birds and Mammals*. Baltimore: Johns Hopkins University Press, 2015; Gerardo Ceballos, Paul R. Ehrlich & Rodolfo Dirzo, "Biological Annihilation Via the Ongoing Sixth Mass Extinction Signaled by Vertebrate Population Losses and Declines", *PNAS*, v. 114, n. 30, jul. 2017; Gerardo Ceballos, Paul R. Ehrlich & Peter H. Raven, "Vertebrates on the Brink as Indicators of Biological Annihilation and the Sixth Mass Extinction", *PNAS*, v. 117, n. 24, jun. 2020.

19 Cf. Brasil, *Convenção sobre Diversidade Biológica*. Brasília: Ministério do Meio Ambiente, 2000, p. 9: "Diversidade biológica significa a variabilidade dos organismos vivos de qualquer origem, compreendendo, entre outros, os ecossistemas terrestres, marinhos e outros ecossistemas aquáticos, e os complexos ecológicos dos quais eles fazem parte. Isso compreende a diversidade no seio das espécies e entre as espécies, bem como a dos ecossistemas".

20 Contemplando quatro regiões do mundo, o relatório foi elaborado ao longo de três anos com contribuições de mais de 550 especialistas de cerca de cem países, que analisaram mais de quinze mil estudos e relatórios governamentais. Foi aprovado pelos governos de 132 países. Cf. Jeff Tollefson, "Humans Are Driving One Million Species to Extinction", *Nature*, v. 569, n. 171, 6 maio 2019.

21 Cf. IPBES, "Report of the Plenary of the Intergovernmental Science-Policy Platform on Biodiversity and Ecosystem Services on the Work of Its Seventh Session", Paris, 4 maio de 2019, p. XVI. Disponível em: https://tinyurl.com/yc53arcd: "Human actions threaten more species with global extinction now than ever before. An average of around 25% of species in assessed animal and plant groups are threatened, suggesting that around 1 million species already face extinction, many within decades, unless action is taken to reduce the intensity of drivers of biodiversity loss. Without such action, there will be a further acceleration in the global rate of species extinction, which is already at least tens to hundreds of times higher than it has averaged over the past 10 million years".

22 Cf. Peter M. Vitousek *et al.*, "Human Domination of Earth's Ecosystems", *Science*, v. 277, n. 5.325, p. 494-99, 25 jul. 1997: "Rates of extinction are difficult to determine globally, in part because the majority of species on Earth have not yet been identified. Nevertheless, recent calculations suggest that rates of species extinction are now on the order of 100 to 1000 times those before humanity's dominance of Earth" [É difícil determinar globalmente as taxas de extinção, em parte porque a maioria das espécies da Terra ainda não foi identificada. No entanto, cálculos recentes sugerem que as taxas de extinção são agora de cem a mil vezes maiores do que as que antecediam o domínio terrestre da humanidade]. Ver também Smithsonian National Museum of Natural History, "Extinction Over Time", [s.d.]. Disponível em: https://tinyurl.

com/492mpuny: "Scientists agree that today's extinction rate is hundreds, or even thousands, of times higher than the natural baseline rate. Judging from the fossil record, the baseline extinction rate is about one species per every one million species per year" [Os cientistas concordam que a atual taxa de extinção é centenas ou até mesmo milhares de vezes mais alta do que a taxa natural de base. A julgar pelos registros fósseis, a taxa natural de base de extinção é de cerca de uma extinção por milhão de espécies por ano]; Kenneth V. Rosenberg *et al.*, "Decline of the North American Avifauna", *Science*, v. 366, n. 6.461, p. 120-4, 4 out. 2019: "Habitat loss, climate change, unregulated harvest, and other forms of human-caused mortality have contributed to a thousand-fold increase in global extinctions in the Anthropocene compared to the presumed prehuman background rate" [Perda de habitat, mudanças climáticas, colheitas impróprias e outras formas de mortalidade causadas pelos humanos têm contribuído para aumentar milhares de vezes as extinções globais no Antropoceno, em comparação com as taxas presumidas de base no período pré-humano].

23 Cf. John Lawton & Robert M. May (orgs.), *Extinction Rates*. Oxford: Oxford University Press, 1995.

24 Cf. Millennium Ecosystem Assessment, *Ecosystems and Human Well-Being: Synthesis*. Washington: World Resources Institute, 2005, p. 38. Disponível em: https://www.millenniumassessment.org/documents/document.356.aspx.pdf.

25 Cf. James Randerson, "Science Weekly Extra: E. O. Wilson on biodiversity", *Science Weekly* [podcast], 30 nov. 2009.

26 Cf. Jurriaan M. de Vos *et al.*, "Estimating the Normal Background Rate of Species Extinction", *Conservation Biology*, v. 29, n. 2, 2014: "A key measure of humanity's global impact is by how much it has increased species extinction rates. Familiar statements are that these are 100-1000 times pre-human or background extinction levels. [...] Previous researchers chose an approximate benchmark of 1 extinction per million species per year (E/MSY). [...] We concluded that typical rates of background extinction may be closer to 0.1 E/MSY. Thus, current extinction rates are 1,000 times higher than natural background rates of extinction and future rates are likely to be 10,000 times higher".

27 Cf. Rodolfo Dirzo *et al.*, "Defaunation in the Anthropocene", *op. cit.*, 2014, p. 401: "Of a conservatively estimated 5 million to 9 million animal species on the planet, we are likely losing ~11,000 to 58,000 species annually (15,16). However, this does not consider population extirpations and declines in animal abundance within populations".

28 Cf. Sandra Díaz *et al.*, "IPBES Summary for Policymakers (Advance Unedited Version)", *op. cit.*, 2019, p. 13: "Habitat loss and deterioration, largely caused by human actions, have reduced global terrestrial habitat integrity by 30 per cent relative to an unimpacted baseline; combining that with the longstanding relationship between habitat area and species numbers suggests that around 9 per cent of the world's estimated 5.9 million terrestrial species — more than 500,000 species — have insufficient habitat for long-term survival, are committed to extinction, many within decades, unless their habitats are restored (established but incomplete)".

29 *Idem*, p. 24: "Human actions have already driven at least 680 vertebrate species to extinction since 1500".

30 Cf. Gerardo Ceballos *et al.*, "Accelerated Modern Human-Induced Specieslosses: Entering the Sixth Mass Extinction", *Science Advances*, v. 1, n. 5, jun. 2015; Corey J. A. Bradshaw *et al.*, "Underestimating the Challenges of Avoiding a Ghastly Future", *Frontiers of Conservation Science*, v. 1, 13 jan. 2021.

31 Cf. "Over 900 Species of Animals Have Become Extinct According to Latest IUCN Red List", *Down to Earth*, 5 set. 2021.

32 Cf. Kate Nakamura, "22 Animals That Went Extinct in the US in 2021: And How to Take Action for Biodiversity", *Global Citizen*, 14 dez. 2021.

33 Cf. Amphibiaweb, disponível em: www.amphibiaweb.org

34 Cf. Philip J. Bishop *et al.*, "The Amphibian Extinction Crisis: What Will It Take to Put the Action into the Amphibian Conservation Action Plan?", *Sapiens*, v. 5, n. 2, 2012: "Although amphibians have survived multiple previous global mass extinctions, in the last 20-40 years precipitous population declines have taken place on a scale not previously seen".

35 Cf. BirdLife International, *State of the World's Birds: Taking the Pulse of the Planet*. Cambridge: BirdLife International, 2018, p. 11-2.

36 Cf. Neil Cox *et al.*, "A Global Reptile Assessment Highlights Shared Conservation Needs of Tetrapods", *Nature*, v. 605, 27 abr. 2022: "At least 1,829 out of 10,196 species (21.1%) are threatened. [...] Reptiles are threatened by the same major factors that threaten other tetrapods — agriculture, logging, urban development and invasive species — although the threat posed by climate change remains uncertain".

37 Cf. Gerardo Ceballos, Paul R. Ehrlich & Rodolfo Dirzo, "Biological Annihilation Via the Ongoing Sixth Mass Extinction Signaled by Vertebrate Population Losses and Declines", *op. cit.*, 2017: "The strong focus on species extinctions, a critical aspect of the contemporary pulse of biological extinction, leads to a common misimpression that Earth's biota is not immediately threatened, just slowly entering an episode of major biodiversity loss. This view overlooks the current trends of population declines and extinctions. [...] In the 177 mammals for which we have detailed data, all have lost 30% or more of their geographic ranges and more than 40% of the species have experienced severe population declines (> 80% range shrinkage). Our data indicate that beyond global species extinctions Earth is experiencing a huge episode of population declines and extirpations, which will have negative cascading consequences on ecosystem functioning and services vital to sustaining civilization. We describe this as a 'biological annihilation' to highlight the current magnitude of Earth's ongoing sixth major extinction event".

38 *Ibidem*: "The extremely high degree of population decay in vertebrates, even in common 'species of low concern'".

39 Cf. Rosamunde Almond, Monique Grooten & Tanya Petersen (orgs.). *Living Planet Report 2012*, *op. cit.*, 2012.

40 Cf. "Why Are Jaguars Targeted for the Wildlife Trade? Mongabay Explains" [vídeo], 2020. Disponível em: https://www.youtube.com/watch?v=V7YWNB68WK8.

41 Cf. Henry S. Pollock *et al.*, "Long-Term Monitoring Reveals Widespread and Severe Declines of Understory Birds in a Protected Neotropical Forest", *PNAS*, v. 119, n. 16, 4 abr. 2022: "Estimated abundances of 40 (≈70%) species declined over the sampling period, whereas only 2 increased. Furthermore, declines were severe: 35 of the 40 declining species exhibited large proportional losses in estimated abundance, amounting to ≥ 50% of their initial estimated abundances. [...] These widespread, severe declines are particularly alarming, given that they occurred in a relatively large (≈22,000-ha) forested area in the absence of local *fragmentation* or recent land-use change. Our findings provide robust evidence of tropical bird declines in intact forests and bolster a large body of literature from temperate regions suggesting that bird populations may be declining at a global scale".

42 Cf. Kenneth V. Rosenberg *et al.*, "Decline of the North American Avifauna", *op. cit.*, 2019.

43 *Ibidem*, p. 124: "Population loss is not restricted to rare and threatened species, but includes many widespread and common species that may be disproportionately influential components of food webs and ecosystem function".

44 Cf. Fiona Burns *et al.*, "Abundance Decline in the Avifauna of the European Union Reveals Cross-Continental Similarities in Biodiversity Change", *Ecology and Evolution*, v. 11, n. 23, 15 nov. 2021: "We estimate a decline of 17-19% in the overall breeding bird abundance since 1980: a loss of 560-620 million individual birds. Both total and proportional declines in bird numbers are high among species associated with agricultural land".

45 Cf. Gary Dagorn & Stéphane Foucart, "Porquoi les pesticides sont bien l'une des causes du déclin des oiseaux", *Le Monde*, 29 mar. 2018.

46 Em 2019, a IPBES publicou sua primeira avaliação da biodiversidade planetária, intitulada *Global Assessment Report on Biodiversity and Ecosystem Services*. Esse relatório se baseia na avaliação de quase quinze mil referências bibliográficas e na expertise de mais de 150 cientistas de mais de cinquenta países.

47 Cf. Rosamunde Almond, Monique Grooten & Tanya Petersen (orgs.)., *Living Planet Report 2020*, *op. cit.*, 2020.

48 Cf. Marco Lambertini, "8 Million Reasons to Safeguard Nature". *In*: Rosamunde Almond, Monique Grooten & Tanya Petersen (orgs.)., *Living Planet Report 2020*, *op. cit.*, 2020: "Nature is declining globally at rates unprecedented in millions of years. The way we produce and consume food and energy, and the blatant disregard for the environment entrenched in our current economic model, has pushed the natural world to its limits".

49 Cf. Will Steffen *et al.*, "Planetary Boundaries: Guiding Human Development on a Changing Planet", *Science*, v. 347, n. 6.223, 15 jan. 2015: "The planetary boundary concept, introduced in 2009, aimed to define the environmental limits within which humanity can safely operate". Ver também Johan Rockström *et al.*, "A Safe Operating Space for Humanity", *Nature*, v. 461, p. 472-5, set. 2009;

Johan Rockström e Anders Wijkman, *Bankrupting Nature: Denying our Planetary Boundaries. A Report to the Club of Rome*. Londres: Routledge, 2012.

50 Cf. Paul Watson, *Urgent! Save our ocean to survive climate change*. Summertown: Groundswell Books, 2021, p. 91: "If the ocean dies, we all die!".

51 Cf. ONU, *The Second Ocean Assessment*, v. 1. Nova York: ONU, 2021, p. 5: "The ocean covers more than 70 per cent of the surface of the planet and forms 95 per cent of the biosphere".

52 Cf. Daniel Steadman *et al.*, *New Perspectives on an Old Fishing Practice: Scale, Context and Impacts of Bottom Trawling*. São Francisco/Cambridge (UK): CEA Consulting/Fauna & Flora International, 2021.

53 Cf. Shannon Sully *et al.*, "A Global Analysis of Coral Bleaching over the Past Two Decades", *Nature Communications*, 20 mar. 2019; Damien Cave, "Can't Cope: Australia's Great Barrier Reef Suffers 6th Mass Bleaching Event", *The New York Times*, 25 mar. 2022.

54 Cf. GCRMN & Icri, *The Sixth Status of Corals of the World: 2020 Report*. [s.l.]: GCRMN/Icri/Australian Government, 2020: "Coral reefs occur in more than 100 countries and territories and whilst they cover only 0.2% of the seafloor, they support at least 25% of marine species and underpin the safety, coastal protection, wellbeing, food and economic security of hundreds of millions of people".

55 Cf. Lisa-Ann Gershwin, *Stung! On Jellyfish Blooms and the Future of the Ocean*. Chicago: University of Chicago Press, 2013.

56 Cf. Daneil Pauly *apud* Helen Davidson, "Marine Expert Warns of Climate Emergency as Fish Abandon Tropical Waters", *The Guardian*, 15 jun. 2017: "Warmer waters were pushing marine species away from the equator at a rate of about 50 km per decade as they followed the ideal temperatures for feeding and spawning".

57 Cf. Michael Le Page, "How Climate Change Hits Nature", *New Scientist*, v. 250, n. 3.329, p. 41-5, 10 abr. 2021.

58 Cf. Erik Stokstad, "Climate Change Threatens One of World's Biggest Fish Harvests", *Science*, 6 jan. 2022; Clémentine Thiberge, "Les Petits Poissons pourraient remplacer les gros", *Le Monde*, 8-10 jan. 2022.

59 Cf. ONU, *The Second World Ocean Assessment*, *op. cit.*, 2021, p. 8: "The number of hypoxic zones [...] has increased from more than 400 globally in 2008 to approximately 700 in 2019. The ecosystems most affected include the northern part of the Gulf of Mexico, the Baltic Sea, the North Sea, the Bay of Bengal, the South China Sea and the East China Sea. It is estimated that coastal anthropogenic nitrogen inputs will double during the first half of the twenty-first century".

60 Cf. "How Chemical Pollution Is Suffocating the Sea", *The Economist*, 6 jan. 2022; EPA, "Northern Gulf of Mexico Hypoxic Zone", 2021. Disponível em: https://www.epa.gov/ms-htf/northern-gulf-mexico-hypoxic-zone.

61 Cf. Chunyan Wang *et al.*, "Critical Review of Global Plastics Stock and Flow Data", *Journal of Industry Ecology*, v. 25, n. 5, p. 1.300-17, 9 abr. 2021.

62 Cf. Jenna R. Jambeck *et al.*, "Plastic Waste Inputs from Land into the Ocean", *Science*, v. 347, n. 6.223, p. 768-71, 13 fev. 2015.

63 Cf. IUCN, "Marine Plastic Pollution", *IUCN Issues Brief*, nov. 2021. Disponível em: https://www.iucn.org/resources/issues-brief/marine-plastic-pollution.

64 Cf. WWF Australia, "Plastic in Our Oceans Is Kiling Our Marine Mammals", 10 jul. 2021.

65 Cf. Daniel Pauly e Dirk Zeller, "Catch Reconstructions Reveal that Global Marine Fisheries Catches Are Higher than Reported and Declining", *Nature Communications*, 19 jan. 2016.

66 Cf. Peter Yeung, "Illegal Overfishing by Chinese Trawlers Leaves Sierra Leone locals 'Starving'", *The Guardian*, 10 fev. 2022.

67 Cf. "How Europe Is Involved in Overfishing in West Africa", *Le Journal de l'Afrique*, 2 ago. 2021.

68 Ecorregiões oceânicas são áreas que cobrem as regiões costeiras e as plataformas marítimas até duzentos metros de profundidade.

69 Cf. Maria Palomares *et al.*, "Fishery Biomass Trends of Exploited Fish Populations in Marine Ecoregions, Climatic Zones and Ocean Basins", *Estuarine, Coastal and Shelf Science*, v. 243, n. 11, 2020: "Overall, the results suggest a consistent decline in the fishery biomass of exploited populations, in virtually all climatic zones and ocean basins in the world".

70 *Ibidem*: "The last five-year averages (2010-2014) of current fishery exploited population biomass relative to the biomass deemed optimal for achieving Maximum Sustainable Yield for all the assessed populations suggest that only 18% of all the assessed populations might be deemed 'healthy', with exploited population biomass values above the level deemed optimal for maximum sustainable fisheries yield. The rest of the populations, i.e., 82% of all assessed populations, are in various states of depletion relative to the biomass levels with regards to maximizing sustainable fisheries yield".

71 Cf. Michelle Paleczny *et al.*, "Population Trend of the World's Monitored Seabirds, 1950-2010", *Plos One*, v. 10, n. 6, 2015: "Seabirds are particularly good indicators of the health of marine ecosystems. When we see this magnitude of seabird decline, we can see there is something wrong with marine ecosystems".

72 Cf. Richard Schiffman, "Bringing Fisheries Back from the Brink", *Scientific American*, 23 set. 2021: "Dead zones without oxygen are spreading; fish are getting smaller and smaller both because of being caught and also because of global warming. [...] I have described the form of fishing where you devastate one area, then move on to another, as a Ponzi scheme. As long as you find new suckers, you can go on. Bernie Madoff got money from investors and then paid them back with the money he got from new investors. That works so long as you find new investors, right? But ultimately you run out of investors — you run out of new areas to fish — and the whole thing colapse".

73 Cf. Luiz Marques, "Combustíveis fósseis". *In*: *Capitalismo e colapso ambiental*. 3. ed. Campinas: Editora da Unicamp, 2018, cap. 4.

74 Cf. Emily Guidry Schatzel, "Five Years After BP Oil Spill: Focus Should Be on Continued Need for Restoration", National Wildlife Federation (*press release*), 16 abr. 2015.

75 Cf. Noaa Fisheries, "Sea Turtles, Dolphins, and Whales: 10 Years After the Deepwater Horizon Oil Spill", 2020: "An estimated 4,900-7,600 large juvenile and adult sea turtles and between 56,000-166,000 small juvenile sea turtles were killed by the spill. Furthermore, an estimated 35,000 hatchlings were lost due to the effects of the spill and associated clean-up activities on sea turtle nesting beaches".

76 Cf. Douglas Santos, "Vazamento de petróleo completa um ano sem solução", WWF, 11 ago. 2020.

77 Cf. Natasha Dado, "Thousands of Animals Dead, Dozens of Alligators Sickned after Diesel Spill Near New Orleans", *Yahoo News*, 14 jan. 2022.

78 Cf. "Peru Oil Spill after Tonga Eruption Bigger than Previously Thought", *BBC News*, 29 jan. 2022.

79 Cf. Ocean Missions, "The voices of Iceland and the Seas", [s.d.]. Disponível em: https://oceanmissions.org/the-voices-of-iceland-and-the-seas/: "Plastic debris causes the deaths of more than a million seabirds every year, as well as more than 100,000 marine mammals (Unesco 2019)".

80 Cf. Sandra Díaz *et al.*, "IPBES Summary for Policymakers (Advance Unedited Version)", *op. cit.*, 2019, p. 7: "A synthesis of many studies estimates that the fraction of species at risk of climate related extinction is 5 per cent at 2°C warming. [...] Coral reefs are particularly vulnerable to climate change and are projected to decline to 10-30 per cent of former cover at 1.5°C warming and to less than 1 per cent at 2°C warming".

81 Cf. Michael Le Page, "How Climate Change Hits Nature", *op. cit.*, 2021, p. 42.

82 Cf. Erika Berenguer *et al.*, "Tracking the Impacts of El Niño Drought and Fire in Human-Modified Amazonian Forests", *PNAS*, v. 118, n. 30, 19 jul. 2021.

83 Cf. Kate Abnett, "From Siberia to the U.S., Wildfires Broke Emissions Records This Year", *Reuters*, 6 dez. 2021.

84 Cf. José A. Marengo *et al.*, "Extreme Drought in the Brazilian Pantanal in 2019-2020: Characterization, Causes and Impacts", *Frontiers in Water*, v. 3, 23 fev. 2021.

85 Cf. Amaury Ribeiro Jr., "Polícia Federal já tem provas para indiciar fazendeiros de MS por queimadas no Pantanal", *UOL*, 25 set. 2021.

86 Cf. Daniel Ito, "Pantanal: estudo aponta morte de 17 milhões de animais em queimadas", *Agência Brasil*, 16 set. 2021.

87 Cf. Jorge F. S. Menezes *et al.*, "Deforestation, Fires, and Lack of Governance Are Displacing Thousands of Jaguars in Brazilian Amazon", *Conservation Science and Practice*, v. 3, n. 8, ago. 2021.

88 Cf. WWF Australia, "Australia's 2019-2020 Bushfires: The Wildlife Toll. Interim Report", jul. 2020.

89 Cf. Michelle Ward *et al.*, "Impact of 2019-2020 Mega-Fires on Australian Fauna Habitat", *Nature Ecology & Evolution*, v. 4, p. 1.321-6, 2020.

90 Cf. "An Australian Drought Is Killing Millions of Kangaroos", *The Economist*, 18 dez. 2019.

91 Cf. Laura Naranjo, "The Blob", EarthData Nasa, 2 nov. 2018. Disponível em: https://earthdata.nasa.gov/learn/sensing-our-planet/blob; Warren

Cornwall, "Ocean Heat Waves Like the Pacific's Deadly 'Blob' Could Become the New Normal", *Science*, 31 jan. 2019.

92 Cf. Leyland Cecco, "Heat Dome Probably Killed 1 bn Marine Animals on Canada Coast, Experts Say", *The Guardian*, 8 jul. 2021.

93 Cf. IUCN, "Coral Reefs and Climate Change", mar. 2021. Disponível em: https://www.iucn.org/resources/issues-brief/coral-reefs-and-climate-change: "The bleaching of the Great Barrier Reef in 2016 and 2017, for instance, killed around 50% of its corals".

94 Cf. Nancy Knowlton *et al.*, *Rebuilding Coral Reefs: A Decadal Grand Challenge*. International Coral Reef Society and Future Earth Coasts, 2021, p. 12: "The cumulative result of past damages is the loss of at least half of the living coral cover on reefs since the 1870s with losses accelerating in recent decades. In addition, even reefs that have retained similar levels of live coral cover have already undergone dramatic shifts in their species composition".

95 Cf. "Onda de calor provoca prejuízos no campo e mata 400 mil aves", *Canal Rural*, 18 jan. 2022.

96 Cf. Fiona MacDonald, "One of the World's Wealthiest Oil Exporters Is Becoming Unlivable", *Bloomberg*, 16 jan. 2022: "Dead birds appear on rooftops in the brutal summer months, unable to find shade or water. Vets are inundated with stray cats, brought in by people who've found them near death from heat exhaustion and dehydration. Even wild foxes are abandoning a desert that no longer blooms after the rains".

97 *Ibidem*: "This is why we are seeing less and less wildlife in Kuwait, it's because most of them aren't making it through the season".

98 Cf. Haldre S. Rogers *et al.*, "Cascading Impacts of Seed Disperser Loss on Plant Communities and Ecosystems", *Annual Review of Ecology, Evolution, and Systematics*, v. 52, nov. 2021: "Seed dispersal is key to the persistence and spread of plant populations. Because the majority of plant species rely on animals to disperse their seeds, global change drivers that directly affect animals can cause cascading impacts on plant communities".

99 Cf. Evan C. Fricke *et al.*, "The Effects of Defaunation on Plants Capacity to Track Climate Change", *Science*, v. 375, n. 6.577, p. 210-4, 13 jan. 2022: "We conservatively estimate that mammal and bird defaunation has already reduced the capacity of plants to track climate change by 60% globally. This strong reduction in the ability of plants to adapt to climate change through range shifts shows a synergy between defaunation and climate change that undermines vegetation resilience".

100 Cf. UNDP & FAO, "Transforming Our World: The 2030 Agenda for Sustainable Development", 11 maio 2018: "Goal 15, Life on Land: 'Forests are home to more than 80 percent of all terrestrial species of animals, plants and insects'".

101 Cf. James E. M. Watson *et al.*, "Catastrophic Declines in Wilderness Areas Undermine Global Environment Targets", *op. cit.*, 2016: "It is estimated that 32% of the total global stock of forest biomass carbon is stored in the boreal forest biome and that the Amazon region stores nearly 38% (86.1 Pg C) of the carbon (228.7 Pg C) found above ground in the woody vegetation of tropical

America, Africa, and Asia. Thus, avoiding emissions by protecting the globally significant wilderness areas of the boreal and Amazon in particular will make a significant contribution to stabilizing atmospheric concentrations of CO_2".

102 Cf. FAO, UNDP & Unep, "Forests: A Natural Solution to Climate Change, Crucial for a Sustainable Future", 3 out. 2018: "Forests capture CO_2 at a rate equivalent to about 1/3 the amount released annually by burning fossil fuels".

103 Cf. Bronson W. Griscom *et al.*, "Natural Climate Solutions", *PNAS*, v. 114, n. 44, p. 11.645-50, out. 2017: "We show that Nature Climate Solutions (NCS) can provide over one-third of the cost-effective climate mitigation needed between now and 2030 to stabilize warming to below 2°C".

104 Cf. FAO, *State of the World's Forests 2012*. Roma: FAO, 2012, p. 28

105 Cf. Michael Williams, *Deforesting the Earth: From Prehistory to Global Crisis, an Abridgement*. Chicago: University of Chicago Press, 2000: "Almost as much forest was cleared in the past as has been cleared in the last 50 years".

106 Cf. FAO & Unep, *The State of the World's Forests 2020: Forests, Biodiversity and People*. Roma: FAO, 2020: "Deforestation and forest degradation continue to take place at alarming rates, which contributes significantly to the ongoing loss of biodiversity. Since 1990, it is estimated that some 420 million hectares of forest have been lost through conversion to other land uses. [...] The area of primary forest worldwide has decreased by over 80 million hectares since 1990. More than 100 million hectares of forests are adversely affected by forest fires, pests, diseases, invasive species drought and adverse weather events. Agricultural expansion continues to be the main driver of deforestation and forest fragmentation and the associated loss of forest biodiversity".

107 *Ibidem*: "Forest area as a proportion of total land area [...] decreased from 32.5 percent to 30.8 percent in the three decades between 1990 and 2020. This represents a net loss of 178 million hectares of forest, an area about the size of Libya".

108 Cf. FAO, *Global Forest Resources Assessment 2015*. Roma: FAO, 2015: "Between 1990 and 2015 the world lost 129 million ha of forest".

109 Cf. FAO & Unep, *The State of the World's Forests 2020*, *op. cit.*: "The rate of deforestation has decreased over the past three decades. [...] Between 2015 and 2020, the rate of deforestation was estimated at 10 million hectares per year, down from 16 million hectares per year in the 1990s".

110 Cf. Jeff Tollefson, "Tropical Forest Losses Outpace UN Estimates", *Nature*, 26 fev. 2015: "The rate of forest loss across much of the tropics increased by 62% in the first decade of the millennium compared to the 1990s. It contradicts 2010 findings by FAO suggesting that forest losses decreased by 25% from 1990-2010".

111 Perda de cobertura arborea (*tree cover loss*) não é uma métrica idêntica ao desmatamento por corte raso. A cobertura arbórea pode se referir tanto a árvores existentes em florestas quanto a árvores em reflorestamento, e sua perda pode decorrer de desmatamento e/ou de incêndios, naturais ou antropogênicos. A perda de cobertura arbórea se refere, além disso, à perda bruta, isto é, sem levar em consideração os ganhos eventuais de áreas rearborizadas. Ver Global Forest Watch, "Perdemos um campo de futebol de floresta tropical primária

a cada seis segundos em 2019", 2 jun. 2020; *Idem*, "A destruição das florestas tropicais primárias aumentou em 12% de 2019 a 2020", 31 mar. 2021.

112 "Goal 15, Life on Land: Sustainably manage forests, combat desertification, halt and reverse land degradation, halt biodiversity loss." Target 2: "By 2020, promote the implementation of sustainable management of all types of forests, halt deforestation, restore degraded forests and substantially increase afforestation and reforestation globally".

113 Cf. Louis Giglio, James T. Randerson & Guido R. van der Werf, "Analysis of Daily, Monthly, and Annual Burned Area Using the Fourth Generation Global Fire Emissions Database (GFED4)", *JGR Biogeosciences*, 8 mar. 2013.

114 Cf. Robert McSweeney, "Global Risk of Wildfires on the Rise as the Climate Warms", *CarbonBrief*, 14 jul. 2015.

115 Cf. William Matt Jolly *et al.*, "Climate-Induced Variations in Global Wildfire Danger from 1979 to 2013", *Nature Communications*, 14 jul. 2015.

116 Cf. Susan J. Prichard & Keala Hagmann, "Why Are Wildfires Getting Worse? These Scientists Explain", *The Conversation* & *The World Economic Forum*, 6 ago. 2021.

117 Cf. "The New York Declaration on Forests", set. 2014. Disponível em: https://forestdeclaration.org/: "To cut natural forest loss in half by 2020, and strive to end it by 2030. […] Restore 150 million hectares of degraded landscapes and forestlands by 2020 and significantly increase the rate of global restoration thereafter, which would restore at least an additional 200 million hectares by 2030".

118 Cf. Global Forest Watch, "Global Annual Tree Cover Loss", [s.d.]. Disponível em: https://tinyurl.com/5ek66p36: "From 2001 to 2020, there was a total of 411 Mha of tree cover loss globally, equivalent to a 10% decrease in tree cover since 2000".

119 Cf. Thomas W. Crowther *et al.*, "Mapping Tree Density at a Global Scale", *op. cit.*, 2015.

120 Cf. Aelys M. Humphreys *et al.*, "Global Dataset Shows Geography and Life Form Predict Modern Plant Extinction and Rediscovery", *Nature Ecology & Evolution*, v. 3, p. 1.043-7, jul. 2019; Heidi Ledford, "World's Largest Plant Survey Reveals Alarming Extinction Rate", *Nature*, 10 jun. 2019.

121 Cf. Jim Robbins, "The Rapid and Startling Decline of World's Vast Boreal Forests", *Yale Environment360*, 12 out. 2015.

122 Cf. IIASA, "Boreal Forests Challenged by Global Change", 21 ago. 2015. Disponível em: http://www.iiasa.ac.at/web/home/about/news/150821_boreal_forests.html: "Climate zones in boreal forests are moving northwards ten times faster than the trees' ability to migrate. Warmer and drier conditions and enhanced variability of climate may have already contributed to increased extent of wildfires, and the spread of outbreaks of dangerous insects" [As zonas climáticas nas florestas boreais estão se movendo para o norte dez vezes mais rápido do que a capacidade de migração das árvores. Condições climáticas mais quentes e secas e maior variabilidade do clima podem já ter contribuído para o aumento da extensão dos incêndios florestais e a disseminação de surtos de insetos perigosos].

123 Cf. IPCC, "Summary for Policymakers". *In*: *Global Warming of 1.5°. An IPCC Special Report on the Impacts of Global Warming of 1.5°C above Pre-Industrial Levels and Related Global Greenhouse Gas Emission Pathways, in the Context of Strengthening the Global Response to the Threat of Climate Change, Sustainable Development and Efforts to Eradicate Poverty*. Nova York/Cambridge (UK): Cambridge University Press, 2018, itens B.3.2 e B.3.3: "Approximately 4% (interquartile range 2-7%) of the global terrestrial land area is projected to undergo a transformation of ecosystems from one type to another at 1°C of global warming. High-latitude tundra and boreal forests are particularly at risk of climate change-induced degradation and loss, with woody shrubs already encroaching into the tundra (high confidence) and this will proceed with further warming".

124 Cf. Pekka Leskinen *et al.*, *Russian Forests and Climate Change: What Science Can Tell Us 11*. Joensuu: European Forest Institute, 2020, p. 19: "Around two-thirds of all the forests in the Russian Federation are growing on permafrost, which is widely spread in Siberia and the Russian Far East".

125 Cf. Fred Pearce, "Will Russia's Forests Be an Asset or an Obstacle in Climate Fight?", *Yale Environment360*, 15 jul. 2021.

126 Cf. Oliver Yorke, "Deforestation in Russia: Depleting the Lungs of the World", *Earth.org*, 19 nov. 2020; Miodrag Soric, "Russia's Forests Threatened by Ilegal Logging", *Deutsche Welle*, 25 mar. 2019.

127 Cf. "Joint Statement of the Russian Federation and the People's Republic of China on the International Relations Entering a New Era and the Global Sustainable Development", 4 fev. 2022. Disponível em: https://tinyurl.com/2p8es8f4: "Friendship between the two States has no limits, there are no 'forbidden' areas of cooperation".

128 Cf. The Observatory of Economic Complextity (OEC), "Russia and China Trade 2020"; "Russia exports to China", *Trading Economics*, 2022.

129 Cf. Hugh D. Safford & V. Ramón Vallejo, "Ecosystem Management and Ecological Restoration in the Anthropocene: Integrating Global Change, Soils, and Disturbance in Boreal and Mediterranean Forests". *In*: Matt Busse *et al.* (orgs.), *Global Change and Forest Soils: Cultivating Stewardship of a Finite Natural Resource*, v. 36. Amsterdã: Elsevier, 2019: "Between 2001 and 2007, the boreal forest in central Siberia experienced > 3 times more burned area and > 16 times more fires than Canada on an equal area basis. In Russia, 86% of fires were human caused, while 80% of fires in Canada were ignited by lightning".

130 Cf. Robyn Dixon, "Siberia's Wildfires Are Bigger Than All the World's Other Blazes Combined", *The Washington Post*, 11 ago. 2021.

131 Cf. Copernicus Atmosphere Monitoring Service, "Copernicus: A Summer of Wildfires Saw Devastation and Record Emissions Around the Northern Hemisphere", 21 set. 2021: "Estimated CO_2 emissions from wildfires in Russia as a whole from June to August amounted to 970 megatonnes, with the Sakha Republic and Chukotka accounting for 806 megatonnes".

132 Cf. "Siberian Wildfires Burn 3 Mln Hectares of Forest Since January – State Watchdog", *The Moscow Times*, 10 ago 2021.

133 Cf. Courtenay Lewis & Ashley Jordan, *By a Thousand Cuts: How Powerful Companies' Wood Sourcing Is Degrading Canada's Boreal Forest*. Nova York: NRDC, 2021: "Between 1996 and 2015, forestry activities logged an area the size of Ohio in Canada's boreal forest. In recent years, Canada has ranked globally behind only Russia and Brazil in its rate of intact forest landscape loss".

134 Cf. Jeffrey V. Wells *et al.*, "The State of Conservation in North America's Boreal Forest: Issues and Opportunities", *Frontiers in Forest and Global Change*, 30 jul. 2020: "In recent decades, the size and frequency of fires has increased, especially in the Alaskan and western Canada portions of the biome, perhaps to a level that has not occurred in the last 10,000 years".

135 Cf. Chen Ly, "World Would Be 1°C Warmer without Cooling Effect of Tropical Forests", *New Scientist*, 24 mar. 2022: "Between 50 degrees north and south of the equator, forests have a global cooling effect of at least 1°C when both biophysical effects and carbon locking is considered. A third of this cooling can be attributed to biophysical mechanisms alone". O artigo se baseia nos resultados do trabalho de Deborah Lawrence *et al.*, "The Unseen Effects of Deforestation: Biophysical Effects on Climate", *Frontiers in Forest and Global Change*, 24 mar. 2022.

136 Cf. John Alroy, "Effects of Habitat Disturbance on Tropical Forest Biodiversity", *PNAS*, v. 114, n. 23, p. 6.056-61, jun. 2017: "The current mass extinction will play out largely in tropical forests because the Earth's terrestrial biodiversity is heavily concentrated in these ecosystems. Global climate change may prove to be catastrophic for tropical trees and other organisms. However, the most pressing immediate problem is massive and accelerating deforestation, which removed about 5% of global cover in the decade between 2000 and 2010".

137 Cf. Ronald C. Estoque *et al.*, "The Future of the Southeast Asia's Forests", *Nature Communications*, abr. 2019: "Tropical forests occupy only about 7% of the earth's land surface but are home to nearly two-thirds of the world's floral and faunal diversity". Ver também Xingli Giam, "Global Biodiversity Loss from Tropical Deforestation", *PNAS*, v. 114, n. 23, p. 5.775-7, jun. 2017: "Tropical forests are incredibly biodiverse; they support at least two-thirds of the world's biodiversity despite covering less than 10% of Earth's land surface".

138 Cf. IPBES, "Report of the Plenary of the Intergovernmental Science-Policy Platform on Biodiversity and Ecosystem Services on the Work of Its Seventh Session", *op. cit.*, 2019, p. 7: "The rate of loss of intact tropical forest landscapes has increased threefold in 10 years due to industrial logging, agricultural expansion, fire and mining (well established)".

139 Cf. Anders Krogh, *State of Tropical Rainforest*. Oslo: Rainforest Foundation Norway, 2019.

140 Cf. P. Pacheco *et al.*, *Deforestation Fronts: Drivers and Responses in a Changing World*. Gland: WWF, 2021, p. 8.

141 Cf. Mikaela Weisse & Liz Goldman, "Primary Rainforest Destruction Increased 12% from 2019 to 2020", *Global Forest Watch*, 31 mar. 2021: "The tropics lost 12.2 million hectares of tree cover in 2020, according to new data from the University of Maryland and available on Global Forest Watch. Of that, 4.2

million hectares, an area the size of the Netherlands, occurred within humid tropical primary forests, which are especially important for carbon storage and biodiversity. The resulting carbon emissions from this primary forest loss (2.64 Gt CO_2) are equivalent to the annual emissions of 570 million cars, more than double the number of cars on the road in the United States".

142 Cf. Boyd A. Synburn *et al.*, "The Global Syndemic of Obesity, Undernutrition, and Climate Change: *The Lancet* Commission Report", *The Lancet*, v. 393, n. 10.173, fev. 2019: "Malnutrition in all its forms, including obesity, undernutrition, and other dietary risks, is the leading cause of poor health globally [...]. Malnutrition, including both micronutrient deficiencies or so-called 'hidden hunger' as well as overweight and obesity now plague ~3.4 billion people worldwide. As a result, the FAO now identifies non-communicable diseases from poor diets as the number one cause of premature death globally".

143 Cf. Matthew Canfield, Molly D. Anderson & Philip McMichael, "UN Food Systems Summit 2021", *op. cit.*, 2021.

144 *Ibidem*: "The U.S. has always maintained that self-sufficiency and food security are not one and the same. Food security — the ability to acquire the food you need when you need it — is best provided through a smooth-functioning world market".

145 Cf. Charlie Shield, "Seed Monopolies: Who Controls the World's Food Supply?", *Deutsche Welle*, 8 abr. 2021.

146 Cf. ONU, "Conserving Plant Genetic Diversity Crucial for Future Food Security", 26 out. 2010.

147 Cf. OECD, *Concentration in Seed Markets: Potential Effects and Policy Responses*. Paris: OECD, 2018, p. 29.

148 *Ibidem*, p. 120-1. Ver também tabelas 5.2 e 5.3.

149 Cf. "The Use of Pesticides in Developing Countries and Their Impact on Health and the Right to Food", Policy Department for External Relations, European Parliament, jan. 2021.

150 Cf. Defenders of Wildlife, "The Dangers of Pesticides to Wildlife", [s.d.]. Disponível em: https://tinyurl.com/2m9ap8yw: "Many of us are familiar with Rachel Carson's seminal work, *Silent Spring*. But far fewer are aware that more pesticides are used today that at the time her book was published in 1962. [...] Many of our most commonly and newer chemicals are equally or more dangerous to wildlife and some harmful compounds closely related to DDT are still in use".

151 Cf. Oliver Milman, "Two Widely Used Pesticides Likely to Harm 97% of Endangered Species in the US", *The Guardian*, 7 abr. 2016.

152 Cf. Robert M. May, "How Many Species Are There on Earth?", *Science*, v. 241, n. 4.872, p. 1441-9, 16 set. 1988.

153 Cf. Richard Leakey & Roger Lewin, *The Sixth Extinction*, *op. cit.*, 1996, p. 38-9.

154 Cf. Sandra Díaz *et al.*, "IPBES Summary for Policymakers (Advance Unedited Version)", *op. cit.*, 2019, p. 24: "The proportion of insect species threatened with extinction is a key uncertainty, but available evidence supports a tentative estimate of 10 per cent (established but incomplete)".

155 Cf. Rodolfo Dirzo *et al.*, "Defaunation in the Anthropocene", *op. cit.*, 2014, p. 401: "Globally, long-term monitoring data on a sample of 452 invertebrate species indicate that there has been an overall decline in abundance of individuals since 1970".

156 Cf. *ibidem*: "IUCN data on the status of 203 insect species in five orders reveal vastly more species in decline than increasing".

157 Cf. Caspar A. Hallmann *et al.*, "More Than 75 Percent Decline Over 27 Years in Total Flying Insect Biomass in Protected Areas", *Plos One*, v. 12, n. 10, 2017: "Our analysis estimates a seasonal decline of 76%, and mid-summer decline of 82% in flying insect biomass over the 27 years of study"; Luiz Marques, "O agronegócio e o declínio dos insetos", *Jornal da Unicamp*, 23 out. 2017.

158 Cf. Francisco Sánchez-Bayo & Kris Wyckhuys, "Worldwide Decline of the Entomofauna: A Review of Its Drivers", *Biological Conservation*, v. 232, p. 8-27, abr. 2019: "Our work reveals dramatic rates of decline that may lead to the extinction of 40% of the world's insect species over the next few decades. In terrestrial ecosystems, Lepidoptera, Hymenoptera and dung beetles (Coleoptera) appear to be the taxa most affected, whereas four major aquatic taxa (Odonata, Plecoptera, Trichoptera and Ephemeroptera) have already lost a considerable proportion of species".

159 Cf. Hervé Jactel *et al.*, "Insect Decline: Immediate Action Is Needed", *Comptes Rendus Biologies*, v. 343, n. 3, p. 267-93, fev. 2021: "Insects appeared more than 400 million years ago and they represent the richest and most diverse taxonomic group with several million species. Yet, under the combined effect of the loss of natural habitats, the intensification of agriculture with massive use of pesticides, global warming and biological invasions, insects show alarming signs of decline. Although difficult to quantify, species extinction and population reductions are confirmed for many ecosystems. This results in a loss of services such as the pollination of plants, including food crops, the recycling of organic matter, the supply of goods such as honey and the stability of food webs. It is therefore urgent to halt the decline of insects".

160 Pertencem a esse grupo pesticidas como imidacloprida, acetamiprida, nitempiram, tiametoxam, clotianidina, dinotefurano e tiaclopride.

161 Cf. Endurance E. Ewere, Amanda Reichelt-Brushett & Kirsten Beckendorff, "Impacts of Neonicotinoids on Molluscs: What We Know and What We Need to Know", *Toxics*, v. 9, n. 2, fev. 2021.

162 Cf. J.-M. Bonmatin *et al.*, "Environmental Fate and Exposure; Neonicotinoids and Fipronil", *Environmental Science and Pollution Research International*, v. 22, n. 1, p. 35-67, 2015: "The half-lives of neonicotinoids in soils can exceed 1,000 days, so they can accumulate when used repeatedly. Similarly, they can persist in woody plants for periods exceeding 1 year".

163 Cf. S. G. Potts *et al.* (orgs.), *Summary for Policymakers of the Assessment Report of the Intergovernmental Science-Policy Platform on Biodiversity and Ecosystem Services on Pollinators, Pollination and Food Production*. Bonn: IPBES, 2016: "Globally, nearly 90% of wild flowering plant species depend, at least in part, on the transfer of pollen by animals. These plants are critical for the continued

functioning of ecosystems as they provide food, form habitats and provide other resources for a wide range of other species".

164 Cf. Elisabeth J. Eilers *et al.*, "Contribution of Pollinator-Mediated Crops to Nutrients in the Human Food Supply", *Plos One*, v. 6, n. 6, jun. 2011: "Crop plants that depend fully or partially on animal pollinators contain more than 90% of vitamin C, the whole quantity of Lycopene and almost the full quantity of the antioxidants β-cryptoxanthin and β-tocopherol, the majority of the lipid, vitamin A and related carotenoids, calcium and fluoride, and a large portion of folic acid. Ongoing pollinator decline may thus exacerbate current difficulties of providing a nutritionally adequate diet for the global human population".

165 Cf. Kelsey Kopec & Lori Ann Burd, "Pollinators in Peril: A Systematic Status Review of North American and Hawaiian Native Bees", Center for Biological Diversity, 2017: "Among native bee species with sufficient data to assess (1,437), more than half (749) are declining. Nearly 1 in 4 (347 native bee species) is imperiled and at increasing risk of extinction. For many of the bee species lacking sufficient population data, it's likely they are also declining or at risk of extinction. [...] A primary driver of these declines is agricultural intensification, which includes habitat destruction and pesticide use. Other major threats are climate change and urbanization".

166 Cf. Eduardo E. Zattara & Marcelo A. Aizen, "Worldwide Occurrence Records Suggest a Global Decline in Bee Species Richness", *One Earth*, v. 4, p. 114-23, 22 jan. 2021: "Although these trends must be interpreted cautiously given the heterogeneous nature of the dataset and potential biases in data collection and reporting, results suggest the need for swift actions to avoid further pollinator decline".

167 Cf. IPCC, "Summary for Policymakers". *In*: *Climate Change 2022: Impacts, Adaptation and Vulnerability. Contribution of Working Group II to the Sixth Assessment Report of the Intergovernmental Panel on Climate Change*. Cambridge: Cambridge University Press, 2022, p. 8: "Climate change has caused substantial damages, and increasingly irreversible losses, in terrestrial, freshwater and coastal and open ocean marine ecosystems (high confidence). The extent and magnitude of climate change impacts are larger than estimated in previous assessments (high confidence). [...] Hundreds of local losses of species have been driven by increases in the magnitude of heat extremes (high confidence), as well as mass mortality events on land and in the ocean (very high confidence) and loss of kelp forests (high confidence)".

168 Cf. Luiz Marques, *Capitalismo e colapso ambiental*, *op. cit.*, 2018, caps. 8, 9 e 14.

169 Cf. Damian Carrington, "Humanity Has Wiped Out 60% of Animal Populations since 1970, Report Finds", *The Guardian*, 30 out. 2018: "This is far more than just being about losing the wonders of nature, desperately sad though that is. This is actually now jeopardising the future of people. Nature is not a 'nice to have' — it is our life-support system".

170 Cf. Corey J. A. Bradshaw *et al.*, "Underestimating the Challenges of Avoiding a Ghastly Future", *op. cit.*, 2021: "Humanity is causing a rapid loss of biodiversity and, with it, Earth's ability to support complex life".

171 *Ibidem*: "It is therefore incumbent on experts in any discipline that deals with the future of the biosphere and human well-being to eschew reticence, avoid sugar-coating the overwhelming challenges ahead and 'tell it like it is'. Anything else is misleading at best, or negligent and potentially lethal for the human enterprise at worst".

172 Cf. Richard Gregory *apud* Adam Vaughan, "World Falls Short on All Its Biodiversity Goals", *New Scientist*, n. 3.301, 26 set. 2020: "This represents a massive, if not catastrophic, failure at all levels".

2. O sistema alimentar e a crise animal

1 Cf. Michael A. Clark *et al.*, "Global Food System Emissions Could Preclude Achieving the 1.5° and 2°C Climate Change Targets", *Science*, v. 370, n. 6.517, p. 705-8, 6 nov. 2020: "Even if fossil fuel emissions were eliminated immediately, emissions from the global food system alone would make it impossible to limit warming to 1.5°C and difficult even to realize the 2°C target".

2 Cf. Sonja J. Vermeulen, Bruce M. Campbell & John S. I. Ingram, "Climate Change and Food Systems", *Annual Review of Environment and Resources*, v. 37, p. 195-222, nov. 2012: "Food systems contribute 19%-29% of global anthropogenic greenhouse gas (GHG) emissions, releasing 9,800-16,900 megatonnes of carbon dioxide equivalent (Mt CO_2e) in 2008".

3 Cf. Cynthia Rosenzweig *et al.*, "Climate Change Responses Benefit from a Global Food System Approach", *Nature Food*, v. 1, p. 94-7, fev. 2020.

4 Cf. IPCC, "Summary for Policymakers". *In*: *Climate Change and Land: an IPCC Special Report on Climate Change, Desertification, Land Degradation, Sustainable Land Management, Food Security, and Greenhouse Gas Fluxes in Terrestrial Ecosystems*. Genebra: IPCC, 2019, p. 10: "If emissions associated with pre- and post-production activities in the global food system are included, the emissions are estimated to be 21-37% of total net anthropogenic GHG emissions (medium confidence)".

5 Cf. European Comission, "EDGAR — Emissions Database for Global Atmospheric Research", [s.d.]. Disponível em: https://edgar.jrc.ec.europa.eu/.

6 Cf. Francesco N. Tubiello *et al.*, "Greenhouse Gas Emissions from Food Systems: Building the Evidence Base", *Environmental Research Letters*, v. 16, n. 6, jun. 2021: "[We] estimate that total GHG emissions from the food system were about 16 CO_2eq yr^{-1} in 2018, or one-third of the global anthropogenic total. Three quarters of these emissions, 13 Gt CO_2eq yr^{-1}, were generated either within the farm gate or in pre- and post-production activities, such as manufacturing, transport, processing, and waste disposal".

7 Cf. José A. Pádua, *Um sopro de destruição: pensamento político e crítica ambiental no Brasil escravista (1786-1888)*. Rio de Janeiro: Jorge Zahar, 2002; Mauro Antônio Moraes Victor *et al.*, *Cem anos de devastação: revisitada 30 anos depois*.

Brasília: Ministério do Meio Ambiente; Secretaria de Biodiversidade e Florestas; Diretoria do Programa Nacional de Conservação da Biodiversidade, 2005.

8 Cf. David Gibbs, Nancy Harris & Francs Seymour, "By the Numbers: The Value of Tropical Forests in the Climate Change Equation", WRI Indonesia, 8 out. 2018. Disponível em: https://wri-indonesia.org/en/blog/numbers-value-tropical-forests-climate-change-equation: "If tropical deforestation were a country, it would rank third in carbon dioxide-equivalent emissions, only behind China and the United States of America. If tropical tree cover loss continues at the current rate, it will be nearly impossible to keep warming below the pledged two degrees Celsius. Annual gross carbon dioxide emissions from tree cover loss in tropical countries averaged 4.8 gigatons per year between 2015 and 2017. Put another way, tropical tree cover loss is now causing more emissions every year than 85 million cars would".

9 Cf. Global Forest Watch: "From 2001 to 2020, there was a total of 411 Mha of tree cover loss globally, equivalent to a 10% decrease in tree cover since 2000 and 165 Gt of CO_2 emissions". Disponível em: https://gfw.global/3OY05Vc.

10 Cf. Luciana V. Gatti *et al.*, "Amazonia as a Carbon Source Linked to Deforestation and Climate Change", *Nature*, v. 595, p. 388-93, jul. 2021; Scott Denning, "Southeast Amazonia Is No Longer a Carbono Sink", *Nature*, v. 595, p. 354-5, jul. 2021.

11 Cf. Dora Hargitai *apud* Kaamil Ahmed, "Animal Rebellion Paints Buckingham Palace Fountain Red", *The Guardian*, 26 ago. 2021: "We cannot resolve the climate crisis without resolving the animal crisis and food crisis at the same time".

12 Cf. FAO, "Shaping the Future of Livestock", *The 10th Global Forum for Food and Agriculture (GFFA)*, Berlin, 18-20 jan. 2018: "Of the 770 million people surviving on less than USD 1.90 per day, about half depend directly on livestock for their livelihoods".

13 A população dos Estados Unidos representa cerca de 4% da população mundial, mas responde por 21,2% do consumo mundial de carne bovina. A população do Brasil representa cerca de 2,7% da população mundial, mas responde por 12,9% desse consumo. No Brasil, contudo, como nos demais países pobres, esse consumo é restrito a uma pequena minoria, já que a renda média per capita dos 50% mais pobres do país é de 421 reais e 90% dos brasileiros têm rendimentos mensais inferiores a 3.500 reais. Cf. "World Beef Consumption: Ranking of Countries (USDA)", *Beef2 live*, 8 set. 2022; Lucianne Carneiro & Alessandra Saraiva, "Renda dos 50% mais pobres do país em 2021 foi a menor em nove anos, diz IBGE", *Valor*, 10 jun. 2022; Camila Veras Mota, "Calculadora de renda: 90% dos brasileiros ganham menos de R$ 3,5 mil", *BBC News Brasil*, 13 dez 2021.

14 A febre Q é uma zoonose causada pela bactéria *Coxiella burnetii*, cujos reservatórios primários são animais domésticos e de criação, tais como bovinos, caprinos e ovinos. É considerada a doença mais infecciosa do mundo.

15 A síndrome respiratória do Oriente Médio (Mers) é uma zoonose causada por um betacoronavírus e transmitida por camelos. Foi diagnosticada em 2012 na Arábia Saudita.

16 Cf. Marius Gilbert *et al.*, "Global Distribution Data for Cattle, Buffaloes, Horses, Sheep, Goats, Pigs, Chickens and Ducks in 2010", *Scientific Data*, v. 5, 30 out. 2018: "Livestock farming has a major impact on the environment, through greenhouse gas (GHG) emissions from enteric fermentation and manure, disruption of nitrogen and phosphorous cycles and indirect impacts on biodiversity and other ecosystem services through overgrazing and land-use change. Livestock farming also bears public health implications through its role in food-borne disease transmission, the emergence and spread of infectious zoonotic diseases such as avian influenza, Q-fever and Mers and its contribution to the global burden of antimicrobial resistance, linked to the routine abuse of those drugs in livestock production".

17 Cf. IPCC, "Summary for Policymakers". *In*: *Climate Change and Land: an IPCC Special Report on Climate Change, Desertification, Land Degradation, Sustainable Land Management, Food Security, and Greenhouse Gas Fluxes in Terrestrial Ecosystems*. Genebra: IPCC, 2019, p. 13: "There has been a major growth in emissions from managed pastures due to increased manure deposition (medium confidence). Livestock on managed pastures and rangelands accounted for more than one half of total anthropogenic N_2O emissions from agriculture in 2014 (medium confidence)".

18 Cf. Christy Manyi-Loh *et al.*, "Antibiotic Use in Agriculture and Its Consequential Resistance in Environmental Sources: Potential Public Health Implications", *Molecules*, v. 23, n. 4, abr. 2018. Apenas nos Estados Unidos, a cada ano já se documentam mais de três milhões de infecções resistentes a antibióticos e mais de 48 mil mortes como resultado dessa resistência. Cf. Centers for Disease Control and Prevention (CDC), "Antibiotic/Antimicrobial Resistance", 13 dez. 2021. Disponível em: https://www.cdc.gov/drugresistance/about.html.

19 Cf. FAO, "Land Use in Agriculture by the Numbers", 7 maio 2020. Disponível em: https://www.fao.org/sustainability/news/detail/en/c/1274219/: "Globally agricultural land area is approximately five billion hectares, or 38 percent of the global land surface. About one-third of this is used as cropland, while the remaining two-thirds consist of meadows and pastures) for grazing livestock".

20 Cf. Peter Alexander *et al.*, "Human Appropriation of Land for Food: The Role of Diet", *Global Environmental Change*, v. 41, p. 88-98, nov. 2016

21 Cf. Hannah Ritchie, "Half of the World's Habitable Land Is Used for Agriculture", Our World in Data, 11 nov. 2019.

22 Cf. Alisher Mirzabaev *et al.*, "Desertification". *In*: IPCC, *Climate Change and Land*, *op. cit.*, 2019: "More than 75% of the area of northern, western and southern Afghanistan is affected by overgrazing and deforestation. [...] Bisigato and Laphitz (2009) identified overgrazing as a cause of desertification in the Patagonian Monte region of Argentina. [...] Drought and overgrazing led to loss of biodiversity in Pakistan to the point that only drought-adapted species can now survive on the arid rangelands [...]. Similar trends were observed in desert steppes of Mongolia. [...] In the region of Coquimbo [Chile], goat and sheep overgrazing have aggravated the situation [of soil erosion]. [...] Overgrazing in the rangeland areas of the region (Central Asia e.g., par-

ticularly in Kyzylkum) contributes to dust storms, coming primarily from the Ustyurt Plateau, desertified areas of Amudarya and Syrdarya rivers' deltas, the dried seabed of the Aral Sea (now called Aralkum), and the Caspian Sea. [...] Livestock numbers in the Green Dam regions [Algeria], mainly sheep, grew exponentially, leading to severe overgrazing, causing trampling and soil compaction, which greatly increased the risk of erosion".

23 Cf. Allan Savory & Jody Butterfield, *Holistic Management: A New Framework for Decision Making*. Washington: Island Press, 2013; Richard Teague & Urs Kreuter, "Managing Grazing to Restore Soil Health, Ecosystem Function, and Ecosystem Services", *Frontiers in Sustainable Food Systems*, 29 set. 2020.

24 Cf. Hannah Ritchie & Max Roser, "Meat and Dairy Production", Our World in Data, ago. 2017. Disponível em: https://ourworldindata.org/meat-production#which-countries-eat-the-most-meat.

25 Cf. FAO, "Production, Trade and Prices of Commodities". *In*: *World Food and Agriculture: Statistical Yearbook 2020*. Roma: FAO, 2020.

26 Cf. "Número de bovinos abatidos no Brasil aumentou em 2018", *Agro em Dia*, 14 fev. 2019.

27 Matéria seca (*dry matter*) é a parte que resta do peso de um material após a extração da água nele contida. Cf. Jinfeng Chang *et al.*, "Revisiting Enteric Methane Emissions from Domestic Ruminants and Their $\delta^{13}C\text{-}CH_4$ Source Signature", *Nature Communications*, v. 10, 31 jul. 2019.

28 Cf. Yinon Bar-On, Rob Phillips & Ron Milo, "The Biomass Distribution on Earth", *PNAS*, v. 115, n. 25, 19 jun. 2018: "The biomass of humans (≈0.06 Gt C) and the biomass of livestock (≈0.1 Gt C, dominated by cattle and pigs) far surpass that of wild mammals, which has a mass of ≈0.007 Gt C). This is also true for wild and domesticated birds, for which the biomass of domesticated poultry (≈0.005 Gt C, dominated by chickens) is about threefold higher than that of wild birds (≈0.002 Gt C). In fact, humans and livestock outweigh all vertebrates combined, with the exception of fish".

29 Cf. *ibidem*: "While the total biomass of wild mammals (both marine and terrestrial) decreased by a factor of ≈6, the total mass of mammals increased approximately fourfold from ≈0.04 Gt C to ≈0.17 Gt C due to the vast increase of the biomass of humanity and its associated livestock".

30 Cf. Martina Schneider *et al.*, "The Commodity Report: Soy Production's Impact on Forests in South America", *Global Forest Watch*, 3 dez. 2021.

31 Cf. Marcello De Maria *et al.*, *Global Soybean Trade: The Geopolitics of a Bean*. Swindon/Londres: UKRI/GCRF, 2020: "More than 80% of soybean is processed into the highly demanded soybean meal — which is arguably the most common animal feed in the world due to the combination of high protein content and relatively low prices. The remaining production — just below 20% — goes into soybean oil, which can be used for the production of both edible (e.g. soy sauce, tofu) and non-edible products (cosmetics, soaps and detergents), as well as a base for diesel fuels".

32 Cf. Gabriel Popkin, "Cropland Has Gobbled Up Over 1 million Square Kilometers of Earth's Surface", *Science*, 23 dez. 2021: "South America led

the world in relative cropland expansion per land area. That's thanks largely to a booming soybean industry supplying livestock farmers in China and elsewhere, which boosted the continent's cropland by nearly 50% during the study period".

33 Cf. Santiago Yapura, "Importance of Corn in Animal Production", *Veterinaria Digital*, 14 jul. 2021.

34 Cf. Nasa Earth Observatory, "Falling for Corn", 18 out. 2021. Disponível em: https://earthobservatory.nasa.gov/images/149035/falling-for-corn.

35 Cf. Jinfeng Chang *et al.*, "Revisiting Enteric Methane Emissions from Domestic Ruminants and Their $\delta^{13}C$-CH_4 Source Signature", *op. cit.*, 2019: "Livestock production is the largest anthropogenic source in the global methane budget, mostly from enteric fermentation of domestic ruminants".

36 Cf. Ilma Tapio *et al.*, "The Ruminal Microbiome Associated with Methane Emissions from Ruminant Livestock", *Journal of Animal Science and Biotechnology*, v. 8, 19 jan. 2017: "Ruminant production accounts for about 81% of GHG from the livestock sector [...], 90% of which results from rumen microbial methanogenesis".

37 Cf. Sara E. Mikaloff-Fletcher & Hinrich Schaefer, "Rising Methane: A New Climate Challenge", *Science*, v. 364, n. 6.444, p. 932-3, 7 jun. 2019: "Livestock inventories show that ruminant emissions began to rise steeply around 2002 and can account for about half of the CH_4 increase since 2007".

38 Cf. Jinfeng Chang *et al.*, "Revisiting Enteric Methane Emissions from Domestic Ruminants and Their $\delta^{13}C$-CH_4 Source Signature", *op. cit.*, 2019: "Livestock production is the largest anthropogenic source in the global methane budget (103 [95-109] Tg CH_4 yr^{-1} during 2000-2009). Enteric fermentation from ruminants dominates this source and accounts for emission of 87-97 Tg CH_4 yr^{-1} during 2000-2009".

39 Cf. Igor Albuquerque *et al.*, *Seeg 8: Análise das emissões brasileiras de gases de efeito estufa e suas implicações para as metas de clima no Brasil 1970-2019*. Brasília: Observatório do Clima, 2020, p. 13.

40 Cf. USDA, "Livestock and Poultry: World Markets and Trade", 12 jul. 2021. Disponível em: https://apps.fas.usda.gov/psdonline/circulars/livestock_poultry.pdf.

41 Cf. Lester R. Brown, "China and the Soybean Challenge". *In*: *Full Planet, Empty Plates: The New Geopolitics of Food Scarcity*. Nova York/Londres: Earth Policy Institute, 2012, p. 95: "Since nearly half the world's pigs are in China, the lion's share of soy use is in pig feed. Its fast-growing poultry industry is also dependent on soybean meal. In addition, China now uses large quantities of soy in feed for farmed fish".

42 Cf. Filipe Serrano, "Puxadas pelo minério, exportações para a China crescem 36% até abril", *O Estado de S. Paulo*, 22 maio 2021.

43 Cf. Marcello De Maria *et al.*, *Global Soybean Trade*, *op. cit.*, 2020.

44 Cf. Naya Olmer *el al.*, *Greenhouse Gas Emissions from Global Shipping, 2013-2015*. Washington: ICCT, out. 2017, p. 2: "Without further action, the

international shipping sector could account for 17% of global CO_2 emissions in 2050".

45 Cf. The World Counts, "World Consumption of Meat", *The World Counts*, [s.d.]. Disponível em: https://www.theworldcounts.com/challenges/consumption/foods-and-beverages/world-consumption-of-meat.

46 Cf. Alice Rosi *et al.*, "Environmental Impact of Omnivorous, Ovo-Lacto--Vegetarian, and Vegan Diet", *Scientific Reports*, v. 7, 21 jul. 2017.

47 Cf. Gro Harlem Brundtland, discurso de Camberra, 2000: "It is simple, really. Human health and the health of ecosystems are inseparable". Cf. Luiz Marques, "A sustentabilidade deve ser uma meta da sociedade". *In*: *Gro Brundtland: libreto preparatório*. São Paulo: Fronteiras do Pensamento, 2014. Disponível em: https://tinyurl.com/yckz7sb2.

48 Cf. Walter Willett *et al.*, "Food in the Anthropocene: The EAT-*Lancet* Commission on Healthy Diets from Sustainable Food Systems", *The Lancet*, v. 393, n. 10.170, 2 fev. 2019: "This Commission is an independent scientific body using the latest available science to make a global assessment of the food system and set global scientific targets for healthy diets and sustainable food production. These targets form the first attempt to provide scientific guidance for a transformation towards healthy diets from sustainable food systems"

49 *Ibidem*: "Strong evidence indicates that food production is among the largest drivers of global environmental change by contributing to climate change, biodiversity loss, freshwater use, interference with the global nitrogen and phosphorus cycles, and land-system change (and chemical pollution, which is not assessed in this Commission). [...] We quantitatively describe a universal healthy reference diet to provide a basis for estimating the health and environmental effects of adopting an alternative diet to standard current diets, many of which are high in unhealthy foods. [...] This healthy reference diet largely consists of vegetables, fruits, whole grains, legumes, nuts, and unsaturated oils, includes a low to moderate amount of seafood and poultry, and includes no or a low quantity of red meat, processed meat, added sugar, refined grains, and starchy vegetables".

50 *Ibidem*: "Although inclusion of some animal source foods in maternal diets is widely considered important for optimal fetal growth and increased iron requirement, especially during the third trimester of pregnancy, evidence suggests that balanced vegetarian diets can support healthy fetal development, with the caveat that strict vegan diets require supplements of vitamin B12".

51 Cf. IARC, "Q&A on the Carcinogenicity of the Consumption of Red Meat and Processed Meat", [s.d.]. Disponível em: https://www.iarc.who.int/wp-content/uploads/2018/07/Monographs-QA_Vol114.pdf: "The risk increases with the amount of meat consumed, but the data available for evaluation did not permit a conclusion about whether a safe level exists".

52 Cf. Edouard Mathieu & Hannah Richtie, "What Share of People Say They Are Vegetarian, Vegan, or Flexitarian?", Our World in Data, 13 maio 2022.

53 Cf. Walter Willett *et al.*, "Food in the Anthropocene", *op. cit.*, 2019: "In a meta-analysis of prospective studies, consumption of processed red meat

(beef, pork, or lamb) was associated with increased risk of death from any cause and cardiovascular disease; unprocessed red meat was also weakly associated with cardiovascular disease mortality".

54 Cf. OMS, "Cancer: Carcinogenicity of the Consumption of Red Meat and Processed Meat", 2015: "According to the most recent estimates by the Global Burden of Disease Project, an independent academic research organization, about 34,000 cancer deaths per year worldwide are attributable to diets high in processed meat. [...] Eating red meat has not yet been established as a cause of cancer. However, if the reported associations were proven to be causal, the Global Burden of Disease Project has estimated that diets high in red meat could be responsible for 50,000 cancer deaths per year worldwide".

55 Cf. IARC, "Q&A on the Carcinogenicity of the Consumption of Red Meat and Processed Meat", *op. cit.*: "The risk of colorectal cancer could increase by 17% for every 100 gram portion of red meat eaten daily".

56 Cf. Worldometer, "Covid-19 coronavirus pandemic", [s.d.]. Disponível em: https://www.worldometers.info/coronavirus/.

57 Cf. Haidong Wang *et al.*, "Estimating Excess Mortality Due to the covid-19 Pandemic: A Systematic Analysis of Covid-19-Related Mortality, 2020-21", *The Lancet*, v. 399, n. 10.334, 10 mar. 2022: "Although reported covid-19 deaths between Jan 1, 2020, and Dec 31, 2021, totalled 5.94 million worldwide, we estimate that 18.2 million (95% uncertainty interval 17.1-19.6) people died worldwide because of the covid-19 pandemic (as measured by excess mortality) over that period".

58 Cf. Luiz Marques, "A pandemia incide no ano mais importante da história da humanidade. Serão as próximas zoonoses gestadas no Brasil?", *Jornal da Unicamp*, 5 maio 2020; *idem*, "Pandemics, Existential and Non-Existential Risks to Humanity", *Ambiente & Sociedade*, v. 23, 2020.

59 Cf. Josef Settele *et al.*, "IPBES Guest Article: Covid-19 Stimulus Measures Must Save Lives, Protect Livelihoods, and Safeguard Nature to Reduce the Risk of Future Pandemics", IPBES, 27 abr. 2020. Disponível em: https://ipbes.net/covid19stimulus: "There is a single species that is responsible for the covid-19 pandemic — us. As with the climate and biodiversity crises, recent pandemics are a direct consequence of human activity — particularly our global financial and economic systems, based on a limited paradigm that prizes economic growth at any cost. [...] Rampant deforestation, uncontrolled expansion of agriculture, intensive farming, mining and infrastructure development, as well as the exploitation of wild species have created a 'perfect storm' for the spillover of diseases from wildlife to people. [...] Yet this may be only the beginning. Although animal-to-human diseases already cause an estimated 700,000 deaths each year, the potential for future pandemics is vast. [...] As many as 1.7 million unidentified viruses of the type known to infect people are believed to still exist in mammals and water birds. Any one of these could be the next 'Disease X' — potentially even more disruptive and lethal than covid-19. Future pandemics are likely to happen more frequently, spread

more rapidly, have greater economic impact and kill more people if we are not extremely careful about the possible impacts of the choices we make today".

60 Cf. Christian Drosten *apud* Laura Spinney, "Germany's Covid-19 Expert: 'For Many, I'm the Evil Guy Crippling the Economy'", *The Guardian*, 26 abr. 2020: "Coronaviruses are prone to switch hosts when there is opportunity, and we create such opportunities through our non-natural use of animals — livestock. Livestock animals are exposed to wildlife, they are kept in large groups that can amplify the virus, and humans have intense contact with them — for example through the consumption of meat — so they certainly represent a possible trajectory of emergence for coronaviruses. Camels count as livestock in the Middle East, and they are the host of the Mers virus as well as human coronavirus 229E — which is one cause of the common cold — while cattle were the original hosts for coronavirus OC43, which is another".

61 Cf. Nádia Pontes, "O elo entre desmatamento e epidemias investigado pela ciência", *Deutsche Welle*, 15 abr. 2020.

62 Cf. Christine K. Johnson *et al.*, "Global Shifts in Mammalian Population Trends Reveal Key Predictors of Virus Spillover Risk", *Proceedings of the Royal Society B*, v. 287, n. 1.924, 8 abr. 2020.

63 Cf. Sara Goudarzi, "How a Warming Climate Could Affect the Spread of Diseases Similar to Covid-19", *Scientific American*, 29 abr. 2020.

64 Cf. Miyu Moriyama & Takeshi Ichinohe, "High Ambient Temperature Dampens Adaptative Immune Responses to Influenza A Virus Infection", *PNAS*, v. 116, n. 8, p. 3.118-25, 19 fev. 2019.

65 Cf. Gretta Pecl *et al.*, "Biodiversity Redistribution under Climate Change: Impacts on Ecosystems and Human Well-Being", *Science*, v. 355, n. 6.332, 31 mar. 2017.

66 Cf. "Coronavirus, Climate Change, and the Environment", *Environmental Health News*, 20 mar. 2020. Disponível em: https://www.ehn.org/coronavirus-environment-2645553060.html.

67 Cf. Oeler Desouzart, "Veja o consumo per capita das principais carnes no Brasil", *Compre Rural*, 22 out. 2021.

68 Cf. Gretchen Kuck & Gary Schnitkey, "An Overview of Meat Consumption in the United States", *farmdoc daily*, v. 11, n. 76, 12 maio 2021.

69 Cf. The World Counts, "World Consumption of Meat", *op. cit.*

70 Cf. Peter Alexander *et al.*, "Human Appropriation of Land for Food: The Role of Diet", *op. cit.*, 2016.

71 Cf. IPCC, "Food Security". *In*: *Climate Change and Land*, *op. cit.*, 2019, p. 472: "If every country were to adopt the UK's 2011 average diet and meat consumption, 95% of global habitable land area would be needed for agriculture — up from 50% of land currently used. For the average USA diet, 178% of global land would be needed (relative to 2011)".

72 Cf. Quirin Schiermeier, "Eat Less Meat: UN Climate-Change Report Calls for Change to Human Diet", *Nature*, 8 ago. 2019: "The special report on climate change and land by the Intergovernmental Panel on Climate Change (IPCC) describes plant-based diets as a major opportunity for mitigating and adap-

ting to climate change — and includes a policy recommendation to reduce meat consumption".

73 Ver, por exemplo, João Meirelles Filho, "Você já comeu a Amazônia hoje?", *Afram*, 2006; *idem*, "É possível superar a herança da ditadura brasileira (1964-1985) e controlar o desmatamento na Amazônia? Não, enquanto a pecuária bovina prosseguir como principal vetor de desmatamento", *Boletim do Museu Paraense Emílio Goeldi*, v. 9, n. 1, abr. 2014.

74 Cf. Luiz Marques, "Abandonar a carne ou a esperança", *Jornal da Unicamp*, 10 jul. 2019.

75 Cf. The World Counts, "World Consumption of Meat", *op. cit.*

76 Cf. IPCC, *Climate Change and Land*, *op. cit.*, 2019, p. 7: "Soil erosion from agricultural fields is estimated to be currently 10 to 20 times (no tillage) to more than 100 times (conventional tillage) higher than the soil formation rate (medium confidence). [...] In 2015, about 500 (380-620) million people lived within areas which experienced desertification between the 1980s and 2000s. [...] Other dryland regions have also experienced desertification. People living in already degraded or desertified areas are increasingly negatively affected by climate change (high confidence)".

77 Cf. IPBES, "Report of the Plenary of the Intergovernmental Science-Policy Platform on Biodiversity and Ecosystem Services", 29 maio 2019, p. 4: "Currently, land degradation has reduced productivity in 23 per cent of the global terrestrial area, and between $235 billion and $577 billion in annual global crop output is at risk as a result of pollinator loss".

78 Cf. IPCC, "Summary for Policymakers". *In*: *Climate Change 2022: Impacts, Adaptation and Vulnerability. Contribution of Working Group II to the Sixth Assessment Report of the Intergovernmental Panel on Climate Change*. Cambridge: Cambridge University Press, 2022, p. 10: "Climate change including increases in frequency and intensity of extremes have reduced food and water security, hindering efforts to meet Sustainable Development Goals (high confidence). Although overall agricultural productivity has increased, climate change has slowed this growth over the past 50 years globally (medium confidence)".

79 O fator total de produtividade mede o produto agregado por unidade medida de insumo agregado. Por produto (*output*), entendam-se colheitas agrícolas e criação de animais, e por insumos (*input*), trabalho, terra, capital e materiais.

80 Cf. Ariel Ortiz-Bobea *et al.*, "Anthropogenic Climate Change Has Slowed Global Agricultural Productivity Growth", *Nature Climate Change*, v. 11, p. 306-12, 2021: "Anthropogenic climate change has reduced global agricultural total fator productivity by about 21% since 1961, a slowdown that is equivalent to losing the last 7 years of productivity growth. The effect is substantially more severe (a reduction of ~26-34%) in warmer regions such as Africa and Latin America and the Caribbean. We also find that global agriculture has grown more vulnerable to ongoing climate change".

81 Cf. Mauro Zafalon, "América do Sul poderá ter quebra de 20 milhões de toneladas de soja", *Folha de S.Paulo*, 12 jan. 2022.

82 Cf. OMM, "State of the Climate in Latin America and the Caribbean 2021", 2022: "In the Paraná-La Plata Basin, drought-induced damage to agriculture reduced crop production, including of soybeans and corn, affecting global crop markets. In South America overall, drought conditions led to a decline of 2.6% in the 2020-2021 cereal harvest compared with the previous season".

83 Cf. Ian Sue Wing, Enrica De Cian & Malcom N. Mistry, "Global Vulnerability of Crop Yields to Climate Change", *Journal of Environmental Economics and Management*, v. 109, set. 2021. Para projeções acerca dos impactos das mudanças climáticas sobre a agricultura brasileira, cf. Eduardo D. Assad, Rogério R. R. Ribeiro & Alan M. Nakai, "Assessments and How an Increase in Temperature May Have an Impact on Agriculture in Brazil and Mapping of the Current and Future Situation". *In*: Carlos A. Nobre, José A. Marengo & Wagner R. Soares (orgs.). *Climate Change Risks in Brazil*. Nova York: Springer, 2019, cap. 3, figs. 3.18, 3.21, 3.24, 3.26 e 3.27.

84 Cf. Ellen Grey, "Global Climate Change Impact on Crops Expected Within 10 Years, Nasa Study Finds", Nasa, 2 nov. 2021: "Average global crop yields for maize, or corn, may see a decrease of 24% by late century, with the declines becoming apparent by 2030, with high greenhouse gas emissions"; Jonas Jägermeyr *et al.*, "Climate Impacts on Global Agriculture Emerge Earlier in New Generation of Climate and Crop Models", *Nature Food*, v. 2, 1 nov. 2021.

85 Cf. Nasa Earth Observatory, "Falling for Corn", *op. cit.* Ver também Jonas Jägermeyr *et al.*, "Climate Impacts on Global Agriculture Emerge Earlier in New Generation of Climate and Crop Models", *Nature Food*, v. 2, 1 nov. 2021.

86 Cf. Chuang Zhao *et al.*, "Temperature Increase Reduces Global Yields of Major Crops in Four Independent Estimates", *PNAS*, v. 114, n. 35, p. 9.326-31, 15 ago. 2017.

87 Cf. Daniel Quiggin *et al.*, "Climate Change Risk Assessment 2021: Summary of Research Findings", Chatham House, set. 2021: "To meet global demand, agriculture will need to produce almost 50 per cent more food by 2050. However, yields could decline by 30 per cent in the absence of dramatic emissions reductions. By 2040, the average proportion of global cropland affected by severe drought — equivalent to that experienced in Central Europe in 2018 (50% yield reductions) — will likely rise to 32 per cent a year, more than three times the historic average".

88 Cf. Lester R. Brown, *Outgrowing the Earth: The Food Security Challenge in an Age of Falling Water Tables and Rising Temperature*. Nova York: W. W. Norton, 2004; *idem*, "Aquifer Depletion". *In*: Cutler J. Cleveland (org.). *Encyclopedia of Earth*. Washington, 2010; *idem*, *World on the Edge, How to Prevent Environmental and Economic Collapse*. Nova York/Londres: W. W. Norton, 2011.

89 *Idem*, "World on the Edge: Preventing Environmental and Economic Collapse" [vídeo], 2012. Disponível em: https://www.youtube.com/watch?v=DO2xl39nBAA: "I had long rejected the idea that food could be the weak link for us, but as I have thought about it in recent years, I've begun to think

that not only the food could be the weak link, but that probably food is the weak link".

90 Cf. FAO, Ifad, Unicef, WFP & WHO. *The State of Food Security and Nutrition in the World 2021: Transforming Food Systems for Food Security, Improved Nutrition and Affordable Healthy Diets for All*. Roma: FAO, 2021.

91 *Ibidem*, p. xv-xvi: "Moderate or severe food insecurity (based on the Food Insecurity Experience Scale) at the global level has been slowly on the rise, from 22.6% in 2014 to 26.6% in 2019. Then in 2020 [...] it rose nearly as much as in the previous five years combined, to 30.4%. Thus, nearly one in three people in the world did not have access to adequate food in 2020 — an increase of 320 million people in just one year, from 2.05 to 2.37 billion. Nearly 40% of those people — 11.9% of the global population, or almost 928 million — faced food insecurity at severe levels. Close to 148 million more people were severely food insecure in 2020 than in 2019".

92 Cf. Nina Strochlic, "One in Six Americans Could Go Hungry in 2020 as Pandemic Persists", *National Geographic*, 24 nov. 2020.

93 Cf. Vivian Souza, "Recordes no agronegócio e aumento da fome no Brasil: como isso pode acontecer ao mesmo tempo?", *G1*, 11 ago. 2021.

94 Cf. Rede Penssan, *Insegurança alimentar e covid-19 no Brasil*. Brasília: Rede Penssan, 2022, p. 18.

95 Cf. Michael A. Clark *et al.*, "Global Food System Emissions Could Preclude Achieving the 1.5° and 2°C Climate Change Targets", *op. cit.* 2020.

96 Cf. Michael B. Eisen & Patrick O. Brown, "Rapid Global Phaseout of Animal Agriculture Has the Potential to Stabilize Greenhouse Gas Levels for 30 Years and Offset 68 Percent of CO_2 Emissions This Century", *Plos Climate*, v. 1, n. 2, fev. 2022.

97 Cf. B. Loken *et al.*, *Bending the Curve: The Restorative Power of Planet-Based Diets*. Gland: WWF, 2020.

98 *Ibidem*, p. 21: "A shift toward more plant-based foods could reduce global biodiversity loss by between 5% (flexitarian diet) up to 46% (vegan diet — Figure 13). In the Latin America/Caribbean region biodiversity loss could be reduced by approximately 50% to 70%, depending on the dietary pattern adopted".

3. O decênio decisivo da Amazônia

1 Cf. Nicole Oliveira, "Cacique Raoni: 'É a floresta que segura o mundo. Se acabarem com tudo, não é só índio que vai sofrer'", Arayara.org, 20 nov. 2019.

2 Ver "Canção pra Amazônia" [vídeo], 2021. Disponível em: https://www.youtube.com/watch?v=yE1PENHOpDQ.

3 Cf. Antoine Lourdeau, "A Serra da Capivara e os primeiros povoamentos sul-americanos: uma revisão bibliográfica", *Boletim do Museu Paraense Emílio Goeldi: Ciências Humanas*, Belém, v. 14, n. 2, p. 367-98, maio/ago. 2019.

4 Cf. Ciprian Ardelean *et al.*, "Evidence of Human Occupation in Mexico Around the Last Glacial Maximum", *Nature*, v. 584, p. 87-92, 22 jul. 2020.

Agradeço a Antonio Donato Nobre por me ter chamado a atenção para a possibilidade de estender à Amazônia a tese de Niède Guidon de uma ocupação humana muito mais antiga no continente americano, proveniente da África.

5 Cf. Alexander Koch *et al.*, "Earth System Impacts of the European Arrival and Great Dying in the Americas After 1492", *Quaternary Science Reviews*, v. 207, p. 13-36, 2019.

6 Cf. Renato Sérgio de Lima (superv.), "Cartografias das violências na região amazônica: síntese dos dados e resultados preliminares", Fórum Brasileiro de Segurança Pública, nov. 2021. Disponível em: https://forumseguranca.org.br/wp-content/uploads/2021/11/cartografias-das-violencias-na-regiao-amazonica-sintese-dos-dados.pdf.

7 Em 2015, segundo dados da Procuradoria-Geral da Fazenda Nacional, 4.013 pessoas físicas e jurídicas, grandes proprietários de terras, não pagavam à União dívidas acima de cinquenta milhões de reais — totalizando mais de 906 bilhões de reais em impostos devidos. Dessas 4.013 pessoas físicas e jurídicas, 729 declaravam possuir 4.057 imóveis rurais. Cf. "Terrenos da desigualdade: terra, agricultura e desigualdades no Brasil rural", Oxfam, 30 nov. 2016.

8 Cf. Frente Parlamentar da Agropecuária, "Todos os membros", 7 jan. 2021. Disponível em: https://fpagropecuaria.org.br/todos-os-membros/. Ver também Fábio Pontes, "Mais de 50% dos parlamentares da Amazônia Legal são de legendas que votam contra o meio ambiente", *((o)) eco*, 5 set. 2022.

9 Cf. Luiz Henrique Vieira de Souza *et al.*, "Violence and Illegal Deforestation: The Crimes of 'Environmental Militia' in the Amazon Forest", *Capitalism Nature Socialism*, 12 nov. 2021.

10 Cf. Global Witness, "Global Commodity Traders Are Fuelling Land in Brazil's Cerrado", 23 nov. 2021.

11 Cf. "Amazon Rainforest", *Wikipedia*, [s.d.].

12 Cf. Carlos Nobre *et al.*, *Science Panel for the Amazon: Executive Summary of the Amazon Assessment Report 2021*. Nova York: United Nations Sustainable Development Solutions Network, 2021, p. 15. Convocada por Jeffrey Sachs e coordenada por Emma Torres, o Science Panel for the Amazon (SPA) é uma iniciativa que congregou mais de duzentos especialistas nacionais e internacionais em diversas áreas socioambientais da Amazônia.

13 Cf. Mónica R. Carvalho *et al.*, "Extinction at the End-Cretaceous and the Origin of Modern Neotropical Rainforests", *Science*, v. 372, n. 6.537, p. 63-8, 2 abr. 2021: "The end-Cretaceous event had profound consequences for tropical vegetation, ultimately enabling the assembly of modern Neotropical rainforests. It is notable that a single historical accident altered the ecological and evolutionary trajectory of tropical rainforests, in essence triggering the formation of the most diverse biome on Earth".

14 Cf. Hans ter Steege *et al.*, "Hyperdominance in the Amazonian Tree Flora", *Science*, v. 342, n. 6.156, 2013: "3.9×10^{11} trees"; Edna Rödig *et al.*, "The Importance of Forest Structure for Carbon Fluxes of the Amazon Rainforest", *Environmental Research Letters*, v. 13, 30 abr. 2018.

15 Cf. Thomas Lewinsohn & Paulo Prado, *Biodiversidade brasileira: síntese do estado atual do conhecimento*. São Paulo: Contexto, 2002; Carlos Nobre *et al.*, "Land-Use and Climate Change Risks in the Amazon and the Need of a Novel Sustainable Development Paradigma", *PNAS*, v. 113, n. 39, 27 set. 2016.

16 Cf. Gerardo Ceballos, Anne H. Ehrlich & Paul R. Ehrlich, *The Annihilation of Nature: Human Extinction of Birds and Mammals*. Baltimore: Johns Hopkins University Press, 2015: "From 1999 to 2009, scientists working on the Amazon Alive project in the Amazon basin discovered a wealth of new species: 637 plants, 257 fishes, 216 amphibians, 55 reptiles, 16 birds, 39 mammals, and thousands of invertebrates such as insects, spiders, and worms".

17 Cf. Wolfgang J. Junk, Maria G. M. Soares & Peter B. Bayley, "Freshwater Fishes of the Amazon River Basin: Their Biodiversity, Fisheries and Habitats", *Aquatic Ecosystem Health & Management*, v. 10, n. 2, p. 153-73, 25 jun. 2007.

18 Cf. Carlos Nobre *et al.*, *Science Panel for the Amazon*, *op. cit.*, 2021, p. 9: "The Amazon is home to a remarkable share of known global biodiversity, including 22% of vascular plant species, 14% of birds, 9% of mammals, 8% of amphibians and 18% of fishes that inhabit the Tropics. In parts of the Andes and Amazonian lowlands, a single gram of soil may contain more than 1,000 genetically-distinct fungi species".

19 Cf. *idem*, p. 10.

20 Cf. Gerardo Ceballos, Anne H. Ehrlich & Paul R. Ehrlich, *The Annihilation of Nature*, *op. cit.*, 2015: "A single tree in the Amazon region may host hundreds of species of beetles and more species of ants than in the whole of Great Britain".

21 Cf. Russel A. Mittermeier, Gil Robles, & C. G. Mittermeier, *Megadiversity: Earth's Biologically Wealthiest Nations*. Cidade do México: Cemex, 1999.

22 Cf.Unep, "Biodiversity A-Z: Megadiverse Countries", [s.d.]. Disponível em: https://www.biodiversitya-z.org/content/megadiverse-countries: "Together, the Megadiversity Countries account for at least two thirds of all non-fish vertebrate species and three quarters of all higher plant species".

23 Cf. Russell A. Mittermeier, "Primate Diversity and the Tropical Forest Case Studies from Brazil and Madagascar and the Importance of the Megadiversity Countries". *In*: E. O. Wilson (org.), *Biodiversity*. Washington: National Academy Press, 1988, cap. 16: "Just four countries, Brazil, Madagascar, Zaire, and Indonesia, by themselves account for approximately 75% of all the world's primate species".

24 Cf. Carlos Nobre *et al.*, *Science Panel for the Amazon*, *op. cit.*, 2021, p. 9: "Endemism is high in the Amazonian lowlands (below 250 m), with around 34% of mammals and 20% of birds not found elsewhere. The high level of endemism of Amazonian mammal species is due mainly to marsupials, rodents, and primates, which together comprise approximately 80% percent of all endemic animal species. The exceptional fish diversity represents approximately 13% of the world's freshwater fishes, 58% of which are found nowhere else on Earth". Outra estimativa sugere 15% das espécies de peixes de água

doce. Cf. Thierry Oberdorff *et al.*, "Unexpected Fish Diversity Gradients in the Amazon Basin", *Science Advances*, v. 5, 11 set. 2019.

25 Cf. Antonio Donato Nobre, "There Is a River above Us — TEDxAmazônia" [vídeo], 2011. Disponível em: https://www.youtube.com/watch?v=o1jYiXbpnoE.

26 Cf. Carlos Nobre *et al.*, *Science Panel for the Amazon*, *op. cit.*, 2011, p. 11; Carlos Nobre *et al.*, "Land-Use and Climate Change Risks in the Amazon and the Need of a Novel Sustainable Development Paradigma", *op. cit.*, 2016. Ver também Pierrick Giffard *et al.*, "Contribution of the Amazon River Discharge to Regional Sea Level in the Tropical Atlantic Ocean", *Water*, 8 nov. 2019; Thierry Oberdorff *et al.*, "Unexpected Fish Diversity Gradients in the Amazon Basin", *Science Advances*, v. 5, n. 9, 11 set. 2019; Águas Amazônicas, "Fluxos e inundações" [s.d.]. Disponível em: https://pt.aguasamazonicas.org/aguas-2/fluxos-e-inundacoes/.

27 Cf. Philip Fearnside, "Many Rivers, Too Many Dams", *The New York Times*, 2 out. 2020.

28 Cf. Anastassia M. Makarieva *et al.*, "Why Does Air Passage over Forest Yield More Rain? Examining the Coupling between Rainfall, Pressure and Atmospheric Moisture Content", *Journal of Hydrometeorology*, v. 15, n. 1, p. 411-26, fev. 2014: "Natural forest cover can cause low atmospheric pressure. The mechanism derives from evaporation and condensation and resulting gradients in atmospheric moisture — in brief, the areas with the highest evaporation drive upwelling and condensation, which induce low pressure and draw in the most air from elsewhere — leading to a net atmospheric moisture inflow to the continent from the ocean". Ver também Anastassia M. Makarieva & Victor G. Gorshkov, "Biotic Pump of Atmospheric Moisture as Driver of the Hydrological Cycle on Land", *Hydrological Earth System Sciences*, v. 11, n. 2, p. 1.013-33, mar. 2007.

29 Cf. Amanda L. Cordeiro *et al.*, "Fine-Root Dynamics Vary with Soil Depth and Precipitation in a Low-Nutrient Tropical Forest in the Central Amazonia", *Plant-Environment Interactions*, v. 1, n. 1, jun. 2020.

30 Ver, em particular, entre os diversos vídeos didáticos de Antonio Donato Nobre sobre a Amazônia no YouTube, o já citado "There Is a River above Us — TEDxAmazonia", 2011.

31 Cf. Antonio Donato Nobre, "O que você não sabia sobre a água" [vídeo], 2019. Disponível em: https://www.youtube.com/watch?v=GgomGGWultY.

32 Cf. Carlos Nobre *et al.*, *Science Panel for the Amazon*, *op. cit.*, 2021, p. 11: "Annually, an estimate 72% of the water vapor that enters the atmospheric column is of oceanic origin and 28% is evaporated locally; thus, the forest and evapotranspiration play a significant role on the climate. At the base of the Andes precipitation recycling reaches over 50%. Amazon forests also sustain the hydrological cycle by emitting volatile organic compounds (VOCs, such as terpenes) that become cloud condensation nuclei and lead to the formation of rain droplets".

33 Cf. Luciana V. Gatti *et al.*, "Amazonia as a Carbon Source Linked to Deforestation and Climate Change", *Nature*, v. 595, 14 jul. 2021: "Evapotranspiration has been estimated by several studies to be responsible for 25% to 35% of total rainfall". Ver também Arie Staal *et al.*, "Forest-Rainfall Cascades Buffer against Drought Across the Amazon", *Nature Climate Change*, v. 8, p. 539-43, 2018.

34 Cf. Eneas Salati & Peter B. Vose, "Amazon Basin: A System in Equilibrium", *Science*, v. 225, n. 4.658, p. 129-38, 1984: "On average 50 percent of the precipitation is recycled, and in some areas even more".

35 Cf. Esprit Smith, "Human Activities Are Drying Out the Amazon: Nasa Study", Nasa Earth Observatory, 5 nov. 2019: "Rainforests generate as much as 80 percent of their own rain, especially during the dry season".

36 Cf. Carlos Nobre, "Está a Amazônia próxima de um ponto de não retorno?" [vídeo], 2020. Disponível em: https://www.youtube.com/watch?v=cg5Rh5CVm48.

37 Cf. Projeto Rios Voadores, "O fenômeno dos rios voadores", [s.d.]. Disponível em: http://riosvoadores.com.br/o-projeto/fenomeno-dos-rios-voadores/.

38 Cf. *idem*, "Belo Horizonte-MG", [s.d.]. Disponível em: http:/riosvoadores.com.br/mapas-meteorologicos/localidades-monitoradas/belo-horizonte/.

39 Cf. "Antonio Donato Nobre — Rios voadores (pesquisa Fapesp)" [vídeo], 2017. Disponível em: https://www.youtube.com/watch?v=uxgRHmeGHMs&t=27s.

40 Cf. Carlos Nobre *et al.*, *Science Panel for the Amazon*, *op. cit.*, 2021, p. 11: "The forests act like a giant 'air-conditioner', lowering land surface temperatures, and generating rainfall. It exerts a strong influence on the atmosphere and circulation patterns, both within and outside the tropics".

41 Cf. Scott Denning, "Southeast Amazonia Is No Longer a Carbon Sink", *Nature*, v. 595, 15 jul. 2021: "Since at least the inception of modern records of atmospheric carbon dioxide levels in the 1950s, there has been a small global excess (about 2%) in the amount of CO_2 taken up by land plants for photosynthesis, compared with the amount emitted as a result of the decomposition of organic material. This land carbon sink has absorbed around 25% of all fossil-fuel emissions since 1960".

42 *Ibidem*: "Tropical forests have been a major component of the land carbon sink, and the largest intact tropical forest is in Amazonia"

43 Cf. James E. M. Watson *et al.*, "Catastrophic Declines in Wilderness Areas Undermine Global Environment Targets", *Current Biology*, v. 26, n. 7, p. 2.929-34, 7 nov. 2016: "It is estimated that 32% of the total global stock of forest biomass carbon is stored in the boreal forest biome and that the Amazon region stores nearly 38% (86.1 Pg C) of the carbon (228.7 Pg C) found above ground in the woody vegetation of tropical America, Africa, and Asia. Thus, avoiding emissions by protecting the globally significant wilderness areas of the boreal and Amazon in particular will make a significant contribution to stabilizing atmospheric concentrations of CO_2".

44 Cf. Carlos Nobre *et al.*, "Land-Use and Climate Change Risks in the Amazon and the Need of a Novel Sustainable Development Paradigma", *op. cit.*, 2016.

45 Cf. Amanda L. Cordeiro *et al.*, “Fine-Root Dynamics Vary with Soil Depth and Precipitation in a Low-Nutrient Tropical Forest in the Central Amazonia”, *op. cit.*, 2020: “The Amazon rainforest is one of the largest ecosystem carbon (C) reserves in the world, storing approximately 150-200 Pg C in living vegetation biomass and soils”. Um petagrama = uma gigatonelada. Assim também, portanto, em Carlos Nobre *et al.*, *Science Panel for the Amazon*, *op. cit.*, 2021, p. 13: “The Amazon basin represents a large component of the global carbon cycle, accounting for about 16% of terrestrial productivity and 150-200 billion tons of carbon stored in soils and vegetation”.

46 Cf. IEA, “Global CO_2 emissions in 2019”, 11 fev. 2020: “Global energy-related CO_2 emissions flattened in 2019 at around 33 gigatonnes (Gt), following two years of increases”.

47 Cf. Luciana Gatti *et al.*, “Amazonia as a Carbon Source Linked to Deforestation and Climate Change”, *op. cit.*, 2021: “The Amazon Forest Contains about 123 ± 23 petagrams carbon (Pg C) of above- and belowground biomass, which can be released rapidly and may thus result in a sizeable positive feedback on global climate”.

48 Cf. Luciana Gatti *et al.*, “Drought Sensitivity of Amazonian Carbon Balance Revealed by Atmospheric Measurements”, *Nature*, v. 506, p. 76-80, 5 fev. 2014; Roel Brienen *et al.*, “Long-Term Decline of the Amazon Carbon Sink”, *Nature*, v. 519, p. 344-8, 18 mar. 2015; Luciana V. Gatti *et al.*, “Amazonia as a Carbon Source Linked to Deforestation and Climate Change”, *op. cit.*, 2021.

49 Cf. Edna Rödig *et al.*, “The Importance of Forest Structure for Carbon Fluxes of the Amazon Rainforest”, *op. cit.*, 2018: “Under current conditions, we identified the Amazon rainforest as a carbon sink, gaining 0.56 Gt C per year”.

50 Cf. Luciana Gatti *et al.*, “Drought Sensitivity of Amazonian Carbon Balance Revealed by Atmospheric Measurements”, *op. cit.*, 2014, p. 76: “Here we report seasonal and annual carbon balances across the Amazon basin, based on carbon dioxide and carbon monoxide measurements for the anomalously dry and wet years 2010 and 2011, respectively. We find that the Amazon basin lost 0.48 ± 0.18 petagrams of carbon per year (Pg C yr^{-1}) during the dry year but was carbon neutral (0.06 ± 0.1 Pg C yr^{-1}) during the wet year”.

51 Cf. Roel Brienen *et al.*, “Long-Term Decline of the Amazon Carbon Sink”, *op. cit.*, 2015: “Here we analyse the historical evolution of the biomass dynamics of the Amazon rainforest over three decades [...]. We find a long-term decreasing trend of carbon accumulation. Rates of net increase in above-ground biomass declined by one-third during the past decade compared to the 1990s. This is a consequence of growth rate increases levelling off recently, while biomass mortality persistently increased throughout, leading to a shortening of carbon residence times”.

52 Cf. Luiz E. O. C. Aragão *et al.*, “21st Century Drought-Related Fires Counteract the Decline of Amazon Deforestation Carbon Emissions”, *Nature Communications*, v. 9, 13 fev. 2018.

53 Cf. Luciana Gatti *et al.*, “Amazonia as a Carbon Source Linked to Deforestation and Climate Change”, *op. cit.*, 2021: “Moreover, these changes

appear to be accelerating, with annual grown rates increasing over the past 40, 30 and 20 years".

54 *Ibidem*: "A possible reason for this 20% decrease in precipitation in both western-central regions, despite experiencing less deforestation compared to the eastern sites, is the cascade effect. That is, deforestation in eastern Amazonia may be reducing evapotranspiration, which in turn may be reducing the recycling of water vapour that is transported to the western Amazonia".

55 Cf. Scott Denning, "Southeast Amazonia Is No Longer a Carbon Sink", *op. cit.*, 2021: "The future of carbon accumulation in tropical forests has [...] long been uncertain. Gatti and colleagues' atmospheric profiles show that the uncertain future is happening now".

56 Cf. Carlos M. Souza Jr. *et al.*, "Long-Term Annual Surface Water Change in the Brazilian Amazon Biome: Potential Links with Deforestation, Infrastructure Development and Climate Change", *Water*, v. 11, n. 3, 2019: "There is an overall trend of reducing surface water in the Amazon Biome and watershed scales, suggesting a potential connection to more recent extreme droughts in the 2010s".

57 *Ibidem*: "The rate of change over 33 years obtained with a linear regression model showed a decrease in surface water extent of 350 km²/year over the 33-year timespan in the areas that underwent an interchange between landmass and water. [...] However, the fastest shrinkage of the areas subjected to this type of dynamics happened between 2010 and 2017, with an average decrease of nearly 1400 km²/year".

58 Cf. Carlos M. Souza Jr., "Superfície de água no Brasil reduz 15% desde o início dos anos 1990", Projeto MapBiomas Água, ago. 2021.

59 Déficit de pressão de vapor (VPD) é uma medida da quantidade de água que se encontra na atmosfera na forma de vapor. É mensurado como a diferença ou o déficit entre a quantidade de umidade no ar (pressão parcial de vapor) e a quantidade de vapor de água que o ar pode reter quando saturado de umidade.

60 Cf. Armineh Barkhordarian *et al.*, "A Recent Systematic Increase in Vapor Pressure Deficit over Tropical South America", *Scientific Reports*, v. 9, 25 out. 2019.

61 Essa rápida recapitulação histórica sobre a devastação da Amazônia pelos militares resume uma parte de um artigo que escrevi a convite da revista *Estudos Avançados* da USP; cf. Luiz Marques, "Brasil, 200 anos de devastação: o que restará do país após 2022?", *Estudos Avançados*, v. 36, n. 105, 2022.

62 Cf. Ricardo Cardim, "A ofensiva da ditadura militar contra a Amazônia", *Quatro Cinco Um*, 1 set. 2020.

63 Cf. Rikardy Tooge, "Por que tem tanto gado na Amazônia?", *G1*, 25 out. 2020.

64 Cf. Pedro Martinelli, *Amazônia: o povo das águas*. São Paulo: Terra Virgem, 2000.

65 Cf. "Fotos de Araquém Alcântara denunciam a destruição da Amazônia", *Hora do Povo*, 22 ago. 2019.

66 Cf. "Os valores da resistência seringueira no Acre: a linguagem fotográfica em Carlos Carvalho", *News Rondônia*, 30 maio 2013. Ver também Carlos

Carvalho, "Sobre o autor", [s.d.]. Disponível em: https://carloscarvalho.fot.br/sobre-o-autor/.

67 Cf. Alberto César Araújo, "O desmatamento da paisagem amazônica nas fotos de Rogério Assis", *Amazônia Real*, 24 mar. 2018.

68 Cf. "Jorge Bodanzky, o fotógrafo da Amazônia" [vídeo], 2016. Disponível em: https://www.youtube.com/watch?v=aEcPq39QD3s.

69 Cf. Stella Oswaldo Cruz Penido, "O cinema na Amazônia", *História, Ciências, Saude-Manguinhos*, v. 6, set. 2000.

70 Cf. Rubens Valente, *Os fuzis e as flechas: a história de sangue e resistência indígenas na ditadura*. São Paulo: Companhia das Letras, 2017.

71 Cf. Kátia Brasil & Elaíze Farias, "Comissão da Verdade: ao menos 8,3 mil índios foram mortos na ditadura militar", *Amazônia Real*, 11 dez. 2014.

72 *Ibidem*.

73 Cf. Ricardo Cardim, "Arqueologia do desastre", *Quatro Cinco Um*, 1 set. 2020.

74 Cf. Peter Speetjens, "Long Entrenched Brazilian Military Mindset Is Key to Amazon Policy: Expert", *Mongabay*, 26 out. 2020.

75 Cf. MapBiomas, "Análises temporais", 2022. Disponível em: https://tinyurl.com/334vte2m.

76 Cf. MapBiomas, coord. Laerte Guimarães Ferreira, "A evolução da pastagem nos últimos 36 anos", Coleção 6, out. 2021. Disponível em: https://tinyurl.com/bdyj5z8t.

77 Cf. "Dia do Boi: Brasil tem maior rebanho do mundo", *Canal Agro Estadão*, 24 abr. 2020.

78 Cf. Sara Brown, "Rebanho bovino no Acre já é quatro vezes maior que o número de habitantes; desmatamento cresce", *Mongabay*, 27 jan. 2022.

79 Cf. Rikardy Tooge, "Por que tem tanto gado na Amazônia?", *op. cit.*, 2020.

80 Cf. Brasil, Ministério da Ciência, Tecnologia e Inovações, "Estimativa de desmatamento por corte raso na Amazônia Legal para 2021 é de 13.235 km^2", 27 out. 2021. Disponível em: https://www.gov.br/inpe/pt-br/assuntos/ultimas-noticias/divulgacao-de-dados-prodes.pdf.

81 Cf. Philip Fearnside *et al.*, "BR-319: O caminho para o colapso da Amazônia e a violação dos direitos indígenas", *Amazônia Real*, 23 fev. 2021.

82 Cf. Camila Costa, "'A grande mentira verde': como a destruição da Amazônia vai além do desmatamento", *BBC News Brasil*, 13 fev. 2020.

83 Cf. Celso H. L. Silva Junior *et al.*, "Amazonian Forest Degradation Must Be Incorporated into the COP26 Agenda", *Nature Geoscience*, v. 14, p. 634-5, 2 set. 2021: "Human-induced forest degradation is the main driver of socio-environmental impoverishment in Amazonia, and its extent is increasing. Degraded forests currently occupy an area larger than that which has been deforested. [...] Aggravating this scenario, the CO_2 emissions resulting from degradation are not all immediate. Degraded forests continue to emit more CO_2 than they absorb for many years, becoming significant carbon sources. It is critically important for all Amazonian countries to halt these emissions. This requires reporting the whole range of CO_2 emissions to the United Nations Framework Convention on Climate Change (UNFCCC), including forest degra-

dation". Agradeço a Philip Fearnside por ter gentilmente assinalado essa "Letter to the Editor", da qual é um dos signatários.

84 Cf. "Carlos Nobre: 'O desafio brasileiro vai além da Amazônia. Não dá mais para jogar para o futuro'", *El País*, 30 out. 2021.

85 Cf. Camila Costa, "'A grande mentira verde'", *op. cit.*, 2020.

86 Cf. Paulo Brando *apud* Ipam, "Fire Has Already Impacted 95% of the Amazon Species, Shows Study", 10 set. 2021: "Deforestation is the main villain of the Amazon's biodiversity, with forest fires right behind it".

87 Cf. PMBC, *Base científica das mudanças climáticas: contribuição do Grupo de Trabalho 1 do Painel Brasileiro de Mudanças Climáticas ao '1 Relatório da avaliação nacional sobre mudanças climáticas'*, v. 1. Orgs. Tercio Ambrizzi & Moacyr Araújo. Rio de Janeiro: UFRJ, 2013, cap. 9, fig. 9.1, 2013, atualizado em 10 jun. 2020. Disponível em: http://www.pbmc.coppe.ufrj.br/index.php/pt/publicacoes/relatorios-pbmc.

88 Cf. Juan C. Jiménez-Muñoz *et al.*, "Record-Breaking Warming and Extreme Drought in the Amazon Rainforest During the Course of El Niño 2015-2016", *Scientific Reports*, v. 6, 8 set. 2016.

89 *Ibidem*: "This is up to a fifth more extreme drought area than in previous events, where such an intense drought severity did not affect more than 8-10% of the rainforests".

90 Cf. Ane Alencar, "Qual a diferença entre queimadas, incêndios e focos de calor?" [vídeo], 2019. Disponível em: https://www.youtube.com/watch?v=cf5oyjKzTNM.

91 Cf. Erika Berenguer *et al.*, "Tracking the Impacts of El Niño Drought and Fire in Human-Modified Amazonian Forests", *PNAS*, v. 118, n. 30, jul. 2021.

92 Cf. Aline Pontes-Lopes *et al.*, "Drought-Driven Wildfire Impacts on Structure and Dynamics in a Wet Central Amazonian Forest", *Proceedings of the Royal Society B: Biological Sciences*, v. 288, n. 1.951, maio 2021: "Over the 3 years after the fire, stem density decreased from 517.7 ± 38.8 to 376.0 ± 53.2 stems ha^{-1} while aboveground biomass decreased from 223.6 ± 66.7 to 193.7 ± 49.7 Mg ha^{-1} in the burned plots. These values represented losses of 27.3 ± 9.0% in stem density and 12.7 ± 9.1% in aboveground biomass".

93 Cf. Bernardo M. Flores *et al.*, "Repeated Fires Trap Amazonian Blackwater Floodplains in an Open Vegetation State", *Journal of Applied Ecology*, v. 53, n. 5, 2016; Tayane Costa Carvalho *et al.*, "Fires in Amazon Blackwater Floodplain Forests: Causes, Human Dimension, and Implications for Conservation", *Frontiers in Forests and Global Change*, 14 dez. 2021.

94 Cf. Bernardo M. Flores *et al.*, "Repeated Fires Trap Amazonian Blackwater Floodplains in an Open Vegetation State", *op. cit.*, 2016: "A first fire event in floodplain forests completely destroys the trees, and over 90% of the superficial root system and tree seed bank, favouring the invasion of herbaceous vegetation. [...] However, if a second fire event occurs within a few decades [...], forest recovery rates drop and herbaceous cover persists".

95 Cf. Projeto MapBiomas, "As cicatrizes deixadas pelo fogo no território brasileiro", coleção 1, ago. 2021. Disponível em: https://mapbiomas-br-site.s3.amazonaws.com/Fact_Sheet.pdf.

96 Cf. Xiao Feng *et al.*, "How Deregulation, Drought and Increasing Fire Impact Amazonian Biodiversity", *Nature*, v. 597, p. 516-21, set. 2021: "Since 2001, a total of 103,079-189,755 km² (2.2-4.1%) of the Amazon forest was potentially impacted by fire, affecting the ranges of the majority of plant and vertebrate species therein. Up to 93.3-95.5% of Amazonian plant and vertebrate species (13,608-13,931) might have been impacted by fires, if only to a minor degree. However, many of these species are known from a small number of records and probably have restricted ranges. Indeed, the Amazon comprises numerous species (610) that are considered threatened by the International Union for Conservation of Nature (IUCN). Since 2001, a large fraction of these threatened species have now experienced impacts of fire within their ranges: 236-264 IUCN-listed plant species, 83-85 bird species, 53-55 mammal species, 5-9 reptile species and 95-107 amphibian species".

97 Cf. Divino Silvério *et al.*, "Nota técnica: Amazônia em chamas", Ipam, ago. 2019.

98 Cf. Rodrigo de Oliveira Andrade, "Alarming Surge in Amazon Fires Prompts Global Outcry", *Nature*, 23 ago. 2019.

99 Aldo Rebelo, quando ainda líder do PCdoB, foi o relator do projeto do novo Código Florestal (Lei nº 12.651/2012). Rebelo contratou Samanta Pineda, consultora jurídica para assuntos ambientais da Frente Parlamentar da Agropecuária, para formatar sua proposta. Cf. Marta Salomon, "Consultora do agronegócio ajudou a elaborar relatório do Código Florestal", *Estado de S. Paulo*, 8 jun. 2010.

100 Ei-las, segundo um levantamento feito pelo Greenpeace: (1) Enfraquecimento da Lei Geral de Licenciamento Ambiental (PL nº 3.729/2004); (2) Atentado aos direitos indígenas e à demarcação de Terras Indígenas (PEC nº 215/2000 e PEC nº 132/2015); (3) Redução das áreas protegidas e Unidades de Conservação (UCs) no Pará (MP nº 756/2016 e MP nº 758/2016); (4) Liberação de agrotóxicos (PL nº 6.299/2002); (5) Fim do conceito de função social da terra (MP nº 759/2016); (6) Ataque a direitos trabalhistas no campo e redefinição do conceito de trabalho escravo (PL nº 6422/2016 e PLS nº 432/2013); (7) Flexibilização do Código de Mineração (PL nº 37/2011). Cf. Greenpeace, "Resista: sociedade civil se une contra Temer e os ruralistas", 9 maio 2017.

101 Cf. Reinaldo Canto, "Blairo Maggi, constrangimento na COP22", *CartaCapital*, 21 nov. 2016.

102 Cf. "'Desmatamento para nós é sinônimo de progresso', diz pecuarista do Acre", *Contilnet Notícias*, 13 abr. 2020.

103 Cf. Lilian Campelo, "Bolsonaro ameaça Amazônia, seus povos e biodiversidade, alertam geógrafos paraenses", *Brasil de Fato*, 17 out. 2018.

104 Cf. "Ruralista troca Alckmin por Bolsonaro e diz que tempo de tucano passou", *BrasilAgro*, 30 abr. 2018.

105 Cf. Ane Alencar *et al.*, "Nota técnica: Amazônia em Chamas 9 — novo e alarmante patamar de desmatamento na Amazônia", Ipam, 2 fev. 2022.

106 Cf. Projeto MapBiomas, "Relatório anual do desmatamento no Brasil 2020", jun. 2021. Disponível em: https://tinyurl.com/mrxpfpkk.

107 Cf. Emílio Sant'Anna, "Garimpo e desmatamento em terras indígenas dobraram nos últimos três anos", *Terra*, 18 abr. 2022.

108 Segundo um depoimento do padre Angelo Pansa, publicado no site *Planeta Sustentável* em 21 abr. 2013: "Em 2003, o Greenpeace esteve presente quando de uma apreensão de pesticida destinado ao desmatamento na Terra do Meio (município de São Félix do Xingu, no Pará). A apreensão foi feita pelo Ibama e o material tóxico, considerado 'agente laranja' pelo pessoal do Ibama. [...] Em 2007, na Terra do Meio, encontrei baldes metálicos vazios e também tambores de plástico do produto 2,4-D da Nufarm do Brasil (formulado com a molécula 2,4-D, ou seja, ácido diclorofenoxiacético). O balde vazio que fotografei (e que foi apresentado pela TV Globo em reportagens sobre a Terra do Meio) é semelhante ao fotografado em 1984 e publicado na revista alemã *Der Spiegel*, com o Tordon 101 da Dow AgroSciences, contendo a molécula 2,5-T (ácido diclorofenoxiacético). Misturando as duas moléculas, vão se formando as dioxinas semelhantes às que estavam no 'agente laranja' utilizado no Vietnã"; cf. Luiz Marques, "O recrudescimento do corte raso e da degradação na Amazônia". *In*: *Capitalismo e colapso ambiental*. 3. ed. Campinas: Editora da Unicamp, 2018, cap. 1, seção 1.4.

109 Cf. Kátia Brasil, "Ibama flagra uso de aviões em desmatamento na Amazônia", *Folha de S.Paulo*, 10 jul. 2011.

110 Cf. Eduardo Carvalho, "Área no Amazonas é desmatada com técnica usada no Vietnã", *O Globo*, 3 jul. 2011; "Fazendeiros estão usando o agente laranja para desmatar a Amazônia", *Mongabay*, 5 out. 2011; Claire Perlman, "Amazon Facing New Threat", *The Guardian*, 14 jul. 2011.

111 Cf. Naiara Bittencourt *apud* Helen Freitas, "Fazendeiros jogam agrotóxico sobre Amazônia para acelerar desmatamento", *Reporter Brasil*, 16 nov. 2021.

112 Cf. Amanda Audi, "O passado garimpeiro de Bolsonaro — e o perigo que essa paixão representa para a Amazônia", *The Intercept Brasil*, 5 nov. 2018; "Jair Bolsonaro envia vídeo para os garimpeiros de Serra Pelada" [vídeo], 2018. Disponível em: https:www.//youtube.com/watch?v=kjK7pofKEzw.

113 Cf. Kátia Brasil & Emily Costa, "Como o PCC se infiltrou nos garimpos em Roraima", *Amazônia Real*, 11 maio 2021; Clara Britto, "PCC se aproxima de garimpeiros para lavagem de recursos", *Repórter Brasil*, 24 jun. 2021; Eduardo Gonçalves & Aline Ribeiro, "'Nós é a guerra': crime organizado avança sobre os garimpos ilegais da Amazônia", *O Globo*, 2 nov. 2021.

114 Cf. Flávio Ilha, "Explosão do garimpo ilegal na Amazônia despeja cem toneladas de mercúrio na região", *El País*, 20 jul. 2021. Cf. também Alícia Lobato, "Mercúrio do garimpo contamina peixes dentro e fora da Amazônia", *Amazônia Real*, 10 dez. 2021. O mesmo processo ocorre na Amazônia peruana; cf. Warren Cornwall, "Illegal Gold Mines Flood Amazon Forests with Toxic Mercury", *Science*, 28 jan. 2022.

115 Cf. Greenpeace, "Dia do Fogo completa um ano, com um legado de impunidade", 9 ago. 2020.

116 Cf. "Área incendiada no 'Dia do Fogo' foi transformada em plantação de soja", *Repórter Brasil*, 8 fev. 2022.

117 Cf. Philippe Watanabe, "Investigação descobre preparativos em Mato Grosso para novo 'dia do fogo'", *Folha de S.Paulo*, 26 ago 2022.

118 Cf. Felipe Milanez, "Uma visita a Colniza, a cidade mais violenta do Brasil", *Rolling Stone Brasil*, 15 dez. 2007.

119 Observatório do Clima, "Amazônia tem sete dias de fogo na Semana da Pátria", 10 set. 2022.

120 Cf. "PhD Carlos Nobre — Está a Amazônia próxima de um ponto de não retorno?" [vídeo], 2020. Disponível em: https://www.youtube.com/watch?v=cg5Rh5CVm48.

121 Humboldt entendia a Terra como um sistema autorregulado. Uma carta sua a Karl August Varnhagen, de 24 de outubro de 1834, atesta que ele considerava intitular "Gäa" sua obra-síntese, *Cosmos*. Cf. Andrea Wulf, *The Invention of Nature: The Adventures of Alexander von Humboldt, the Lost Hero of Science*. Londres: John Murray, 2015 [ed. bras.: *A invenção da natureza: a vida e as descobertas de Alexander Humboldt*. São Paulo: Crítica, 2016].

122 Cf. James Lovelock, "Gaia as Seen from the Atmosphere", *Atmospheric Environment*, v. 6, p. 579-80, 1972; James Lovelock & Lynn Margulis, "Atmospheric Homeostasis by and for the Biosphere: The Gaia Hypothesis", *Tellus*, v. 26, n. 1-2, 1974; James Lovelock, *Gaia: A New Look at Life on Earth*. Oxford: Oxford University Press, 1979; *idem*, *The Revenge of Gaia*. Londres: Penguin, 2006 [ed. bras.: *A vingança de Gaia*. Rio de Janeiro: Intrínseca, 2020]; *idem*, *The Vanishing Face of Gaia: A Final Warning*. Nova York: Basic Books, 2009.

123 Cf. Tim Lenton, *Earth System Science: A Very Short Introduction*. Oxford: Oxford University Press, 2016, p. 24: "It represents the first scientific statement of the Earth as a system that is more than the sum of its parts. Thus for me at least, the Gaia hypothesis marks the start of Earth system Science".

124 Em meu entender, uma contribuição muito importante ao debate foi proposta por Luciano Onori e Guido Visconti, "The Gaia Theory: From Lovelock to Margulis. From a Homeostatic to a Cognitive Autopoetic Worldview", *Rendiconti Lincei*, v. 23, p. 375-86, 26 jun. 2012.

125 Cf. Timothy Lenton *et al.*, "Tipping Elements in the Earth's Climate System", *PNAS*, v. 105, n. 6, 12 fev. 2008: "The term 'tipping point' commonly refers to a critical threshold at which a tiny perturbation can qualitatively alter the state or development of a system. Here we introduce the term 'tipping element' to describe large-scale components of the Earth system that may pass a tipping point".

126 Cf. Potsdam Institute for Climate Impact Research, "Tipping Elements: The Achilles Heels of the Earth System", [s.d.]. Disponível em: https://www.pik-potsdam.de/en/output/infodesk/tipping-elements/kippelemente: "Tipping elements are large-scale components of the Earth system, which are characterized by a threshold behavior. When relevant aspects of the climate approach

a threshold, these components can be tipped into a qualitatively different state by small external perturbations. [...] The threshold behavior is often based on self-reinforcing processes which, once tipped, can continue without further forcing. It is thus possible that a component of the Earth system remains 'tipped', even if the background climate falls back below the threshold. The transition resulting from the exceedance of a system-specific tipping point can be either abrupt or gradual".

127 Cf. Greta Moran, "What Happens in the Arctic Doesn't Stay in the Arctic", *Mother Jones*, 15 nov. 2018. O termo é incessantemente repetido na literatura e nas reportagens sobre o Ártico.

128 Cf. Roel Brienen *et al.*, "Long-Term Decline of the Amazon Carbon Sink", *op. cit.*, 2015.

129 Cf. Daniel Grossman & David Lapola, *Floresta em risco: as mudanças climáticas destruirão a floresta amazônica?* Campinas: AmazonFACE/CNPq, 2018, p. 56.

130 Cf. Hellen Fernanda Viana Cunha *et al.*, "Direct Evidence for Phosphorus Limitation on Amazon Forest Productivity". *Nature*, v. 608, p. 558-562, 10 ago 2022: "Phosphorus availability may restrict Amazon forest responses to CO_2 fertilization, with major implications for future carbon sequestration and forest resilience to climate change".

131 Cf. Timothy Lenton, "Early Warning of Climate Tipping Points", *Nature Climate Change*, v. 1, p. 201-9, 19 jun. 2011.

132 Cf. Thomas E. Lovejoy & Carlos Nobre, "Amazon Tipping Point" (editorial), *Science Advances*, v. 4, n. 2, 21 fev. 2018: "We believe that negative synergies between deforestation, climate change, and widespread use of fire indicate a tipping point for the Amazon system to flip to non-forest ecosystems in eastern, southern and central Amazonia at 20-25% deforestation".

133 *Idem*, "Amazon Tipping Point: Last Chance for Action" (editorial), *Science Advances*, v. 5, n. 12, 20 dez. 2019: "How much deforestation could the forest [...] withstand before there would be insufficient moisture to support tropical rain forests or before big portions of the landscape would convert to tropical savannah? [...] The increasing frequency of unprecedented droughts in 2005, 2010, and 2015/16 is signaling that the tipping point is at hand. [...] Today, we stand exactly in a moment of destiny: the tipping point is here, it is now. The peoples and leaders of the Amazon countries together have the power, the science, and the tools to avoid a continental-scale, indeed, a global environmental disaster".

134 Cf. "PhD Carlos Nobre — Está a Amazônia próxima de um ponto de não retorno?" [vídeo], 2020. Disponível em: https://www.youtube.com/watch?v=cg5Rh5CVm48.

135 Cf. Hans ter Steege *et al.*, "Hyperdominance in the Amazonian Tree Flora", *Science*, v. 342, n. 6.156, 2013: "We found 227 'hyperdominant' species (1.4% of the total) to be so common that together they account for half of all trees in Amazonia, whereas the rarest 11,000 species account for just 0.12% of trees. Most hyperdominants are habitat specialists that have large geographic ranges but are only dominant in one or two regions of the basin".

136 Cf. Hans Ter Steege, "Estimating the Global Conservation Status of More Than 15,000 Amazonian Tree Species", *Science Advances*, v. 1, n. 10, 20 nov. 2015: "We overlay spatial distribution models with historical and projected deforestation to show that at least 36% and up to 57% of all Amazonian tree species are likely to qualify as globally threatened under International Union for Conservation of Nature (IUCN) Red List criteria. We show that the trends observed in Amazonia apply to trees throughout the tropics, and we predict that most of the world's > 40,000 tropical tree species now qualify as globally threatened".

137 Cf. Aldem Bourscheit, "Quase 500 milhões de árvores derrubadas na Amazônia brasileira em 2021", *InfoAmazônia*, 5 nov. 2021. Ver Plena Mata: https://plenamata.eco/.

138 Cf. Marcel Hartmann, "'A Amazônia está à beira do precipício', diz climatologista Carlos Nobre", *GZH*, 21 jul 2022.

139 Cf. Instituto Brasileiro de Florestas, "Bioma Caatinga", [s.d.]. Disponível em: https://www.ibflorestas.org.br/bioma-caatinga: "Os órgãos ambientais do setor federal estimam que mais de 46% da área da Caatinga já foi desmatada e é considerada ameaçada de extinção". Ver também João Vítor Santos, "60% da Caatinga já foi modificada por atividades humanas: entrevista especial com Cristina Baldauf", Instituto Humanitas Unisinos, 5 mar. 2020.

140 Cf. FAO, "We Can't Live without Forests", 10 dez. 2014. Disponível em: https://www.fao.org/zhc/detail-events/en/c/262862.

141 Cf. Cristiane Prizibisczki, "32% do gado adquirido pela JBS no Pará vem de área com desmatamento ilegal, diz MPF", *((o))eco*, 7 out. 2021.

142 Cf. Pedro da Motta Veiga & Sandra Polónia Rios, "Desafios das exportações de produtos agroflorestais da Amazônia: o papel do ambiente institucional", *Breves Cindes*, v. 114, out. 2021.

143 Cf. Stephen P. Hubell *et al.*, "How Many Tree Species Are There in the Amazon and How Many of Them Will Go Extinct?", *PNAS*, v. 105, p. 11.498-504, 12 ago. 2008.

144 Cf. Sibélia Zanon, "Antonio Donato Nobre: 'A floresta está perdendo capacidade de sequestrar carbono porque está doente'", *Mongabay*, 13 dez. 2019.

145 Cf. Eliane Brum, "A Amazônia é o centro do mundo", *El País*, 9 ago. 2019.

Parte II
A ruptura impreterível no sistema energético

4. A engrenagem físico-financeira da emergência climática

1 Cf. Noaa, "Despite pandemic shutdowns, carbon dioxide and methane surged in 2020", 7 abr. 2021

2 Cf. Jean-Baptiste Joseph Fourier, "Remarques générales sur les températures du globe terrestre et des espaces planétaires" (1824). *In*: *Oeuvres de Fourier*, org. Jean Gaston Darboux, v. 2. Cambridge: Cambridge University Press, 2013, p. 100: "L'interposition de l'air modifie beaucoup les effets de la chaleur à la surface du globe. La chaleur du soleil arrivant à l'état de lumière, possède la propriété de pénétrer les substances solides ou liquides diaphanes, et la perd presqu'entièrement lorsqu'elle s'est convertie, par sa communication aux corps terrestres, en chaleur rayonnante obscure" [A interposição do ar modifica muito os efeitos do calor sobre a superfície do globo. O calor do Sol, chegando à Terra em estado de luz, possui a propriedade de atravessar as substâncias sólidas ou líquidas diáfanas, e a perde quase inteiramente quando se converte, por sua comunicação aos corpos terrestres, em calor irradiante obscuro].

3 Cf. Eunice Foote, "Circumstances Affecting the Heat of the Sun's Rays", *The American Journal of Science and Arts*, v. 22, nov. 1856, p. 382-3: "An atmosphere of that gas [CO_2] would give to our earth a high temperature; and if as some suppose, at one period of its history the air had mixed with it a larger proportion than as present, an increased temperature from its own action as well as from increased weight must have necessarily resulted".

4 Cf. John Tyndall, "On the Absortion and Irradiation of Heat by Gases and Vapours, and on the Physical Connexion of Radiation, Absortion and Conduction", *The London, Edinburgh, and Dublin Philosophical Magazine and Journal of Science*, 1861 *apud* Hervé Le Treut *et al.*, "Historical Overview of Climate Change Science". *In*: IPCC, *Climate Change 2007: The Physical Science Basis. Contribution of Working Group I to the Fourth Assessment Report of the Intergovernmental Panel on Climate Change*. Cambridge: Cambridge University Press, 2007, p. 103: "Changes in the amount of any of the radiatively active constituents of the atmosphere, such as CO_2, could have produced all the mutations of climate which the researches of geologists reveal".

5 Cf. Svante Arrhenius, "Über den Einfluss des atmosphärischen Kohlensäurengehalts auf die Temperatur der Erdoberfläche", *Bihang till Kongl. Svenska vetenskaps-akademiens handlingar*, v. 22, n. 1, 1896.

6 Cf. *idem*, *Worlds in the Making*. Trad. H. Borns. Londres/Nova York: Harper & Brothers, 1908, p. 46, 51: "To a certain extent the temperature of the earth's surface [...] is conditioned by the properties of the atmosphere surrounding it, and particularly by the permeability of the latter for the rays of heat. [...] That the atmospheric envelopes limit the heat losses from the planets had been suggested about 1800 by the great French physicist Fourier. His ideas were further developed afterwards by Pouillet and Tyndall. Their theory has been styled the hot-house theory, because they thought that the atmosphere acted after the manner of the glass panes of hot-houses".

7 Cf. Guy S. Callendar, "The Artificial Production of Carbon Dioxide and Its Influence on Temperature", *Quarterly Journal of the Royal Meteorological Society*, v. 64, 1938, p. 233.

8 Cf. Gilbert Norman Plass, "Infrared Radiation in the Atmosphere", *American Journal of Physics*, v. 24, p. 303-21, 1956; *idem*, "Carbon Dioxide and the

Climate", *American Scientist*, v. 44, p. 302-16, 1956; *idem*, "Effect of Carbon Dioxide Variations on Climate", *American Journal of Physics*, v. 24, p. 376-87, 1956; *idem*, "Carbon Dioxide and Climate", *Scientific American*, v. 201, n. 1, p. 41-7, 1959; Roger Revelle & Hans E. Suess, "Carbon Dioxide Exchange between Atmosphere and Ocean and the Question of an Increase of Atmospheric CO_2, During the Past Decades", *Tellus*, v. 9, n. 1, p. 18-27, 1957.

9 Cf. Jule Charney (coord.), "Carbon Dioxide and Climate: A Scientific Assessment Report of an Ad Hoc Study Group on Carbon Dioxide and Climate", 23-27 jul. 1979, Woods Hole, Massachusetts, realizado para o Climate Research Board Assembly of Mathematical and Physical Sciences, National Research Council.

10 Cf. Nathaniel Rich, *Losing Earth: A Recent History*. Nova York: MCD, 2019: "Nearly everything we understand about global warming was understood in 1979".

11 Cf. Wallace S. Broecker, "Climatic Change: Are We on the Brink of a Pronounced Global Warming?", *Science*, v. 189, n. 4.201, p. 460-3, 8 jul. 1975.

12 Cf. James Hansen *et al.*, "Climate Impact of Increasing Atmospheric Carbon Dioxide", *Science*, v. 213, n. 4.511, p. 957-66, 28 ago. 1981; *idem*, "Global Climate Changes as Forecasted by the Goddard Institute for Space Studies Three Dimensional Model", *Journal of Geophysical Research*, v. 93, n. D8, 20 ago. p. 9.341-64, 1988.

13 Cf. "Carl Sagan Testifying Before Congress in 1985 on Climate Change" [vídeo], 2021. Disponível em: https://www.youtube.com/watch?v=Wp-WiNXH6hI: "The best estimates — they certainly have some uncertainty attached to them — are that, at the present rate of burning of fossil fuels, at the present rate of increase of minor infrared absorving gases in the Earth's atmosphere, there will be a several centigrade degree increase on the Earth's global average by the middle to the end of the next century".

14 Cf. James Hansen *et al.*, "Climate Impact of Increasing Atmospheric Carbon Dioxide", *op. cit.*, 1981, p. 964: "Projected global warming for fast growth is 3°C to 4.5°C at the end of the next century, depending on the proportion of depleted oil and gas replaced by synfuels. [...] A 2°C global warming is exceeded in the 21st century in all the CO_2 scenarios we considered, except no growth and coal phaseout".

15 Os seis relatórios de avaliação foram publicados em 1990, 1995, 2001, 2007, 2013-14 e 2021-22. Os quatro relatórios especiais são: *Special Report on Renewable Energy Sources and Climate Change Mitigation* (2012); *Special Report on the Impacts of Global Warming of 1.5°C* (2018); *Climate Change and Land* (2019); e *Special Report on the Ocean and Cryosphere in a Changing Climate* (2019).

16 Cf. John McNeil & Peter Engelke, *The Great Acceleration: An Environmental History of the Anthropocene since 1945*. Harvard: Harvard University Press, 2014; Will Steffen *et al.*, "The Trajectory of the Anthropocene: The Great Acceleration", *The Anthropocene Review*, v. 2, n. 1, p. 81-98, 2015; Ugo Bardi,

Extracted: How the Quest for Mineral Wealth Is Plundering the Planet. Vermont: Chelsea Green Publishing, 2014.

17 Cf. Jaia Syvitski *et al.*, "Extraordinary Human Energy Consumption and Resultant Geological Impacts Beginning around 1950 CE Initiated the Proposed Anthropocene Epoch", *Communications Earth & Environment*, v. 1, n. 32, 2020.

18 Cf. IPCC, "Summary for Policymakers". *In*: *Climate Change 2007: Synthesis Report. Contributions of Working Groups I, II and III to the Fourth Assessment Report of the Intergovernmental Panel on Climate Change*. Genebra: IPCC, 2007, p. 2-3: "Warming of the climate system is unequivocal, as is now evident from observations of increases in global average air and ocean temperatures, widespread melting of snow and ice and rising global average sea level. [...] Climate change is occurring now, mostly as a result of human activities".

19 *Idem*, *Climate Change 2014: Synthesis Report. Contribution of Working Groups I, II and III to the Fifth Assesment Report of the Intergovernmental Panel on Climate Change*. Genebra: IPCC, 2014: "Human influence on the climate system is clear and growing, with impacts observed across all continents and oceans. Many of the observed changes since the 1950s are unprecedented over decades to millennia".

20 *Idem*, "Summary for Policy Makers". *In*: *Climate Change 2021: The Physical Science Basis Working Group I, Contribution to the Sixth Assessment Report of the Intergovernmental Panel on Climate Change*. Genebra: IPCC, 2021, p. 5: "It is unequivocal that human influence has warmed the atmosphere, ocean and land. [...] Observed increases in well-mixed greenhouse gas (GHG) concentrations since around 1750 are unequivocally caused by human activities".

21 Cf. Paul Crutzen, "Geology of Mankind", *Nature*, v. 415, n. 6.867, p. 23, 2002; *idem*, "The Anthropocene". *In*: Eckart Ehlers & Thomas Krafft (orgs.), *Earth System Science in the Anthropocene: Emerging Issues and Problems*. Nova York: Springer, 2006; Andrew Revkin, *Global Warming: Understanding the Forecast*. Nova York: Abbeville Press, 1992; Will Steffen, Paul Crutzen & John McNeil, "The Anthropocene: Are Humans Now Overwhelming the Great Forces of Nature?", *Ambio*, v. 36, n. 8, 2007; Will Steffen *et al.*, "The Anthropocene: Conceptual and Historical Perspectives", *Philos: Transactions of the Royal Society*, v. 369, n. 1.968, p. 842-67, 2011; "Jan Zalasiewicz: The Anthropocene as a Potential New Unit of the Geological Time Scale" [vídeo], 2014. Disponível em: https://www.youtube.com/watch?v=y_FbbXlgkgE; Luiz Marques, "Gênese da ideia de Antropoceno". *In*: *Capitalismo e colapso ambiental*. 3. ed. Campinas: Editora da Unicamp, 2018, cap. 10, item 10.1, p. 461-80.

22 A unidade watt por hora (Wh) indica potência em joules por hora, sendo que 1 Wh equivale a 3.600 joules. Um terawatt por hora (TWh) equivale a 10^{12} Wh ou $3{,}6 \times 10^{15}$ joules.

23 Sobre o que pode ser denominado como segunda saga do carvão, cf. Luiz Marques, "A regressão ao carvão". *In*: *Capitalismo e colapso ambiental*, *op. cit.*, 2018, cap. 5, com atualização para 2019 na edição inglesa (Nova York: Springer, 2020).

24 Cf. IEA, "Coal 2021: Analysis and Forecast to 2024", dez. 2021, p. 6: "The declines in global coal-fired power generation in 2019 and 2020 led to expectations that it might have peaked in 2018. But 2021 dashed those hopes. With electricity demand outpacing low-carbon supply, and with steeply rising natural gas prices, global coal power generation is on course to increase by 9% in 2021 to 10,350 terawatt-hours (TWh) — a new all-time high".

25 Cf. IEA, "Global Coal Demand Is Set to Return to Its All-Time High in 2022", 22 jul. 2022.

26 Cf. Frédéric Lemaître, "Charbon: la Chine fait tourner ses centrales au maximum", *Le Monde*, 1º set 2022.

27 Cf. "The World's Coal Power Plants", *CarbonBrief*, 26 mar. 2020. Disponível em: https://www.carbonbrief.org/mapped-worlds-coal-power-plants.

28 Cf. Bloomberg Coal Countdown, "Tracking Our Progress Towards a Coal-Free Future", [s.d.]. Disponível em: https://bloombergcoalcountdown.com.

29 Cf. Carbon Tracker, "Do Not Revive Coal", jun. 2021, p. 6.

30 Cf. Adele Peters, "This Map Shows Every One of the World's Remaining Coal Power Plants", *Fast Company*, 4 mar. 2021.

31 Cf. Michael Standaert, "Despite Pledges to Cut Emissions, China Goes on a Coal Spree", *YaleEnvironment360*, 24 mar. 2021.

32 Cf. Darrell Proctor, "First 1-GW Unit of Major China Coal-Fired Plant Comes Online", *Power*, 28 dez. 2021.

33 Cf. Dave Levitan & Nikhil Kumar, "Here's How Russia's Invasion of Ukraine is Fueling a Comeback for Coal", *Grid*, 21 jul. 2022.

34 Cf. Simon Evans *apud* Michael Le Page, "A New Energy World", *New Scientist*, 7 ago. 2021, p. 35: "We are getting closer to the point where renewables are going to genuinely cut into fossil fuels".

35 Cf. ONU, "Secretary-General's Remarks at Closing of Climate Action Summit [as Delivered]", 23 set. 2019: "We fool ourselves if we think we can fool nature."

36 Cf. IEA, "Net Zero by 2050: A Roadmap for the Global Energy Sector", maio 2021: "There is no need for investment in new fossil fuel supply in our net zero pathway".

37 Cf. Dan Calverley & Kevin Anderson, "Phaseout Pathways for Fossil Fuel Production within Paris-Compliant Carbon Budgets", 22 mar. 2022, p. 6: "There is no practical emission space within the IPCC's carbon budget for a 50% chance of 1.5°C for any nation to develop any new production facilities of any kind, whether coal mines, oil wells or gas terminals. This challenging conclusion holds across all nations, regardless of income or levels of development".

38 *Ibidem*: "Although poorer countries have longer to phase out oil and gas production, many will be hit hard by the loss of revenue with an attendant risk of political instability. An equitable transition will require wealthy high-emitting nations make substantial and ongoing financial transfers to poorer nations to facilitate their low-carbon development, against a backdrop of dangerous and increasing climate impacts".

39 Cf. "World Bank Annual Meeting: Bank Invested over $ 10.5 Billion in Fossil Fuels since Paris Agreement", Urgewald, 12 out. 2020.

40 Cf. "Banking on Climate Chaos: Fossil Fuel Finance Report", 2022, assinado por uma coalizão de ONGs: Rainforest Action Network, Banktrack, Indigenous Environmental Network, Sierra Club, Oil Change International e Reclaim Finance.

41 *Ibidem*: "Overall fossil fuel financing remains dominated by four U.S. banks — JPMorgan Chase, Citi, Wells Fargo, and Bank of America — who together account for one quarter of all fossil fuel financing identified over the last six years".

42 Cf. Reclaim Finance, "Protecting the Arctic from Oil and Gas Expansion", set. 2021. Para o relatório completo, cf. Eren Can Ileri *et al.*, "Drill, Baby, Drill: How Banks, Investors and Insurers Are Driving Oil and Gas Expansion in the Arctic", set. 2021.

43 *Ibidem*: "From 2016 to 2020, commercial banks channeled $314 billion to Arctic expansionists in loans and underwriting. As of March 2021, investors held roughly $272 billion in those same companies in shares and bonds [...] 80% of all loans and underwriting to Arctic expansionists comes from just 30 banks".

44 Cf. Paul Voosen, "The Arctic Is Warming Fourfold Times Faster Than the Rest of the World", *Science*, 14 dez. 2021.

45 Sobre a importância do metano como GEE, cf. Gavin Schmidt, "Methane: A Scientific Journey from Obscurity to Climate Super-Stardom", Goddard Institute for Space Studies, set. 2004; Seth Borenstein, "Study Says Methane a New Climate Threat", *The Washington Post*, 6 set. 2006; E. M. Herndon, "Permafrost Slowly Exhales Methane", *Nature Climate Change*, v. 8, p. 273-4, abr. 2018; Joshua F. Dean *et al.*, "Methane Feedbacks to the Global Climate System in a Warmer World", *Reviews of Geophysics*, v. 56, n. 1, p. 207-50, mar. 2018; Christian Knoblauch *et al.*, "Methane Production as Key to the Greenhouse Gas Budget of Thawing Permafrost", *Nature Climate Change*, v. 8, p. 309-12, 19 mar. 2018; Sara E. Mikaloff-Fletcher & Hinrich Schaefer, "Rising Methane: A New Climate Challenge", *Science*, v. 364, n. 6.444, p. 932-3, 7 jun. 2019; Katrin Kohnert, "Strong Geologic Methane Emissions from Discontinuous Terrestrial Permafrost in the Mackenzie Delta, Canada", *Scientific Reports*, 19 jul. 2017.

46 Cf. National Resources Defense Council, "Carbon Trap: How International Coal Finance Undermines the Paris Agreement", 2016, p. 9; Safdar Bashir, Nabeel Khan Niazi & Muhammad Arif Watto, "Injustices of Foreign Investment in Coal", *Science*, v. 360, n. 6.393, p. 1.080-1, 2018.

47 Cf. Sustainable Energy for All & Climate Policy Initiative, "Coal Power Finance in High Impact Countries", set. 2021.

48 Uma subscrição se refere ao processo pelo qual os bancos captam investimentos para empresas, emitindo títulos ou ações em seu nome e vendendo-os a investidores, como fundos de pensão, seguradoras, fundos mútuos etc.

49 Cf. Urgewald (com a colaboração de Reclaim Finance, Rainforest Action Network, 350.org Japan e 25 outras ongs parceiras), "Groundbreaking

Research Reveals the Financiers of the Coal Industry", 25 fev. 2021; Cecilia Jamasmie, "World's Two Largest Asset Managers Have Invested $170bn in Coal", *Mining.com*, 25 fev. 2021.

50 Cf. Ceic Data, "Russia Coal Production, 1985-2021", [s.d.]. Disponível em https://www.ceicdata.com/en/indicator/russia/coal-production.

51 Cf. "Russia's coal production may decline by 6% in 2022 due to EU embargo — Energy Minister", *Tass Russian News Agency*, 5 set. 2022; "Russia's 2022 Coal Output Could Fall 17%, Exports 30% — Interfax", *Reuters*, 18 jun. 2022.

52 Cf. Yelena Solovyova & Vladimir Slivyak, "Race to the Bottom: Consequences of Massive Coal Mining for the Environment and Public Health of Kemerovo Region", Environmental Group Ecodefense, 2021, p. 4.

53 Trata-se do Bank of America e do Citi, dos Estados Unidos; do Commerzbank, da Alemanha; do Banco da China e de cinco bancos russos: Alfa Bank, Gazprombank, Renaissance Capital, Sbercib e VTB Capital. Cf. Urgewald, "Commerzbank, Citi and Bank of America among Banks Issuing New Deal for Russian Coal Giant Suek Just Two Month Before COP26", 9 set. 2021.

54 Cf. G20 Research Group, "G20 Leaders Statement: The Pittsburgh Summit", 24-25 set. 2009. Disponível em: http://www.g20.utoronto.ca/2009/2009communique0925.html#energy: "24. To phase out and rationalize over the medium term inefficient fossil fuel subsidies while providing targeted support for the poorest. Inefficient fossil fuel subsidies encourage wasteful consumption, reduce our energy security, impede investment in clean energy sources and undermine efforts to deal with the threat of climate change. 25. We call on our Energy and Finance Ministers to report to us their implementation strategies and timeline for acting to meet this critical commitment at our next meeting".

55 Cf. International Institute for Sustainable Development, "Doubling Back and Doubling Down: G20 Scorecard on Fossil Fuel Funding", nov. 2020: "On average, per year in 2017, 2018 and 2019, the G20 governments gave at least $584 billion in support to fossil fuels at home and overseas. This total consisted of $25 billion in direct budget transfers (4%), $79 billion in tax expenditure (14%), $172 billion in price support (29%), $51 billion in public finance (9%), and $257 billion in SOE investment (44%)".

56 Cf. Energy Policy Tracker, "Track Public Money for Energy in Recovery Packages", 7 abr. 2021. Disponível em: https://www.energypolicytracker.org/region/g20/.

57 Cf. Ian Parry, Simon Black & Nate Vernon, "Still Not Getting Energy Prices Right: A Global and Country Update of Fossil Fuel Subsidies", IMF Working Paper (WP/21/236), set. 2021: "Globally, fossil fuel subsidies were $5.9 trillion in 2020 or about 6.8 percent of GDP, and are expected to rise to 7.4 percent of GDP in 2025".

58 Por companhia estatal entende-se aqui, conforme a definição proposta por Richard Heede, do Climate Accountability Institute, empresas em que mais de 50% das cotas pertencem ou são controladas por um Estado. Cf. Richard Heede, *Carbon Majors: Updating Activity Data, Adding Entities, & Calculating*

Emissions: A Training Manual. Snowmass Village: Climate Accountability Institute, 2019: "Many state-owned companies are partially owned by individual and institutional shareholders. These include Equinor, Petrobras, and Gazprom, and are considered state-owned if more than fifty percent of shares are controlled by the state. Equinor (formerly Statoil) is 67% owned by the Norwegian government, Petrobras is 64% owned by the government of Brazil, and Gazprom is 50.003% owned by the Russian Federation. In the coal sector, Coal India is 78% owned by the government" [Muitas companhias estatais são de propriedade parcial de indivíduos ou acionistas institucionais. Entre elas estão Equinor, Petrobras e Gazprom, consideradas estatais, pois mais de 50% de suas ações são controladas pelo Estado. O governo norueguês detém 67% das ações da Equinor; o governo brasileiro detém 64% das ações da Petrobras; e o governo russo detém 50,003% das ações da Gazprom. No setor do carvão, 78% das ações da Coal India estão nas mãos do governo].

59 Cf. Ian Bremmer, "The Long Shadow of the Visible Hand", *The Wall Street Journal*, 22 maio 2010: "The 13 largest energy companies on Earth, measured by the reserves they control, are now owned and operated by governments. Saudi Aramco, Gazprom (Russia), China National Petroleum Corp., National Iranian Oil Co., Petróleos de Venezuela, Petrobras (Brazil) and Petronas (Malaysia) are all larger than ExxonMobil, the largest of the multinationals. Collectively, multinational oil companies produce just 10% of the world's oil and gas reserves. State-owned companies now control more than 75% of all crude oil production".

60 Cf. Hemanth Kumar, "Top Ten Oil and Gas Companies in 2020", *Offshore Technology*, 30 out. 2020. Disponível em: https://www.offshore-technology.com/features/top-ten-oil-and-gas-companies-in-2020/.

61 Cf. Umar Ali, "Top Ten Companies by Oil Production", *Offshore Technology*, 14 maio 2019. Disponível em: https://www.offshore-technology.com/features/companies-by-oil-production.

62 Cf. Luiz Marques, "Introdução". *In*: *Capitalismo e colapso ambiental*, *op. cit.*, 2018.

63 Cf. National Resource Governance Institute & International Institute for Sustainable Development, "National Oil Companies and Climate Change", seminário, 21 abr.2021: "National oil companies (NOCS) wield a major influence over the fight against climate change: they produce more than half of the world's oil and gas and are projected to spend almost $2 trillion on upstream projects over the next decade".

64 Cf. Amanda Morrow, "World's State-Owned Oil Companies Are 'Betting on Missing Climate Goals'", *RFI*, 10 fev. 2021.

65 Cf. Donald Shaw, "U.S. Senators Own as Much as $14 Million in Fossil Fuel Stocks, Raising Questions about Their Willingness to Adequately Address Climate Change", *Sludge*, 24 set. 2021; David Moore, "Reps among the Top Oil and Gas Investors in Congress Bought More Shares in Pipeline Companies as the House Moved to Pass the Bipartisan Infrastructure Bill", *Sludge*, 29 dez. 2021.

66 Cf. Fiona Harvey, "Secretive National Oil Companies Hold Our Climate in Their Hands", *The Guardian*, 9 out. 2019.

67 Cf. IPCC, "Summary for Policymakers". *In*: *Climate Change 2022: Mitigation of Climate Change. Contribution of Working Group III to the Sixth Assessment Report of the Intergovernmental Panel on Climate Change*. Genebra: IPCC, 2022, p. 10: "Global net anthropogenic GHG emissions were 59 ± 6.6 Gt CO_2-eq in 2019, about 12% (6.5 Gt CO_2-eq) higher than in 2010 and 54% (21 Gt CO_2-eq) higher than in 1990".

68 Cf. Jos G. J. Olivier & Jeroen A. H. Peters, "Trends in Global CO_2 and Total Greenhouse Gas Emissions 2020 Report", PBL Netherlands Environmental Assessment Agency, dez. 2020: "The 2019 global GHG emissions amounted to 57.4 Gt CO_2eq when also including those from land-use change (which are estimated at a very uncertain 5.0 Gt CO_2eq (±50%), which is an increase of 70% compared to 2018".

69 *Ibidem*: "In 2019, the growth in total global greenhouse gas (GHG) emissions (excluding those from land-use change) continued at a rate of 1.1% (±1%). [...] GHG emissions have increased, on average, by 1.1% per year, from 2012 to 2019. [...] The 2019 global GHG emissions excluding those from land-use change were about 59% higher than in 1990 and 44% higher than in 2000".

70 Cf. "Carlos Nobre: 'O desafio brasileiro vai além da Amazônia. Não dá mais para jogar para o futuro'", *El País*, 30 out. 2021.

71 Cf. Chris Mooney *et al.*, "Countries' Climate Pledges Built on Flawed Data, Post Investigation Finds", *The Washington Post*, 7 nov. 2021.

72 Cf. Philip M. Fearnside, "Greenhouse Gas Emissions from a Hydroelectric Reservoir (Brazil's Tucuruí Dam) and the Energy Policy Implications", *Water, Air, and Soil Pollution*, v. 133, p. 69-96, 2002; *idem*, "Why Hydropower Is Not Clean Energy", *Scitizen*, 9 jan. 2007.

73 Cf. Philip M. Fearnside & Salvador Pueyo, "Greenhouse-Gas Emissions from Tropical Dams", *Nature Climate Change*, v. 2, p. 382-4, 2012: "Brazil's hydroelectric reservoirs in 2000 totalled 33 × 103 km², an area larger than Belgium. [...] Unfortunately, these dams can be expected to have cumulative emissions that exceed those of fossil-fuel generation for periods that can extend for several decades, making them indefensible on the basis of global warming mitigation".

74 Cf. Philip Fearnside, "Many Rivers, Too Many Dams", *The New York Times*, 2 out. 2020.

75 Cf. Alexandre Kemenes, Bruce Forsberg & John Melack, "As hidrelétricas e o aquecimento global", *EcoDebate*, originalmente publicado no *Jornal do Brasil*, 27 jan. 2008.

76 Cf. Rafael M. Almeida *et al.*, "Reducing Greenhouse Gas Emissions of Amazon Hydropower with Strategic Dam Planning", *Nature Communictions*, v. 10, 19 set. 2019: "About 10% of the world's hydropower facilities emit as much GHGs per unit energy as conventional fossil-fueled power plants. Some existing dams in the lowland Amazon have been shown to be up to ten times more carbon-intensive than coal-fired power plants".

77 Cf. Amanda Coletta *et al.*, "A Megafire Raged for Three Months: No One's on the Hook for Its Emissions", *The Washington Post*, 20 abr. 2022.

78 Cf. Chris Mooney *et al.*, "Countries' Climate Pledges Built on Flawed Data", *op. cit.*, 2021: "Across the world, many countries underreport their greenhouse gas emissions in their reports to the United Nations, a Washington Post investigation has found. An examination of 196 country reports reveals a giant gap between what nations declare their emissions to be vs. the greenhouse gases they are sending into the atmosphere. The gap ranges from at least 8.5 billion to as high as 13.3 billion tons a year of underreported emissions — big enough to move the needle on how much the Earth will warm. The plan to save the world from the worst of climate change is built on data. But the data the world is relying on is inaccurate".

79 Cf. WMO, "State of Global Climate 2021: WMO Provisional Report", 2021. Disponível em: https://library.wmo.int/doc_num.php?explnum_id=10859: "The growth rate of all three greenhouse gases in 2020 was above the average for the last decade despite a 5.6% drop in fossil fuel CO_2 emissions in 2020 due to restrictions related to the covid-19 pandemic".

80 Cf. IEA, "Global Energy Review: CO_2 Emissions in 2021", mar. 2022: "Emissions increased by almost 2.1 Gt from 2020 levels. This puts 2021 above 2010 as the largest ever year-on-year increase in energy-related CO_2 emissions in absolute terms. [...] CO_2 emissions in 2021 rose to around 180 megatonnes (Mt) above the pre-pandemic level of 2019".

81 Cf. IEA, "Global Energy-Related CO_2 Emissions Were 2% Higher in December 2020 Than in the Same Month a Year Earlier, According to IEA Data, Driven by Economic Recovery and a Lack of Clean Energy Policies", 2 mar. 2021. Disponível em: https://iea.org/news/after-steep-drop-in-early-2020-global-carbon-dioxide-emissions-have-rebounded-strongly: "The rebound in global carbon emissions toward the end of last year is a stark warning that not enough is being done to accelerate clean energy transitions worldwide. If governments don't move quickly with the right energy policies, this could put at risk the world's historic opportunity to make 2019 the definitive peak in global emissions".

82 Cf. IPCC, "Summary for Policymakers". *In*: *Climate Change 2022: Mitigation of Climate Change*, *op. cit.*, p. 5: "Historical cumulative net CO_2 emissions from 1850 to 2019 were 2400 ± 240 Gt CO_2 (high confidence). Of these, more than half (58%) occurred between 1850 and 1989 [1400 ± 195 Gt CO_2], and about 42% between 1990 and 2019 [1000 ± 90 Gt CO_2]. About 17% of historical cumulative net CO_2 emissions since 1850 occurred between 2010 and 2019 [410 ± 30 Gt CO_2]".

83 Cf. "Copernicus: Globally, the Seven Hottest Years on Record Were the Last Seven; Carbon Dioxide and Methane Concentrations Continue to Rise", 10 jan. 2022. Disponível em: https://climate.copernicus.eu/copernicus-globally-seven-hottest-years-record-were-last-seven.

84 Cf. Matthew Cappucci & Jason Samenow, "Carbon Dioxide Spikes to Critical Record, Halfway to Doubling Preindustrial Levels", *The Washington Post*, 5 abr. 2021; Noaa Research, "Carbon Dioxide Peaks Near 420 Parts per Million

at Mauna Loa Observatory", jun. 2021. Disponível em: https://tinyurl.com/4he74e77.

85 Cf. IPCC, *Climate Change 2014: Synthesis Report*, *op. cit.*: "Radiative forcing is a measure of the influence a factor has in altering the balance of incoming and outgoing energy in the Earth-atmosphere system".

86 Cf. "Met Office: Atmospheric CO_2 Now Hitting 50% Higher Than Pre-Industrial Levels", *Carbon Brief*, 16 mar. 2021.

87 Ver CO_2-Earth, disponível em: https://www.co2.earth/global-co2-emissions.

88 Cf. IPCC, "Summary for Policy Makers". *In*: *Climate Change 2021: The Physical Science Basis*, *op. cit.*, p. 9: "In 2019, atmospheric CO_2 concentrations were higher than at any time in at least 2 million years (high confidence)".

89 Cf. Rebecca Lindsey, "Climate Change: Atmospheric Carbon Dioxide", NOAA, 14 ago. 2020. Disponível em: https://www.climate.gov/news-features/understanding-climate/climate-change-atmospheric-carbon-dioxide; Catherine Brahic, "We Have Reached a Troubling Carbon Dioxide Milestone", *New Scientist*, 22 maio 2013.

90 Cf. Gavin Foster, Dana Royer & Dan Lunt, "Past and Future CO_2", *Skeptikal Science*, 1 maio 2014.

91 Cf. Alan M. Haywood, Harry J. Dowsett & Aisling M. Dolan, "Integrating Geological Archives and Climate Models for the Mid-Pliocene Warm Period", *Nature Communications*, v. 7, 16 fev. 2016.

92 Cf. "G20 Economies Are Pricing More Carbon Emissions but Stronger Globally More Coherent Policy Action Is Needed to Meet Climate Goals, Says OECD", 27 out. 2021: "G20 economies account for around 80% of global greenhouse gas emissions with energy-related CO_2 emissions making up around 80% of total G20 GHG emissions".

93 Cf. Petteri Taalas & Joyce Msuya, "Foreword: Special Report on Global Warming of 1,5°C", IPCC, 2018. Disponível em: https://www.ipcc.ch/sr15/about/foreword: "Limiting warming to 1.5°C is possible within the laws of chemistry and physics".

5. A aceleração do aquecimento

1 Cf. IPCC, "Summary for Policymakers". *In*: *Climate Change 2022: Impacts, Adaptation and Vulnerability. Contribution of Working Group II to the Sixth Assessment Report of Intergovernmental Panel Climate Change*. Genebra: IPCC, 2022, p. 8: "The extent and magnitude of climate change impacts are larger than estimated in previous assessments (high confidence)".

2 Cf. Paul Watson, *Urgent! Save Our Ocean to Survive Climate Change*. Summertown: Groundswell, 2021.

3 Cf. IPCC, "Summary for Policymakers". *In*: *Climate Change 2021: The Physical Science Basis. Contribution of Working Group I to the Sixth Assessment Report of the Intergovernmental Panel on Climate Change*. Genebra: IPCC, 2021, p. 5: "Each of the last four decades has been successively warmer than any decade

that preceded it since 1850"; WMO, "Earth Day Highlights Climate Action", 22 abr. 2020. Disponível em: https://tinyurl.com/mr4yyjk3: "Since the 1980s, each decade has been warmer than the previous one".

4 Cf. WMO, "State of Global Climate 2021: WMO Provisional Report", 2021. Disponível em: https://tinyurl.com/mv2r322b: "Ocean warming rates show a particularly strong increase in the past two decades. [...] Mass loss from North American glaciers accelerated over the last two decades".

5 *Idem*, "State of the Climate in Latin America & the Caribbean 2020", 17 ago. 2021. Disponível em: https://tinyurl.com/38hxwpx5.

6 Cf. Copernicus, "European State of the Climate (ESOTC) 2021", 2021; "Europe Saw Hottest Summers on Record in 2021", *Deutsche Welle*, 22 abr. 2022.

7 Cf. Copernicus, "Summer 2022 Europe's hottest on record", 8 set. 2022: "The average temperature over Europe in 2022 was the highest on record for both August and summer (June-August) by substantial margins of 0.8°C over 2018 for August and 0.4°C over 2021 for summer".

8 Cf. IPCC, "Summary for Policy Makers". *In*: *Climate Change 2021: The Physical Science Basis*, *op. cit.*, p. 5: "Global surface temperature in the first two decades of the 21st century (2001-2020) was 0.99 [0.84- 1.10] °C higher than 1850-1900. Global surface temperature was 1.09 [0.95 to 1.20] °C higher in 2011-2020 than 1850-1900, with larger increases over land (1.59 [1.34 to 1.83] °C) than over the ocean (0.88 [0.68 to 1.01] °C). The estimated increase in global surface temperature since AR5 is principally due to further warming since 2003-2012 (+0.19 [0.16 to 0.22] °C)".

9 *Ibidem*, p. 9: "Temperatures during the most recent decade (2011-2020) exceed those of the most recent multi-century warm period, around 6500 years ago [0.2°C to 1°C relative to 1850-1900] (medium confidence).

10 James Hansen *et al.*, "Global Temperature in 2020", Columbia University, 14 jan. 2021. Disponível em: https://tinyurl.com/mdp75u3j: "The 2020 global temperature was +1.3°C warmer than in the 1880-1920 base period; global temperature in that base period is a reasonable estimate of 'pre-industrial' temperature. The six warmest years in the giss record all occur in the past six years, and the 10 warmest years are all in the 21st century".

11 James Hansen, Makiko Sato & Reto Ruedy, "Global Temperature in 2021", 13 jan. 2022. Disponível em: https://tinyurl.com/yp5yxe58: "Global surface temperature in 2021 was +1.12°C (~2°F) relative to the 1880-1920 average. [...] 2021 and 2018 are tied for 6th warmest year in the instrumental record. The eight warmest years in the record occurred in the past eight years. The warming rate over land is about 2.5 times faster than over the ocean. The irregular El Niño/La Niña cycle dominates interannual temperature variability, which suggests that 2022 will not be much warmer than 2021, but 2023 could set a new record. Moreover, three factors: (1) accelerating greenhouse gas (GHG) emissions, (2) decreasing aerosols, (3) the solar irradiance cycle will add to an already record-high planetary energy imbalance and drive global temperature beyond the 1.5°C limit — likely during the 2020s".

12 Cf. IPCC, "Summary for Policymakers". *In*: *Global Warming of 1.5°C. An IPCC Special Report on the Impacts of Global Warming of 1.5°C above Pre-Industrial Levels and Related Global Greenhouse Gas Emission Pathways, in the Context of Strengthening the Global Response to Threat of Climate Change, Sustainable Development, and Efforts to Eradicate Poverty*. Genebra: IPCC, 2018, p. 4: "Estimated anthropogenic global warming is currently increasing at 0.2°C (likely between 0.1°C and 0.3°C) per decade due to past and ongoing emissions (high confidence)".

13 Cf. Noaa, "Global Climate Report 2019", 2019. Disponível em: https://www.ncdc.noaa.gov/sotc/global/201913: "The global annual temperature has increased at an average rate of 0.07°C (0.13°F) per decade since 1880 and over twice that rate (+0.18°C / +0.32°F) since 1981".

14 Cf. James Hansen & Makiko Sato, "Global Warming Acceleration", Earth Institute, Columbia University, 14 dez. 2020. Disponível em: https://tinyurl.com/mw77mw9j: "Record global temperature in 2020, despite a strong La Niña in recent months, reaffirms a global warming acceleration that is too large to be unforced noise — it implies an increased growth rate of the total global climate forcing and Earth's energy imbalance. [...] The rate of global warming accelerated in the past 6-7 years. The deviation of the 5-year (60 month) running mean from the linear warming rate is large and persistent; it implies an increase in the net climate forcing and Earth's energy imbalance, which drive global warming".

15 Cf. Yangyang Xu, Veerabhadran Ramanathan & David Victor, "Global Warming Will Happen Faster Than We Think", *Nature*, 5 dez. 2018: "The next 25 years are poised to warm at a rate of 0.25-0.32°C per decade".

16 Cf. James Hansen & Makiko Sato, "July Temperature Update: Faustian Payment Comes Due", Columbia University, 13 ago. 2021. Disponível em: https://tinyurl.com/54utj3x5: "That's a lot, and we know that it's a forced change, driven by a growing planetary energy imbalance. [...] For now, we can only infer that Earth's energy imbalance — which was less than or about half a watt per square meter during 1971-2015 — has approximately doubled to about 1 W/m^2 since 2015. This increased energy imbalance is the cause of global warming acceleration. We should expect the global warming rate for the quarter of a century 2015-2040 to be about double the 0.18°C/decade rate during 1970-2015, unless appropriate countermeasures are taken".

17 Cf. Karina von Schuckmann *et al.*, "Heat Stored in the Earth System: Where Does the Energy Go?", *Earth System Science Data*, v. 12, n. 3, p. 1-29, 2020: "The Earth has been in radiative imbalance, with less energy exiting the top of the atmosphere than entering, since at least about 1970, and the Earth has gained substantial energy over the past 4 decades. [...] In agreement with previous studies, the Earth heat inventory based on most recent estimates of heat gain in the ocean, the atmosphere, land and the cryosphere shows a consistent long-term heat gain since the 1960s. Our results show a total heat gain of 358 ± 37 ZJ over the period 1971-2018, which is equivalent to a heating rate

of 0.47 ± 0.1 Wm^{-2}, and it applied continuously over the surface area of the Earth (5.10×10^{14} m^2)".

18 *Ibidem*: "Our results also show that Earth Energy Imbalance (EEI) is not only continuing, but also increasing: the EEI amounts to 0.87 ± 0.12 Wm^{-2} during 2010-2018. Stabilization of climate, the goal of the universally agreed United Nations Framework Convention on Climate Change (UNFCCC) in 1992 and the Paris Agreement in 2015, requires that EEI be reduced to approximately zero to achieve Earth's system quasi-equilibrium. The amount of CO_2 in the atmosphere would need to be reduced from 410 to 353 ppm [...] bringing Earth back towards energy balance. This simple number, EEI, is the most fundamental metric that the scientific community and public must be aware of as the measure of how well the world is doing in the task of bringing climate change under control".

19 I. Cf. Karina von Schuckmann *et al.*, "Heat Stored in the Earth System", *op. cit.* 2020.

II. Cf. James Hansen *et al.*, "Earth's Energy Imbalance and Implications", *Atmospheric Chemistry and Physics*, v. 11, p. 1.3421-49, 2011.

III. Cf. Kevin E. Trenberth, "Understanding Climate Change Through Earth's Energy Flows", *Journal of the Royal Society*, v. 50, n. 2, p. 331-47, 2020.

IV. Cf. James Hansen & Makiko Sato, "July Temperature Update", *op. cit.*, 2021.

20 Cf. Norman Loeb *apud* Joseph Atkinson, "Earth's Radiation Budget Is Out of Balance: Doubled During 14-Year Period", *SciTechDaily*, 27 jun. 2021: "It's likely a mix of anthropogenic forcing and internal variability. And over this period they're both causing warming, which leads to a fairly large change in Earth's energy imbalance. The magnitude of the increase is unprecedented".

21 Cf. IPCC, "Summary for Policy Makers". *In*: *Climate Change 2021: The Physical Science Basis*, *op. cit.*, p. 10: "Marine heatwaves have approximately doubled in frequency since the 1980s (high confidence), and human influence has very likely contributed to most of them since at least 2006".

22 Cf. James Hansen & Makiko Sato, "Global Warming Acceleration", *op. cit.*, 2020.

23 Cf. Kendra Pierre-Louis, "Ocean Warming Is Accelerating Faster Than Thought, New Research Finds", *The New York Times*, 10 jan. 2019: "Oceans are really the best thermometer we have for changes in the Earth".

24 Cf. IPCC, "Observations: Ocean". *In*: *Climate Change 2013: The Physical Science Basis. Contribution of Working Group 1 to the Fifth Assessment Report of the Intergovernmental Panel on Climate Change*. Cambridge: Cambridge University Press, 2013: "It is *virtually certain* that the upper ocean (above 700 m) has warmed from 1971 to 2010, and *likely* that it has warmed from the 1870s to 1971".

25 Cf. IPCC, "Summary for Policy Makers". *In*: *Climate Change 2021: The Physical Science Basis*, *op. cit.*, p. 20: "With additional global warming, the frequency of marine heatwaves will continue to increase (high confidence), particularly in the tropical ocean and the Arctic (medium confidence)".

26 Cf. Lijing Cheng *et al.*, "Another Record: Ocean Warming Continues through 2021 despite La Niña Conditions", *Advances in Atmospheric Sciences*, v. 39, p. 373-85, 11 jan. 2022: "The world ocean, in 2021, was the hottest ever recorded by humans, and the 2021 annual OHC value is even higher than last year's record value".

27 Cf. Lijing Cheng *et al.*, "Improved Estimates of Ocean Heat Content from 1960 to 2015", *Science Advances*, v. 3, n. 3, 10 mar. 2017: "A stronger ocean warming trend has existed since the late 1980s for both 0- to 700- and 700- to 2000-m depths compared with the 1960s to the 1980s. The linear trend of OHC at 0- to 700-m depth is $0.15 \pm 0.08 \times 10^{22}$ J/year (0.09 ± 0.05 W/m^2) during 1960-1991 and $0.61 \pm 0.04 \times 10^{22}$ J/year (0.38 ± 0.03 W/m^2) during 1992-2015, a warming trend four times stronger than the 1960-1991 period. The linear trend of OHC at 700- to 2000-m depth is $0.04 \pm 0.08 \times 10^{22}$ J/year (0.02 ± 0.05 W/m^2) in the period 1960-1991 and $0.37 \pm 0.02 \times 10^{22}$ J/year (0.23 ± 0.02 W/m^2) from 1992 to 2015 (nine times stronger than that from 1960-1991). This indicates an accelerating heat input into both the 0- to 700-m and 700- to 2000-m layers".

28 Cf. Lijing Cheng *et al.*, "How Fast Are the Oceans Warming?", *Science*, v. 363, n. 6.423, p. 128-9, 11 jan. 2019: "These recent observation-based OHC [OHC = Ocean Heat Content] estimates show highly consistent changes since the late 1950s. The warming is larger over the 1971-2010 period than reported in AR5 [AR5 = IPCC's 5th Assessment Report, 2013]. The OHC trend for the upper 2000 m in AR5 ranged from 0.24 to 0.36 Wm^{-2} during this period. The three more contemporary estimates that cover the same time period suggest a warming rate of 0.36 ± 0.05, 0.37 ± 0.04, and 0.39 ± 0.09 Wm^{-2}. [...] All four recent studies show that the rate of ocean warming for the upper 2000 m has accelerated in the decades after 1991 from 0.55 to 0.68 Wm^{-2}".

29 Cf. Lijing Cheng *et al.*, "Record-Setting Ocean Warmth Continued in 2019", *Advances in Atmospheric Sciences*, v. 37, fev. 2020, p. 137-42: "For the first time period, the warming was relatively constant at $\sim 2.1 \pm 0.5$ ZJ yr^{-1}. However, the more recent warming was ~450% that of the earlier warming (9.4 ± 0.2 ZJ yr^{-1}, equal to 0.58 W m^{-2} averaged over the Earth's surface), reflecting a major increase in the rate of global climate change".

30 Um 90º percentil significa que 90% dos valores dos dados disponíveis estão abaixo dessa medida.

31 Cf. Alistair J. Hobday *et al.*, "A Hierarchical Approach to Defining Marine Heatwaves", *Progress in Oceanography*, v. 141, p. 227-38, fev. 2016.

32 Cf. Kisei R. Tanaka & Kyle S. Van Houtan, "The Recent Normalization of Historical Marine Heat Extremes", *Plos Climate*, 1 fev. 2022: "For each month, in each $1° \times 1°$ grid, we defined the extreme marine heat as a monthly average SST [sea superficial temperature] value that exceeds the 98th percentile SST value observed over 1870-1919".

33 *Ibidem*: "For the global ocean, 2014 was the first year to exceed the 50% threshold of extreme heat thereby becoming 'normal', with the South Atlantic (1998) and Indian (2007) basins crossing this barrier earlier".

34 Cf. Kyle van Houtan *apud* Adam Vaughan, "Extreme Marine Heatwaves Are Now Normal for the World's Oceans", *New Scientist*, 1 fev. 2022: "Our new index of extreme marine heat shows the global ocean crossed a critical barrier in 2014 and it's now normal. It's arrived, it's here".

35 Cf. IPCC, "Summary for Policy Makers". *In*: *Climate Change 2021: The Physical Science Basis*, *op. cit.*, p. 8: "Marine heatwaves have approximately doubled in frequency since the 1980s (high confidence), and human influence has very likely contributed to most of them since at least 2006".

36 Cf. Laura Naranjo, "The Blob", *Nasa EarthData*, 2 nov. 2018. Disponível em: https://earthdata.nasa.gov/learn/sensing-our-planet/blob.

37 Cf. Dan A. Smale *et al.*, "Marine Heatwaves Threaten Global Biodiversity and the Provision of Ecosystem Services", *Nature Climate Change*, v. 9, p. 306-12, abr. 2019.

38 Cf. Thomas L. Frölicher, Erich M. Fischer & Nicolas Gruber, "Marine Heatwaves under Global Warming", *Nature*, v. 560, p. 360-4, 15 ago. 2018: "Have already become longer-lasting and more frequent, extensive and intense in the past few decades, and that this trend will accelerate under further global warming".

39 *Ibidem*: "Between 1982 and 2016, we detect a doubling in the number of marine heat waves days, and this number is projected to further increase on average by a factor of 16 for global warming of 1.5 degrees Celsius relative to preindustrial levels and by a factor of 23 for global warming of 2.0 degrees Celsius".

40 *Ibidem*: "Our results suggest that marine heatwaves will become frequent and extreme under global warming, probably pushing marine organisms and ecosystems to the limits of their resilience and even beyond, which could cause irreversible changes".

41 Cf. Dan A. Smale *et al.*, "Marine Heatwaves Threaten Global Biodiversity and the Provision of Ecosystem Services", *op. cit.*, 2019.

42 *Ibidem*: "As a global average, there were over 50% more MHV (marine heat waves) days per year in the last part of the instrumental record (1987-2016) compared to the earlier part (1925-1954), with most regions experiencing increases in the number of MHW days".

43 Cf. Dan Smale *apud* Damian Carrington, "Heatwaves Sweeping Oceans 'Like Wildfires', Scientists Reveal", *The Guardian*, 4 mar. 2019: "You have heatwave-induced wildfires that take out huge areas of forest, but this is happening underwater as well. You see the kelp and seagrasses dying in front of you. Within weeks or months they are just gone, along hundreds of kilometres of coastline".

44 Cf. Christofer Costello *et al.*, "The Future of the Food from the Sea", *Nature*, v. 588, p. 95-100, 19 ago. 2020.

45 Cf. Rebecca Lindsey & LuAnn Dahlman, "Climate Change: Global Temperature", Noaa Climate, 15 mar. 2021: "From 1900 to 1980 a new temperature record was set on average every 13.5 years; from 1981-2019, a new record was set every 3 years".

46 Cf. Lorraine Chow, "10 Worst-Case Climate Predictions If We Don't Keep Global Temperatures under 1.5 Degrees Celsius", *EcoWatch*, 2 jan. 2019: "For heat waves, our options are now between bad or terrible. Many people around the world are already paying the ultimate price of heatwaves".

47 Cf. James E. Overland *et al.*,"Nonlinear Response of Mid-Latitude Weather to the Changing Arctic", *Nature Climate Change*, v. 6, p. 992-9, 26 out. 2016; "Super-Cold Winters in the UK and U.S. Are Due to Arctic Warming", *New Scientist*, 26 out. 2016; Marlene Kretschmer *et al.*, "More-Persistent Weak Stratospheric Polar Vortex States Linked to Cold Extremes", *Bulletin of the American Meteorological Society*, v. 99, n. 1, p. 49-60, jan. 2018; Bob Berwyn, "Ice Loss and the Polar Vortex: How a Warming Arctic Fuels Cold Snaps", *Insideclimate News*, 28 set. 2017.

48 Cf. Sam Wong, "So Far 2019 Has Set 35 Records for Heat and 2 for Cold", *New Scientist*, 30 jan. 2019; Somini Sengupta, "U.S. Midwest Freezes, Australia Burns: This is the Age of Weather Extremes", *The New York Times*, 29 jan. 2019.

49 Cf. Alexandra Witze, "Why Extreme Rains Are Gaining Strength as the Climate Warms", *Nature*, 20 nov. 2018.

50 Sobre o conceito de ondas de calor com base no exemplo da Austrália, cf. Sarah E. Perkins & Lisa V. Alexander, "On the Measurement of Heat Waves", *Journal of Climate*, v. 26, p. 4.500-17, jul. 2013. Ver também American Meteorological Society, "Heat Wave". *In*: *Glossary of Meteorology*. Boston: AMS, 2000: "In 1900, A. T. Burrows more rigidly defined a 'hot wave' as a spell of three or more days on each of which the maximum shade temperature reaches or exceeds 90°F (32.2°C). More realistically, the comfort criteria for any one region are dependent upon the normal conditions of that area" [Em 1900, A. T. Burrows definiu mais rigidamente uma "onda de calor" como um período de três ou mais dias nos quais a temperatura máxima à sombra atinge ou excede 90°F (32,2°C). Mais realisticamente, os critérios de conforto para qualquer região dependem das condições normais dessa área].

51 Cf. Dim Coumou, Alexander Robinson & Stefan Rahmstorf, "Global Increase in Record-Breaking Monthly-Mean Temperatures", *Climatic Change*, v. 118, n. 3-4, p. 771-82, jun. 2013: "Worldwide, the number of local record-breaking monthly temperature extremes is now on average five times larger than expected in a climate with no long-term warming".

52 Cf. Nikolaos Christidis, Gareth S. Jones & Peter A. Stott, "Dramatically Increasing Chance of Extremely Hot Summers since the 2003 Heatwave", *Nature Climate Change*, v. 5, p. 46-50, 8 dez. 2014.

53 Cf. Met Office, "Chances of Summer Heatwaves Now Thirty Times More Likely", 6 dez. 2018: "Our provisional study compared computer models based on today's climate with those of the natural climate we would have had without human-induced emissions. We find that the intensity of this summer's heatwave is around 30 times more likely than would have been the case without climate change".

54 Cf. Ami Walker, "Met Office confirms new UK record temperature of 38.7°C", *The Guardian*, 29 jul. 2019; Met Office, "Record high temperatures verified", 28 jul. 2022.

55 Cf. Oliver Milman, "A Third of Americans Are Already Facing Above--Average Warming", *The Guardian*, 5 fev. 2022.

56 Cf. Sarah Kaplan & Andrew Ba Tran, "Nearly 1 in 3 Americans Experienced a Weather Disaster This Summer", *The Washington Post*, 4 set. 2021.

57 Cf. Qi Zhao *et al.*, "Global, Regional, and National Burden of Mortality Associated with Non-Optimal Ambient Temperatures from 2000 to 2019: A Three-Stage Modelling Study", *The Lancet Planetary Health*, jul. 2021.

58 Cf. Sarah Kaplan, "How America's Hottest City Will Survive Climate Change", *The Washington Post*, 8 jul. 2020.

59 Cf. Camilo Mora *et al.*, "Global Risk of Deadly Heat", *Nature Climate Change*, v. 7, p. 501-6, 19 jun. 2017: "Heat illness (that is, severe exceedance of the optimum body core temperature) is often underdiagnosed because exposure to extreme heat often results in the dysfunction of multiple organs, which can lead to misdiagnosis".

60 *Ibidem*: "Around 30% of the world's population is currently exposed to climatic conditions exceeding this deadly threshold for at least 20 days a year. [...] An increasing threat to human life from excess heat now seems almost inevitable, but will be greatly aggravated if greenhouse gases are not considerably reduced".

61 Cf. "Mercury Rising" [editorial], *Nature*, 22 jun. 2017: "From extreme rainfall to rising sea levels, global warming is expected to wreak havoc on human lives. Sometimes, the most straightforward impact — the warming itself — is overlooked. Yet heat kills. The body, after all, has evolved to work in a fairly narrow temperature range. Our sweat-based cooling mechanism is crude; beyond a certain combination of high temperature and humidity, it fails. To be outside and exposed to such an environment for any length of time soon becomes a death sentence. And that environment is spreading. A death zone is creeping over the surface of Earth, gaining a little more ground each year".

62 Cf. Steven C. Sherwood & Matthew Huber, "An Adaptability Limit to Climate Change Due to Heat Stress", *PNAS*, v. 107, n. 21, p. 9.552-5, 25 maio 2010: "Any exceedance of 35°C for extended periods should induce hyperthermia in humans and other mammals, as dissipation of metabolic heat becomes impossible". Ver também Christoph Schär, "Climate Extremes: The Worst Heat Waves to Come", *Nature Climate Change*, v. 6, p. 128-9, 2016.

63 Cf. Colin Raymond, Tom Matthews & Radley M. Horton, "The Emergence of Heat and Humidity Too Severe for Human Tolerance", *Science Advances*, v. 6, n. 19, 8 maio 2020: "Some coastal subtropical locations have already reported a TW of 35°C and that extreme humid heat overall has more than doubled in frequency since 1979".

64 Cf. IPCC, "Summary for Policy Makers". *In*: *Climate Change 2021: The Physical Science Basis*, *op. cit.*, p. 10: "It is virtually certain that hot extremes (including

heatwaves) have become more frequent and more intense across most land regions since the 1950s".

65 Ver, por exemplo: Pascaline Wallemacq, "Economic Losses, Poverty and Disasters 1998-2017", UNISDR, out. 2018; UNDRR-CRED, "Human Cost of Disasters: An Overview of the Last Twenty Years, 2000-2019", 2020; World Meteorological Organization, "WMO Atlas of Mortality and Economic Losses from Weather, Climate and Water Extremes (1970-2019)", n. 1.267, 2021.

66 Cf. UNDRR-CRED, "Human Cost of Disasters", *op. cit.*, 2020.

67 Cf. OMS, "Heatwaves", [s.d.]. Disponível em: https://www.who.int/health-topics/heatwaves#ab=tab_1: "Between 2000 and 2016, the number of people exposed to heatwaves increased by around 125 million".

68 Cf. European Environment Agency, "Economic Losses and Fatalities from Weather- and Climate-Related Events in Europe", Briefing n. 21/2021, 3 fev. 2022. Disponível em: https://www.eea.europa.eu/publications/economic-losses-and-fatalities-from/.

69 Cf. Nick Watts *et al.*, "The 2018 Report of The Lancet Countdown on Health and Climate Change: Shaping the Health of Nations for Centuries to Come", *The Lancet*, v. 392, n. 10.163, p. 2.479-514, dez. 2018: "A rapidly changing climate has dire implications for every aspect of human life, exposing vulnerable populations to extremes of weather, altering patterns of infectious disease, and compromising food security, safe drinking water and clean air".

70 Cf. Nick Watts *et al.*, "The 2020 Report of The Lancet Countdown on Health and Climate Change: Responding to Converging Crises", *The Lancet*, v. 397, n. 10.269, p. 129-70, jan. 2021: "Vulnerable populations were exposed to an additional 475 million heatwave events globally in 2019, which was, in turn, reflected in excess morbidity and mortality. During the past 20 years, there has been a 53.7% increase in heat-related mortality in people older than 65 years, reaching a total of 296,000 deaths in 2018. The high cost in terms of human lives and suffering is associated with effects on economic output, with 302 billion h of potential labour capacity lost in 2019".

71 Cf. Nick Watts *apud* Damian Carrington, "Climate Change Already a Health Emergency, Say Experts", *The Guardian*, 28 nov. 2018: "These are not things happening in 2050 but are things we are already seeing today".

72 Cf. Tord Kjellstrom *et al.*, "Estimating Population Heat Exposure and Impacts on Working People in Conjunction with Climate Change", *International Journal of Biometeorology*, v. 62, p. 291-306, mar. 2018.

73 Cf. Qi Zhao *et al.*, "Global, Regional, and National Burden of Mortality Associated with Non-Optimal Ambient Temperatures from 2000 to 2019", *op. cit.* 2021.

74 Cf. Ana Maria Vicedo-Cabrera *et al.*, "The Burden of Heat-Related Mortality Attributable to Recent Human-Induced Climate Change", *Nature Climate Change*, v. 11, p. 492-500, 31 maio 2021.

75 *Ibidem*, p. 498: "Health burdens from anthropogenic climate change are occurring, are geographically widespread and are non-trivial; in many locations, the

attributable mortality is already on the order of dozens to hundreds of deaths each year".

76 Cf. Lisa R. Leon & Abderrezak Bouchama, "Heat Stroke", *Comprehensive Physiology*, v. 5, n. 2, p. 611-47, 2015.

77 Cf. Yuming Guo *et al.*, "Quantifying Excess Deaths Related to Heatwaves under Climate Change Scenarios: A Multicountry Time Series Modelling Study", *Plos Medicine*, v. 15 , n. 7, 2018.

78 Cf. Juanita Constible, "Killer Summer Heat: Paris Agreement Compliance Could Avert Hundreds of Thousands of Needless Deaths in America's Cities", Natural Resources Defense Council issue paper, jun. 2017.

79 Cf. Giovanni Forzieri *et al.*, "Increasing Risk Over Time of Weather-Related Hazards to Population: A Data-Driven Prognostic Study", *The Lancet Planetary Health*, v. 1, n. 1, ago. 2017: "Weather-related disasters could affect about two-thirds of the European population annually by the year 2100 (351 million people exposed per year [uncertainty range 126 million to 523 million] during the period 2071-2100) compared with 5% during the reference period (1981-2010; 25 million people exposed per year)".

80 Cf. "After Covid, Could the Next Big Killer Be Heatwaves?", *France 24*, 23 jun. 2021.

81 Cf. Jean Marie Robine *et al.*, "Death Toll Exceeded 70,000 in Europe During the Summer of 2003", *Comptes Rendues Biologies*, v. 331, n. 2, fev. 2008.

82 Cf. "500 Deaths in Hungary Blamed on European Heat Wave", *CBC News*, 24 jul. 2007; e "Europe Bakes in Summer Heatwave", *BBC*, 25 jul. 2007.

83 Cf. Met Office, "The Russian Heatwave of Summer 2010", [s.d.]. Disponível em: https://www.metoffice.gov.uk/weather/learn-about/weather/case-studies/russian-heatwave.

84 Cf. Boris A. Revich, "Heat-Wave, Air Quality and Mortality in European Russia in Summer 2010: Preliminar Assessment", *Ekologiya Cheloveka/Human Ecology*, v. 7, p. 3-9, 2011.

85 Cf. Steve Gutterman, "Heat, Smoke Sent Russia Deaths Soaring in 2010", *Reuters*, 25 out. 2010: "In connection with the unusual heat, forest fires and smoke, in July of this year 14,500 and in August 41,300 more people died than during the same period last year".

86 Cf. Sarah E. Perkins & Alexander J. R. Nairn, "Increasing Frequency, Intensity and Duration of Observed Global Heatwaves and Warm Spells", *Geophysical Research Letters*, v. 39, n. 20, 27 out. 2012: "We find that, at the global scale, increases in warm spell and heatwave frequency, intensity and duration have occurred".

87 Cf. Dan Mitchell, "How Often Will Our Current Heatwave Occur in the Future?", Cabot Institute, University of Bristol, 8 ago. 2018: "We show that in our current climate, heat waves similar in temperature to the present one would occur about once every 5-6 years, on average. In the 1.5°C future world, they would occur every other year, and in a 2°C world, nearly all summers would likely have heat waves that are at least as hot as our current one".

88 Cf. Rosie Perper, "77 People Have Been Killed and Tens of Thousands Hospitalized in Japan's Scorching Heat", *Insider*, 23 jul. 2018.

89 Cf. Sarah E. Perkins-Kirkpatrick *et al.*, "Natural Hazards in Australia: Heatwaves", *Climatic Change*, v. 139, p. 101-14, 4 mar. 2016: "In Australia, the intensity of the 2012/2013 summer was five times more likely to occur in a climate under the influence of anthropogenic greenhouse gases, compared to a climate without these influences".

90 Cf. Lisa Cox, "Australia Heatwave to Break Christmas Weather Records with Temperatures Up to 47°C Forecast", *The Guardian*, 24 dez. 2018.

91 Cf. Olivia Rosane, "Record-Breaking Heat Wave Bakes Australia", *EcoWatch*, 16 jan. 2019; "Australia Swelters through Record-Breaking Heatwave", *BBC*, 18 jan. 2019.

92 Cf. Will Steffen *et al.*, *The Angriest Summer*. Potts Point: Climate Council of Australia, 2019, p. 4: "In just 90 days, more than 206 records were broken around Australia".

93 Cf. Bibi van der Zee, "More Than 400 Weather Stations Beat Heat Records in 2021", *The Guardian*, 7 jan. 2022: "More than 400 weather stations around the world beat their all-time highest temperature records in 2021".

94 Cf. Oliver Milman, "Nearly Quarter of World's Population Had Record Hot Year in 2021", *The Guardian*, 13 jan. 2022: "A total of 1.8 billion people, approaching a quarter of the world's population, live in countries that did experience the hottest year on record, according to a separate analysis released on Thursday by Berkeley Earth. A total of 25 countries, including China, Nigeria and Iran, recorded a record warm annual average in 2021".

95 Cf. James Hansen, Makiko Sato & Reto Ruedy, "Global Temperature in 2021", *op. cit.*, 2022: "The eight warmest years in the record occurred in the past eight years".

96 Cf. Jason Samenow, "Another Extreme Heat Wave Strikes the North Pole", *The Washington Post*, 7 maio 2018.

97 Cf. "Notre planète surchauffe: records de chaleur battus partout dans le monde", *notre-planete.info*, 26 jul. 2018.

98 Cf. WMO, "State of the Global Climate 2020", *op. cit.*, p. 19.

99 Cf. Jeff Masters, "Anchorage, Alaska Roasts in 90° Heat, Smashing All-Time Record by 5", *Weather Underground*, 5 jul. 2019.

100 Cf. Donna Lu, "Satellite Data Shows Entire Conger Ice Shelf Has Collapsed in Antarctica", *The Guardian*, 25 mar. 2022.

101 Cf. Jürgen Kreyling *et al.*, "Winter Warming Is Ecologically More Relevant than Summer Warming in a Cool-Temperate Grassland", *Scientific Reports*, 10 out. 2019: "Winter warming can have profound ecological effects".

102 Cf. Geert Jan van Oldenborgh *et al.*, "Unusually High Temperatures at the North Pole", World Weather Attribution, 21 dez. 2016.

103 Cf. Jonathan Watts, "Arctic Warming: Scientists Alarmed by 'Crazy' Temperature Rises", *The Guardian*, 27 fev. 2018.

104 1. Cf. "Una histórica ola de calor, con temperaturas de más de 45 grados, azota Argentina", *ABC*, 12 jan. 2022.

II. Cf. "Calor atinge marcas sem precedentes no sul da África", *MetSul*, 23 jan. 2022.

III. Cf. Jayashree Nandi, "Parts of Delhi Sizzle at 45°C, No Quick Respite Likely: IMD", *Hindustam Times*, 23 maio 2020.

IV. Cf. "Hottest Temperature on Tuesday Clocks in at 47.1°C, as Heatwave Continues", *Ekathimerini.com*, 3 ago. 2021.

V. Cf. Phoebe Weston & Jonathan Watts, "Highest Recorded Temperature of 48.8°C in Europe Apparently Logged in Sicily", *The Guardian*, 11 ago. 2021.

VI. Cf. WMO, "State of the Global Climate 2020", *op. cit.*, p. 25.

VII. Cf. "Turkey Breaks 1961 Record for Hottest Temperature with 49.1°C", *duvaR. English*, 21 jul. 2021.

VIII. Cf. Andrew Freedman, "California Endures Record-Setting 'Kiln-Like' Heat as Fires Rage, Causing Injuries", *The Washington Post*, 6 set. 2020.

IX. Cf. Nasa Earth Observatory, "California Heatwave Fits a Trend", 6 set. 2020.

X. Cf. Will Steffen *et al.*, *The Angriest Summer*, *op. cit.*, 2019, p. 4.

XI. Cf. "Australia Equals Hottest Day on Record at 50.7°C", *BBC*, 13 jan. 2022.

XII. Cf. Jamie Condifle, "India Experienced Its Hottest Ever Recorded Temperature of 123.8°F", *Gizmodo*, 20 maio 2016.

XIII. Cf. Jason Samenow, "Africa May Have Witnessed Its All-Time Hottest Temperature Thursday: 124 Degrees in Algeria", *The Washington Post*, 6 jul. 2018.

XIV. Cf. WMO, "WMO Verifies 3rd and 4th Hottest Temperature Recorded on Earth", 18 jun. 2019.

XV. Cf. "Iranian City Hits 129 Degrees, Hottest Ever Recorded", *Global Citizen*, 30 jun. 2017.

105 Cf. Jack Hunter, "Alaska 'Icemageddon' Warning Follows Heat Record", *BBC*, 29 dez. 2021.

106 Cf. "Warmest UK New Year's Day Follows Record-Breaking New Year's Eve", *The Guardian*, 1 jan. 2022.

107 Cf. Angela Giuffrida & Ashifa Kassan, "24°C in Spain, 15°C in the Alps: Oddly Warm End to 2021 in Parts of Europe", *The Guardian*, 31 dez. 2021.

108 Cf. WMO, "June Ends with Exceptional Heat", 29 jun. 2021: "So many records have been broken that it is difficult to keep track".

109 Cf. Manuel Planelles & Jaime Porras Ferreyra, "La ONU advierte sobre la gran ola de calor en Norteamérica: 'Es más propia de Oriente Próximo'", *El País*, 29 jun. 2021; "Canadá registra centenas de mortes súbitas em meio a onda recorde de calor", *G1*, 30 jun. 2021.

110 Cf. Phoebe Weston & Jonathan Watts, "Highest Recorded Temperature of 48.8°C in Europe Apparently Logged in Sicily", *op. cit.*, 2021.

111 Cf. Fiona MacDonald, "One of the World's Wealthiest Oil Exporters Is Becoming Unlivable", *Bloomberg*, 16 jan. 2022: "Last year, for the first time, they breached 50°C in June, weeks ahead of usual peak weather".

112 Cf. Jason Samenow, “Africa May Have Witnessed Its All-Time Hottest Temperature Thursday”, *op. cit.*, 2018.

113 Cf. WMO, “State of the Climate in Latin America & Caribbean 2020”, *op. cit.*, p. 24.

114 Cf. Josélia Pegorim, “Recorde de calor em Vitória, B. Horizonte, Brasília e em Goiânia”, *ClimaTempo*, 16 jan. 2019.

115 Cf. “Onda de calor registra mais de 41°C em Santa Catarina”, *Página3*, 4 jan. 2019.

116 Cf. Douglas Costa, “Com 42,2 graus, Rio bate novo recorde de temperatura”, *Agência Brasil*, 8 jan. 2019.

117 Cf. Fábio Leite, “Combinação de seca e calor extremo agrava crise do Cantareira”, *O Estado de S. Paulo*, 16 jan. 2015.

118 Cf. IPCC, “Summary for Policymakers”. *In*: *Global Warming of 1.5°C*, *op. cit.*, 2018, p. 177: “Limiting global warming to 1.5°C instead of 2°C could result in around 420 million fewer people being frequently exposed to extreme heatwaves, and about 65 million fewer people being exposed to exceptional heatwaves, assuming constant vulnerability (medium confidence)”.

119 Cf. Lauren Stuart *et al.* “United in Science 2022: A Multi-Organization High--Level Compilation of the Most Recent Science Related to Climate Change, Impacts and Resposes”, set. 2022. Disponível em: https://library.wmo.int/doc_num.php?explnum_id=11308: “Cities, which contribute 70% of global emissions, are highly vulnerable to climate impacts”.

120 Cf. IPCC, “Regional fact sheet: urban areas”. *In*: *Climate Change 2021: The Physical Science Basis*, *op. cit.*, 2021: “Urban centres and cities are warmer than the surrounding rural areas due to what is known as the urban heat island effect. This urban heat island effect results from several factors, including reduced ventilation and heat trapping due to the close proximity of tall buildings, heat generated directly from human activities, the heat-absorbing properties of concrete and other urban building materials, and the limited amount of vegetation”.

121 Cf. Marcos Pivetta, “Ilhas de calor na Amazônia”, *Pesquisa Fapesp*, v. 200, out. 2012; Bruno Silva Oliveira, “Ilhas de calor em centros urbanos”, DSR/Inpe, [s.d.]. Disponível em: https://docplayer.com.br/53311068-Ilhas-de-calor-em-centros-urbanos-bruno-silva-oliveira.html.

122 Cf. IPCC, “Cities, Settlements and Key Infrastructure”. *In*: *Climate Change 2022: Impacts, Adaptation and Vulnerability*, *op. cit.* p. 23: “Globally, urban heat stress is projected to reduce labour capacity by 20% in hot months by 49 2050 compared to a current 10% reduction”.

123 Cf. “Ban on Working in Sun”, *Arab Times*, 2 jun. 2016.

124 Cf. Kristina Dahl & Rachel Licker, “Too Hot to Work: Assessing the Threats Climate Change Poses to Outdoor Workers”, Union of Concerned Scientists, ago. 2021: “Outdoor workers in the United States have up to 35 times the risk of dying from heat exposure than does the general population. [...] With slow or no action to reduce global emissions and assuming no change in the number

of outdoor workers, the exposure of the nation's outdoor workers to days with a heat index above 100°F would increase three- or fourfold by midcentury".

125 Cf. Ethan D. Coffel, Terence R. Thompson & Radley M. Horton, "The Impacts of Rising Temperatures on Aircraft Takeoff Performance", *Climatic Change*, 13 jul. 2017.

126 Cf. "Possible Issues with Flights at McCarran Airport Because of Extreme Heat", *KTNV Las Vegas*, 9 jul. 2021.

127 Cf. Marjorie Cessac, "Jean Jouzel: 'Face au changement climatique, nous devons faire de la nature notre alliée", *Le Monde*, 5 mar. 2022.

128 Cf. John Cannon, "Cradle of Transformation: The Mediterranean and Climate Change", *Mongabay*, 28 abr. 2022.

129 Cf. George Zittis *et al.*, "Business-As-Usual Will Lead to Super and Ultra--Extreme Heatwaves in the Middle East and North Africa", *Climate and Atmospheric Science*, v. 4, 23 mar. 2021: "Under high greenhouse gas emission and concentration pathways, in parts of the Middle East, e.g., near the Arabian Gulf, the combined effect of high temperature and humidity is projected to reach or even exceed the thresholds for human adaptability. [...] Taking moderate Urban Heat Islands intensities into account, we anticipate that the maximum temperature during 'super-extreme' and 'ultra-extreme' heatwaves in some urban centers and megacities in the Middle East and North Africa could reach or even exceed 60°C, which would be tremendously disruptive for society. Humanity in such locations will depend on indoor and outdoor cooling or will be forced to migrate".

130 Cf. Renee Obringer *et al.*,"Implications of Increasing Household Air Conditioning Use Across the United States Under a Warming Climate", *Earth's Future*, v. 10, n. 1, 29 dez. 2021.

131 Cf. Nick Watt *et al.*, "The 2018 Report of the Lancet Countdown on Health and Climate Change", *op. cit.*, 2018; Wenjia Kai *et al.*, "The 2020 China Report of the Lancet Countdown on Health and Climate Change", *The Lancet Public Health*, v. 6, n. 1, jan. 2021: "There were around 26,800 heatwave-related deaths in China in 2019, with the rising trend becoming increasingly apparent over recent years".

132 Cf. "Half of China Hit by Severe Drought amid Record Heat Wave", *Agence France-Presse*, 25 ago 2022.

133 Cf. David Wallace-Wells, "The country's confounding place in the geopolitics of climate", *The New York Times*, 14 set. 2022.

134 Cf. Nectar Gan, "China's worst heat wave on record is crippling power supplies. How it reacts will impact us all", *CNN*, 26 ago. 2022; Frédéric Lemaître, "Charbon: la Chine fait tourner ses centrales au maximum", *Le Monde*, 1 set. 2022.

135 Cf Sushmi Dey, "31,000 Heat-Related Deaths of 65+ in India in 2018: Report", *The Times of India*, 3 dez. 2020.

136 Cf. Meenakshi Ray, "Of the World's 15 Hottest Places, 10 Are in India", *Hindustan Times*, 27 maio 2020.

137 Cf. Chaitanya Mallapur, "61% Rise in Heat-Stroke Deaths Over Decade", *IndiaSpend*, 27 maio 2015.

138 Cf. Nayantara Narayanan, "India Is Just Half a Degree Away from a Huge Spike in Heat-Related Deaths in Summers", *Quartz India*, 14 jun. 2017.

139 Cf. "Heatwave in India Claims 4,620 Lives in Four Years", *Hindustan Times*, 27 abr. 2017.

140 Cf. Catherine de Lange, "The Heat and the Death Tool Are Rising in India", *The Guardian*, 31 maio 2015; "2015 Indian Heat Wave", *Wikipedia*, [s.d.].

141 Cf. Bhasker Tripathi, "India Underreports Heatwave Deaths: Here's Why This Must Change", *India Spend*, 15 jun. 2020: "If you just look for medically certified heat stroke deaths, they account for only 10% of total deaths due to heat waves. That's because they only record easily recognizable direct deaths. Heat wave deaths are like an iceberg… 90% is not visible".

142 Cf. Jeff Masters, "India and Pakistan's Brutal Heat Wave Poised to Resurge", *Yale Climate Connections*, 5 maio 2022; Pedro Henrique de Cristo, "Calor para acordar", *Fervura no Clima*, 10 maio 2022.

143 Cf. Smriti Mallapaty, "Why are Pakistan's Floods so Extreme this Year?", *Nature*, 2 set. 2022.

144 Cf. Francesca Fattori, Victoria Denys, Victor Simonnet & Eric Dedier, "La Pakistan ravagé par le changement climatique", *Le Monde*, 3 set. 2022.

145 Cf. Asif Shahzad, "UN Chief Calls for 'Massive' Help as Pakistan Puts Flood Losses at $30 Billion", *Reuters*, 9 set. 2022.

146 *Idem*: "We are heading into a disaster. We have waged war on nature and nature is tracking back in a devastating way. Today in Pakistan, tomorrow in any of your countries".

147 Cf. Sophie Landrin, "46°C à Déhli, 48°C dans le Rajasthan… L'Inde écrasée par une canicule précoce et extrême", *Le Monde*, 28 abr. 2022.

148 Cf. Pangaluru Kishore *et al.*, "Anthropogenic Influence on the Changing Risk of Heat Waves Over India", *Scientific Reports*, v. 12, 28 fev. 2022: "Under the Representative Concentration Pathway (RCP) 4.5, the risk of heat waves is projected to increase tenfold during the twenty-first century […] Model simulations indicate occurrence of unprecedented heat waves in the future never observed in the observational period".

149 Cf. IEA, "India Energy Outlook 2021, World Energy Outlook Special Report", 2021, p. 58: "On current trends, it is estimated that half of India's water demand will be unmet by 2030".

6. Quanto aquecimento é já inevitável?

1 Cf. IPCC, "Summary for Policymakers". *In*: *Climate Change 2021: The Physical Science Basis. Contribution of Working Group I to the Sixth Assessment Report of the Intergovernmental Panel on Climate Change*. Cambridge: Cambridge University Press, 2021, p. 17: "Global surface temperature will

continue to increase until at least the mid-century under all emissions scenarios considered".

2 Cf. "Urgence climatique: Le sos de 700 scientifiques", *Libération*, 7 set. 2018.

3 Cf. IPCC, "Summary for Policymakers". *In*: *Climate Change 2021: The Physical Science Basis*, *op. cit.*, p. 21: "Mountain and polar glaciers are committed to continue melting for decades or centuries (very high confidence). Loss of permafrost carbon following permafrost thaw is irreversible at centennial time scales (high confidence). Continued ice loss over the 21st century is virtually certain for the Greenland Ice Sheet and likely for the Antarctic Ice Sheet. [...] It is virtually certain that global mean sea level will continue to rise over the 21st century. [...] In the longer term, sea level is committed to rise for centuries to millennia due to continuing deep-ocean warming and ice-sheet melt and will remain elevated for thousands of years (high confidence)".

4 Cf. James Hansen, "Why I Must Speak about Climate Change", TED Talk, 2012: "There is a temporary energy imbalance. More energy is coming in than going out, until Earth warms up enough to again radiate to space as much energy as it absorbs from the sun. [...] More warming is in the pipeline. It will occur without adding any more greenhouse gasses".

5 Cf. Karina von Schuckmann *et al.*, "Heat Stored in the Earth System: Where Does the Energy Go?", *Earth System Science Data*, v. 12, n. 3, p. 1-29, 2020.

6 Cf. Matthew Cappucci & Jason Samenow, "Carbon Dioxide Spikes to Critical Record, Halfway to Doubling Preindustrial Levels", *The Washington Post*, 5 abr. 2021.

7 Cf. "Summary for Policymakers". *In*: *Climate Change 2021: The Physical Science Basis*, *op. cit.*, p. 9: "In 2019, atmospheric CO_2 concentrations were higher than at any time in at least 2 million years (high confidence)".

8 Cf. Capítulo 4, seção 4.4. Ver também Rebecca Lindsey, "Climate Change: Atmospheric Carbon Dioxide", Noaa, 1 ago. 2018; Catherine Brahic, "We Have Reached a Troubling Carbon Dioxide Milestone", *New Scientist*, 22 maio 2013; Gavin Foster, Dana Royer & Dan Lunt, "Past and Future CO_2", *Skeptikal Science*, 1 maio 2014.

9 Cf. James Hansen *et al.*, "Earth's Energy Imbalance: Confirmation and Implications", *Science*, v. 308, n. 5.727, p. 1.431-5, 2005.

10 Cf. Gerald A. Meehl *et al.*, "Global Climate Projections". *In*: IPCC, *Climate Change 2007: The Physical Science Basis. Contribution of Working Group I to the Fourth Assessment Report of the Intergovernmental Panel on Climate Change*. Cambridge: Cambridge University Press, 2007, p. 822: "The multi-model average warming for all radiative forcing agents held constant at year 2000 [...] is about 0.6°C for the period 2090 to 2099 relative to the 1980 to 1999 reference period. [...] [T]he likely uncertainty range is 0.3°C to 0.9°C. Hansen *et al.* calculate the current energy imbalance of the Earth to be 0.85 W m^{-2}, implying that the unrealised global warming is about 0.6°C without any further increase in radiative forcing".

11 Cf. Mathew Collins *et al.*, "Long-Term Climate Change: Projections, Commitments and Irreversibility". *In*: IPCC, *Climate Change 2013: The Physical*

Science Basis. Contribution of Working Group I to the Fifth Assessment Report of the Intergovernmental Panel on Climate Change. Cambridge: Cambridge University Press, 2013, p. 1.103: "The available CMIP5 results based on the RCP4.5 extension with constant radiative forcing are consistent with those numbers, with an additional warming of about 0.5°C 200 years after stabilization of the forcing".

12 Cf. IPCC, "Summary for Policymakers". In: *Global Warming of 1.5°C: An IPCC Special Report on the Impacts of Global Warming of 1.5°C above Pre-Industrial Levels and Related Global Greenhouse Gas Emission Pathways, in the Context of Strengthening the Global Response to the Threat of Climate Change, Sustainable Development, and Efforts to Eradicate Poverty*. Cambridge: Cambridge University Press, 2018, p. 5: "Anthropogenic emissions (including greenhouse gases, aerosols and their precursors) up to the present are unlikely to cause further warming of more than 0.5°C over the next two to three decades (high confidence) or on a century time scale (medium confidence)".

13 Trata-se do melhor cenário traçado pelo IPCC até 2100, correspondendo à combinação entre SSP1 e RCP1.9. SSP1 significa Shared Socioeconomic Pathway 1 [Trajetória socioeconômica compartilhada 1] (compartilhada, entenda-se, pelos países ricos e pobres). Essa trajetória designa o cenário socioeconômico Sustainability: Taking the Green Road [Sustentabilidade: tomando o caminho verde]. Ela se combina com a trajetória, igualmente traçada pelo IPCC, de extrema redução das emissões de GEE. Essa trajetória implicaria as menores concentrações possíveis de GEE até 2100, com um consequente forçamento climático de apenas 1,9 W/m^2 no topo da atmosfera (de onde Representative Concentration Pathway ou RCP1.9 W/m^2). Para essas siglas, veja-se neste livro a seção inicial "Abreviações frequentes" e Keywan Riahi *et al.*, "The Shared Socioeconomic Pathways and their Energy, Land Use, and Greenhouse Gas Emissions Implications: An Overview", *Global Environmental Change*, v. 42, p. 153-168, jan 2017.

14 Cf. Chen Zhou *et al.*, "Great Committed Warming After Accounting for the Pattern Effect", *Nature Climate Change*, v. 11, p. 132-6, 2021.

15 Cf. Andrew E. Dessler, "Committed Warming Paper Explained" [vídeo], 2021. Disponível em: https://www.youtube.com/watch?v=LV9aCiyui18: "The main conclusion of our paper is that assuming that future changes in the climate system will follow past changes is a bad assumption".

16 Nos modelos climáticos, a resposta de longo prazo do sistema climático, isto é, sua sensitividade à duplicação das concentrações atmosféricas de CO_2, é denominada Sensitividade Climática de Equilíbrio (Equilibrium Climate Sensitivity — ECS). O termo designa um cálculo de quanto o clima se aqueceria até que o planeta chegasse a um novo equilíbrio energético (energia incidente = energia dissipada) em resposta à duplicação das concentrações atmosféricas de CO_2 em relação às concentrações do período pré-industrial. Essa resposta é, como dito, defasada no tempo em séculos ou milênios por causa da inércia térmica dos oceanos.

17 Cf. Andrew E. Dessler, "Committed Warming Paper Explained" [vídeo]. Disponível em: https://www.youtube.com/watch?v=LV9aCiyui18. "This

warming of the Southern Ocean has not yet happened, it is not in the historical record. So using the historical record as a metric to estimate future warming will therefore ignore this process and underestimate future warming. When we account for this process, we find that committed warming has a most likely value of around 2.5°C above pre-industrial period. [...] This is how much warming we are committed to just from emissions that have already occurred".

18 Cf. James Hansen & Makiko Sato, "July Temperature Update: Faustian Payment Comes Due", Columbia University, 13 ago. 2021. Disponível em: https://tinyurl.com/54utj3x5.

19 Cf. IPCC, "Summary for Policymakers". *In*: *Climate Change 2022: Mitigation of Climate Change. Contribution of Working Group III to the Sixth Assessment Report of the Intergovernmental Panel on Climate Change*. Cambridge: Cambridge University Press, 2022, p. 21: "Global GHG emissions are projected to peak between 2020 and at the latest before 2025 in global modelled pathways that limit warming to 1.5°C (> 50%) with no or limited overshoot and in those that limit warming to 2°C (> 67%) and assume immediate action. In both types of modelled pathways, rapid and deep GHG emissions reductions follow throughout 2030, 2040 and 2050 (high confidence). Without a strengthening of policies beyond those that are implemented by the end of 2020, GHG emissions are projected to rise beyond 2025, leading to a median global warming of 3.2°C [2.2 to 3.5] by 2100 (medium confidence)".

20 Cf. Rowan Hooper, "Ten Years to Save the World", *New Scientist*, v. 245, n. 3.273, p. 45-7, 14 mar. 2020.

21 Cf. "Dr. Peter Carter: Summarising the Lack of 'Climate Emergency' at COP25" [vídeo], 2019. Disponível em: https://www.youtube.com/watch?v=oa13KrOvE2s.

22 Cf. Andrew Simms, "'A Cat in Hell's Chance': Why We're Losing the Battle to Keep Global Warming Below 2°C", *The Guardian*, 19 jan. 2017.

23 Cf. Robin McKie, "Scientists Warn World Will Miss Key Climate Target", *The Guardian*, 6 ago. 2016: "The 1.5°C goal now looks impossible or at the very least, a very, very difficult task. We should be under no illusions about the task we face".

24 Cf. Tatiana Schlossberg, "2016 Already Shows Record Global Temperatures", *The New York Times*, 19 abr. 2016: "I don't see at all how we're going to not go through the 1.5 degree-number in the next decade or so".

25 Cf. Andrew Simms, "'A Cat in Hell's Chance'", *op. cit.*, 2017: "The inertia in the system (oceans, economies, technologies, people) is substantial and... so far the efforts are not commensurate with the goal".

26 *Ibidem*: "There is 'no chance whatsoever at current levels of carbon emissions'".

27 *Ibidem*: "We have emitted too much already".

28 *Ibidem*: "The open question for me is not whether we will breach the 2°C target, but how soon".

29 *Ibidem*: “In short, not a single one of the scientists polled thought the 2°C target likely to be met”.

30 Cf. Charlotta Lomas, “Schellnhuber: ‘Scientists Have to Take the Streets’ to Counter Climate Denial”, *Deutsche Welle*, 15 mar. 2017: “It’s quite mind-boggling — for example, by 2030, we have to phase out the combustion engine. And we have to completely phase out the use of coal for producing power”.

31 Cf. Simon Evans & Rosamund Pearce, “The World’s Coal Power Plants”, *CarbonBrief*, 26 mar. 2020. Disponível em: https://www.carbonbrief.org/mapped-worlds-coal-power-plants.

32 Cf. Jean Jouzel *apud* Pierre Le Hir, “Réchauffement climatique: la bataille des 2°C est presque perdue”, *Le Monde*, 31 dez. 2017.

33 Cf. James Hansen, Makiko Sato & Reto Ruedy, “Global Temperature in 2021”, 13 jan. 2022. Disponível em: https://tinyurl.com/yp5yxe58: “Three factors: (1) accelerating greenhouse gas (GHG) emissions, (2) decreasing aerosols, (3) the solar irradiance cycle will add to an already record-high planetary energy imbalance and drive global temperature beyond the 1.5°C limit — likely during the 2020s”.

34 Cf. ONU, Conferência das Partes, 21ª seção, “Acordo de Paris”, 30 nov.-11 dez. 2015, Artigo 2 (a): “Holding the increase in the global average temperature to well below 2°C above pre-industrial levels and pursuing efforts to limit the temperature increase to 1.5°C above pre-industrial levels” [Manter o aumento da temperatura média global bem abaixo de 2°C acima dos níveis pré-industriais, e envidar esforços para limitar o aumento da temperatura em 1,5°C].

35 Cf. “2020: The Climate Turning Point”, 2017. Disponível em: https://mission2020.global/wp-content/uploads/2021/04/2020-The-Climate-Turning-Point.pdf: “In the landmark Paris Climate Agreement, the world’s nations have committed to ‘holding the increase in the global average temperature to well below 2°C above pre-industrial levels and to pursue efforts to limit the temperature increase to 1.5°C above pre-industrial levels’. This goal is deemed necessary to avoid incalculable risks to humanity, and it is feasible — but realistically only if global emissions peak by the year 2020 at the latest”.

36 Cf. “About”, M2020 [s.d.]. Disponível em: https://mission2020.global/about/: “To deliver the long-term goal of a decarbonised economy, immediate action is needed. If we are to reach net zero emissions by 2050, we must turn the corner by 2020. The hard work begins now. The day after Paris, Mission 2020 was born as a global campaign, to inject urgency and optimism across the economy”.

37 Cf. Christiana Figueres *et al.*, “Three Years to Safeguard Our Climate”, *Nature*, v. 546, n. 7.660, p. 593-5, 29 jun. 2017: “We’re on a mission to drive urgent action to limit the effects of climate change, particularly for the most vulnerable people and countries. With radical collaboration and stubborn optimism we will bend the curve of global greenhouse gas emissions by 2020, enabling humanity to flourish”.

38 Cf. Thomas Stocker *apud* Tom Greenwood, “Zero Carbon Word Press”, *Wholegrain Digital*, 17 jun 2017: “The year 2020 is crucial... If CO_2 emissions

continue to rise beyond that date, the most ambitious mitigation goals will become unachievable".

39 Cf. IPCC, "Summary for Policymakers". *In*: *Global Warming of 1.5°C: An IPCC Special Report*, op. cit., 2018: "The decisions we make today are critical in ensuring a safe and sustainable world for everyone, both now and in the future. [...] The next few years are probably the most important in our history."

40 Cf. Karl Matthiesen & Natalie Sauer, "'Most Important Years in History': Major UN Report Sounds Last-Minute Climate Alarm", *Climate Home News*, 8 out. 2018: "I have no doubt that historians will look back at these findings as one of the defining moments in the course of human affairs".

41 Cf. "Gaël Giraud — L'Effet 'reine rouge'" [vídeo], 2019. Disponível em: https://www.youtube.com/watch?v=n3LyVbGUFu4.

42 Cf. *The Second Warning: A Documentary Film* [em produção] e "From Wolves to the Warning to Humanity: Facing the Environmental Crisis Through Science" [vídeo], 2019. Disponível em: https://www.youtube.com/watch?v=8Duyd3YWKmQ: "We are living in a hinge point. The next couple of years will be the most important years in the history of humanity".

43 Cf. António Guterres *apud* Daniel Oberhaus, "UN Secretary-General Says We Have a Year and a Half to Avoid 'Runaway' Climate Change", *Vice*, 11 set. 2018: "We face a direct existential threat. If we do not change course by 2020, we risk missing the point where we can avoid runaway climate change, with disastrous consequences for people and all the natural systems that sustain us".

44 Cf. Mengpin Ge *et al.*, "Tracking Progress of the 2020 Climate Turning Point", World Resources Institute Working Paper, fev. 2019: "In most cases action is insufficient or progress is off track".

45 Cf. IPCC, "Opening of COP 25: Statement by IPCC Chair Hoesung Lee", 2 dez. 2019. Disponível em: https://www.ipcc.ch/site/assets/uploads/2019/12/IPCC-Chair-opening-COP25.pdf: "Our assessments show that climate stabilization implies that greenhouse gas emissions must start to peak from next year. But emissions are continuing to increase, with no sign of peaking soon".

46 Cf. WMO *et al.*, "United in Science 2021: A Multi-Organization High-Level Compilation of the Latest Climate Science Information", set. 2021: "Based on preliminary estimates, global emissions in the power and industry sectors were already at the same level or higher in January-July 2021 than in the same period in 2019, before the pandemic, while emissions from road transport remained about 5% lower. Excluding aviation and sea transport, global emissions were at about the same levels as in 2019, averaged across those 7 months".

47 Cf. Michael Mann *apud* Angela Fritz & Rachel Ramirez, "Earth Is Warming Faster Than Previously Thought, Scientists Say, and the Window Is Closing to Avoid Catastrophic Outcomes", *CNN*, 9 ago. 2021: "Bottom line is that we have zero years left to avoid dangerous climate change, because it's here".

48 Cf. Christiana Figueres *et al.*, "Three Years to Safeguard Our Climate", *op. cit.*, 2017: "The year 2020 is crucially important for another reason, one that

has more to do with physics than politics. When it comes to climate, timing is everything".

49 Cf. *idem*: "Should emissions continue to rise beyond 2020, or even remain level, the temperature goals set in Paris become almost unattainable. The UN Sustainable Development Goals that were agreed in 2015 would also be at grave risk".

50 *Ibidem*.

51 Cf. Gregg Marland, Tom Oda & Thomas A. Boden, "Per Capita Carbon Emissions Must Fall to 1955 Levels", *Nature*, v. 565, n. 7.741, p. 567, 2019: "In 1977, when the global population was 4.23 billion, emissions per capita were 1.19 tonnes of carbon per person. By 2017, this had increased to 1.34 tonnes (the global population that year was 7.55 billion). So, decreasing total emissions to the 1977 figure will mean returning per capita emissions to those recorded for 1955".

52 Cf. Simon Evans, "Which Countries Are Historically Responsible for Climate Change", *CarbonBrief*, 5 out. 2021: "In total, humans have pumped around 2,500 bn tonnes of CO_2 (Gt CO_2) into the atmosphere since 1850, leaving less than 500 Gt CO_2 of remaining carbon budget to stay below 1.5°C of warming. This means that, by the end of 2021, the world will collectively have burned through 86% of the carbon budget for a 50-50 probability of staying below 1.5°C, or 89% of the budget for a two-thirds likelihood".

53 Cf. IPCC, "Summary for Policymakers". *In*: *Climate Change 2021: The Physical Science Basis*, *op. cit.*, p. 29.

54 *Ibidem*, p. 37: "Higher or lower reductions in accompanying non-CO_2 emissions can increase or decrease the values on the left by 220 Gt CO_2 or more".

55 Cf. Timothy Lenton *et al.*, "Climate Tipping Points: Too Risky to Bet Against", *Nature*, 27 nov. 2019: "The world's remaining emissions budget for a 50:50 chance of staying within 1.5 °C of warming is only about 500 gigatonnes (Gt) of CO_2. Permafrost emissions could take an estimated 20% (100 Gt CO_2) off this budget, and that's without including methane from deep permafrost or undersea hydrates. If forests are close to tipping points, Amazon dieback could release another 90 Gt CO_2 and boreal forests a further 110 Gt CO_2. With global total CO_2 emissions still at more than 40 Gt per year, the remaining budget could be all but erased already".

56 Cf. Australian Academy of Sciences, *The Risks to Australia of a 3°C Warmer World*, mar. 2021, p. 19: "After decades of insufficient action to reduce GHG emissions, the emission budget for the 1.5°C target has shrunk to a range of 10-135 Gt C. Limiting the temperature rise to the lower Paris Agreement target (1.5°C) is exceedingly difficult, and with only three or four more years of emissions at current levels remaining, the target has become virtually impossible to achieve".

57 Cf. IPCC, "Summary for Policymakers". *In*: *Climate Change 2022: Mitigation of Climate Change*, *op. cit.*, 2022, p. 4: "Global net anthropogenic GHG emissions were 59 ± 6.6 Gt CO_2-eq in 2019, about 12% (6.5 Gt CO_2-eq) higher than in 2010 and 54% (21 Gt CO_2-eq) higher than in 1990".

58 Cf. Michael Mann, “Earth Will Cross the Climate Danger Threshold by 2036”, *Scientific American*, 1 abr. 2014.

59 Cf. “Le dérèglement climatique est là… on fait quoi maintenant?, par Jean Jouzel”, conferência de Fouesnant (Bretanha) [vídeo], 2021. Disponível em: https://www.youtube.com/watch?v=irioSoD4HO4.

60 Cf. Katharine L. Ricke & Ken Caldeira, “Maximum Warming Occurs about One Decade After a Carbon Dioxide Emission”, *Environmental Research Letters*, v. 9, 2 dez. 2014: “The median time between an emission and maximum warming is 10.1 years, with a 90% probability range of 6.6-30.7 years. […] Past emissions very much influence rates of warming on the time scale of a year or decade following the emission”.

61 Cf. Reto Knutti *apud* Brian Kahn, “CO_2 Takes Just 10 Years to Reach Planet’s Peak Heat”, Climate Central, 3 dez. 2014: “It takes only a few years for the climate to respond to emissions, but it takes a generation, at least, to change the emissions. We are slow, not the climate”.

62 Cf. Kirsten Zickfeld & Tyler Herrington, “The Time Lag between a Carbono Dioxide Emission and Maximum Warming Increases with the Size of the Emission”, *Environmental Research Letters*, v. 9, 10 mar. 2015: “Most of the warming […] will emerge relatively quickly, implying that CO_2 emission cuts will not only benefit subsequent generations but also the generation implementing those cuts”.

63 Cf. Brian Kahn, “CO_2 Takes Just 10 Years to Reach Planet’s Peak Heat”, *op. cit.*, 2014: “It reaches a peak but it is barely a peak. It’s more like a step”.

64 Cf. James Hansen & Makiko Sato, “Global Warming Acceleration”, Earth Institute, Columbia University, 14 dez. 2020: “2021 will be cooler than 2020, because of the lagged effect of the current strong La Niña. When the next El Niño occurs, perhaps about mid-decade, hang onto your hat. Global emissions of GHGs had better be trending down by then!”.

65 Cf. WMO, “WMO Global Annual to Decadal Climate Update”, 2021. Disponível em: https://hadleyserver.metoffice.gov.uk/wmolc/WMO_GADCU_2020.pdf: “It is about as likely as not (40% chance) that one of the next 5 years will be at least 1.5°C warmer than preindustrial levels and the chance is increasing with time”.

66 *Ibidem*, p. 5: “The chance of at least one year exceeding the current warmest year, 2016, in the next five years is 90%. The chance of the five-year mean for 2021-2025 being higher than the last five years is 80%”.

67 *Idem*, “WMO Update: 50:50 Chance of Global Temperature Temporarily Reaching 1.5°C Threshold in Next Five Years”, 9 maio 2022: “The chance of temporarily exceeding 1.5°C has risen steadily since 2015, when it was close to zero. For the years between 2017 and 2021, there was a 10% chance of exceedance. That probability has increased to nearly 50% for the 2022-2026 period”.

68 Cf. IPCC, “Summary for Policymakers”. *In*: *Climate Change 2021: The Physical Science Basis*, *op. cit.*, p. 18: “Under the five illustrative scenarios, in the near term (2021-2040), the 1.5°C global warming level is *very likely* to be exceeded under the very high GHG emissions scenario (SSP5-8.5), *likely* to be exceeded

under the intermediate and high GHG emissions scenarios (SSP2-4.5 and SSP3-7.0), *more likely than not* to be exceeded under the low GHG emissions scenario (SSP1-2.6) and *more likely than not* to be reached under the very low GHG emissions scenario (SSP1-1.9)".

69 Cf. IPCC, "Summary for Policymakers". *In*: *Global Warming of 1.5°C: An IPCC Special Report*, *op. cit.*, 2018, p. 4: "Global warming is likely to reach 1.5°C between 2030 and 2052 if it continues to increase at the current rate (high confidence)".

70 Cf. Scott Waldman, "New Climate Report Actually Understates Threat, Some Researchers Argue", *Science*, 12 out. 2018 [originalmente publicado em *E&E News*].

71 Cf. Michael Mann *apud* Scott Waldman, "IPCC: Was the Scary Report Too Conservative?", *E&E News Reporter*, 11 out. 2018: "We are closer to the 1.5°C and 2°C thresholds thresholds than they indicate and our available carbon budget for avoiding those critical thresholds is considerably smaller than they imply. In other words, they paint an overly rosy scenario by ignoring some relevant literature".

72 Cf. Adam Vaughan, "Earth May Be Even Closer to 1.5°C of Global Warming Than We Thought", *New Scientist*, 20 dez. 2020: "The IPCC have overestimated the available carbon budget through choices that tend to underestimate the warming we've already experienced. That of course means that there is a lot more work to do if we are to avert dangerous warming".

73 Cf. Benjamin J. Henley & Andrew D. King, "Trajectories Toward the 1.5°C Paris Target: Modulation by the Interdecadal Pacific Oscillation", *Geophys: Research Letters*, v. 44, p. 4.256-62, maio 2017: "The phase of the Interdecadal Pacific Oscillation [...] will regulate the rate at which global temperature approaches the 1.5°C level. A transition to the positive phase of the IPO would lead to a projected exceedance of the target centered around 2026. If the Pacific Ocean remains in its negative phase, however, the projections are centered on reaching the target around 5 years later, in 2031". Ver também Alvin Stone, "Paris 1.5°C Target May Be Smashed by 2026", *GeoSpace*, 9 maio 2017.

74 Cf. Yangyang Xu, Veerabhadram Ramanathan & David G. Victor, "Global Warming Will Happen Faster Than We Think", *Nature*, v. 564, n. 7.734, p. 30-2, 5 dez. 2018.

75 Cf. Richard J. Millar *et al.*, "Emission Budgets and Pathways Consistent with Limiting Warming to 1.5°C", *Nature Geoscience*, v. 10, p. 741-7, 18 set. 2017.

76 Sobre a ideia de impossibilidade sociofísica, cf. Luiz Marques, "Esperanças científicas e fatos políticos básicos sobre o Acordo de Paris", *Jornal da Unicamp*, 25 set. 2017; *idem*, "Tarde demais para 3°C?", *Jornal da Unicamp*, 21 nov. 2017; *idem*, "Da geofísica à sociofísica", *Jornal da Unicamp*, 31 ago. 2022.

77 Cf. The World Counts, "Global Energy Consumption" [s.d.]. Disponível em: https://www.theworldcounts.com/challenges/climate-change/energy/global-energy-consumption.

7. Alças de retroalimentação do aquecimento

1 Cf. IPCC, *Climate Change 2014: Synthesis Report. Contribution of Working Groups I, II and III to the Fifith Assessment Report of the Intergovernmental Panel on Climate Change*. Genebra: IPCC, 2014, p. 62: "Based on Earth System Models, there is high confidence that the feedback between climate change and the carbon cycle will amplify global warming. Climate change will partially offset increases in land and ocean carbon sinks caused by rising atmospheric CO_2. As a result more of the emitted anthropogenic CO_2 will remain in the atmosphere, reinforcing the warming".

2 O presente capítulo retoma, atualiza e amplia as análises propostas no capítulo 8 ("Climate Feedbacks and Tipping Points") do meu livro *Capitalism and Environmental Collapse* (Nova York: Springer, 2020) — capítulo escrito para a edição inglesa, isto é, não constante nas três edições da versão brasileira (Campinas: Editora da Unicamp, 2015; 2016; 2018).

3 Cf. Piers Forster *et al.*, "The Earth's Energy Budget, Climate Feedbacks and Climate Sensitivity". *In*: IPCC, *Climate Change 2021: The Physical Science Basis. Contribution of Working Group I to the Sixth Assessment Report of the Intergovernmental Panel on Climate Change*. Cambridge: Cambridge University Press, 2021, p. 962-3.

4 Cf. IPCC, "Summary for Policymakers". *In*: *Climate Change 2021: The Physical Science Basis*, *op. cit.*, 2021, p. 20: "The magnitude of feedbacks between climate change and the carbon cycle becomes larger but also more uncertain in high CO_2 emissions scenarios (very high confidence). [...] Additional ecosystem responses to warming not yet fully included in climate models, such as CO_2 and CH_4 fluxes from wetlands, permafrost thaw and wildfires, would further increase concentrations of these gases in the atmosphere (high confidence)".

5 Cf. Mario Molina *apud* Fiona Harvey, "'Tipping Points' Could Exacerbate Climate Crisis, Scientists Fear", *The Guardian*, 9 out. 2018: "Even with its description of the increasing impacts that lie ahead, the IPCC understates a key risk: that self-reinforcing feedback loops could push the climate system into chaos before we have time to tame our energy system, and the other sources of climate pollution".

6 Cf. Zeke Hausfather & Richard Betts, "How 'Carbon-Cycle Feedbacks' Could Make Global Warming Worse", *Carbon Brief*, 14 abr. 2020: "Feedbacks could result in up to 25% more warming than in the main IPCC projections".

7 Cf. Peter Carter, "Amplifying Climate Feedbacks", Climate Emergency Institute, [s.d.]. Disponível em: https://www.climateemergencyinstitute.com/feedbacks: "Today most of the largest sources of catastrophically dangerous feedbacks are operant or triggered, and today we are committed to a far greater degree of global warming — that will cause far greater feedbacks accelerating the rate of warming".

8 Cf. James Hansen & Makiko Sato, "July Temperature Update: Faustian Payment Comes Due", Columbia University, 13 ago. 2021. Disponível

em: https://tinyurl.com/54utj3x5: "The human-made aerosol forcing is almost as large as the CO_2 forcing, but it is of the opposite sign, i.e., aerosols cause cooling".

9 Cf. Gunnar Myhre *et al.*,"Aerosols and Their Relation to Global Climate and Climate Sensitivity", *Nature Education Knowledge*, v. 4, n. 5, p. 7, 2013: "Atmospheric aerosols are suspensions of liquid, solid, or mixed particles with highly variable chemical composition and size distribution (Putaud *et al.*, 2010). Their variability is due to the numerous sources and varying formation mechanisms. Aerosol particles are either emitted directly to the atmosphere (primary aerosols) or produced in the atmosphere from precursor gases (secondary aerosols)" [Aerossóis atmosféricos são partículas líquidas, sólidas ou mistas em suspensão com composição química e distribuição de tamanho altamente variáveis. Sua variabilidade se deve às numerosas fontes e a variados mecanismos de formação. As partículas de aerossol são emitidas diretamente para a atmosfera (aerossóis primários) ou produzidas na atmosfera a partir de gases precursores (aerossóis secundários)].

10 Ver, por exemplo, resultados não convergentes em dois trabalhos recentes: Shau-Liang Chen *et al.*, "Possible Warming Effect of Fine Particulate Matter in the Atmosphere", *Communications Earth & Environment*, v. 2, 1 out. 2021; e Xiaofan Ma, Gang Huang & Junji Cao, "The Significant Roles of Anthropogenic Aerosols on Surface Temperature under Carbon Neutrality", *Science Bulletin*, v. 67, n. 5, p. 470-3, 15 mar. 2022.

11 Cf. Timothy Lenton, *Earth System Science: A Very Short Introduction*. Oxford: Oxford University Press, 2016, cap. 3, "Regulation": "Clouds are vital to determining the Earth's albedo".

12 Cf. James Hansen & Makiko Sato, "July Temperature Update", *op. cit.*, 2021: "The aerosol climate forcing is complex, as the largest part of their effect seems to be via their role as cloud condensation nuclei. Added condensation nuclei tend to make the average cloud particle smaller; that tends to make brighter, longer-lived clouds, but it's a complicated story".

13 Cf. Joyce E. Penner, "Soot, Sulfate, Dust and the Climate: Three Ways Through the Fog", *Nature*, 11 jun. 2019: "Greenhouse gases might be the main culprits in the rapid warming of our planet, but particles in the air also play a part. Soot, dust, sulfate and other aerosols can both cool the atmosphere and warm it. Yet, nearly 30 years after the first report from the Intergovernmental Panel on Climate Change, we still don't really know how much aerosols influence the climate. These particles remain one of the greatest lingering sources of uncertainty".

14 Cf. Olivier Boucher *et al.*, "Clouds and Aerosols". *In*: IPCC, *Climate Change 2013: The Physical Science Basis. Contribution of Working Group I to the Fifth Assessment Report of the Intergovernmental Panel on Climate Change*. Cambridge: Cambridge University Press, 2013, p. 622: "Overall, models and observations indicate that anthropogenic aerosols have exerted a cooling influence on the Earth since pre-industrial times, which has masked some of the global mean warming from greenhouse gases that would have occurred in their absence.

The projected decrease in emissions of anthropogenic aerosols in the future, in response to air quality policies, would eventually unmask this warming".

15 Cf. James Hansen & Makiko Sato, "July Temperature Update", *op. cit.*, 2021: "We have only received about a third of the warming due to the presumed reduction of ship emissions since 2015. Fortunately, a large part of the asyet-unrealized warming is in the slow response of the climate system over decades and centuries".

16 Cf. Matthew Collins *et al.*, "Long-Term Climate Change: Projections, Commitments and Irreversibility". *In*: IPCC, *Climate Change 2013: The Physical Science Basis*, *op. cit.*, p. 1.107: "Eliminating short-lived negative forcings from sulphate aerosols at the same time (e.g., by air pollution reduction measures) would cause a temporary warming of a few tenths of a degree".

17 Cf. Bjørn H. Samset *et al.*, "Climate Impacts from a Removal of Anthropogenic Aerosol Emissions", *Geophysical Research Letters*, v. 45, n. 2, p. 1.020-9, jan. 2018.

18 Cf. Yangyang Xu, Veerabhadran Ramanathan & David Victor, "Global Warming Will Happen Faster Than We Think", *Nature*, 5 dez. 2018: "Lower pollution is better for crops and public health. But aerosols, including sulfates, nitrates and organic compounds, reflect sunlight. This shield of aerosols has kept the planet cooler, possibly by as much as 0.7°C globally".

19 Cf. Hans Joachim Schellnhuber, "Global Warming: Stop Worrying, Start Panicking?", *PNAS*, v. 105, n. 38, p. 14.239-40, 2008.

20 Cf. Frank Raes & John H. Seinfeld, "New Directions: Climate Change and Air Pollution Abatement: A Bumpy Road", *Atmospheric Environment*, v. 43, n. 32, p. 5.132-3, out. 2009.

21 Cf. Drew Shindell & Christopher J. Smith, "Climate and Air-Quality Benefits of a Realistic Phase-Out of Fossil Fuels", *Nature*, v. 573, p. 408-11, 19 set. 2019: "We show that more realistic modelling scenarios do not produce a substantial near-term increase in either the magnitude or the rate of warming, and in fact can lead to a decrease in warming rates within two decades of the start of the fossil-fuel phase-out".

22 Cf. IPCC, "Summary for Policymakers". *In*: *Climate Change 2021: The Physical Science Basis*, *op. cit.*, p. 5: "Other human drivers (principally aerosols) contributed a cooling of 0.0°C to 0.8°C". Ver também p. 7, figura SPM.2.

23 Cf. Drew Shindell & Christopher J. Smith, "Climate and Air-Quality Benefits of a Realistic Phase-Out of Fossil Fuels", *op. cit.*, 2019: "A climate penalty could occur if air-pollution controls were to be put in place while greenhouse-gas emissions were allowed to continue to increase, as many studies have shown".

24 Cf. Nasa Earth Observatory, "Net Primary Productivity", [s.d.]. Disponível em: https://earthobservatory.nasa.gov/global-maps/MOD17A2_M_PSN.

25 Cf. IPBES, *The Assessment Report on Land Degradation and Restoration: Summary for Policymakers*. Bonn: IPBES, 2018, p. 19: "Net primary productivity of ecosystem biomass and of agriculture is presently lower than it would have been under natural state on 23 per cent of the global terrestrial area, amounting to a 5 per cent reduction in total global net primary productivity".

26 Cf. Fridolin Krausmann *et al.*, "Global Human Appropriation of Net Primary Production Doubled in the 20th Century", *PNAS*, v. 110, n. 25, p. 10.324-9, 18 jun. 2013.

27 Cf. Yuliang Zhou & Ping Zhou, "Decline in Net Primary Productivity Caused by Severe Droughts: Evidence from the Pearl River Basin in China", *Hydrology Research*, v. 52, n. 6, p. 1.559-76, 1 dez. 2021: "There is still little attention paid to the impacts of droughts on terrestrial ecosystems. As one of the major climatological disasters, drought can have significant impacts on terrestrial ecosystems, especially for the terrestrial net primary productivity (NPP)".

28 Cf. "Severe drought and saltwater intrustion hit Pearl River basin", *China Dialogue*, 17 fev. 2022.

29 *Ibidem*: "Prolonged and severe drought events largely decreased regional NPP. For example, the 2009-2010 drought reduced NPP by 31.85 Tg C across the whole basin, accounting for 11.7% of the regional annual mean NPP. The occurrence of long-lasting and severe droughts could cause serious disturbances in the biochemical and physiological processes of ecosystems such as photosynthesis, respiration, and nitrogen and protein metabolism. Long-term dry conditions also influence ecosystem productivity by increasing pest and disease infestation".

30 Cf. Alessandro Baccini *et al.*, "Tropical Forests Are a Net Carbon Source Based on above Ground Measurements of Gain and Loss", *Science*, v. 358, n. 6.360, p. 230-4, 28 set. 2017: "The world's tropical forests are a net carbon source of 425.2 ± 92.0 teragrams of carbon per year. This net release of carbon consists of losses of 861.7 ± 80.2 Tg C $year^{-1}$ and gains of 436.5 ± 31.0 Tg C $year^{-1}$".

31 Cf. Saulo M. Castro, Gerardo Arturo Sanchez-Azofeifa & H. Sato, "Effect of Drought on Productivity in a Costa Rican Tropical Dry Forest", *Environmental Research Letters*, v. 13, n. 4, 16 mar. 2018: "Seasonal minimums in photosynthetic rates and light use efficiency were observed during drought events, and gross primary productivity was reduced by 13% and 42% during drought seasons 2014 and 2015, respectively".

32 Cf. Michael Zika & Karl-Heinz Erb, "The Global Loss of Net Primary Production Resulting from Human-Induced Soil Degradation in Drylands", *Ecological Economics*, v. 69, n. 2, p. 310-8, 15 dez. 2009: "Due to dryland degradation, or between 4% and 10% of the potential NPP in drylands. NPP losses amount to 20-40% of the potential NPP on degraded agricultural areas in the global average and above 55% in some world regions".

33 Cf. James Hansen & Makiko Sato, "July Temperature Update", *op. cit.*, 2021: "Most of the increased [Earth's energy] imbalance since 2015 is due to an increase of absorbed solar energy, i.e., a decrease in Earth's reflectivity. That is consistent with the expectation that the largest effect of aerosols on Earth's radiation balance and climate is via their effect on clouds".

34 Cf. NSIDC, "Sea Ice Science", [s.d.]. Disponível em: https://nsidc.org/learn/parts-cryosphere/sea-ice/science-sea-ice: "A typical ocean albedo is approximately 0.06, while bare sea ice varies from approximately 0.5 to 0.7. This means that the ocean reflects only 6 percent of the incoming solar radiation and absorbs the rest, while sea ice reflects 50 to 70 percent of the incoming

energy. Snow has an even higher albedo than sea ice, and so thick sea ice covered with snow reflects as much as 90 percent of the incoming solar radiation" [Um albedo oceânico típico é de aproximadamente 0,06, enquanto o gelo marinho puro varia de aproximadamente 0,5 a 0,7. Isso significa que o oceano reflete apenas 6% da radiação solar recebida e absorve o restante, enquanto o gelo marinho reflete de 50% a 70% da energia recebida. A neve tem um albedo ainda mais alto do que o gelo marinho, e assim o gelo marinho espesso coberto de neve reflete até 90% da radiação solar incidente].

35 Cf. "Arctic Amplification: Prof. Peter Wadhams" [vídeo], 2015. Disponível em: https://www.youtube.com/watch?v=aTY9M_ZKk3M: "The effect of sea ice retreat in the Arctic alone has been to reduce the average albedo of the Earth from 52% to 48% and this is the same as adding a quarter to the amount of the heating of the planet due to the GHG".

36 O conceito de Blue Ocean Event se refere ao momento em que o gelo marinho no Ártico atingirá pela primeira vez uma extensão inferior a um milhão de quilômetros quadrados no final do verão setentrional. A quantidade imensa de calor absorvida pelo Oceano Ártico nesse momento fará com que, provavelmente, essa situação volte a se repetir a cada final de verão. Uma recapitulação dos efeitos previstos desse novo estado de equilíbrio do Ártico é proposta por Dave Borlace, divulgador científico do canal Just Have a Think; cf. "Blue Ocean Event: Game Over?" [vídeo], 2019. Disponível em: https://www.youtube.com/watch?v=q03cznpfIpA.

37 Cf. Mark Urban, "Life without Ice", *Science*, v. 367, n. 6.479, p. 719, 14 fev. 2020: "Arctic summers could become mostly ice-free in 30 years, and possibly sooner if current trends continue".

38 As previsões de ocorrência de um Blue Ocean Event variam muito. Para a American Geophysical Union (AGU), ela pode ocorrer nos próximos vinte anos; para o Met Office, na segunda metade ou mesmo no final do século XXI.

39 Cf. Philip R. Goode *et al.*, "Earth's Albedo 1998-2017 as Measured from Earthshine", *Geophysical Research Letters*, v. 48, n. 17, 29 ago. 2021: "The two-decade decrease in earthshine-derived albedo corresponds to an increase in radiative forcing of about 0.5 W/m^2, which is climatologically significant. For comparison, total anthropogenic forcing increased by about 0.6 W/m^2 over the same period".

40 Cf. Andrew J. Watson *et al.*, "Revised Estimates of Ocean-Atmosphere CO_2 Flux Are Consistent with Ocean Carbon Inventory", *Nature Communications*, v. 11, 4 set. 2020.

41 Cf. Frank J. Pavia *et al.*, "Shallow Particulate Organic Carbon Regeneration in the South Pacific Ocean", *PNAS*, v. 116, n. 20, p. 9.753-8, 29 abr. 2019.

42 Cf. Robert Anderson *apud* Kevin Krajick, "As Oceans Warm, Microbes Could Pump More CO_2 Back into Air, Study Warns", *EurekAlert*, 29 abr. 2019: "The results are telling us that warming will cause faster recycling of carbon in many areas, and that means less carbon will reach the deep ocean and get stored there".

43 Cf. Frank J. Pavia *apud* Yasmin Tayag, "Earth's Oceans May Lose a Key Part of Their Ability to Capture Carbon", *Inverse*, 29 abr. 2019: "As CO_2 increases

in the ocean, it lowers the pH, making it more acidic, decreasing the ocean's capacity to take up additional CO_2 in the future".

44 Cf. Chris M. Marsay *et al.*, "Attenuation of Sinking Particulate Organic Carbon Flux Through the Mesopelagic Ocean", *PNAS*, v. 112, n. 4, p. 1.089-94, 5 jan. 2015: "Predicted future increases in ocean temperature will result in reduced CO_2 storage by the oceans".

45 Cf. Carbon Brief, "Warming Oceans Less Able to Store Organic Carbon, Study Suggests", 6 jan. 2015: "This would potentially result in reduced storage of carbon dioxide by the oceans, effectively acting as a positive feedback mechanism, with less atmospheric carbon dioxide being removed by the oceans".

46 Cf. Cheryl Katz, "How Long Can Oceans Continue to Absorb Earth's Excess Heat?", *Yale360*, 18 mar. 2015: "The oceans might be starting to release some of that pent-up thermal energy, which could contribute to significant global temperature increases in the coming years. [...] Given the enormity of the ocean's thermal load, even a tiny change has a big impact".

47 Riley Duren *apud* Jeff Tollefson, "Scientists Raise Alarm Over 'Dangerously Fast' Growth in Atmospheric Methane", *Nature*, 8 fev. 2022: "Tackling methane is probably the best opportunity we have to buy some time".

48 Cf. Wallace S. Broecker, "Climatic Change: Are We on the Brink of a Pronounced Global Warming?", *Science*, v. 189, n. 4.201, p. 460-3, 8 ago. 1975: "Of the climatic effects induced by man, only that for CO_2 can be conclusively demonstrated to be globally significant".

49 Cf. Gavin Schmidt, "Methane: A Scientific Journey from Obscurity to Climate Super-Stardom", Goddard Institute for Space Studies, set. 2004.

50 Cf. Paul Balcombe *et al.*, "Methane Emissions: Choosing the Right Climate Metric and Time Horizon", *Environmental Science: Processes & Impacts*, v. 10, 2018; Nasa, "New 3D View of Methane Tracks Sources and Movement around the Globe", 23 mar. 2020.

51 Cf. Maryam Etminan *et al.*, "Radiative Forcing of Carbon Dioxide, Methane and Nitrous Oxide: A Significant Revision of the Methane Radiative Forcing", *Geophysical Research Letters*, v. 43, n. 24, p. 12.614-23, 28 dez. 2016. Trata-se dos valores adotados pelo IPCC (AR4, 2007) baseados em G. Myhre. Cf. Piers Foster *et al.*, "Changes in Atmospheric Constituents and in Radiative Forcing". *In*: IPCC, *Climate Change 2007: The Physical Science Basis. Contribution of Working Group I to the Fourth Assessment Report of the Intergovernmental Panel on Climate Change*. Cambridge: Cambridge University Press, 2007, p. 211-4.

52 Cf. Ed Dlugokencky, "Trends in Atmospheric Methane", Global Monitoring Laboratory, Noaa, 5 set. 2022. Disponível em: https://gml.noaa.gov/ccgg/trends_ch4/.

53 Cf. Marielle Saunois *et al.*, "The Global Methane Budget 2000-2012", *Earth System Science Data*, v. 8, n. 2, p. 697-751, 2016: "Emissions and concentrations of CH_4 are continuing to increase, making CH_4 the second most important human-induced greenhouse gas after carbon dioxide".

54 Cf. Marielle Saunois *et al.*, "The Growing Role of Methane in Anthropogenic Climate Change", *Environmental Research Letters*, v. 11, n. 12, 12 dez. 2016:

"Atmospheric methane concentrations are rising faster than at any time in the past two decades and, since 2014, are now approaching the most GHG intensive scenarios".

55 Cf. Euan G. Nisbet *et al.*, "Very Strong Atmospheric Methane Growth in the 4 Years 2014-2017: Implications for the Paris Agreement", *Global Biogeochemical Cycles*, v. 33, n. 3, p. 318-42, 5 fev. 2019: "The extra climate warming impact of the methane can significantly negate or even reverse progress in climate mitigation from reducing CO_2 emissions. This will challenge efforts to meet the target of the 2015 UN Paris Agreement on Climate Change, to limit climate warming to 2°C".

56 Cf. David Archer *et al.*, "Atmospheric Lifetime of Fossil Fuel Carbon Dioxide", *Annual Review of Earth and Planetary Sciences*, v. 37, p. 117-34, 2009. Para uma discussão sobre o peso do metano no aquecimento global, ver Luiz Marques, "Climate Feedbacks and Tipping Points". *In*: *idem*, *Capitalism and Environmental Collapse*, *op. cit.*, 2020.

57 Cf. Noaa, "Increase in Atmospheric Methane Set Another Record During 2021", 7 abr. 2022: "About 40 percent of the Ford Model T emissions from 1911 are still in the air today".

58 O potencial de aquecimento global (GWP) é uma métrica desenvolvida pelo Protocolo de Kyoto e adaptada pelo IPCC em seu Primeiro Relatório de Avaliação (1990) para calcular os diferentes efeitos dos GEE. Ele é definido como o forçamento radiativo integrado no tempo de um pulso de emissão de um gás, em relação ao CO_2, ao longo de um horizonte de tempo definido.

59 Cf. Paul Balcombe *et al.*, "Methane Emissions", *op. cit.*, 2018: "Methane has a radiative forcing approximately 120 times more than CO_2 immediately after it is emitted".

60 *Ibidem*: "88% of the methane reacts this way, meaning that one gram of methane will form 2.4 grams of CO_2".

61 *Ibidem*: "As the time of required climate stabilisation grows closer, the importance of methane mitigation grows stronger".

62 Cf. Gavin Schmidt, "Methane: A Scientific Journey from Obscurity to Climate Super-Stardom", Goddard Institute for Space Studies, set. 2004: "Methane rapidly increases in a warming climate with a small lag behind temperature. Therefore, not only does methane affect climate through greenhouse effects, but it in turn can evidently be affected by climate itself".

63 Cf. Joshua F. Dean *et al.*, "Methane Feedbacks to the Global Climate System in a Warmer World", *Reviews of Geophysics*, v. 56, n. 1, p. 207-50, 15 fev. 2018: "Increased CH_4 emissions from these systems would in turn induce further climate change, resulting in a positive climate feedback".

64 Euan G. Nisbet *apud* Jeff Tollefson, "Scientists Raise Alarm Over 'Dangerously Fast' Growth in Atmospheric Methane", *op. cit.*, 2022: "Is warming feeding the warming? It's an incredibly important question. As yet, no answer, but it very much looks that way".

65 Cf. Xin Lan *et al.*, "Improved Constraints on Global Methane Emissions and Sinks Using $\delta^{13}C$-CH_4", *Global Biogeochemical Cycles*, v. 35, n. 6, 8 maio 2021.

66 Cf. IPCC, “Summary for Policymakers”. *In: Climate Change 2022: Mitigation of Climate Change. Contribution of Working Group III to the Sixth Assessment Report of the Intergovernmental Panel on Climate Change*. Cambridge: Cambridge University Press, 2022, p. 37: “Global methane emissions from energy supply, primarily fugitive emissions from production and transport of fossil fuels, accounted for about 18% [13%-23%] of global GHG emissions from energy supply, 32% [22%-42%] of global methane emissions, and 6% [4%-8%] of global GHG emissions in 2019 (high confidence)”.

67 Cf. Seth Borenstein, “Study Says Methane a New Climate Threat”, *The Washington Post*, 6 set. 2006: “A slow-motion time bomb”.

68 Cf. Merritt Turetsky *et al.*, “Permafrost Collapse Is Accelerating Carbon Release”, *Nature*, 30 abr. 2019: “It is composed of soil, rock or sediment, often with large chunks of ice mixed in”.

69 Cf. Kevin Schaeffer *et al.*, “Policy Implications of Warming Permafrost”, Unep, 2012.

70 Cf. Gustav Hugelius *et al.*, “Estimated Stocks of Circumpolar Permafrost Carbon with Quantified Uncertainty Ranges and Identified Data Gaps”, *Biogeosciences*, v. 11, 2014, p. 6.573-93.

71 Cf. Climate Change, Earth’s Climate System & The Earth’s Carbon Reservoirs, “Why is the Atmospheric Reservoir So Small?”, [s.d.]. Disponível em: http://earthguide.ucsd.edu/virtualmuseum/climatechange1/05_2.shtml: “The atmospheric reservoir of carbon (mostly in the form of CO_2) is about 750 Gt C. The ocean is near 40,000 Gt C; the biosphere is near 610 Gt C; and, depending on how it is defined, soil is almost 1600 Gt C”.

72 Climate System Emergency Institute, “Commitment to Increased Future Global Warming”, [s.d.]. Disponível em: https://www.climateemergencyinstitute.com/committed_climate_change: “Permafrost is the largest single certain source of GHG feedback emissions caused by global surface warming, holding double atmospheric carbon. Permafrost thawing generates its own internal heat, making it irreversible. By a global warming of 1°C, Arctic permafrost feedback emissions of methane, CO_2 and nitrous oxide are well established. Therefore a sustained warming of over 1°C, will eventually lead to irreversibly and increasing GHG permafrost feedback emissions. The sea-ice decline amplifying feedback will further boost these GHG feedback emissions. This requires emergency Arctic intervention intervention. Permafrost feedback is not included in IPCC temperature projections”.

73 Cf. Kevin Schaeffer *et al.*, “Policy Implications of Warming Permafrost”, *op. cit.*, 2012: “Overall, these observations [from TSP and Calm] indicate that large-scale thawing of permafrost may have already started. [...] A global temperature increase of 3°C means a 6°C increase in the Arctic, resulting in anywhere between 30 to 85% loss of near-surface permafrost. [...] Carbon dioxide (CO_2) and methane emissions from thawing permafrost could amplify warming due to anthropogenic greenhouse gas emissions. This amplification is called the permafrost carbon feedback”.

74 Cf. Amap, "Arctic Climate Change Update 2021: Key Trends and Impacts. Summary for Policymakers", 2021, p. 5: "The largest change in air temperature over this 49-year period was over the Arctic Ocean during the months of October through May, averaging 4.6°C with a peak warming of 10.6°C, occurring over the northeastern Barents Sea".

75 *Ibidem*, p. 4: "Over the past 49 years, the Arctic has warmed three times faster than the world as a whole, leading to rapid and widespread changes in sea ice, land ice (glaciers and ice sheets), permafrost, snow cover, and other physical features and characteristics of the Arctic environment. These changes are transforming the Arctic, with far-reaching consequences".

76 Cf. Christian Knoblauch *et al.*, "Methane Production as Key to the Greenhouse Gas Budget of Thawing Permafrost", *Nature Climate Change*, v. 8, n. 4, p. 309-12, abr. 2018.

77 Cf. Elizabeth M. Herndon, "Permafrost Slowly Exhales Methane", *Nature Climate Change*, v. 8, n. 4, p. 273-4, abr. 2018: "CH_4 production from anoxic (oxygen-free) systems may account for a higher proportion of global warming potential (GWP) than previously appreciated, surpassing contributions of CO_2".

78 Cf. Guillaume Lamarche-Gagnon *et al.*, "Greenland Melt Drives Continuous Export of Methane from the Ice-Sheet Bed", *Nature*, v. 565, p. 73-7, 2 jan. 2019: "Evidence from the Greenland ice sheet for the existence of large subglacial methane reserves, where production is not offset by local sinks and there is net export of methane to the atmosphere during the summer melt season".

79 Cf. Edward A. G. Schuur *et al.*, "Climate Change and the Permafrost Carbon Feedback", *Nature*, v. 520, p. 171-9, 9 abr. 2015: "At the proposed rates, the observed and projected emissions of CH_4 and CO_2 from thawing permafrost are unlikely to cause abrupt climate change over a period of a few years to a decade. Instead, permafrost carbon emissions are likely to be felt over decades to centuries as northern regions warm, making climate change happen faster than we would expect on the basis of projected emissions from human activities alone".

80 Cf. Kevin Schaeffer *et al.*, "Amount and Timing of Permafrost Carbon Release in Response to Climate Warming", *Tellus B: Chemical and Physical Meteorology*, v. 63, n. 2, p. 168-80, 2011: "The permafrost carbon feedback will change the Arctic from a carbon sink to a source after the mid-2020s and is strong enough to cancel 42-88% of the total global land sink".

81 Termocarste são solos com cavidades alagadiças e pequenos montículos (*hummocks*) formados pelo derretimento do permafrost. De onde, também, lagos termocásticos.

82 Merritt Turetsky *et al.*, "Permafrost Collapse Is Accelerating Carbon Release", *op. cit.*, 2019: "Frozen soil doesn't just lock up carbon — it physically holds the landscape together. Across the Arctic and Boreal regions, permafrost is collapsing suddenly as pockets of ice within it melt. Instead of a few centimetres of soil thawing each year, several metres of soil can become destabilized within days or weeks. The land can sink and be inundated by swelling lakes and wetlands. [...] Permafrost is thawing much more quickly than models have predicted, with unknown consequences for greenhouse-gas release".

83 “Hidratos (ou clatratos) de gás são estruturas cristalinas formadas por moléculas de água e estabilizadas por moléculas gasosas em seu interior, que ocorrem na natureza sob condições específicas de temperatura e pressão compreendidas em uma faixa chamada zona de estabilidade de hidratos. Geralmente, o gás contido na estrutura cristalina dos hidratos de gás é o metano (CH_4), mas também é possível a ocorrência de hidratos contendo dióxido de carbono (CO_2) ou hidrocarbonetos mais pesados, como o etano (C_2H_6)”, Empresa de Pesquisa Energética & Brasil, Ministério de Minas e Energia, “Hidratos de metano: aspectos técnicos, econômicos e ambientais”, 12 dez. 2016. Essas estruturas cristalinas formadas por moléculas de água são muito similares ao gelo.

84 Cf. Joshua F. Dean *et al.*, “Methane Feedbacks to the Global Climate System in a Warmer World”, *op. cit.*, 2018: “Methane hydrates are not expected to contribute significantly to global CH_4 emissions in the near or long-term future”.

85 Cf. Peter Lemke *et al.*, “Observations: Changes in Snow, Ice and Frozen Ground”. *In*: IPCC, *Climate Change 2007: The Physical Science Basis*, *op. cit.*, p. 372: “Although the potential release of methane trapped within subsea permafrost may provide a positive feedback to climate warming, available observations do not permit an assessment of changes that might have occurred”.

86 Cf. Peter Wadhams, *A Farewell to Ice: A Report from the Arctic*. Londres: Penguin, 2016; Merritt Turetsky *et al.*, “Permafrost Collapse Is Accelerating Carbon Release”, *op. cit.*, 2019.

87 Cf. Natalia Shakhova, Igor Semiletov & Evgeny Chuvilin, “Understanding the Permafrost-Hydrate System and Associated Methane Releases in the East Siberian Arctic Shelf”, *Geosciences*, v. 9, n. 6, 2019.

88 Ver, por exemplo, “Arctic Amplification: Prof. Peter Wadhams” [vídeo], 2015. Disponível em: https://www.youtube.com/watch?v=aTY9M_ZKk3M.

89 Cf. Gail Whiteman, Chris Hope & Peter Wadhams, “Vast Costs of Arctic Change”, *Nature*, v. 499, p. 401-3, 25 jul. 2013.

90 Ver, por exemplo, “How Ancient Arctic Carbon Threatens Everyone on the Planet: Sue Natali TED Talk” [vídeo], 2022. Disponível em: https://www.youtube.com/watch?v=r9lDDetKMi4.

91 Cf. Natalia Shakhova, Igor Semiletov & Evgeny Chuvilin, “Understanding the Permafrost-Hydrate System and Associated Methane Releases in the East Siberian Arctic Shelf”, *op. cit.*, 2019: “The Esas near-shore zone is highly affected by riverine runoff, which causes significant warming of the shelf water: the mean annual temperature of bottom water is documented to be > 0°C and has shown a tendency to increase during the last few decades”.

92 Cf. Natalia Shakhova *et al.*, “Geochemical and Geophysical Evidence of Methane Release from the Inner East Siberian Shelf”, *Journal of Geophysical Research*, v. 115, n. c8, ago. 2010; Natalia Shakhova *et al.*, “Current Rates and Mechanisms of Subsea Permafrost Degradation in the East Siberian Arctic Shelf”, *Nature Communications*, v. 8, 22 jul. 2017; Natalia Shakhova, Igor Semiletov & Evgeny Chuvilin, “Understanding the Permafrost-Hydrate System and Associated Methane Releases in the East Siberian Arctic Shelf”, *op. cit.*, 2019; Peter Wadhams, *A Farewell to Ice*, *op. cit.*, 2016; “Arctic

Amplification: Prof. Peter Wadhams" [vídeo], 2015. Disponível em: https://www.youtube.com/watch?v=aTY9M_ZKk3M. Luiz Marques, "Climate Feedbacks and Tipping Points". *In*: *Capitalism and Environmental Collapse*, *op. cit.*, 2020, p. 199-232.

93 Cf. Natalia Shakhova *et al.*, "Current Rates and Mechanisms of Subsea Permafrost Degradation in the East Siberian Arctic Shelf", *op. cit.*, 2017; Natalia Shakhova, Igor Semiletov & Evgeny Chuvilin, "Understanding the Permafrost-Hydrate System and Associated Methane Releases in the East Siberian Arctic Shelf", *op. cit.*, 2019.

94 Cf. Natalia Shakhova, Igor Semiletov & Evgeny Chuvilin, "Understanding the Permafrost-Hydrate System and Associated Methane Releases in the East Siberian Arctic Shelf", *op. cit.*, 2019: "The current annual emission of CH_4 to the atmosphere was calculated to be between 8 and 17 Tg annually; this implies, conservatively, that equal amounts could have been potentially released annually during the previous climate epochs if permafrost had not restricted CH_4 flux. Therefore, due to such restriction, during the time of one glacial period (~100 kYrs) > 800 Gt of CH_4 could have accumulated in the Esas seabed as postponed potential fluxes. This amount of pre-formed gas preserved in the Esas suggests a potential for possible massive/abrupt release of CH_4, whether from destabilizing hydrates or from free gas accumulations beneath permafrost; such a release requires only a trigger".

95 *Ibidem*: "The Esas is a tectonically and seismically active area of the world ocean. During seismic events, a large amount of over-pressurized gas can be delivered to the water column, not only via existing gas migration pathways, but also through permafrost breaks".

96 Cf. Fred Pearce, "Vast Methane Belch Possible Any Time", *New Scientist*, n. 2.927, p. 16, jul. 2013; Amanda Leigh Mascarelli, "A Sleeping Giant?", *Nature Reports Climate Change*, v. 3, p. 46-9, abr. 2009.

97 Cf. Gail Whiteman, Chris Hope & Peter Wadhams, "Vast Costs of Arctic Change", *op. cit.*, 2013: "A 50-gigatonne (Gt) reservoir of methane, stored in the form of hydrates, exists on the East Siberian Arctic Shelf. It is likely to be emitted as the seabed warms, either steadily over 50 years or suddenly".

98 Cf. Peter Wadhams, *Farewell to ice*, *op. cit.*, 2016: "The extra temperature due to the methane by 2040 is 0,6°C, a substantial extra contribution [...] Although the peak of 0.6°C is reached twenty-five years after emissions begin, a rise of 0.3-0.4°C occurs within a very few years".

99 Cf. Irina D. Streletskaya *et al.*, "Methane Content in Ground Ice and Sediments of the Kara Sea Coast", *Geosciences*, v. 8, n. 12, 2018: "Permafrost degradation due to climate change will be exacerbated along the coasts where declining sea ice is likely to result in accelerated rates of coastal erosion [...], further releasing the methane which is not yet accounted for in the models".

100 Cf. Alexey Portnov *et al.*, "Offshore Permafrost Decay and Massive Seabed Methane Escape in Water Depths > 20 m at the South Kara Sea Shelf", *Geophysical Research Letters*, v. 40, n. 15, p. 3.962-7, 1 ago. 2013; Alexei Portnov *et al.*, "Modeling the Evolution of Climate-Sensitive Arctic Subsea Permafrost

in Regions of Extensive Gas Expulsion at the West Yamal Shelf", *Journal of Geophysical Research*, v. 119, n. 11, p. 2.082-94, 17 nov. 2014: "This Arctic shelf region where seafloor gas release is widespread suggests that permafrost has degraded more significantly than previously thought".

101 Cf. Brian Stallard, "Siberian Methane Release is on the Rise, and That's Very Frightening", *Nature World News*, 31 dez. 2014: "If the temperature of the oceans increases by two degrees as suggested by some reports, it will accelerate the thawing to the extreme. A warming climate could lead to an explosive gas release from the shallow areas".

102 Cf. Ameg, "Strategic Plan", 4 dez. 2012. Disponível em: http://a-m-e-g.blogspot.com/: "The tendency among scientists and the media has been to ignore or understate the seriousness of the situation in the Arctic. Ameg is using best available evidence and best available explanations for the processes at work. These processes include a number of vicious cycles which are growing in power exponentially, involving ocean, atmosphere, sea ice, snow, permafrost and methane".

103 Cf. Peter Wadhams, *A Farewell to Ice*, *op. cit.* 2016: "We must remember — many scientists, alas, forget — that it is only since 2005 that substantial summer open water has existed on Arctic shelves, so we are in an entirely new situation with a new melt phenomenon taking place".

104 Cf. Will Steffen *et al.*, "Trajectories of the Earth System in the Anthropocene", *PNAS*, v. 115, n. 33, p. 8.252-9, ago. 2018: "Even if the Paris Accord target of a 1.5°C to 2.0°C rise in temperature is met, we cannot exclude the risk that a cascade of feedbacks could push the Earth System irreversibly onto a 'Hothouse Earth' pathway".

105 Cf. Frank R. Rijsberman & R. J. Swart (orgs.), "Targets and Indicators of Climatic Change", The Stockholm Environment Institute, 1990, p. viii: "Temperature increases beyond 1°C may elicit rapid, unpredictable, and non-linear responses that could lead to extensive ecosystem damage. An absolute temperature limit of 2.0°C can be viewed as an upper limit beyond which the risks of grave damage to ecosystems, and of non-linear responses, are expected to increase rapidly".

106 Cf. IPCC, *Climate Change 2007: Impacts, Adptation and Vulnerability. Contribution of Working Group II to the Fourth Assessment Report of the Intergovernmental Panel on Climate Change*. Cambridge: Cambridge University Press, 2007: "Any CO_2 stabilisation target above 450 ppm is associated with a significant probability of triggering a large-scale climatic event" [Qualquer meta de estabilização das concentrações de CO_2 acima de 450 ppm tem uma probabilidade significativa de desencadear um evento climático de larga escala].

107 Cf. Johan Rockström *et al.*, "A Safe Operating Space for Humanity", *Nature*, v. 461, p. 472-5, 23 set. 2009; Johan Rockström & Anders Wijkman, *Bankrupting Nature: Denying our Planetary Boundaries*. Londres: Routledge, 2012; Will Steffen *et al.*, "Planetary Boundaries: Guiding Human Development on a Changing Planet", *Science*, v. 347, n. 6.223, 15 jan. 2015.

108 Cf. IPCC, *Global Warming of 1.5°C: An IPCC Special Report on the Impacts of Global Warming of 1.5°C above Pre-Industrial Levels and Related Global Greenhouse Gas Emissions Pathways, in the Context of Strengthening the Global Response to the Threat of Climate Change, Sustainable Development, and Efforts to Eradicate Poverty*. Cambridge: Cambridge University Press, 2018.

109 Cf. IPCC, "Summary for Policymakers". *In*: *Climate Change 2021: The Physical Science Basis*, *op. cit.*, p. 9: "The next most recent warm period was about 125,000 years ago when the multi-century temperature [0.5°C to 1.5°C relative to 1850-1900] overlaps the observations of the most recent decade (medium confidence)". Mas há substancial incerteza sobre a temperatura média global durante o Eemiano. Cf. Jeremy S. Hoffman *et al.*, "Regional and Global Sea-Surface Temperature During the Last Interglaciation", *Science*, v. 355, n. 6.322, p. 276-9, 20 jan. 2017: "Reconstructions of lig global temperature remain uncertain, with estimates ranging from no significant difference to nearly 2°C warmer than present-day temperatures".

110 Cf. Matthäus Willeit *et al.*, "Mid-Pleistocene Transition in Glacial Cycles Explained by Declining CO_2 and Regolith Removal", *Science Advances*, v. 5, n. 4, 3 abr. 2019: "Our results also support the notion that the current CO_2 concentration of more than 400 ppm is unprecedented over at least the past 3 Ma and that global temperature did not exceed the preindustrial value by more than 2°C during the Quaternary. In the context of future climate change, this implies that a failure in substantially reducing CO_2 emissions to comply with the Paris Agreement target of limiting global warming well below 2°C will not only bring Earth's climate away from Holocene-like conditions but also push it beyond climatic conditions experienced during the entire current geological period".

111 Cf. IPCC, "Summary for Policymakers". *In*: *Climate Change 2021: The Physical Science Basis*, *op. cit.*, p. 17: "The last time global surface temperature was sustained at or above 2.5°C higher than 1850-1900 was over 3 million years ago (medium confidence)".

112 Cf. Timothy Lenton *et al.*, "Climate Tipping Points: Too Risky to Bet against", *Nature*, v. 575, p. 592-5, 27 nov. 2019: "The Intergovernmental Panel on Climate Change (IPCC) introduced the idea of tipping points two decades ago. At that time, these 'large-scale discontinuities' in the climate system were considered likely only if global warming exceeded 5°C above pre-industrial levels. Information summarized in the two most recent IPCC Special Reports (published in 2018 and in September this year [2019]) suggests that tipping points could be exceeded even between 1°C and 2°C of warming".

113 *Ibidem*: "We think that several cryosphere tipping points are dangerously close, but mitigating greenhouse-gas emissions could still slow down the inevitable accumulation of impacts and help us to adapt. Research in the past decade has shown that the Amundsen Sea embayment of West Antarctica might have passed a tipping point. [...] Models suggest that the Greenland ice sheet could be doomed at 1.5°C of warming, which could happen as soon as 2030".

114 Cf. David I. Armstrong Mckay *et al.*, "Exceeding 1.5°C global warming could trigger multiple climate tipping points", *Science*, v. 377, n. 6.611, 9 set. 2022: "We identify nine global 'core' tipping elements which contribute substantially to Earth system functioning and seven regional 'impact' tipping elements which contribute substantially to human welfare or have great value as unique features of the Earth system [...]. Current global warming of ~1.1°C above pre-industrial already lies within the lower end of five climate tipping points uncertainty ranges. Six climate tipping points become likely (with a further four possible) within the Paris Agreement range of 1.5 to < 2°C warming, including collapse of the Greenland and West Antarctic ice sheets, die-off of low-latitude coral reefs, and widespread abrupt permafrost thaw".

115 Cf. Graham Readfern, "Climate Crisis May Have Pushed World's Tropical Coral Reefs to Tipping Point of 'Near-Annual' Bleaching", *The Guardian*, 31 mar. 2020.

116 Sobre o termo "elemento crítico", ver Capítulo 3, seção 3.10. Cf. também Timothy Lenton *et al.*, "Tipping Elements in the Earth's Climate System", *PNAS*, v. 105, n. 6, p. 1.786-93, 12 fev. 2008.

117 Cf. Will Steffen *et al.*, "Trajectories of the Earth System in the Anthropocene", *op. cit.*, 2018: "A 2°C warming could activate important tipping elements, raising the temperature further to activate other tipping elements in a domino-like cascade that could take the Earth System to even higher temperatures".

118 Cf. Monika Rhein *et al.*, "Observations: Ocean". *In*: IPCC, *Climate Change 2013: The Physical Science Basis*, *op. cit.*, p. 257: "The strongest warming is found near the sea surface (0.11 [0.09 to 0.13]°C per decade in the upper 75 m between 1971 and 2010)".

119 Cf. James Hansen & Makiko Sato, "Global Warming Acceleration", Columbia University, 14 dez. 2020. Disponível em: https://tinyurl.com/mw77mw9j.

120 Cf. Yangyang Xu, Veerabhadran Ramanathan & David Victor, "Global Warming Will Happen Faster Than We Think", *op. cit.*, 2018.

121 Cf. Chi Xu *et al.*, "Future of the Human Climate Niche", *PNAS*, v. 117, n. 21, p. 11.350-526, maio 2020: "All species have an environmental niche, and despite technological advances, humans are unlikely to be an exception. [...] For millennia, human populations have resided in the same narrow part of the climatic envelope available on the globe, characterized by a major mode around ≈11°C to 15°C mean annual temperature. We show that in a business-as-usual climate change scenario, the geographical position of this temperature niche is projected to shift more over the coming 50 years than it has moved since 6000 BP. [...] One third of the global population is projected to experience a mean annual temperature > 29°C currently found in only 0.8% of the Earth's land surface, mostly concentrated in the Sahara".

Parte III
Último decênio de sociedades organizadas ou governança global democrática?

8. As regressões socioambientais em curso

1 A pesquisa Ipsos entrevistou uma amostra internacional de 16.039 adultos de 18 a 64 anos nos Estados Unidos e no Canadá e de 16 a 64 anos em todos os outros países. Mais de mil indivíduos participaram país a país por meio do Painel Online Ipsos, com exceção de Argentina, Bélgica, Polônia, Rússia, África do Sul, Coreia do Sul, Suécia e Turquia, onde cada um tem uma amostra de aproximadamente quinhentos ou mais.

2 Ver, por exemplo, Tami Luhby, "Many Millennials Are Worse Off Than Their Parents: A First in American History", *CNN*, 11 jan. 2020; Michelle Fox, "A Majority of Americans Think Children Will Be Financially Worse Off Than Their Parentes, Survey Finds", *CNBC*, 21 jul. 2021; Klaus Schwab, "Young People Are Right to Be Angry, and They Deserve Seats at the Table", *World Economic Forum*, 31 jan. 2020.

3 Fundada por Ralph Raico, a revista *New Individualist Review: A Journal of Classical Liberal Thought* foi publicada entre 1961 e 1968. Ao escrever a introdução da reimpressão dessa revista em 1981, Friedman declarou que seus artigos "remain timely and relevant" [continuam oportunos e relevantes]. Cf. Milton Friedman, "Introduction". *In*: *New Individualist Review*. Indianapolis: Liberty Press, 1981, p. IX-XIV; Luiz Marques, "Milton Friedman e a moral corporativa". *In*: *Capitalismo e colapso ambiental*. 3. ed. Campinas: Editora da Unicamp, 2018, cap. 12, seção 12.2.

4 Cf. Margaret Thatcher, "Interview for 'Woman's Own' ('No Such Thing as Society')", Margaret Thatcher Foundation, Londres, 1987: "Who is society? There is no such thing! There are individual men and women and there are families and no government can do anything except through people and people look to themselves first" [Quem é a sociedade? Isso não existe! Há indivíduos, homens e mulheres, e há famílias, e nenhum governo pode fazer nada senão através das pessoas, e estas olham para si mesmas em primeiro lugar]. Para a permanência dessa ideologia, cf. Samuel Brittan, "Thatcher Was Right: There Is No 'Society'", *Financial Times*, 18 abr. 2013.

5 Cf. Luiz Marques, "Negação da ciência ganha força em nacionalismo que une esquerda e direita", *Folha de S.Paulo*, 6 jan. 2019.

6 Cf. Pankaj Mishra, *Age of Anger: A History of the Present*. Nova Déli: Juggernaut Books, 2017.

7 Cf. IPCC, "Summary for Policymakers". *In*: *Climate Change 2022: Impacts, Adaptation and Vulnerability. Contribution of Working Group II to the Sixth Assessment Report of the Intergovernmental Panel on Climate Change*. Cambridge: Cambridge Univeristy Press, 2022, p. 7-8: "Human-induced cli-

mate change, including more frequent and intense extreme events, has caused widespread adverse impacts and related losses and damages to nature and people, beyond natural climate variability [...]. The rise in weather and climate extremes has led to some irreversible impacts as natural and human systems are pushed beyond their ability to adapt (high confidence)".

8 Cf. Cred & UNDRR, "Human Cost of Disasters: An Overview of the Last 20 years (2000-2019)", 2020: "Extreme events such as floods, storms, heatwaves, droughts and wildfires accounted for almost 91% of all the natural disasters recorded in the last 20 years".

9 Cf. "More Than 7,000 Extreme Weather Events Recorded Since 2000, Says UN", *The Guardian*, 12 out. 2020: "If this level of growth in extreme weather events continues over the next 20 years, the future of mankind looks very bleak indeed. Heatwaves are going to be our biggest challenge in the next 10 years, especially in the poor countries".

10 Cf. IPBES & IPCC, "Scientific Outcome of the IPBES-IPCC Co-Sponsored Workshop on Biodiversity and Climate Change", jun. 2021. Disponível em: https://www.ipbes.net/sites/default/files/2021-06/20210609_scientific_outcome.pdf: "Climate and biodiversity are inextricably connected with each other and with human futures".

11 Cf. ONU, "Africa's Sahel Region Facing 'Horrendous Food Crises'", 16 fev. 2022.

12 Cf. Leon Usigbe, "Drying Lake Chad Basin Gives Rise to Crisis", *Africa Renewal*, 24 dez. 2019: "Now 2.3 million people across the region are displaced; over 5 million are struggling to access enough food to survive; and half a million children are suffering from severe acute malnutrition".

13 Cf. Cepal, "Climate Change in Central America: Potential Impacts and Public Policy Options", 2018. Disponível em: https://repositorio.cepal.org/bitstream/handle/11362/39150/7/S1800827_en.pdf.

14 Cf. Camille Parmesan *et al.*, "Terrestrial and Freshwater Ecosystems and Their Services". *In*: IPCC, *Climate Change 2022: Impacts, Adaptation and Vulnerability*, *op. cit.*, p. 55: "The burned area for Portugal in 2017 was the highest in the period 1980-2017".

15 Cf. "Dia Mundial de Combate à Desertificação e à Seca: 66% do território nacional em perigo", Nações Unidas, Centro Regional de Informação para a Europa Ocidental, [s.d.].

16 Cf. Laura Martin Sanjuan, "El problema de la desertificación em España se agudiza", *AS Actualidad*, 25 ago. 2021.

17 Cf. Kira Hoffelmeyer, "How the Great Salt Lake Lakebed Could Contribute to Pollution", *KSL*, 19 abr. 2022

18 Cf. States at Risk, "Texas", [s.d.]. Disponível em: https://statesatrisk.org/texas/all.

19 Cf. Thomas Piketty, *Une brève histoire de l'égalité*. Paris: Seuil, 2021: "Il existe un mouvement de long terme allant vers davantage d'égalité sociale, économique et politique au cours de l'histoire".

20 Cf. Global Alliance for Tax Justice, Public Services International & Tax Justice Network, "The State of Tax Justice 2021", nov. 2021. Disponível em:

https://tinyurl.com/vxudpk82; Richard Murphy, "Fiscal Paradise or Tax on Development?", Tax Justice Network, [s.d.]. Disponível em: https://www.taxjustice.net/cms/upload/pdf/Fiscal_paradise.pdf.

21 Ver World Inequality Database, disponível em: https://wid.world.

22 Cf. ONU, Department of Economic and Social Affairs, "World Social Report 2020: Inequality in a Rapidly Changing World", 2020, p. 3. Disponível em: https://tinyurl.com/yrhe2xvh: "Income inequality has increased in most developed countries and in some middle-income countries, including China and India, since 1990. Countries where inequality has grown are home to more than two thirds (71%) of the world population. [...] The share of income going to the richest 1% of the population increased in 59 out of 100 countries with data from 1990 to 2015. [...] The average income of people living in Northern America is 16 times higher than that of people in sub-Saharan Africa, for example".

23 Cf. "Nearly Half the World Lives on Less Than $ 5.50 a Day", The World Bank, 17 out. 2018: "Over 1.9 billion people, or 26.2 percent of the world's population, were living on less than $3.20 per day in 2015. Close to 46 percent of the world's population was living on less than $5.50 a day".

24 Cf. Anthony Shorrocks, James Davies & Rodrigo Lluberas, "Global Wealth Report 2021", Credit Suisse Research Institute, jun. 2021, p. 17.

25 Oxfam, "Time to Care: Unpaid and Underpaid Care Work and the Global Inequality Crisis", jan. 2020.

26 Cf. World Economic Forum, "The Inclusive Development Index 2018: Summary and Data Highlights", 2018, p. 4: "Income inequality has risen or remained stagnant in 20 of the 29 advanced economies, and poverty has increased in 17".

27 Cf. Paul Buchheit, "Yes, Deniers, Millions of Americans are Among the Poorest People in the World", *Common Dreams*, 12 fev. 2018: "According to Credit Suisse data over the past three years, anywhere from 4 to 10 percent of the world's poorest decile are Americans. That's 20 to 50 million adults".

28 Cf. H. Luke Shaefer & Kathryn Edin, "Extreme Poverty in the United States, 1996 to 2011", National Poverty Center, 28 fev. 2012: "The number of families living on $2 or less per person per day for at least a month in the USA has more than doubled in 15 years to 1.46 million. That's up from 636,000 households in 1996".

29 Cf. Philip Alston, "Statement on Visit to the USA", United Nations Human Rights, Office of the High Commissioner, 15 dez. 2017; *idem*, "Extreme Poverty in America: Read the UN Special Monitor's Report", *The Guardian*, 15 dez. 2017.

30 Cf. Ryan K. Masters, Laudan Y. Aron & Steven H. Woolf ,"Changes in Life Expectancy between 2019 and 2021: United States and 19 Peer Countries", *medRxiv*, 7 abr. 2022: "In contrast, peer countries averaged a smaller decrease in life expectancy between 2019 and 2020 (0.57 years) and a 0.28-year *increase* between 2020 and 2021, widening the gap in life expectancy between the United States and peer countries to more than five years".

31 Na Rússia, 35% da população são refratários (*unwilling*) à vacinação e outros 10% são incertos (*uncertain*). Nos Estados Unidos, 21% e 6%, respectivamente. Cf. Justine Coleman, "The Global Vaccine Tracker: Rates of Vaccine Skepticism Have Stalled", Morning Consult, 15 set. 2022. Disponível em: https://morningconsult.com/global-vaccine-tracking/.

32 Cf. Merryl Cornfield, "U.S. Surpasses Record 100,000 Overdose Deaths in 2021", *The Washington Post*, 11 maio 2022; Orman Trent Hall *et al.*, "Unintentional Drug Overdose Mortality in Years of Life Lost among Adolescents and Young People in the US from 2015 to 2019", *JAMA*, v. 176, n. 4, 31 jan. 2022.

33 Cf. Centers for Disease Control and Prevention, "Adult Obesity Facts: Obesity is a Common, Serious, and Costly Disease", 2019; Trust for America's Health, "The State of Obesity 2020: Better Policies for a Healthier America", 2020. Disponível em: https://www.tfah.org/report-details/state-of-obesity-2020/.

34 Cf. Philip Alston, "Statement on visit to the USA", *op. cit.*, 2017: "In September 2017, more than one in every eight Americans were living in poverty (40 million, equal to 12.7% of the population). And almost half of those (18.5 million) were living in deep poverty, with reported family income below one-half of the poverty threshold".

35 Cf. "Gaël Giraud — L'Effet 'reine rouge'" [vídeo], 2019. Disponível em: https://www.youtube.com/watch?v=n3LyVbGUFu4.

36 Cf. Lucas Chancel, "Climate Change and the Global Inequality of Carbon Emissions, 1990-2020", World Inequality Lab, out. 2021.

37 *Ibidem*, p. 3: "While governments officially report carbon emitted within their own territory, they do not produce systematic data on the carbon imported in goods and services to sustain living standards in their country. Factoring-in these emissions (as we do in this study), increases European emission levels by around 25% and reduce reported emissions in China and Sub-Saharan Africa by around 10% and 20%, respectively".

38 Cf. ONU, Department of Economic and Social Affairs, "World Social Report 2020", *op. cit.*, p. 7: "The ratio between the income of the richest and poorest 10 per cent of the global population is 25 per cent larger than it would be in a world without global warming".

39 Cf. Circle Economy, "The Circularity Gap Report 2020", 2020. Disponível em: https://t.ly/O7ow3: "Today, the global economy is only 8.6% circular — just two years ago it was 9.1%".

40 Cf. Daniel Hoornweg, Perinaz Bhada-Tata & Chris Kennedy, "Environment: Waste Production Must Peak This Century", *Nature*, v. 502, p. 615-7, 30 out. 2013.

41 Cf. World Bank, "Solid Waste Management", 11 fev. 2022: "Around the world, waste generation rates are rising. In 2016, the worlds' cities generated 2.01 billion tons of solid waste, amounting to a footprint of 0.74 kilograms per person per day. With rapid population growth and urbanization, annual waste generation is expected to increase by 70% from 2016 levels to 3.40 billion tons in 2050".

42 Cf. Silpa Kaza *et al.*, "What a Waste 2.0: A Global Snapshot of Solid Waste Management to 2050", World Bank Group, 2018, p. 3: "Worldwide, waste generated per person per day averages 0.74 kilogram but ranges widely, from 0.11 to 4.54 kilograms".

43 Cf. Trisia Farrelly, Sy Taffel & Ian Shaw (orgs.), *Plastic Legacies: Pollution, Persistence, and Politics*. Athabasca: AU Press, 2021, p. 4: "On average, the inhabitants of the United States, Germany, Kuwait, and New Zealand produce between thity-three and seventy times more plastic waste than the citizens of India or Sudam".

44 Cf. Unep, "Solid Waste Management", [s.d.]: "Every year, an estimated 11.2 billion tonnes of solid waste is collected worldwide and decay of the organic proportion of solid waste is contributing about 5 per cent of global greenhouse gas emissions".

45 Cf. Circle Economy, "The Circularity Gap Report 2020", *op. cit.*: "For the first time in history, more than 100 billion tonnes of materials are entering the global economy every year".

46 Cf. Emily Elhacham *et al.*, "Global Human-Made Mass Exceeds All Living Biomass", *Nature*, v. 588, p. 442-4, 9 dez. 2020: "We find that Earth is exactly at that crossover point; in the year 2020 (+/− 6), the anthropogenic mass, which has recently doubled every 20 years, will surpass all global living mass. On average, for each person on the globe, anthropogenic mass equal to more than his or her bodyweight is produced every week. [...] Similarly, we show that the global mass of produced plastic is greater than the overall mass of all terrestrial and marine animals combined".

47 Cf. USGS, "How Many Pounds of Minerals Are Required by the Average Person in a Year?", [s.d.]. Disponível em: https://www.usgs.gov/faqs/how-many-pounds-minerals-are-required-average-person-year. Baseado em Mineral Education Coalition, 2021: "To maintain our standard of living, each person in the United States requires over 40,630 pounds of minerals each year".

48 Cf. "Aqua — Barbie Girl" [vídeo], 2010. Disponível em: https://www.youtube.com/watch?v=ZyhrYis509A. [O videoclipe foi lançado oficialmente em 1997 — N.E.]

49 Cf. Trisia Farrelly, Sy Taffel & Ian Shaw (orgs.), *Plastic Legacies*, *op. cit.* 2021.

50 Cf. Chunyan Wang *et al.*, "Critical Review of Global Plastics Stock and Flow Data", *Journal of Industry Ecology*, v. 25, n. 5, p. 1.300-17, 9 abr. 2021.

51 Cf. James Bruggers, "Booming Plastics Industry Faces Backlash as Data about Environmental Harm Grows", *Inside Climate News*, 24 jan. 2020. Baseado em IHS Markrit & ICN Research.

52 Cf. Roland Geyer, Jenna R. Jambeck & Kara Lavender Law, "Production, Use, and Fate of All Plastics Ever Made", *Science Advances*, v. 3, n. 7, 19 jul. 2017. Ver também Unep, "Single-Use Plastic: A Road for Sustainability", 2018.

53 Cf. Damian Carrington, "Plastic Pollution Discovered at Deepest Point of Ocean", *The Guardian*, 20 dez. 2018; *idem*, "Microplastic Pollution Found Near Summit of Mount Everest", *The Guardian*, 20 nov. 2020.

54 Cf. Lisa Anne *et al.*, "Plastic & Climate: The Hidden Costs of a Plastic Planet", Center for International Environmental Law (Ciel) e outras organizações, maio 2019. Disponível em: https://www.ciel.org/wp-content/uploads/2019/05/Plastic-and-Climate-FINAL-2019.pdf.

55 Cf. Vanessa Forti *et al.*, "Global E-Waste Monitor 2020", United Nations University (UNU), The International Telecommunication Union (ITU) & The International Solid Waste Association (ISWA), 2 jul. 2020: "In 2019, the world generated a striking 53.6 Mt of e-waste, an average of 7.3 kg per capita. The global generation of e-waste grew by 9.2 Mt since 2014 and is projected to grow to 74.7 Mt by 2030 — almost doubling in only 16 years".

56 Cf. EPA, "About the TSCA Chemical Substance Inventory", [s.d.]. Disponível em: https://www.epa.gov/tsca-inventory/about-tsca-chemical-substance-inventory.

57 Cf. David R. Boyd & Marcos Orellana, "The Right to a Clean, Healthy and Sustainable Environment: Non-Toxic Environment, Report of the Special Rapporteur on the Issue of Human Rights Obligations Relating to the Enjoyment of a Safe, Clean, Healthy and Sustainable Environment", UN Human Rights Council, fev. 2022: "The toxification of planet Earth is intensifying. While a few toxic substances have been banned or are being phased out, the overall production, use and disposal of hazardous chemicals continues to increase rapidly. Hundreds of millions of tons of toxic substances are released into air, water and soil annually. Production of chemicals doubled between 2000 and 2017, and is expected to double again by 2030 and triple by 2050, with the majority of growth in non-members of the Organisation for Economic Co-Operation and Development (OECD)".

58 *Ibidem*: "Today, a sacrifice zone can be understood to be a place where residents suffer devastating physical and mental health consequences and human rights violations as a result of living in pollution hotspots and heavily contaminated areas".

59 Cf. European Court of Auditors, "The Polluter Pays Principle: Inconsistent Application across EU Environmental Policies and Actions", jul. 2021.

60 Cf. Al Shaw & Lylla Younes, "The Most Detailed Map of Cancer-Causing Industrial Air Pollution in the U.S.", *ProPublica*, 2 nov. 2021; Adrienne Matei, "What Are Sacrifices Zones and Why Do Some Americans Live in Them", *The Guardian*, 16 nov. 2021.

61 Cf. Julian Cribb, *Surviving the 21st Century*. Nova York: Springer, 2017: "Earth, and all life on it, are being saturated with man-made chemicals in an event unlike anything which has occurred in all four billion years of our planet's story".

62 Cf. "Scientists Categorize Earth as a Toxic Planet", Phys.org, 7 fev. 2017; André Cicolella, *Toxique Planète: le scandale invisible des maladies chroniques*. Paris: Seuil, 2013.

63 Cf. Annette Peters, Tim S. Nawrot & Andrea A. Baccarelli, "Hallmarks of Environmental Insults", *Cell*, v. 184, n. 6, p. 1.455-68, 18 mar. 2021: "Since 1950, more than 140,000 new chemicals and pesticides have been synthesized, and often, their impact on health is largely unknown".

64 Cf. Graham Lawton, "Our World against Us", *New Scientist*, v. 253, n. 3.371, p. 44-7, 29 jan. 2022.

65 Cf. Annette Peters, Tim S. Nawrot & Andrea A. Baccarelli, "Hallmarks of Environmental Insults", *op. cit.*, 2021: "The ability to respond to oxidative stress has been identified as a central determinant of aging and longevity and is implicated in many diseases in humans including cancer, atherosclerosis, and related cardiovascular diseases, respiratory diseases, and neurological diseases".

66 *Idem*, p. 1.463: "The brain is particularly vulnerable to neurotoxic chemicals throughout the life course that impair development and programming of the brain, hinder functional maturation, and trigger adult neurological diseases and neurodegeneration. Industrial pollutants induce a substantial health burden via reduced intelligence quotient points, altered behavior, and induction of neurodegenerative diseases later in life. For at least eleven chemicals (lead, methylmercury, polychlorinated biphenyls, arsenic, toluene, manganese, fluoride, chlorpyrifos, dichlorodiphenyltrichloroethane, tetrachloroethylene, and the polybrominated diphenyl ethers), neurotoxicity is clearly documented".

67 Cf. Robert H. Lustig *et al.*, "Obesity I: Overview and Molecular and Biochemical Mechanisms"; Jerrold J. Heindel *et al.*, "Obesity II: Establishing Causal Links between Chemical Exposures and Obesity"; Christopher D. Kassotis *et al.*, "Obesity III: Obesogen Assays: Limitations, Strengths, and New Directions", *Biochemical Pharmacology*, v. 199, maio 2022.

68 Cf. Richard Fuller *et al.*, "Pollution and Health: A Progress Update", *Lancet Planet Health*, 17 maio 2022.

69 Cf. Annette Prüss-Üstün *et al.*, *Preventing Disease Through Healthy Environments: A Global Assessment of the Burden of Disease from Environmental Risks*. Genebra: World Health Organization, 2016.

70 Cf. Philip J. Landrigan *et al.*, "*The Lancet* Commission on Pollution and Health", v. 391, n. 10.119, 3 fev. 2018: "Diseases caused by pollution were responsible for an estimated 9 million premature deaths in 2015 — 16% of all deaths worldwide — three times more deaths than from aids, tuberculosis, and malaria combined and 15 times more than from all wars and other forms of violence. In the most severely affected countries, pollution-related disease is responsible for more than one death in four".

71 Cf. Annette Prüss-Ustün *et al.*, *Preventing Disease Through Healthy Environments*, *op. cit.* 2016, p. XV.

72 Cf. World Health Organization, "Billions of People Still Breathe Unhealthy Air: New WHO Data", 4 abr. 2022: "Almost the entire global population (99%) breathes air that exceeds WHO air quality limits, and threatens their health".

73 Cf. Jos Lelieveld *et al.*, "Loss of Life Expectancy from Air Pollution Compared to Other Risk Factors: A Worldwide Perspective", *Cardiovascular Research*, v. 116, n. 11, p. 1.910-7, 1 set. 2020: "Global excess mortality from all ambient air pollution is estimated at 8.8 (7.11-10.41) million/year, with a loss of life expectancy of 2.9 (2.3-3.5) years, being a factor of two higher than earlier estimates, and exceeding that of tobacco smoking".

74 Cf. "New Study Shows Air Pollution Worse than Scientists Thought", *BBC*, 23 set. 2021: "Because of air pollution, the simple act of breathing contributes to 7 million deaths a year".

75 Cf. Guomao Zheng *et al.*, "Per- and Polyfluoroalkyl Substances (PFAS) in Breast Milk: Concerning Trends for Current-Use PFAS", *Environmental Science & Technology*, v. 55, n. 11, 13 maio 2021.

76 Cf. Nadia Kounang, "What Are PFAS Chemicals, and What Are They Doing to Our Health?", *CNN*, 14 fev. 2019; Tom Perkins, "Study Finds Alarming Levels of 'Forever Chemicals' in US Mothers' Breast Milk", *The Guardian*, 13 maio 2021.

77 Cf. Heather A. Leslie *et al.*, "Discovery and Quantification of Plastic Particle Pollution in Human Blood", *Environment International*, v. 163, maio 2022: "It is scientifically plausible that plastic particles may be transported to organs via the bloodstream".

78 *Ibidem*: "If plastic particles present in the bloodstream are indeed being carried by immune cells, the question also arises, can such exposures potentially affect immune regulation or the predisposition to diseases with an immunological base?".

79 Cf. Philipp Schwabl *et al.*, "Assessment of Microplastic Concentrations in Human Stool", United European Gastroenterology (UEG), 23 out. 2018: "More than 50% of the world population might have microplastics in their stool".

80 Cf. Kieran D. Cox *et al.*, "Human Consumption of Microplastics", *Environmental Science and Technology*, v. 53, p. 7.068-74, 2019.

81 Cf. IASS, "Raw Materials in Mobile Phones: Our Work with Students", 1 jul. 2015.

82 Cf. be Waste Wise, "'Over 500 pounds of Raw Material is Used to Make a Smartphone' — Interview with Kyle Wiens", 21 fev. 2018. Disponível em: https://wastewise.be/2018/04/over-500-pounds-raw-material-used-make-smartphone-kyle-wiens/: "It's over 500 pounds of raw material to make a smartphone".

83 Cf. Manivannan Senthil Velmurugan, "Environmental Hazards and Health Risks Associated with the Use of Mobile Phones", *Journal of Green Engineering*, 2 maio 2016.

84 Cf. Julian Cribb, *Surviving the 21st Century*, *op. cit.*, 2017.

85 Cf. Wolfgang Boedeker *et al.*, "The Global Distribution of Acute Unintentional Pesticide Poisoning: Estimations Based on a Systematic Review", *BMC Public Health*, v. 20, n. 1.875, 2020: "Approximately 740,000 annual cases of unintentional acute pesticide poisoning (UAPP) were reported by the extracted publications resulting from 7.446 fatalities and 733,921 non-fatal cases. On this basis, we estimate that about 385 million cases of UAPP occur annually world-wide including around 11,000 fatalities. Based on a worldwide farming population of approximately 860 million this means that about 44% of farmers are poisoned by pesticides every year".

86 Cf. Beyond Pesticides, "Pesticide-Induced Diseases Database", [s.d.]. Disponível em: https://www.beyondpesticides.org/resources/pesticide-

induced-diseases-database/overview: "Asthma, autism and learning disabilities, birth defects and reproductive dysfunction, diabetes, Parkinson's and Alzheimer's diseases, and several types of cancer. Their connection to pesticide exposure continues to strengthen despite efforts to restrict individual chemical exposure or mitigate chemical risks, using risk assessment-based policy".

87 Cf. Larissa Mies Bombardi, *Geografia do uso de agrotóxicos no Brasil e conexões com a União Europeia*. São Paulo: Laboratório de Geografia Agrária (FFLCH-USP), 2017; Luiz Marques, "Atlas do envenenamento alimentar no Brasil", *Jornal da Unicamp*, 7 dez. 2017.

88 Cf. André Cabette Fábio, Hélen Freitas & Ana Aranha, "Brasil é 2º maior comprador de agrotóxicos proibidos na Europa, que importa alimentos produzidos com estes químicos", *Repórter Brasil/Agência Pública*, 10 set. 2020.

89 Cf. David R. Boyd & Marcos Orellana, "The Right to a Clean, Healthy and Sustainable Environment", *op. cit.*, 2022, p. 6. Ver também Swagata Sarkar *et al.*, *The Use of Pesticides in Developing Countries and Their Impact on Health and the Right to Food*. Bruxelas: European Parliament, 2021.

90 Cf. Paula Cuenca, "Paraquat: Anvisa confirma proibição de uso e venda a partir de 22 de setembro", *Canal Rural*, 15 set. 2020.

91 Cf. WHO, "WHO Report on Cancer: Setting Priorities, Investing Wisely and Providing Care for All", 3 fev. 2020. Disponível em: https://www.who.int/publications/i/item/9789240001299.

92 Rui-Mei Feng *et al.*, "Current Cancer Situation in China: Good or Bad News from the 2018 Global Cancer Statistics?", *Cancer Communications*, v. 39, 2019: "It has been estimated that about 40% of risk factors are attributed to environmental and lifestyle conditions which can be preventable in both China or in other developed countries".

93 Cf. WHO, "WHO Report on Cancer", *op. cit.*, 2020: "The most frequently diagnosed cancer is lung cancer (11.6% of all cases), followed by female breast (11.6%) and colorectal cancers (10.2%). Lung cancer is the leading cause of death from cancer (18.4% of all deaths), followed by colorectal (9.2%) and stomach cancers (8.2%)".

94 Cf. AACR, "Air Pollution May Be Associated with Many Kinds of Cancer", [s.d.]. Disponível em: https://www.aacr.org/patients-caregivers/progress-against-cancer/air-pollution-associated-cancer/: "It's no surprise that air pollution has been linked with lung cancer. A new study suggests that pollution is also associated with increased risk of mortality for several other types of cancer, including breast, liver and pancreatic cancer".

95 Cf. Chit Ming Wong *et al.*, "Cancer Mortality Risks from Long-Term Exposure to Ambient Fine Particle", *Cancer Epidemiology, Biomarkers & Prevention*, v. 25, n. 5, 1 maio 2016.

96 Cf. AACR, "Air Pollution May Be Associated with Many Kinds of Cancer", *op. cit.*: "For every 10 microgram per cubic meter (μg/m³) of increased exposure to PM2.5, risk of dying from any cancer rose by 22 percent. For cancers of the upper digestive tract, the mortality risk was 42 percent higher. For cancers of

the accessory digestive organs, which include the liver, bile ducts, gall bladder, and pancreas, the mortality risk was 35 percent higher. For breast cancer, the mortality risk was 80 percent higher. And for lung cancer, the mortality risk was 36 percent higher. All figures are per 10 µg/m³ increased exposure to PM2.5".

97 Cf. Kurt Straif, Aaron Cohen & Jonathan Samet (orgs.), "Air Pollution and Cancer", *IARC Scientific Publication*, n. 161, 2013: "The precise chemical and physical features of ambient air pollution, which comprise a myriad of individual chemical constituents, vary around the world due to differences in the sources of pollution, climate, and meteorology, but the mixtures of ambient air pollution invariably contain specific chemicals known to be carcinogenic to humans. Recent estimates suggest that the disease burden due to air pollution is substantial. Exposure to ambient fine particles (PM2.5) was recently estimated to have contributed 3.2 million premature deaths worldwide in 2010".

98 Cf. Shang-Shyuei Tsai *et al.*, "Association between Fine Particulate Air Pollution and the Risk of Death from Lung Cancer in Taiwan", *Journal of Toxicology and Environmental Health: Part A, Current Issues*, v. 85, n. 10, 2022.

99 Cf. Dean Schraufnagel *et al.*, "Air Pollution and Noncommunicable Diseases. A Review by the Forum of International Respiratory Societies' Environmental Committee, Part 1: The Damaging Effects of Air Pollution; Part 2: Air Pollution and Organ Systems", *Chest Journal*, v. 155, fev. 2022. Esses trabalhos foram repercutidos por Damian Carrington, "Revealed: Air Pollution May Be Damaging 'Every Organ in the Body'", *The Guardian*, 17 maio 2019.

100 Cf. Damian Carrington, "Revealed: Air Pollution May Be Damaging 'Every Organ in the Body'", *op. cit.*, 2019: "I wouldn't be surprised if almost every organ was affected. If something is missing [from the review] it is probably because there was no research yet".

101 Cf. Thomas W. Teasdale & David R. Owen, "A Long-Term Rise and Recent Decline in Intelligence Test Perform: The Flynn Effect in Reverse", *Personnality and Individual Differences*, v. 39, p. 837-43, 2005.

102 Cf. Philip J. Landrigan, Luca Lambertini & Linda S. Birnbaum, "A Research Strategy to Discover the Environmental Causes of Autism and Neurodevelopmental Disabilities", *Environmental Health Perspectives*, v. 120, n. 7, 1 jul. 2012: "Autism, attention deficit/hyperactivity disorder (ADHD), mental retardation, dyslexia, and other biologically based disorders of brain development affect between 400,000 and 600,000 of the 4 million children born in the United States each year. The Centers for Disease Control and Prevention (CDC) has reported that autism spectrum disorder (ASD) now affects 1.13% (1 of 88) of American children [...] and ADHD affects 14% [...]. Prospective studies [...] have linked autistic behaviors with prenatal exposures to the organophosphate insecticide chlorpyrifos and also with prenatal exposures to phthalates. Additional prospective studies have linked loss of cognition (IQ), dyslexia, and ADHD to lead, methyl-mercury, organophosphate insecticides, organo-chlorine insecticides, polychlorinated biphenyls, arsenic, manganese, polycyclic aromatic hydrocarbons, bisphenol A, brominated flame retardants, and perfluorinated

compounds. Toxic chemicals likely cause injury to the developing human brain either through direct toxicity or inter-actions with the genome".

103 Cf. Ondine S. von Ehrenstein *et al.*, "Prenatal and Infant Exposure to Ambient Pesticides and Autism Spectrum Disorder in Children: Population Based Case-Control Study", *British Medical Journal*, v. 364, 2019: "Prenatal or infant exposure to *a priori* selected pesticides — including glyphosate, chlorpyrifos, diazinon, and permethrin — were associated with increased odds of developing autism spectrum disorder. Exposure of pregnant women and infants to ambiente pesticides with a potential neurodevelopmental toxicity mode of action should be avoided as a preventive measure against autism spectrum disorder".

104 Cf. Hagai Levine *et al.*, "Temporal Trends in Sperm Count: A Systematic Review and Meta-Regressions Analysis", *Human Reproduction Update*, v. 23, n. 6, p. 646-59, nov. 2017; Luiz Marques, "Declínio da fertilidade masculina: um caso ainda pouco estudado de suicídio ecológico", *Jornal da Unicamp*, 14 maio 2018.

105 Cf. Shanna Swan & Stacey Colino, *Count Down: How Our Modern World Is Threatening Sperm Counts, Altering Male and Female Reproductive Development, and Imperiling the Future of the Human Race*. Nova York: Scribner, 2020: "This much is clear: the problem isn't that something is inherently wrong with the human body as it has evolved over time; it's that chemicals in our environment and unhealthy lifestyle practices in our modern world are disrupting our hormonal balance, causing varying degrees of reproductive havoc that can foil fertility and lead to long-term health problems even after one has left the reproductive years. Similar effects are occurring among other species, adding up to widespread reproductive shock. [...] It's not only that sperm counts have plummeted by 50% in the last forty years; it's also that this alarming rate of decline could mean the human race will be unable to reproduce itself if the trend continues".

106 O conceito de limite planetário foi introduzido por Johan Rockström *et al.*, "A Safe Operating Space for Humanity", *Nature*, v. 461, p. 472-5, set. 2009; Johan Rockström & Anders Wijkman, *Bankrupting Nature: Denying our Planetary Boundaries. A Report to the Club of Rome*. Londres: Routledge, 2012.

107 Cf. Will Steffen *et al.*, "Planetary Boundaries: Guiding Human Development on a Changing Planet", *Science*, v. 347, n. 6.223, 13 fev. 2015: "The planetary boundary (PB) concept, introduced in 2009, aimed to define the environmental limits within which humanity can safely operate".

108 *Ibidem*: "The PB framework does not dictate how societies should develop. These are political decisions that must include consideration of the human dimensions, including equity, not incorporated in the PB framework" [A estrutura dos limites planetários não dita como as sociedades devem se desenvolver. Essas são decisões políticas que devem incluir a consideração das dimensões humanas, a equidade, não incorporada no quadro dos limites planetários].

109 Cf. Linn Persson *et al.*, "Outside the Safe Operating Space of the Planetary Boundary for Novel Entities", *Environmental Science & Technology*, v. 56, n. 3, p. 1.510-21, 18 jan. 2022: "We conclude that humanity is currently operating outside the planetary boundary based on the weight-of-evidence for several of

these control variables. The increasing rate of production and releases of larger volumes and higher numbers of novel entities with diverse risk potentials exceed societies' ability to conduct safety related assessments and monitoring. We recommend taking urgent action to reduce the harm associated with exceeding the boundary by reducing the production and releases of novel entities, noting that even so, the persistence of many novel entities and/or their associated effects will continue to pose a threat".

110 *Ibidem*: "New substances, new forms of existing substances and modified life forms, including chemicals and new types of engineered materials or organisms not previously known to the Earth system as well as naturally occurring elements (for example, heavy metals) mobilized by anthropogenic activities".

9. Superar o axioma da soberania nacional absoluta

1 Cf. "Sustainability at the Crossroads", *Nature*, 21 dez. 2021: "Democracy and multilateralism are in retreat, undermining the commitment needed to make progress on sustainability goals".

2 Cf. Serge Latouche, *L'economia è una menzogna: come mi sono accorto che il mondo si stava scavando la fossa*. Turim: Bollati Boringhieri, 2014, p. 95.

3 Cf. "Israël-Palestine: l'impuissance internationale", *Le Monde*, 15 maio 2021: "Il n'y a pas de '*communauté internationale*', mais un monde éclaté, concurrentiel, tourmenté, sans puissance hégémonique. L'épidémie de covid-19 a accéléré la désintégration des cadres multilatéraux classiques".

4 Cf. Gro Harlem Brundtland, *Our Common Future*. Oxford: Oxford University Press, 1987 [ed. bras.: *Nosso futuro comum*. Rio de Janeiro: Editora da FGV, 1988].

5 Cf. Jean Jouzel *apud* Pierre Le Hir, "Réchauffement climatique: la bataille des 2°C est presque perdue", *Le Monde*, 31 dez. 2017: "Je pense que nous ne pourrons pas nous adapter à un réchauffement de 3°C et que nous vivrons des conflits majeurs".

6 Cf. Barack Obama, "Remarks by the President at the Acceptance of the Nobel Peace Prize", The White House, Office of the Press Secretary, 10 dez. 2009: "I — like any head of state — reserve the right to act unilaterally if necessary to defend my nation".

7 Cf. Craig Whitlock, *The Afghanistan Papers: A Secret History of the War*. Nova York: Simon & Schuster, 2021: "Over two decades, more than 775,000 U.S. troops deployed to Afghanistan. Of those, more than 2,300 died there and 21,000 came home wounded".

8 Cf. UCDP, "Afghanistan", [s.d.]. Disponível em: https://ucdp.uu.se/country/700.

9 Cf. "Yemen Could Be 'Worst Famine in 100 Years'", *BBC*, 15 out. 2018: "I think many of us felt as we went into the 21st century that it was unthinkable that we can see a famine like we saw in Ethiopia, that we saw in Bengal, that we saw in parts of the Soviet Union, that was just unacceptable. Many of us had confidence that would never happen again and yet the reality is that in Yemen that

is precisely what we are looking at. We predict that we could be looking at 12 to 13 million innocent civilians who are at risk of dying from the lack of food".

10 Cf. "Yemen Facing 'Outright Catastrophe' over Rising Hunger, Warn UN Humanitarians", *UN News*, 14 mar. 2022. Disponível em: https://news.un.org/en/story/2022/03/1113852: "Today, more than 17.4 million Yemenis are food insecure; an additional 1.6 million 'are expected to fall into emergency levels of hunger' in coming months, taking the total of those with emergency needs, to 7.3 million by the end of the year".

11 Cf. Paulo Sérgio Pinheiro, "Dez anos de guerra na Síria: ninguém tem as mãos limpas", *Revista Rosa*, v. 3, n. 2, 26 abr. 2021.

12 Cf. Médecins sans frontières, "A Decade of War in Syria: 10 Years of Increasing Humanitarian Needs", 3 mar. 2021. Disponível em: https://www.msf.org/decade-war-syria.

13 Cf. UN, "Peacekeeping", [s.d.]. Disponível em: https://peacekeeping.un.org/en/principles-of-peacekeeping.

14 Cf. "India Army Chief: We Must Prepare for War with China and Pakistan", *The Guardian*, 7 set. 2017.

15 Cf. Wolfgang Schreiber & Patricia Konrad, "Zwei neue Kriege in diesem Jahr", Hamburger Arbeitsgemeinschaft Kriegsursachenforschung zieht Bilanz für 2020, Universität Hamburg, 14 dez. 2020.

16 Justin Trudeau *apud* Bill McKibben, "Stop Swooning over Justin Trudeau: The Man Is a Disaster for the Planet", *The Guardian*, 17 fev. 2017: "No country would find 173bn barrels of oil in the ground and just leave them there".

17 Cf. Sean Larson, "The Rise and Fall of the Second International", *Jacobin*, 14 jul. 2017: "We gather here not under the banner of the tricolor or any other national colors, we gather here under the banner of the red flag, the flag of the international proletariat. Here you are not in capitalist France, in the Paris of the bourgeoisie. Here in this room you are in one of the capitals of the international proletariat, of international socialism".

18 Cf. Michel Noblecourt, "Un siècle avant la guerre en Ukraine, la gauche se déchirait déjà sur le pacifisme", *Le Monde*, 7 abr. 2022.

19 Cf. Romain Rolland, "Au-Dessus de la Mêlée", *Journal de Genève*, 13 ago. 1914: "Cette élite intellectuelle, ces Eglises, ces partis ouvriers, n'ont pas voulu la guerre... Soit! Qu'ont ils fait pour l'empêcher? Que font-ils pour l'atténuer? Ils attisent l'incendie. Chacun y porte son fagot".

20 Se Lênin critica Karl Kautsky (1854-1938) tão ferozmente em 1918 é porque, tacitamente, reconhece sua posição de principal herdeiro teórico de Marx e de líder, ao menos até 1910, do mais importante partido da Segunda Internacional. Cf. Eric Blanc, "Why Kautsky Was Right (and Why You Should Care)", *Jacobin*, 2 abr. 2019.

21 Cf. Immanuel Kant, *Ideia de uma história universal com um propósito cosmopolita*. Lisboa: Edições 70, 2008, proposição 7.

22 Cuba é, aqui, uma exceção. Além de não ter negado seu apoio aos movimentos revolucionários durante os anos 1960 e 1970, seu nacionalismo é de tipo

verdadeiramente defensivo, haja vista o bloqueio e os contínuos ataques sofridos de parte das sucessivas administrações dos Estados Unidos.

23 Cf. Leon Sedov, *The Red Book on the Moscou Trials*. Londres: New Park Publications, 1980 [1936]. Disponível em: https://www.marxists.org/history/etol/writers/sedov/works/red/ch01.htm.

24 Cf. IEP, "Global Peace Index 2020: Measuring Peace in a Complex World", jun. 2020. Disponível em: https://www.visionofhumanity.org/wp-content/uploads/2020/10/GPI_2020_web.pdf: "The world is now considerably less peaceful than it was at the inception of the index. Since 2008 the average level of country peacefulness has deteriorated 3.76 per cent. There have been year on year deteriorations in peacefulness for nine of the last 12 years".

25 Cf. *idem*, "Global Peace Index 2022: Measuring Peace in a Complex World", jun. 2022. Disponível em: https://www.visionofhumanity.org/wp-content/uploads/2022/06/GPI-2022-web.pdf.

26 Cf. Sipri, "World Military Expenditure Passes $2 trillion for First Time", 25 abr. 2022.

27 Cf. David Vine, "Where in the World Is the U.S. Military?", *Politico*, jul.-ago. 2015: "By my calculation, maintaining bases and troops overseas cost $85 to $100 billion in fiscal year 2014; the total with bases and troops in warzones is $160 to $200 billion".

28 Cf. Sabir Shah, "The U.S. Has Been at War for More Than 92 Percent of the Time", *The News International*, 9 jan. 2020.

29 Cf. Luiz Marques, "Tecnolatria, destino manifesto e distopia". *In*: *Capitalismo e colapso ambiental*. 3. ed. Campinas: Editora da Unicamp, 2018, cap. 13, seção 13.6; Deborah Danowski & Eduardo Viveiros de Castro, *Há mundo por vir? Ensaio sobre os medos e os fins*. Florianópolis: Cultura e Barbárie, 2014.

30 Cf. Dwight D. Eisenhower, "Farewell Address to the Nation", 18 jan. 1961; R. Higgs, "World War II and the Military-Industrial-Congressional Complex", The Future of Freedom Foundation, 1 maio 1995; Oliver Stone & Peter Kuznick, *The Untold History of the United States*. Nova York: Gallery Books, 2012, p. 288-9.

31 Cf. Aaron O'Neill, "United States' Share of Global Gross Domestic Product (GDP) Adjusted for Purchasing Power Parity (PPP) from 2016 to 2026", Statista, 23 nov. 2021.

32 Cf. Mike Patton, "U.S. National Debt Expected to Approach $89 Trillion By 2029", *Forbes*, 3 maio 2021. Ver também o site U.S. Debt Clock: https://usdebtclock.org.

33 Há uma crescente literatura prospectiva a respeito desse declínio. Em sua trilogia, escrita entre 2000 e 2007 — *Blowback*, *Sorrows of Empire* e *Nemesis* —, Chalmers Johnson (1931-2010) associou esse declínio às consequências do imperialismo dos Estados Unidos. Em *Nemesis*, ele escreve: "The combination of huge standing armies, almost continuous wars, military Keynesianism, and ruinous military expenses have destroyed our republican structure in favor of an imperial presidency. We are on the cusp of losing our democracy for the sake of keeping our empire" [A combinação de enormes exércitos perma-

nentes, guerras quase contínuas, keynesianismo militar e despesas militares ruinosas destruiu nossa estrutura republicana em favor de uma presidência imperial. Estamos à beira de perder nossa democracia para manter nosso império]. Ver também Emmanuel Todd, *Après l'empire: Essai sur la décomposition du système américain*. Paris: Gallimard, 2002 e Andrei Martyanov, *Disintegration: Indicators of the Coming American Collapse*. Atlanta: Clarity Press, 2021.

34 Cf. Michael Hudson, "The American Empire Self-Destructs, but Nobody Thought That It Would Happen This Fast", *Counterpunch*, 8 mar. 2022.

35 Cf. Robert J. Gordon, *The Rise and Fall of the American Growth: The U.S. Standard of Living since the Civil War*. Princeton: Princeton University Press, 2016, cap. 18: "The combined effect of the four headwinds — inequality, education, demographics, and government debt — can be roughly quantified. But more difficult to assess are numerous signs of social breakdown in American society. Whether measured by the percentage of children growing up in a household headed by one parent instead of two, or by the vocabulary disadvantage of low-income preschool children, or by the percentage of both white and black young men serving time in prison, signs of social decay are everywhere in the America of the early twenty-first century".

36 Cf. "List of Countries by Credit Rating", *Wikipedia*, [s.d.]: Standard & Poor's classifica os Estados Unidos como "AA+" (desde 2011); Moody's os classifica como "AAA" e Fitch os classifica como "AAA".

37 Cf. Karen Pierog, "S&P Says U.S. Risks Severe Downgrade but It Expects Debt Ceiling Fix", *Reuters*, 30 set. 2021.

38 Cf. Mike Patton, "U.S. National Debt Expected to Approach $89 Trillion By 2029", *op. cit.*, 2021.

39 Cf. Sipri, *Sipri Year Book 2020: Armaments, Disarmament and International Security*. Oxford: Oxford University Press, 2020, p. 3: "An unfolding crisis of arms control that has now become chronic, and increasingly toxic global geopolitics and regional rivalries".

40 Cf. Bojan Pancevski, "Germany to Raise Defense Spending Above 2% of its GDP in Response to Ukraine War", *The Wall Street Journal*, 27 fev. 2022.

41 Cf. Denise Garcia, "Redirect Military Budgets to Tackle Climate Change and Pandemics", *Nature*, 20 ago. 2020: "Governments need to accept that their concept of national security sustained by a military-industrial complex is anachronistic and irrelevant. To recover from the costs of the pandemic, estimated at up to $82 trillion over the next 5 years, they should instead focus their spending on stimulus packages for decarbonization, health, education and the environment. National security budgets should be ploughed into realizing the un Sustainable Development Goals (SDGS) and the 2015 Paris agreement to avert dangerous climate change".

42 *Ibidem*.

43 Cf. Jordi Calvo Rufanges, "No Business Without Enemies: War and the Arms Trade", Centre Delàs d'Estudis per la Pau, maio 2021. Disponível em: https://longreads.tni.org/stateofpower/no-business-without-enemies-war-and-the-arms-trade: "37 of the world's main arms-manufacturing companies

— the most important of which are Boeing, Honeywell, Lockheed Martin and General Dynamics — have received $903 billion in funding from more than 500 banks in 50 countries. The main financial institutions involved in the arms trade are based in the US, France and the UK, and the top ten in the ranking of the main providers of finance to the industry worldwide are Vanguard, Black Rock, Capital Group, State Street, T. Rowe Price, Verisight, Bank of America, JPMorgan Chase, Wells Fargo and Citigroup".

44 Cf. Stuart Parkinson, "The Carbon Boot-Print of the Military", *Responsible Science*, v. 2, 8 jan. 2020: "These emissions are only part of the story. We also need to count the carbon emissions of, for example, the arms industry that produces all the military equipment, the extraction of the raw materials used by this industry, and the impacts when the military equipment is used, i.e. in war. [...] Hence, we have a total of nearly 340 million T CO_2e for military-related carbon emissions for the USA, approximately 6% of the national total".

45 Cf. Deloitte, "2021 Aerospace and Defense Industry Outlook", [s.d.]: "The commercial aerospace sector has been significantly affected by the covid-19 pandemic, which has led to a dramatic reduction in passenger traffic, in turn affecting aircraft demand. As a result, the commercial aerospace sector is expected to recover slowly, as travel demand is not expected to return to pre-covid-19 levels before 2024. The defense sector is expected to remain stable in 2021, as most countries have not significantly reduced defense budgets and remain committed to sustaining their military capabilities".

46 Cf. Union of Concerned Scientists, "Founding Document: 1968 MIT Faculty Statement", dez. 1968. Disponível em: https://www.ucsusa.org/about/history/founding-document-1968-mit-faculty-statement: "Misuse of scientific and technical knowledge presents a major threat to the existence of mankind".

47 Cf. Rod Pidcock, "Science in the Military", *Science*, 2 dez. 2011: "Some of those people are building robots. Others are remotely piloting underwater vehicles. According to experts interviewed by Science Careers, all share one characteristic: they are military first, scientists second. [...] Many senior military personnel say that a career as a military scientist can be more rewarding and offer better job security than a career as a civilian scientist".

48 Cf. Nedal F. Nassar *et al.*, "Evaluating the Mineral Commodity Supply Risk of the U.S. Manufacturing Sector", *Science Advances*, v. 6, n. 8, 21 fev. 2020: "A subset of 23 commodities, including cobalt, niobium, rare earth elements, and tungsten, pose the greatest supply risk".

49 Cf. "Climate Change Recognized as 'Threat Multiplier', UN Security Council Debates Its Impact on Peace", *UN News*, 25 fev. 2019.

50 WMO, "WMO Addresses UN Security Council for First Time", 25 jan. 2019: "Climate change has a multitude of security impacts — rolling back the gains in nutrition and access to food; heightening the risk of wildfires and exacerbating air quality challenges; increasing the potential for conflict over water; leading to more internal displacement and migration".

51 Cf. U.S. Department of State, "Secretary Kerry Participates in the UN Security Council Open Debate on Climate and Security", 23 fev. 2021. Disponível

em: https://www.state.gov/secretary-kerry-participates-in-the-un-security-council-open-debate-on-climate-and-security: "Nothing less than bold action in this decade can set the entire world on the path that we have confidence will get to net-zero emissions by 2050 — or earlier. [...] And sadly, not doing so will leave us in a position where we are — just by inadvertence, by lack of will, by lack of coming together — marching forward in what is almost tantamount to a mutual suicide pact".

52 Cf. "World Risks 'Collapse of Everything' without Strong Climate Action, Attenborough Warns Security Council", *UN News*, 23 fev. 2021: "I am not a politician, nor am I a diplomat. I speak as a member of the public, who listens to your deliberations and pronouncements with care and concern. We know that the security of the entire world depends on your decisions. [...] If we continue on our current path, we will face the collapse of everything that gives us our security. Food production, access to fresh water, habitable ambient temperature, and ocean food-chains. And if the natural world can no longer support the most basic of our needs, then much of the rest of civilization will quickly break down. Please, make no mistake: climate change is the biggest threat to security that modern humans have ever faced. I don't envy you the responsibility that this places on all of you and your governments. Some of these threats will assuredly become reality within a few short years. Others could, in the lifetime of today's young people, destroy entire cities and societies, even altering the stability of the entire world. Perhaps the most significant lesson brought by these last 12 months has been that we are no longer separate nations, each best served by looking after its own needs and security. We are a single, truly global species, whose greatest threats are shared and whose security must ultimately come from acting together, in the interest of us all. I do believe that if we act fast enough we can reach a new stable state. It will compel us to question our economic models and where we place value. [...] And through global cooperation, we may achieve far more than tackling climate change. We may finally create a stable, healthy world, where resources are equally shared. We may, for the first time in the entire history of humanity, come to know what it feels like to be secure".

53 Cf. Union of Concerned Scientists, "Each Country's Share of CO_2 Emissions", 12 ago. 2010 (atualizado em 14 jan. 2022): 29% (China) + 14% (Estados Unidos) + 5% (Rússia) + 1% (Reino Unido) + 1% (França) = 50%.

54 Cf. Michelle Nichols, "David Attenborough to UN: 'Climate Change a Threat to Global Security, I Don't Envy You'", *Yahoo! News*, 23 fev. 2021: "We agree that climate change and environmental issues can exacerbate conflict. But are they really the root cause of these conflicts? There are serious doubts about this. China's climate envoy Xie Zhenhua described climate change as a development issue. 'Sustainable development holds the master key to solving all problems and eliminating the root causes of conflicts'".

55 Cf. Rachel Pannett, "Russia Blocks UN Move to Treat Climate Change as a Global Security Threat", *The Washington Post*, 14 dez. 2021: "Positioning climate change as a threat to international security diverts the attention of the

council from genuine, deep-rooted reasons of conflict in the countries on the council's agenda".

56 Cf. Douglas Birch, "The USSR and U.S. Came Closer to Nuclear War Than We Thought", *The Atlantic*, 28 maio 2013.

57 Cf. Dmitry D. Adamsky, "The 1983 Nuclear Crisis: Lessons for Deterrence Theory and Practice", *Journal of Strategic Studies*, v. 36, n. 1, 8 fev. 2013; Nate Jones, *Able Archer 83: The Secret History of the NATO Exercise that Almost Triggered Nuclear War*. Nova York: The New Press, 2016.

58 Cf. The National Security Archive, "To the Geneva Summit: Perestroika and the Transformation of U.S.-Soviet Relations", National Security Archive Electronic Briefing Book n. 172, 21 nov. 2005: "Nuclear war cannot be won and must never be fought".

59 Discurso de recepção do Prêmio Nobel da Paz de 1990, proferido por Mikhail Gorbachev em 5 de junho de 1991: "The Cold War is over. The risk of a global nuclear war has practically disappeared".

60 Cf. James M. Acton, "The U.S. Exit from the Anti-Ballistic Missile Treaty Has Fuelled a New Arms Race", Carnegie Endowment for International Peace, 13 dez. 2021.

61 Cf. Terence Neilan, "Bush Pulls Out of ABM Treaty; Putin Calls Move a Mistake", *The New York Times*, 13 dez. 2001: "Will alter the nature of the international strategic balance in freeing the hands of a series of countries to restart an arms buildup".

62 Cf. Robert G. Kaiser, "Brown Defends SALT II Before Its Critics on Senate Panel", *The Washington Post*, 24 jul. 1979.

63 Cf. Sipri, *Sipri Year Book 2021*, *op. cit.*, 2020.

64 Cf. Eric Schlosser, "Dangers of the New Nuclear-Arms Race", *The New Yorker*, 24 maio 2018.

65 Cf. Ian Sample, "Did North Korea Just Test a Hydrogen Bomb?", *The Guardian*, 3 set. 2017.

66 Cada uma das ogivas Trident tem a potência explosiva de cem quilotoneladas. Para contexto, a bomba de Hiroshima tinha cerca de quinze quilotoneladas. Cf. Dan Sabbagh, "Cap on Trident Nuclear Warhead Stockpile to Rise by More Than 40%", *The Guardian*, 15 mar. 2021.

67 Cf. Alain Salles, "Poutine, Biden et le vase chinois", *Le Monde*, 18 jun. 2021.

68 Cf. Elisabeth Eaves, "Why Is America Getting a New $100 Billion Nuclear Weapon?", *Bulletin of the Atomic Scientists*, 8 fev. 2021.

69 Cf. "Putin Unveils New Nuclear Weapons" [vídeo], 2018. Disponível em: https://www.youtube.com/watch?v=X7bUHc4jAIo.

70 Cf. "'Why Do We Need a World If Russia Is Not in It?': State TV Presenter Opens Show With Ominous Address", *The Moscow Times*, 28 fev. 2022: "Our submarines are capable of launching over 500 nuclear warheads, which guarantees the destruction of the U.S. and all Nato countries. Why do we need a world if Russia is not in it?".

71 Cf. "Russia-Ukraine War: Lavrov Warns of Risk of Nuclear Conflict", *Al Jazeera*, 26 abr. 2022: "I would not want to elevate those risks artifi-

cially. Many would like that. The danger is serious, real. And we must not underestimate it".

72 Cf. "'Poutine doit comprendre que l'Otan est aussi une alliance nucléaire', dit Le Drian", *Reuters*, 24 fev. 2022: "Je pense que Vladimir Poutine doit aussi comprendre que l'Alliance atlantique est une alliance nucléaire. Je n'en dirai pas plus".

73 Cf. "'The Prospect of Nuclear Conflict, Now Back within the Realm of Possibility': UN Secretary-General" [vídeo], 2022. Disponível em: https://www.youtube.com/watch?v=QnNov5xfyaU.

74 Cf. Mark Weisbrot, "Joe Biden Championed the Iraq War. Will That Come Back to Haunt Him Now?", *The Guardian*, 18 fev. 2020.

75 Cf. Alex Leeds Matthews *et al.*, "The Ukraine War in Data: $9 billion in U.S. Military Aid; More than $50 Billion Overall", *Grid*, 11 ago 2022.

76 Cf. Shinzo Abe *apud* Justin McCurry, "China Rattled by Calls for Japan to Host US Nuclear Weapons", *The Guardian*, 1 mar. 2022: "In Nato, Germany, Belgium, the Netherlands and Italy take part in nuclear sharing, hosting American nuclear weapons. We need to understand how security is maintained around the world and not consider it taboo to have an open discussion. We should firmly consider various options when we talk about how we can protect Japan and the lives of its people in this reality".

77 Cf. Rupert Wingfield-Hayes, "Will Ucraine Invasion Push Japan to Go Nuclear?", *BBC*, 25 mar. 2022.

78 Cf. Luiz Fernando Menezes, "O Brasil pode ter armas nucleares?", *Aos Fatos*, 17 maio 2019.

79 Cf. Giovanna Marinho, "Senado analisa projeto que pede a criação de bomba atômica brasileira", *A Crítica*, 9 dez. 2020.

80 O *Bulletin of the Atomic Scientists* foi fundado em 1945 por Albert Einstein e por cientistas da University of Chicago participantes do Manhattan Project. Dois anos mais tarde, o *Bulletin* criou o Doomsday Clock, buscando combinar o imaginário escatológico (o Dia do Juízo e a meia-noite) com a linguagem contemporânea da contagem regressiva. Quanto mais próximos os marcadores do relógio estão da meia-noite, mais iminentes e maiores os riscos existenciais incorridos pela humanidade. O relógio é ajustado a cada ano pelo Science and Security Board do *Bulletin*, assessorado por treze pessoas laureadas com o Prêmio Nobel. Cf. "Doomsday Clock Statement: Current Time", *Bulletin of the Atomic Scientists*. Disponível em: https://thebulletin.org/doomsday-clock/current-time/.

81 Cf. "'Doomsday Clock' Moves Two Minutes Closer To Midnight", *Bulletin of the Atomic Scientists*, 17 jul. 2007: "The dangers posed by climate change are nearly as dire as those posed by nuclear weapons. The effects may be less dramatic in the short term than the destruction that could be wrought by nuclear explosions, but over the next three to four decades climate change could cause irremediable harm to the habitats upon which human societies depend for survival". O mesmo pronunciamento desse *Bulletin* acrescenta o alerta de Stephen Hawking: "As citizens of the world, we have a duty to

alert the public to the unnecessary risks that we live with every day, and to the perils we foresee if governments and societies do not take action now to render nuclear weapons obsolete and to prevent further climate change" [Como cidadãos do mundo, temos o dever de alertar o público acerca dos riscos desnecessários que corremos dia após dia e dos perigos que prevemos, caso governos e sociedades não ajam imediatamente para tornar o armamento nuclear obsoleto e para evitar mais mudanças climáticas].

82 James Hansen *apud* Dan Drollette Jr., "Climate Crisis: How Long Do We Have?", *Bulletin of the Atomic Scientists*, 6 jan. 2017: "There is a lot of talk about the rise of China as a military power. Well, they're not gonna bomb their customers. The bigger threat is this climate threat. That's what could destroy civilization as we know it". Trata-se de uma passagem da entrevista concedida anteriormente por James Hansen à revista *Rolling Stone*.

83 "We're in a giant car heading towards a brick wall and everyone's arguing over where they're going to sit."

10. Hesitações sobre a urgência de superar o capitalismo

1 Cf. Will Steffen *apud* Chris Barrie no prólogo a David Spratt & Ian Dunlop, "Existential Climate-Related Security Risk: A Scenario Approach", Breakthrough, National Centre for Climate Restoration, 2019: "It's not a technological or a scientific problem, it's a question of humanities' socio-political values… We need a social tipping point that flips our thinking before we reach a tipping point in the climate system".

2 Cf. Luiz Marques, *Capitalismo e colapso ambiental*. 3. ed. Campinas: Editora da Unicamp, 2018, parte II, "Três ilusões concêntricas", caps. 12-14.

3 Os trabalhos de Gaston Bachelard (1884-1962) entre 1928 e 1938 tratam centralmente do interesse epistemológico do *erro* na história do pensamento científico, tal como o fórmula, malgrado suas diferenças internas, toda a epistemologia de matriz hegeliana, de Émile Meyerson (1859-1933) a Alexandre Koyré (1892-1964). Cf. Gaston Bachelard, *Essai sur la connaissance approchée*. Paris: Vrin, 1928; *idem*, "Idéalisme discursif". *In*: *Recherches philosophiques*. Paris: Boivin & Cie., 1934-35, p. 219, republicado postumamente em *Études* (apres. Georges Canguilhem. Paris: Vrin 1970, p. 87-97). Na p. 89, o autor retoma a mesma reflexão: "L'esprit est heureux de douter; il s'installe dans le doute comme dans une méthode; il pense en détruisant; il s'enrichit de ses abandons. Toute réflexion systématique procède d'un esprit de contradiction, d'une malveillance à l'égard des données immédiates, d'un effort dialectique pour sortir de son propre système" [O espírito se sente feliz em duvidar; ele se instala na dúvida como em um método; ele pensa, destruindo; enriquece-se com seus abandonos. Toda reflexão sistemática decorre de um espírito de contradição, de uma malevolência em relação aos dados imediatos, de um esforço dialético para sair de seu próprio sistema]. O conceito de obstáculo epistemo-

lógico foi sistematicamente abordado por Bachelard, enfim, em *La Formation de l'esprit scientifique* (Paris: Vrin, 1938): "Quand il se présente à la culture scientifique, l'esprit n'est jamais jeune. Il est même très vieux, car il a l'âge de ses préjugés. Accéder à la science, c'est spirituellement rajeunir, c'est accepter une mutation brusque qui doit contredire un passé" [Quando ele se apresenta à cultura científica, o espírito não é jamais jovem. Ele é mesmo muito velho, pois tem a idade de seus preconceitos. Aceder à ciência é rejuvenescer, pois significa aceitar uma mutação brusca que deve contradizer um passado].

4 Cf. Serge Latouche, *L'economia è una menzogna: come mi sono accorto che il mondo si stava scavando la fossa*. Turim: Bollati Boringhieri, 2014.

5 Cf. Thomas Carlyle, "Occasional Discourse on the Negro Question", *Fraser's Magazine*, p. 670-9, dez. 1849: "The Social Science — not a 'gay science' but a rueful — which finds the secret of this universe in 'supply-and-demand' and reduces the duty of human governs to that of letting men alone, is also wonderful. Not a 'gay science', I should say, like some we have heard of; no, a dreary desolate, and indeed quite abject and distressing one; what we might call, by way of eminence, the *dismal Science*". A resposta de John Stuart Mill a Carlyle diz muito mais sobre os limites do liberalismo do que tantos textos contemporâneos. Cf. John S. Mill, "The Negro Question", *Fraser's Magazine*, 1850; David Theo Goldberg, "Liberalism's Limits: Carlyle and Mill on 'the Negro Question'", *Nineteenth-Century Contexts*, v. 20, n. 2, p. 203-16, 2008.

6 Cf. Edgar Morin *apud* Coralie Schaub, "Climat: que faut-il de plus pour agir?", *Libération*, 9 set. 2018: "Il y a deux univers mentaux, psychologiques, intellectuels qui sont incapables de se comprendre l'un l'autre. D'abord l'univers techno-économique, celui de nos dirigeants, qui domine notre société et ne voit le monde qu'à travers des chiffres, qui ne voit que croissance, rentabilité, compétitivité, PIB... L'autre univers, lui, voit la tragédie humaine de la planète qui se dégrade, la nécessité de changer totalement de voie, d'abandonner ce pseudo-scientifique libéralisme économique".

7 Sobre seu Dynamic Integrated Climate-Economy (Dice), cf. William Nordhaus, "Evolution of Modeling of the Economics of Global Warming: Changes in the Dice Model, 1992-2017", Cowles Foundation Discussion Paper, Yale University, n. 2084, mar. 2017.

8 Cf. Mike Cummings, "Cheers and Roses from Undergrads for Yale's Latest Nobel Laureate", *Yale News*, 8 out. 2018: "Don't let anyone distract you from the work at hand, which is economic growth". Ver também Jason Hickel, "The Nobel Prize for Climate Catastrophe", *Foreign Policy*, 6 dez. 2018.

9 Cf. William Nordhaus, *The Climate Casino: Risk, Uncertainty, and Economics for a Warming World*. Londres: Yale University Press, 2014: "Our analysis suggests that policy should aim for limiting temperature to a range between 2°C and 3°C above preindustrial levels (here taken to be the 1900 temperature) depending upon costs, participation rates, and discounting. The lower target is appropriate if costs are low, participation rates are high, and the discounting rate on future economic impacts is low. A higher target would apply for high costs, low participation rates and high discounting".

10 Cf. Serge Latouche & Anselm Jappe, *Pour en finir avec l'économie: décroissance et critique de la valeur*. Paris: Libre Solidaire, 2015, p. 34: "Notre imaginaire à l'heure actuelle, c'est l'imaginaire économique, c'est quelque chose dont nous n'avons pas conscience car nous avons complètement naturalisé cet imaginaire".

11 Serge Latouche, *L'economia è una menzogna*, *op. cit.*, 2014, p. 64: "Non si tratta di costruire un capitalismo ecocompatibile, bisogna uscire davvero dal sistema, la radicalità è fondamentale".

12 Cf. Alberto Acosta, "Pós-economia". *In*: Ashish Kothari *et al.*, (orgs.), *Pluriverso: um dicionário do pós-desenvolvimento*. São Paulo: Elefante, 2021, p. 468-72.

13 Cf. Herman Daly, "The End of Uneconomic Growth". *In*: Jørgen Randers, *2052: A Global Forecast for the Next Forty Years*. Vermont: Chelsea Green Publishing, 2012: "I think economic growth has already ended in the sense that the growth that continues is now uneconomic; it costs more than it is worth at the margin and makes us poorer rather than richer. We still call it economic growth, or simply 'growth' in the confused belief that growth must always be economic. I contend that we have reached the economic limit to growth but we don't know it, and desperately hide the fact by faulty national accounting, because growth is our idol and to stop worshiping it is anathema. [...] I think that we have reached the limits to growth in the last forty years".

14 Cf. "Gaël Giraud — L'Effet 'reine rouge'" [vídeo], 2019. Disponível em: https://www.youtube.com/watch?v=n3LyVbGUFu4: "La plupart du temps, les économistes, dont je fais partie, sont plutôt le problème que la solution".

15 Dominique Guyonnet *apud* Béatrice Madeline, "La Ruée vers les métaux", *Le Monde*, 12 set. 2016.

16 Cf. S. Carrara *et al.*, "Raw Materials Demand for Wind and Solar PV Technologies in the Transition Towards a Decarbonised Energy System", Joint Research Centre, 2020: "For wind turbines, the annual material demand will increase from 2-fold up to 15-fold depending on the material and the scenario. Significant demand increases are expected for both structural materials — concrete, steel, plastic, glass, aluminium, chromium, copper, iron, manganese, molybdenum, nickel and zinc — and technology-specific materials such as rare-earth elements and minor metals".

17 A esse respeito, cf. Anne Marthe van der Bles *et al.*, "Communicating Uncertainty about Facts, Numbers and Science", *Royal Society Open Science*, v. 6, n. 5, maio 2019.

18 Cf. James Hansen, "Scientific Reticence and Sea Level Rise", *Environmental Research Letters*, v. 2, 24 maio 2007: "Caution, if not reticence, has its merits. However, in a case such as ice sheet instability and sea level rise, there is a danger in excessive caution. We may rue reticence, if it serves to lock in future disasters. [...] Reticence is fine for the IPCC. And individual scientists can choose to stay within a comfort zone, not needing to worry that they say something that proves to be slightly wrong. But perhaps we should also consider our legacy from a broader perspective. Do we not know enough to say more?".

19 Cf. *idem*, *Storms of My Grandchildren: The Truth about the Coming Climate Catastrophe and Our Last Chance to Save Humanity*. Londres: Bloomsbury,

2009, p. 87 [ed. bras.: *Tempestades dos meus netos: mudanças climáticas e as chances de salvar a humanidade*. São Paulo: Senac, 2018].

20 Cf. Keynyn Brysse *et al.*, "Climate Change Prediction: Erring on the Side of Least Drama?", *Global Environmental Change*, v. 23, n. 1, p. 327-37, fev. 2013: "The available evidence suggests that scientists have in fact been conservative in their projections of the impacts of climate change. In particular, we discuss recent studies showing that at least some of the key attributes of global warming from increased atmospheric greenhouse gases have been under-predicted, particularly in IPCC assessments of the physical science, by Working Group I. [...] We suggest, therefore, that scientists are biased not toward alarmism but rather the reverse: toward cautious estimates, where we define caution as erring on the side of less rather than more alarming predictions. We call this tendency 'erring on the side of least drama (ESLD)'".

21 Cf. Zeke Hausfather *et al.*, "Climate Simulations: Recognize the 'Hot Model' Problem", *Nature*, 4 maio 2022: "Users beware: a subset of the newest generation of models are 'too hot' and project climate warming in response to carbon dioxide emissions that might be larger than that supported by other evidence. Some suggest that doubling atmospheric CO_2 concentrations from pre-industrial levels will result in warming above 5°C, for example. This was not the case in previous generations of simpler models".

22 Zeke Hausfather *apud* Eric Roston, "Why Are Some Climate Models Running Red Hot? Scientists Have an Answer", *Bloomberg*, 4 maio 2022: "The last thing we want to do is tell everybody we're going to have a bunch more warming than is likely".

23 Cf. Naomy Oreskes & Erik M. Conway, *Merchants of Doubt: How a Handful of Scientists Obscured the Truth on Issues from Tobacco to Global Warmig*. Londres: Bloomsbury, 2010.

24 Há, por certo, muito a fazer na área educacional para alargar em várias ordens de grandeza o alcance social da informação científica sobre a emergência climática, mas não haverá maior avanço se a enorme energia requerida para tanto for desperdiçada em refutar as mentiras produzidas pelos negacionistas. Pautar os cientistas é exatamente a estratégia deles. Cf. Raoni Rajão *et al.*, "O risco das falsas controvérsias científicas para as políticas ambientais brasileiras", *Revista Sociedade e Estado*, v. 37, n. 1, p. 317-52, jan.-abr. 2022: "A compreensão pública da ciência poderia potencialmente impedir que se tomem como certas as falsas controvérsias científicas apresentadas por grupos de interesse em detrimento do bem social, do desenvolvimento sustentável e da conservação ambiental".

25 Alguns precedentes dessa questão, fora da comunidade científica, se encontram em: Hans Jonas, *The Imperative of Responsibility: In Search of an Ethics for the Technological Age*. Chicago: University of Chicago Press, 1984 [ed. bras.: *O princípio responsabilidade: ensaio de uma ética para a civilização tecnológica*. Rio de Janeiro: Contraponto, 2007]; *idem*, *Sull'orlo dell'abisso: conversazioni sul rapporto tra uomo e natura*. Turim: Einaudi, 2000; *idem*, *Pour une éthique du futur*. Paris: Payot, 2005. Ver também, na continuidade dessa reflexão, Jean Pierre Dupuy, *Pour un Catastrophisme éclairé: quand l'impossible*

est certain. Paris: Éditions du Seuil, 2002 [ed. bras.: *O tempo das catástrofes: quando o impossível é uma certeza*. Trad. Lília Ledon da Silva. São Paulo: É Realizações, 2011].

26 Cf. Paul Voosen, "Use of 'Too Hot' Climate Models Exaggerates Impacts of Global Warming", *Science*, 4 maio 2022: "The recommendations may underestimate policymakers' desire for time-based information, which in her experience is nearly always requested".

27 Cf. "Sustainability at the Crossroads", *Nature*, 21 dez. 2021: "Even if the pledges announced are implemented, temperatures are still projected to rise to a catastrophic 2.4°C by 2100".

28 Cf. Jeff Tollefson, "Top Climate Scientists Are Sceptical That Nations Will Rein in Global Warming", *Nature*, 1 nov. 2021.

29 Ambas as declarações foram dadas no documentário *Breaking Boundaries: The Science of Our Planet*, dir. Jonathan Clay, 2021. Hughes: "We've gone past the tipping point for coral bleaching. Scientists and ecologists like myself have been talking for decades now about global warming, and it has been frustrating that we haven't been listened to". Rockström: "There is a real reason to be frustrated, because the science is clear and has been communicated for the past 30 years, and still we're not moving in the right direction".

30 Cf. "Biodiversity 'Not Just an Environmental Issue': Q&A with IPBES Ex-Chair Robert Watson", *Mongabay*, 17 out. 2019: "Yes, without any question. [...] The World Economic Forum [...] committed to writing a really good report about both financing and evolution of the economic system to make sure that we can conserve, protect, [and restore] biodiversity. So there seems to be a very strong interest in both the finance sector and the business community at large".

31 *Ibidem*: "It's not saying we should be getting rid of capitalism, definitely not. It's not saying we should get rid of using GDP as a measure of economic growth. But we need to complement GDP. While it's a measure of economic growth, it is not a measure of sustainable economic growth".

32 Cf., por exemplo, Ida Kubiszewski *et al.*, "Beyond GDP: Measuring and Achieving Global Genuine Progress", *Ecological Economics*, v. 93, p. 57-68, 2013.

33 Cf. Jonathan Watts, "Johan Rockström: 'We Need Bankers as Well as Activists… We Have 10 Years to Cut Emissions by Half'", *The Guardian*, 29 maio 2021: "We need all forces. Tree-huggers and frontier activists are very important but they can't tip this whole thing over by themselves. We also need the bankers and executives. Why? Because we have only 10 years to cut emissions by half. We cannot change the economic model in 10 years".

34 Cf. Global Justice, "Corporations vs Governments Revenues: 2015 Data", [s.d.]. Disponível em: http://www.globaljustice.org.uk/sites/default/files/files/resources/corporations_vs_governments_final.pdf.

35 Ver, entre elas, a carta de Larry Fink aos CEOs das corporações: "The Power of Capitalism: Larry Fink's 2022 Letter to CEO", *BlackRock*, [s.d.]. Disponível em: https://www.blackrock.com/corporate/investor-relations/larry-fink-ceo-letter.

36 Cf. Patrick Greenfield, "World's Top Three Asset Managers Oversee $ 300bn Fossil Fuel Investments", *The Guardian*, 12 out. 2019.

37 Cf. Rainforest Action Network, Banktrack, Indigenous Environmental Network, Oil Change International, Reclaim Finance, Sierra Club & Urgewald, "Banking on Climate Chaos Report 2022". Disponível em: https://reclaimfinance.org/site/en/2022/03/30/banking-on-climate-chaos-report-2022/: "In the six years since the Paris Agreement was adopted, the world's 60 largest private banks financed fossil fuels with USD $4.6 trillion".

38 Cf. BankTrack, "12 Banks Lend $8 Billion to Oil and Gas Expansionist TotalEnergies", 11 maio 2022.

39 Cf. "ABCD domina mercado de commodities", *Monitor Mercantil*, 5 set. 2018.

40 Cf. "Amazônia e a bioeconomia: um modelo de desenvolvimento para o Brasil. Entrevista especial com Carlos Nobre", entrevista concedida a Patrícia Fachin e Ricardo Machado, Instituto Humanitas Unisinos, 9 maio 2019.

41 Cf. David G. Victor *et al.*, "Prove Paris Was More Than Paper Promises", *Nature*, v. 548, p. 25-7, 1 ago. 2017: "No major advanced industrialized country is on track to meet its pledges to control the greenhouse-gas emissions that cause climate change. Wishful thinking and bravado are eclipsing reality [...]. National governments are making promises that they are unable to honour".

42 Cf. "Xi Jinping: To Correctly Understand and Grasp Carbon Peaking and Carbon Neutrality", 17 maio 2022. Disponível em: https://www.carbonbrief.org/daily-brief/eu-drive-for-new-clean-energy-could-see-solar-panels-on-all-new-buildings/: "China must 'gradually achieve' carbon peaking and carbon neutrality 'based on the national reality that coal is the dominant energy resource'".

43 Cf. "Peter Wadhams — IPCC Underestimates & Political Cowards" [vídeo], 2018. Disponível em: https://www.youtube.com/watch?v=AEM2NhPw--U: "The [UK] government can make a commitment saying in 30 years time it will reduce our CO_2 emissions by 80%. They can quote any number they like because they have no intention of keeping to it".

44 Jonah Fisher, "Liz Truss Cabinet: Key Ministers Raise Climate Targets Doubts", *BBC*, 7 set. 2022.

45 Cf. Stockholm Environment Institute *et al.*, "The Production Gap 2019: The Discrepancy between Countries' Planned Fossil Fuel Production and Global Production Levels Consistent with Limiting Warming to 1.5°C or 2°C", 2019. Disponível em: http://productiongap.org/: "Governments are planning to produce about 50% more fossil fuels by 2030 than would be consistent with a 2°C pathway and 120% more than would be consistent with a 1.5°C pathway. [...] The continued expansion of fossil fuel production — and the widening of the global production gap — is underpinned by a combination of ambitious national plans, government subsidies to producers, and other forms of public finance".

46 *Ibidem*, p. 4: "By 2030, countries plan to produce 150% (5.2 billion tonnes) more coal than would be consistent with a 2°C pathway, and 280% (6.4 billion tonnes) more than would be consistent with a 1.5°C pathway".

47 Cf. Adam Vaugham, "Germany Agrees to End Its Reliance on Coal Stations by 2038", *The Guardian*, 26 jan. 2019.

48 Cf. *idem*, "Carbon Emissions to Soar in 2021 by Second Highest Rate in History", *The Guardian*, 20 abr. 2021: "This is shocking and very disturbing. On the one hand, governments today are saying climate change is their priority. But on the other hand, we are seeing the second biggest emissions rise in history. It is really disappointing".

49 Cf. IEA, "Sustainable Recovery Tracker", jul. 2021: "We estimate that full and timely implementation of the economic recovery measures announced to date would result in CO_2 emissions climbing to record levels in 2023 continuing to rise thereafter".

50 Cf. Henry David Thoreau, *On the Duty of Civil Disobedience*, publicado em 1849 primeiramente sob o título *Resistance to Civil Government*. Disponível em: https://www.gutenberg.org/files/71/71-h/71-h.htm: "All men recognize the right of revolution; that is, the right to refuse allegiance to and to resist the government, when its tyranny or its inefficiency are great and unendurable".

51 Cf. Peter Kalmus, "Climate Scientists Are Desperate: We're Crying, Begging and Getting Arrested", *The Guardian*, 6 abr. 2022: "I'm a climate scientist and a desperate father. How can I plead any harder? What will it take? What can my colleagues and I do to stop this catastrophe unfolding now all around us with such excruciating clarity? [...] It's time for all of us to stand up, and take risks, and make sacrifices for this beautiful planet that gives us life, that gives us everything". Ver também Ethan Freedman, "'We've Been Trying Warn You for So Many Decades': Nasa Climate Scientist Breaks Down in Tears at Protest", *The Independent*, 7 abr. 2022.

52 Cf. "Facts about Our Ecological Crisis Are Incontrovertible. We Must Take Action", *The Guardian*, 26 out. 2018: "We are in the midst of the sixth mass extinction, with about 200 species becoming extinct each day. Humans cannot continue to violate the fundamental laws of nature or of science with impunity. If we continue on our current path, the future for our species is bleak. [...] The 'social contract' has been broken, and it is therefore not only our right, but our moral duty to bypass the government's inaction and flagrant dereliction of duty, and to rebel to defend life itself. We therefore declare our support for Extinction Rebellion". O Extinction Rebellion é hoje um movimento presente em mais de 45 países, entre os quais o Brasil. Ele se soma a outros movimentos socioambientais em escala planetária, e seu manifesto é mais um em meio a tantos outros alertas de coletivos de cientistas, que se multiplicaram nos últimos trinta anos.

53 Scientist Rebellion, "Our Demands Letter", [s.d.]. Disponível em:https://scientistrebellion.com/our-positions-and-demands/: "We are scientists and academics who believe we should expose the reality and severity of the climate and ecological emergency by engaging in non-violent civil disobedience. [...] Some believe that appearing 'alarmist' is detrimental — but we are terrified by what we see, and believe it is both vital and right to express our fears openly. [...] Self-reinforcing feedbacks within the climate system, in which

hotter climates cause additional heating [...] threaten to drive the Earth irreversibly to a hot and uninhabitable state. These effects are being observed decades earlier than predicted, in line with the worst-case scenarios predicted. Increasingly severe heatwaves, droughts and natural disasters are occurring year after year, while sea levels may rise by several meters this century, displacing hundreds of millions of people living in coastal areas. There is a growing fear amongst scientists that simultaneous extreme weather events in major agricultural areas could cause global food shortages, thus triggering societal collapse. [...] The most effective means of achieving systemic change in modern history is through non-violent civil resistance. We call on academics, scientists and the public to join us in civil disobedience to demand emergency decarbonisation and degrowth, facilitated by wealth redistribution".

54 Bruce C. Glavovic, Timothy F. Smith & Iain White, "The tragedy of climate change science", *Climate and Development*, 24 dez. 2021: "Given the urgency and criticality of climate change, we argue the time has come for scientists to agree to a moratorium on climate change research as a means to first expose, then renegotiate, the broken science-society contract".

55 Cf. Bill McGuire, "An open letter to all climate scientists", *Brave New Europe*, 25 jul. 2021: "While our world has been going to hell in a handcart, many of you studying and recording its demise have had nothing to say on the subject and have remained deep in the shadows, when what has been needed is for you to hog the limelight. The common justification you have used is always the same, muttered excuses about the need for objectivity, about how you shouldn't become involved in politics, about how you are merely faithful recorders of facts; a silo mentality that shields you from having to make difficult decisions or engage with others outside your comfort zones".

56 Cf. Christiana Figueres *apud* Megan Darby & Karl Mathiesen, "Davos 2018: Climate Change Rhetoric and Reality", *Climate Home News*, 23 jan. 2018. Ver também Christiana Figueres *et al.*, "Three Years to Safeguard Our Climate", *Nature*, 29 jun. 2017.

57 Cf. Rebecca Ratcliffe, "Record Private Jet Flights into Davos as Leaders Arrive for Climate Talk", *The Guardian*, 22 jan. 2019.

58 Cf. Jude Clemente, "Why More Coal, Oil, And Natural Gas Investments Are Needed", *Forbes*, 11 maio 2017: "People think that all these hydrocarbons are going to be stranded and the whole world's going to change. I think we're going to use every drop of the hydrocarbons, sooner or later".

59 Cf. IPCC, "Summary for Policymakers". *In*: *Global Warming of 1.5°C. An IPCC Special Report on the Impacts of Global Warming of 1.5°C above Pre-Industrial Levels and Related Global Greenhouse Gas Emission Pathways, in the Context of Strengthening the Global Response to the Threat of Climate Change, Sustainable Development, and Efforts to Eradicate Poverty*. Cambridge: Cambridge University Press, 2018, p. 12: "In model pathways with no or limited overshoot of 1.5°C, global net anthropogenic CO_2 emissions decline by about 45% from 2010 levels by 2030 (40-60% interquartile range), reaching net zero around 2050 (2045-2055 interquartile range)". Ver também a Introdução, neste volume.

60 Cf. IPCC, "Summary for Policymakers". *In*: *Climate Change 2022: Mitigation of Climate Change. Contribution of Working Group III to the Sixth Assessment Report of the Intergovernmental Panel on Climate Change*. Cambridge: Cambridge University Press, 2022, p. 4.

61 Cf. IEA, "Global Energy Review: CO_2 Emissions in 2021", mar. 2022.

62 Cf. Perrine Mouterde & Audrey Garric, "La Guerre en Ukraine risque-t-elle de freiner la lutte contre le dérèglement climatique?", *Le Monde*, 25 mar. 2022.

63 Cf. "Govts, Businesses Lying about Climate Efforts: UN Chief", *Punch*, 4 abr. 2022: "Some government and business leaders are saying one thing but doing another. Simply put, they are lying. And the results will be catastrophic".

64 Cf. António Guterres, secretário-geral da ONU, Twitter, 5 abr. 2022. Disponível em: https://twitter.com/antonioguterres/status/1511294073474367488: "Climate activists are sometimes depicted as dangerous radicals. But the truly dangerous radicals are the countries that are increasing the production of fossil fuels. Investing in new fossil fuels infrastructure is moral and economic madness".

65 Cf. IEA, "Total Primary Energy Supply by Fuel, 1971 and 2019", 6 ago 2021. Disponível em: https://www.iea.org/data-and-statistics/charts/total-primary-energy-supply-by-fuel-1971-and-2019.

66 Cf. Adam Jezard, "Fossil Fuels Will Still Dominate Energy in 20 Years Despite Green Power Rising", World Economic Forum, 16 out. 2017.

11. Propostas para uma política de sobrevivência

1 Cf. IPCC, "Summary for Policymakers". *In*: *Climate Change 2022: Impacts, Adaptation and Vulnerability. Contribution of Working Group II to the Sixth Assessment Report of the Intergovernmental Panel on Climate Change*. Cambridge: Cambridge University Press, 2022, p. 5: "This report recognises the value of diverse forms of knowledge such as scientific, as well as Indigenous knowledge and local knowledge in understanding and evaluating climate adaptation processes and actions to reduce risks from human-induced climate change".

2 O substantivo *decus* designa o que é apropriado, isto é, algo ao mesmo tempo belo e moral (*decens*). Ele está associado ao verbo *decet* (convém) e ao adjetivo *dignus*. Cf. Alfred Ernout & Antoine Meillet, *Dictionnaire étymologique de la langue latine*. Paris: Klincksieck, 2001 [1932].

3 Cf. Chuck Collins & Josh Hoxie, "Billionaire Bonanza: The Forbes 400 and the Rest of Us", Institute for Policy Studies, 2017. Disponível em: https://tinyurl.com/muvjrc5e.

4 Cf. Thomas Piketty, *Le Capital au XXIe siècle*. Paris: Seuil, 2013, p. 31 [ed. bras.: *O capital no século XXI*. Trad. Monica Baumgarten. Rio de Janeiro: Intrínseca, 2014].

5 Cf. Sam Pizzigati, "Enough Is Enough", *Le Monde Diplomatique*, fev. 2012: "Neither the United States nor any other country can carry on a war which will make the world safe for democracy and the plutocracy at the same time".

6 Cf. Gaël Giraud & Cécile Renouard, *Le facteur 12: pourquoi il faut plafonner les revenus*. Paris: Carnets Nord, 2012.

7 Cf. Fondation Copernic, *Vers une société plus juste: Manifeste pour un plafonnement des revenus et des patrimoines*. Paris: Les Liens que Libèrent, 2019.

8 Cf. Jean Gadrey, *Adieu à la croissance, bien vivre dans un monde solidaire*. Paris: Les Petits Matins, 2010.

9 Cf. Ian Ayres & Aaron Edlin, "Don't Tax the Rich: Tax Inequality Itself", *The New York Times*, 18 dez. 2011.

10 Cf. Luiz Marques & Sabine Pompeia, "Os direitos humanos são um caso particular dos direitos da natureza". *In*: Neri de Barros Almeida (org.), *Os direitos humanos à prova do tempo: reflexões breves sobre o presente e o futuro da humanidade*. Campinas: Editora da Unicamp, 2021, v. 2, p. 220-6.

11 A Declaração de Cambridge sobre a Consciência foi redigida por Philip Low e editada por Jaak Panksepp, Diana Reiss, David Edelman, Bruno Van Swinderen, Philip Low e Christof Koch. Ela foi proclamada publicamente em Cambridge, Reino Unido, em 7 de julho de 2012, na Conferência Memorial Francis Crick sobre Consciência em Animais Humanos e Não Humanos, por Low, Edelman e Koch. A declaração foi assinada pelos participantes da conferência naquela mesma noite, na presença de Stephen Hawking. Cf. "The Cambridge Declaration on Consciousness", jul. 2012. Disponível em: https://fcmconference.org/img/CambridgeDeclarationOnConsciousness.pdf: "Convergent evidence indicates that non-human animals have the neuroanatomical, neurochemical, and neurophysiological substrates of conscious states along with the capacity to exhibit intentional behaviors. Consequently, the weight of evidence indicates that humans are not unique in possessing the neurological substrates that generate consciousness. Nonhuman animals, including all mammals and birds, and many other creatures, including octopuses, also possess these neurological substrates".

12 Cf. Jean-Jacques Rousseau, *Discours sur l'origine et les fondements de l'inégalité parmi les hommes*. Paris: Les Échos du Maquis, 2011 [1754], p. 29 [ed. bras.: *Discurso sobre a origem e os fundamentos da desigualdade entre os homens*. Brasília/São Paulo: Editora da UnB/Ática, 1989]: "Tout animal a des idées puisqu'il a des sens, il combine même ses idées jusqu'à un certain point, et l'homme ne diffère à cet égard de la bête que du plus au moins. Quelques philosophes ont même avancé qu'il y a plus de différence de tel homme à tel homme que de tel homme à telle bête".

13 Cf. Luiz Marques, "Jacob Burckhardt e Claude Lévi-Strauss, leitores de Rousseau". *In*: Célia Gambini & Paulo M. Kuhl, *Rousseau e as artes*. São Paulo: Ateliê Editorial, 2015, p. 133-46.

14 Cf. Hans Jonas, *The Imperative of Responsibility: In Search of an Ethics for the Technological Age*. Chicago: University of Chicago Press, 1984 [ed. bras.:

O princípio responsabilidade: ensaio de uma ética para a civilização tecnológica. Rio de Janeiro: Contraponto, 2007].

15 Edward O. Wilson, *Half-Earth: Our Planet Fight for Life*. Nova York/ Londres: Liveright, 2016, p. 3: "I am convinced that only by setting aside half the planet in reserve, or more, can we save the living part of the environment and achieve the stabilization required for our own survival". A proposta de Wilson remonta a 2002.

16 Cf. Cynthia Rosenzweig *et al.*, "Climate Change Responses Benefit from a Global Food System Approach", *Nature Food*, v. 1, p. 94-7, 2020; IPCC, "Summary for Policymakers". *In*: *Climate Change and Land: An IPCC Special Report on Climate Change, Desertification, Land Degradation, Sustainable Land Management, Food Security, and Greenhouse Gas Fluxes in Terrestrial Ecossystems*. Cambridge: Cambridge University Press, 2019, p. 10; Francesco N. Tubiello *et al.*, "Greenhouse Gas Emissions from Food Systems: Building the Evidence Base", *Environmental Research Letters*, v. 21, 8 jun. 2021.

17 Cf. Laura Kehoe *et al.*, "Make EU Trade with Brazil Sustainable", *Science*, v. 364, n. 6.438, p. 341, 26 abr. 2019.

18 Dois exemplos: (1) a Declaração de Amsterdã ("Towards Eliminating Deforestation from Agricultural Chains with European Countries", 2015. Disponível em: https://tinyurl.com/3xcp7mae), assinada pelos governos da Alemanha, da Dinamarca, da França, da Holanda, da Noruega e do Reino Unido, exortava o agronegócio a eliminar o desmatamento associado às suas atividades até 2020; e (2) "Forest Act of 2021". Cf. Richard Cowan & Fathin Ungku, "U.S. Congress Democrats Target Palm Oil, Beef Trade in Deforestation Bill", *Reuters*, 6 out. 2021.

19 Cf. Unesco, "Biosphere Reserves" [s.d.]. Disponível em: https://en.unesco.org/node/314143.

20 Cf. Unesco, "Central Amazon Conservation Complex", [s.d.]. Disponível em: https://whc.unesco.org/en/list/998.

21 Cf. Philip M. Fearnside *et al.*, "BR-319: o caminho para o colapso da Amazônia e a violação dos direitos indígenas", *Amazônia Real*, 23 fev. 2021, *idem*, "Oil and Gas Project Threatens Brazil's Last Great Block of Amazon Forest", *Mongabay*, 9 mar. 2020; Felipe Maciel, "Rosneft ganha mais quatro anos e fará megacampanha no Solimões", *EPBR*, 18 nov. 2019; Philip M. Fearnside, "Por que a rodovia BR-319 é tão prejudicial: 1 — Um desastre evitável", *Amazônia Real*, 8 mar. 2022; *idem*, "O interesse financeiro de Putin nas rodovias da Amazônia brasileira", *Amazônia Real*, 3 maio 2022.

22 Cf. Dennis Meadows : "Il faut mettre fin à la croissance incontrôlée, le cancer de la Société", entrevista concedida Audrey Garric, *Le Monde*, 8 abr. 2022: "Cette possibilité est en train de se réaliser : les ressources sont de plus en plus chères, la demande est de plus en plus importante, de même que la pollution. La question est désormais de savoir non pas si mais comment la croissance va s'arrêter".

23 Cf. "Kyoto Veterans Say Global Warming Goal Slipping Away", *Eco-business*, 5 nov. 2013: "There is nothing that can be agreed in 2015 that would be con-

sistent with the 2 degrees. The only way that a 2015 agreement can achieve a 2-degree goal is to shut down the whole global economy".

24 Cf. Steven J. Davis *et al.*, "Net-Zero Emissions Energy Systems", *Science*, v. 360, n. 6.396, 29 jun. 2018: "Some parts of the energy system are particularly difficult to decarbonize, including aviation, long-distance transport, steel and cement production, and provision of a reliable electricity supply".

25 Cf. IPCC, "Concluding Instalment of the Fifth Assessment Report: Climate Change Threatens Irreversible and Dangerous Impacts, but Options Exist to Limit Its Effects" (*press release*), 2 nov. 2014: "The Synthesis Report finds that mitigation cost estimates vary, but that global economic growth would not be strongly affected. In business-as-usual scenarios, consumption — a proxy for economic growth — grows by 1.6 to 3 percent per year over the 21st century. Ambitious mitigation would reduce this by about 0.06 percentage points. 'Compared to the imminent risk of irreversible climate change impacts, the risks of mitigation are manageable', said Sokona".

26 Anderson se refere nesta frase justamente ao *press release* "Concluding Instalment of the Fifth Assessment Report IPCC", supracitado.

27 Cf. Kevin Anderson, "Duality in Climate Science", *Nature Geoscience*, v. 8, p. 898-900, dez. 2015: "Delivering on such a 2°C emission pathway cannot be reconciled with the repeated high-level claims that in transitioning to a low-carbon energy system 'global economic growth would not be strongly affected'. Certainly it would be inappropriate to sacrifice improvements in the welfare of the global poor, including those within wealthier nations, for the sake of reducing carbon emissions. But this only puts greater pressure on the lifestyles of the relatively small proportion of the globe's population with higher emissions — pressure that cannot be massaged away through incremental escapism. With economic growth of 3% per year, the reduction in carbon intensity of global gross domestic product would need to be nearer 13% per year; higher still for wealthier industrialized nations, and higher yet again for those individuals with well above average carbon footprints (whether in industrial or industrializing nations)".

28 Cf. Elisio Contini & Adalberto Aragão, "O agro no Brasil e no mundo: uma síntese do período de 2000 a 2020", Embrapa/Sire, [s.d.], com dados da plataforma FAOSTAT. Disponível em: https://www.fao.org/faostat/en/#data.

29 Cf. "Carne bovina: exportações do Brasil fecham 2021 com queda de 7% em volume e alta de 9% em receita", *Canal Rural*, 12 jan. 2022.

30 O consumo per capita de carne bovina no Brasil decresceu para 29,3 quilos em 2020, 5% a menos que em 2019, quando o consumo já recuara 9%. Em 2020, esse consumo recuou aos níveis de 1996, pelo menos. Cf. Thaís Carrança, "Por que o consumo de carne bovina no Brasil deve voltar em 2021 ao patamar de décadas atrás", *BBC Brasil*, 19 jan. 2021.

31 Cf. "Steffen Mau: 'Sommes-nous prêts à assumer les coûts politiques, sociaux et moraux d'une Europe forteresse'?", entrevista concedida por Steffen Mau a Thomas Wieder, *Le Monde*, 28 nov. 2021.

32 Cf. "1,600 Migrants Lost at Sea in Mediterranean This Year", *VOA News*, 25 nov. 2021.

33 Cf. "Rising Migrant Deaths Top 4,400 This Year: IOM Records More Than 45,000 since 2014", UN International Organization for Migrants, 10 nov. 2021.

34 Cf. Luiz Marques, "Conclusão". *In*: *Capitalismo e colapso ambiental*, *op. cit.*, 2018.

35 Cf. Andrew Dobson, "Representative Democracy and the Environment". *In*: William Lafferty & James Meadowcroft (orgs.), *Democracy and the Environment: Problems and Prospects*. Cheltenham: Elgar, 1996, p. 124-39.

36 Cf. United Nations, Department of Economic and Social Affairs Population Division, "World Population Prospects 2019", 2019: "The medium-variant projection indicates that the global population could grow to around 8.5 billion in 2030, 9.7 billion in 2050, and 10.9 billion in 2100".

37 Cf. *Idem*, "World Population Policies 2021: Policies Related to Fertility", 2021. Disponível em: https://www.un.org/development/desa/pd/sites/www.un.org.development.desa.pd/files/undesa_pd_2021_wpp-fertility_policies.pdf.

38 Cf. "Interview croisé. Climat: 'Que faut-il de plus pour agir?'", *Libération*, 9 set. 2018.

39 Cf. Stephen Jay Gould, "The Issue Is Not Universal Biology Versus Human Uniqueness, but Biological Potentiality Versus Biological Determinism". *In*: Arthur L. Caplan, *The Sociobiology Debate*. Nova York: HarperCollins, 1978, p. 343-51: "Violence, sexism and general nastiness are biological since they represent one subset of a possible range of behaviours. But peacefulness, equality, and kindness are just as biological — and we may see their influence increase if we can create social structures that permit them to flourish".

Luiz Marques é professor livre-docente aposentado e colaborador do Departamento de História do Instituto de Filosofia e Ciências Humanas da Universidade Estadual de Campinas (IFCH-Unicamp), onde foi cofundador do curso de pós-graduação em História da Arte. Foi pesquisador convidado no Institut Français de Florence e é autor de ensaios, livros e catálogos sobre a tradição clássica, sobretudo no âmbito da história da arte da Itália dos séculos XIII ao XVI. Entre 1995 e 1997, foi curador-chefe do Museu de Arte de São Paulo (Musp). Nos últimos quinze anos, tem se dedicado à docência e a pesquisas sobre as crises socioambientais contemporâneas. Nessa qualidade, foi professor convidado na Universidade de Leiden, na Holanda, e publicou artigos e livros, entre os quais *Capitalismo e colapso ambiental* (Editora da Unicamp, 2015; publicado em inglês pela Springer, 2020), que em 2016 obteve o Prêmio Jabuti e o segundo lugar no Prêmio da Associação Brasileira de Editoras Universitárias (Abeu). Entre 2017 e 2021, contribuiu regularmente com artigos para o *Jornal da Unicamp*. É atualmente professor sênior da Ilum Escola de Ciência, vinculada ao Centro Nacional de Pesquisas em Energia e Materiais (CNPEM), e membro do Coletivo 660, nascido do Fórum Social Mundial. Diversos de seus artigos estão disponíveis em: https://unicamp.academia.edu/LuizMarques.

SÃO PAULO
GOVERNO DO ESTADO

O financiamento desta publicação integra o Termo de Fomento CDRT n. 01/2020 da Emenda parlamentar n. 2020.49.17615, Processo n. 0134/2020, realizado pelo Coletivo660, representado pela Ação Educativa em convênio com a Secretaria de Desenvolvimento Econômico, Ciência, Tecnologia e Inovação (SDECTI) do Estado de São Paulo.

ação educativa

Coletivo 660

Chico Whitaker
Dário Bossi
Janaina Uemura
Jorge Abrahão
José Correa Leite
Luiz Marques
Mauri Cruz
Moema Miranda
Oded Grajew
Salete Valesan
Sérgio Haddad
Stella Whitaker

Primeira edição, abril de 2023
Segunda edição, abril de 2025
São Paulo, Brasil

Dados Internacionais de Catalogação na Publicação (CIP)
Angélica Ilacqua CRB-8/7057

O decênio decisivo: propostas para uma política de sobrevivência
/ Luiz Marques. — 2 ed. — São Paulo: Elefante, 2025.
616 p.

ISBN 978-65-6008-084-3

1. Meio ambiente 2. Problemas ambientais
3. Impactos ambientais I. Título

23-0510 CDD 577.5

Índices para catálogo sistemático:
1. Meio ambiente

---

elefante
editoraelefante.com.br
contato@editoraelefante.com.br
fb.com/editoraelefante
@editoraelefante

tipografia GT Walsheim Pro & Fournier MT Std
papel Kraft 240 g/m² & Ivory Bulk 58 g/m²
impressão PifferPrint